Bone and Marrow / Cnámh agus Smior

BONE

Cnámh agus Smior AND

MARROW

An ANTHOLOGY of IRISH POETRY
from MEDIEVAL to MODERN

Edited by Samuel K. Fisher & Brian Ó Conchubhair

WAKE FOREST UNIVERSITY PRESS

The acknowledgements & permissions on pages 951–63
are an extension of this copyright page.

For permission, write to

Wake Forest University Press

Post Office Box 7333

Winston-Salem, NC 27109

WFUPRESS.WFU.EDU

ISBN 978-1-943667-00-0 (paperback)

ISBN 978-1-943667-01-7 (cloth)

LCCN 2021939977

Designed and typeset by
Nathan Moehlmann,
Goosepen Studio & Press

Cover Image: *The Last Visit I* by Pádraic Reaney, oil on Masonite,
used with permission of Ireland's Great Hunger Museum,
Quinnipiac University, Hamden, CT.

Publication of this book was made possible in part by generous
support from the Boyle Family Fund and the Institute for
Scholarship in the Liberal Arts, College of Arts and Letters,
University of Notre Dame.

Printed in Canada

Tiomnaítear an díolaim seo do
Mícheál Mac Craith, O.F.M.

This anthology is dedicated to
Mícheál Mac Craith, O.F.M.

Clár an Leabhair

Tús an Traidisiúin

Filíocht na Scol

Table of Contents

CAIBIDIL A TRÍ

Cogaíocht agus Caidreamh: Gaeil agus Gaill (1200–1500) 144
Michelle O Riordan

CAIBIDIL A CEATHAIR

An Reifirméisean, an Concas Eilíseach, agus Deoraíocht thar Lear (1534–1611) 196
Mícheál Mac Craith & Geraldine Parsons

CHAPTER THREE

Incursion and Interaction: Irish and Normans (1200–1500) 145

Michelle O Riordan

CHAPTER FOUR

Reformation, Conquest, and Exile (1534–1611) 197

Mícheál Mac Craith & Geraldine Parsons

Ré Nua: Polaitíocht agus Guth an Phobail

A New Order: Politics and Popularization

CAIBIDIL A DEICH

Amhráin na nDaoine sa Naoú hAois Déag 608

Lillis Ó Laoire & Sorcha Nic Lochlainn

CHAPTER TEN

Nineteenth-Century Song Poetry   609

Lillis Ó Laoire & Sorcha Nic Lochlainn

Sprid na Saoirse agus Saoirse na Spride

CAIBIDIL A HAON DÉAG

Ré na hAthbheochana: Filí, Rannairí, agus Véarsadóirí (1880–1940) 704

Philip O'Leary & Brian Ó Conchubhair

CAIBIDIL A DÓ DHÉAG

Tar éis na hÉigeandála, Éigeandáil Eile: An Nua-Aoiseachas (1940–1970) 742

Daniela Theinová & David Wheatley

In the Age of the Local and the Global

CAIBIDIL A TRÍ DÉAG
Innti (1970–2000) 812
Caoimhín Mac Giolla Léith & Clíona Ní Ríordáin

CAIBIDIL A CEATHAIR DÉAG
Deireadh an Áil? Glúin Y agus Z 876
Brian Ó Conchubhair

CHAPTER THIRTEEN
The Innti Generation (1970–2000) 813
Caoimhín Mac Giolla Léith & Clíona Ní Ríordáin

CHAPTER FOURTEEN
Last of the Innocents: Twenty-First-Century Poetry 877
Brian Ó Conchubhair

RÉAMHRÁ / INTRODUCTION

"Ite ag an gCat, fuil are a smut, 's gan fághta a'm ach cnáimhín."

Seán Monaghan, "An Dreoilín" [1]

"... agus do bhrígh gurab i nduantaibh atá cnáimh agus smior an tseanchusa, measaim gurab oircheas dam cinneadh mar úghdardhás air, ag tráchtadh ar an seanchus ... [agus] gur measas gur mhó d'úghdardhas an seanchus do bhí coitcheann, agus do fromhadh go minic, amhail adubhramar, ioná aon úghdar amháin go haonaránach d'á bhfuil 'san seanchus."

"And forasmuch as the bone and marrow of history are to be found in poems, I think it altogether fitting that I take them as my authority, when comment-ing on history ... and I think that the common tradition, which is revised frequently, as I said before, has more authority than the pronouncement of any one author within it."

Seathrún Céitinn/Geoffrey Keating, *Foras Feasa ar Éirinn* [2]

Arguing with Geoffrey Keating (c. 1569–c. 1644) would not have been a pleasant experience. His magnum opus—the massively influential *Foras Feasa ar Éirinn*, a history of Ireland from earliest times to the twelfth century—opened with a devastating indictment of previous historians of Ireland, who had consistently ignored the achievements of the Gaels. They had many reasons for doing so, Keating argued, but at bottom the issue was simple: they had not looked for the history where it was to be found. Keating had some definite ideas about where to look, and his work testified to his conviction on the point. "The bone and marrow of history," he assured skeptical readers, "was to be found in poems, in the tradition of poetry *as Gaeilge*.

---

1. Seán Monaghan, "An Dreoilín," written and performed by Seán Monaghan and The Maimín Cajun Band.
2. Seathrún Céitinn/Geoffrey Keating, *Foras Feasa ar Éirinn*, vol. 1, ed. David Comyn (London: Irish Texts Society, 1902), 90.

If the phrase seems poetic, perhaps that was by design. And perhaps it was no
less by design that Keating chose a phrase that was both poetic and precise, artful
and accurate. For the image of "bone and marrow" captured the poetic tradition
in Irish—before and after Keating—perfectly. To say poems were "bones" was to
say that they were the frame of history, gave it its shape, formed an inescapable
frame of reference, were as hard and solid a fact as one's own skeleton. And per-
haps many would agree that these poems are bones—fossils, in fact, remnants of
something long since dead or at least no longer growing, curious in their way, but
to be safely cooped up and sealed off from relevance within the museum of the
past. The image of bones could imply death, stagnation, the stultifying weight
of a tradition as unable to confront the world as it really is as a human being is
to escape his own skeleton.

But, of course, that is not what Keating thought. For poems were not only
bones. They were marrow. And to say they were marrow was to say that they were
alive, creative, producing new things. Hidden away within the bones, marrow
produces new blood cells, the only part of the human body that does so. There
may not be a great deal of it—it makes up about 5% of an average adult's body
mass—but it does essential work. Bones appear unchanging, perhaps, and in
some sense they are. But on closer inspection their depths are ceaselessly creative.

We hope readers of this volume will find that interplay—between continuity
and change, stability and innovation, bone and marrow—on full display in *Bone
and Marrow/Cnámh agus Smior: An Anthology of Irish Poetry from Medieval to Modern*.
The editorial team has chosen poems that are not only beautiful and fascinating
on aesthetic and literary grounds—though they most certainly are that—but
that also show the tradition of Irish poetry as it always has been: in full contact
with the changing world around it. In assembling an anthology from earliest
times to the present, we hope readers will be able to make out the bones, to see
the skeleton whole, and to perceive the continuity and unity of poetry in Irish.
In the diverse selections made by the contributors, their choice (and creation) of
translations, and in their commentary situating the poems within their histor-
ical, cultural, and social context, we hope readers will see too the marrow, the
unconquerable vitality with which poets in Irish have responded to the world as
they found it, confident enough to borrow from outside their own tradition and
confident enough to remain within it even as they changed it—to be part of, as
Keating says, a "common tradition, which is checked/tested frequently." We offer
this volume up, then, not only to students and scholars of Irish literature or the
Irish language but to anyone who might like to be *ag tráchtadh* (commenting) not
only on Ireland's past but also its present and future. We hope they will find here

some useful authorities for doing so; and, more importantly, that they will have the pleasure of discovering, over and over, the delightfully surprising reality to which all of these poems witness: the thing goes on. The bones are alive.

Ní hamháin go bhfuilid beo ach tá dlús sna cnámha sin. Is de smior na Gaeilge í an fhilíocht. Ó Phangur Bán ar aghaidh, téann an fhilíocht agus caint fhileata ó chnámh go smior agus ó smior go smúsach i gcultúr, i stair agus i dtraidisiúin na Gaeilge. Nuair a théann cúis na hÉireann, agus ceisteanna faoi Éireann agus faoin Éireannachas go cnámh na huillinne, is minic an litríocht ina treoir agus ina slat tomhais. "It is in literature that we Irish have perhaps laid bare the full creative potential of myth-making."[3] Agus Michael D. Higgins ag trácht ar chúrsaí cuimhne agus ar athshamhlú na hÉireann, thuairimigh sé go raibh na slite a rachfaí i ngleic leis an stair riachtanach do thodhchaí agus do shamhlú thodhchaí na tíre.

> Ireland has been, and must now again be, renewed through memory and imagination. Renewing Ireland, and with it our sense of what it means to be Irish, is one of the most urgent challenges facing us. It is a challenge that is partly about economic renewal but which also goes well beyond it. It is about constructing an ethical relationship with others and it can free us from models of economy and society which are disastrous in their social consequence.[4]

Sna dánta seo feictear agus cloistear arís agus arís guth ealaíontóra ag freagairt go hionraic, go samhailteach agus go macánta do cheisteanna agus do choimhlintí móra an tsaoil, bíodh na ceisteanna sin ag boilgearnach go háitiúil nó ag borradh aníos go náisiúnta agus go hidirnáisiúnta. Is taifead luachmhar iad na dánta seo ar stair agus ar thaithí an chine daonna mar a tuigeadh agus mar a samhlaíodh iad i ndioscúrsa cultúrtha na Gaeilge ar oileán beag in iardheisceart na hEorpa. Ach ina choinne sin is dánta agus amhráin iad seo a cumadh i dteanga agus i bpobal a scaipeadh ar fud na cruinne in imeachta ama, ó lár na hEorpa go Meiriceá, ón nGearmáin go Boston, ón Iodáil go hAlbain. Pé áit a raibh na Gaeil, bhí an Ghaeilge agus bhí an fhilíocht ina measc. Roinneadh, a mhínigh an tUachtarán, an Ghaeilge eadrainn freisin. Snáth neamhbhriste is ea í a théann tríd an oiread sin gnéithe dár n-oidhreacht. Ní féidir teanga na Gaeilge a scarúint ón tslí ar dhein muintir na hÉireann ceangal lena saol agus leis an domhan mór. Ní hamháin sin ach ní

---

3. Michael D. Higgins, "Remembering and Imagining Irishness," in *When Ideas Matter: Speeches for an Ethical Republic* (London: Head of Zeus, 2016), 89.
4. Ibid., 88.

féidir í a scaradh ón tslí ar bhaineadar idir mhíniú agus mhacallaí as an saol idir logainmneacha, béaloideas, litríocht, an dúlra, an cultúr, nósanna sóisialta, an pholaitíocht, an creideamh – trí bhíthin na Gaeilge a rinneadh machnamh agus ionramháil ar na nithe sin go léir. Baineann an Ghaeilge le gach traidisiún ar an oileán agus is tríthi, inti agus farae a fheictear, a chloistear agus a thuigtear dúinn an saol mar a bhí, an saol mar a tuigeadh agus mar a samhlaíodh é doibhsean ag an am.

> The Irish language … is a continuous thread running through so many aspects of our heritage. It cannot be disaggregated from how, for millennia, the Irish related to, interpreted, resonated with, and shaped their and our world. Place names, folklore, literature, the natural world, culture, social customs, politics and religion were all contemplated and explored through the prism of Irish sounds. The preservation of the spoken language is understandably, therefore, a key component of our efforts to understand and draw from our heritage.[5]

Is é ár ndóchas go mbeidh an díolaim seo ar na díolamaí dátheangacha is leithne agus is cuimsithí dá bhfuil ar fáil faoi láthair maidir le dánta, le haistí agus le nótaí de agus go dtabharfar léargas cuimsitheach anseo ar stair agus ar chultúr na hÉireann ón gcúigiú haois ar aghaidh; léargas ar an tslí ar tuigeadh an saol áitiúil agus an saol mór do mhuintir an oileáin bhig seo amach ó chósta na hEorpa. Tá an díolaim seo dírithe ar an té ar spéis leis nó léi an fhilíocht mar a chleachtaí agus mar atá fós á cleachtadh in Éirínn. Tá súil againn go mbainfidh an gnáthléitheoir taitneamh as éagsúlacht na ndánta agus na n-aistriúchán atá anseo agus go mba chabhair don léitheoir sin iad na haistí agus na nótaí. Scríobhadh na haistí agus na nótaí sin don té nach saineolaí ná speisialtóir é nó í sna cúrsaí seo. Luaitear aistí léannta agus monagraif acadúla dá leithéid siúd atá ag iarraidh dul go croí na ceiste. Is é atá anseo ná iarracht chun blaiseadh agus comhthéacs a thabhairt don léitheoir de thraidisiún fada ársa saibhir agus na tréithe agus na buanna éagsúla atá sa traidisiún sin a mhíniú agus a chomhthéacsú.

Tá an bheirt phríomheagarthóirí an-bhuíoch de na heagarthóirí éagsúla a roghnaigh dánta agus a scríobh aistí agus nótaí. Agus an fhoireann bhreá idirnáisiúnta seo á hearcú againn, theastaigh uainn saineolaithe aitheanta, a raibh na dálaí léannta ar eolas acu, a chur i mbun oibre agus i mbun cainte le chéile ionas go roghnófaí dánta a thug léargas a bhí cruinn agus suas chun dáta ar stair,

---

5. "Of Heritage, Home and Healing," Keynote Address by President Michael D. Higgins, American Conference of Irish Studies, Ulster University, Magee Campus, June 3, 2021.

ar chultúr agus ar phríomhthréithe liteartha na linne a bhí idir chamáin. De cheal spáis níorbh fhéidir gach moladh nó gach dán a cheadú, ach táthar dóchasach go dtugann an díolaim seo tuiscint, léargas, agus blas de shaibhreas, d'éagsúlacht agus d'ilghnéitheacht thraidisiún fileata na Gaeilge ó thús ama go dtí an lá atá inniu ann. Táimid thar a bheith buíoch, leis, de Wake Forest University Press, go háirithe do Jefferson Holdridge agus d'Amanda Keith as an gcúnamh ar fad agus as an bhfoighne a léirigh siad. Murach iad ní bheadh an togra seo tugtha chun cuain. Táimid faoi chomaoin ollmhór ag an Ollamh Emeritus Mícheál Mac Craith as an gcomhairle a chuir sé orainn agus as na moltaí a rinne sé ag gach staid den togra seo.

Tá súil againn go spreagfaidh an díolaim spéis as an nua i bhfilíocht na Gaeilge, idir shean agus nua, mar fhoinse do stair agus do chultúr na hÉireann. Is fada an t-achar é ó Phangur Bán i mainistir Reichenau i ndeisceart na Gearmaine go Seán Monaghan agus The Maimín Cajun, ach sa dá théacs araon a bhfuil bearna míle agus dhá chéad bliain eatarthu, feictear caidreamh idir dhuine agus ainmhí, teannas idir an dúchas agus an oiliúint, an foiréigean agus an fhealsúnacht agus an file ag dul i ngleic leis an saol mórthimpeall air. Si Monumentum Requiris, Circumspice.

Samuel K. Fisher & Brian Ó Conchubhair

Focal faoi Chúrsaí Aistriúcháin / A Note on Text and Translation

All of the poetry that appears in this book was composed in Irish. Many of the people who read these poems will experience them in English, at least in part or at first. They will "read" the volume only on the right-hand facing pages where the English translations and commentary appear. This is a problem.

It is a problem for some obvious reasons. Irish is a minoritized language. Across the globe it has an active and energetic community of native speakers, heritage speakers, learners, advocates, scholars, students, and language activists, but it is a minoritized language all the same. It is so for historical and cultural reasons, most of which can be summed up in words like colonialism, imperialism, modernity, and globalization. Those are all processes that, one way or the other, make it their business to flatten local cultures and to violently sever the past from the present. This violence may be martial, political, or economic. It may also be—and the connection is not coincidental—linguistic.

Translation, in that context, becomes a double-edged sword. It allows Irish-language poets access to a much wider community of readers and critics; it connects them to institutional patrons and international prestige. It raises awareness, hopefully, of Irish as a living vernacular and encourages readers to learn it and go to the originals. Yet translation easily becomes the blade separating past from present or the paver flattening cultural difference. It runs the risk of destroying what it ostensibly attempts to make accessible. It risks a situation where the translation supplants the original and effectively becomes the text of the poem. It risks a situation where a translator's interpretation of a poem acquires more authority than the author's. In such a case, important features of the poem will be lost. Maybe the poet was being intentionally and playfully ambiguous, saying two things at once, and the translation only says one of them, for instance.

All acts of translation involve distortions like these, even the most literal. A prose translation that simply translates a poem word-by-word will, at best, capture the literal meanings of the words. (This outcome is unlikely: there is not always, or often, a one-to-one match between English and Irish words. The translator's choices will involve interpretation.) Even this sort of "fidelity" comes at high cost: if such a translation misses jokes and word-play, how faithful is it? If it renders a melodious and sweet-sounding original into something hard to read (let alone sing or memorize!), how faithful is it? The poetry is in all these "untranslatable" aspects of the poems, and they are part of the meaning just as much as the literal meanings of the words.

Conversely, a translator might do a "version" of the poem, rendering it into something recognizable as English-language poetry. Here we will get poetry, and perhaps the "spirit" of the original. We will get a more interesting translation this way. But it will be less helpful to those seeking to read the original. If they assume the translation is literal, they will be misled. And readers without Irish will risk mistaking the translator's voice for the poet's. Again, something of the original is salvaged, but at high cost.

All translation faces these dilemmas. But they are more pernicious in the case of a minoritized language and a history of colonialism. A translator hopes to make something Irish into something English. So did the empire-builders. There might not be a good way to deal with this fact, or a way that is obviously better than all the others. In assembling *Bone and Marrow/Cnámh agus Smior*, we thus did not impose any strategy on the contributors. They were free to create their own translations, of whatever kind, or to choose previously published translations done by others, of whatever kind.

The result is that *Bone and Marrow/Cnámh agus Smior* became not only a history and anthology of Irish-language poetry but also of translation from Irish into English. Almost any approach to translation you can think of is here: literal prose translation, free translation, and everything in between. Different historical approaches are represented: there are translations from the eighteenth, nineteenth, twentieth, and twenty-first centuries. There are canonical translations and new translations. Translations that are *dílis, daoirsiúil* and those that are *dána, dásachtach*. There are translations that breathe new life into poems long burdened by painfully pedantic translations; there are literal prose translations. Readers will have their preferences, but we hope all will be inspired to return to the originals. There are translations by leading lights of the early twentieth-century revival, who hoped to recover in these poems some sense of authentic Irish nationality. There are translations by twenty-first-century translators who are deeply skeptical of the revivalists' national mythos. There are translations by people who are professors, poets, both, or neither. There are translations that bowdlerize (an incredulous reader noted that the translation for Poem 58 translates "bastards" as "children"!) and others that bask in the ways poets work blue. There are self-consciously literary translations and self-consciously literal ones. The modes of translation are as diverse as the poems, poets, and poetical forms on offer. In other words, it is messy in here, dear reader, and this is by design. The mess has a tale to tell about the process of translation, about the history of translation, colonialism, and the feeble but indispensable bridges that connect us to the past and to each other. There are important historical reasons why those bridges seem wobblier and narrower in

the case of Irish-language poetry, and we hope the variety of approaches adopted here will highlight rather than obscure those reasons.

Other choices we made aim toward the same end. Irish texts are by-and-large reproduced as they appear in the original sources. In some cases Irish has been modernized or standardized. But in other cases older forms of the language appear as, well, older forms of the language. This way readers will have an appreciation for the ways the language has evolved over time.

The volume's overlapping chronological organization serves a similar purpose. Readers will notice that several chapters cover the same chronological ground, each time emphasizing different themes, events, or processes. We created this structure because neat chronological boundaries create a false impression of change over time in Irish poetry, as if once a target date was hit the entire tradition transformed wholesale. A rigidly chronological approach also creates a false impression of individual poets. Padraigín Haicéad, for instance, appears in three chapters in this book: one on bardic verse, one on poetic responses to the Plantation of Ulster (1609), and, finally, in the chapter on the 1640s and 1650s where he chronologically "belongs." He thus appears as a very late representative of the professional bardic poets and an early representative of a more politically engaged, direct, and accessible political verse written by amateur poets. Which was he? There is an argument to be had (and Haicéad is probably both). Either way, the overlapping structure allows readers to assess the possibilities rather than choosing for them. Neither people nor politics fall into neat chronological boxes. Politics and culture are messy and malleable, and we hope that this volume showcases that fact even as it also underlines the powerful continuities in the tradition of Irish-language poetry.

Tús an Traidisiúin

The Origins

Filíocht Ghaeilge na Meánaoise Luaithe (c. 600–1200)

Joseph Falaky Nagy & Natasha Sumner

Tá tús áite ag an bhfilíocht sa litríocht dhúchasach a tháinig chun cinn in Éirinn go luath tar éis theacht na Críostaíochta agus, a leathbhádóir, cultúr na Laidine, sa chúigiú haois. Mar aon le hoidhreacht an chultúir bhéil ón réamhChríostaíocht agus stádas na filíochta i dtéacsanna Bíobalta agus Laidine, a raibh cur amach ag literati orthu, tuigeadh an fhilíocht mar ghníomhtheanga mheasúil. Go deimhin, glacadh leis an bhfilíocht mar ghníomh a bhí measúil agus cuibhiúil, bíodh an fhilíocht sin ó bhéal nó ó lámh. Ní hamháin sin ach ba mhodh gan smál í do sheachadadh na fírinne agus an léinn thraidisiúnta. Ba cheird, ba bhua agus ba scil í ceapadóireacht na filíochta ar theastaigh sain-oiliúint uirthi; agus ba shainghairm í a chleacht speisialtóirí a raibh stádas acu de réir a gcumais agus a seasaimh. Ar bhuaic na speisialtóirí sin, bhí an *fili*, (an té a chonaic), duine a raibh ardmheas air agus, ar uairibh, scáth roimhe de bharr chumhacht a chumais. Sa Naomhsheanchas, is minic an *file*—seachas an draoi ná an rí—i gcomhpháirt leis an bhfear nó leis an mbean naofa nuair a tharla an bhunchoimhlint idir an Chríostaíocht agus an phágántacht. Tugann an pháirtíocht seo, mar a thuigtear é ón seanchas, fianaise stairiúil den chumasc ilchultúrtha a ghin an Ghaeilge mar theanga scríofa. Thug an Chríostaíocht agus a hionadaithe aibítir na Laidine leo go hÉirinn agus spreag sé an scríbhneoireacht inscríbhinne, ar a dtugtar *ogam*, sa tréimhse réamh-Chríostaí nó go han-luath sa tréimhse Chríostaí. Fiú sa tréimhse réamh-Chríostaí nó go han-luath sa tréimhse Chríostaí ba í an aibítir Laidine an scríbhneoireacht inscríbhínne ar a dtugtar *ogam*. Chuidigh na filí—agus go deimhin, d'iompaigh cuid acu ina manaigh nó ina bhfir eaglasta—le cruthú na teanga liteartha seo. Más ann do phatrún a choinnigh an chomhghuaillíocht seo d'aidhmeanna agus de chuspóirí le chéile, ní foláir gurbh é Colm Cille é: manach, ab agus naomh de shliocht ríoga ón séú haois, agus arbh fhile oilte é, b'fhéidir, a ndeirtear faoi gur shábháil sé filí na hÉireann ar a ndíbirt as Éirinn.

Is mó dán a leagtar air agus is mó feidhm a bhí ag an bhfilíocht a tháinig anuas chugainn ón tréimhse réamh-Normannach. Pléitear inti, i stíl shnoite shnasta, rogha mór ábhair, .i. seanchas, ginealas, dlí, stair (an stair dhúchais, an stair bhíobalta agus stair ghinearálta), an teagasc Críostaí, paidreacha, cleachtas na hurnaí agus an dinnseanchas. Agus na filí seo i mbun oibre i gcomhthionól na manach, ní bheifí ag súil le mórán dánta molta. D'fhéadfaí a rá gur cúram

CHAPTER ONE

Early Medieval Irish Poetry (c. 600–1200)

Joseph Falaky Nagy & Natasha Sumner

Poetry occupies a pre-eminent position in the vernacular literature that developed in Ireland not very long after the coming of Christianity in the fifth century CE and of the Latinate culture that came with it. In what was both a carry-over from pre-Christian oral culture and a privileging consistent with the biblical and Latin texts with which the early *literati* were familiar, poetry was viewed as a highly (if not the most) prestigious use of language and an unimpeachable medium for the transmission of truth and traditional knowledge. The composition of poetry was a craft requiring extensive training and a profession practiced by specialists ranked according to a hierarchy of expertise and status, at the top of which was the highly revered (and occasionally feared for the power of his poetic word) *fili* (see-er). In the early Lives of the Irish Christian saints, poets—as opposed to, say, druids and kings—frequently ally themselves with the holy man or woman when the foundational confrontation between Christianity and paganism takes place. This affinity, as enshrined in legend, may provide historical evidence for the consortium of diverse cultural forces that led to the invention of a written form of Irish. Christianity and its advocates brought with them the Latin alphabet, which already in the pre- or very early Christian period had served as the inspiration for the Irish form of inscriptional writing known as *ogam*. The poets (who in some cases became churchmen or monks themselves) contributed their solid grounding in this difficult language and what was doubtless a fascination with the prospect of memorializing their poetic craft in a written form to the creation of a literary Irish. If Irish poetry could be said to have a patron saint guarding over the delicate balance holding together this confluence of cultural purposes, goals, and modes of expressivity, it would be Saint Columba or Colmcille, a sixth-century figure who was a member of a royal dynasty, a monk and an abbot, and perhaps a trained poet as well, who was said to have saved the overbearing poets of Ireland from exile, and to whom posterity attributed a large body of poems.

Poetry as it has survived from the pre-Norman period serves many purposes and conveys in its elevated style a variety of types of lore: for example, genealogy, law, history (native, biblical, and "universal"), Christian doctrine, prayer and practice, and place-name lore. It is probably a reflection of the monastic milieu in which the early medieval Irish poets who recorded their work in writing lived,

na bhfilí lasmuigh den mhainistir é sin, agus b'shin mar a thuill siad a n-arán
laethúil agus a bhain siad clú agus cáil amach. Is mó i bhfad de na dánta molta a
mhaireann ón tréimhse iar Normannach. Ní dhearna muid iarracht na patrúin
méadracha sna dánta roghnaithe seo a mhacasamhlú inár n-aistriúcháin Bhéarla.

1. "Messe ocus Pangur Bán,"
NÍ FIOS CÉ A CHUM, meadaracht: deibhí [deibide]

Tugtar suas do "Messe ocus Pangur Bán" gurbh é an dán Gaeilge is cáiliúla ón
meánaois. Is mó aistriúchán a deineadh air agus is minic é i ndíolaimí filíochta.
Chuir an Meiriceánach Samuel Barber ceol leis, fiú, agus ba é a spreag an scannán
mór-ráchairte The Secret of Kells, a léirigh Tomm Moore agus Nora Twomey sa
bhliain 2009. Níl fáil air ach mar nóta imill ar théacs ón naoú haois ó Mhór-Roinn
na hEorpa i dteannta scata dán eile Gaeilge i dtéacs ina bhfuil ábhar léannta
Laidine. Is féidir an dán a thuiscint mar théacs fíoraisfhillteach, fíormheabhrach
ina bhfuil an scoláire ("mise" an dáin) dírithe go huile is go hiomlán ar mhion-
chúram na grinnléitheoireachta, ag iarraidh ciall a bhaint as an téacs atá os a
chomhair agus ag trácht ar dheacrachtaí an téacs sin, b'fhéidir fiú an leathanach
féin ar scríobhadh an dán ar a imeall! Más é an scoláire ábhar an dáin, is ann don
chat, freisin, mar ábhar an dáin—cé go dtugtar ainm Breatnaise air—pangwr,
úcaire—agus trácht fhiach an chait agus ar shaol sona sásta an scoláire agus an
chait in éineacht. Cé gur leasc linn comhluadar an chait a bhaint den scoláire nó
den fhile, is féidir an dán a léamh mar iarracht chun gníomhaíocht an fhir agus
an ainmhí a fheiceáil mar imeachtaí comhthreomhara; sa chás seo is meafar é an
cat ach b'fhéidir nach ann dó i ndáiríre. Ní loicfí an dán dá dtuigfí an "tegdais"
ina maireann an cat, an scoláire—agus fiú an luch—mar théacs an dáin féin,
téacs ina maireann an file, an cat agus an luch. Deibide atá in úsáid, meadaracht
an-choitianta ina bhfuil seacht siolla i ngach líne, le rím dheiridh idir an siolla
deiridh (agus béim air) sa chéad líne agus an siolla deiridh (gan bhéim air) sa dara
líne; agus idir an siolla deiridh (agus béim air) sa tríú líne agus an siolla deiridh
(gan bhéim air) sa cheathrú líne.

> Messe ocus Pangur Bán
> Cechtar nathar fria saindan
> Bíth a menmasam fri seilgg
> Mu menma céin im saincheirdd.

that relatively little encomiastic verse—arguably the secular poets' principal means of earning a living and gaining a reputation—has come down to us from pre-Norman Ireland, compared with what has survived from the post-Norman Gaelic world. (Our translations of these selected poems do not attempt to replicate the metrical patterns to be found in the Irish originals.)

1. "I and White Pangur,"
ANONYMOUS, meter: *deibhí* [*deibide*]

Perhaps the most famous poem from medieval Ireland, "I and White Pangur" has been frequently translated, anthologized, and even set to music (by the American composer Samuel Barber). The poem was also one of the sources of inspiration for the popular animated film *The Secret of Kells*, co-directed by Tomm Moore and Nora Twomey (2009). It is preserved only in the marginalia of a ninth-century continental manuscript that, alongside a handful of Irish poems, primarily contains learned Latin texts. One could interpret the poem as intensely reflexive, focused as it is on a scholar (the poem's "I"), busy with the work of reading, trying to understand, and commenting on difficult texts, possibly the very ones contained in the manuscript that also includes the poem. A cat appears as the co-subject of the poem (curiously, it is given a Welsh name—from *pangwr* [fuller]), and there is reference to the feline's hunting of a mouse and to the happy coexistence of cat and owner. While we would not want to deprive the scholar-poet of the pleasure of a pet's company, the poem invites us to see the activities of human and animal as parallel, and the cat as metaphorical as much as it is real. Nor would it betray the text to see the *tegdais* (dwelling) in which cat, scholar—and mouse?—carry on their activities as a reference to the "housing" with which the poem itself provides them. The poem's quatrains are in *deibide* meter, a very common device in medieval poetry: seven syllables per line, with end-rhyme between the final syllable (stressed) of the first line and the final syllable (unstressed) of the second, and between the final syllable (stressed) of the third and the final syllable (unstressed) of the fourth.

> I and white Pangur
> Are each intent on his own craft:
> His mind is usually on hunting,
> While my mind plies its own special skill.

Caraimse fos ferr cach clú
Oc mu lebran leir ingnu
Ni foirmtech frimm Pangur Bán
Caraid cesin a maccdán.

O rubiam scél cen scís
Innar tegdais ar noendís
Taithiunn dichrichide clius
Ni fristarddam arnáthius.

Gnáth huaraib ar gressaib gal
Glenaid luch inna línsam
Os mé dufuit im lín chéin
Dliged ndoraid cu ndronchéill.

Fuachaidsem fri frega fál
Rosc anglése comlán
Fuachimm chein fri fegi fis
Mu rosc reil cesu imdis.

Faelidsem cu ndene dul
Hinglen luch inna gerchrub
Hi tucu cheist ndoraid ndil
Os me chene am faelid.

Cia beimmi amin nach ré
Ni derban cách a chele
Maith la cechtar nár a dán
Subaigthius a óenurán.

He fesin as choimsid dán
In muid dungni cach oenlán
Du thabairt doraid du glé
For mu mud cein am messe.

Foinse: Whitley Stokes & John Strachan, *Thesaurus Palaeohibernicus: A Collection of Old-Irish Glosses,
Scholia, Prose, and Verse*, iml. 2 (Cambridge: Cambridge University Press, 1901–1910), 293–94.

I love working, preferable to all fame,
On my dear book, eager to understand it;
White Pangur does not envy me:
He has his own developing craft.

Once we are, a story that does not end,
In our own dwelling, just the two of us,
We find, always,
Something to which to apply our keen intellect.

Usually, sooner or later, and after heroic struggle,
A mouse ends up trapped by Pangur;
Meanwhile, there falls into my own trap
A difficult concept, which I rigorously analyze.

He aims along the wall
His eye, the perfect instrument;
I myself aim on that which is hard to know
My clear eye, slow and methodical though it may be.

Swiftly moving, he rejoices
When a mouse is caught on his sharp claw;
When I solve an important, challenging problem,
It is my turn to rejoice.

Whenever we are so,
Neither interfering with the other,
His own craft satisfies each of us,
And we celebrate, each in his own way.

He becomes his own lord
Who becomes an expert at his work;
To illuminate the obscure
In what I work on, I am indeed competent.

Translation: A revised version of that in Joseph Falaky Nagy's "Introduction," in *The Individual in Celtic Literatures: CSANA Yearbook 1*, ed. J. F. Nagy (Dublin: Four Courts Press, 2001), 7–8.

2. "Sét no tíag téiti Críst,"
COLM CILLE, meadaracht: filíocht aiceanta

Leagtar an dán seo ar Cholm Cille, naomh Éireannach a mhair sa séú haois.
Tá teacht ar an téacs i lámhscríbhinn ón gcúigiú haois déag i Leabharlann na
Breataine. Is sampla é an dán seo den chumadóireacht ar thug an scoláire James
Carney "filíocht aiceanta" air, filíocht a fhaightear i litríocht na Gaeilge, ar bhonn
teanga, sa tarna leath den chéad mhílaois. Ní hann san fhilíocht seo do na sain-
tréithe a shamhlaítear le filíocht na Gaeilge ina dhiaidh seo: ceithre líne sa rann
agus líon áirithe siollaí i ngach líne. Seachas sin is gnách san fhilíocht aiceanta seo
go mbíonn líon áirithe siollaí aiceanta sa líne, sa leathlíne nó i ndúnadh na líne,
mar aon le huaim, le comhfhuaim, agus le comhshondas ó líne go líne. Sa dán seo,
is gnách dhá bhéim in aghaidh gach leathlíne (curtha in iúl anseo thíos le dhá
spás), agus is minic nasc uaime idir an chéad chuid den líne agus an tarna cuid
(Tiagait lium láthar ndil). Úsáidtear rím dheiridh chun leathrann a dhéanamh
den líne, ar thréith í den fhilíocht chlasaiceach a thiocfadh chun cinn ar ball.
Tugtar "Rím na Gaeilge" ar an gcóras seo. Ní gá go mbeadh na consain deiridh
sna siollaí ríme díreach mar an gcéanna: is leor iad a bheith sa ghrúpa fónach
céanna (b,d,g / p,t,c / f,ph,th,ch / b,d,g,l,r,n,m; e.g., níuil / tríuin). Feictear dúnad
anseo, freisin. Is tréith d'fhilíocht na Gaeilge tríd síos í seo. Tarlaíonn sé nuair a
chríochnaíonn dán ar an bhfocal céanna lenar thosaigh sé. Is minic a léiríonn an
dúnad téama an fhile no ábhar an dáin. Sa sampla seo, tosaíonn agus críochnaíonn
an dán leis an bhfocal "sét" (slí, conair). Leagann an focal sin béim ar ghluaiseacht
an dáin arb ortha é a chinntíonn sláinte an té a bhíonn á aithris. Tugann nóta
sa lámhscríbhinn le fios go gcoinneoidh an dán seo duine slán ó chontúirt má
dhéantar é a aithris ar dhúiseacht agus ar dhul a luí dó, agus go gcosnófar an té
atá ag dul i mbun aistir, leis ("ag dul for sed").[1] Is ionann "aistear" sa dán seo, agus
an lá nó an oíche a chaitheamh nó a chur díot, ach tuigtear, de bharr na mbriathra
gluaiseachta ar fud an dáin, go bhfuil turas fisiciúl seachas turas meafarach i gceist,
freisin. Cén gnó ("caingen") a thugann ar reacaire an dáin tabhairt faoin mbóthar
agus faoin turas seo? Leagtar an dán seo ar Cholm Cille agus ba mhór a cháil mar
mhanach, mar ab agus mar dheoraí: An do mhanaigh ag dul ar oilithreacht, in
Éirinn nó thar lear, é an dán seo? Nó, mar a mheas James Carney, an bhfuiltear
ag tagairt do cheannaithe taistil, gníomhairí nach luaitear ach go hannamh sna
foinsí ach gurbh ann dóibh ní foláir?[2]

---

1. James Carney, "Three Old Irish Accentual Poems," Ériu 22 (1971): 23.
2. Carney, 26.

2. "The road on which I go,"
COLMCILLE, meter: accentual verse

This poem, attributed to the sixth-century Irish saint Colmcille and preserved in a fifteenth-century manuscript in the British Museum, is an example of what the scholar James Carney called "accentual verse," a type of poetry to be found in Irish literature datable on the basis of language to the second half of the first millennium CE. In such verse, certain hallmarks of later poetic convention are not yet present, such as lines having a fixed number of syllables and their being bound together into quatrains. Instead, in accentual poetry, there is usually a fixed number of stressed syllables in the line, the half-line, or the cadence (the final part of the line), as well as linking alliteration, assonance, and consonance from line to line. In the poem below, there are usually two stresses per half-line (set off with two spaces); frequently alliteration binds the first half to the second half (Tiagait *l*ium *l*áthar ndil); and lines are formed into couplets by means of end-rhyme, the latter a characteristic of later, more "classical" verse. This is "Irish rhyme," a system according to which the final consonants in the rhyming syllables need not be identical but do have to belong to the same phonetic group (b,d,g / p,t,c / f,ph,th,ch / b,d,g,l,r,n,m; e.g., níuil / tríuin). We also see here dúnad (closure), a feature characteristic of Irish poetry throughout the history of its development, whereby the poem ends on the same word or phrase with which it began. What constitutes the dúnad often sets the thematic background for the poem's unfolding discourse. In this case, the poem begins and ends with the word sét (path, way), which indeed highlights the journeying movement in which the poem revels, and the safety of which the poem as charm is meant to ensure.

A note in the manuscript says that this poem will protect during both the day and night if it is duly recited upon one's waking and going to bed, but it will also work when the reciter goes on a journey (ag dul for sed).[1] Spending the day, or sleeping at night, are "journeys" in a way, but the poem, with its frequent use of verbs of motion, clearly alludes to a real, non-metaphorical journeying as well. What is the first-person traveler's "transaction" or "business" (caingen) on account of which he sets out? Colmcille, the purported author of the poem, was a famous monk, abbot, and exile from Ireland; is this poem meant for the protection of ecclesiastics going about their religious mission, at home or perhaps even abroad? Or, as James Carney shrewdly speculated, does it also refer to the life of a "traveling merchant," a figure only rarely mentioned in our early Irish sources but no doubt a presence on the medieval Irish social scene?[2]

---

1. James Carney, "Three Old Irish Accentual Poems," Ériu 22 (1971): 23.
2. Carney, 26.

Sét no tíag téiti Críst
Crích im béo bíth cen tríst.

Tréodae romáin airm i n-an
Athair, macc, spirut glan
Tiagait lium láthar ndil
Ar cech caingin aingel gil
Ar cech caingin ata-teoch
Narom-tairre nim o neoch
Muinter nime noíbdai níuil
Dechmad nert talman tríuin
Torbach tóir tíagait lium
Narop lond fíado frium
Rís cech leth tís mo thech
Tucht ad-ria réim cen meth
Réid cech coí ar mo chiunn
Fiur mnaí maccaib fáilte frium
Fírmaith fecht fó don-fét
Fíado finn foraim sét.

Foinse: Bunaithe ar eagrán James Carney in "Three Old Irish Accentual Poems," Ériu 22 (1971): 27–28.

3. "Tarlucus urchar dom sleig,"sliocht as *Serglige Con Culainn*, NÍ FIOS CÉ A CHUM, meadaracht: deibhí

Faightear "Tarlucus urchar dom sleig" agus "Acht chena" (Dán 4) in *Serglige Con Culainn* (sága a cumadh go déanach sa chéad mhílaois agus a bhfuil teacht air in *Lebor na hUidre* ó dheireadh an aonú haois déag/tús an tarna haois déag). Baineann *Serglige Con Culainn* le lagar Chú Chulainn de bharr na gcumhachtaí neamhshaolta atá ag tathant air páirt a ghlacadh sa chogadh cathartha atá ar bun eatartha féin sa saol eile. Éiríonn lena mbeart agus tarraingítear an laoch isteach sa chogadh. Cuireann Cú Chulainn an ruaig ar Eogan Inbir agus ar Eochu Íuil, beirt ar theastaigh uathu an choróin a bhaint den rí osnádúrtha Labraid. Gheall Labraid go mbronnfaí Fand, an spéirbhean ghleoite, ar Chú Chulainn dá n-éireodh leis an bua a bhaint do Labraid. Is í Fand bean chéile Manannán mac Lir, neach neamhshaolta eile. Deirtear sa téacs gur "fhág" Manannán mac Lir Fand ach ní léir ar thréig sé an pósadh nó ar imigh sé ar eachtra éigin—is minic é as baile agus ag taisteal i scéalta eile. Tuigtear ón téacs seo go bhfuil Manannán ag tacú leis na

The road on which I go, Christ goes on it as well,
In whatever territory I may be, let it lack unhappiness.
May the Trinity preserve me wherever I stay,
The Father, Son, and Holy Spirit.
They go with me, a valuable arrangement,
In every transaction, bright angels,
In every transaction I take refuge with them,
The company of heaven of the holy cloud,
The tenth force (protecting me) being that of the strong earth.
An advantageous recourse, they travel with me
So that my Lord will not rage against me.
May I reach my every destination yet find my way home,
May I do good business without a loss.
May my being received as a guest go smoothly,
May I be welcomed by husband, wife, and children—
Fortunate travel indeed—well does he bring about,
The bright Lord, progress on the roads.

Translation: Joseph Falaky Nagy.

3. "A Hero Humbled," extract from *Serglige Con Culainn*, ANONYMOUS, meter: *deibhí*

Poems 3 and 4 come from the saga text *Serglige Con Culainn* (*The Wasting Sickness of Cú Chulainn*) from the late first millennium CE, preserved in the late eleventh-/ early twelfth-century manuscript *Lebor na hUidre* (*Book of the Dun Cow*), which tells a story of the great Ulster hero's humbling debilitation brought about by otherworldly forces intent on catching his attention in order to convince him to intervene in their civil war. The strategy works, and Cú Chulainn defeats the malcontents (Eogan Inbir and Eochu Íuil) attempting to depose the supernatural King Labraid, who has promised the favors of the beautiful Fand to the hero if his intervention in the conflict proves successful. Fand is the wife of another other-worldly figure, Manannán mac Lir, who, the text ambiguously says, has "left" her, in the sense either of abandoning their marriage or of having gone on an extended trip—travel being an activity in which he frequently engages in other stories as well. From the poem below, it would seem that Manannán is on the side of the rebels and, understandably, inimically inclined toward the hero to whom his wife

ceannaircigh i gcoinne Labraid. Is beag bá a bheadh aige le Cú Chulainn ar gealladh a bhean chéile féin dó. Seo freagra fuarbhruite Chú Chulainn d'iarratas a threoraí mhná nuair a d'iarr sí air a ghníomhartha gaisce sa chath atá díreach buaite aige lena shleá a aithris. Diúltaíonn Cú Chulainn don fhéinmhuinín ardnósach agus don bhuaileam sciath a aimsítear i bhformhór na scéalta laochais. Seachas sin, spreagtar é le machnamh a dhéanamh ar an ócáid nuair a chlis, go tubaisteach agus go poiblí, air éan a aimsiú lena shleá ní ba luaithe. Eagraítear na línte ina rainn, faoi réir mheadaracht *deibide*; chonaic muid an mheadaracht seo cheana sa chéad dán, "Messe ocus Pangur Bán."

Tarlucus urchar dom sleig
I ndúnad Eogain Inbeir
Nícon fetar—sochla set—
In buaid dorignius no in bet.

Cid ferr cid messu dom nirt
Cosse ní tharlus dom chirt
Urcur anfis fir i ceó
Bes nan árlaid duni beo.

Slog find forfind formnib ech
Dom roipnitar forom leth
Munter Manandan mac Lir
Cotagart Eogan Inbir.

Immimrous cipe cruth
In tan tánic mo lan luth
Oenfer dia tricha cet
Conda rucus dochom n-ec.

Ro chuala chneit Echach Iúil
I socraidi labrait biuil
Mad fir con fír bes nip cath
In t-urcur ma tarlacad.

Foinse: Ernst Windisch, eag., *Irische Texte mit Wörterbuch*, iml. 1 (Leipzig: S. Hirzel, 1880), 222.

has been promised. The poem is Cú Chulainn's muted response to the request of his female guide to the otherworld to recount his deeds in the battle he has just fought and won with a successful cast of his spear. Still smarting from an earlier humiliation in which he miscast at birds, an embarrassing public failure for the hero and a link in the chain of events that bring about his wasting sickness, Cú Chulainn calls into question the stance of arrogant confidence and the resort to self-exaltation that would have characterized his response under more normal heroic-saga circumstances. The lines are organized into quatrains, each of which is regulated by *deibide* meter, the same as in "I and White Pangur" (Poem 1).

I threw a cast with my spear
Into the stronghold of Eogan Inbir;
I do not know—famous path?—
If it was success I achieved, or did I fail.

Whether it reflects better or worse on my strength,
Until now I have not thrown, by my estimate,
A misgauged cast at a man in the mist—
So, perhaps no living man departed.

On the best of horses, a glittering host
Pursues me wherever I am;
The posse of Manannán mac Lir
As summoned by Eogan Inbir.

Whatever breakthrough it was that changed me,
When my full vigor returned,
A single man (stood) against a host,
So that I delivered them all to death.

I heard the groan of Eochu fuil,
Eloquently his mouth speaks:
Maybe it really was by one man, not a whole host,
That the cast was hurled.

Translation: Joseph Falaky Nagy.

4. "Acht chena,"
sliocht as *Serglige Con Culainn*, NÍ FIOS CÉ A CHUM

Tar éis dó bua a bhaint amach sa saol eile, téann Cú Chulainn agus Fand go fonn-
mhar i gcumann lena chéile, fiú agus é ar ais i gCúige Uladh. Ní mó ná sásta í
Emer, áfach, bean chéile Chú Chulainn. Tá olc uirthi, ní nach ionadh, lena fear
céile agus é i gcaidreamh seachphósta le bean eile fiú más bean neamhshaolta í. Sna
línte gearrtha aiceanta seo nach ionann iad baileach agus an fhilíocht fhoirmiúil
a chonacthas thuas, baintear leas cliste as an aidiacht "cech/cach" (gach/cách)
arís agus arís eile. Tá ciall uilíoch i ráiteas Emer: gur minic dímheas ar an rud
traidisiúnta seanbhunaithe nach aon nuacht é níos mó agus gur minic tóir ar,
agus dúil sa nuaíocht toisc í a bheith úrnua. Déantar dearmad ar dhílseacht
sheanbhunaithe agus tugtar tús áite don nuaigín. Tuigtear, b'fheidir nach buan
rud ar bith: fiú dian-mhothúcháin agus grá. Tuigtear b'fhéidir, gur fíor sin, fiú,
i gcás an traidisiúin scéalaíochta lena mbaineann Cú Chulainn agus Emer féin.

> Acht chena,
> Is alaind cech n-derg,
> Is gel cach nua,
> Is cáin cech ard,
> Is serb cach gnáth,
> Cáid cech n-ecmais,
> Is faill cech n-aichnid,
> Co festar cach n-eólas.
> A gillai (ar sí) o bámar-ni
> Fecht co cátaid acut
> Ocus no bemmis dorisi,
> Dia m-bad ail duit-siu.

Foinse: Ernst Windisch, eag., *Irische Texte mit Wörterbuch*, iml. 1 (Leipzig: S. Hirzel, 1880), 223–24.

5. "A Meic Lugach, toluib snas,"
sliocht as *Acallam na Senórach*, NÍ FIOS CÉ A CHUM

Faightear an dán teagascach seo, ina bhfuil prós agus filíocht, in *Acallam na
Senórach*, lámhscríbhinn ón tríú haois déag. Ar nós an dáin thuas ó *Serglige Con
Culainn*, is liosta é seo de na nithe is cóir agus nach cóir do Mac Lugach, garsún

4. "Emer's Complaint,"
extract from *Serglige Con Culainn*, ANONYMOUS

Having triumphed in the otherworld, Cú Chulainn commences an affair with the willing Fand, carrying on with her even after his return to Ulster. They are, however, confronted by Emer, Cú Chulainn's infuriated wife, who berates her unfaithful husband for trysting with the other woman—perhaps not in "poetry" in the strict sense of Cú Chulainn's *deibide* quatrains quoted above, but in language that can be scanned as short accentual lines, each with two stresses, most of them syntactically parallel, and interlaced by means of the repetition of the adjective *cech/cach* (each, every, any). The universal application of what Emer is saying, implied by this refrain-word, combines with her wistful admission that the search for novelty easily triumphs over loyalty, to suggest the transience of all affections and their objects, perhaps even including the storytelling tradition in which Cú Chulainn, Emer, and this saga figure.

> But besides,
> Everything red is "pretty,"
> Everything new is "bright,"
> Everything high-class is "beautiful,"
> Everything familiar is "bitter,"
> Everything lacking is valued,
> But everything familiar is neglected
> So that everything knowable may be sought out.
> Lad, there was a time
> When you respected me—
> We could be that way again,
> If you still wish it.

Translation: Joseph Falaky Nagy.

5. "Advice to Mac Lugach,"
extract from *Acallam na Senórach*, ANONYMOUS

This didactic poem from the early thirteenth-century text *Acallam na Senórach* (*Conversation of the Old Ones*), prosimetric like "Emer's Complaint," presents a checklist of "do's and don'ts" to the rowdy youth Mac Lugach, who is having

trioblóideach, a dhéanamh agus é ar tí luí amach ar chultúr na bhFiann ina bhfuil fiach agus cogaíocht lárnach. Is é a sheanuncail Finn mac Cumaill (Fionn mac Cumhaill), ceannaire na bhFiann, a chuireann an chomhairle air sa dán. Tugtar an treoir i bhfoirm sách scaoilte den mheadaracht *deibide*. B'fhearr, b'fhéidir, a d'oirfeadh an chomhairle seo do lucht óg na cúirte faoi réir ag iarla, seachas do chomhthionól garbh na bhFiann agus iad siar agus aniar idir an chúirt agus fiántas an nádúir, idir an saol seo agus an saol eile. B'shin an taithí saoil, saol idir dhá chultúr, a samhlaíodh le Fionn agus leis an bhFiann sa traidisiún luath-mheánaoiseach luath.

> A Meic Lugach, toluib snas
> Más e h'órd an t-óclachas
> Corbhat sídhuigh teglach tréin
> Gurbhat duilig a n-droibhéil.
>
> Ná buail do choin gan chinuidh
> Ná lí do mhnái co finnair,
> Ná ben re genaidhi i cath
> Gid meraigi, a Mheic Lugach.
>
> Ná h-imderg duine mad cáidh
> Ná h-éirigh re h-imarbáigh,
> Ná rab tarraic imale
> Ar ammaid ná ar droch-dhuine.
>
> Dá trian do mhíne re mnáibh
> Is re h-echlachuib urláir,
> Re h-aes dána dénta duan
> Nárbhat dian re daescar-shlúagh.
>
> Ná geibh tosach leaptha dhé
> Rett aes cumtha is comairle,
> Im-ghaibh luighi claen is col
> Ná fhaemh uile h' fiadhugodh.
>
> Ná h-abair-se bréithir móir
> Ná h-abair nach tibre chóir,
> Ór is nár a rádh co tenn
> Muna fedtar a comall.

difficulties adjusting to life in the hunting and warring band of heroes (the *fian/ Fianna*) that his grandfather Finn mac Cumaill (Fionn mac Cumhaill) leads. The instructions, delivered here in somewhat lax *deibide* meter, seem more appropriate for aspiring retainers in the court of their lord than for those leading a rough-and-tumble yet collective existence in the *fian*, in the interstices between culture and nature (and between this world and the otherworld)—a "beyond the pale" lifestyle that Finn and the *fian* embodied in early medieval tradition.

> O Mac Lugach, a fine piece of work,
> If it is to respectable adult status that you aspire,
> Then be peaceful in the household of a powerful man,
> But be tough in a difficult situation.
>
> Do not strike your dog if it has done nothing wrong.
> Do not accuse your wife of misconduct unless you are sure.
> Do not abuse a fool in battle
> Even though he makes no sense, Mac Lugach.
>
> Do not embarrass a holy man.
> Do not become involved in strife.
> Do not go astray
> With a witch or a bad person.
>
> Two-thirds of your good manners should go to women,
> To servants working in the household,
> And to artists who compose verse.
> Do not be curt with common folk.
>
> Do not be the first one in bed
> Before those of your age or those who give counsel.
> Avoid illicit sex and incest.
> Do not receive everyone with equal respect.
>
> Do not talk big
> Or say that you will not give what is due,
> For it is shameful to brag
> And yet to be unable to fulfill your boast.

Ná ro tréice do ruire
In chéin bheir ar bith bhuidi,
Ar ór ná ar shéd ar bith cé
Na tréic-si do chomairce.

Nár écnaighi co ferdha
A mhuinntir re tigerna,
Ór ní h-obair duine maith
Écnach a shluaig re prímh-fhlaith.

Nárbat buain-scélach brégach
Nárbat labhar luaith-bhédach,
Gérsat imdha do ghartha
Nírsat bidbha oirechta.

Nírsat sibleach thighi n-óil
Nársat ingnech ar shenóir,
In dáil ad-cluine as í in cóir
Ná ben re duine n-deróil.

Bidh co h-eistechtach cailli
Bid co féchsanach muighi,
Oir ní fedrais, mór in modh
Nach biad t'escara it farradh.

Nársad diultadach um biad
Nárab cumthach duit ainfhial,
Nárad furáil féin ar flaith
Na h-écnaiged gach n-ard-fhlaith.

Lean dott édach, lean dott arm
Resiu thair an gleo glas-gharbh,
Ná déna dibhe fád rath
Lean (d)on míne, a Meic Lugach.

Foinse: Whitley Stokes, *Acallam*, in *Irische Texte mit Wörterbuch*, iml. 1, eag. Whitley Stokes & Ernst Windisch (Leipzig: S. Hirzel, 1900), 17–18.

Do not abandon your king
So long as you are on this bright earth.
For neither gold nor any treasure in the world
Should you violate your guarantee.

Do not revile (trying to be manly)
A lord's company in his presence,
For it is not the job of a good man
To shame a lord about his retinue.

Do not be continually gossiping or lying,
Nor long-winded or impetuous.
Even if you have much to say,
Do not turn the assembly against you.

Do not be a frequenter of drinking lodges.
Do not be critical towards an elder.
The advice you are hearing is right:
Do not bother to strike a lowly person.

Listen closely in the forest
And be watchful on the plain,
For you cannot be certain (this is important)
That the enemy is not on your trail.

Do not be stingy about sharing food.
Let not a selfish person be your companion.
Do not impose upon a noble,
Nor should you insult one.

Keep your battle gear and arms on
Until the savage fight is over.
Do not undermine your good fortune with greed—
And keep to your manners, Mac Lugach.

Translation: A revision of that published in Joseph Falaky Nagy, *The Wisdom of the Outlaw: The Boyhood Deeds of Finn in Gaelic Narrative Tradition* (Los Angeles: University of California Press, 1985), 66–67.

6. "Fuit co bráth!" NÍ FIOS CÉ A CHUM

Is fada cáil ar dhánta nádúir na Gaeilge. Leanann argóintí agus díospóireachtaí i measc scoláirí faoi bhunús na filíochta seo: arbh é an saol díseartach Críostaí, múnla clasaiceach na Laidine, dúspéis na bhfilí sa nádúr a eascraíonn ón tréimhse réamh-Chríostaí, rogha an údair aonair nó meascán de na cúiseanna seo ar fad ba chúis leis an seánra seo? Ní fios agus ní dócha go mbeidh a fhios go deo. Ní tarraingteach ná mealltach é an an nádúr agus an saol faoin spéir i gcónaí, áfach, mar is léir ón dán seo a leanas. Is sampla é seo den *rannaigecht*. Sa mheadaracht seo, bítear ag súil le rím dheiridh idir líne a dó agus líne a ceathair, agus le huaim agus le chomhuaim idir na línte (ina bhfuil seacht siolla cé nach ann ach do thrí shiolla i gcéad líne an dáin seo) ar fad sna rainn. Is intriacht é an *dúnad* sa chás seo ina gcuireann an file fuacht na haimsire in iúl. Faightear an téacs in dhá cheann de na lámhscríbhinní a bhaineann leis an litríocht dhúchais a tháinig anuas chugainn (*Leabhar Laighean* agus Ls. Rawlinson B.502). I ngach cás, cuirtear an dán i láthair mar scéal teagaisc faoin laoch Fionn mac Cumhaill (an té a bhfuil teagasc á chur aige ar Mhac Lugach sa dán thuas) agus é ag cur oiliúna ar a shearbhónta leisciúil ar a dtugtar Mac Lesc (Mac Leisce).

Nuair a thugann Fionn ordú do Mhac Lesc, a sheirbhíseach, dul amach chun uisce a fháil, diúltaíonn sé ar an gcúis gurb ainnis an aimsir lasmuigh den bhothán. Cuireann Mac Lesc síos go fileata ar an drochaimsir agus a drochthionchar ar an gceantar mar gur apacailipsis a bhí ann. Freagraíonn Fionn le dán dá chuid féin ina gcuirtear síos ar áilleacht na haimsire agus ar bhreáthacht an nádúir an tráth sin den bhliain (an samhradh). Tuigtear ón argóint go bhfuiltear ag tabhairt le fios go bhfuil clár oibre daonna taobh thiar d'fhilíocht an nádúir/dúlra (más seánra inti féin í). Ar thaobh amháin tá óganach agus file óg ag gearán faoin drochshíon; ar an taobh eile de, tá Fionn, an té sinsearach a sheasann leis an status quo ag áitiú go bhfuil an saol ina cheart. Agus a dhán curtha de, cuireann Fionn iallach ar Mhac Lesc uisce a fháil dó agus, ina dhiaidh sin, fágann ina chraiceann dearg é agus ceanglaíonn sé le téad de cholún (a luaitear i ndán an tsearbhónta) agus fágtar ann thar oíche é. De bharr a smachtaithe, idir fhileata agus fhisciuil, ní shamhlaítear Mac Lesc mar leisceoir a thuilleadh agus déantar searbhónta den scoth dó tar éis dó glacadh le múineadh Fhinn cosúil le Mac Lugach (ach sa chás sin múineadh an ceacht gan leas a bhaint as pionós corpartha). Filleann an feall ar an bhfeallaire, áfach, mar is é dán ait Mhac Lesc a thugtar anseo seachas dán Fhinn.

6. "It's ever-lasting cold!" ANONYMOUS

Early medieval Irish tradition is well known for its poetically expressed apprecia-
tion of nature. Whether this kind of verse was inspired by the Christian eremitical
life, classical Latin models, a religious fascination with the natural realm rooted in
pre-Christian culture, individual authorial initiative, or all of the above, continues
to be the subject of scholarly debate. The world of the outdoors, however, is not
always shown to be friendly or attractive, as the following poem demonstrates.
Metrically it is an example of *rannaigecht*: stanzaic isosyllabic verse where end-
rhyme is expected between the second and fourth lines of the quatrain, with
alliteration and assonance linking together all four lines (consisting of seven
syllables each, except, in this case, the first line of the poem, which is reduced
to three). The *dúnad* (beginning and closing word) is an interjection, used by the
speaker of the poem to express how cold he feels (*fuit!*). This text appears in two of
the three earliest surviving Irish manuscripts dedicated to vernacular literature
(the twelfth-century Book of Leinster and MS Rawlinson B.502). In both cases, it
is framed by a prosimetric anecdote about how the hero Finn mac Cumaill (Fionn
mac Cumhaill) (he who is instructing the inexperienced Mac Lugach in Poem 5)
handles his rebellious servant Mac Lesc (Lazy Lad) when he refuses Finn's order
to go out and fetch some water, claiming that the weather outside the shelter
they are in is dreadful.

To make his point, Mac Lesc lays out a poetic description of almost apoca-
lyptically bad winter weather and its dire effects on life in the wild. Finn answers
with a poem of his own, describing *au contraire* how lovely the weather and the
natural world are at this time of year (summer). The exchange artfully suggests
that lying behind "nature poetry" (if it can be counted as its own genre) there is
always a very human agenda: in this case, the protest of a youthful subordinate
(and aspiring poet) against the "bad weather" of his subjection on the one hand,
and a senior poet-master's assertion of his authority in a *status quo* world where
"all is well" on the other. After setting the poetic record straight, Finn forces
Mac Lesc to fetch the water, strips him, and ties him to a stone pillar (the one
mentioned in the servant's poem), where the servant subsequently has to spend
the night. As a result of this poetic and physical chastisement, Mac Lesc loses the
quality of *lesc* (lazy) inscribed in his name, becoming an ideal servant and com-
panion, having been taught his lesson by Finn as effectively as Mac Lugach was
taught his (though in that case the lesson was delivered without resort to corporal
punishment). Nonetheless, Mac Lesc has the last laugh, because we present his
somewhat unusual poem here, not Finn's.

Fuit co bráth!
Is mó in doinenn ar cách
Is ob cache etrice án
[Ocus] is loch lan cach áth.

[Is] méit muir mór cech loch lonn
Is drong cech cuiri gúr gann
Mét taul scéith banna dond linn
Mét moltchrocann find cech slam.

Méit cuithi cach lattrach léig
Coirthe cach réid caill cach móin
Na helta ni[co]sta din
Snechta finn fír doroich tóin.

Ro-íad réod róta gribb
Íar ngléo glicc im choirthi cuilt
Congab donenn dar cach leth
Co ná abair nech acht fuit.

Foinse: Kuno Meyer, *Four Old-Irish Songs of Summer and Winter* (London: D. Nutt, 1903), 18.

7. "Ropadh maith lem," NÍ FIOS CÉ A CHUM

Ní haon lá ionaidh é gur cumadh mórán véarsaí diagachta agus na filí ag maireachtáil agus ag scríobh sna mainistreacha. Bhaist Daithí Ó hUaithne "St. Brigid's Alefeast" mar theideal ar an dán seo mar is eiseamláir é den seánra áirithe seo.[3] Dar leis, is féile leanna mheafarach—féile atá sách maith do na déithe fein, fiú—é seo. Is mian leis an bhfile *corm-lind mór* (bairille mór beorach) a roinnt le Dia agus leis na naoimh. Ach ní deoch mheisce amháin í seo ach deoch a chothaíonn an t-anam, freisin. Is mian leis an bhfile go mbronnfaí, mar *císaige* (seirbhíseach) Dé, suáilcí na Críostaíochta air: *creitem* (creideamh), *crábad* (diagacht), *etla* (aithrí), *ainmne* (foighne), *déirc* (carthanacht), *trócaire* (trócaire), agus *soichell* (féile). Tá súil aige, de bharr sin, beannacht Dé a bheith aige. Leagtar an dán seo ar Naomh Bríd a dhein beoir den uisce de réir scéil iomráitigh.[4] Ní luaitear Bríd féin anseo ach

---

3. David Greene (Daithí Ó hUaithne), "St. Brigid's Alefeast," *Celtica* 2, uimh. 1 (1952): 150–53.
4. Feic Donncha Ó hAodha, eag., *Bethu Brigte* (Dublin: Dublin Institute for Advanced Studies, 1978), 9, 26–27 § 28.

It's ever-lasting cold!
This foul weather is worse than any other,
Each furrow has swiftly given way to a stream,
And every ford overflows like a lake.

Every lake in its turbulence is the size of a great sea,
[As if] a scanty, miserable band became a throng;
Every drop of moisture is as big as a shield's boss,
Every snowflake as large as a ram's white fleece.

Every gravelly [?] puddle is now the size of a pit,
Everything that was level is now upright, every bog a forest;
There is no refuge for the birds,
The white snow comes up to a man's buttocks.

Frost swiftly closed down the mire
After a fierce struggle around Colt's Stone;
The foul weather has settled in everywhere
So that all anyone can say is, "It's cold"!

Translation: Joseph Falaky Nagy.

7. "St. Brigid's Alefeast," ANONYMOUS

Given that Irish literature of this period was written in monasteries, a considerable amount of religious poetry was produced. This poem, dubbed by David Greene "St. Brigid's Alefeast," is a unique example of the genre.[3] As Greene observed, what is being described is a metaphorical alefeast—one fit for the inhabitants of heaven. The speaker wishes to offer *corm-lind mór* (a great draught of ale) to the Lord and the heavenly host. We go on to learn that this *corm-lind* is not merely an intoxicating beverage to thrill the senses, but rather one that sustains the soul. What the speaker actually strives to "serve" to the Lord (adopting the position of His *císaige* [vassal]) are the Christian virtues of *creitem* (faith), *crábad* (devotion), *etla* (penitence), *ainmne* (patience), *déirc* (charity), *trócaire* (mercy), and *soichell* (generosity). For all this he hopes to be blessed. The poem has been attributed to Saint

---

3. David Greene, "St. Brigid's Alefeast," *Celtica* 2, no. 1 (1952): 150–53.

tagraítear don triúr Muire ar mhaith leis an bhfile go mbeidís i láthair ag an bhfleá beannaithe seo. Tuigtear go raibh na mná seo, an triúr Muire, i láthair ag céasadh Chríost—mar a mhínítear san amhrán nua-aoiseach "Caoineadh na dTrí Muire." Cé nach eol cérbh é a cheap an dán seo, ar éigean gur bean a chum más fíor gur ceapadh é i mainistir.

Níl fáil ar an téacs Meán-Ghaeilge seo ach i lámhscríbhinn amháin agus faightear í sin sa "Bibliothèque Royale de Belgique 5100." Ba é Mícheál Ó Cléirigh a dhein cóip de sa seachtú haois déag. Tá an téacs athchóirithe seo bunaithe ar eagrán Eoghan Uí Comhraí ag glacadh le socrú Dháithí Uí Uaithne de na línte, in ainneoin an mhéadair neamhghnách.[5] Leagan *toirthe* (torthaí) é *taurte* (líne 2 den dara véarsa), dar le Ó hUaithne, agus is cosúil gur cheap Ó Comhraí é seo freisin. Ní foláir gur gráin an ghrúdaire, a bhainfí trí shúisteáil (feic *sústá*, líne 4) atá i gceist.

> Ropadh maith lem
> Corm-lind mór do Rígh na Rígh,
> Muinnter nimhe
> Acca hól tre bithe shír.
>
> Ropadh maith lem
> Taurte creitme, crábaid glain.
> Ropadh maith lem
> Sústa etla oc mo threib.
>
> Ropadh maith lem
> Fir nimhe im theghdais féin.
> Ropadh maith lem
> Dabhcha anmneit do a réir.
>
> Ropadh maith lem
> Lestru déircce do dáil;
> Ropadh maith lem
> Escra trócaire dia dáimh.

---

5. Feic Greene, 153.

Brigid, one of whose most well-known miracles is turning water into beer.[4] Brigid herself is not mentioned, although we do get a reference to the three Marys, whom the speaker would like to be present at this holy alefeast. Also known from the widely-circulated modern song-poem "Caoineadh na dTrí Muire"/"The Lament of the Three Marys," these women were believed to have been present at Christ's crucifixion. While the poem's true author is unknown, we can assume it to have been composed by a monastic scholar, and therefore likely not to have been a woman.

The Middle Irish text of the poem survives in only one manuscript, "Bibliothèque Royale de Belgique 5100," copied by Mícheál Ó Cléirigh in the seventeenth century. We have adapted the text from Eugene O'Curry's edition, accepting Greene's arrangement of the lines, despite the unusual meter.[5] Greene takes *taurte* in line 2 of the second verse to be a form of *toirthe* (fruits, produce), as O'Curry also appears to have done. The produce in question must be the brewer's grain, which would have been extracted by threshing with flails (*sústa*, line 4).

I would like
A great draught of ale for the King of Kings,
The heavenly host
Drinking it for eternity.

I would like
Fruits of faith, of pure devotion.
I would like
Flails of penitence at my residence.

I would like
The men of heaven in my own house.
I would like
To serve them vats of patience.

I would like
To distribute vessels of charity.
I would like
Goblets of mercy for their retinue.

---

4. See Donncha Ó hAodha, ed., *Bethu Brigte* (Dublin: Dublin Institute for Advanced Studies, 1978), 9, 26–27 § 28.
5. See Greene, 153.

Ropadh maith lem
Soichell do bith ina luss;
Ropadh maith lem
Ísu beós do beith i fuss.

Ropadh maith lem
Na teora Mairi, miad a clú.
Ropadh maith lem
Muinnter nime da cech dú.

Ropadh maith lem
Corbam císaige don Flaith;
Mad chéss imned
Forsa tipredh bendacht maith.

Foinse: Athchóirithe ó Eugene O'Curry, *Lectures on the Manuscript Materials of Ancient Irish History*
(Dublin: James Duffy, 1861), 616.

8. "Sgíth mo chrob ón scríbinn," COLM CILLE, meadaracht: rannaíocht bheag

Tagann roinnt dánta anuas chugainn ón tréimhse seo agus is dánta iad atá beacht
agus achomair. Go deimhin tá cuid acu an-ghonta, gan iontu ach rann amháin.
Is iad cúraimí agus imní an fhile féin is ábhar dóibh. Is minic iad an-phearsanta
agus éirim scéil ag baint leo. Ach ní hionann a bheith gonta agus simplí agus ní
hionann neasacht agus áiféis. Tuigtear nach ag tabhairt gutha d'fhírinne fhisiciúil
agus mhothálach a bhíodar; ceaptar go m'fhéidir gur ag cur barr feabhais agus
bailchríoch ar mheadarachtaí casta na filíochta a bhíodar. Tagann roinnt de na
dánta seo anuas chugainn mar ábhar a breacadh ar imeall lámhscríbhinne nó
mar shamplaí sna leabhráin a leag síos na rialacha a bhain leis na meadarachtaí
éagsúla. Is as an traidisiún sin Dánta 1, 8, 9, agus 10.

Leagtar an dán seo ar Cholm Cille, cé gur dócha gur cumadh é i bhfad tar éis
dó bás a fháil. Is léargas é ar shaol an scoláire/fhile sa mhainistir, a mbíonn cúram
athscríobh agus cóipeáil na lámhscríbhinní air. Is obair thairbheach shásúil í
ach is obair an-tuirsiúil agus íditheach freisin í. Cuireann an dán leis an tuiscint
gurbh é Colm Cille féin a bhreac lámhscríbhinn ina scríobhlann féin ar Oileán Í.

Is leagan den *rannaigecht* ar a dtugtar *rannaigecht bec* í an mheadaracht. Is
d'aonghnó a bhaineann an file leas rialta as uaim agus as *dúnad fada*. Is glic iad

I would like
For generosity to be in their drinking.
I would like
For Jesus to be ever here.

I would like
The three Marys of glorious renown.
I would like
The heavenly host from every place.

I would like
To be a vassal to the Lord;
Well has he endured tribulation
Upon whom He would bestow a good blessing.

Translation: Natasha Sumner.

8. "My hand is weary from writing," COLMCILLE, meter: *rannaíocht bheag*

Also surviving from the early medieval period are a number of very concise po-
ems—some as short as a single verse—that reflect the concerns of the individual
authors. Personal and often easily relatable, the simplicity and immediacy of
these little poems belie their complexity. It is thought that their authors were
not only expressing their physical and emotional reality in a creative medium,
they were also honing their skill, practicing the tricky meters of which they were
masters. Some such poems come down to us as manuscript marginalia or turn
up as examples in metrical tracts—manuals illustrating the requirements of the
various meters. Poems 1, 8, 9, and 10 are representative of this tradition.

The poem is ascribed to Colmcille, although it was probably composed sev-
eral centuries after his death. It presents a window into the life of a monastic
scholar-scribe, whose tedious work producing manuscripts must have been both
rewarding and, at times, exhausting. The ascription is explicable by the tradition
that the saint himself wrote manuscripts in the scriptorium of his monastery on
the island of Iona.

The meter is a disyllabic form of *rannaigecht* called *rannaigecht bec*. The poet
took care to include frequent alliteration and a lengthy *dúnad*. The avian imagery
in the first verse is particularly creative: the reader is encouraged to visualize the

samhlaoidí na n-éan sa chéad rann; samhlaítear lámh an scríbhneora agus í tui-
rseach teannta mar chrobh, a bhfuil crúb/crobh ainmhí aige, ach lámh an duine
leis taobh thiar di. Déantar codarsnacht ar ball idir seo agus ceann an phinn mar
"ghulban" nó gob éin a thugann ceol éin chun cuimhne. Déantar nasc idir seo
agus eagna na bhflaitheas a luaitear sa dara rann. Tá teacht ar an dán i dtéacs ón
gcúigiú haois déag i Leabharlann Bodleian, Laud Misc. 615, in Ollscoil Oxford.

> Sgíth mo chrob ón scríbinn.
> Ní díghainn mo glés géroll.
> Sgeithid mo phend gulban caolda
> Digh daolta do dub glé[gorm].

> Bruinnidh sruaim n-ecna nDé Fhinn
> As mo láim degduinn desmais.
> Doirtidh a digh for duillinn
> Do dub in chuilinn chnesglais.

> Sínnim[6] mo phenn beg bráenach
> Tar aonach lebar lígoll
> Gan sgor fri selba ségann,
> Dian sgíth mo chrob ón sgríbunn.

Foinse: Kuno Meyer, "Mitteilungen aus Irischen Handschriften," in *Zeitschrift für Celtische Philologie*
13 (1921): 8.

9. "Is acher in gaíth in-nocht,"
NÍ FIOS CÉ A CHUM, meadaracht: deibhí

Braitear an sceon a spreag na Lochlannaigh i measc lucht na mainistreach sa dán
seo a breacadh ar imeall leathanaigh i lámhscríbhinn sa naoú haois. Ba nós le
creachadóirí agus foghlaithe Lochlannacha ruathair gan choinne a dhéanamh ar
na mainistreacha mar ba stór saibhris iad. Is oscailt dhuairc dhiúltach í tús an dáin
agus cur síos á dhéanamh ar stoirm fhraochmhar atá ag bagairt. Dá ainneoin sin,
áfach, tuigtear i líne a trí agus a ceathair go bhfuiltear ag fáiltiú roimh an stoirm
seo mar is í a choinneoidh na creachairí ó Lothlind (an Iorua, is dócha) i bhfad ó

---

6. Tugann Meyer *sínnidh*, cé nach cruinn sin dar le Gerard Murphy in *Early Irish Lyrics* (Dublin: Four
   Courts, 1998 [1956]), 71.

copyist's hand, strained from prolonged clasping of his pen, as clawlike, *crob* being the word for a claw (or paw/hoof), but also applicable to a grasping human hand. Contrast the tension in this image with the description of the pen's tip, which is like a *gulban* (beak), putting one in mind of airy birdsong—an apt counterpart to the heavenly wisdom we are told in the second verse flows from the pen. The Middle Irish text is preserved in a fifteenth-century manuscript held at the Bodleian Library, Oxford University.

> My hand is weary from writing.
> My great, sharp implement is not steady.
> My slender-beaked pen spouts
> A beetle-dark draught of brilliant blue ink.
>
> A stream of wisdom of blessed God flows[6]
> From my good, noble, shapely hand.
> Onto the page it pours its draught
> Of ink of the green-skinned holly.
>
> I advance my little, dripping pen
> Over an assembly of beautiful books
> Ceaselessly, for the sake of fine possessions,
> Whence my hand is weary from writing.

Translation: Natasha Sumner.

9. "Keen is the wind tonight,"
ANONYMOUS, meter: *deibhí*

In this ninth-century marginal quatrain we see a reflection of the distress the early Viking incursions caused among the inhabitants of monastic communities, which, as storehouses of wealth, the invaders were wont to raid. The initial description of a powerful storm seems pessimistic; however, in the third and fourth lines we realize that this tempest is a welcome deterrent against raiders from

---

6. See Gerard Murphy, *Early Irish Lyrics* (Dublin: Four Courts Press, 1998 [1956]), 71.

bhaile.[7] Nár dheas file an dáin seo a shamhlú i mbun chumadóireacht na véarsaí seo agus é ag faire amach ó fhuinneog an chloigthí ar chapaill bhána na farraige agus é sona sásta nach dtiocfaidh ionsaí aniar aduaidh air ná ar a fhoireann anocht pé scéal é. Is deibide í an mheadaracht mar atá i nDánta 1 agus 3 thuas. Tá teacht ar an dán i lámhscríbhinn St. Gall Priscian.

> Is acher in gaíth in-nocht;
> Fu-fúasna fairggae findfholt.
> Ní ágor réimm mora minn
> Dond láechraid lainn úa Lothlind.

Foinse: Rudolf Thurneysen, Handbuch des Alt-Irischen: Grammatik, Texte und Wörterbuch (Heidelberg: C. Winter, 1909), 39.

10. "Ro chuala," NÍ FIOS CÉ A CHUM

Mar chlabhsúr tá dán ón saol tuata. Ní foláir go raibh cur amach agus tuiscint ag filí na mainistreach ar an mbeatha shaolta. Is ann don dán i leabhrán meadarachta ón Meán-Ghaeilge mar shampla de deibide baise fri tóin, i.e. deibhí boise le tóin, de bharr na líne deiridh aonsiollaí, is dócha agus fonn spraoi taobh thiar den ainm! Déantar mugadh magadh de phátrún nach nós leis a gceart a thabhairt d'fhilí a thugann dánta moltacha dó. Bhíodh ardmheas ar na filí úd de bharr a gcumais agus a gcuid oiliúna agus léinn. Ní capaill, a bhí luachmhar agus a raibh stádas ag baint leo a bhronn sé ar na filí seo—ach ainmhí eile, beithíoch nach raibh ar aon dul leis an gcapall uasal ach bó. Tuigtear ón aoir éadrom seo nach fearr an duine uasal seo ná an rud a bhronn sé ar lucht a mholta.[8]

> Ro chuala
> Ní tabair eochu ar dúana;
> Do-ber in ní is dúthaig dó—
> Bó.

Foinse: Athchóirithe ó Rudolf Thurneysen, "Mittelirische Verslehren," in Irische Texte 3, uimh. 1, eag. Whitley Stokes & Ernst Windisch (Leipzig: S. Hirzel, 1891), 67, le tagairt do Gerard Murphy, Early Irish Lyrics (Dublin: Four Courts Press, 1998 [1956]), 90.

---

7. Feic Colmán Etchingham, "Laithlinn, 'Fair Foreigners' and 'Dark Foreigners,'" in The Viking Age: Ireland and the West, eag. John Sheehan & Donnchadh Ó Corráin (Dublin: Four Courts, 2010), 80–88.
8. Tá cur síos ag Maria Tymoczko in Translation in a Postcolonial Context (Manchester: St. Jerome Publishing, 1999), 51–53, ar an dán agus ar na haistriúcháin éagsúla.

Lothlind (likely Norway).[7] It is tempting to imagine our scribe-poet composing the verse while gazing out across the choppy sea from one of the oft-romanticized monastic round towers. The meter is *deibide*, as in Poems 1 and 3. The Irish text is preserved in the Saint Gall Priscian manuscript.

> Keen is the wind tonight;
> It whips up the white-capped waters.
> I fear not the coursing of the Irish Sea
> By Lothlind's fierce warriors.

Translation: Natasha Sumner.

10. "I've heard," ANONYMOUS

Lastly, we have a ninth-century verse reflective of the secular poetic tradition with which our scribes must have been familiar. It is preserved in a Middle Irish metrical tract as an example of the meter *deibide baise fri tóin*, i.e., "palm against arse" *deibide*, presumably named for the playful single-syllable final line. The poem ridicules a patron who is apparently not wont to give highly-trained, and high-status, encomiastic poets their due, recompensing them not with horses—valuable and symbolic of nobility—but rather with a much baser animal, the cow. The implication of this light satire is that the patron is no more noble than that which he bestows upon those who would sing his praise.[8]

> I've heard
> He doesn't pay for poems with horses;
> He gives what's natural to him—
> A cow.

Translation: Natasha Sumner.

---

7. See Colmán Etchingham, "*Laithlinn*, 'Fair Foreigners' and 'Dark Foreigners,'" in *The Viking Age: Ireland and the West*, eds. John Sheehan & Donnchadh Ó Corráin (Dublin: Four Courts Press, 2010), 80–88.

8. For commentary on the form and translation history of the verse, see Maria Tymoczko, *Translation in a Postcolonial Context* (Manchester: St. Jerome Publishing, 1999), 51–53.

LÉITHEOIREACHT SA BHREIS

Anders Ahlqvist, "Pangur Bán," in *Ollam: Studies in Gaelic and Related Traditions in Honor of Tomás Ó Cathasaigh*, eag. Matthieu Boyd (Madison, NJ; Teaneck, NJ: Fairleigh Dickinson University Press, 2016), 227–36.

James Carney, "Three Old Irish Accentual Poems," *Ériu* 22 (1971): 23–80.

Patrick K. Ford, "Blackbirds, Cuckoos and Infixed Pronouns: Another Context for Early Irish Nature Poetry," in *Celtic Connections: Proceedings of the Tenth International Congress of Celtic Studies, Vol. 1: Language, Literature, History, Culture*, eag. Ronald Black, William Gillies, & Roibeard Ó Maolalaigh (East Linton: Tuckwell Press, 1999), 162–70.

Proinsias Mac Cana, "Prosimetrum in Insular Celtic Literature," in *Prosimetrum: Crosscultural Perspectives on Narrative in Prose and Verse*, eag. Joseph Harris & Karl Reichl (Cambridge: Brewer, 1997), 99–130.

Daniel F. Melia, "A Poetic Klein Bottle," in *Celtic Language, Celtic Culture: A Festschrift for Eric P. Hamp*, eag. A. T. E. Matonis & Daniel F. Melia (Van Nuys, CA: Ford & Bailie, 1990), 187–96.

Gerard Murphy, *Early Irish Metrics* (Dublin: Royal Irish Academy, 1961).

Gregory Toner, "*Messe ocus Pangur Bán*: Structure and Cosmology," *Cambrian Medieval Celtic Studies* 57 (2009): 1–22.

Maria Tymoczko, "*Cétamon*: Vision in Early Irish Seasonal Poetry," *Éire-Ireland* 18, uimh. 4 (1983): 17–39.

Calvert Watkins, "Indo-European Metrics and Archaic Irish Verse," *Celtica* 6 (1963): 194–249.

Further Reading

Anders Ahlqvist, "Pangur Bán," in *Ollam: Studies in Gaelic and Related Traditions in Honor of Tomás Ó Cathasaigh*, ed. Matthieu Boyd (Madison, NJ; Teaneck, NJ: Fairleigh Dickinson University Press, 2016), 227–36.

James Carney, "Three Old Irish Accentual Poems," *Ériu* 22 (1971): 23–80.

Patrick K. Ford, "Blackbirds, Cuckoos and Infixed Pronouns: Another Context for Early Irish Nature Poetry," in *Celtic Connections: Proceedings of the Tenth International Congress of Celtic Studies, Vol. 1: Language, Literature, History, Culture*, eds. Ronald Black, William Gillies, & Roibeard Ó Maolalaigh (East Linton: Tuckwell Press, 1999), 162–70.

Proinsias Mac Cana, "Prosimetrum in Insular Celtic Literature," in *Prosimetrum: Crosscultural Perspectives on Narrative in Prose and Verse*, eds. Joseph Harris & Karl Reichl (Cambridge: Brewer, 1997), 99–130.

Daniel F. Melia, "A Poetic Klein Bottle," in *Celtic Language, Celtic Culture: A Festschrift for Eric P. Hamp*, eds. A. T. E. Matonis & Daniel F. Melia (Van Nuys, CA: Ford and Bailie, 1990), 187–96.

Gerard Murphy, *Early Irish Metrics* (Dublin: Royal Irish Academy, 1961).

Gregory Toner, "*Messe ocus Pangur Bán*: Structure and Cosmology," *Cambrian Medieval Celtic Studies* 57 (2009): 1–22.

Maria Tymoczko, "*Cétamon*: Vision in Early Irish Seasonal Poetry," *Éire-Ireland* 18, no. 4 (1983): 17–39.

Calvert Watkins, "Indo-European Metrics and Archaic Irish Verse," *Celtica* 6 (1963): 194–249.

Filíocht na Scol

Classical Poetry

An File agus Filíocht na Scol (1200–1650)

Peter McQuillan & Rory Rapple

Bhain an file leis an aos léinn gairmiúil in Éirinn sa tréimhse c. 1200–1650. Oileadh na filí sa teanga chlasaiceach, sa mheadaracht, sa stair agus sa chéad-facht aeistéitiúil a bhí ag teastáil ina gcuid dánta don uasaicme. Bhí an fhilíocht a chum siad de dhlúth agus d'inneach sa tsochaí Ghaelach sa tréimhse chéanna. Dála na n-aicmí gairmiúla eile—na dochtúirí agus na dlíodóirí mar shampla—ba ghairm oidhreachtúil í an fhilíocht. Ar na teaghlaigh léannta ba mhó le rá bhí muintir Uiginn, muintir Eodhasa, muintir Ghnímh agus muintir Mhic an Bhaird. Nuair a bhí an tsibhialtacht Ghaelach i mbarr a réime, bhí rath ar na filí; ach nuair a tháinig meath ar an tsibhialtacht chéanna, bhí deireadh leo mar aicme phroifisiúnta. An tuiscint atá againn ar idé-eolaíocht na sochaí Gaelaí idir an tríú agus an seachtú céad déag, is ó fhilíocht na scol a fhaighimid í don chuid is mó. Mar a chuir Brendan Bradshaw é, is í an fhilíocht seo "the only substantial body of contemporary documentary evidence available from inside Gaelic society."[9] Níl scoláirí ar aon intinn faoin earraíocht is ceart, nó is féidir a bhaint as an ábhar seo, toisc an fhoirm agus an stíl a bheith chomh coimeádach, chomh "hársa" sin (dar le daoine áirithe ar aon dóigh). Don reacaireacht is mó a ceapadh na dánta; ar an ábhar sin tá sé deacair ag an léitheoir sa lá atá inniu ann dul amach ar an bhealach ar glacadh leo san am sin. Mar sin féin, le tamall anuas tá béim curtha ag scoláirí ar an úsáid a bhain na filí as eochairfhocail áirithe a bhaineann le "onóir," "ceart," "saoirse," agus "náisiúntacht," mar shampla. Dá thairbhe sin, tá tuiscint níos íogaire againn ar smaointeoireacht na sochaí Gaelaí uasaicmí sular cloíodh sa seachtú céad déag í.[10]

Is í an fhilíocht mholta an seánra is coitianta ar fad a shaothraigh na filí.[11] Thug an seánra deis dóibh feidhm shofaisticiúil a bhaint as an eolas domhain a bhí acu ar an stair, ar an seanchas agus ar an ghinealach, ar chodanna tábhachtacha iad

---

9. Brendan Bradshaw, "Native Reaction to the Westward Enterprise: A Case Study in Gaelic Ideology," in *The Westward Enterprise: English Activities in Ireland, the Atlantic, and America,* eag. Kenneth R. Andrews, Nicholas P. Canny, & P. E. H. Hair (Liverpool: Liverpool University Press, 1978), 66.

10. Mar shampla, Brendan Kane, *The Politics and Culture of Honour in Britain and Ireland, 1541–1641* (Cambridge: Cambridge University Press, 2010), agus Peter McQuillan, *Native and Natural: Aspects of the Concepts of "Right" and "Freedom" in Irish* (Notre Dame: University of Notre Dame Press, 2004).

11. Katharine Simms, "Bardic Poetry as a Historical Source," in *The Writer as Witness: Literature as Historical Evidence,* ed. Tom Dunne, *Historical Studies,* iml. 16 (Cork: Cork University Press, 1987), 71.

CHAPTER TWO

The Bard and His World (1200–1650)

Peter McQuillan & Rory Rapple

The poet in medieval and early-modern Ireland was a member of one of Gaelic-Irish society's professional learned classes. The poets (*fileadha* or *aos dána*) were trained up in the classical language, metrical skill, historical frame of reference, and traditional sensibility required to produce compositions for their aristocratic clientele. From at least the thirteenth to the early seventeenth century they were knit into the fabric of Irish society. Like other Gaelic-Irish professionals—for instance medical doctors and lawyers—the poets passed on their vocation in a dynastic fashion from generation to generation. Prominent examples include the Uí Uiginn, the Uí Eoghusa, the Uí Gnímh, and the Mac an Bhaird dynasties. When Gaelic-Irish civilization prospered, the poet class prospered, and consequently when it faced its final crisis and demise the poet class inevitably lost its habitat. Our sense of the mores, values, and concerns of Gaelic-Ireland—in effect its underlying ideology—is largely mediated through the output of the "bards," a corpus known in English as bardic poetry. As Brendan Bradshaw put it, bardic poetry is "the only substantial body of contemporary documentary evidence available from inside Gaelic society."[9] There has been scholarly debate about how interpretatively useful bardic poetry can be, given its highly stylized, self-consciously archaic, and conservative form and style. Given that these compositions were devised primarily for recital, it is impossible for modern readers to reclaim much sense of their immediate reception. Latterly, however, scholarly work has emphasized the genre's changing use of specific vocabulary—keywords to do with honor, right, freedom, as well as nationhood—to denote different meanings over time. Consequently, we have a more dynamic sense of the evolution of the sensibility of medieval and early-modern Gaelic Ireland prior to its dissolution in the seventeenth century.[10]

The genre of panegyric or praise-poetry is by far the most frequently recurring

---

9. Brendan Bradshaw, "Native Reaction to the Westward Enterprise: A Case Study in Gaelic Ideology," in *The Westward Enterprise: English Activities in Ireland, the Atlantic, and America*, eds. Kenneth R. Andrews, Nicholas P. Canny, & P. E. H. Hair (Liverpool: Liverpool University Press, 1978), 66.

10. For instance, Brendan Kane, *The Politics and Culture of Honour in Britain and Ireland, 1541–1641* (Cambridge: Cambridge University Press, 2010), and Peter McQuillan, *Native and Natural: Aspects of the Concepts of "Right" and "Freedom" in Irish* (Notre Dame: University of Notre Dame Press, 2004).

den staidéar a rinne na filí. Taispeánann ábhar agus friotal na ndánta an teannas sa tsochaí Ghaelach idir an aontacht chultúrtha a chothaigh an t-aos léinn, ar thaobh amháin, agus an deighilt pholaitiúil idir na tiarnais éagsúla aonair, ar an taobh eile. Mar a dúirt tuairisc ón bhliain 1515 a cuireadh chuig Anraí VIII ar staid na hÉireann, bhí an tír roinnte ina:

> more than 60 countryes ... some region as bigge as a shyre, some more, some lesse; where reygneth more than 60 Chyef Capytaynes, wherof some callyth themselffes Kynges ... and every of the said Capytaynes makeyth warre and peace for hymself, and holdeith by the swerde, and hathe imperiall jurisdyction within his rome, and obeyeth to noo other person.[12]

Ba iad na taoisigh Ghaelacha seo, "captains of the name" mar a thugadh tráchtairí Sasanacha orthu—Ó Néill, Mac Cárthaigh Mór, Ó Briain, ina measc—cliantacht na bhfilí. Bunaíodh na tiarnais ar chóras cíosanna agus cáineacha a ghearradh na taoisigh ar na tailte faoina smacht. Bhí an córas Gaelach (nó Gaelaithe) céanna i bhfeidhm go coitianta fosta ag sliocht na n-ionraitheoirí Angla-Normannacha ón dóú céad déag, na Búrcaigh, na Gearaltaigh agus na Róistigh ina measc.

Siúd is go raibh difríochtaí idir an córas fioscach mar a cleachtaíodh é sna ceantair Ghaelacha éagsúla, bhí an éifeacht shóisialta chéanna aige a bheag nó a mhór i ngach áit, de réir cosúlachta. Ba ghnách an rachmas a chaitheamh ar arm príobháideach an tiarna, ar a chostais taistil, ar cheannach earraí, ar spré dá chuid iníonacha agus ar a chuid siamsaíochta féin, seachas é a thiomsú le haghaidh tógáil neamhmhíleata, nó tionscadail talamhaíochta nó tráchtála. Ba gheall le cánachas gan bhunús an méid seo i súile na Sasanach agus ba mhinic é á éileamh go bagrach i gceantracha imeallacha nó naimhdeacha. Bhí straitéisí eile a bhain le smacht fioscach: táille a iarraidh ar chosaint a sholáthar, nó monoplacht a bheith ag an taoiseach nó ag a bhean ar earraí áirithe. Ba chosúil iad seo, dar leis na tráchtairí Sasanacha, le forlámhas de chuid na hÁise ó thaobh na polaitíochta, na sóisialachta agus na heacnamaíochta de. Mar sin féin, na cáilíochtaí a moltar san fhilíocht chlasaiceach, is cáilíochtaí so-aitheanta iad ag éinne a raibh cur amach aige ar shuáilcí an niachais san Eoraip: gaisce, flaithiúlacht, mórgacht ina measc. Ach léirigh an chiall ghéarchúiseach a bhí ag na filí dá neamhspleáchas polaitiúil, iarsma gan amhras dá mbunús sa chléir, a neamhspleáchas eacnamaíoch agus sóisialta sa tsochaí Ghaelach.

Táimid ag brath ar dhá fhoinse sheanchaite, ar léir nach bhfuil bá ar bith acu

---

12. State Papers, Henry VIII, iml. 2, cuid. 3, 1–31.

genre to be found in manuscript.[11] It allowed for the use of a vast repository of historical allusion and the sophisticated employment of many of the fruits of a poets' study of *filidecht*. The material covered in these poems and the manner in which it is expressed display to telling effect the tension that existed in Gaelic-Irish society between, on one hand, the cultural coherence of Gaeldom from Valentia Island to the Highlands of Scotland, and, on the other hand, the fact that Ireland by the sixteenth century had become a patchwork of numerous discrete lordships, each separate from the other. As a well-known 1515 report sent to Henry VIII on the "State of Ireland" put it, Ireland was divided into:

> more than 60 countryes ... some region as bigge as a shyre, some more, some lesse; where reygneth more than 60 Chyef Capytaynes, wherof some callyth themselffes Kynges ... and every of the said Capytaynes makeyth warre and peace for hymself, and holdeith by the swerde, and hathe imperiall jurisdyction within his rome, and obeyeth to noo other person.[12]

These Gaelic-Irish "captains of the name" as English commentators called them—The O'Neill, MacCarthy Mór, The O'Brien, among others—were the poets' predominant clientele. These magnates followed a pattern of lordship built on a fiscal system that sought tribute and other exactions from their territories. A similar governmental style and sense of adherence to a Gaelicized culture was also commonly found among the Gaelicized seigneurial descendants of the Anglo-Norman invaders of the late twelfth and early thirteenth century, the Lower MacWilliam Burkes of Mayo, the Fitzgeralds of Kildare and Desmond, and the Roches amongst others.

The specifics of the fiscal system may have varied in each Gaelic or Gaelicized lordship, but the overall social effect appears to have been much the same. Capital, rather than being accumulated and used on non-military building, agricultural, or mercantile projects, was generally spent on the lord's private army, his entertainment, his travel expenses, the dowries of his daughters, and the purchase of commodities. Such taxation, arbitrary to metropolitan English eyes, was often exacted with menaces, especially in peripheral or hostile areas within or just without a particular lord's territory. Other strategies of financial control, such as the provision of protection by a lord in return for payment and the retention

---

11. Katharine Simms, "Bardic Poetry as a Historical Source," in *The Writer as Witness: Literature as Historical Evidence*, ed. Tom Dunne, *Historical Studies*, vol. 16 (Cork: Cork University Press, 1987), 71.
12. State Papers, Henry VIII, vol. 2, pt. 3, 1–31.

leis an chóras Gaelach, don tuiscint atá againn don dóigh ar cuireadh i láthair agus ar glacadh le saothar na bhfilí lena linn. Is é an chéad cheann cuntas an phoitigéara Thomas Smyth. Leagann Smyth béim ar an chontúirt a shíl sé a bhain le gríosú na bhfilí chun gaisce i gcás:

> any young man discended of the septs of Ose or Max ... wherin they will com-
> mend his father and his aunchetours, nowmbrying howe many heades they
> have cut of, howe many townes they have burned, and howe many virgins they
> have defloured, howe many notable murthers they have done, and in the ende
> they will compare them to Aniball, or Scipio, or Hercules, or some other famous
> person; wherewithall the pore foole runs madde, and thinkes indede it is so.[13]

Mhaígh Smyth ansin go raibh ceangal díreach idir cantaireacht an dáin mholta agus an dúnmharú. Ba ghnách leis an óige, gríosaithe ag an adhmholadh, com-pánaigh fhoiréigneacha a bhailiú ina dtimpeall chun "poore villages" a dhó agus a chreachadh, ag marú daoine óga, seandaoine agus mná torracha. Agus an t-eallach fuadaithe, a dtugaidís roinnt de do na mainistreacha a bhí fós ar marthain, dhéanaidís a gcuid gaiscí a cheiliúradh le tuilleadh adhmholta. Um an dtaca seo, thagadh an file agus a chuideachta: bard, reacaire ("rakry"), agus cruitire. Deimhníonn Smyth nach ndéanadh an file ("rimer") a chum an fhilíocht a chuid ceapadóireachta féin a aithris; ba é sin dualgas an reacaire ("rakry") agus an chruitire a bhíodh á thionlacan. Bhí costas as cuimse ag baint leis seo: chosnaíodh an reacaire ann féin fiche nó tríocha bó agus ghléasadh an file é féin sna héadaí ba ghalánta le cnaipí airgid, cathéide agus each i measc a chuid giúirléidí eile. Dhearbhaigh Smyth saibhreas suntasach na bhfilí, ag trácht dó ar an "great store of cattell" a bhí acu.[14] Tá an dara foinse eisceachtúil nó saothar grafach atá ann seachas téacs, is é sin le rá, na léaráidí a ghabhann le saothar ar leith John Derricke, *The Image of Ireland*. Cé go ndearnadh iad fiche bliain i ndiaidh tuairimí Smyth, is cosúil go dtarraingíonn pláta 2 agus pláta 3 ar chuntas an phoitigéara. Taispeánann pláta 2 táin bó agus sealúchas á dhó lena linn; léiríonn pláta 3, an ceann is minice a cóipeáladh, taoiseach ag caitheamh fleá os coinne reacaire agus cruitire.

An cuntas a thugann na filí ar chumhacht na dtiarnaí dúchasacha, áfach, is cuntas mealltach é. Bhí cumhacht na dtiarnaí i bhfad níos guagaí ná mar a

---

13. Thomas Smyth, *Information for Ireland* (1561). Feic Edmund C. Quiggin, "Prolegomena to the Study of the Later Irish Bards 1200–1500," *Proceedings of the British Academy*, iml. 5 (Oxford: British Academy, 1911), 20.

14. Feic Angela Bourke, eag., *The Field Day Anthology of Irish Literature*, iml. 4 (New York: NYU Press, 2002), 330–32.

of monopolies over particular commodities by a lord or his wife gave the polit-
ical, social, and economic model of Irish lordship the appearances of an Asiatic
despotism to English commentators. Nonetheless the qualities feted by bardic
poetry were ones recognizable to anyone acquainted with chivalric virtues as
celebrated across western Europe: Prowess, Largesse, and Magnificence, amongst
others. Yet the poets' heightened sense of their own political independence, no
doubt a survival of their clerical beginnings, reflected the significant economic
and social independence they enjoyed within Irish society.

We rely on two well-worn and notoriously unsympathetic sources for our
sense of how the bardic output was performed and received by contemporaries.
The first is the 1561 account of the poets' place in Gaelic-Irish society by the apoth-
ecary Thomas Smyth. Smyth stresses the dangers he thought attended the poets'
incitement to grandiosity of:

> any young man discended of the septs of Ose or Max … wherin they will com-
> mend his father and his aunchetours, nowmbrying howe many heades they
> have cut of, howe many townes they have burned, and howe many virgins they
> have defloured, howe many notable murthers they have done, and in the ende
> they will compare them to Aniball, or Scipio, or Hercules, or some other famous
> person; wherewithall the pore foole runs madde, and thinkes indede it is so.[13]

Smyth then posited a direct link between the incantantion of panegyric and hom-
icidal delinquency: youths het up on praise poems, he argued, would surround
themselves with violent companions in order to burn and pillage "poore villages,"
killing the young, old, and pregnant. After rustling the cattle, some of which they
would give to surviving friaries, they would celebrate their exploits with a further
recitation of poetry. At this point the poet and his considerable entourage of bard,
"rakry," and harpist would arrive. Smyth specifies that the "rimer" who composed
the poetry did not himself declaim his composition; rather, that was the office of
the "rakry" or *reacaire* or reciter accompanied by a harpist. The whole package did
not come cheap either, the reciter alone costing twenty or thirty kine while the
poet himself dressed in the finest attire with silver buttons, a suit of armor, and
a horse, among other accoutrements. Smyth attested to the significant wealth of
the poet class noting that they boasted "great store of cattell."[14] The second source

13. Thomas Smyth, *Information for Ireland* (1561). See Edmund C. Quiggin, "Prolegomena to the
Study of the Later Irish Bards 1200–1500," *Proceedings of the British Academy*, vol. 5 (Oxford: British
Academy, 1911), 20.
14. Best consulted in Angela Bourke, ed., *The Field Day Anthology of Irish Literature*, vol. 4 (New York:
NYU Press, 2002), 330–32.

léiríodh san fhilíocht. Bhí iliomad brúnna sóisialta anuas sa mhullach orthu, ina measc iomaíocht na dteaghlach taobh istigh dá muintir féin, easpa lucht oibre, an misneach a bhí á chur san íosaicme, an méadú a bhí ar líon na "mere Irish" ag lorg áit chónaithe sna bailte Gallda-Gaelacha ("denization"), an laghdú a tháinig ar an scoilt pholaitiúil idir Gearaltaigh agus Buitléirigh agus an méadú a tháinig ar rannpháirtíocht na Sasanach i bpolaitíocht na hÉireann ar son leas agus seasmhacht na Corónach. Agus an méid sin ar fad san áireamh, ní haon iontas é, b'fhéidir, faoin séú céad déag, gur bheartaigh líon mór de thiarnaí Éireannacha gan tuilleadh a chailliúint leis trí theacht i dtír ar chonartha "Surrender and Regrant" leis na Túdaraigh. Sa deireadh thiar, cé gur oibrigh sé seo amach do chuid mhaith de na teaghlaigh Ghaelacha, an teannadh a chuir seirbhísigh shann-tacha na Corónach agus an deighilt ag bhí ag leathnú i gcúrsaí creidimh idir na Túdaraigh agus bunús a ngéillsineach Éireannach ar chreatlach polaitiúil na hÉireann, las sé Cogadh na Naoi mBliana idir 1594 agus 1603. Nuair a d'imigh Ó Néill agus Ó Domhnaill chun na hEorpa sa bhliain 1607, bhí forlámhas cultúrtha an tseanchórais Ghaelaigh ar an dé deiridh. Don chuid is mó ina dhiaidh sin, ba ghnách leis an uasaicme Éireannach, idir Ghaeil agus Shean-Ghaill, tarraingt ar fhoirmeacha cultúrtha Gallda-Gaelacha agus ar luachanna na cúirte i Londain go dtí gur réab Cromail, a choncas, agus Acht an tSocruithe an chuid ba mhó díobh sna 1650idí.

Rianaíonn na dánta a leanas mar a d'éirigh leis na filí, ó chuir siad in éadan brú na heaglasta sa tríú céad déag, trí raon dánta a dhearbhaíonn tábhacht na bhfilí sa tsochaí Ghaelach go dtí go dtagaimid faoi dheireadh ar aistí a léiríonn an tuiscint a bhí ag na teaghlaigh léannta go raibh a seal tugtha. Ní fhéadfadh a gceird an brú a sheasamh idir an t-athrú a bhí ag imeacht ar an chiall don aeistéitic liteartha i measc lucht labhartha na Gaeilge agus an scrios a bhí á dhéanamh ar chultúr na dtiarnas Gaelach; scrios a tharla de réir a chéile ar dtús ach ar cuireadh dlús treascrach leis sna 1650í. Sa deireadh thiar, ní raibh feidhm leo a thuilleadh.

is exceptional as it is graphic rather than textual, namely the illustrations that accompany John Derricke's remarkable work, *The Image of Irelande*. Plate 2 and plate 3, although produced twenty years after Smyth's observations, appear to draw heavily on the apothecary's account. Plate 2 shows a cattle raid accompanied by the burning of property, while plate 3, the most reproduced of all, shows a chieftain feasting in front of a *reacaire* and a harpist.

The poets' depiction of the ideal of seigneurial power, however, was deceptive. Irish lords were far more insecure than the Herculean image projected in verse. They were increasingly faced with a variety of social pressures including the opposition of competing dynasts within their clan, a shortage of labor, the emboldening of serfs, growing numbers of "mere Irish" seeking denization in English-Irish towns, the attrition of Ireland's political polarity between Geraldine and Butler factions, and growing metropolitan English engagement in Irish politics in pursuit of the Crown's profit and security. Given all these stresses it is perhaps unsurprising that, come the sixteenth century, a substantial number of Irish magnates sought to "cash in their chips" through embarking on "surrender and regrant" deals with the Tudor monarchs. Ultimately, while this worked out well for a not insignificant number of branches of Gaelic-Irish dynasties, the strain brought to bear on Ireland's political fabric by venal Crown servitors and the widening confessional divergence between the Tudors and the majority of their Irish subjects ignited the Nine Years' War between 1594 and 1603. This ended following the "Flight of the Earls" in 1607 with the end of the cultural dominance that the Gaelic-Irish way of doing things had hitherto enjoyed. Increasingly thereafter the Catholic aristocracy of Ireland, whether Gaelic-Irish or Anglo-Norman in pedigree, drew increasingly on English-Irish cultural forms and the values of the Jacobean court until the cataclysm of the Cromwellian Conquest and Settlement of the 1650s in turn sundered most of them.

The following poems chart the changing fortunes of the poet class from their defiance of ecclesiastical pressure in the thirteenth century through a range of poems asserting the value of poets in Gaelic-Irish society until ultimately we arrive at compositions that chart the poetic dynasties' acknowledgement that their cultural ecosystem was shrinking ever smaller. Their profession could not withstand being squeezed between the dumbing down of tastes among the Irish speaking population, and the destruction of the culture of Gaelic-Irish lordship; a destruction that was gradual at first, but was accomplished with devastating finality in the 1650s. In the end they were surplus to requirements.

11. "A theachtaire tig ón Róimh," GIOLLA BRIGHDE MAC CON MIDHE, 33 rann, meadaracht: deibhí

Leagtar an dán seo ar Ghiolla Brighde Mac Con Midhe, file Ultach ón tríú haois déag. Bhí scoil filíochta ag muintir Mhic Con Midhe in aice le hArd Stratha, Co. Thír Eoghain. Chum Giolla Brighde dánta don tiarna áitiúil, Mac Gormfhlaith, do mhuintir Uí Néill agus (don chuid is mó) do mhuintir Uí Dhomhnaill. Luaitear "Domhnall" i véarsa 32 den dán thíos, d'fhéadfadh gurb é Domhnall mór Ó Domhnaill (c. 1180–1241), rí Thír Chonaill, atá i gceist, nó a mhac Domhnall Óg (1241–1281). Go luath sa tréimhse 1200–1650, mar sin, a cumadh an dán seo. Cosnaíonn an file tábhacht na filíochta don tsochaí uasaicmeach Ghaelach sa Mheánaois ar ionsaí, a deir sé, ó Eaglais na Róimhe. Is féidir gur fhág na hathruithe a bhain do chothú an léinn dúchais in Éirinn ag an am sin a rian ar ábhar na haiste. Is cinnte faoin tríú aois déag go raibh athrú suntasach tagtha ar dhearcadh na heaglaise in Éirinn ar an léann saolta dúchais de bharr na leasuithe a bhí curtha i bhfeidhm ar struchtúr agus ar shaol spioradálta na heaglaise ar fud na hEorpa sa chéad a chuaigh roimhe. Tharraing an eaglais siar ón léann sin agus tháinig meath ar an mainistreacha móra a bhí mar chúl taca leis an litríocht dúchais i dtréimhse na Sean-Ghaeilge agus na Meán-Ghaeilge. Léiriú ar mheon na leasaitheoirí eaglasta is ea litir a chuir Lanfranc, Ardeaspag Chanterbury Shasana, chuig Domnall Ua hÉnna, Easpag Chill Dalua: "Tá ceisteanna curtha agat chugainn maidir leis an litríocht thuata agus míniú ag teastáil; don seiftiú is cóir d'easpag, ní oireann aird a thabhairt ar a leithéid de ghníomhaíocht. Tráth dá raibh, cinnte, chuir muid an óige amú uirthi; mar sin féin, agus ár gcúram tréadach á chomhlíonadh againn, tá beartaithe againn cúl láimhe a thabhairt léi." Tá an mothú céanna le sonrú ar an dán seo: saol traidisiúnta an fhir léinn faoi bhrú, faoi bhagairt ón taobh amuigh. Baineann croílár an dáin (ó véarsa 19 ar aghaidh) le tábhacht na filíochta don uasaicme Ghaelach: mura gcoinnítear cuimhne ar an ghinealach, an chaithréim, an seanchas agus an stair, ní féidir an uaisle agus an daoscar a dhealú ó chéile.

1. A theachtaire tig ón Róimh
Lena síoltar gach seanmóir,
Déana mar a-deir an peann:
Ná geibh sgéala acht an sgríbheann.

2. Tabhair mar tugadh a-nair
Cros ó chomharba Pheadair;
Duille doirche gan drud ris
Má do-ug, toirche thairis.

11. "O messenger who comes from Rome," GIOLLA BRIGHDE MAC CON MIDHE, 33 verses, meter: *deibhí*

This poem is attributed to the thirteenth-century Ulster poet Giolla Brighde Mac Con Midhe (McNamee). The McNamees ran a bardic school near Ardstraw, Co. Tyrone. Giolla Brighde composed poems for the local lord McGormley, for O'Neill and, mostly, for the O'Donnells. The "Domhnall" mentioned in verse 32 could be Domhnall mór Ó Domhnaill (c. 1180–1241), king of Tír Chonaill, or his son Domhnall Óg (1241–1281). The poem's editor considers the latter possibility the more likely. This poem was composed, therefore, early in the period 1200–1650. The poet defends the importance of poetry for medieval Gaelic aristocratic society against an alleged attack from the Church of Rome. Possibly the changes that affected the cultivation of native learning in Ireland at that time have left their mark on the poem's content. Certainly, by the thirteenth century the attitude of the church in Ireland towards native secular learning had changed significantly because of reforms that had been imposed on ecclesiastical structure and spiritual life throughout Europe. The church in Ireland withdrew from that learning, and the great monasteries that had been the mainstay of native learning in the Old and Middle Irish periods declined. A letter sent by Lanfranc, Archbishop of Canterbury in England, to Domnall Ua hÉnna, bishop of Killaloe reveals the reformers' mentality: "You have sent us questions regarding secular letters for explanation; the resolution appropriate to a bishop does not befit the bestowal of attention on such endeavors. At one time, certainly, we frittered away our youth with them; however, fulfilling our pastoral charge, we have resolved to renounce them." A similar perception may be detected in this poem: the traditional world of the man of learning under pressure, under threat from without. The heart of the poem (from verse 19 onwards) engages with the importance of poetry for Gaelic society: unless genealogy, martial exploits, traditional lore, and history are remembered, the noble and the low-born cannot be distinguished from one another.

1. O messenger who comes from Rome,
By whom every sermon is propagated,
Do as the pen says: do not utter stories
But produce the document.

2. Give us the prohibition from Peter's
Successor as it was given to you in the
East; if he did give you a dark leaf that
Cannot be refuted, speak of it.

3. Mar do ráidheadh isan Róimh
Leasaighthear—lór do sheanmóir;
Nírbh éidir glór oile ann:
Do ba lór d'oire a fhulang.

4. Nír hiomráidheadh san Róimh ribh
Díochur na gcliar, a chléirigh;
Fríoth ó neamhRóimh éigin uaibh
Seanmóir éidigh re héanuair.

5. Caidhe an sgríbheann 'nar sgríobhadh
An ealadha d'aithríoghadh?
Déana mar do fhógair inn:
Tógaibh sgéala do sgríbhinn.

6. Focal nach fríoth i leabhraibh
Gan ní ar éigse n-ildealbhaigh;
Is léigheann gránna gallda[15]
Dámha Éireann d'ionnarba.

7. Donum Dei gach dán binn
I gceartlár chuirp an léighinn;
Geibh é agus casgair a chéill—
Asgaidh Dé sein go soiléir.

8. Gan a luach ar na laoidhibh
Má a-dearar le deaghdhaoinibh,
Do ráidh gan aoradh gach fhir
Do shaoradh cháigh, a chléirigh.

10. Giodh um nár dhíochuir an dán
Ar dtoidheacht a tír Rómhán
Pádraig an iris dob fhearr
A hinis fhádbhuig Éireann?

---

15. Feic an nóta sa leagan Béarla a fhreagraíonn don líne seo.

3. Let there be an improvement as was ordained
In Rome—a sufficient sermon; there could
Not be another voice of authority; it were a
Sufficient burden to bear.

4. You were not told in Rome, o cleric,
Of the ejection of the poets; a foul
Sermon was found by you for the
Nonce in some anti-Rome.

5. Where is the document in which
Was written that the poetic art should
Be altered? Do as I have declared and
Display the message of your document.

6. It is a saying that was not found in books
That poetry in all its various forms should be
Given nothing; it is grim, barbaric learning[15]
To expel the poet-bands from Ireland.

7. Every melodious poem in the very
Heart of the body of learning is
Donum Dei; recite it and dissect its
Sense—it is clearly the gift of God.

8. If goodly men are told not to give
Poems their price, that means that no
Man is to be satirized, that everyone is
To be ennobled, o cleric.

10. When he came from the Roman
Land, why did Patrick of the best of
Faiths not eject poetry from the soft-
Turfed island of Ireland?

_____

15. Or, perhaps more accurately in context, "hateful foreign learning," see the introduction to this
poem and look at the Irish text of the poem, "léigheann gránna gallda," for which this is a more
literal rendering.

11. Créad tug ar Cholam Chille,
Nach fionnfadh acht ffrinne,
Gach Dar-Daoin ag dol ar neamh,
Crodh ar laoidh mar do léigeadh?

12. Do hionnarbadh eacht oile
Cliara Fódla féaroighe;[16]
A gcomhall do na cliaraibh
Ó Cholam an chéidbhliadhain.

(Véarsaí ar lár)

19. Gé madh bréag do bhiadh san duain
Is bréag bhuan ar bhréig ndiombuain:
Bréag uile gidh créad an cradh,
Bréag an duine dá ndéantar.

20. Ní ba liaide ór ná each
Ag duine dámadh doichleach;
Gan spéis i nduain ar domhan
Dá mbuaibh ní ba buanoghadh.

21. Dá mbáití an dán, a dhaoine,
Gan seanchas, gan seanlaoidhe,
Go bráth acht athair gach fhir
Rachaidh cách gan a chluinsin.

22. Dá dtráigheadh an tobar fis
Ní béarthaoi muna mbeimis
Do dheighfhearaibh saora a sean,
Craobha geinealaigh Gaoidheal.

23. Do budh ainiarmairt fhoda
Do mhíleadhaibh méarbhoga:
Folach a sgéal ní sgrios beag,
Gan fhios na bhfréamh ó bhfuilead.

---

16. Ag Comhdháil Droma Ceat sa bhliain 574, bhagair mac rí Éireann go ndíbreofaí na filí de bharr a gcuid díomais.

11. What induces Columcille, who would
Not learn anything but righteousness,
To lay out wealth for a poem every
Thursday on his way to heaven?

12. On another occasion the poet-
Bands of grassy Fódla were banished[16];
The demands of the poets were
Fulfilled by Colum in the next year.

(Verses omitted)

19. Though what a poem contains be all lies, it
Is a lasting falsehood instead of a transitory one;
Though wealth be all false, however large, the
Man by whom it is acquired is himself falsehood.

20. If a man were niggardly, his gold or horses
Would be none the greater; if there were no
Interest in the world of poetry, there would
Be no permanence for people's cattle.

21. If poetry were suppressed, o people, so
There was neither history nor ancient lays,
Every man forever would die unheard of
Except for the name of everybody's father.

22. If the well of knowledge were to dry up,
But for us, noble men would not be told of
The illustrious among their ancestors nor
The branches of the pedigrees of the Irish.

23. There would be lasting, evil consequences for
Softly-fingered warriors; the forgetting of their
Ancestry such that they knew not the roots from
Which they derive, would be no small destruction.

---

16. At the convention of Druim Ceat in 574, the son of the king of Ireland (Aodh mac Ainmhire)
threatened the poets with banishment on account of their arrogance.

24. Folach cliathach agus cath
bhFear nÉireann do budh easbhach,
Dá n-éis gé madh maith a méin
Gan spéis i bhflaith ná i bhfírfhréimh.

25. Gé tá marbh mairidh Guaire
'S Cú Chulainn na Craobhruaidhe;
Ón ló a-tá a nós thiar is thoir
A-tá fós Brian 'na bheathoidh.

26. Beo ó mhaireas a moladh
Conall agus Conchobhar;
A nós 'na bheathaidh i-bhus,
Nocha deachaidh fós Fearghus.

27. Lugh do marbhadh le Mac Cuill
Ní mhairionn cnámh 'na choluinn;
A nós ar ndul don domhan
Fós do Lugh is leasoghadh.

28. Muna leasaighdís laoidhe
A ndearnsad, gér dheaghdhaoine,
Le i bhfad a-nonn do bhiadh brat
Ar Niall, ar Chonn, ar Chormac.

29. Ríoghruidh Chruachna is Chaisil Chuirc
Na filidh fréamha a lubhghuirt,
Slata a teaghlach na dTrí mBrugh[17]
Dá Thí Teamhrach is Tuathal.

30. Ní bhiadh muna mbeith an dán
Ag cruit téidbhinn ná ag tiompán
Fios deighfhir arna dhola
Ná a einigh ná a eangnomha.

---

17. Teamhair atá i gceist. Faightear tagairtí den chineál seo do Theamhair (agus go meatonaimeach go
minic, d'Éirinn) minic go leor san fhilíocht; feic Dán 13, véarsa 4, "fa chró dtaobhshocair in Trír";
Dán 18, véarsa 8, "do Tholaigh na dTrí bhFear"; Dán 19, véarsa 2, "ar chlannaibh Toighe an Trír."

24. The suppression of encounters and battles of the men
Of Ireland would be a faulty matter; there would be no
Interest shown in prince or noble descendants after their
Death, though their courage had been good.

25. Although he is dead, Guaire
Lives on, as does Cú Chulainn of the
Craobhruadh; since his reputation is
Heard east and west, Brian is still alive.

26. Conall and Conchobhar are alive
Because their fame lives; with his fme
Alive in the world, Fearghas has not
Yet died.

27. Not a bone remains of the body
Of Lugh who was slain by Mac Cuill;
Though he has departed this world,
Lugh's fame preserves him still.

28. If poems did not preserve all that they had
Done, even though they were noble heroes,
There would long since have been a cloak of
Silence upon Niall, Conn, and Cormac.

29. The princes of Cruachan and Caiseal,
The rods from the household of the Three
Hostels,[17] Dá Thí of Teamhair and Tuathal,
The poets are the roots of their orchard.

30. Were it not for poetry, sweet-
Tongued harp or psaltery would not
Know of a goodly hero after his death,
Nor of his reputation nor his prowess.

---

17. Tara is meant here. Such references to Tara (and often metonymically Ireland) are frequent enough in the poetry; see Poem 13, verse 4, "fa chró dtaobhshocair in Trír"; Poem 18, verse 8, "do Tholaigh na dTrí bhFear"; Poem 19, verse 2, "ar chlannaibh Toighe an Trír."

31. Fios a seanchais ná a saoire
Ní fhuighbhidís arddaoine;
Léigidh so i ndán do dhéanaimh
Nó no slán dá seinsgéalaibh.

32. Dá mbáithí seanchas Clann gCuinn
Agus bhur nduana, a Dhomhnuill,
Clann bhur gconmhaor 's bhar gclann shaor
Ann do ba comhdhaor comhshaor.

33. Fir Éireann más é a rathol
Ionnarbadh na healathon
Gach Gaoidheal budh gann a bhreath,
Gach saoirfhear ann budh aitheach.

Foinse: N. J. A. Williams, eag., *The Poems of Giolla Brighde Mac Con Midhe* (Dublin: Irish Texts Society, 1980), 204–13, 339–44.

12. "Mairg do-ní uabhar thar mh'éis," TADHG ÓG Ó HUIGINN, 23 rann, meadaracht: deibhí

Tadhg Óg Ó hUiginn, file ón chúigiú haois déag a chum an dán seo a leanas. Bhí muintir Uí Uiginn ar na filí ba mhó le rá i gCúige Chonnacht (maidir leis an fhile Tadhg Dall Ó hUiginn ón 16ú céad déag, feic Dánta 14 agus 18). Do Thadhg mac Chormaic Mac Diarmada a scríobhadh an dán. Ní fios go barainneach na himeachtaí a bhí taobh thiar den dán, ach tá an buntéama soiléir. Is féidir an téama sin a rianú, má chuirtear cuid de bhuntéarmaíocht an dáin i suim. Cuirtear béim ar thaobh amháin ar na focail *anáir* (onóir), *muirn* (cion, grá, meas), agus *díograis* (dúthracht, dícheall). Sin focail a shaíníonn an ceangal ceanúil, grámhar idéalach idir file agus tiarna. Ar an taobh eile, tá focail sa dán mar *uabhar* (bród, sotal) agus *uaill* (móráil, leithead) a shaíníonn díomas an fhile i leith an tiarna. Tá an dán seo breac leis an dá chineál téarmaíochta: an file ag iarraidh maithiúnais ar an tiarna as cibé masla a thug sé dó roimhe (nach eol dúinn). I bhfocail eile, mar gheall ar a chuid *uabhair*, chaill an file an *mhuirn* phoiblí a bheadh ag dul dó ón taoiseach agus ba mhaith leis an scéal sin a chur ina cheart. Ach thiar ina eireaball atá an ga: áirítear an t-uabhar agus an ainriantacht (*aindligheadh*) mar chearta traidisiúnta ag na filí agus cuirtear comhairle a leasa ar na taoisigh géilleadh dóibh sin

31. Noble men would have no knowledge
Of their traditions and nobility; allow
These to be composed in poetry or else bid
Farewell to their ancient histories.

32. If the lore of the Sons of Conn were suppressed
Along with your poems, O Domhnall, the children
Of your kennel-keepers and your noble progeny
Would be equally high-born, equally base.

33. If it be the great desire of the men
Of Ireland to expel the poets, every
Irishman would have an insignificant
Birth, every nobleman would be a churl.

Translation: N. J. A. Williams, ed., *The Poems of Giolla Brighde Mac Con Midhe* (Dublin: Irish Texts Society, 1980), 204–13, 339–44.

12. "Sad for whomever indulges in hubris in my wake," TADHG ÓG Ó HUIGINN, 23 verses, meter: *deibhí*

Tadhg Óg Ó hUiginn, a fifteenth-century poet, composed the following poem. The Ó hUiginn family were among the most prominent poets in Connacht (For the sixteenth-century poet Tadhg Dall Ó hUiginn, see Poems 14 and 18). The poem was composed for Tadhg (son of Cormac) McDermott. The precise events that make up the poem's background are unknown, but the basic theme is clear. That theme can be outlined by considering some of the poem's basic terminology. On the one hand, emphasis is given to the words *anáir* or *onóir* (honor), *muirn* (love, affection, esteem), and *díoghrais* (zeal, devotion). All these words characterize the idealized affectionate, loving relationship between poet and lord. On the other hand, there are words in the poem like *uabhar* (pride) and *uaill* (vanity) that signal the poet's arrogance towards the chief. This poem is dotted with both kinds of terminology: the poet seeking forgiveness from his lord for whatever offense he had given him previously (unknown to us). In other words, because of his arrogance (*uabhar*), the poet has forfeited the public esteem (*muirn*) that would have been his due from the lord and wishes to rectify the situation.

But the sting is in the tail: the poets consider vainglory and unruliness

(umhla a thaispeáint). Is minic teannas áirithe san fhilíocht dá bharr sin, mar atá anseo. Mar rabhadh don phátrún, tarraingíonn an file apalóg Aithirne anuas, file miotaseolaíoch Ultach i gcúirt Chonchobhair Mhic Neasa. Bhí cáil an uabhair as cuimse ar Aithirne. Thug sé cuairt uair ar Chúige Laighean agus in ainneoin na córa a cuireadh air, d'iarr sé duais ar na Laighnigh nár iarradh riamh roimhe sin. Agus an duais sin aige, tháinig eagla air go mbainfeadh muintir Laighean díoltas as a chuid sotail. D'iarr sé cuidiú ar a rí féin, Conchobhar, a tháinig aduaidh agus a chloígh na Laighnigh. Mar sin, cuirtear ar a shúile don tiarna sa dán gur baolach an mhaise é gan a bheith "umhal" dá ollamh.[18]

> 1. Mairg do-ní uabhar thar m'éis;
> Cidh sgéal orm a fhaisnéis,
> Gur bréagadh uaim ar n-anáir
> Nír féadadh m'uaill d'iongabháil.

> 2. Tuigeadh gach éinfhear eile
> Dar aithnidh ar n-inmheine
> Mar do-chuaidh dhamh a déanamh
> Uaill an tan do thoigéaradh.

> 3. Fuaras ó mhaithibh fear bhFáil
> Idir aoibh agus anáir;
> Toil mo mheanman meisde dhamh
> Go ndearnadh eisde uabhar.

> 4. Ní uil agam—anba an bhroid!
> A huabhar is eadh thánoig—
> Acht súil 'n-a deaghaidh—doirbh leam—
> Mo mhoirn ó fhearaibh Éireann.

> 5. An t-éigne oiltear a-moigh
> Ar an fhairrge is é ar samhail,
> Líonaidh teas é le huabhar
> Go mbé i n-eas gá ionfhuaradh.

---

18. Tá plé ghonta ag Pádraig A. Breatnach ar na smaointe agus ar an téarmaíocht seo in "The Chief's Poet," *Proceedings of the Royal Irish Academy*, 83C (1983), 37–79, 39–40, 44–46. Gheofar tuilleadh faoi na téarmaí *muirn* agus *díoghrais* i nDán 13.

(*aindligheadh*) as traditional rights and advise the lords to indulge them (to show *umhla* [humility, submission]). As a result, there is often tension in the poetry, as is the case here. As a warning to his patron, the poet adduces the apologue of Aithirne, a mythological Ulster poet in the court of Conchobhar Mac Neasa. Aithirne was notorious for his arrogance. Once he visited the province of Leinster and despite being well provided for, he requested a gift from the Leinstermen such as had never before been requested. When he had received the gift, he became fearful that the people of Leinster would exact revenge for his vainglory. He sought the help of his own king, Conchobhar, who came south and defeated the Leinstermen. In that case, the lord is made aware of the danger of not submitting to his poet.[18]

1. Sad for whomever indulges in hubris in
My wake; though it is a reproach to myself
To relate that my honor was taken from
Me falsely: my pride could not be avoided.

2. Let every other man familiar with my
Rank understand how indulging in it
Worked out for me, whenever he might
Choose arrogance.

3. I received from the nobles of Ireland
Both delight and honor; it is the worse
For me that my heart's desire has been
Turned into vainglory.

4. It is sad for me that I can only cast an
Eye back over the esteem that I had from
The men of Ireland: it is from arrogance
That it has come—great the oppression!

5. The salmon that is nourished
Outside in the sea is like me, heat
Fills him with pride until it is
Cooled in the waterfall.

---

18. For a brief discussion of these ideas and terminology, see Pádraig A. Breatnach, "The Chief's Poet," *Proceedings of the Royal Irish Academy*, 83C (1983), 37–39, 39–40, 44–46. For more on the terms *muirn* and *díoghrais*, see Poem 13.

6. Nír ionann ciall damh is duit,
Nír thuig mise, a mheic Cormuic,
Do mhóid gomadh meisde dhamh
Le meisge na gcóig gcéadfadh.

7. Nír chóir m'ionnshamhail d'oba,
A Thadhg mhac Meic Diarmoda;
Cuin mhaithfidhe dhúnn do dhoirr?
Rún na haithrighe agoinn.

8. Do-bhéar íoc do dhiomdha dhuit
Do dhán mholta, a mheic Cormuic;
Gabh so mar dhíol 'n-a ndearnas
Nó no bíodh fad bhreitheamhnas.

9. Ní do bhunadh bhias tuile,
Mithidh cosg dar gcorruighe,
Do-ní trágh do na tonnaibh;
Do bhí i ndán a ndearnomair.

10. Budh lat díoghrais mo dhána
Caithfe riom rinn t'anára
Budh orrdhraic dheit agus dhamh
A mheic Cormaic, ar gcogadh.

11. Cionnus do fhéadfainn m'fheithimh
Gan tú féin gar bhfóirithin
Sinn fá rinn gach deilge dhi
Agus rinn t'fheirge i n-airde.

12. Gnáth le héigsibh innse Fáil
Bheith uaibhreach as a n-anáir
Bheith tréan ní haithnidh d'ollamh;
Sgéal ar m'aithghin uaromar.[19]

---

19. Don scéal, feic Liam P. Ó Caithnia, *Apológa na bhFilí 1200–1650* (Baile Átha Cliath: An Clóchomhar, 1984), 62.

6. We did not interpret the situation in the
Same way, I did not realize, son of Cormac,
That your wish would be the worse for me,
From the bewilderment of the five senses.

7. Tadhg son of Mac Diarmada, you
Should not have rejected the like of me;
When will you abate your displeasure?
I intend to repent.

8. I will give you recompense for your
Dissatisfaction as a poem of praise, son of
Cormac; take this as payment for what I
Have done, or subject it to your judgment.

9. A flood is not forever, it is
Time to check our uneasiness,
Waves ebb; what we have done
Was destined.

10. You shall have the loving fervor of
My poetry, you will shower on me the
Peak of your favor; o son of Cormac, our
Quarrel will be to our mutual renown.

11. How could I guard myself without
You helping me, while your anger is at
Its peak and we are exposed to its every
Sharp point?

12. It is usual for the poets of Ireland to be
Arrogant in respect of their honor; a master poet
Is not accustomed to being (physically) strong;
We have found a story about my likeness.[19]

---

19. For the story, see Liam P. Ó Caithnia, *Apológa na bhFilí 1200–1650* (Baile Átha Cliath: An Clóchomhar, 1984), 62.

13. Aithirne ler olc a riar
Téid ar cuairt i gcrích Ghailfhian;
Ní fríoth rompa thuaidh ná theas
Na bronnta uair an t-éigeas.

14. Ollamh Uladh—anba an cion—
Do shir ar laochraidh Laighion
Duas nar sireadh riamh reimhe;
Mian an fhileadh oirbheire.

15. Aithirne is amhlaidh do ráidh
Ag teacht tar ais le a éadáil;
"Le ríoghaibh Laighneach budh loinn
Díoghail ar n-ainbhreath oroinn.

16. "A theachtaire théid a-nonn,
Tigeadh Conchobhar chugam;
Báigh 'n-a n-aighidh nír fharáil
Laighin madh áil d'iongabháil.

17. "Aithnim deit re ndul ód thaigh
Acht feadh th'aisdir i nUltaibh
Ná tug d'aimsir d'fhóir Macha;
Faillsigh dhóibh mo dheacracha.

18. "Tigeadh an triathmhac Neasa
Mad áil cuimhne an chairdeasa
Dom chabhair um nóin a-nocht,
Nó raghaidh m'óidh dom fhurtocht."

19. Ó 't-chualadar—cian a bhladh—
Nachar fhéidir le n-ollamh
Téarnádh acht le car Catha
Do ghabh éanbhágh Ultacha.

20. Teagaid fian Laighean a-lle
'N-a gcoinne ar cionn na maidne;
Do b'iomdha ar moigh fhionn Éadair
Thoir ar a gcionn coimhéadaidh.

13. Aithirne, who was difficult to provide
For, visited the territory of the Gailfhiain;
The gifts that the poet got had never
Before been received north or south.

14. The master poet of the Ulstermen—great the
Respect—requested of the warriors of Leinster a
Reward that had never been asked for before;
The poet's wish was (to) taunt (them).

15. Aithirne happened to say when
Returning with his spoils: "The kings
Of Leinster will be eager to avenge our
Exorbitant demands on us."

16. "Messenger who goes yonder, let
Conchobhar come to me; a battle
Against them will be necessary, if the
Leinstermen are to be warded off.

17. "I order you before you leave home,
Except for the length of your journey into
Ulster; give Macha's band no time (to
Delay); let them know of my difficulties.

18. "Let the hero Mac Neasa, if
Remembrance of friendship appeals to
Him, come to assist me by this evening, or I
Will abandon (hope of) my deliverance."

19. When they heard—far its repute—
That their poet could not escape except
By fighting a battle, the Ulstermen
Undertook battle as one.

20. The Leinster army approached
Them at dawn; there was many a guard
Awaiting them in the east on the fair
Plain of Howth.

21. Do fholcadar leath ar leath
Ulaidh is an fhian Laighneach
An maghsain a-noir 's a-niar
Gur mhoidh do ghasraidh Ghailfhian.

22. Gidh roimhe do-chuaidh an cath
Mac Fachtna ar nach fríodh árach
Acht méad ratha ríogh Uladh
Gan fhíor catha ag Conchubhar.

23. Cosmhail ar rian leath ar leath
Mise is Aithirne uaibhreach
A dtí thríom is a dtánaig dhe
Bíodh [i gcáraid dá] chéile.

Foinse: Lambert McKenna S. J., *Aithdioghluim Dána* (Dublin: Irish Texts Society, 1939–1940), iml. 1, 132–34, & iml. 2, 79–81, 238.

13. "Ionnmhas ollaimh onóir ríogh," FEARGHAL ÓG MAC AN BHAIRD, 32 rann, meadaracht: deibhí

Sa dán seo, a cumadh idir 1592 agus 1602, téann an file, Fearghal Óg Mac an Bhaird, chun cainte leis an taoiseach, Aodh Rua Ó Domhnaill, ag bagairt go dtabharfaidh sé droim láimhe lena phátrún mura bhfaigheann sé an onóir uaidh is dual don ollamh flatha.[20] Úsáidtear an téarma *ollamh* i bhfilíocht na scol sa dá chiall: "file cáilithe" agus "file an tiarna" (feic Dán 12 thuas). Téarma níos cruinne ar an dara brí sin é "ollamh flatha" (*flaith* "taoiseach, tiarna"). Ceangal conartha a bhíonn idir an tiarna agus an t-ollamh flatha. Bíonn de dhualgas ar an ollamh dánta molta a chumadh dá phátrún chomh maith le dánta ar ócáidí speisialta, mar shampla. Ar a shon sin, dlíonn an file pribhléidí ón taoiseach, mar atá, a mhuirn nó a dhíograis ("fabhar speisialta," feic Dán 12 thuas agus ranna 11–15 thíos). Ina theannta sin, dlitear dó suí ar ghualainn nó ar uillinn a thaoisigh ag am óil agus a chogar nó a chomhairle a roinnt leis (feic rann 8 thíos). Is cosúil nár bhain Mac an Bhaird an stádas amach riamh a d'iarr sé ar Ó Domhnaill, an onóir phoiblí sin ba dhóigh leis a bhí ag dul dó. Dírítear aird sa téacs ar na trí fhocal *onóir*, *díoghrais*, agus *muirn*, nó is iad is dúshraith do reitric an fhile.

___

20. Feic Breatnach, "The Chief's Poet," 37–79.

21. Ulstermen and the army of Leinster
Covered that plain from side to side,
From east and from west until the
Youth of the Gailfhiain were defeated.

22. Although the battle went the way of the
Son of Fachtna who never yielded advantage
In battle, except for the good fortune of the
King of Ulster, Conchobhar had no just cause.

23. Aithirne's conduct and mine are
Alike; (as for) the result of his action
And mine let "two fellows be yoked
Together."

Translation: Peter McQuillan.

13. "A Master Poet's Wealth Is a Prince's Glory," FEARGHAL ÓG MAC AN BHAIRD, 32 verses, meter: *deibhí*

In the following poem, composed between 1592 and 1602, Fearghal Óg Mac an Bhaird addresses the lord, Red Hugh O'Donnell, and threatens to renounce him should he not receive from Hugh the honor owed to an *ollamh flatha* (chief's poet).[20] The term *ollamh* is used in bardic poetry (see Poem 12) in two senses: a qualified poet and a chief's poet. As Breatnach has pointed out, the latter meaning is more precisely conveyed by the term *ollamh flatha* (*flaith* [lord, ruler]). Chief's poet and lord are bound by a compact or contract (*connradh*). The *ollamh* is obligated to compose praise poems for his patron, as well as poems on special occasions. In return, the poet is entitled to privileges from the lord, including his special favor (*muirn* and *díoghrais*; see Poem 12 and verses 11–15 below). In addition, he is entitled to sit at his chief's shoulder or elbow at drinking time and share his confidences (*cogar*, *comhairle*, see verse 8 below). It seems that Mac an Bhaird never attained the status he wanted from O'Donnell. The three words, *onóir*, *díoghrais*, and *muirn*, are central in the text, as they are the foundation of the poet's rhetoric.

---

20. See Breatnach, "The Chief's Poet," 37–79.

1. Ionnmhas ollaimh *onóir* ríogh;[21]
Fogas dó dol a ndimbríogh
Muna raibh fa rinn *mhuirne*
A bhail a chind chomhairle.

2. A láibh aonaigh nó fa fhíon
A bheith a n-*onóir* airdríogh
Um chlár seang lionnglas Lughaidh
Geall re hionnmhus d'ollamhuin.

3. Damh féin bheanas a bríogh soin;
Onóir ríogh fhréimhe Dálaigh,
Mar ionnmhas do ba lór liom
Idir shlógh riondghlas Raoilionn

4. Buar is eich agas iondmhas
Bró chuach is cholg n-imiollghlas
Fa chró dtaobhshocair in Trír[22]
Mó aonfhocal ó airdrígh.

5. Dá mbeind gan *onóir* ag Aodh
Ní bhiadh *muirn* orm a n-éantaobh,
Draoi do ghlac loise re a linn,
Ar Mhac Coise dá gcinnind.

6. Muna bheind tréan ina thigh
Dá mbeind mar Mhac Liag Luimnigh
Um Chlár sriobhghlan ccuirmthe cCuinn
Ní fuighthe iongnadh ionnainn.

7. Niam roithréan ar a dhreich nduinn;
Ní chreidim nach uair orainn
Furtacht éigin oiléin Bhreagh
Toibhéim éigin ós íseal.

---

21. Téarmaí urramacha is ea rí (king) agus airdrí (high king) i línte 1 agus 6: "Taoiseach" nó "tiarna" atá i gceist faoin séú céad déag dáiríre.
22. Teamhair, feic Dán 11, véarsa 29.

1. A master poet's wealth is the honor of a
Prince[21]; it is akin for him to falling into
Disrepute, if he does not receive the pinnacle of
Esteem in the abode of his leader in counsel.

2. On days of assembly or when drinking
Wine, to receive the honor of a great lord on
The comely blue-pooled plain of Lughaidh
Is the equivalent of riches to a master poet.

3. The significance of this is relevant to
Me: the honor of the prince of the line of
Dálach would be sufficient as wealth for
Me among the blue-eyed band of Raoile.

4. Cattle and horses and riches, a multitude
Of vessels and grey-edged swords; around
The stable-sided dwelling of the Three,[22]
Greater is the single word of a great lord.

5. If I were to be without honor from Aodh,
Nowhere would I be held in esteem; I would be held
In affection nowhere, even if I surpassed Mac Coise,
A learned man, who won such fame in his time.

6. Unless I was a force in his house, even if
I was like Mac Liag of Luimneach, around
The pure-streamed ale-drinking Plain of
Conn no one would think anything of me.

7. I have no great power over his noble
Visage, I do not believe that he (help of the
Island of Breagha in need) has not secretly
Found some fault with me.

---

21. The original Irish terms rí (king) and airdrí (high king) are honorific terms in lines 1 and 6: in
    reality these terms signify a "lord" by the sixteenth century.
22. Tara. See Poem 11, verse 29.

8. A uille re headh gcuirme,
A chogar, a chomhairle,
Dá ngabhadh múr cithgheal Cuinn,
Dhúnn do dhlighfeadh Ó Domhnoill.

9. A n-Éirind na n-aibhniodh lag
Rí is ollamh agas easbag,
Triur is uaisle, ós dóibh dhleaghair,
Uaimse is coir a chreideamhuin.

10. Ionand iniocland más fíor
Do rígh is d'ollamh airdríogh,
Barr claon far cuibhrigheadh coill,
Cuimhnigheadh Aodh a n-abraim.

11. Re codhnach Doire a-deirim
Nach fiu mé, is hé aithnighim,
Muirn ollumhan damh do dháil
Fa mhagh gcollumhal gCruacháin.

12. Dámadh fiu mé hí d'fhagháil
Díoghrais ríogh fpuirt fParthaláin
Thall fa thriath flaithfhréimhi Floinn
Ní bhiath aithmhéile oroinn.

13. A ndíoghrais ríogh fhréimhe Cuinn
Do-chím daoine ag dol romhainn;
Is tríd bhíos, gidh deacar dhamh,
Gríos mo leacan ar lasadh.

14. Gidh náir dhamhsa idir Chrú Cuinn
Bheith gan díoghrais Í Dhomhnoill
Is mó is fhíornár dá aghaidh
Um Chró gcíoghbhán gConchabhair.

15. Gan mhuirn ní thigim 'n-a thigh;
As í onóir mhac Mílidh
Fa Chlár seang ccleathumhal gCuinn
Beathughadh is fhearr oroinn.

8. O'Donnell owes us (a seat at) his elbow
While drinking ale, his confidence, his
Counsel, if he should ever conquer the
Bright-showered rampart of Conn.

9. In Ireland of the smooth-flowing rivers,
King and master-poet and bishop are the
Three most noble; as it is they who are
Entitled, from me it should be believed.

10. The same honor-price, reputedly, goes
To a chief and a great chief's poet; let Hugh,
Head of waving hair by whom hazel Trees
Are constrained, remember what I say.

11. To the master of Derry I say that I
Am not worthy, I admit it, to receive the
Esteem due to a master poet over the plain
Of Cruachán of the stooped hazel trees.

12. If I were worthy to receive it, the
Loving zeal of the Lord of Partholón's
Fort, hereafter, under the chief of Flann's
Sovereign stock, I would have no regret.

13. In the special favor of the lord of Conn's
Race, I see people getting precedence over
Me; because of this, though it is difficult
For me, the ardor of my cheeks is aflame.

14. Though it is shameful for me among the blood
Of Conn to be without O'Donnell's devotion, the
More is it a true disgrace for his face throughout
The white-breasted abode of Conchobhar.

15. Without esteem I will not come into
His house; honor from the Sons of Míl
Throughout the graceful stooped trees of
Conn's plain is our best sustenance.

17. Dála an ridire reimhe
Re rígh Fraingc feacht d'áiridhe
Fa mhuirn fhinnleomhain Chláir Chuinn
Dom dháigh imdheoghaidh orainn.

(Insíonn an file scéal faoi ridire óg a raibh capall aige gur shantaigh Rí na Fraince a chapall.
Déantar margadh. Tugtar saibhreas agus stádas don ridire óg.)

23. A each ar an eacht soin uaidh
Do ghabh an deighrí ar deaghuair,
Níor cheil an rí a fhíorrún air;
'N-a ríoghdhún do bhí bliadhain.

24. A bhreath féin nír fháth orchra;
Fuair do chiond a chondortha
Thoiriomhain mar budh lór lais
D'ór is d'oiriodhaibh ionnmhais.

25. Meise in ridire reimhe,
Aodh Ruaidh an rí oirnighe
Díoghrais mh'ealadhna is hí an t-each;
Neamhumhla dhí nir dheighbhreath.

27. Gidh ionand, ní hionand dúinn;
Ar rígh Breagh na n-éacht n-iomthnúidh
Gruaidh nár fan craoibhniamhdha an choill
Ní grádh aonbhliadhna iarraim.

Foinse: Lambert McKenna S.J., "Some Irish Bardic poems," Studies 41, uimh. 161 (1952): 99–104.

14. "Maith an ceannaighe Cormac," TADHG DALL Ó HUIGINN, 62 rann, meadaracht: deibhí

Is é Tadhg Dall (1551–1591) an file is cáiliúla i measc mhuintir Uí Uiginn. Ar na filí is
bisiúla de chuid an tséú aois déag, chum sé dánta do réimse mór phátrún: Ó Néill,
Ó Domhnaill, Mag Uidhir agus Mac Domhnaill i gCúige Uladh; Ó Conchobhair,
Ó hEadhra, Ó Ruairc agus Búrc (feic "Fearann cloidhimh críoch Bhanbha," le

17. The like of (what happened) the knight
With the King of France one time before,
Regarding the esteem of the fair lion of
Conn's plain, will befall me, I daresay.

(The poet then tells the story of the young knight whose horse the King of France coveted.
The king offers the knight wealth in exchange; in addition, the knight requests a position
of status and influence in the court. The deal is then struck...)

23. His horse on that occasion the good
King took from him felicitously, the king
Did not hide his true affection for him; he
Spent a year in his royal palace.

24. His own (the knight's) judgment
Was no cause for sorrow, he obtained on
Account of his contract in the east all he
Desired of gold and amounts of riches.

25. I am the knight just mentioned, Aodh
Ruadh is the eminent king; the loving fervor
Of my art is the steed: (to treat it with) a lack of
Forbearance would not be a sound judgment.

27. Though the same, we are not the same; from
The king of Breagha of the valiant deeds, modest
Cheek under which the wood is beautiful-
Branched, it is not one year of love that I ask.

Translation: Peter McQuillan.

14. "A good merchant is Cormac,"
TADHG DALL Ó HUIGINN, 62 verses, meter: *deibhí*

The most famous member of the celebrated poetic family of Ó hUiginn is Tadhg
Dall (1551–1591). Among the most prolific poets of the sixteenth century, he com-
posed poems for a wide variety of patrons: O'Neill, O'Donnell, Maguire, and Mac

Tadhg Dall Ó hUiginn, Dán 18) i gCúige Chonnacht. Chum Tadhg Dall an dán
seo do Chormac Ó hEadhra, tiarna ar Luighne i gCo. Shligigh, sna 1580ídi. Is
maith an ceannaí é Cormac nó tuigeann sé an cómhalartú a tharlaíonn nuair a
cheannaíonn sé dán ó fhile. Is ionann moladh an fhile agus clú a mhaireann go
deo don phátrún, ní hionann agus na duaiseanna ábharacha nach maireann a
bhronnann seisean ar an fhile ar a shon sin. Ach tá peirspictíocht eile ar Chormac
mar cheannaí. Níl ráchairt ar dhánta san am i láthair, ar an ábhar sin, tá Cormac
á gceannach nó tá siad saor. Díolfaidh sé feasta iad ar bhrabús, nuair a thosóidh
daoine ag cur suime san fhilíocht arís. Sa mhéid sin, tá Cormac cosúil leis an rí
Mugh Néid a chnuasaigh bia nuair a bhí sé flúirseach chun a phobal a shábháil
in am an ghátair agus a thuill buíochas dá bharr sin.[23]

Ach tá casadh sa scéal. Déantar comparáid idir Cormac agus Mugh Néid ach
ní slán an chomparáid ar fad í. Moltar Cormac mar dhuine a cheannaigh "ór" na
filíochta (ór ealadhna), ach ní hionann go baileach bia a thiomsú agus gorta ag
bagairt, agus ór a chruinniú. Is chuige atá an file agus nádúr an dá chineál luach
á cheistiú aige: an luach intreach agus an luach cómhalartaithe i gcomhthéacs
an chonartha idir file agus tiarna. San apalóg, cuirtear comhairle ar an rí gan ór
ná airgead ar bith a ghlacadh mar cháin: an bia "an t-aonmhonadh" ba cheart
a bhailiú. Ach nuair a dhéantar an chomparáid le Cormac, is mar cheannaí óir
a mholtar é. Ní hionann ór agus bia gan amhras. Mar sin féin, d'fhóirfeadh an
chomparáid ar leibhéal amháin: maireann an t-ór go deo, cosúil leis an adh-
mholadh trína dtuilleann an file clú síoraí dá phátrún. Go meafarach mar sin, is
geall le "bia" nó cothú don tiarna an fhilíocht mholta. Tá luach ag an fhilíocht
aisti féin, as an teanga a úsáidtear inti: luach intreach atá aici don taoiseach. Bhí an
dearcadh céanna ar an ór (agus ar an airgead) ag an Mheánaois: istigh sa mhiotal
féin (go corpartha) a bhí an luach. Dá mhéid an t-ór, ba mhó an luach. Cuireadh
ar a súile don Eoraip sa séú haois déag, áfach, go bhfuil an t-ór agus an t-airgead,
cosúil le tráchtearra ar bith eile, faoi réir dlíthe eacnamaíocha an tsoláthair agus
an éilimh. De réir mar a chuaigh soláthar na miotal luachmhar i méid san Eoraip
de bharr choilíneachtaí na Spáinne sa Domhan Úr, thit luach an bhoinn aonair óir
nó airgid. Tarlaíonn boilsciú dá thairbhe sin. Le luach cómhalartaithe a bhaineann
sé seo: bíonn an margadh luaineach, agus neamhréir ann idir an soláthar agus an
t-éileamh. Is ionann "ór na filíochta" agus an t-ór féin. Fiú má mhaireann a luach
intreach (ealaíonta, aeistéitiúil) go deo, mura bhfuil meas ag an tsochaí uirthi,

---

23. Le fáil sa scéal Kenneth Jackson, eag., Cath Maighe Léna (Baile Átha Cliath: Institiúid Ard-Léinn
     Bhaile Átha Cliath, 1938 [1992]), 3–5. I dtaca leis na tagairtí don ór agus don airgead sa dán, áfach,
     tá sé suimiúil gurbh é an file Tadhg Dall é féin a chuir iad sin isteach.

Donnell in Ulster along with O'Conor, O'Hara, O'Rourke, and Burke (see Tadhg
Dall Ó hUiginn, "The Land of Ireland Is But Swordland," Poem 18) in Connacht.
Tadhg Dall composed this poem for Cormac O'Hara, lord of Leyney (Leyny) in Sligo,
in the 1580s. Cormac is a good merchant because he understands the exchange
that takes place when he purchases a poem from a poet. The poet's praise equals
immortal fame for the patron, unlike the ephemeral material rewards that he
bestows on the poet in return. But there is another perspective on Cormac as a
merchant. There is no demand for poems at present; therefore, Cormac is buying
them, as they are cheap. He will sell them later for a profit, when people become
interested in poetry again. To that extent, Cormac resembles the king Mugh Néid
who hoarded food when it was plentiful to save his people in time of scarcity and
consequently earned their gratitude.[23]

But there is a twist to the tale. Cormac is compared to Mugh Néid but the
comparison is not entirely sound. Cormac is praised as one who has bought the
"gold" of poetry, but gathering food when famine threatens and collecting gold
are not exactly equivalent. What the poet is doing here is interrogating the nature
of the two types of value: intrinsic value and exchange value in the context of the
contract between poet and lord. In the apologue, the king is advised not to accept
any gold or silver as tax: food is the only "money" (an t-aonmhonadh) to be collected.
But when Cormac is compared, he is praised as a buyer of gold. Food and gold are
not the same. However, the analogy could fit on one level: gold endures forever,
just like the eulogy through which the poet earns his patron eternal renown.
Metaphorically therefore, praise poetry resembles "food" or nourishment for the
lord. Value here is the poetry itself, in the forms of language used; its value for the
lord is intrinsic. The Middle Ages had the same view of gold (and silver)—value
resided physically in the metal itself. The more gold, the more value. However,
in the sixteenth century Europe became aware that gold and silver, just like any
other commodity, are subject to the economic laws of supply and demand. As the
supply of precious metals in Europe increased on account of the Spanish colonies
in the New World, the value of the individual gold or silver coin fell. Inflation
resulted. This relates to exchange value: the market is unstable when there is an
imbalance between supply and demand. The "gold of poetry" is like gold itself.
Even if its intrinsic (artistic, aesthetic) value survives, its exchange value will
disappear if society does not value it. In the end, it is the market that determines

---

23. The apologue is to be found in Kenneth Jackson, ed., *Cath Maighe Léna* (Dublin: Dublin Institute
for Advanced Studies, 1938 [1992]), 3–5. As regards the references to gold and silver in the poem,
however, it is interesting that these originate with the poet Tadhg Dall himself.

imeoidh a luach cómhalartaithe. Sa deireadh thiar, is é an margadh a shocraíonn an luach, agus bíonn an margadh guagach. Don fhile, thiar san eireaball atá an ga: ag brath go hiomlán ar luach cómhalartaithe an dáin atá seisean. Mura féidir leis a dhán a mhalartú ar dhuaiseanna ábharacha, ní fiú sifín cocháin dó é. Déanann Tadhg Dall an argóint go paiteanta i véarsaí a dó agus a trí gurb ionann an teanga agus an t-airgead sa mhéid is nach bhfuil iontu ach dearbháin nó comharthaí luacha a n-athraíonn a bhfíorluach de réir an chomhthéacs sheachtraigh. Níl aon ní "buan" i gcúrsaí teanga ach oiread le cúrsaí eacnamaíochta. Is é tuiscint seo an tséú aois déag, go bhfuil an dá chineál luach seo neamhspleách ar a chéile, cúlra siceolaíoch an dáin seo. Toisc go bhfuil an dán ar cheann de na haistí is casta dár chum Tadhg Dall, tá na sleachta thíos deighilte go soiléir ina bhfo-ranna.[24]

(a) *v. 1–10:* Is é Cormac an ceannaí is fear nó ní féidir le duine ar bith é a mhealladh agus malairt á déanamh. Maireann an clú a bhronnann adhmholadh an fhile air go deo ach ní mhaireann an mhaoin shaolta a bhronnann seisean ar an fhile mar chúiteamh air sin.

> 1. Maith an ceannaighe Cormac,
> Mac Céin dá gclaon iobharshlat,
> Glac thabhartach um cheann gcruidh,
> Malartach is fhearr aguibh.

> 2. Ré linn Chormuic ní cluintir
> Fearr a mheallta i malairtibh,
> Bheith soimheallta is sé do-bheir
> Dá ghné shoineannta shoilbheir.

> 3. Mac Céin na gcéimeann ndocrach—
> Móide is maith an malortach—
> Sduagh dhaoineach ó bheannaibh Breagh—
> Meallaidh gach aoinneach eisean.[25]

24. Feic Peter McQuillan, "Tadhg Dall Ó hUiginn's poem for Cormac O'Hara 'Maith an ceannaighe Cormac,'" in *From Enlightenment to Rebellion: Essays in Honor of Christopher Fox*, eag. James G. Buickerood (Bucknell University Press, 2018), 47–65.
25. Tá débhríochas ag baint leis an bhriathar *meallaidh* ("meallann" sa lá atá inniu ann): "enchants, beguiles" ar thaobh amháin, "traduces, deceives" ar an taobh eile. Baineann an file leas as an débhríocht sin i ranna 2 agus 3.

value, and markets can be volatile. For the poet, the sting is in the tail. He is depending entirely on the poem's exchange value. If he cannot exchange his poem for material reward, it is utterly worthless to him. Tadhg Dall nails down the argument in verses two and three (see the notes below) that language resembles money; both are merely tokens or representations of value whose true value is subject to external context. No more in linguistic than in economic matters is there anything "permanent." This realization of the sixteenth century, that these two types of value are independent of one another, is the psychological background to this poem. Because the poem is one of Tadhg Dall's most complex, the excerpts below have been divided clearly into sub-sections.[24]

(a) *st. 1–10: Cormac is the best merchant because no one deceives him in exchanges. The fame that he acquires through his poet's praise endures while the material rewards he dispenses in return are transitory; therefore, in exchanges he always gets the better of it.*

> 1. A good merchant is Cormac, Cian's
> Son for whom the yew-branch bends; a
> Generous hand in bestowing cattle, the
> Best barterer amongst you.

> 2. In Cormac's days never is anyone
> Heard to cheat him in bargaining, that is
> What makes him of the pleasant, affable
> Countenance easy to beguile.

> 3. Cian's son, he of hardy achievements,
> The better bargainer is he—beloved
> Hero from Bregia's hills—that each one
> Coaxes him.[25]

---

24. See Peter McQuillan, "Tadhg Dall Ó hUiginn's poem for Cormac O'Hara 'Maith an ceann-aighe Cormac,'" in *From Enlightenment to Rebellion: Essays in Honor of Christopher Fox*, ed. James G. Buickerood (Lewisburg, PA: Bucknell University Press, 2018), 47–65.

25. The senses of the verb *meallaidh* (present-day *meallann*) are ambivalent between "enchants, beguiles" on the one hand and "traduces, deceives" on the other. The poet avails of this ambiguity in stanzas 2 and 3.

4. Féach an fearr iomlaoid oile
Ná an mhoirn shuthain shíorroidhe
Téid don fhlaith ionfhuair |fhaoilidh,
Ar mhaith ndiombuain ndíomhaoinigh.

5. Gearr do mhairfeadh na maoine
Bhronntar le flaith Formaoile,
'S budh buain na molta ar marthain
Dá ghruaidh chorcra chomharthaigh.

7. Ní mhairfeadh éideadh ná each,
Ná feilm loinneardha líneach,
Ná beirt mhaothghorm shróill shreabhraigh,
Ná saorchorn óir ildealbhaigh.

10. Maith an ceannaighe an fear fuair
Air bhréig ndiomolaidh ndiombuain
Díoghrais molta bhuain bhaluidh,
I n-uair obtha dh'ealadhuin.

(b) *v. 11–19: Ach ceannaíonn an ceannaí maith gach a dteastaíonn uaidh nuair is saoire é freisin. Ag an am seo, agus an fhilíocht caite i dtraipisí, Cormac amháin i measc na huasaicme atá á ceannach. Cibé a dhíolann sé anois ar dhánta nuair is saoire iad, gheobhaidh sé ar ais an méid sin faoi chéad amach anseo. Má mhaireann sé, baileoidh Cormac stór adhmholta as cuimse ó gach duine agus déanfaidh soláthar don saol mór.*

11. Maith an ceannaighe cheannghus
An uair is mó an maitheamhnus
An maitheas ara mbí a bhrath,
Nó an ní chaitheas do cheannach.

15. Céad urdail a n-uighthí aniogh
Ar ghréas bhfromhtha na bhfiliodh
Rachaidh orthoibh uair oile
Ó onchoin bhruaigh Bhóroimhe.

4. Behold is there any better exchange
Than the lasting, enduring honor that
Goes to the pleasant, kindly chieftain in
Return for vain, transitory wealth?

5. Not for long would the riches
Given by Fermoyle's lord remain,
But the praises of his noble, ruddy
Countenance shall endure eternally.

7. Neither armor nor horse nor shining,
Carven helmet, nor tunic of soft, blue,
Sheeny satin, nor valued drinking-cup of
Variously wrought gold would endure.

10. A good merchant is he who got in
Return for a worthless, transitory figment
The sincerest of fragrant, lasting panegyric
At a time when art was being rejected.

(b) *st. 11–19: However, the good merchant also buys what he needs when it is cheapest. At this time, when poetry is out of fashion, he alone of the nobility is purchasing it. Whatever he pays now for poems when they are cheapest, he will recoup a hundred times over in the future. If he should live, Cormac will accrue an unlimited supply of eulogy from everybody and will leave provision for everyone.*

11. A good merchant is he that
Purchases when the discount is
Greatest the goods on which he
Depends, or those which he must buy.

15. A hundred times as much as what could
Be got today for polished specimens of the
Poet's art shall be given for them later on
By the hero of Bóromha's shores.

16. Is é an uair is saoire soin,
'S is teirce atá dhá iarraidh—
Sgath an dána ghnéabhuain ghloin—
Éanuair is cára a charthoin.

17. Ó tá an dán neamhdhaor aniogh
Biaidh lón nách éidir d'áiriomh—
Madh beó tarngortaidh Chláir Chrot—
D'adhmholtaibh cháigh ag Cormac.

18. Biaidh oirchill re haghaidh cháigh,
An uair is usa a bhfagháil,
D'éis taisdealaigh tholcha Bhreagh,
D'aisgeadhaibh fromhtha fileadh.

(c) v. 20–38: Rinne Mugh Néid, rí na Mumhan, soláthar ar an dóigh chéanna tráth. Bhí aisling ag bean an rí agus chonaic sí seacht mbó ramhra ag innilt ar mhachaire a bhí ar maos le bainne. D'alp seacht mbó gránna loma tanaí iad ansin. Mhínigh an draoi Dearg Damhsa go mbeadh saol na bhfuíoll ann ar feadh seacht mbliana ach go mbeadh gorta seacht mbliana ina dhiaidh sin. Chuir sé comhairle a leasa ar an rí, in am na flúirse gan ach bia a ghlacadh mar cháin agus mar chíos, ach diúltú d'ór agus d'airgead. Lean Mugh Néid an chomhairle, chuir an t-ocras ó dhoras agus thuill buíochas síoraí a phobail.

20. Do-rinne Mugh Néid nárach,
A shinsear mear mórdhálach,
Rí Mhoighe choirmthinn Chodhail,
Oirchill oile a hionnshamhail.

21. Do-chonnairc fís fada ó shin
Ríoghan Mogha Néid neimhnigh,
'Na hinnisin do bhí brígh—
Innisidh í don airdrígh.

22. Tarfás don mhnaoisin Mhogha
Seacht mba binne bláthmhora;
Do-chí an fionnchrodh soiléir seang
I dtiomchol oiléin Éireann.

16. When it is cheapest and when fewest
Are seeking it, that is the very time to
Cherish the flower of perfect, durably
Formed poetry.

17. Since poetry is cheap today, Cormac,
If the prophesied one of Crotta's Plain
Survive, will have an unreckonable
Store of the eulogies of all.

18. The rover of the hills of Bregia
Will leave provision for all, gathered
When easiest to obtain, of the polished
Offerings of the poets.

(c) *st. 20–38: Mugh Néid, king of Munster, once made similar provision. The wife of the king has a dream, in which she sees seven fat cows grazing on a milk-soaked plain. They are then devoured by seven hideous, scrawny old cows. The druid Dearg Damhsa interprets: seven years of plenty will be followed by seven of famine. His advice to the king in this time of plenty is to accept only food as tax and tribute, no gold or silver. Mugh Néid takes the advice, staves off the famine and earns the eternal gratitude of his people.*

20. Famous Mugh Néid, Cormac's
Gallant, princely ancestor, king of
Codhal's strong-aled Plain,
Made a similar provision.

21. The queen of keen Mugh Néid
Beheld long ago a vision; there
Was import in the telling of it,
She related it to the high-king.

22. Seven goodly, thriving cows
Appeared to that wife of Mugh,
She sees the bright, sleek, fair
Herd around the isle of Ireland.

23. Tarfás fós dí 'na dheaghaidh,
Ón bhuar shuaithnidh shítheamhail,
Gach magh fionn collbhán corcra
Iomlán do lionn leamhnochta.

24. Tarfás dí i ndiaidh na tána
Seacht mba eile urghránna,
Adhbhar teadhma teacht ortha,
Na seacht seanbha siabhortha.

26. Níor fágbhadh leadhb ar láthair
Don tánaigh óig iongnáthaigh
Ón tána cheinnmhir chalma,
Ghránna neimhnigh nathardha.

27. Breath na haislingthe, is é a fhíor,
Rug Dearg Damhsa, draoi an airdríogh;
An bhreath chathardha do chreid,
A ratharbha isteach táinig.

28. Adubhairt an draoi: "ar dtosaigh,
Is siad na seacht gcéadbhasain
Seacht mbliadhna lomlán lachta,
Comhlán riaghla is ríoghachta."

29. "Is iad bhós na ba oile
Seacht ndaoirbhliadhna dochroidhe—
Tír na gcuan mbailbhlinnte mbinn—
Budh tuar aidhmhillte dh'Éirinn."

31. "Déantar uaibh," ar Dearg Damhsa,
"Oirchill uim an adhbharsa,
Na céidbhliadhna suil tí asteagh,
A rí géigniamhdha Gaoidheal."

32. "Ná gabh id chíos ná id chánaigh,
Ó Leath Mogha mórdhálaigh,
Fán gcrích móir mbraoinchinnfhinn mbuig,
Aoinphinginn óir ná arguid."

23. And then, moreover, it appeared to
Her that from the bright, wondrous
Herd each fair, rosy, white-hazelled
Plain was flowing with new milk.

24. After that herd there appeared
To her seven hideous cows,
Sickening to speak of were the
Aged, spectral kine.

26. Not a trace of the young and
Marvelous herd was left by the
Frenzied, pugnacious, repulsive,
Venomous, serpentlike drove.

27. Dearg Damhsa, the king's druid, gave
The reading of the dream, this is the truth
Thereof; he hearkened to the learned
Judgment, its great profit came to pass.

28. Thus said the druid, beginning:
"The first seven cows are seven
Years of abundant milk, perfect in
Rule and sovranty."

29. "The other cows, moreover, are seven
Miserable years of hardship, for Ireland,
Land of sweetly-murmuring waters, it
Will be a portent of devastation."

31. "Therefore," said Dearg Damhsa,
"Let provision be made by you ere
The first years come to a close, thou
Bright-limbed king of the Gaels."

32. "In thy tax or thy tribute from proud
Leath Mogha accept not throughout the
Spreading land of fair, fertile, dewy hills
One penny of gold or of silver."

33. "Ná gabh ó chách id chíos ríogh,"
Do ráidh ollamh an airdríogh,
"A ghríobh fhial mhuighe Mumhan
Acht biadh uile d'aonmhonadh."

(d) v. 39–42: Tá aithris déanta ag Cormac ar Mhugh Néid, nó fuair sé sladmhargadh. Cheannaigh sé ór na filíochta agus chruthaigh a mhianach mar cheannaí ar an dóigh sin. De thairbhe ar cheannaigh sé d'ór na healaíona, ní bheidh aon easpa filíochta ar Éirinn go deo.

39. Aithris ar Mhugh Néid do-ní
Cormac Ó hEaghra an t-airdrí,
Dias dár dhual fochonnmhagh Fáil,
Fa shochonnradh uan d'fhagháil.

40. Mac Céin nár chaomhain doibheart,
Cóir a chor re ceannoigheacht,
Bláth póir sheangfhuile Shadhbha,
Ceannuighe óir ealadhna.

42. Go ló an bhráith biaidh ar marthain,
'Na bharr shéin is shobharthain,
Don tslógh ó bheannaibh Bladhma
Ar cheannaigh d'ór ealadhna.

(Adhmholadh traidisiúnta ar Chormac é féin atá sa chuid eile den dán.)

Foinse: Eleanor Knott, *The Bardic Poems of Tadhg Dall Ó hUiginn*, iml. 1 (London: Irish Texts Society, 1922), 220–28, & iml. 2 (London: Irish Texts Society, 1926), 146–51, 273–74.

15. "Cuimseach sin, a Fhearghail Óig,"
NÍ FIOS CÉ A CHUM (Ó GNÍMH), 11 rann, meadaracht: deibhí

Ní fios go baileach cé a chum, ach amháin go leagtar ar dhuine de mhuintir Uí Ghnímh é. Leag Bergin ar an bhall den teaghlach ba cháiliúla é, Fear Flatha, ach is dóigh le Cunningham agus Gillespie gurbh é a athair siúd, Brian, an file.[26] Ar

---

26. Bernadette Cunningham & Raymond Gillespie, "The East Ulster bardic family of Ó Gnímh," *Éigse* 20 (1984): 111.

33. "Do not accept from any in
Thy royal tribute," said the king's
Sage, "aught else save food as the
Universal payment."

(d) *st. 39–42: Cormac has emulated Mugh Néid in acquiring good bargains; he has proved his credentials as a merchant by buying up the "gold of poetry." Because of all that he has purchased of the gold of poetry, Ireland will never suffer from a shortage of poems.*

39. The high-king Cormac O'Hara
Imitates Mugh Néid—two rightful
Owners of Fál's Cornfield are they—in
Getting a profitable bargain from us.

40. Cian's son who never defended a
Wrongful deed, it is right that he should be set
To merchantry; flower of the stock of Sadhbh's
Noble blood, a trafficker in the gold of poesy.

42. Till the Day of Doom all that he has
Purchased of the gold of poesy will remain
As an augmentation of fortune and pros-
Perity for the host from Bladhma's peaks.

(*The remainder of the poem consists of a more conventional eulogy of Cormac himself.*)

Translation: Eleanor Knott, *The Bardic Poems of Tadhg Dall Ó hUiginn*, vol. 1 (London: Irish Texts Society, 1922), 220–28, & vol. 2 (London: Irish Texts Society, 1926), 146–51, 273–74.

15. "That's good and proper, Fearghal Óg,"
ANONYMOUS (Ó GNÍMH), 11 verses, meter: *deibhí*

This poet's exact identity is unknown, but he appears to be of the Ó Gnímh family of poets. Bergin attributed it to the most famous member of the family, Fear Flatha, but Cunningham and Gillespie believe that his father, Brian, is the

aon dóigh, cáineann an file a chomhghleacaí Fearghal Óg Mac an Bhaird (feic "Ionnmhas ollaimh onóir ríogh," Dán 13) as nós cumadóireachta na scol a bhriseadh trí dhán a cheapadh agus é ag marcaíocht ar ghearrán amuigh faoin aer. A mhalairt ar fad a dhéanadh na seanfhilí móra. Ba ghnáth leo sin dán a cheapadh agus iad ina luí i mbothán sa dorchadas, sa dóigh is nach mbeadh aon chur isteach orthu. Luann Ó Gnímh roinnt de na filí seo, ar mhair an t-iomlán acu idir an tríú agus an cúigiú haois déag. Cuireann sé béim faoi leith ar an dícheall agus ar an dúthracht a chaitheadh filí na scol ar a gcuid cumadóireachta agus admhaíonn gurb é an dála céanna aige féin é. Léann Michelle O Riordan an dán (agus an dán a leanann é sa leabhar seo, "Ionmholta malairt bhisigh," le hEochaidh Ó hEodhasa, Dán 16) mar fhreagairt dheisbhéalach agus tráthúil ag file Gaelach ar an mheath a bhí ag teacht faoi dheireadh na Meánaoise ar na healaíona saintreoracha teagascacha, a bhí mar dhúshraith faoi fhilíocht na scol ón tríú haois déag ar aghaidh.[27] D'fhéadfaí fosta éiteas an chúirteora ("courtier") mar a forbraíodh agus a scaipeadh é sa séú haois déag a chur i suim. Feic anseo ach go háirithe an tIodálach Castiglione agus a leabhar cáiliúil Il Libro del Cortegiano (Leabhar an Chúirteora). Cuid lárnach den aeistéitic seo an cháilíocht a dtugtar sprezzatura ("bheith ar nós cuma liom") san Iodáilis uirthi, is é sin le rá ars est celare artem, an chuid is tábhachtaí den ealaíon a thabhairt le tuiscint gur rud éasca nádúrtha é, in ainneoin an dua agus an allais atá taobh thiar di. Téacs suntasach eile anseo leabhar George Puttenham, The Art of English Poesy (1589), a chuireann an prionsabal seo i bhfeidhm ar fhilíocht Bhéarla a linne.[28] San eagrán den dán aige, thug Bergin an teideal "Art versus Nature" dó. Is é atá i gceist dáiríre ná an ealaíon ag cur i gcéill gurb í an nádúr í, seachas a bheith ag cur ina éadan.

> 1. Cuimseach sin, a Fhearghail Óig,
> Fuarois tiodhloicthi ón Tríonóitt;
> Gan feidhm ndaghoide ar do dhán
> Ag deilbh ghlanoige ar ghearrán.

---

27. Michelle O Riordan, Irish Bardic Poetry and Rhetorical Reality (Cork: Cork University Press, 2007), 248–60; feic Peadar Mac Cuillinn (Peter McQuillan), "Gnéithe den ealaíon agus den nádúr i bhfilíocht na scol," in Solas ar na Dumhchannaí, Aistí i gCuimhne ar Mhuiris Ó Meara, eag. Ailbhe Ní Ghearbhuigh & Siún Ní Dhuinn (Dublin: LeabhairComhar, 2016), 59–80, mar a bhfuil plé níos iomláine ar aeistéitic an dáin seo.

28. George Puttenham, The Art of English Poesy, eag. Frank Whigham & Wayne A. Rebhorn (New York: Cornell University Press, 2007).

poet.[26] At any rate, the poet chides his colleague, Fearghal Óg Mac an Bhaird (see Poem 13) for breaking the professional protocol of the schools by composing a poem while riding on a nag out in the open air. The old great poets would have done the opposite. They composed while reclining in a darkened hut, so that they might not be disturbed. Ó Gnímh mentions a number of these poets, all of whom lived between the thirteenth and fifteenth centuries. He especially emphasizes the utmost effort and zeal that the professional poets expended on their composition and admits that it is the same for him. Michelle O Riordan reads this poem (and Poem 16) as a witty response by a Gaelic poet to the decline that was overtaking the preceptive arts, foundational for professional poetry, by the close of the medieval period.[27] In addition, the ethos of the courtier, as it was developed and disseminated in the sixteenth century, could be considered. See here in particular the Italian Castiglione and his famous book *Il Libro del Cortegiano* (*The Book of the Courtier*). A central component of this aesthetic is the quality known in Italian as *sprezzatura* (nonchalance), that is to say, *ars est artem celare*: the most important part of art is to give the impression that it is easy and comes naturally, in spite of the difficulty and sweat that lies behind it. Another noteworthy text is George Puttenham's *The Art of English Poesy* (1589) that applies this principle to the English poetry of his day.[28] This poem (and Poem 16) can be read in this same pan-European context. In his edition of the poem, Bergin gives it the title "Art versus Nature." Art masquerading as nature is what is involved here, rather than art in opposition to nature.

1. That's good and proper, Fearghal Óg,
You've received gifts from the Trinity;
With no need of a good instructor for your
Poem, shaping pure artifacts on a nag.

26. Bernadette Cunningham & Raymond Gillespie, "The East Ulster bardic family of Ó Gnímh," *Éigse* 20 (1984): 111.
27. Michelle O Riordan, *Irish Bardic Poetry and Rhetorical Reality* (Cork: Cork University Press, 2007), 248–60; see Peadar Mac Cuillinn (Peter McQuillan), "Gnéithe den ealaíon agus den nádúr i bhfilíocht na scol," in *Solas ar na Dumhchannaí, Aistí i gCuimhne ar Mhuiris Ó Meara*, eds. Ailbhe Ní Ghearbhuigh & Siún Ní Dhuinn (Dublin: LeabhairComhar, 2016), 59–80, where the aesthetics of this poem are more fully discussed.
28. George Puttenham, *The Art of English Poesy*, ed. Frank Whigham & Wayne A. Rebhorn (New York: Cornell University Press, 2007).

2. Gan boith ndiamhoir, gan deacoir,
Cead áinis as airdcheapaidh,
Scor raifhérach, radharc cnoc,
Amharc aiérach accat.

3. Donnchadh Mór bu mhillsi dán,
Giolla Brighde is beó iomrádh,
Días do thobhoigh grádh dá ngaois,
Dán ar conair ní cheapdaois.

4. Ní bhiadh ag feithiomh gach fuinn
Cnuasach milis mheic Cearbhoill,
Fa Chluain Fraoich gér saoi soinnimh
Gan chnaoi ccaoich 'na chrobhoingibh.

5. Bliadhain iomshlán d'Aonghas Ruadh
Re hucht ngill ar ghrés n-ionnfhuar;
Níor thaobh re mailís molta
An Pailís chaomh chlárchorcra.

6. Níor chum Sgolb, in dá rinn róibh,
Saoi gan énlocht, nó an t-Órthóir,
Dol tar a riaghail d'ágh ort,
Dán gan diamhoir gan dorchacht.

7. Ní gluaisti le Gothfroidh Fionn
Dán ar nach dénadh dítheall;
Re blaosgach do bhiadh folamh
Riamh dob aonsgoth ealadhan.

8. A leapthaibh dhénta duan ngill
Aghaidh Thaidhg Óig Í Uiginn,
Ní hionand méin duitse as dí,
Dá huiscce féin do foilcthi.

9. Misi féin dá ndearnoinn dán,
Maith leam—lughoide ar seachrán—
Bac ar ghriangha um theachta as-teagh,
Leaptha diamhra 'gar ndídean.

2. Without a secluded hut, without difficulty,
(With) freedom to take delight in exalted
Composition; a grassy pasture, a view of the
Hills: you have an airy vista.

3. Donnchadh Mór, mellifluous of verse, Giolla
Brighde, whose reputation lives, a pair that won
High status for their wisdom, they used never
Compose a poem en route.

4. The sweet collection of Cearbhall's son would
Not be surveying every territory, although a
Keenly learned sage concerning Cluain Fraoich:
No blind nut was there in his cluster.

5. An entire year for Aonghus Ruadh striving
For the prize for delicate pleasing work; he
Approached not fair crimson-timbered Pailís
With malice of praise.

6. "Splinter," poet without a single fault, and
The "Gilder," the two peaks before you, did
Not compose—it's your luck to transgress their
Rule—a poem without mystery, without obscurity.

7. Gofraidh Fionn could not begin a
Poem on which he would not expend
His utmost; even with an empty shell,
He was always the epitome of art.

8. In the beds where prize poems are
Made, the face of Tadhg Óg Ó hUiginn—
Your mentality is not the same as his—
Would be bathed by its own sweat.

9. I myself, if I compose a poem, I like a
Hindrance to the sun's rays coming in—
Whereby we stray less—and dark cubicles
To protect me.

10. Eadrom is eatoil ghlana
Muna n-iadhoinn m'aphradha,
Mar dhlaoi díona ar lés an laoi
Díogha dom ghrés do-ghéntaoi.

11. Ni hionand gnáth damhsa is duitt,
Dá ndeachoinn do dheilbh adhmoid,
Fada m'uain ar aoidhidh roinn,
Uaill as mo laoidhibh locoim.

Foinse: Osborn Bergin, "Unpublished Irish poems X. Art Versus Nature," *Studies* 9 (1920): 261–63; athchló David Greene & Fergus Kelly, *Irish Bardic Poetry* (Baile Átha Cliath: Institiúid Ard-Léinn Bhaile Átha Cliath, 1970), 118–19, 265–66.

16. "Ionmholta malairt bhisigh," Eochaidh Ó hEodhasa, 12 rann, meadaracht: rannaíocht bheag

Is é Eochaidh Ó hEodhasa (c. 1560–1612) a chum an dán seo. Bhí sé mar ollamh flatha (feic Dán 13 thuas) ag Mág Uidhir Fhear Manach. Mar sin féin, fearacht chuid mhaith filí eile, chum sé filíocht do phátrúin eile i gCúige Uladh (Ó Néill, Ó Dochartaigh, Mac Suibhne agus Ó Ruairc), i gCúige Chonnacht (De Búrc, Mac Diarmada agus Ó Conchobhair) agus i gCúige Laighean (Ó Broin). Ina theannta sin, chum sé dán suntasach ag cur fáilte roimh Shéamas I, nuair a rinneadh rí ar Shasana, ar Albain agus ar Éirinn de sa bhliain 1603. I ndiaidh thurnamh na nGael i gCogadh na Naoi mBliana (1593–1602), fuair Aodh Rua Ó Domhnaill bás sa Spáinn agus é ag iarraidh tuilleadh cabhrach míleata ó na Spáinnigh. Rinneadh taoiseach dá dheartháir Ruairí ina dhiaidh sin. Réitigh seisean leis na Sasanaigh agus rinneadh Iarla Thír Chonaill de sa bhliain 1603. Bhí freasúra sa bhaile aige, áfach, go háirithe ó Niall Garbh Ó Dónaill (col ceathrair leis) agus bhí cúrsaí polaitíochta sa tiarnas luaineach go leor. Chuaigh an bheirt acu go Londain lena gcás a phléadáil agus socraíodh ar son Ruairí.[29] Cuid thábhachtach de chúlra an

---

29. Maidir leis an chúlra polaitiúil i dTír Chonaill, feic Darren McGettigan, "The Political Community of the Lordship of Tír Chonaill," in *Community in Early Modern Ireland*, eag. Robert Armstrong & Tadhg Ó hAnnracháin (Dublin: Four Courts Press, 2006), 91–102; maidir leis an dán féin, feic Peter McQuillan, "A Bardic Critique of Queen and Court, 'Ionmholta malairt bhisigh 1603,'" in *Elizabeth I and Ireland*, eag. Brendan Kane & Valerie McGowan-Doyle (Cambridge: Cambridge University Press, 2014), 59–88.

10. If I did not close my eyes between me and
The bright sunbeams as a protective covering
Against the light of the day, my poetry would
Be rendered worthless.

11. Your practice is not the same as mine, if
I were to go to fashion a poem, long is my
Time spent polishing [?] a verse, I refuse to be
Vainglorious about my poems.

Translation: Peter McQuillan.

16. "A change for the better is laudable," EOCHAIDH Ó hEODHASA, 12 verses, meter: *rannaíocht bheag*

Eochaidh Ó hEodhasa (c. 1560–1612) composed the following poem. He was *ollamh flatha* to the Maguires of Fermanagh. Nonetheless, like many other poets, he composed poetry for other patrons in Ulster (O'Neill, O'Doherty, Sweeney, and O'Rourke), in Connacht (Burke, McDermott, and O'Conor) and in Leinster (O'Byrne). In addition, Ó hEodhasa composed a notable poem of welcome for James I on his accession as king of England, Ireland, and Scotland in 1603. After the Gaelic defeat in the Nine Years War (1593–1602), Red Hugh O'Donnell died in Spain while seeking further military assistance from the Spanish. His brother Rory was then made lord of Tír Chonaill. He submitted to the English and was made Earl of Tyrconnell in 1603. He had opposition at home, however, especially from his cousin Niall Garbh O'Donnell, and the political situation within the lordship was fairly unstable. Both went to London to plead their case and it was decided in Rory's favor.[29] Rory's absence in England is an important part of the poem's background: it gives the poet a certain freedom, as he himself affirms. "A change for the better is laudable," but there is more than one change involved in the poem. The poet asserts that he has abandoned the recondite, obscure style practiced by the

---

29. For the political background in Tyrconnell, see Darren McGettigan, "The Political Community of the Lordship of Tír Chonaill," in *Community in Early Modern Ireland*, ed. Robert Armstrong & Tadhg Ó hAnnracháin (Dublin: Four Courts Press, 2006), 91–102; for the poem itself, see Peter McQuillan, "A Bardic Critique of Queen and Court, 'Ionmholta malairt bhisigh 1603,'" in *Elizabeth I and Ireland*, ed. Brendan Kane & Valerie McGowan-Doyle (Cambridge: Cambridge University Press, 2014), 59–88.

dáin seo Ruairí a bheith as láthair i Sasana: tugann sin méid áirithe "saoirse" don fhile, mar a mhaíonn sé féin. "Ionmholta malairt bhisigh": ach tá níos mó ná malairt amháin i gceist sa dán. Deir an file go bhfuil droim láimhe tugtha aige leis an stíl dhiamhair, dhoiléir a chleacht na scoileanna filíochta ar mhaithe le stíl chumadóireachta atá i bhfad níos éasca agus a bhfuil éileamh ag an saol mór i gcoitinne uirthi. Más athrú "sona" seo ar an ábhar sin, is athrú "suarach" é fosta, áfach, a chuireann náire ar "ollamh flatha." Fágann an chodarsnacht seo blas íorónta débhríoch ar chuid mhaith den fhriotal sa dán. Ach baineann an éiginnteacht seo, an "siar is aniar" seo, ní hamháin le cúrsaí litríochta ach le polaitíocht chomh maith: an tiarna Gaelach ar an seandéanamh ("flaith," "triath") é Ruairí amach anseo, nó an é "an t-iarla" nua-aimseartha Sasanach feasta é? Mar a dúradh cheana, is féidir an dán seo a léamh le hais Dán 15 mar léiriú ar an iompú a bhí ag teacht ar an tuiscint aeistéitice san Eoraip sa Nua-Aois Mhoch: gur rud neamhealaíonta (mar dhea) an ealaín (*ars est celare artem*). Ach is léir sa chás áirithe seo go bhfuil an ghné pholaitiúil go láidir ann, agus is cuid nach beag den "ealaín" atá taobh thiar den dán an cumasc a dhéanann an file idir a mhalairt féin (liteartha/cultúrtha) agus malairt a phátrúin (cultúrtha/polaitiúil). An "malairt bhisigh" don bheirt acu é ar aon (nó nach ea)?

    1. Ionmholta malairt bhisigh:
    Tárraidh sinde 'san amsa
    Iomlaoid go suarrach sona,
    Do-chuaidh a sochar dhamhsa.

    2. Do thréig sind sreatha caola
    Foirceadal bhfaobhrach ffrithir
    Ar shórt gnáthach grés robhog,
    Is mó as a moltar sinde.

    3. Le dorchacht na ngrés snoighthe
    Do bhínnse ag tuilliodh gráine:
    Fa hí ughachta mhóráin
    Nár dhíol róghráidh ar ndáinne.

    4. Maithim, giodh mór an sonas,
    Énbhonn feasda dá thoradh,
    Má théid énrand gan tuigse
    Dom dhánsa ó dhuine ar domhan.

bardic schools for a style of composition that is much easier and which the general public demands. If this is a "happy" change for that reason, it also is a "sordid" one, however, that shames him as an *ollamh flatha*. This opposition lends an ironic, ambivalent flavor to much of the poem's expression. But this uncertainty, this "back and forth," relates not only to literary matters but also to politics. Will Rory from now on be an old-style Gaelic lord, or a newfangled English "earl"? As has been said previously, this poem can be read alongside "That's good and proper, Fearghal Óg" (Poem 15) as reflecting the shift in aesthetic appreciation taking place in Europe in the early modern period: that art is (or should rather appear to be) artless (*ars est celare artem*). But it is clear that in this particular instance there is a strong political dimension, and the connection that the poet makes between his own (cultural/literary) exchange and that of his patron (cultural/political) is no small part of the skill that underlies the poem. Is it "a change for the better" for both of them (or not)?

> 1. A change for the better is laudable:
> We have achieved at this time a
> Contemptible (but) fortunate exchange.
> Its profit has redounded to me.

> 2. We have abandoned the narrow sequences
> Of sharp keen-edged instructions for a
> Common sort of all-too-easy composition;
> The more do we get praised for that.

> 3. With the darkness of hewn-out
> Compositions, I used to earn opprobrium;
> It was the opinion of many that our
> Poetry was not much to be loved.

> 4. I renounce, though great the good
> Fortune, a single penny as its reward, if
> Even a single verse of my poetry should
> Defy the understanding of anyone on earth.

5. Dán bog ar bhél na slighiodh,
Ós é anois siorthior oraind,
Cuirfeadsa dhíom na fiacha
Go ccead d'iarla Chlann gConaill.

6. Mo gheallsa ar bhuga ar mhaoile
Ní bhérdaois daoithe an bheatha:
Do-chuaidh mé, maith an tuicsi,
Le cách fá uisge an cheatha.[30]

7. Do thréig mé—gá mó sonas?—
Mo shlighthe docra diamhra:
Dá ccluine cuid dar ndáinne,
Beanfaidh gáire as an iarla.

8. D'eagla mo chora as gárda
Ón mhéid dá ttárras loise,
Diúltaimse flaith ó gConaill
Do dhol oraind a ccoisde.

9. Is iomdha tré dhán bhfallsa
Lán dom annsacht a mbliadhna:
Do thuillfinn tuilleadh ceana
Muna bheith eagla an iarla.

10. Mac Aodha, aigneadh fosaidh,
Fear ler robhog ar ccruaidhne,
Ní cás dúinn dénamh tapaidh,
Ó tharla a Saxaibh uainne.

---

30. Feic Ó Caithnia, *Apológa na bhFilí 1200–1650*, 206. Fáithscéal é seo faoi na saoithe a thuar cith báistí a chuirfeadh an saol mór as a mheabhair. Dá réir sin, téann siad i bhfolach i bpluais. Nuair a thagann siad amach arís, áfach, ní thuigeann duine ar bith iad ná a gcuid gaoise níos mó. Sa dóigh is go dtuigfí ar chor ar bith iad, caithfidh siad dul amach "fá uisce an cheatha," cosúil le gach duine eile. Is é teagasc an scéil go gcaithfidh duine bheith cosúil le gach duine eile le teacht slán, má théann an saol mór as a mheabhair, caithfidh tú féin dul as do mheabhair freisin.

5. An easy poem where the roads open
Out, since that is what is asked of us now,
I will discharge my obligations with the
Permission of the earl of the sept of Conall.

6. The idiots of the world will not
Best me in simplicity or dullness: I
Have gone, it is well understood, like
Everyone else, out into the rain.[30]

7. I have abandoned (what greater
Fortune?) my difficult, obscure ways:
If he hears some of our poetry, it will
Make the earl laugh.

8. For fear of dismissal from his retinue,
From which I have attained glory, I
Refuse to allow the prince of Conall's
Descendants to sit on a jury to try me.

9. Many, on account of false poetry,
Are full of love for me this year; I
Would earn yet more affection were
It not for fear of the earl.

10. The son of Hugh, a steady disposition,
One who finds our difficulty too easy,
It is easy for us to make haste, since he
Happens to be away from us in England.

---

30. See Ó Caithnia, *Apológa na bhFilí 1200–1650*, 206. This is the apologue of the wise men who pre-
dicted a shower of rain that would make the world insane. They hide themselves accordingly in
a cave. When they emerge, however, they find that no one understands them and their wisdom
anymore. In order to be understood at all, therefore, they have to go "out in the rain" like everyone
else. The moral of the story is that to survive in the world, you must be like everyone else; if the
world loses its mind, you must lose yours, too.

11. Beag nach brisiodh mo chroidhe
Gach dán roimhe dá gcumainn:
Is mór an t-adhbhor sláinte
An nós so táinig chugainn.

12. Dá lochtaighe triath Bearnais
Énrand dá ndealbhthor linde
Budh iomdha ag cor 'na aghaidh—
Ionmholta malairt bhisigh.

Foinse: Osborn Bergin, "On a Change in Literary Fashions," *Studies* 7 (1918): 616–19; athchló ag David
Greene & Fergus Kelly in *Irish Bardic Poetry* (Baile Átha Cliath: Institiúid Ard-Léinn Bhaile Átha
Cliath, 1970), 127–29 & 270–71.

17. "Tairnig éigse fhuinn Ghaoidheal," FEAR FLATHA Ó GNÍMH, 11 rann; meadaracht: deibhí

Teaghlach léannta ab ea muintir Uí Ghnímh as oirthear Uladh. Ba fhilí
oidhreachtúla iad do Néilligh Chlainne Aodha Bhuí ach bhí ceangal láidir eatar-
thu agus muintir Mhic Dhónaill as Co. Aontroma fosta. Ba é Fear Flatha an duine
ba cháiliúla den teaghlach. Sa dán seo, caoineann sé turnamh na dteaghlach mór
filíochta sa seachtú haois déag. Luann sé marú Thaidhg Dhaill Uí Uiginn (1591)
chomh maith le bás Eochaidh Uí Eodhasa (1612) agus tugann liodán ansin de
roinnt de na teaghlaigh mhóra. Tugann sé a mhíniú ar an drochscéal seo: an bhéim
síos a tugadh don uasaicme dhúchais ar mhaithe leis an íosaicme is cúis leis. Tá sé
spéisiúil léamh siar ar Dhán 11 ón tríú haois déag, mar a mhíníonn Giolla Brighde
Mac Con Midhe tábhacht an dáin agus na bhfilí don uasaicme Ghaelach: gan an
fhilíocht ní féidir iad a dheighilt ón daoscarshlua. Cuireann dán sin an tríú céad
déag gné chumhach le dán seo Fhear Flatha ceithre chéad bliain níos moille. Tá an
dán seo ar cheann de na dánta a chum Fear Flatha i ndiaidh 1607 agus Imeacht na
nIarlaí. I dtaca le struchtúr agus le tuin an dáin, is féidir comparáid a dhéanamh
idir é agus dán eile "Beannacht ar anmain Éireann" ina gcaoineann an file céim
síos na dteaghlach uasaicmeacha Éireannacha ina gceann agus ina gceann.[31]

---

31. Feic Osborn Bergin, "The Death of Ireland," *Studies* 15 (1926): 437–40; athchló ag David Greene
& Fergus Kelly in *Irish Bardic Poetry* (Baile Átha Cliath: Institiúid Ard-Léinn Bhaile Átha Cliath,
1970), 115–17 & 264–65.

11. It just about used to break my heart,
Every poem I would compose before
Now; it is a great source of good health,
This custom which has come to us.

12. If the hero of Bearnas should find
Fault with a single verse crafted by us,
There will be many speaking up against
Him, a change for the better is laudable.

Translation: Peter McQuillan.

17. "The poetry of the land of Gaels has ceased," FEAR FLATHA Ó GNÍMH, 11 verses, meter: *deibhí*

The learned East Ulster family of Ó Gnímh were hereditary poets to the O'Neills of Clandeboye (North Down/South Antrim), but there was also a strong association between them and the Mac Donnells of Antrim. In this poem, Fear Flatha, the family's most famous poet, laments the demise of the great poetic families in the seventeenth century. He mentions the murder of Tadhg Dall Ó hUiginn (1591) as well as the death of Eochaidh Ó hEodhasa (1612) and gives a litany of some of the great bardic families. He explains this grievous situation—the decline of the native aristocracy in favor of the lower classes is the reason for it. This poem contrasts with Giolla Brighde Mac Con Midhe's "O messenger who comes from Rome" (Poem 11) from the thirteenth century, where Giolla Brighde explains the importance of poetry and poets to the Gaelic nobility: without poetry they cannot be distinguished from the rabble. That thirteenth-century poem lends poignancy to Eochaidh's four hundred years later. This poem is one of those that Eochaidh composed after 1607 and the "Flight of the Earls." As regards structure and tone, it can be compared to another of these poems, "Beannacht ar anmain Éireann" ("A blessing on the soul of Ireland"), in which the poet mourns the destruction of the great aristocratic families of Ireland one by one.[31]

31. See Osborn Bergin, "The Death of Ireland," *Studies* 15 (1926): 437–40; reprinted by David Greene & Fergus Kelly in *Irish Bardic Poetry* (Dublin: Dublin Institute for Advanced Studies, 1970), 115–17 & 264–65.

1. Tairnig éigse fhuinn Ghaoidheal;
Adhbhar suadh nó saordhraoidheadh
Ní mhair díobh—damhna cumhadh—
Ná díol anma ollomhan.

2. Tairnig a ré leath ar leath
Scol Uladh, éigse Laighneach;
Deachmhadh dámh Muimhneach ní mhair
Ár gan fhuighleach a n-ársoin.

3. I gcrích Chonnacht, ceardcha scol,
Ní mhair ollamh ná a adhbhar;
Tug fam chridhe ceó orchra,
'S ní beó file foghlamtha.

4. Oidhidh Thaidhg dhuanscagtha Dhoill,
Éag Eochaidh mheic Mhaoil Eachlainn,
Tug draoithe Éireann fa oil
Géibheann maoithe fa mheanmain.

5. Ní clos scolaighe, scéal tinn,
D'Íbh Dálaigh nó d'fhuil Uiginn
Ag túr lighe i leabthaibh both,
Dá ealtain fhine n-eólach.

6. Uch ní mhair caomh ná cara
D'fhuil ealadhnaigh Eochadha;
Ag sin cuire cridheadh nglan,
Uile a cineadh do-chuadar.

7. Clann Chraith dá gcreidis scola,
Fine rannghlan Ruanadha,
Méala nach marad an dámh,
Fréamha carad is compán.

8. I gcrích Uisnigh an fhuinn ghloin
Scotha fileadh—fuil Chobhthaigh—
Scéal mór gan mharthain na scol,
A scarthain is clódh céadfadh.

1. The poetry of the land of Gaels has ceased,
The makings of poets or men of learning do
Not survive (reason for grief) nor any worth
The name of chief poet.

2. Their day has come to an end, on both sides,
The Ulster school and the poets of Leinster, not a
Tenth of the company of Munster survives, their
Slaughter is a slaughter without survivors.

3. In the territory of Connacht, forge of the
Schools, there survives neither master poet nor
The makings of one; it has caused a fog of grief
To envelop my heart, and no learned poet lives.

4. The slaying of Tadhg Dall, refiner of poems,
The death of Eochaidh, son of Maol Eachlainn
Has brought misfortune on the poets of
Ireland, are as a prison of sorrow for the spirit.

5. No apprentice poet can be heard of (a grievous
Tale), of the Ó Dálaigh or the blood of
Ó hUiginn, looking to lie in the beds of booths:
Two flocks of the learned families.

6. Alas! Neither companion nor friend
Survives of the artistic blood of Eochaidh;
There is a band of noble hearts, their
Entire race has passed.

7. The family of Mac Craith to which the schools
Submitted, the family of Ó Ruanadha of the pure
Verse; it is a shame that the poets do not endure,
The rootstock of friends and companions.

8. In the land of Uisneach of the pure pasture,
The pride of poets, the blood of Cobhthach; the
Passing of the schools are serious tidings, their
Dissolution overwhelms the senses.

9. Clann an Bhaird, Meic Con Midhe,
Tearc fisidh nó fáidhfhile—
Mo dhall ciachsa is ceó cumhadh—
Beó d'iarsma na n-ollamhan.

10. Tug fógra dhámh an domhain
Is col d'fhagháil d'ealadhain
Fuil chrannda dá cora i gcion
'S na fola arda íseal.

11. A fhir scaoilte na scéal sean
'Ga mbí seanchas mac Míleadh,
Ní ham scéal do scaoileadh dheid
Tréan Gaoidheal an tan tairneig.

Foinse: Pádraig de Brún, Breandán Ó Buachalla & Tomás Ó Concheanainn, Nua-Dhuanaire, Cuid I
(Baile Átha Cliath: Institiúid Ard-Léinn Bhaile Átha Cliath, 1975), 1–2.

18. "Fearann cloidhimh críoch Bhanbha," Tadhg Dall Ó hUiginn, 70 rann; meadaracht: deibhí

Sna 1570idí, choimisiúnaigh Seán Mac Oilibhéaruis Búrc, tiarna Mhic Uilliam
Íochtar, Co. Mhaigh Eo, lámhscríbhinn dar teideal Historia et Genealogia Familiae De
Burgo, nó "Seanchus Búrcach." Idir Ghaeilge agus Laidin atá sa leabhar, a dhéanann
cur síos ar chumhacht agus ar údarás na mBúrcach i dTuaisceart Chonnacht sa
séú haois déag: cearta agus sealúchas, ginealach agus caithréimeanna ón tríú
haois déag ar aghaidh.[32] Tá dán le Tadhg Dall Ó hUiginn sa leabhar chomh maith
(feic Dán 14), a bhfuil sleachta as curtha i láthair thíos. Sa dán, míníonn an file go
bhfuil na Búrcaigh, agus teaghlaigh Angla-Normannacha eile nach iad, i gceannas
in Éirinn agus tugann údar leis sin. Chuige sin, baineann sé earraíocht as fráma
tagartha na nGael iad féin, an cuntas i Leabhar Gabhála Éireann ón Mheánaois. Tá
an loighic taobh thiar den argóint simplí agus soiléir. Níor ghlac éinne riamh,
na Gaeil ina measc, seilbh ar Éirinn ach amháin le láimh láidir agus ní taise do
na Búrcaigh é. Leagann reitric na chéad ocht véarsaí ach go háirithe béim air seo

32. Feic Bernadette Cunningham, "Politics and Power in 16th-Century Connacht," Irish Arts Review
21 (2004): 116–21.

9. The descendants of Mac an Bhaird, and of
Mac Con Midhe: few of the scholars and
Learned men (my blinding sorrow and gloom
Of grief) survive of the seed of the poets.

10. The banishment of the poets of the
World, and poetry falling into disfavor,
Has been caused by the elevation of base
Blood, and high blood being laid low.

11. O man who relates the old stories and
Who knows the lore of the sons of Míl, it
Is no time for you to tell stories: now that
The power of the Gaels is spent.

Translation: Peter McQuillan.

18. "The Land of Ireland Is But Swordland," TADHG DALL Ó hUIGINN, 70 verses, meter: *deibhí*

In the 1570s, John McOliver Burke, lord of the Lower McWilliam Burkes of Co. Mayo, commissioned a manuscript entitled *Historia et Genealogia Familiae De Burgo*, or *Seanchus Búrcach*. The book is a mixture of Irish and Latin and delineates the power and authority of the Burkes in North Connacht in the sixteenth century: rights and properties, genealogy, and military exploits since the thirteenth century.[32] The book also contains a poem by Tadhg Dall Ó hUiginn (see Poem 14), excerpts from which are presented below. The poet explains and legitimates the presence of the Burkes and other Anglo-Norman families in Ireland. To that end, he employs the frame of reference of the Gaelic Irish themselves: the account of the medieval *Leabhar Gabhála Éireann* (*The Book of the Taking of Ireland*). The logic behind the argument is simple and clear. No one, the Gaels included, has ever taken possession of Ireland except by force of arms, and the Burkes are no exception. The first eight verses emphasize this point: the canonical invasions of the *Leabhar Gabhála* are enumerated, culminating in that of the Gaelic Irish. The

---

32. See Bernadette Cunningham, "Power and Politics in Sixteenth-century Connacht," *Irish Arts Review* 21 (2004): 116–21.

nuair a áirítear na hionraí canónacha ón *Leabhar Gabhála*, ag críochnú le hionradh na nGael. Cuirtear na Búrcaigh agus na Gearaltaigh (ranna 10 go 12) leis an scéimre seo. Cuireann Tadhg Dall leis an réasúnaíocht sin i rith an dáin.[33]

1. Fearann cloidhimh críoch Bhanbha,
Bíoth slán cháich fá chomhardha
Go bhfuil d'oighreacht ar Fhiadh bhFáil
Acht foirneart gliadh dá gabháil.

2. Ní fhuil cóir uirre ag aoinfhear—
Críoch shuaitheanta sheanGhaoidheal
Bheith fa neart an té is treise—
Is é ceart na críchese.

4. Ní fhuil do cheart ar chrích bhFáil
Ag Macaibh Míleadh Easbáin,
'S ní bhí ag gach gabháil dár gheabh,
Acht sí d'fhagháil ar éigean.

5. Ar éigean bhós do beanadh
Magh Fáil na bhfeadh ngéigleabhar—
Síol is cathardha dár chin—
Do shíol nathardha Neimhidh.

6. Ar éigean do beanadh bhós
D'Fhearaibh Bolg, is é a n-iomthós—
Sás ionnarbtha orchra is fhearr—
Tolcha ionganta Éireann.

7. Ar éigean fós fríoth an fonn
Ó ríoghraidh Tuath Dé Danonn,
Díobh ar mboing bhraonmhoighe Breagh
Do Chloinn mhaordhoidhe Mhíleadh.

---

33. Feic Marc Caball, *Poets and Politics: Reaction and Continuity in Irish Poetry 1558–1625* (Cork: Cork University Press, 1998), 45–47.

Burkes and the Fitzgeralds (st. 10–12) are incorporated in this schema. Tadhg Dall elaborates on his reasoning in the course of the poem (for which see the notes).[33]

1. The land of Banbha is but swordland:
Let all be defied to show that there is any
Inheritance to the Land of Fál save that of
Conquest by force of battle!

2. No one man has any lawful claim to
The shining land of the ancient Gaels.
The law of this territory is that it shall be
Subjugate to him who is strongest.

4. Neither the Sons of Míl of Spain nor
Any who have conquered her have any
Claim to the land of Fál save that of
Taking her by force.

5. The spreading-branched forests of
Fál's Plain were taken forcibly from
The guileful race of Nemhedh—most
Courtly line.

6. By force, moreover, such their tale,
Were the wondrous hills of Ireland—
The best dispellers of sorrow—captured
From the Fir Bolg.

7. By force, again, was the land won from
The kings of the Tuatha Dé Danann, when
The noble Children of Míl wrested from
Them the dewy plain of Bregia.

33. See Marc Caball, *Poets and Politics: Reaction and Continuity in Irish Poetry 1558–1625* (Cork: Cork University Press, 1998), 45–47.

8. Ar éigean rugadh Fiadh Fáil
Ó Mhacaibh Míleadh Easbáin;
Béas do Tholaigh na dTrí bhFear[34]
Nách foghair í acht ar éigean.

9. Má tá gur ghabhsad Gaoidhil
An gcrích bhfairsing bhforbhfaoilidh
Do hathghabhadh í orthaibh,
Sí ar n-athraghadh d'eachtronnchaibh.

10. Teaguid tar tuinn teóra cath,
Óig na Fraingce, fian Ghréagach,
Lucht amhsaine an tíre thoir—
Gasraidhe sídhe a Saxaibh.

11. Ronnaid Éire i dtrí treanaibh
Gréagaigh na ngreagh sítheamhail,
Fir Shaxan, ríoghradh Fhrangcach,[35]
Gasradh fhíorghlan iongantach.

12. Cuid an mheicsin Mhogha Néid
Gabhaid na fir a finnGhréig,
'Sna Goill ó gharbhShaxain ghil
Ar chloinn armarsaidh Éibhir.

13. Ó Luimneach go Leith Cathail—
Cuid ronna Chuinn Chéadchathaigh—
Gabhaid gasraidh shíl Shéarlais
Don tír arsaidh oiléanghlais.

14. Sliocht Séarlais—is siad do ghabh
Ó Chaisiol go hAird Uladh,
Ó thá seanTorach taobh thall
Go Caol ealtanach Árann.

---

34. Teamhair, feic Dán 11, véarsa 29.
35. Dar le Eleanor Knott is ionann "óig na Fraingce" agus muintir de Burgo (sinsear na mBúrcach, feic Knott, *The Bardic Poems of Tadhg Dall Ó hUiginn*, iml. 2 [London: Irish Texts Society, 1926], 254–55), a mhaígh gaol ginealais le Séarlas Mór (feic v. 14 agus 19); seasann "fian Ghréagach" do na Gearaltaigh, ibid., 256; tagraíonn "gasraidhe sídhe a Saxaibh" don ionradh ón iasacht i gcoitinne.

8. Forcibly was the land of Fál taken
From the Sons of Spanish Míl; the Hill
Of the Three Men[34] is not wont to be
Obtained save by force.

9. Although the Gaels conquered the
Spacious, kindly land, it was reconquered
In despite of them, and has passed into the
Power of foreigners.

10. There come across the sea in three battalions
The warriors of France, the soldiery of Greece
And the mercenaries of the eastern land: the
Wondrous youth of England.

11. The Greeks of swift steeds, the men of
England, the nobles of France[35]—bright,
Wonderful warriors—divide Ireland in
Three parts.

12. The men from fair Greece and the
Foreigners from bright, fierce England
Wrest from the war-seasoned race of Eber
The share of Mugh Néid's son.

13. The warriors of the seed of Charles
Conquer from Limerick to Lecale, Conn
The Hundredfighter's share of the ancient,
Green-isled land.

14. The descendants of Charles
Conquered from Cashel to the Ards,
From ancient Tory yonder to the flock-
Strewn Caol of Aran.

---

34. Tara. See Poem 11, verse 29.

35. Eleanor Knott takes "the warriors of France" as standing for the de Burgos (ancestors of the Burkes, see Knott, *The Bardic Poems of Tadhg Dall Ó hUiginn*, vol. 2 [London: Irish Texts Society, 1926], 254–55), who claimed descent from the emperor Charlemagne (see st. 14 and 19); "the soldiery of Greece" as representing the Fitzgeralds, ibid., 256; "The wondrous youth of England" is a more generic reference to foreign invasion.

17. Gi bé adéaradh gur deóraidh
Búrcaigh na mbeart n-inleóghain—
Faghar d'fhuil Ghaoidhil nó Ghoill
Nách bhfuil 'na aoighidh agoinn.

18. Gi bé adeir nách dleaghar dháibh
A gcuid féin d'Éirinn d'fhagháil—
Cia san ghurt bhraonnuaidhe bhinn
Nách lucht aonuaire d'Éirinn.

19. Gé adeirdís sliocht Ghaoidhil Ghlais
Coimhighthe le cloinn Séarlais—
Clocha toinighthe bheann mBreagh—
Coimhighthe an dream adeireadh.

20. Dul uatha ag Éirinn ní fhuil
Deich mbliadhna ar cheithre chéadaibh
Atá an tír thiormarsaidh thais
Fa fhionnghasraidh shíl Shéarlais.[36]

21. Is siad féin is uaisle d'fhuil;
Iad is fhearr fhuair an dúthaigh;
Díobh is doibheanta Bóinn Bhreagh
Oireachta dan cóir creideamh.

22. Ní thiocfa 's ní tháinig riamh—
An chlann do chin ó Uilliam—
Fine ar chumhachtaibh 'na gcruth
Cumhachtaigh Thighe Teamhrach.

(Na ranna a fágadh ar lár anseo, is ranna caithréimeacha iad faoi na Búrcaigh den chuid is mó, as Seán ina measc.)

Foinse: Eleanor Knott, *The Bardic Poems of Tadhg Dall Ó hUiginn*, iml. 1 (London: Irish Texts Society, 1922), 120–31, & iml. 2 (1926), 80–86, 254–59.

---

36. Is ionann an leagan Laidine *praescriptio longi temporis* agus cosaint ar chearta áititheora nach é an t-úinéir bunúsach é má éiríonn leis an áititheoir seilbh a choinneáil ar feadh tréimhse fhada ama. Sin atá i gceist ag Tadhg Dall sa rann seo, go bhfuil na Múrcaigh chomh fada sin in Éirinn agus nár díbríodh iad. Feic Dietmar Schanbacher "Praescriptio longi temporis," in *Brill's New Pauly*, eagrán Béarla le Francis G. Gentry (oscailte ar-líne Meitheamh 15 2019).

17. Should any say that the Burkes of lion-
Like prowess are strangers—let one of the
Blood of Gael or Gall be found who is not a
Sojourner amongst us.

18. Should any say they deserve not to
Receive their share of Ireland—who in the
Sweet, dew-glistening field are more than
Visitors to the land?

19. Though the descendants of Gaedheal
Glas used to speak of the race of Charles,
Set stones of Banbha's hills, as foreigners—
Foreigners were they who spoke thus.

20. Ireland cannot escape from them, for
Four centuries and ten years has the warm,
Ancient, humid land been under the fair
Warriors of the seed of Charles.[36]

21. It is they who are noblest in blood, it is
They who have best won the heritage; from
Them—nobles to whom homage is meet—
The Bregian Boyne can hardly be wrested.

22. There will not be, nor has there ever
Been a line equal in power to the race
That sprang from William, rulers of the
Dwelling of Tara.

(The stanzas omitted here largely form a "caithréim," an account of the military triumphs of various members of the Burke family, including Seán himself.)

Translation: Eleanor Knott, *The Bardic Poems of Tadhg Dall Ó hUiginn*, vol. 1 (London: Irish Texts Society, 1922), 120–31, & vol. 2 (1926), 80–86, 254–59.

---

36. The Latin phrase *praescriptio longi temporis* is a defense of the right of an occupier, who is not the original owner, if the occupier succeeds in retaining possession for an extended period of time. That is what Tadhg Dall means in this stanza, that the Burkes have been such a long time in Ireland and not been expelled. See Dietmar Schanbacher, "Praescriptio longi temporis," in *Brill's New Pauly*, English edition, ed. Francis G. Gentry (accessed online June 15, 2019).

19. "Cuirim séad suirghe chum seise,"
PÁDRAIGÍN HAICÉAD, 12 rann, meadaracht: séanna

Sagart Doiminiceach as Caiseal Co. Thiobraid Árann ab ea Pádraigín Haicéad (1600–1654). Tá an Haicéadach ina shamhail den aos nua liteartha a tháinig chun cinn sa seachtú haois déag. Ní file gairmiúil a bhí ann ach duine den chléir; ba cheannaí de bhunadh na Sean-Ghall a athair, Walter Hackett. Siúd is nár bhain sé leis na teaghlaigh mhóra Ghaelacha a shaothraigh an léann sa Mheánaois, is léir óna chuid filíochta go bhfuair sé oiliúint áirithe i meadarachtaí na scol. Ba chosúil sa mhéid sin ar fad é lena chomhaimsearach Seathrún Céitinn. As Deisceart Thiobraid Árann an bheirt acu sin, áit a raibh tailte ag an dá bhrainse ba Ghaelaithe de na Buitléaraigh: barúin Dhún Bóinne agus barúin na Cathrach. Chumadh muintir Mhic Chraith agus muintir Uí Chon Mhuighe, na filí gairmiúla áitiúla, dánta do na Buitléirigh sin.[37] Is cosúil gur chuir filí áitiúla den chineál sin oiliúint ar an Haicéadach agus ar an Chéitinneach. I bhfilíocht na beirte sin ar aon, faighimid meascán den sean agus den nua: meadarachtaí siollacha na scol (mar atá anseo) le hais meadarachtaí aiceanta an amhráin a bhí ag teacht i réim sa seachtú céad déag ("Do chuala inné ag maothlach muinteardha," Dán 20). Roinneann Ó Tuama saothar an Haicéadaigh ina dhá thréimhse. Leis an dara tréimhse (ó 1640 ar aghaidh) a bhaineann na dánta is aithnidiúla uaidh, b'fhéidir: filíocht pholaitiúil, phoiblí, phoileimicúil don chuid is mó (feic Dán 20).[38] Is leis an chéad tréimhse (roimh 1640) a bhaineann an dán seo thíos. Cuid mhaith d'fhilíocht na chéad tréimhse, is dánta iad a chum Haicéad dá chairde agus dá lucht aitheantais in Éirinn agus an file ar deoraíocht ar Mhór Roinn na hEorpa, i Lováin agus sa Fhrainc. Fágann an deoraíocht a rian ar chuid mhaith d'fhilíocht na chéad tréimhse sin, an dán seo againne ina measc. Tá an ceannteideal leis sna lámhscríbhinní: "Chum na hÉireann tamall roimh thriall dá hionnsaighe." Léiríonn an dán tréith an tírghrá, an grá don dúchas, mar a shainnigh Bradshaw é don Nua-Aois Mhoch san Eoraip: "inward-looking and protective."[39] Molann an file a thír dhúchais, idir thírdhreach, mhuintir agus chultúr. Críochnaíonn an dán le rann mholta dá dhlúthchara, Éamonn de Buitléir, Tríú Barún Dhún Bóinne.

> 1. Cuirim séad suirghe chum seise;
> Searc mo chléibh do dháileas dí,
> Éire chliathbhras bhocht an bhánfhuinn,
> An gort iathghlas—álainn í.

---

37. Feic James Carney, *Poems on the Butlers* (Dublin: Dublin Institute for Advanced Studies, 1945).
38. Seán Ó Tuama, "Ceathrúna Phádraigín Haicéad," *The Irish Review* 23 (1998): 1–23.
39. Brendan Bradshaw, "The Elizabethans and the Irish: A Muddled Model," *Studies* 70 (1981): 241.

19. "I send a love token to a companion,"
PÁDRAIGÍN HAICÉAD, 12 verses, meter: *séanna*

Pádraigín Haicéad (1600–1654) was a Dominican priest from Cashel, Co. Tipperary. Haicéad represents the new literary class that emerged in the seventeenth century. He was not a professional poet but a member of the clergy; his father, Walter Hackett, was a merchant of Old English descent. Although not a member of one of the great Gaelic Irish families who had cultivated learning in the medieval period, it is apparent from his poetry that he received some education in the meters of the bardic schools. In all of this, he resembles his contemporary Geoffrey Keating (Seathrún Céitinn). Both men hailed from South Tipperary, where the two most Gaelicized branches of the Butlers held lands: the barons of Dunboyne and the barons of Cahir. The local McGrath and Conway families of professional poets composed poems for those Butlers.[37] It appears that such local poets gave training to Haicéad and Céitinn. In their poetry, we find a mixture of the old and the new: the syllabic meters of the schools (e.g., this poem) beside the accentual "song" meters (*amhrán*, see Poem 20) that were coming to the fore in the seventeenth century. Ó Tuama divides Haicéad's work into two chronological phases.[38] Perhaps his best known poems belong to the second period (from 1640 onwards): political, public, polemical poetry for the most part (see Poem 20). The poem presented below belongs to the first period (pre-1640). Much of the poetry of the first phase comprises poems composed by Haicéad for his friends and acquaintances in Ireland while he was in exile on the European mainland, in Louvain/Leuven (Belgium) and in France. Exile leaves its mark on much of the poetry of that first period, the poem here included. It bears the manuscript heading "Chum na hÉireann tamall roimh thriall dá hionnsaighe" ("To Ireland, a while before going to her"). The poem recalls the characterization given by Bradshaw to the love of *patria* (the native land) in the early modern period in Europe as "inward-looking and protective."[39] The poet eulogizes his native land, landscape, people, and culture. The poem concludes with a verse of praise for his close friend, Edmund Butler, third baron of Dunboyne.

> 1. I send a love token to a companion, I have
> Poured my heart's love out for her; poor,
> Battle-scarred Ireland of the fair sward, the
> Emerald field—beautiful is she.

---

37. See James Carney, *Poems on the Butlers* (Dublin: Dublin Institute for Advanced Studies, 1945).

38. Seán Ó Tuama, "Ceathrúna Phádraigín Haicéad," *The Irish Review* 23 (1998): 1–23.

39. Brendan Bradshaw, "The Elizabethans and the Irish: A Muddled Model," *Studies* 70 (1981): 241.

2. An ghlac rannsa romham siarainn,
Mo shéad shuirghe dá sliocht mhín,
'S mo chroidhe ronnta ar na rannaibh,
Bronnta ar chlannaibh Toighe an Trír.[40]

3. Fáth mo shuirghe le fód Feidhlim
Nach fuair sinn a samhail d'fhód;
An geall rug níor fríoth le fianaibh
Ar fud chríoch i rianaibh ród.

4. Ní tharla liom ar fheadh m'eachtra
Éintír eile mar iath Néill,
An tulaigh ghlan bhrianach bhraonach,
An mhagh ghrianach raonach réidh.

5. Ag sin uaim i mbeagán briathar
Bun mo theasta ar thír an óir,
Éire, sompla soiléir Pharrthais,
Barrthais oiléin chorcra chóir.

6. Mithidh dhamhsa dul dá féachain,
Fada liom mo chor ar cuairt;
Aonráith Dhá Thí, an ráith ríoghach,
Is í mo sháith shíodhach shuairc.

7. Ag so thrídsin, a chríoch Chobhthaigh,
Chugat siar, a thaoibhgheal tais,
Mo ghrádh géar dod ghort dom bhuainse;
Do-bhéar ort an uairse ar mh'ais.

8. Atáim uait i gcríochaibh ciana,
A chláir aosta is óige i gcruith,
Mar aon feacht i ngeimhlibh garbha
Le seacht ngeimhribh marbha a-muich.

---

40. Teamhair, feic Dán 11, véarsa 29.

2. This handful of verses westward from me
(Is) my love token for its gentle people; while
My heart dispensed into the verses, bestowed
On the children of the "House of the Three."[40]

3. The reason for my love for Feidhlim's land is that I
Have not found a land of her like; the pre-eminence
That she has attained, it has not been found by
Armies across territories all around the world.

4. I have not come upon, throughout my
Travels, any other country like the land of
Niall; the pure, variegated, well-watered hill,
The sun-soaked, far-ranging, gentle plain.

5. There from me in a few words is the
Reason for my praise for the land of gold:
Ireland, a clear exemplar of Paradise, of a
Gentle-sodded, decorous purple island.

6. Time for me to go to see her, too long
To me is my state far from home: Dá Thí's
Principal dwelling, the royal abode, she is
My peaceful, pleasant sufficiency.

7. Here now because of this, o land of Cobhthach,
Westward to you, mild, bright-flanked one,
My keen love for your land piercing me,
I will return to you this time once again.

8. Ancient plain with youthful features, I
Am far away in foreign lands, like someone
Onetime in rough fetters, for seven dead
Winters far afield.

---

40. Tara. See Poem 11, verse 29.

9. Ní bhiad choidhche arís, dá roichead
Go ráith nír sul n-imghead d'éag;
Uch, ba feadhnach sámh an saoirfhear
I gclár mheadhrach Ghaoidheal nGréag.

10. Maithim d'iathaibh Eórpa acht duitse,
A dhúithche chaomh Chuinn na gcath,
A chinn síodh, a fhóid na féile,
A róid ríogh is réidhe rath.

11. Tugas grádh dhuit d'fheabhas t'fhoirne,
D'fheabhas t'éigse an tsuaircis tsaoir,
D'fheabhas t'fhéine, t'fhuinn is t'oinigh,
'S do chléire i gcuing ndoiligh ndaoir,

12. 'S tar gach siocair ar son Éamainn,
Oighre Fheimhin an fheóir ghloin,
Fear laochdha fa liom mar mhuirnín,
Fraochdha fionn go gcuirnín choir.

Foinse: Pádraig de Brún, Breandán Ó Buachalla & Tomás Ó Concheanainn, Nua-Dhuanaire, Cuid I
(Baile Átha Cliath: Institiúid Ard-Léinn Bhaile Átha Cliath, 1975), 21–22.

20. "Do chuala inné ag maothlach muinteardha," PÁDRAIGÍN HAICÉAD, 4 rann, meadaracht: amhrán

Chum Haicéad an aiste ghearr bhinbeach seo i Lováin agus é ag druidim le deireadh a shaoil. Tugann sé fogha goimhiúil faoina ord Doiminiceach féin agus cuireann cinsireacht ar chleachtadh na Gaeilge ina leith. Mar a deir ceannteideal an dáin, cumadh é "iar gclos gur hordaíodh i gcaibidlibh na hÉireann gan bráthair do dhéanamh rainn ná amhráin." Is é is dóichí gur réadú liteartha atá sa dán ar mhíshástacht an fhile leis na Doiminicigh nuair a chuir siad cosc air filleadh ar Éirinn agus tráchtas a scríobh ar imeachtaí polaitiúla na 1640idí ann.[41] Baineann Haicéad leas as a chuid frustrachais phearsanta féin chun an Ghaeilge a chosaint go díochra. Saintréith de chuid na Gaeilge a "suairceas séimh" agus a grinneas,

---

41. Feic Máire Ní Cheallacháin, Filíocht Phádraigín Haicéad (Baile Átha Cliath: An Clóchomhar, 1961), ix–xx.

9. I will never be so again, if I return to the
Fort of Ír before I die; alas, the noble man
Was a peace-loving leader on the festive
Plain of the Grecian Gael.

10. I renounce all the lands of Europe except
You, O fair patrimony of Conn of the battles,
O chief of fairy mounds, o land of
Generosity, O road of kings most propitious.

11. I have loved you for the excellence of your troop,
For the excellence of your poets of noble wit, for the
Excellence of your soldiers, of your land, of your honor,
And of your clergy in a hard, oppressive yoke.

12. And beyond any reason for Éamonn's
Sake, heir to feimhin of the pure grass: a
Valorous man who was dear to me, furious
And fair of curling ringlets.

Translation: Peter McQuillan.

20. "I heard yesterday, from a gentle confrère," PÁDRAIGÍN HAICÉAD, 4 verses, meter: *amhrán*

Haicéad composed this short but venomous poem in Louvain/Leuven, Belgium toward the end of his life. He launches a stinging attack on his own Dominican order, accusing it of censoring the practice of the Irish language. As the poem's heading has it, it was composed *iar gclos gur hordaíodh i gcaibidlibh na hÉireann gan bráthair do dhéanamh rainn ná amhráin*, "after hearing that it has been ordered in the chapterhouses of Ireland that no friar compose a syllabic (*rann*) or accentual (*amhrán*) poem." Most likely, the poem is a literary realization of the poet's dissatisfaction with the Dominicans when they prohibited him from returning to Ireland and writing a polemical account of the events of the 1640s there.[41] Haicéad

---

41. See Máire Ní Cheallacháin, *Filíocht Phádraigín Haicéad* (Baile Átha Cliath: An Clóchomhar, 1961), ix–xx.

ach mar a léiríonn an file, is gléas troda géar agus faobhrach in éadan a chuid naimhde í fosta. Is iad na buanna comhlántacha seo croílár na cúirtéise agus na dea-bhéasaíochta Eorpaí ag an am. Is léiriú cruthanta í an Ghaeilge ar na cáilíochtaí sin, go háirthe ina cuid filíochta. Daoine nach bhfuil tuiscint acu air sin, is ainbhiosáin iad.[42] Tá an dán seo ar cheann de na haistí is giorraisce de chuid an Haicéadaigh ach d'fhéadfaí a áiteamh gurb í an ceann is foirfe ar fad uaidh. Cuireann sé críoch chuí leis an gcaibidil seo den leabhar nó tugann sé ar ais í ag an áit ar thosaigh sí le "A theachtaire tig ón Róimh" a chum Giolla Brighde Mac Con Midhe (Dán 11), a chosnaíonn cultúr na Gaeilge ar ionsaí eaglasta eile, mar a measadh, ceithre chéad bliain roimhe. Siúd is nach ionann an dá chomhthéacs, tá idir athrach agus leanúnachas anseo.

1. Do chuala inné ag maothlach muinteardha
Mar nuadhacht scéil ó chéile Chuinn is Chuirc
Gur duairc le cléir an Ghaeilge ghrinnshlitheach,
Suairceas séimh na saorfhear sinseardha.

2. Ní bhuaileabh féin i gcléith a gcointinne
Ó chuaidh an ré 'narbh fhéidir linn friotal
Gach smuaineadh d'éirgheadh d'éirim m'intinne,
Uair fá bhaoghal faobhar m'intleachta

3. Go suaithfeadh sé gan saobhadh slimfhuinnimh
Fá thuairim thaobh na gcléireach gcinsealach
Nó anuas fá a mblaoscaibh maola millteacha
Crua-ghlac ghéar do ghaethibh innlithe.

4. Fuaifidh mé mo bhéal le sring fhite
'S ní luaifead réad dá bpléid bhig sprionlaithe,
Ach fuagraim tréad an chaolraigh chuimsithe
'S a bhfuath, a Dhé, tar éis mo mhuintire.

Foinse: Pádraig de Brún, Breandán Ó Buachalla & Tomás Ó Concheanainn, Nua-Dhuanaire, Cuid I (Baile Átha Cliath: Institiúid Ard-Léinn Bhaile Átha Cliath, 1975), 23.

---

42. Feic Peter McQuillan, eag., "Suairceas in the Seventeenth Century," Field Day Review 1 (2006): 94–109.

uses his own personal frustration to defend the Irish language passionately. Irish is characterized by its "gentle pleasantness" and subtleness, but as the poet demonstrates, it is also a sharp-witted and keen-edged weapon against its adversaries. These complementary attributes are at the heart of the European idea of civility, or "civil conversation" at the time. The Irish language, and especially its poetry, epitomizes that civility. Those with no appreciation of that are uncultivated.[42] This poem is one of Haicéad's shortest but arguably his finest. It is also a fitting way to end this section because it brings matters full circle, back to Poem 11, which defends the culture of the Irish language against another perceived ecclesiastical attack four hundred years earlier. Though the contexts are not identical, there is both change and continuity involved here.

1. I heard yesterday, from a gentle confrère, new
Tidings from the land of Ireland, that the clergy
Disparage the keen-witted Irish language: gentle
Pleasantness of the noble ancestors.

2. I will not strike at the phalanx of their
Disputation, since the time has passed when
I could give expression to every thought that
Arose from the acuity of my mind;

3. When the keen edge of my intellect was a danger and
Would pound without abatement of cunning energy at the
Flanks of the censorious clergymen, or down on their bald
Pernicious skulls, a hard sharp fistful of well-fashioned darts.

4. I will stitch my mouth with a woven string and will not
Acknowledge any of their petty miserable wrangling, but I
Denounce the narrow-minded tethered herd and the hate,
O God, that they bear my people.

Translation: Peter McQuillan.

42. See Peter McQuillan, ed., "Suairceas in the Seventeenth Century," Field Day Review 1 (2006): 94–109.

Léitheoireacht sa Bhreis

Pádraig A. Breatnach, "The Chief's Poet," *Proceedings of the Royal Irish Academy*, 83C
   (1983): 37–79.

Marc Caball, *Poets and Politics: Reaction and Continuity in Irish Poetry 1558–1625* (Cork:
   Cork University Press, 1998).

Kenneth Nicholls, "Gaelic Society and Economy in the High Middle Ages," in *A
   New History of Ireland II: Medieval Ireland 1169–1534*, eag. Art Cosgrove (Oxford:
   Clarendon Press, 1987), 397–438.

Michelle O Riordan, *Irish Bardic Poetry and Rhetorical Reality* (Cork: Cork University
   Press, 2007).

Katharine Simms, "Gaelic Culture and Society," in *The Cambridge History of Ireland*,
   iml. 2 (Cambridge: Cambridge University Press, 2019), 415–40.

FURTHER READING

Pádraig A. Breatnach, "The Chief's Poet," *Proceedings of the Royal Irish Academy*, 83C (1983): 37–79.

Marc Caball, *Poets and Politics: Reaction and Continuity in Irish Poetry 1558–1625* (Cork: Cork University Press, 1998).

Kenneth Nicholls, "Gaelic Society and Economy in the High Middle Ages," in *A New History of Ireland II: Medieval Ireland 1169–1534*, ed. Art Cosgrove (Oxford: Clarendon Press, 1987), 397–438.

Michelle O Riordan, *Irish Bardic Poetry and Rhetorical Reality* (Cork: Cork University Press, 2007).

Katharine Simms, "Gaelic Culture and Society," in *The Cambridge History of Ireland*, vol. 2 (Cambridge: Cambridge University Press, 2019), 415–40.

Cogaíocht agus Caidreamh:
Gaeil agus Gaill (1200–1500)

Michelle O Riordan[43]

Aithnítear go dtagann sainseánra molta ar leith chun cinn i litríocht na Gaeilge, agus na hÉireann, i dtosach an dara haois déag. Aistí i meadarachtaí léannta siollacha na scol is ea iad i ré na Nua-Ghaeilge Clasaicí (1200–1650). Ollúna léannta i réim liteartha na teanga a cheap iad, a bhailigh iad, agus a mhúin rialacha na réime dá scoláirí. Tá tuiscint dhromchlach againn—arbh fhéidir talamh slán a dhéanamh de—ar na struchtúir shóisialta, agus ar na prapaí eile cultúrtha a chothaigh agus a thacaigh leis na "filí" a dhréacht agus a chuir na dánta siollacha ar fáil. Agus is féidir a thuiscint ó fhoinsí éagsúla, agus ó insint na bhfilí féin, go raibh struchtúir shóisialta ann—cothaithe ag na ríthe agus na tiarnaí áitiúla—a thug tacaíocht do scoileanna a sholáthair oideachas fairsing don aicme ar dhual dóibh oideachas a fháil, agus a chuir printíseacht speisialta ar fáil don chodán a ghabh le filíocht mholtach, mar shainghairm.

Is ar dhéantúis dá gcuid, i meadarachtaí siollacha, atá aird an ailt seo dírithe. Tógáil ar dhúshraith bhunaithe agus ilghnéitheach ab ea an litríocht shiollach a tháinig i dtreis sa dara haois déag i dtosach ré na Nua-Ghaeilge Clasaicí. Mhair idir phrós agus fhilíocht i dteanga na Gaeilge ón séú haois. Bhí réimsí seanbhunaithe sa teanga áitiúil dá gcleachtadh agus dá saothrú faoi choimirce na n-aicmí liteartha a múineadh sna scoileanna—is dóichí—a raibh baint acu leis an eagraíocht eaglaisiúil Chríostaí a d'fhás mar chuid de thogra na Críostaíochta i gcoitinne in Éirinn, ón gcúigiú haois ar aghaidh. Samhlaítear gur cuimsíodh ábhar liteartha agus cultúrtha a bhain leis an ré réamh-Chríostaí i gcumadóireacht liteartha, agus i saothair sa teanga áitiúil agus i Laidin, faoi choimirce na heaglaise i scoileanna a raibh dlúth-bhaint acu leis an eagraíocht eaglaisiúil. Bhain tábhacht leis an nascadh seo i bhforás agus i bhforbairt, agus fós, i múnlú na teanga dúchasaí, agus na litríochta a ghabh léi, i gcaitheamh na gcéadta. Maireann, i lámhscríbhinní ón gceathrú haois déag ar aghaidh, samplaí dár fhág na filí seo againn. Tá codán fairsing dá maireann curtha in eagar ag scoláirí, agus ar fáil i mbailiúcháin, agus in irisí léannta. Gan amhras, is mó go mór an méid atá caillte seachas an méid

---

43. Tá na haistriúcháin, idir aistriúcháin nua agus aistriúcháin leasaithe ina gcuimsítear leasuithe agus moltaí arna dtairiscint go fial ag an Ollamh Máirtín Ó Murchú, curtha ar fáil ag Michelle O Riordan.

CHAPTER THREE

Incursion and Interaction:
Irish and Normans (1200–1500)

Michelle O Riordan[43]

In the beginning of the twelfth century, a new mode of literary praise poetry appeared to evolve within the learned register of Irish literature. It was expressed in compositions in the literary syllabic meters of the schools in Ireland in the period of Classical Modern Irish. Professors of literature in the vernacular tongue composed them, collected them, and taught the rules of their composition to pupils in the schools. We have little understanding of the social and other cultural structures that supported and sustained the *filí* (poets) who composed and disseminated these syllabic poems. We can infer, however, from the poets' statements and from a variety of other sources, that the local kings and lords who dominated society supported schools that provided a substantial education to that portion of society for whom an education was a normal ambition or pursuit, and that a form of apprenticeship in composition was available for those who pursued the path of professional poet.

The syllabic works that emerged in the praise genres in the twelfth century—in the beginning of the Classical Modern Irish period—had their origin in an established and varied literary foundation. Vernacular composition had existed in Ireland from the sixth century. A wide range of composition had flourished in the vernacular under the auspices of dedicated categories of practitioners. It is supposed that in the process of Christianization from around the fifth century, the vernacular pre-Christian modes became associated with the schools which were part of the Christian enterprise in Ireland. The older vernacular modes and matter were thus, it is thought, subsumed into the learning and methods practiced in the Latin schools established by Christian missionaries. This proved to be a productive development, advancing and influencing vernacular literary content, process, and composition in the following centuries.

---

43. Most of the poems included in this section are many verses in length, some exceeding 50 quatrains. For the purposes of this anthology, each poem will be represented by 10 or 15 quatrains. Titles in "Further Reading" direct the reader to the entire poem. The new and revised translations by Michelle O Riordan incorporate amendments and suggestions generously offered by Professor Máirtín Ó Murchú.

atá ar fáil inniu. Ón uair gur bhain Éire agus Garbhchríocha na hAlban le haon cheantar cultúrtha amháin, ó thaobh na litríochta agus an léinn de, is minic a chuirtear ábhar a d'eascair as íochtar Alban san áireamh agus ábhar na hÉireann á phlé. Ba mhinic, ar an gcuma chéanna, go bhfaigheadh filí ón dá cheantar roinnt dá n-oideachas i gceachtar den dá chríoch, agus faightear filí ag tiomnú aiste do thiarnaí Gaelacha na hAlban, agus filí Albanacha ag saothrú in Éirinn.

Tosaíodh ar bhonn nua, nó ar chóras athnuachana, i ngluaiseacht na mainistreacha ar an Mór-Roinn agus in Éirinn ón deichiú haois go dtí gluaiseacht athnuachana Hildebrand (an Pápa Greagóir VII) i dtreo dheireadh an aonú haois déag. Méadaíodh, leis na céimeanna seo, stádas agus cumhacht Easpag na Róimhe, an Pápa. Cothaíodh teannas agus comórtas idir nua-"impireacht" na Róimhe (Greagóir VII i r. 1073–1085), agus impireacht na Gearmáine (faoin Impire Anraí IV, i r. 1056–1105/6) agus cailleadh stádas agus cumhacht an dá impireacht de dheasca Chonspóid an Insealbhaithe (1078–1122). Do b'fhéidir a áiteamh gur ghlac Tuaisceart na Fraince, faoi choimirce na Normannach, tús áite na cumhachta in iarthar na hEorpa Críostaí sa bhfolús a fágadh de dheascaibh an easaontais idir ríochtaí na Gearmáine agus a gcomhghuaillithe, agus na ríochtaí Pápacha agus a gcomhghuaillithe siúd.

Go beacht, más ea, is i dTuaisceart na Fraince a aithnítear foinsí na bhforbairtí cultúrtha agus liteartha a thugtar faoi deara i bhfíoriarthar na hEorpa sa dara haois déag. Sa chomhthéacs seo, d'éirigh gluaiseacht fhorbarthach i dTuaisceart na Fraince, faoinar bunaíodh mainistreacha nua, scoileanna ardeaglaisiúla, agus eagraíochtaí agus struchtúir a bhain leo. Ina chuid den bhorradh seo, leathnaigh aicmí cinsealacha agus a dteaghlaigh ó thuaisceart na Fraince, mar a dhein na Lochlannaigh ar díobh iad roinnt glúnta roimhe sin. Nuair a fógraíodh "an Chéad Chrosáid" sa bhliain 1095 (faoi choimirce an Phápa Urbáin II), glacadh leis an gcuireadh go fonnmhar i dTuaisceart na Fraince. Leathnaigh cultúr na Normannach go dtí an Neasoirthear agus bunaíodh ríochtaí faoina stiúir sa "Tír Bheannaithe" agus sna críocha máguaird.

Níos cóngaraí dá ndúichí féin, dhein Diúc Uilliam, Normannach, Sasana a ionradh sa bhliain 1066. Ba faoi choimirce an Phápa (Alastair II i r. 1061–1073) a ionsaíodh Sasana, ar an tuiscint go raibh an eaglais i Sasana tite agus truaillithe, agus go raibh sí i ngátar a glanta is a hatógála. Tuairim is céad bliain níos déanaí, agus faoi choimirce rí Normannach Shasana, Anrái II (1133–1189), baineadh leas as an leithscéal céanna "chun leasa na heaglaise agus chun maitheasa na tíre" chun tír na hÉireann a ghabháil.

Tuairim is céad bliain óna chéile ó thaobh ama de, más ea, tháinig ceithre dhúiche éagsúla (Sasana, an Bhreatain Bheag, Albain, agus Éire) i bhfíoriarthar

The work of the later syllabic/bardic poets evolved from this happy conflu-
ence. Manuscript copies of their poems are found from the fourteenth century
on. While much of this material has been edited and published by scholars, a
far greater amount has been lost through the long centuries. Since Ireland and
Gaelic Scotland shared a literary culture, similar material from that region is
often counted along with that emerging from Ireland. By the same token, poets
from Ireland frequently studied in Scotland, and poets from Northern Scotland
could be found in Ireland.

From the tenth century to the Hildebrandine reforms in the late eleventh
century, a movement of monastic renewal was underway in continental Europe,
England, Scotland, Wales, and Ireland. These reforms led to an increase in the
status and power of the Bishop of Rome, the Pope. The emerging disparity of
powers arguably created political tension between the increasing secular power
of the spiritual empire of Rome (Gregory VII, r. 1073–1085), and the subsisting
German empire in Europe (Henry IV, r. 1056–1105/6). Both sides lost status and
authority because of the Investiture Controversy (1078–1122). It can be suggested
that Northern France, dominated by the Normans, filled the resulting power
vacuum in Europe created by the breach between the German Empire and its allies
and the Papacy and its allies. In short, social, political, and cultural developments
first associated with Norman France began to prevail in Western Europe from the
twelfth century onwards.

Northern France thus took the lead in new developments in monastic build-
ing, new churches, cathedral schools, and in all the related institutional and
intellectual or spiritual ferment associated with a period of confidence and ex-
pansion. During this same period of expansion, powerful and emerging families
began to spread out from Northern France, much as their Norse ancestors had
from Scandinavia generations earlier. When the "First" Crusade was announced
in 1095, under the auspices of Pope Urban II, it was received with enthusiasm in
Northern France. Norman warriors were energetic participants and they brought
their thriving culture with them to the "Holy Land" of the Near East. Within a
short time, the victorious Norman warlords founded kingdoms in territories in
the eastern Mediterranean, and along the North African coast.

Closer to his own lands, William, Duke of Normandy, invaded England in
1066. He did so with the blessing of Pope Alexander II (r. 1061–1073) on the pretext
that the church in England had become lax and corrupt, and that a strong leader
was required to re-establish its rights and dignities. Almost one hundred years
later, another Norman King of England, Henry II (1133–1189), used the same pretext
for an invasion of Ireland by a further generation of Anglo-Normans beginning

na hEorpa faoi thionchar na Normannach agus a gcultúr, míleata, sóisialta, ea-
glaisiúil, eacnamúil. Ó dheireadh na 1160aí (1169–1171) tháinig grúpaí éagsúla
míleata Angla-Normannach go hÉirinn, a dhein iarracht dúichí agus críocha, agus
go deimhin féin, ríochtaí, a ghabháil dóibh féin. D'éirigh go maith leo, agus tar éis
aon ghlúine amháin, bhí "Gaill" ar Angla-Normannaigh iad, a tháinig ó Shasana
agus ón mBreatain Bheag isteach, lonnaithe agus ag rialú dúichí dá gcuid féin
in Éirinn—bíodh sin i bpáirt le, nó d'ainneoin na ríthe agus na dtiarnaí áitiúla
Gaelacha. San aicme chinsealach sna glúnta i ndiaidh theacht na Normannach,
más ea, bhí idir theaghlaigh Ghaelacha agus theaghlaigh Ghallda, agus theagh-
laigh mheascaithe a d'eascair as idirphóstaí i measc na dteaghlach cumasach
éagsúil. Mar shampla an-gharbh—ar na teaghlaigh ba mhó le rá idir 1200 agus
1500 bhí ríthe agus tiarnaí ainmnithe le cúigí agus le réigiúin éagsúla ar oileán
na hÉireann. Orthu-san bhí, i gcúige Uladh, Uí Dhomhnaill, Uí Néill, Méig
Shamhradháin, Méig Uidhir, Uí Ruairc, Uí Raghallaigh, Mic Mhathúna; i gCúige
Chonnacht, bhí Uí Chonchubhair, Uí Eadhra, Uí Mháille, Uí Fhlatharta, Mic
Dhiarmada; i gCúige Mumhan, bhí Uí Chonchobhair, Mic Chárthaigh, Uí Bhriain;
agus i gCúige Laighean, bhí Uí Dhíomasaigh, Uí Fhearghail, Uí Mhaileachlainn, Uí
Chonchobhair, Uí Bhroin, Uí Thuathaill, Mic Mhurchadha. Scaipthe eatarthu, sna
cúigí go léir, bhí daoine a bhain le hionradh na Normannach—iarlachtaí éagsúla
ainmnithe leo: Buitléirligh in Urmhumhain, Mic Gearailt i nDeasmhumhain
agus i gCill Dara; Búrcaigh i gCúige Chonnacht, agus i gCúige Uladh; Paoraigh
i gCúige Mumhan, mar aon le Barraigh, Búrcaigh, Róistigh, agus teaghlaigh
gaolta leo. Ba do thiarnaí agus do thaoisigh na dteaghlach mór seo a chum na filí
aistí siollabhacha, agus dánta fada, sna seánraí a bhain lena ngairm. Bhain idir
na ríthe, thiarnaí agus na filí le saol agus cultúr a bhí látharach, trodach agus i
dtiúin lena gcomhaimsir féin. Agus cultúr na Normannach ag leathnú tríd an tír,
bhí idir ghéilleadh agus chosaint i gceist. Fad a bhaineann sé le litríocht na bhfilí,
do b'fhéidir a áiteamh gur shaibhriú dá gcultúr liteartha ab ea gnéithe áirithe de
theacht na Normannach. Fad a bhain sé leis an litríocht léannta a chleachtaítí i
gcúirteanna na ríthe agus na dtiarnaí, bhain saibhriú ábhair, cur chuige, friotail,
téama, móitífe, seánra, agus ócáide taibhléirithe, leis an idirphlé cultúir idir
gnéithe de chleachtas na Normannach agus gnáthaimh na bhfilí. Bunaíodh oird
nua agus athleasuithe eaglaisiúla, tógadh caisleáin ar an gcuma Normannach i
gceantair a gnóthaíodh. Láithreacha ab ea iad seo go léir a sholáthair deis agus
ionú don bhfile, dá dhámh, agus dá chuid léinn. Saibhríodh friotal na bhfilí, agus
leathnaíodh na téarmaí tagartha a tháinig faoina meas ina gcuid aistí. Más ea,
glacadh le téarmaí i bhfoclóir na bhfilí, a bhain le cúrsaí riaracháin; leis an dlí; le
cúrsaí míleata, tógála agus ailtireachta; agus le téarmaí a bhain le huirlisí agus

in 1169. Almost a century apart, therefore, four distinct countries (England, Wales, Scotland, and Ireland) came under the direct influence of the Normans and their culture: military, social, ecclesiastical, and economic.

From the end of the 1160s different military leaders and their soldiery came to Ireland, intent on taking territories, lands, and indeed, kingdoms, for themselves, as they had in the Near East and in England, Wales, and Scotland. They were partially successful. After a single generation, these *gaill* (as the poets termed the Anglo-Norman settlers) had established well-defended settlements in Ireland, having secured alliances with some Irish kings, and in the process had become enmeshed in the pre-existing Irish social and military structures. Within a generation of the Normans' arrival, therefore, the Irish ruling élite consisted not only of native Irish dynasties and foreign Norman warlords but an emerging élite created by political marriage between Gaelic and Norman ruling families. As a result, powerful families among the Irish between 1200 and 1500—whose surnames were linked with territories and power in the different provinces of the island of Ireland as kings and as great lords—included: in Ulster, Uí Dhomhnaill, Uí Néill, Méig Shamhrádháin, Méig Uidhir, Uí Ruairc, Uí Raghaillaigh, and Mic Mhathúna; in Connacht, Uí Chonchobhair, Uí Eadhra, Uí Mháille, Uí Fhlatharta, and Mic Dhiarmada; in Munster, Uí Chonchobhair, Mic Chárthaigh, and Uí Bhriain; and in Leinster, Uí Dhíomasaigh, Uí Fhearghail, Uí Mhaileachlainn, Uí Chonchobhair, Uí Bhroin, Uí Thuathaill, and Mic Mhurchadha. But from the twelfth century on they were joined, in every province, by lordly families associated with the Norman invasion, among them, Butlers in Ormond, FitzGeralds in Desmond and in Kildare, Burkes in Connacht and in Ulster, Powers in east Munster, and Barrys, Burkes, Roches and their related families in Munster. The Irish poets composed praise poetry in the syllabic meters for all these families, of either origin or both.

Kings, lords, and poets participated in a vigorous, warlike culture, at one with the temper of their times. Anglo-Norman warlords were met in Ireland with submission and with resistance. It could be argued that closer contact with the Anglo-Normans enriched the thriving, varied, and vigorous literary culture of the professional poets. It seems clear that Irish poets were favorably influenced by the literary practices, modes, themes, genres, and occasions of performance and presentation common in the newly established households of victorious Anglo-Norman lords, whose courts and retinues now competed for poets' attention along with those of the Gaelic Irish lords and kings. In the ecclesiastical sphere, new religious orders were founded, and reforms were introduced; in the architectural sphere, castles in the Norman fashion were erected in conquered territories. These were arenas in which the poet found an opportunity to practice and proffer his

le bia, le héadaí, agus le hilnithe eile. Aithnítear tionchar na Normannach leis ar ghnéithe de sheánra an ghrá. Thángthas faoi tionchar topoi agus mhóitífeanna an ghrá chúirtéisigh/*fin'amor* a chleachtaítí i gcúirteanna i ndeisceart na Fraince, agus i dtuaisceart na Spáinne agus na hIodáile, agus a bhí cheana féin tagtha faoi anáil chultúir na nIoslamach. Tuairimítear gur tháinig borradh faoi na seánraí moltacha ó theacht na Normannach i litríocht léannta na hÉireann, agus do b'fhéidir a áiteamh gur bhain an forás seo le fairsingiú ar na hócáidí feidhmithe i gcás na bhfilí, a raibh fáilte rompu sna caisleáin, sna cúirteanna, agus i dteaghlaigh na Normannach a lonnaigh in Éirinn.

Sa dornán dánta atá roghnaithe thíos, faightear samplaí d'ábhar, de théamaí, de mhóitífeanna, agus de chur chuige na bhfilí i gcoitinne—i leith na ríthe/na dtiarnaí dúchasacha, agus i leith na n-aicmí nua de bhunadh na Normannach. Cuirtear síos ar cháilíochtaí an rí agus na banríona, agus moltar iad as a n-áilleacht phearsanta cholainne, a bhféile, a gcrógacht, a mbuacacht, a n-éifeacht, a sinsir. Lorgaítear aitheantas agus fabhar an rí/na banríona. Guítear chun na Maighdine Muire, agus cuirtear i gcuimhne di an gaol casta a bhí aici féin agus ag a Mac lena gcomhdhaoine, bunaithe ar a Máithreacht Dhiaga. Caointear bás an rí, agus léirítear cumha an fhile i móitífeanna agus i dtrópanna a chleachtaítí i gcás marbhnaí. Moltar agus mórtar iarla de bhunadh na Normannach i dtéarmaí a d'aithin a ghalldacht, agus a mhórchumas, agus a cháilíochtaí i mbun a iarlachta in Éirinn. Moltar é leis as a dhlúthchumann lena rí, Rí Shasana (agus na Fraince ar feadh tréimhsí). Spreagtar ríthe dúchasacha chun gnímh i leith tháthú na hÉireann, agus i leith chosaint a ndúiche.

professional services. The literary diction of the poet was enriched, his vocabulary was expanded, and new terms, expressions, and words became available for literary composition. Terms concerning administration, law, martial affairs, architecture, tools and instruments, food, clothes, and other miscellaneous items were adopted and adapted into the language of the poets, enriching the language and expanding the range of references in their works. Genres associated with love poetry were notably affected: Irish poetry was influenced in theme, topic, and topoi by *amour courtois* and *fin'amor*. Genres associated with these reasonably wide-ranging categories (in their turn influenced by Islamic literary modes) were known and celebrated in courts in southern France, northern Spain, and northern Italy. It is thought that the courtly praise genres grew and developed in Ireland under the influence of the Anglo-Norman courtly modes. It can be suggested that the expansion of Norman influence in Ireland enlarged the arena for composition and professional employment (and performance) for Irish learned court poets who were welcome in the households of those victorious Anglo-Normans who settled in Ireland.

The poems chosen here contain examples of topics, themes, motifs, and practices employed by poets to praise both Gaelic kings and lords, and those tendered to Anglo-Norman (or descendants of Anglo-Norman) lords and earls. The characteristics of the King and the Queen are outlined in these poems; they are praised for their personal physical beauty, their noble generosity, bravery, puissance, victories, and their noble ancestry. In the chosen extracts, we see petitions made to the Virgin Mary, her special relationship with the human race outlined—because of her divine motherhood of God—and her intervention sought. The death of a king is lamented, and the poet's special mourning is described in the *topoi* of grief and loss characteristic of the poets' elegy. A lord of Anglo-Norman extraction is praised and celebrated in terms that acknowledge his foreign extraction, his great power, and his effective rule in Ireland. A feature of his power and status, equally praised, is his special relationship with his liege, the King of England (and for a time, France). Gaelic kings are urged to action, to unite Ireland and to defend their territories.

21. "An foltsa dhuit, a Dhé athar," Muireadhach Albanach Ó Dálaigh, 9 rann, meadaracht: séadna

Bhain Muireadhach Albanach/Leasa an Doill Ó Dálaigh (c. 1180–1250) le teaghlach Uí Dhálaigh, teaghlach léannta as ar eascair filí agus scoláirí ó aimsir Chon Chonnacht Uí Dhálaigh (d. c. 1139) i leith. Scaip clanna den mhuintir ar fud na tíre agus bunaíodh scoileanna i ngach áit ar lonnaíodar. Maítear gaol idir an Muireadhach Albanach seo agus teaghlach léannta Clann Mhuirich na Alban. Chaith "Muireadhach Albanach" cúig bliana déag in Albain ar teitheadh ó Dhomhnallaigh Thír Chonaill i dtosach an tríú haois déag. Cé go dtosnaíonn scéal Mhuireadhaigh Albanaigh le dúnmharú—sa taifead scríofa—is iomaí aiste chráifeach a chum sé, agus deirtear gur chaith sé tréimhse, leis, ina oilithreach go dtí an Talamh Naofa. Ag staid áirithe, ón gciall is féidir a bhaint as roinnt dá aistí, chaith Muireadhach tréimhse ina mhanach. Sa dán seo, ón gcéad leath den tríú haois déag, tiomnaíonn sé folt a chinn do Dhia, fé mar go raibh sé ag glacadh le corann ghruaige in ord éigin eaglaisiúil.

1. An foltsa dhuit, a Dhé athar,
aisgidh éadtrom is í cruaidh;
mór gus a-nocht mo chuid chionadh,
an folt duid 'n-a n-ionadh uaim.

2. Maith a chíoradh is a chumhdach
i gcríoch Éirionn an fheoir bhuig;
truagh liomsa an bocht [i n-a bhrúiligh]
an folt fionnsa, a Dhúilimh, dhuid.

3. [Tiomnaimse] dhuit a Dhé a athair,
m'fholt do bearradh dá bharr chas;
cóir, a Dhé athar, a aomhadh,
do rachadh sé [a] aonar as.

4. M'fholtsa agus folt cas mo chompáin
dod chéibh dhruimnigh 's dod dhreich bhuig,
an folt fionnsa 's an folt buidhe,
is locht liomsa a nduibhe dhuid.

21. "This hair I offer You, God the Father," MUIREADHACH ALBANACH Ó DÁLAIGH, 9 verses, meter: *séadna*

Muireadhach Albanach/Leasa an Doill Ó Dálaigh (c. 1180–1250) was a member of the Ó Dálaigh family of professors and poets of the vernacular schools of literature and other vernacular scholarship in Ireland. Scholars and poets from this family appear in records from the period of Cú Chonnacht Ó Dálaigh (d. c. 1139) to the end of the seventeenth century, at least. Members of the original family traveled throughout the country and founded schools and academies where they settled. It is thought that the poet identified here, Muireadhach Albanach, was the progenitor of the family of poets and scholars in Scotland known as the Clann Mhuirich. Muireadhach Albanach spent some fifteen years in Scotland, having been banished for murder from the Ó Domhnall kingdom of Tír Chonaill at the beginning of the thirteenth century. Though the story of Muireadhach Albanach begins with a murder in the records, many pious compositions are attributed to him, and it is also said of him that he spent time as a pilgrim in the Holy Land. At another stage, from what can be understood from poems attributed to him, it appears that Muireadhach may have become a monk. In the poem here, dated to the first half of the thirteenth century, the poet offers his hair to God, in a way that suggests he is accepting the specific tonsure of a religious order.

1. This hair I offer You, God the Father;
it is a trifling gift, yet difficult; great till
tonight have been my sins; I offer my hair
in their requital.

2. Good [has been] its combing and its
caring in soft-grassed Éire; I feel sorry
for this fair hair, in fragments offered
Creator to You.

3. I bequeath to You, God the Father, my hair
that has been shorn from its curly-head; it
should be accepted, God the Father, for it
would have gone of its own accord.

4. My hair and the curly hair of my
comrade I offer to Your wavy hair and
kindly face; this fair hair and blond hair,
their darkness to you I deem a fault.

5. A mbearradh is beag an orchra
an dá fholtsa ar eagla an bhráith;
an diassa a-nocht, a mheic Mhuire,
ag reic a bhfolt mbuidhe mbláith.

6. Fearr an cholann do chréacht tusa
tár ar gceinne—cruaidh an glonn!
fearr maise an chúil is as cáidhe,
glaise an tsúil is 's báine an bonn.

7. Soillse an trácht is an taobh seada,
[séimhe] an bhráighe mar bhláth slat,
's is báine an bonn, a chnú cridhe,
do tholl tú 's is gile an ghlac.

8. Gile an déad 's is duinne an [mhala],
míne an aghaidh cuanna an corp,
áille snuadh na céibhe caime,
réidhe an gruadh 's is fainne an folt.

9. Ceithre bliadhna don bharr ógsa
oram gus an oidhche a-nocht;
beanfad díom an céadbharr camsa,
díol na mbréagrann bhfallsa an folt.

Foinse: Láimhbheartach Mac Cionnaith/Lambert McKenna, eag., *Aithdioghluim Dána*, iml. 1 (Dublin: Irish Texts Society, 1940), 174–76.

22. "Slán fat fholcadh, a Fhionnghuala réidh roicheolchar," Tadhg Mór Ó hUiginn, 41 rann, meadaracht: ollbháirdne

Leagtar an dán mholta seo ar Thadhg Mór Ó hUiginn (c. 1315). Is beag tuairisc eile atá le fáil ar an bhfile seo, ach go bhfuil sé luaite le marbhna ar bhás Mhéig Shamhradháin (Brian), a cailleadh timpeall 1298. Tiomnaítear an dán seo thíos ar Fhionnghuala, iníon Mhaghnusa Uí Chonchobhair (Rí Chonnacht ó 1288–1293). Cailleadh Fionnghuala c. 1310. Is mar iníon Mhaghnusa fós a luaitear í sna hAnnála, rud a thabharfadh le tuiscint nach raibh sí, tráth a báis, pósta. Bean óg,

5. The shearing of these two heads of hair in
fear of the Judgement is a negligible waste;
yet the two of us this night, Son of Mary, are
bartering our comely yellow locks.

6. Better was the body that you wounded—
harsh the deed—for our sake; more
beauteous and holier the head, greyer
the eye and whiter the foot.

7. Brighter was the foot and the slender
side; smoother the breast like a blossom of
saplings; whiter the foot you pierced—dear
one, and brighter the hand.

8. More gleaming the teeth, darker the
brow, smoother the face, comelier the form,
greater the beauty of the curling tresses,
smoother the cheek, sleeker the hair.

9. For four years till this night has this
fresh crop of hair been on me; I will now
reap its first bending crop; the hair is
reparation for my deceitful false quatrains.

Translation: Michelle O Riordan, after Lambert McKenna, *Aithdioghluim Dána*, vol. 2 (Dublin: Irish
Texts Society, 1940), 103.

22. "Hail the dressing of your hair,"
TADHG MÓR Ó HUIGINN, 41 verses, meter: *ollbháirdne*

This praise poem is attributed to Tadhg Mór Ó hUiginn (c. 1315). There is very little
information available about this poet, but an elegy on Brian Mág Shamhradháin,
King/Lord of Tullach Eachach who died c. 1298 is also attributed to him. The poem
below is addressed to Fionnghuala, daughter of Maghnus Ó Conchobhair (King of
Connacht 1288–1293). An obituary of Fionnghuala appears in 1310. She is addressed
as daughter of the King, Maghnus, and that is also how she is described in the

nó fiú cailín, i mbun a cuid gruaige a fholcadh nó a mhaisiú atá á moladh sa dán. Cur síos ar a háilleacht, ar uaisleacht a muintire, agus ar chumhacht a sinsear atá san aiste. Moladh an-chasta atá á dhéanamh ag an bhfile sa dán seo: mar chuid den mholadh tá achainí nó iarratas leathcheilte—cuirtear i gcás go bhfuil, nó go mbeadh, an file féin ceaptha ina stíobhard, nó ina mhaor, ar theaghlach agus ar mhaoin an bhanfhlatha, agus dáileadh a coda faoina réir.

    1. Slán fat fholcadh
    a Fhionnghuala réidh roicheolchar;
    th'fholt idir é
    ní fhidir mé nach moitheochthar.

    3. Slán fa dhíorghadh
    do dhíshleachta shlim shlaitleabhair,
    a mhall mhilis,
    a bharr 'n-a thrilis taitneamhail.

    11. Gér chaomh ar dtús
    thú re figheadh th'fhuilt fhionnbhuadha
    tug luach eich ort
    do bheith fa fholt, a Fhionnghuala.

    13. Réidh an t-éadan
    ar aghaidh th'fhuilt troim thaithneamhaigh
    na gcleathrámh gcraobh
    ós an ngealchlár gcaomh gcailceamhail.

    17. Béal dearg tana
    tug dhuit Dia—déana a altoghadh—
    a chrann cubhra,
    a bharr mar ubhla ar n-abghughadh.

annals at her death. This would indicate that she was not at the time of the poem, or of her death, married to anyone whose name would have been used to identify her—she was still identified in respect of her father. She may therefore have been a very young woman when Tadhg Mór composed this praise-poem, the central motif of which is the description of Fionnghuala attending to the washing and dressing of her hair. The poem is an extended account of her personal beauty, the nobility of her family and ancestors, their power, and her likely or prospective merits as a *châtelaine*. In that regard, the poet's mode of praise is quite complicated: the suggestion being that under her potential queenly supervision, he would expect to be, or indeed is, steward of her household, distributing her goods and sharing her wealth (with poets).

1. Hail the dressing of your hair,
Fionnghuala gentle and music-loving,
your hair, I rather think it will be
noticed.

3. Hail to the straightening of the
division in your hair so smooth and so
long, you sweet and stately girl, its top is
covered in bright ringlets.

11. Though you were gentle at first in
plaiting your bright splendid hair, your
having hair, Fionnghuala, added the
value of a steed to you.

13. Smooth the brow seen against your
heavy shining hair with its flowing
tresses, over the bright smooth lime-
white forehead.

17. Your fine red mouth, God
gave you—thank Him!—you
sweet-scented tree, branch as
ripened apples.

20. Ucht mar eala
agad, a chall glan gealchoilleach;
slios caomh cladhach
do thaobh mar chanach [gCreamhchoilleach]

24. Téighid sginge
do sgarlóid chorcra chorrtharaigh
th'ucht slimgheal saor,
a inghean chaomh Í Chonchobhair.

27. Ríoghradh Éireann
umut earla mar ghléidheaghór
go Conn na gcuan
is an drong uadh go hÉireamhón.

35. Dual ót athair
a Fhionnghuala, a fholt maoithghleannach,
bheith ag díol dámh,
an fíon 's an dán do dhaoircheannach

39. Th'ór is th'airgead
agam uaid ag a thiodhnacal,
gach ní fa nimh
dá mbí id thigh ar mo thiodhlacadh

40. Dual duid gach dámh
do dhol leam d'fhéachain th'fhinntighe
tú ag réir a rann
gan chléir ann achd ar mh'impidhe.

Foinse: Láimhbheartach Mac Cionnaith/Lambert McKenna, eag., *Dioghluim Dána* (Baile Átha Cliath: Oifig an tSoláthair, 1938), 394–98.

23. "Géabh do mhúnadh a mheic bhaoith,"
ÁDHAMH Ó FIALÁIN, 57 rann, meadaracht: deibhí

Ba nós le filí an tiarna a mholadh trí bhréagcháineadh. Cheaptaí cúis aighnis liteartha, agus ríomhtaí cúrsa an easaontais tríd an dán go dtí go sroichfí pointe

20. You have a breast like a swan, fair
bright-foliaged hazel, a fair and curving
surface is your side, white as the bog-
cotton of Creamhchoill.

24. Garments of purple
embroidered scarlet warm your
noble fair graceful body, gentle
daughter of Ó Conchobhair.

27. Éire's kings are about you, locks
of good bright gold, back to Conn of
the Harbors, and from him back to
Eireamhón.

35. It becomes you, your father's
daughter, soft-tressed Fionnghuala, to
reward poets, to pay generously for wine
and song.

39. Your gold and silver I have
from you to distribute and all
things whatsoever in your house
at my disposal.

40. It is fitting for you that all poets should
come with me to visit your fair mansion,
you providing their portions and no poets
there but at my request.

Translation: Michelle O Riordan, after Lambert McKenna, *The Irish Monthly* 48, no. 561 (1920): 163–67.

23. "Accept instruction, foolish youth,"
ÁDHAMH Ó FIALÁIN, 57 verses, meter: *deibhí*

Praise poems were often composed in the guise of complaint: the poet unhappy
with his lord. In such compositions a literary pretext for dispute would be invented
as the ostensible topic of the poem, until a point within the composition when

réitigh laistigh den dán, agus "chruthófaí" athmhuintearas. Ar an gcéad léamh ba dhóigh le léitheoir go raibh sciolladh nó cáineadh dáiríribh i gceist. Laistigh den chultúr léannta liteartha ar ghné den chultúr sin na haistí siollacha seo i dtréimhse na Nua-Ghaeilge Clasaicí, thuigfí an cleas liteartha agus an ciúta léannta a bhí dá chur faoi bhráid an taoisigh/rí/phátrúin. Thiomnaítí dánta den chineál seo do thaoisigh agus do thiarnaí de bhunadh Gaelach, nó de bhunadh Normannach. San aiste fhada seo le hÁdhamh Ó Fialáin (d. c. 1362) tiomnaithe do Thomás Mág Shamhradháin (c. 1303–1343), duine de ríthe nó de thaoisigh Theallach Eachach (i gCo. an Chabháin sa lá atá inniu ann), cuirtear i gcás go raibh an taoiseach Tomás san éagóir i leith an fhile mar gheall ar airnéis a choigistiú. Is léir ón dán gur aiste mholta i bhfoirm an cháinte atá inti. Tá rian, leis, uirthi de chur chuige an *speculum principis*, sa mhéid is go nglacann an file leis go mbaineann sé lena dhualgas comhairle a chur ar an rí. Mar is léir, áfach, saobhtar an aiste i dtreo an mholta.

1. "Geabh do mhúnudh, a mheic bhaoith"
seanfhocul glan glóir bhionnghaoith
sdiuraidh fear láimh re lochtaibh;
cáir seadh is na seanfhoclaibh.

9. Tusa an mac baothsa, a bhéal dearg,
a mheic Bhriain nach baoth Gaoidhealg,
tre thocht, a fhir Ché, bham chrodh
olc do dhligh mé do mhúnodh.

10. Maith dlighim gé a-dubhart sin
do mhúnudhsa, a laoich Luimnigh;
mé do theann, do chlú, a chleath Chláir,
tú leath rob fhearr dom éadáil.

11. Trí mairg déag do dháilis damh
re taobh t'éadaigh is t'arradh
i n-iongnais bhó is [eich] is óir,
mó ná an [bhreith] ionnmhais m'onóir.

15. Más aithiomlaoid as áil lat,
a bharr Cliach, mar ad-chonnac
do-bhéar slán choidhche do chradh
's toirche rem dhán do dhiultadh.

the poet suggests that some misunderstanding has created the disharmony. This hint becomes a basis for "reconciliation" and the literary trope of misplaced blame/hurt reintroduces the poem's real purpose—praise in the courtly manner. The first impression given by such a composition is that the poet is scolding or reproving his lord. However, patrons, versed in the literary culture of the poems discussed here, understood and appreciated the art of the praise/blame trope. Praise poetry of this kind was offered to Gaelic lords and to lords of Anglo-Norman families alike. In this long composition by the poet Ádhamh Ó Fialáin (d. c. 1362), dedicated to Thomás Mág Shamhradháin (c. 1303–1343), King of Teallach Eachach (in modern Co. Cavan), the poetic pretext is the lord's confiscation of the poet's property (cattle). In due course, it becomes clear that the poem is in fact a variety of praise. Characteristics of the genre related to *speculum principis* are also evident in the poet's overt role as advisor/admonisher of the prince. In this poem, the bias is clearly toward praise.

1. "Accept instruction, foolish youth," the
precisely stated, sweetly wise, proverb guides
a man safely past faults; attention to the
proverbs is proper.

9. You, red mouth, are this foolish youth, son of
Brian whose language is not foolish: regrettably
I was entitled to instruct you, lord of Cé,
because of your coming after my wealth/cattle.

10. I am fully entitled, as I have said, to
teach you, warrior of Luimneach; I am your
strength, your renown, rod of Clár, you are
the better half of my wealth.

11. Thirteen marks, you gave me, along with
your clothes and your equipage, besides cows,
horses and gold; greater than the securing of
wealth is my honor.

15. Prince of Cliu, if your desire is to
reassess—as I perceived—I will bid
farewell to cattle for ever, and you proceed
to refuse my poem.

21. Gidh baois duid a ndearnais ruinn,
a Thomáismheic Bhriain bhratduinn,
rem robhaois nocho ró cur;
is mó an toghaois do thréagun.

24. An grádh mór is mealladh damh
tugas duid, a fhir Almhan;
dod dhreich amlaigh rob fhallsa
gan bheith amhlaidh umamsa.

28. Ní hé an grádh ro anaic orm
do ghnúis gcorcra, a chleath Mhughdhorn,
gidh ionmhain t'fholt craobhnocht cam
acht gan aonlocht ort agam.

39. Ní áireomh th'ágh seacha soin
i n-íoc mo bhó, a bharr Beannchoir;
díoghailt chruaidh grod do-ghéanom,
buaidh do throd ní thuiréamhom.

48. Aonrann dá gcuirinn fa chách
dot aoir, a fholt mar orshnáth,
ro badh cian ó siobhal sinn
ní bhiadh m'ionudh i n-Éirinn.

Foinse: Lambert McKenna, *The Book of Magauran: Leabhar Méig Shamhradháin* (Dublin: Dublin
Institute for Advanced Studies, 1947), 152–67, 420–21.

24. "Beir eolas dúinn, a Dhomhnuill,"
GOFRAIDH FIONN Ó DÁLAIGH, 73 rann, meadaracht: deibhí

Duine de theaghlach a raibh baint leanúnach ghairmiúil aige le scoileanna
filíochta agus le léann na Gaeilge ab ea Gofraidh Fionn Ó Dálaigh (d. 1387). Áitítear
go ndeachaigh sé féin ar scoil a bhí dá stiúradh ag teaghlach acadúil eile—Muintir
Mhic Craith. Mar a dhein a chomhfhilí, thiomnaigh Gofraidh Fionn aistí léannta
do ríthe agus do thiarnaí áitiúla, agus do thiarnaí Angla-Normannacha a lonn-
aigh sa tír. Tiomnaítear an aiste seo do Dhomhnall Mac Cárthaigh, rídhamhna

21. Though you behaved foolishly towards
me, Tomás son of Brian of the brown cloaks,
there will be no increase in my foolishness: it
is a greater deceit to leave you.

24. The great love that I gave you
seduces me, prince of Almha; it
were false for your fair face not to be
the same towards me.

28. Not love protected your noble purple
cheek from me, rod of Mughdhorn—though
your curled ungarlanded hair is beloved—but
that I find no fault with you.

39. I shall mention no more of your valor
beyond that, in recompense for my cows, lord
of Beannchor; I shall exact a hard, prompt,
revenge: I shall not recite your battle victories.

48. Were I to broadcast a single quatrain satirizing
you, hair like gold thread; I would be far from
traveling it (i.e., being at liberty to travel round
it)—there would be no place for me in Ireland.

Translation: Michelle O Riordan, after Lambert McKenna, *The Book of Magauran: Leabhar Méig Shamhradháin* (Dublin: Dublin Institute for Advanced Studies, 1947), 152–67, 420–21.

24. "Guide us, Domhnall,"
GOFRAIDH FIONN Ó DÁLAIGH, 73 verses, meter: *deibhí*

Gofraidh Fionn Ó Dálaigh (d. 1387) was a member of a family which had a long-standing connection with the provision of schools of vernacular learning and literature, and the training of professional poets. It is thought that he himself attended such an academy under the tuition of professors of the Mac Craith family. Just as his fellow poets did, Gofraidh Fionn dedicated poems to local kings and lords, and to lords—including those of Anglo-Norman stock—who settled in the

Dheasmhumhan (d. c. 1390). Bhí súil leis go dtiocfadh sé i gcomharbacht a athar Cormac, agus is féidir an dán seo a thuiscint mar dhán molta ag cur fáilte roimhe i gcomharbacht a athar. Mar théama mholta, comhairlítear do Dhomhnall turas a thabhairt ar Chaiseal, ceanncheathrú ríoga thraidisiúnta na gCarthach. Tháinig sé i gcomharbacht a athar, Cormac mac Domhnaill Ruaidh sa bhliain 1359. Faoin am gur mhol an file dá thiarna Domhnall Mac Cárthaigh, filleadh ar a shean-dúiche—Caiseal—bhí an chathair eaglasta, agus gach ar bhain léi, chomh maith leis an tuath máguaird, faoi smacht iarla Urmhumhan, Buitléireach de bhunadh Normannach. Turas mistéireach atá i gceist ag an bhfile, más ea, a thugann deis dó an t-eolas diamhair atá aige féin a thaispeáint san aiste, agus an t-ábhar go raibh máistreacht aige air a chur chun leasa an dáin mholtaigh seo.

1. Beir eolas dúinn, a Dhomhnuill
réidhigheas gach rodhoghruing;
is ceisd oruinn eol Banbha;
seol romhuinn, a ríodhamhna.

11. Caiseal Cuirc mhóir mheic Luighdheach
tángabhair—toisg mhearchuimhneach—
ón ráith ghil bhiliodhain bhuig
dar ibhiobhair digh ndearmaid.

13. A Dhomhnaill Óig, a ucht bog,
dá chúis athroighthe agad:
fearr suth na talmhan tréigthir
's is guth adhradh d'fhuairshléibhtibh.

15. Seol is an slighidh chéadna
sinn, a bharrchais bhaisghéagdha,
mór an brad a seachna sain,
lór fad ar ndeabhtha ór ndúthaigh.

19. Ní fhuil as so go Sliabh gCrot
—Dia [dá] réidhioghadh romhat!—
achd muir ar n-éirghe anfaidh,
a thuir Éirne, d'Allmhurchaibh.

country. This poem is dedicated to Domhnall Mac Cárthaigh (d. c. 1390), as heir
apparent (*rí-dhamhna*) of the kingdom of Desmond. He was expected to succeed
his father Cormac, and this poem can be read as an inauguration poem welcom-
ing him in succession to his father. Domhnall succeeded his father Cormac mac
Domhnaill Ruaidh in 1359. The theme of the praise poem is one of counsel from
the poet to the heir: Domhnall is to journey to Cashel, the traditional ancient
royal headquarters of the family of Carthach—the Mac Carthy kindred. At the
time of composition, however, the ancestral royal seat (Cashel), the ecclesiastical
citadel, and everything concerned with it, including the surrounding territories,
were controlled by the Earl of Ormond, of the Anglo-Norman Butler family.
The journey suggested by the poet, therefore, is a mythical journey, in which
Gofraidh Fionn is afforded an opportunity to display his own ingenuity, learning,
and knowledge of the history of the Mac Carthy kindred in this elaborate and
beguiling praise-poem.

> 1. Guide us, Domhnall, who settles every
> great difficulty; we are anxious concerning
> knowledge of Banbha (Ireland), advance
> before us, heir apparent.

> 11. You came from that bright, pure-wooded, generous
> fort—Cashel of great Corc (son of Lughaidh)—an
> ill-considered undertaking, as a consequence of
> which you drank a potion of forgetfulness.

> 13. Domhnall Óg, generous heart, you have two
> causes to change: better the fruits of the land
> which is abandoned, and it is a reproach to
> adhere to cold mountains.

> 15. Direct us on the same path, curly-haired
> one, shapely limbed; avoiding it is a great
> loss, our separation from our proper land has
> lasted long enough.

> 19. Tower of Erne, all there is from here
> to Sliabh gCrot—as far as foreigners are
> concerned—is a sea after a storm has arisen,
> may God calm it before you.

20. Imirce Mhaoise tar muir
gá tabhairt 'n-a tír dhúthaigh
dar thráigh an Mhoir Ruadh rompa
re shluagh soin ba samhalta.

22. Clann Israhél re headh gcian
i gcrích Éighipte ar ainrian;
go ceann a mbróin 's a mbroide
níor ghearr dhóibh a ndochruide.

33. Mar do bhuail Maoise an Muir Ruaidh
don tslait le rug gach robhuaidh
sdiuir, a Dhomhnaill, na sluaigh soir
buail do ghoirmloinn ar Ghallaibh.

48. Bhar gcuirn bhláithe is bhar mbrannaimh
cuimhnighthior do chéadarraibh;
ní ba socht dáibh i ndún Chuirc
sa mhur mar tháir a dtabhairt.

73. Beir eolas díreach damh-sa,
a naoimhMíchíl neamhfhallsa
don chathraigh óghaigh aingligh
shlóghaigh rathmhair ríoghshaidhbhir.

Foinse: Láimhbheartach Mac Cionnaith/Lambert McKenna, eag., *Dioghluim Dána* (Baile Átha Cliath: Oifig an tSoláthair, 1938), 228–35.

25. "Dá roinn chomhthroma ar chrích Néill," EOGHAN MHÁG CRAITH, 49 rann, meadaracht: deibhí

Dán tiomnaithe d'Ó Néill, (Niall mac Néill mhic Aodha, rí Chinéal Eoghain, d. 1403) atá sa dán seo. File den teaghlach léannta Mheig Chraith ab ea an t-údar a luaitear leis an dán—Eoghan Mhág Craith—cé go mbeadh ceist ann cérbh é féin go díreach. Tiarna de theaghlach tábhachtach i gCúige Uladh ab ea Niall Óg, mac Néill Mhóir mhic Aodha. Rí Thír Eoghain ab ea é lena linn. Ba é athair Néill, Niall Mór, a dhein dhá roinn de Thír Eoghain sa bhliain 1370, agus thug roinn amháin dá dheartháir Domhnall. Phós Niall Óg iníon le Domhnall, a chol ceathrair Úna. Lena linn, do ba é Edward Mortimer, iarla Uladh, fear ionaid rí Shasana (Risteard II)

20. Moses's migrating company, crossing the
sea being taken to its (their) native territory,
when the Red Sea ebbed before them, with his
host comparison should be made.

22. The Children of Israel were for a long time
astray in the land of Egypt, their suffering was
long felt by them until the end of their sorrow
and oppression.

33. As Moses struck the Red Sea with the rod
by which he achieved every great victory,
Domhnall, direct the hosts east, wield your blue
sword against the foreigners.

48. Remember your fine goblets and your
chessmen, as a first priority; they shall not be
idle in Corc's fort (Cashel), when you succeed
in bringing them to the fortress.

73. Guide me directly, reliable
Saint Michael, to the pure,
angelic, thronged, prosperous,
royal-rich city.

Translation: Michelle O Riordan, after Lambert McKenna, *The Irish Monthly* 47, no. 551 (1919): 283–86.

25. "Two equal divisions are on Niall's land,"
EOGHAN MHÁG CRAITH, 49 verses, meter: *deibhí*

This poem, attributed to Eoghan Mhág Craith, is for Ó Néill (Niall son of Niall, son of Aodh), King of Cinéal Eoghain (d. 1403). Eoghan Mhág Craith belonged to a family of professional poets and professors of vernacular literature, though it is not clear who exactly he was. Niall Óg, son of Niall Mór son of Aodh, was an important man in Ulster—he was King of Tír Eoghain. Niall Mór, father of Niall Óg, had made a political division of his territories (Tír Eoghain) in 1370, and granted one half to his brother Domhnall. Niall Mór's heir, Niall Óg (of the poem) married Úna, a daughter of this Domhnall, his uncle. During this period, the King of England's (Richard II) deputy in Ireland was Edward Mortimer, the Earl

in Éirinn. I gcomhghuaillíocht lena athair Niall Mór, agus le muintir a mháthar, Meic Mhathúna, cheansaigh an bheirt Niall a ríocht féin agus leathnaíodar a scóip mhíleata isteach i ndeisceart Uladh. Cruthaíodh conradh feodach idir Niall Mór, Niall Óg agus an Rí Risteard II nuair a tháinig sé go hÉirinn sna blianta 1394–1395. Measadh go dtabharfadh séala na gconarthaí feodacha cosaint dóibh ar ionraí Edward Mortimer ar a ríocht i dTír Eoghain. Cailleadh Niall Óg sa bhliain 1403, ina rí buach caithréimeach tar éis dó na Gaill i gCúige Uladh a ruaigeadh as a ríocht, agus bua a fháil leis ar a namhaid aniar, ríthe Thír Chonaill, muintir Uí Dhomhnaill, sna blianta 1400–1402. Sa dán seo, samhlaítear an roinn pholaitiúil a dhein Niall Mór Ó Néill sa bhliain 1370 le rannta eile miotaseolaíochta sa chianaois. Moladh ar rí caithréimiúil buach atá sa dán, chomh maith le moladh Chúige Uladh agus laochra Uladh. Tógtar an dán ar chaithréim Uí Néill agus ar chogaí agus eachtraí míleata a bhain leis agus lena chomhghuaillithe ar fud thuaisceart na tíre. Moltar do Niall Óg an tír ar fad a tháthú faoina smacht féin, agus deintear cur síos ar fheisteas agus ar armais a chathlán fé mar a bheadh gur shlua Néill Naoighiallaigh a bhí i gceist. San dán seo, cuirtear i gcás gur athNiall is ea Niall Óg a bhainfeadh barr dá shinsear, Niall Naoighiallach.

1. Dá roinn chomhthroma ar chrích Néill
ní chuala díogha díbhséin,
magh ina míne tonna
ríghe dá chladh gcomhronna.

5. Tugsad éigse uair oile
roinn cheart ar chrích Laoghaire,
fonn úr as ar ionchuir geall
múr do thiomchuil an Táilgheann.

8. Is eadh do chuirsead 'n-a gceann
ceithre hollchóigidh Éireann,
clár fóidshean gealabhlach glan
cóigeadh ealadhnach Uladh.

12. Do bhí i dtairngire a theacht soin,
táinig rí don fhréimh Ultaigh,
do bhean d'fhóir Gaoidheal a ngeall
fear rer sgaoileadh óir Éireann.

16. Éanlocht a earla chladhaigh
a fhad a-tá thallamhain;

of Ulster. Father and son, Niall Mór and Niall Óg, along with Niall Óg's maternal
kindred the Mic Mathúna, took control of Tír Eoghain, their own territory, and
extended their military sway over Ulster. This occasioned an intermittent series
of wars with Mortimer and his allies. Niall Mór, Niall Óg, and King Richard II
entered into a feudal arrangement of fealty during Richard II's expedition to
Ireland from 1394 to 1395. They hoped that this arrangement with the king of
England would give them some defense against the encroachments of Edward
Mortimer on their kingdom. Niall Óg died in 1403 having proved himself a wor-
thy king of Tír Eoghain: he had driven Mortimer and his supporters from his
kingdom, and defeated his ancestral enemies to the west, the Ó Domhnaill of Tír
Chonaill, from 1400 to 1402. The poem celebrates Niall Óg as a warlike, victorious
king; Ulster and its warriors are also praised in this great celebration of military
might and victory. In this poem, the division effected by Niall Mór is likened to
similar divisions in Ireland in ancient times. Built around the military victories
of Niall Óg and his allies, the poem depicts Niall Óg as the second coming of his
eponymous ancestor, Niall Naoighiallach, differing from him only in respect of
his even greater prowess.

> 1. Two equal divisions are on Niall's land,
> that smooth-surfaced plain, that kingdom
> with two walled divisions; neither of them
> have I ever heard to be inferior to the other.

> 5. Another time, the poets made an equal
> division of Laoghaire's land, green land on
> which a pledge might be given, territory
> that the Táilgheann (Patrick) traversed.

> 8. What they put as their head, the four
> great Provinces of Éire, was the learned
> Province of Ulaidh, a long-cultivated fair
> plain full of apple trees.

> 12. From the stock of the Ulaidh came a king,
> his coming was foretold; he secured their
> support from the party of the Gaedhil, a man
> by whom the gold of Ireland was dispersed.

> 16. One fault wavy-haired one, the length
> of time that he is over there (in the North),

béim acht an t-aoinbhéim ní fhuil
ar Ó shaoirNéill réidh Fhrasaigh.

32. Cuiris Meadhbh d'fhéachain Ultach
mac Roth i riocht iongantach;
an sluagh ar n-a dhéaghain dó
le sgéalaibh uadh do iompó.

36. "I dtús cháich do-chonnaic mé
sleagha dá silid crithre
cuilg ghormghlasa go ngalaibh
donnbhasa ima ndorncharaibh."

37. "Do-chonnac bhós 'n-a mbrollach
bró sgeanmdha sgiath réalltonnach,
bruit sróil dathta ma ndrongaibh,
slata óir 'n-a n-ursannaibh."

38. "Dom aithne ní fhuil duine
aca gan as órdhuidhe
's gan téagar óir ar a fhult
budh dóigh do bhréagadh bantracht."

42. "Ní shaoilfe mise, 'ar mac Róigh
"gé tú ag tuireamh a dtionóil
a gcomhchalma d'fhaisgin d'fhior
rothghabhla gaisgidh Gaoidhiol."

43. Seolfuidhear le Niall a-nois
—bréagnóchthar briathra Fhearghois—
a samhail nó sluaigh as fhearr
d'fhoghail agus d'uaim Éireann.

48. Marcach thíre na dTrí dTonn,
maraidhe mara Lochlann,
lámh thréan fa thoil gach dhuine,
do léagh ar sgoil Sgathuighe.

Foinse: Láimhbheartach Mac Cionnaith/Lambert McKenna, eag., *Athdioghluim Dána*, iml. 1 (Dublin: Irish Texts Society, 1939–1940), 59–65.

apart from that single fault, there is no fault
in the descendant of noble Niall Frasach.

32. Maedhbh sent Mac Roth, in
disguise, to survey the Ulaidh, after
looking at the host, he returned
with news of them.

36. "First of all, I saw spears
from which sparks drip, blue-
grey swords steaming, noble
hands on their hilts."

37. "In addition I saw in their van
a spiked mass of shining shields,
colorful cloaks of satin on their ranks,
staffs of gold at their sides."

38. "As far as I observe, no man
is without a golden shoe and a
wealth of gold on his hair as if to
charm womenfolk."

42. "I shall not expect," said mac Róigh, "though
I am assessing/counting their muster, to see
in any man their equal in bravery, powerful
maintainer of the chivalry of the Gaedhil."

43. Its like or a better force will now
be launched by Niall to subdue and
unite Ireland—the words of Fearghus
will be refuted.

48. Rider of the Land of the Three Waves,
mariner of the Scandinavian Sea, strong
hand at the disposal of everyone, who has
studied at Sgathach's school.

Translation: Michelle O Riordan, after Lambert McKenna, *Aithdioghluim Dána*, vol. 2 (Dublin: Irish Texts Society, 1940), 36–39.

26. "Ní i n-aisgidh fríoth flaitheas Néill,"
TUATHAL Ó HUIGINN, 42 rann, meadaracht: deibhí

Luaitear an dán seo leis an bhfile Tuathal Ó hUiginn (fl. 1420). Is beag eolas is féidir a fháil ar an bhfile seo. Tuairimíonn L. McKenna gur dheartháir leis an bhfile Tadhg Dall (d. 1450) ab ea é, agus gur tháinig sé i gcomharbacht air mar ollamh. Leagtar dánta air atá tiomnaithe d'Ó Domhnaill, d'Ó Néill Chlann Aodha Buí, d'Ó Conchubhair, agus d'Ó Raghallaigh, sa dara leath den gcúigiú haois déag. Is iomaí dán cráifeach a leagtar air leis. Is d'Ó Domhnaill—Niall Garbh— taoiseach Thír Chonaill (idir 1422–1439) a tiomnaítear an aiste atá faoi chaibidil anseo. Garmhac do Niall Mór Ó Néill ab ea an Niall Garbh seo; iníon Néill ab ea a mháthair Gráinne (d. c. 1429). Meastar gur cumadh an dán idir 1423 agus 1434 nuair a gabhadh Ó Domhnaill. Fear mór gnímh ab ea é, agus is mar laoch troda agus leon atha a mholtar é sa dán seo. Ceapadh an leasainm "Garbh" ar dhaoine eile darbh ainm Niall Ó Domhnaill, agus is díol spéise é, i leith Ó Domhaill an dáin seo, gur gabhadh é, agus gur chaith sé tréimhse fhada ina bhraighdeán catha (idir 1434–1439). Maireann sraith dánta don Niall Garbh seo, atá leagtha faoi seach ar Thuathal Ó hUiginn (Dán 26), ar Thadhg Óg Ó hUiginn (Dán 27), agus arís ar Thuathal Ó hUiginn (Dán 28). Moladh, comhbhá agus achainí, agus cumha a léirítear sna dánta. Ar an gcuma sin, sampla deas is ea iad den raon fairsing a chleacht na filí i leith na dtaoiseach, agus iad ag feidhmiú i measc a muintire, i mbarr a réime, agus i ndeireadh a saoil, faoi seach. Caithréim is ea an dán seo, a théann ó chath go chéile i réim mhíleata Uí Dhomhnaill. Mar chuid den mholadh, áitítear air an chuid d'Éirnn nach bhfuil faoina smacht a cheansú gan mhoill. Sa seachtú haois déag, gabhadh Niall Garbh eile, agus chaith seisean tréimhse fhada dá shaol ina bhraighdeán, agus fuair bás leis i dTúr Londan sa bhliain 1626.

1. Ní i n-aisgidh fríoth flaitheas Néill
dá bhféacha a bhfuil n-a chaithréim;
clann Dálaigh is daor cheannghas;
ní ar ghaol táraidh thighearnas.

6. Fuireach laoi is leasg le a chroidhe
re hullmhughadh a eachroidhe;
is dian a iodhlann fhoghla
Niall cidh ionmhall urlabhra.

26. "Niall's kingdom was not got for nothing,"
TUATHAL Ó HUIGINN, 42 verses, meter: *deibhí*

This poem is attributed to Tuathal Ó hUiginn (fl. 1420). Little else is known of this poet. Lambert McKenna suggests that Tuathal was a brother to another Ó hUiginn poet, Tadhg Dall (d. 1450), and that he succeeded him as professor in their school. Poems attributed to Tuathal are addressed to many of the kings and lords who were his contemporaries in the second half of the fifteenth century: Ó Domhnaill, Ó Néill Chlann Aodha Buí, Ó Conchobhair, and Ó Raghallaigh. A number of pious compositions are attributed to him too. "Ó Domhnaill," Niall Garbh, King/Lord of Tír Chonaill (1422–1439), is the king addressed in this poem. He was a grandson of Niall Mór Ó Néill, his mother Gráinne (d. c. 1429) being a daughter of Ó Néill. The poem is dated between 1423 and 1434 when Ó Domhnaill was captured. He was an active and vigorous leader and this poem celebrates him as a warrior king. His cognomen, *garbh*, was attached to others of his name, and it is of interest in the case of this Niall Garbh, that he was captured and spent a considerable amount of time in captivity awaiting ransom (between 1434 and 1439). A series of poems for him seem, fortuitously, to track the final episodes of his life—this poem, and Poem 27 and 28. These poems are attributed, respectively, to Tuathal Ó hUiginn, to Tadhg Óg Ó hUiginn, and, again, to Tuathal Ó hUiginn. Praise, sympathy, and grief are their themes. In that respect, addressed as they are to a known individual of whose death there are other records, they present a fine example of the range of works that a professional poet could offer to his lord, referencing the variety of vicissitudes attending the life, and indeed, the death, of an active king/lord. The poem below is a celebration of Niall Garbh's martial career, lauding in turn the great local triumphs, and the victories against external enemies, in his life. As part of the praise of his indefatigable military engagement, Ó Domhnaill is urged to dominate those parts of Ireland yet resisting his authority (a typical appeal). Interestingly, a later seventeenth-century namesake of Niall Garbh also spent time in the Tower, dying there in 1626.

1. Niall's kingdom was not got for nothing—
if you consider what is in his military career!
Clann Dálaigh bought it dearly, not by
heredity did it attain lordship.

6. His heart loathes day's delay while
his cavalry are getting ready; Niall
though slow in speech, his plundering
charge is swift.

8. Ní leigionn dóibh dhul ar gcúl
go maolann maise a chotún
's go leagh snáth gacha suainimh
ag cách re headh n-eanshluaighidh.

24. Tóraidheacht nach tuirfe mé
fuaradar i gcríoch Chairbre;
nír leig téarnádh dhóibh tar Duibh
gur fhóir éanlámh ar Ultuibh.

28. Téid lá do losgadh Midhe
dá rug air an ainbhfine;
a slógh acht gé fríoth ar faill
nír mhór a ndíoth d'Ú Dhomhnaill.

31. Goill Midhe is muinntear an ríogh
ó nach fuair cath fa a gcoimhlíon
tug Ó Domhnaill ucht orra;
nír lucht comhlainn chudroma.

33. Do bhádar Gaoidhil is Goill
re treimhse i gcomhthrom chomhloinn
re mhaoidheamh gur mhuidh an maidhm
aoinfhear ar a fhail fhearainn.

36. Goill Átha Cliath—cian bhus bladh—
tig tráth eile i nDún Dealgan
an cath an uair do fhógair
a-mach uaidh ro éalódair.

40. Fear na ngníomh is guth leam
do chomhroinn Inse hÉireann
ó nar thoill toibhéim oile
acht roinn oiléin Úghoine.

Foinse: Láimhbheartach Mac Cionnaith/Lambert McKenna, eag., *Aithdioghluim Dána*, iml. 1 (Dublin: Irish Texts Society, 1939–1940), 82–86.

8. He does not allow them to retreat until,
with everyone throughout the troop, the
sheen of his jerkin dims, and the thread
of every thong fails.

24. Another raid, which I shall not recount,
they undertook in the territory of Cairbre;
he did not permit them to return over the
Dubh, and thus he alone aided Ulaidh.

28. He had gone to burn Midhe one day when the
Foreigner overtook him; though his troops were
taken by surprise, Ó Domhnaill's loss was small
[lit. "their loss for Ó Domhnaill was small"].

31. The *Goill* of Midhe and the king's company,
though he did not face a battle with a force equal
to theirs, Ó Domhnaill took a stand against them;
they were not participants in an equal conflict.

33. For a while the *Gaoidhil* and the
Goill were equal in battle before
boasting that one man overcame
[them] on his own enclosure.

36. The *Goill* of Átha Cliath—long shall
live the story!—when he came another
day to Dún Dealgan, and challenged
them to fight, they ran from him.

40. The hero of these achievements I reproach
with the division of the island of Éire; as he
has not deserved any other discredit except
the division of Úghoine's isle.

Translation: Michelle O Riordan, after Lambert McKenna, *Aithdioghluim Dána*, vol. 2 (Dublin: Irish Texts Society, 1940), 49–52.

27. "Faillsigh do mhíorbhuile, a Mhuire,"
Tadhg Óg Ó hUiginn, 15 rann, meadaracht: séadna

Leagtar an dán seo ar an bhfile Tadhg Óg Ó hUiginn. File torthúil ab ea Tadhg Óg Ó hUiginn (d'éag c. 1448), duine de theaghlach léannta Uí Uiginn, a sholáthair filí gairmiúla tríd na glúnta go dtí an t-ochtú céad déag. Tógadh agus oileadh é i measc Mhuintir Uí Cheallaigh in uachtar Chonnacht, agus, dar le Lambert McKenna, ba don teaghlach sin is mó a bhí sé dílis ón tátal is féidir a bhaint as a chuid aistí. Ollamh mór le rá ab ea é lena linn, agus maireann dánta dá shaothar tiomnaithe do na ríthe agus na tiarnaí ba mhó is ba thábhachtaí sa chúigiú haois déag in Éirinn. Orthu-san bhí Ó Néill, Ó Domhaill, Ó Conchobhair Cairbre, Ó Ceallaigh, Ó Conchobhair Ciarraidhe, Ó Cearbhaill, Mág Uidhir, Mac Diarmada, Iarla Urmhumhan, Iarla Deasmhumhan, Mac Uilliam Íochtair, agus Mac Uilliam Uachtair. Is léir go raibh baint ag Tadhg Óg le tuaisceart, le hiarthar agus le deisceart na tíre go háirithe. Dán achainíoch is ea an ceann seo. Iarrtar ar Dhia tré impí na Maighdine Muire Niall Garbh a fhuascailt ó ghéibhinn i Manainn. Impí shimplí is ea í. Mar is dual do na filí, bunaítear an impí ar an ngaol speisialta a shamhlaítí idir Muire agus an duine daonna: bean ghaoil ab ea Muire don chine daonna ar chúiseanna a bhain lena máithreachas diamhrach. Tá cáineadh á dhéanamh ar Chríost as faillí a dhéanamh i gcás Néill, agus as a bheith fadálach ag teacht i gcabhair ar Niall agus ar Éirinn. Tré idirghabháil chneasta na Maighdine, tá súil le tarrtháil Néill go luath. Thar aon bhean eile, idir bhanríonacha agus bhanlaochra, mhná draíochta, chéilí na ríthe, na dtaoiseach agus na dtiarnaí, agus eile, moladh Muire na Críostaithe, an Mhaighdean Mhuire, i bhfilíocht shiollach na scol in Éirinn i dtréimhse na Nua-Ghaeilge Clasaicí. Is dise is mó a tiomnaíodh dánta, dánta moltacha, dánta aithríocha, aistí achainíocha, agus dánta cráifeacha. Muire is mó a thuill véarsaí nó rannta ceangail. Mar aon le filí eile i dtíortha Eorpacha eile, is minic a d'iompaigh file i leith na filíochta cráifí i dtreo dheireadh a saoil. Nuair a cailleadh Tadhg Óg Ó hUiginn c. 1448,[44] tugadh aitheantas dó mar phríomhollamh filíochta in Albain agus in Éirinn.

> 1. Faillsigh do mhíorbhuile, a Mhuire,
> maoidheamh asad is é ar lón;
> bíodh mo chássa ort 'n-a oire
> nocht do ghrása, a Mhuire mhór.

---

44. John O'Donovan, *Annála Ríoghachta na hÉireann: Annals of the Kingdom of Ireland*, s.a.

27. "Reveal your power, Mary,"
TADHG ÓG Ó HUIGINN, 15 verses, meter: *séadna*

This poem is an appeal to God through the intercession of the Virgin Mary to effect the release of Niall Garbh Ó Domhnaill (also addressed in Poems 26 and 28), King/Lord of Tír Chonaill, who was a captive at the time in the Isle of Man. It is a straightforward appeal with a single objective, a prayer for the release of the king. Like other poets of the schools, Tadhg Óg bases his appeal to the Virgin Mary on her special kinship with the human race on account of her divine motherhood of God. The appeal could thus be made on the basis of the obligations of kinship. In this context, Christ himself is complained of for his neglect of Ó Domhnaill, for delaying in the matter of his rescue, and for failing to come to the aid of Ireland herself, thereby—it is implied—preventing the capture of Ó Domhnaill. Through the mediation of the Virgin Mary, it is hoped that Niall Garbh can be succored without delay. Mary is the most frequently and fulsomely praised woman in the Irish syllabic poetry of the schools. Addresses to her in praise poems, poems of repentance, petitions, and other devotional works, including *envois* at the conclusion of poems addressed to others, set her above all other women in terms of frequency and fervency of address. Like poets in other European countries, many Irish poets turned to the composition of religious verse toward the end of their lives. Mary almost invariably appeared in these poems. Tadhg Óg is a case in point, a renowned poet in his own time and much-quoted afterward. When he died in 1448,[44] he was recognized as the pre-eminent professor of poetry in Scotland and Ireland.

> 1. Reveal your power, Mary, our
> sustenance is trust in you; let my
> affliction weigh heavy on you; show me
> your favor, great Mary.

---

44. John O'Donovan, *Annála Ríoghachta na hÉireann: Annals of the Kingdom of Ireland*, s.a.

3. Cuimhne an bhráithris bhím do mhaoidheamh,
a mháthair Íosa an fhuilt chlaoin,
ó nach cubhaidh re mac Mhoire,
an cumhain lat goire ar ngaoil?

5. Rí na ndúl dá ndearna ar n-eiteach
iarraim ort, gidh ard an céim,
sinn ar-aon do dhul fa dhiomdhaidh,
a shubh craobh dar bhfiodhbhaidh féin.

8. Dá nguidhe Críosd tar ceann mh'anma
lem aigneadh ní headh budh lór
ar son Néill Gairbh muna ghuidhe
im ainm féin, a Mhuire mhór.

9. Riot do-bheirim—bíodh ar th-eineach—
a inghean Anna as ard clú,
taobh re hó Conaill do chobhair;
toghaim mar mhaor dtobhaigh thú.

10. Cabhair do rígh rátha Murbhaigh,
a Mhuire, a bhuime na mbocht,
mar do bheinn féine i n-idh iarainn
déine ná sin iarraim ort.

11. Ní bheidís Gaoidhil Ghuirt Banbha
muna bheadh cosg a gcinn shluaigh
ní as sia gan chreideamh dá chéile
dá leigeadh Dia Éire dh'uaim.

13. Gidh mór mbliadhain do bhí i n-éigin
Inis Banbha, bean Dá Thí,
a-dhéaradh féin nach fuair dhoghruing
go buain Néill Í Dhomhnaill dí.

3. Seeing that Mary's son cares not to
remember the kinship that I proclaim, do you
not remember, Mother of the flowing-haired
Jesus, the closeness of our kinship/affection?

5. If the King of the Elements refuse me,
then, fruit of trees of our own woodland,
I ask of you—a bold request—that both
You and I, suffer dejection!

8. If you ask Christ merely for my soul,
great Mary, to my mind that would not
be sufficient unless you pray in my name
for Niall Garbh.

9. Daughter of famed Anne, on your
honor—in you I trust for the rescue of
Conall's scion; may he be in your care; I
choose you as my agent.

10. Mary, nurse of the poor, I ask your
help for the prince of Murbhach's
castle more earnestly than if I myself
were in chains.

11. Not any longer would the *Gaoidhil* of
Banbha's Field be without trust in each other
were their commander not in bondage, if
God grant that Ireland be united.

13. Though for many a year Banbha, Dá
Thí's wife, was in trouble, she would say
herself that she never knew distress till
Niall Ó Domhnaill was taken from her.

14. Má rugadh breath 'n-a breith leathtruim
[ag] laochraidh Gall um Ghort bhFloinn
rugadh do bhreith ar fhiadh n-Éireann
Niall do bheith i ngéibheann Goill.

15. Ceadh nach tráighfidh a dtonn meanma
Mac Toirrdhealbhaigh ó tá i láimh?
roimhe soin gér mhór a meadhair
do loigh brón ar fearaibh Fáil.

Foinse: Láimhbheartach Mac Cionnaith/Lambert McKenna, eag., *Aithdioghluim Dána*, iml. 1 (Dublin: Irish Texts Society, 1939–1940), 87–88.

28. "Ní deoraidh mise i Manainn," TUATHAL Ó HUIGINN, 37 rann, meadaracht: deibhí

Leagtar an dán seo ar an bhfile Tuathal Ó hUiginn (d'éag 1450); marbhna is ea é ar Niall Garbh Ó Domhnaill a fuair bás ar Oileán Mhanann sa bhliain 1439—in ainneoin an dáin "Faillsigh do mhíorbhuile, a Mhuire" thuas. Ba de dheascaibh cogaidh in aghaidh fhear ionaid rí Shasana (Sir Thomas Stanley, Tiarna Mhanann) i gcomhghuaillíocht le hÓ Néill a fuair sé é féin i mbraighdeanas i Londain, agus ar ball ar Oileán Mhanann. Marbhna maorga tomhaiste atá san aiste seo, ina gcuirtear Niall Garbh Ó Domhnaill i gcomhard le Niall Naoighiallach, a fuair bás thar lear. Léitear bás Néill mar chomhartha fheillbheart na Sasanach: aontaíodh an t-airgead fuascailte, ach fuair an rí bás sular malartaíodh an tsuim ar an ngiall. Chaill na Sasanaigh an tsuim a bailíodh dá dheascaibh sin, agus léirítear sa dán gurb é seo an t-aon chúis sóláis ag an bhfile. Sa mharbhna seo, chímid móitíf a bhí coitianta i measc na bhfilí, go mba chóir dóibh bás a fháil nuair a cailleadh a rí/a dtiarna, agus nárbh fhéidir leo fíor-chumha a léiriú agus iad fós ag feidmiú d'éagmais a rí.

1. Ní deoraidh mise i Manainn,
mé eiste ní hiontadhaill;
do ghabh bágh re Manainn mé,
dod ghrádh anaim, a Éire.

14. If ever an unjust sentence was passed by the
heroes of the Goill concerning Flann's Field, such
was this sentence passed on the land of Éire that
Niall should be in the captivity of a Gall.

15. How can their tide of courage not ebb
now that Toirdhealbhach's son is captive?
Though great was their spirit before then,
now sorrow has settled on the men of Fál.

Translation: Michelle O Riordan, after Lambert McKenna, *Aithdioghluim Dána*, vol. 2 (Dublin: Irish
Texts Society, 1940), 52–53.

28. "I am no stranger in Mana,"
TUATHAL Ó HUIGINN, 37 verses, meter: *deibhí*

This poem, attributed to Tuathal Ó hUiginn, is the third in the sequence for
Niall Garbh Ó Domhnaill that also includes Poems 26 and 27. He died in the Isle
of Man in 1439—despite the fervent appeal to the Virgin Mary on his behalf by
the poet Tadhg Óg Ó hUiginn (Poem 27). Ó Domhnaill, along with his allies led
by Ó Néill, was engaged in a war with the King of England's deputy in Ireland
(Sir Thomas Stanley, Lord of Mann). During the hostilities he found himself in
captivity in London, and, in expectation of ransom, held on the Isle of Man. A sum
had been agreed upon and was to be delivered for him when news of his death
arrived. This proud, measured elegy compares Niall Garbh Ó Domhnaill with
Niall Naoighiallach (Niall of the Nine Hostages), who had also died away from
Ireland overseas. Ó Domhnaill's death itself is presented as a treachery on the part
of the English in whose custody he was being held: ransom had been agreed and
the expectation was of his release, when he died before the exchange was secured.
The ransom was therefore forfeit, and this is bitterly welcomed in the poem as the
poet's only source of solace in the tragic episode. In this elegy, the poet declares
that the only fit display of his grief would be his own death following that of his
lord. This motif was particularly popular in elegies in the poetry of the schools.

1. I am no stranger in Mana; I should not
have to leave it; affection for Mana has
captured me, but owing to my love for you,
Éire, I stay away from her.

2. Ní déanta deoraidheacht di
cuairt Manann tre mhac Gráinne;
ó theasda an rí sa tír thoir
do-ním feasda dhí dúthoidh.

6. Leaba ag laoch Locha Ghile
fa úir thíre tairngire;
leath na leabtha mása linn
nír mheath ar n-eachtra a hÉirinn.

7. Do dhul go Manainn mac Lir
truagh gan mise, a Dhé dhúiligh,
i riocht eoin dá héanaibh féin
do dhéanaimh eoil an oiléin.

11. Leis na teachtaibh thig a-le
ga aithris d'éis a chéile
rinn do chuir ar mo chumhaidh
a gcluin sinn a Sacsanaibh.

12. Ní cumha dhiongmhála dhamh
deora iná dúthracht osnadh;
dá mbé gan éag a fhile,
a Dhé, créad fa gcreidfidhe.

20. Ar annsacht uaslaigthe an fhir
gá dtám acht tugsad Gaoidhil
fuath do raighnibh chuach gceangail,
fuath d'fhailghibh is d'fhithcheallaibh.

22. Ar n-aomhadh an domhnáin dóibh
do dhearbh teachtaire a theasdáil;
d'éis leighis orchra Uladh
beiris ortha an t-urdhubhadh.

24. Doirbh libh, a laochraidh Dhanar,
a dhul d'éag gan fhuasgaladh;
mór do fholaigh dom urchra
brón oraibh, a Allmhurcha.

2. Owing to Gráinne's son (being buried there),
a visit to Mana is no visit to a strange land; the
king/lord has died there in the East, I consider it
therefore my homeland.

6. The warrior of Loch Gile has now his
bed in the Land of Promise; my journey
from Éire would not be a failure if I were
to share his bed.

7. To go to Mana of the sons of Ler, it
is regrettable, God of creation, that I
am not like one of its birds to make
my way to the island.

11. With the messages that come
over, reporting it each in turn,
what I (we) hear from England
has intensified my grief.

12. But the proper form of grief for
me is not tears or heartfelt sighs; my
God! how could these be believed
while his poet remain alive?

20. Desiring to free the man, I scarcely
need to mention the *Gaoidhil* eagerly
disposed of prized personal beakers,
bracelets and chess-sets.

22. When they had given up the whole
world [for him] a messenger announced
his death; when Ulaidh's misery had
been remedied, anguish overcame them.

24. Difficult for ye, heroes of the
Danair, that he died unreleased;
your grief, Foreigners, greatly
lessens mine!

36. Fear a ionaidh do chloinn Chuinn
ní fuighthe i ndiaidh Í Dhomhnuill;
doilghe an Niall deireanach dhe
ná a gheinealach riamh roimhe.

Foinse: Láimhbheartach Mac Cionnaith/Lambert McKenna, eag., *Aithdioghluim Dána*, iml. 1 (Dublin: Irish Texts Society, 1939–1940), 89–93.

29. "Aoidhe i n-Éirinn an t-Iarla,"
TADHG ÓG Ó HUIGINN, 33 rann, meadaracht: deibhí

Dán is ea é seo, tiomnaithe do Shéamus Buitilléar (c. 1390–1452), atá leagtha ar an bhfile Tadhg Óg Ó hUiginn. Níor leasc leis an ollamh Tadhg Óg Ó hUiginn an ceathrú hIarla Urmhumhan a fhí isteach i scéal casta na nGael agus i ngréasán casta na nÉireannach mar a samhlaíodh iad, agus mar a léiríodh iad i litríocht léannta na bhfilí. Ar an taobh eile de, ghlac Iarla Urmhumhan le dánta agus eile ó aicme léinn na tíre gan aon cheist. Tugadh an leas-ainm "an tIarla Fionn" ar an gceathrú hiarla. Chaith an t-iarla seo blianta i seirbhís mhíleata Rí Shasana (Anraí V, Anraí VI) mar ba dhual do thiarna dá shórt, a raibh dlúthbhaint aige le cúirt "a rí" féin, mar a bhíodh le tuiscint leis na conarthaí "feodacha" ba bhunús na dteagmhálacha idir an rí agus an aicme laochúil as ar toghadh na ceannairí cogaidh san aois sin. Ar na cúiseanna céanna, bhí Anraí VI ina rí ar an bhFrainc ar feadh tréimhse bheag, agus ba le linn a réime sin a cailleadh cuid mhaith den ghreim ar an bhFrainc a bhíodh ag ríthe de rítheaghlach Plantagenet a bhí lonnaithe i Sasana. Bheadh taithí fhairsing ag duine ar nós an iarla ar shaol cúirteanna ríoga in Éirinn (mar a bhíodh), i Sasana, agus sa bhFrainc. Chaith sé tréimhsí leis, mar fhear ionaid a rí in Éirinn (sna 1420idí agus sna 1440idí). Phós sé Eibhlís Nic Gearailt, iníon leis an gcúigiú hIarla Chill Dara sa bhliain 1432. Ar an gcuma sin, ba thiarna é ar thailte na mBuitléarach agus na nGearaltach ar feadh scaithimh. Is mar thiarna láidir, tábhachtach, Gall/Gaelach a phléitear leis an iarla sa dán moltach seo. Duine léannta as an ngnáth, mar fhear míleata, ab ea "an tIarla Fionn." Chaith sé a shaol ina laoch faoi choimirce a rí (Rí Shasana), agus ina thiarna ar na tailte fairsinge a bhí aige in Éirinn in iarlacht Urmhumhan. Samhlaítear Iarla Urmhumhan ina chéile fíre ag Éire, agus luaitear na comharthaí sóirt is dual do ríocht atá faoi rí go mbaineann fíorfhlaitheamhan leis—torthúlacht agus maise, síocháin agus ceartas. Is mar mholadh air a luaitear a ghníomhaíochtaí ar son a rí, rí Shasana (agus na Fraince ag an am), agus léirítear a shaol ina shampla den laoch buach i mbun sheirbhís a rí, agus ina thiarna cumhachtach i gceannas

36. Never shall ye find in Conn's
race a man to replace Ó Domhnaill;
therefore is this last Niall a greater
loss than all his race before him.

Translation: Michelle O Riordan, after Lambert McKenna, *Aithdioghluim Dána*, vol. 2 (Dublin: Irish Texts Society, 1940), 54–56.

29. "The Earl is a stranger in Ireland,"
TADHG ÓG Ó HUIGINN, 33 verses, meter: *deibhí*

This poem, attributed to Tadhg Óg Ó hUiginn, is for James Butler (c. 1390–1452), an Anglo-Norman lord and the fourth Earl of Ormond. The poet was not reluctant to weave Butler into the complex web of Gaelic society as it was imagined and portrayed in the learned compositions of the school poets. On his part the Earl of Ormond was an enthusiastic receiver of poems, and a keen participant in the normal practice of courtly culture prevalent in the households of his fellow nobles in Ireland. The fourth Earl was nicknamed the "White Earl." He spent many years in military service to his liege, the King of England (Henry V, Henry VI), as befitted a nobleman of his status. Henry VI was also, for a time, King of France, but it was during his reign that the English ruling dynasty began to lose its immediate connections with Normandy and with its possessions in France. An earl such as James Butler would thus have had wide experience of noble/royal courts in Ireland, in England, and in France. For a military man, the Earl was unusually well-educated, and interested in literature and history. His life was spent as a knight in service to his personal king (the King of England) and as a powerful lord in his own territories in Ireland as Earl of Ormond. He spent some time as his king's deputy in Ireland (in the 1420s, and again in the 1440s). He married Elisabeth FitzGerald, a daughter of the fifth Earl of Kildare in 1432. For a period, therefore, he controlled both his own and the Kildare territories. In this praise poem, Ormond is hailed as a powerful, victorious, prominent *Gall Gaelach* (Irish foreigner). The poet depicts him as the true spouse of Ireland, pointing, as poets usually did, to the fertility of the land as evidence. Ormond's service to the King of England is listed to his credit and as a central part of the praise lavished on him as a knight. The poet cunningly manages to praise Ormond for both of his identities in Ireland: on the one hand he is lauded as the king's man in Ireland who controls the foreigners (*Gaill*) of Ireland for the king; on the other, he is lauded in his role as an Irish noble who defends the Irish (*Gael*).

a thiarnais in Éirinn. Tagraítear d'fheillbheart a imríodh air nuair a chaith sé
tréimhse ina phríomhoifigeach ríoga in Éirinn. Deintear a ghalldacht a chur in
iúl mar cháilíocht a thugann cumhacht ar leith dó: Gaill na hÉireann a smachtú,
agus Gaeil na hÉireann a chosaint.

1. Aoidhe i n-Éirinn an t-Iarla
sé ar eachtra gach éinbhliadhna;
do bhean dá haithne ar Fhódla
go gcaithfe fear forfhógra.

3. Iasg i n-aibhnibh re a aghaidh,
snuadh fáilte ar a fiodhbhadhaibh,
muir ga fhógra don aoidhidh
go bhfuil Fódla forbhfaoilidh.

5. Sgríbhne ga gcur ar a chionn
ó Shacsaibh i n-iath nÉireann
an uair léaghas na litre
Séamus uainn ar imirce.

7. Do bhí Banbha bean Chobhthaigh
gur sgar sí re Sacsanchaibh
re feadh bliadhna i mbeirt chumhadh,
do sheirc Iarla Urmhumhan.

9. Do cuireadh d'aimhleas fholaigh
ar Shéamus ó Shacsonaibh
—nach í an Fhódla a-mháin do mhill—
gurbh áil a fhógra a hÉirinn.

12. An neach do bhí ag aimhleas air
téid d'iomardadh 'n-a aghaidh;
an fhaithghe láimh le Lunndain
fa lán d'aithle an iomordaidh.

24. Leig d'Éirinn muna fhuilnge,
don Iarla is í ar gcomhuirle;
budh lán faghla dá bhfágbha
clár Banbha gan bharánda.

1. The Earl is a stranger in Ireland,
he is [away] on an expedition each
year; for Fódla (Ireland) he has so
reduced her recognition [of him]
that someone has to introduce him.

3. For him fish are in the rivers, a
complexion of joy on the woods, and
the sea announcing to the stranger
that Fódla (Ireland) is overjoyed.

5. Dispatches being sent from
England to him in Ireland—as soon
as he reads the letters, Séamus is
moving away from us.

7. Banbha (Ireland) wife of Cobhthach,
until she relinquished the English,
spent a year in a state of mourning,
for love of the Earl of Ormond.

9. A secret plot was formed by the
English against Séamus that he
should be ordered out of Ireland,
not only Ireland was injured by it.

12. The man who was defaming
him, he goes to challenge him; the
green near London was crowded as
a result of the challenge.

24. My counsel to the Earl is,
relinquish Ireland if you do not
protect her; it will be full of
plundering if you leave the land of
Banbha without a guarantor.

25. Ní fhidir—ní hiongnadh dhi—
cá fear le bhfuighbheadh Éire
tar muir [má] théighe turas
nach fuil Éire ar amhuras.

28. Bíodh a fhios ag Gallaibh Gréag
dá dtugtha cúl re gcoimhéad
an adhaigh théighe tar tuinn
raghaidh Éire dá healchuing.

33. Na Goill nach geabhann do láimh
gomadh hé an t-Iarla a n-eadráin
budh hé a n-anáir 'n-a éagmhais
ré d'fhagháil le n-imdhéaghdais.

Foinse: Láimhbheartach Mac Cionnaith/Lambert McKenna, eag., *Aithdioghluim Dána*, iml. 1 (Baile Átha Cliath: Irish Texts Society, 1939), 139–43.

30. "Fada an ráitheise romham," TADHG ÓG Ó HUIGINN, 44 rann, meadaracht: deibhí

I measc na n-aistí is taitneamhaí sa chorpas, tá na dánta ina léirítear cumann idir an file agus an taoiseach. Sna dánta seo is minic a shamhlaítear an taoiseach ina leannán seirce ag an bhfile. Tá gaol ag dánta den sórt seo le laoithe cumainn na bhfilí i seánraí eile, agus le déantúis na dtrúbadóirí a thaithíodh cúirteanna na Normannach ar an Mór-Roinn. Chum na filí dánta ina gcuirtear in iúl go raibh cumann seirce idir an file agus an taoiseach nó an tiarna, do thaoisigh Ghaelacha agus do thaoisigh de bhunadh Normannach araon. Ní léirítear gur bhraith ceachtar den dá thaobh gurbh ábhar iontais aon chuid den gcleachtas liteartha seo. Ar an gcuma chéanna, ní cóir aistí san fho-sheánra grá atá ar fáil sna dánta atá tiomnaithe ag filí dá dtaoisigh a léamh mar dhánta grá sa stíl a fhaightear sna laoithe cumainn, mar shampla. I stíl staidéartha, thomhaiste, liteartha, bhain filí leas as foclóir an ghrá agus as friotal na ndánta grá chun an caidreamh speisialta a d'éiligh siad ar a dtaoisigh a chur in iúl. Bhí costas agus caitheamh i gceist leis an gcumann a samhlaíodh idir an file agus an taoiseach: dánta ar "díol" ag an bhfile, agus moladh á "cheannach" ag an taoiseach.

Tiomnaítear an aiste d'Uilleag Ruadh Búrc, Mac Uilliam Uachtair (tiarna

25. Ireland does not know—no surprise
for her—what man by whom she would
ensure (obtain) that Ireland (she) is not in
jeopardy if you go on a journey overseas.

28. Let it be known to the Grecian
Gall (Foreigner), if you fail to protect
them, on the night you go overseas,
Ireland will go for her arms' racks.

33. The Foreigners who do not accept
that the Earl is their mediator,
would be privileged in his absence to
find an opportunity to depart.

Translation: Michelle O Riordan, after Lambert McKenna, *Aithdioghluim Dána*, vol. 2 (Dublin: Irish Texts Society, 1940), 84–86.

30. "This is a long season before me," TADHG ÓG Ó hUIGINN, 44 verses, meter: *deibhí*

Among the most pleasing of the poets' compositions are those that portray the relationship between the poet and the lord. In many such compositions, the poet takes the role of the king/lord's lover, frequently adopting motifs common in the works of troubadours (and other court poets) in England, France, and Western Europe. Works purporting a love relationship between the poet and the lord were composed by Irish poets in the school genres for Gaelic kings and lords, and for those lords of Anglo-Norman extraction. It does not appear that any of the participants in these literary relationships found the expressions of devotion or the expectations of favor either surprising or exceptional. By the same token, poems within this genre of praise poetry should not be confused with overt "love poems" and love lays. Within the strictures of the measured and contrived style of their art, Irish poets of the schools used the language and diction of love poetry to express the particular relationship they claimed to enjoy with their lords. Both expectation and expense were involved in the expression of this literary relationship on both sides: the lord bought/earned the praise and approval of the poet, who sought/earned/demanded the favor of the lord.

Chlann Riocaird 1424–1485). Tiarnaí de bhunadh Normannach ab ea uaisle Chlanna
Riocaird. Mar ba dhual d'uaisle na nGael, agus d'uaisle na Normannach, pósadh
na teaghlaigh isteach ina chéile sa tslí gurbh aon ghréasán uasal ab ea iad, ach
gur mhair a saintréithe cultúrtha agus eile i ngnéithe éagsúla dá rannpháirtíocht
i riaradh cheannas na hÉireann lena linn. Bhain Uilleag Ruadh Búrc, ar thaobh
a mháthar, le Muintir Cheallaigh Uí Mhaine. Phós sé Mór (d'éag c. 1452), iníon
Uí Chonchobhair Failghe. Bhí sé ina eiseamláir bheo den aicme cheannasach a
shíolraigh ó uaisle na nGael agus ó uaisle na (n-Angla-)Normannach sna glúnta
i ndiaidh 1169.

Dán é seo atá cumtha ar théama an athmhuintearais. San fho-sheánra seo, ar
leithscéal é—go minic—chun dán moltach a cheapadh, cuirtear i gcás go bhfuil
cúis aighnis tagtha idir an file agus a rí/a thiarna. Réiteofar an t-aighneas seo ach
go sásódh an rí mianta an fhile. Cúiteoidh an file an rí le dán a mhairfidh go deo,
agus a choimeádfaidh ainm agus cáil an rí beo feasta.

1. Fada an ráitheise romham;
ní héisdear rem uroghall;
ní samhradh ann ní hearrach
amhghar an t-am d'aithearrach.

3. An glas a-tá ar mo theangaidh
dá dtí am an aithearraigh
gé do hiadhta bas rem béal
an glas iadhta ní fhuiléang.

7. Siobhal oidhche is eadh do-niam
d'éis a gcuala ó Chloinn Uilliam

Tadhg Óg Ó hUiginn (d. c. 1448) was a prolific poet, a member of the Ó hUig-
inn family of poets and professors whose members were associated with the
vernacular schools of poetry from the late mediaeval period to the eighteenth
century. Tadhg Óg was reared with a powerful and active family, Ó Ceallaigh,
in the southern part of Connacht. According to Lambert McKenna, it was to this
family that Ó hUiginn expressed his primary allegiance in his works. Tadhg
Óg was a renowned professor during his lifetime, and works attributed to him
are variously dedicated to some of the most important kings and lords of fif-
teenth-century Ireland. This poem is attributed to Tadhg Óg and composed for
Uilleag Ruadh Búrc, Mac Uilliam Uachtair (Lord of Clann Riocaird 1424–1485).
The lords of Clann Riocaird were the descendants of the Anglo-Norman de Burgo
family who had arrived in Ireland by 1185. As was common among the lords of the
Irish and of the Anglo-Normans, families intermarried from the earliest period,
so that the nobility of Ireland was a network of interlocked families, many of
whom retained some distinct characteristic cultural and political practices in
their contentious or shared administration of their territories in Ireland. Uilleag
Ruadh Búrc was a member of the Ó Ceallaigh (Uí Mhaine) family on his mother's
side; he himself married Mór, daughter of Ó Conchobhair Failghe. He personified
the emergence of the nobility of mixed heritage that flourished in Ireland in the
generations after 1169.

This poem employs the trope of reconciliation. In this sub-genre of praise,
the poet identifies a rift in his relations with his lord (often caused by mischie-
vous, envious "others"), expresses affront and hurt, and makes some demand
for restitution/re-affirmation of their former good terms. The reconciliation
depends on the lord fulfilling the poet's wishes, who in return will immortalize
the lord in this poem.

1. This is a long season before me,
   my words are not heeded, now it
   is neither Summer nor Spring; it is
   difficult to alter the time.

3. If the time of change comes, though
   hand/palm be locked/closed against my
   mouth; I will not suffer the enclosing
   lock; the lock that is on my tongue.

7. I go night-walking after what I
   heard from Clann Uilliam; I being

mé ar falachta ó thigh do thigh;
samhalta é agus m'oighidh.

10. Ar cuireadh d'aimhleas ós aird
eadrom is aicme Riocaird
dá ngabha mo bhais ní beag
dá chara ar ais, a Uilleag.

13. Ciontach do cuireadh i mbrígh
an fáth ma bhfuil ar n-eissídh
guth meisge 's gan mhé ar a dhruim;
gár mheisde an té ar a dtiobhruinn.

20. Leathtrom glóir do-ghéabhtha a fhios
dá ndearnainn ort i n-uaigneas;
bean díom laoidh isan leathtrom,
ná bíodh th'aoidh re heineachlonn.

27. Mo dhiomdha ar th'aicme is é thug
ruaig na nDéise do dhearmad;
gé sheachnaim ní har do shon féin
Eachdhruim do chor id chaithréim.

29. Dom dheoin ní fhuighthear a fhios,
muna hinnisde i n-uaignios,
do sgainnear do shíol Shaidhbhe
síodh daingean go ndearnaimne.

43. Do lá do laochraidh Ghaoidheal
sgéal as cóir do chomhmaoidheamh;
nír theo lá náI Maol Midhe
a laogh na mná Mainighe.

44. Maith do thoisg i dtrealamh gliadh,
a Mheic áitheasaigh Uilliam,
mar ghlacfa réaltoin nglais nga
éantroigh ar ais ní fheacfa.

Foinse: Láimhbheartach Mac Cionnaith/Lambert McKenna, eag., *Aithdioghluim Dána*, iml. 1
(Dublin: Irish Texts Society, 1939–1940), 163–68.

sustained from one house to another;
it is to be compared to my death.

10. Were you to take my hand,
Uilleag, the open conflict
between me and Riocard's
people would be reversed.

13. Guilty, it has been suggested, the reason
that our disagreement exists; a drunken
remark that I did not control, how could
the one I referred to be any the worse for it?

20. If I had made an unfair remark
about you in private; take a poem
from me in redress, let not your
concern be for compensation.

27. It is my dissatisfaction with your kin that
made me forget the raid on the Déise; though
I avoid including Eachdhruim in your battle
honors, it is not on your own account.

29. By my will, unless it be told
in private, your conflict with the
progeny of Sadhbh will not be known
of until we make firm peace.

43. Your day (battle) against the warriors of the *Gaoidhil*,
a story that should be celebrated; no battle was more
fierce than [that of] Maol Midhe, favorite of the woman
of Í Mhaine (Beanmhumhan Ní Cheallaigh).

44. Good is your purpose equipped for
battle; victorious Mac Uilliam; when you
take up your glistening grey spear, you
will not take a single step in retreat.

Translation: Michelle O Riordan, after Lambert McKenna, *Aithdioghluim Dána*, vol. 2 (Dublin: Irish Texts Society, 1940), 97–100.

Léitheoireacht sa Bhreis

Eleanor Knott, *Irish Classical Poetry: Commonly Called Bardic Poetry* [Cultural Relations Committee of Ireland] (Dublin: Colm Ó Lochlainn, 1960).

Michelle Ní Ríordáin [M. O Riordan], *Muire na mBard: Móradh na Maighdine* (Baile Átha Cliath: Foilseacháin Ábhair Spioradálta, 2016).

Michelle O Riordan, *Irish Bardic Poetry and Rhetorical Reality* (Cork: Cork University Press, 2007).

Michelle O Riordan, *The Gaelic Mind and the Collapse of the Gaelic World* (Cork: Cork University Press, 1990).

Seán Ó Tuama, *An Grá i bhFilíocht na nUaisle* (Baile Átha Cliath: An Clóchomhar Tta., 1988).

Further Reading

Eleanor Knott, *Irish Classical Poetry: Commonly Called Bardic Poetry* [Cultural Relations Committee of Ireland] (Dublin: Colm Ó Lochlainn, 1960).

Michelle Ní Ríordáin [M. O Riordan], *Muire na mBard: Móradh na Maighdine* (Baile Átha Cliath: Foilseacháin Ábhair Spioradálta, 2016).

Michelle O Riordan, *Irish Bardic Poetry and Rhetorical Reality* (Cork: Cork University Press, 2007).

Michelle O Riordan, *The Gaelic Mind and the Collapse of the Gaelic World* (Cork: Cork University Press, 1990).

Seán Ó Tuama, *An Grá i bhFilíocht na nUaisle* (Baile Átha Cliath: An Clóchomhar Tta., 1988).

An Reifirméisean, an Concas Eilíseach, agus Deoraíocht thar Lear (1534–1611)

Mícheál Mac Craith & Geraldine Parsons

Faoi thús an tséú haois déag, bhí forlámhas praiticiúil choróin Shasana in Éirinn teoranta do réimse beag talún ar a dtugtaí an Pháil, limistéar a chuimsigh na ceithre chontae "dhílse," Baile Átha Cliath, an Mhí, Lú agus Cill Dara. Céad bliain ina dhiaidh sin, d'fhéadfaí a rá go raibh an tír ar fad faoi smacht na nGall, athrú suaithinseach a chuaigh i gcion ar chothabháil agus cumadóireacht an aosa léinn chomh maith leis an bpolaitíocht. Tharla an chéad chasadh mór sa scéal nuair a bhris Anraí VIII leis an Róimh sa bhliain 1534. Dhá bhliain ina dhiaidh sin d'fhógair an pharlaimint i mBaile Átha Cliath gurbh é an rí a bheadh i gceannas na heaglaise in Éirinn feasta. Sa bhliain 1541 chaith Anraí an teideal tiarna na hÉireann i leataobh agus gaireadh rí Éireann de. Ansin ghabh Anraí seift nua chuige féin chun na taoisigh Ghaelacha a cheansú, *géilleadh agus athbhronnadh.* Bhí siad le géilleadh dó, na seanteidil Ghaelacha a thabhairt uatha agus an teideal iarla a ghlacadh ón rí. Ina theannta sin bhí siad lena gcuid tailte a ghéilleadh don rí agus iad a fháil ar ais ón gcoróin. Mar chuid den socrú nua, bhí ar na taoisigh glacadh le ceannas an rí i gcúrsaí eaglasta. Dealraíonn sé gur cheap na taoisigh nach raibh le déanamh acu ach glacadh leis an réiteach nua seo idir shibhialta agus eaglasta, agus go leanfadh an seansaol ar aghaidh mar ba dhual.

Ghéill Maghnas Ó Domhnaill sa bhliain 1541 agus Conn Bacach Ó Néill sa bhliain 1542. Chuaigh Conn Bacach Ó Néill go Londain agus bronnadh an teideal iarla Thír Eoghain air. Ní léir go raibh aon drogall ar an aos léinn ach an oiread faoi na socruithe nua. Ní léir ach chomh beag gur thuig siad gur bhain an córas seo an bonn faoin bhfeidhm ba thábhachtaí a bhí ag an mbairdne, mar atá, dliste-anú a dhéanamh ar fhlaitheas cibé taoisigh a bhí i réim. Faoi choróin Shasana agus ní faoi na filí an dlisteanú sin a dhéanamh feasta. Níor tháinig ach aon dán amháin anuas chugainn ón tréimhse a cháineann cinneadh géillte na dtaoiseach. Luaitear Conn Ó Néill, Maghnas Ó Domhnaill agus Murchadh Ó Briain, céad Iarla Thuamhan, go sonrach ann ach díríonn an file a chuid feirge ar uaisle Éireann go léir agus dearbhaíonn gur díol náire iad. Údar spéise, áfach, gur dán anaithnid é seo agus go raibh leisce ar an bhfile a ainm a chur leis.

Cuireadh dlús leis an gconcas faoi réimeas Eilíse (1558–1603), agus de réir mar a bhíothas ag fáscadh ar an domhan Gaelach, thosaigh feasacht nua ag

CHAPTER FOUR

Reformation, Conquest, and Exile (1534–1611)

Mícheál Mac Craith & Geraldine Parsons

At the beginning of the sixteenth century, the effective control of the English crown in Ireland was confined to the Pale, comprising the four "loyal" counties of Dublin, Meath, Louth, and Kildare. By the end of the century English control extended to the whole country, a remarkable turnaround that had implications not only in the socio-political realm, but also on the learned Gaelic classes. The first significant change occurred when Henry VIII broke with Rome in 1534. Two years later the Dublin parliament declared Henry to be head of the church in Ireland. In 1541, Henry abandoned his title as Lord of Ireland, proclaiming himself King of Ireland instead. To further his policy of subduing the Gaelic princes, Henry introduced a new policy called "surrender and regrant." According to this scheme, the princes would surrender to his majesty, abandoning their Gaelic titles in return for English earldoms. Furthermore, they would surrender their lands to the king only to receive them back, but under the jurisdiction of the Crown henceforth. This new arrangement also entailed accepting the king's supremacy in ecclesiastical matters. It seems that the Gaelic aristocracy naively thought it was simply a matter of accepting the new settlement, both in its political and religious ramifications, and then continuing their old way of life as before.

Maghnas Ó Domhnaill surrendered in 1541 and Conn Bacach Ó Néill followed suit the following year, the latter going to London to receive the title of "Earl of Tyrone." Just like their patrons, the learned classes seemingly had few concerns about the new arrangements. Neither did they realize that "surrender and regrant" totally undermined one of the central functions of the bardic order, namely, legitimizing the sovereignty of the local dynast. Henceforth, the role of legitimization would fall under the remit of the English Crown, and not under that of the poets. Only one poem survives from this period that is critical of the princes' submission, "Fúbún fúibh, a shluagh Gaoidheal." While Maghnas Ó Domhnaill, Conn Ó Néill, and Murchadh Ó Briain (First Earl of Thomond) are specifically targeted, the unknown poet vents his anger on all the Irish nobles who surrendered, deeming their action disgraceful. It is significant, however, that this poem is anonymous, an indication that the poet was reluctant to declare his authorship.

The conquest gathered momentum during the reign of Elizabeth (1558–1603),

teacht chun cinn i measc na bhfilí. Cé nach ndeachaigh Tadhg Dall Ó hUiginn (1551–1591) i ngleic le hiarmhairtí an Reifirméisin ina chuid filíochta, thug a chuid cumadóireachta le fios go mba thrombhagairt ar an gcóras Gaelach é dlí Shasana a bheith ag leathnú ó chaisleán Bhaile Átha Cliath amach thar an oileán go léir. Ba den riachtanas cur i gcoinne na n-eachtrann, na n-allúrach, na ndanar, na nGall. Ní flaitheas áitiúil amháin a bhí le cosaint feasta ach flaitheas an oileáin ar fad (Dán 31).

Caithfimid dul lasmuigh de shainaicme na bhfilí gairmiúla, áfach, chun teacht ar na chéadtagairtí don choinbhliocht creidimh. Ceapadh Eoghan Ó Dubhthaigh ina phroibhinseal ar Phroinsiasaigh na hÉireann don tréimhse 1580–1583. Bhí cáil na seanmóireachta air agus bhí sé de nós aige achoimre fhileata a chur lena chuid seanmóintí. Níor tháinig ach dhá dhán leis anuas chugainn agus ní fios dúinn an raibh baint ar bith acu le seanmóir dá chuid. An rud is spéisiúla faoin dá dhán seo ná go mbreathnaíonn Ó Dubhthaigh ar an gcreideamh Caitliceach mar dhlúthchuid den fhéiniúlacht Éireannach (Dán 32). Chum sé dán fada ag cáineadh triúr easpag a d'athraigh chuig an gcreideamh státbhunaithe, rud a thugann le fios go raibh dul chun cinn áirithe á dhéanamh ag an eaglais Ghallda in Éirinn. Ach chomh maith leis sin léiríonn an dán seo gur maith a thuig an file go raibh impleachtaí polaitiúla agus cultúrtha ag baint le forleathnú na heaglaise Gallda agus gur thuig sé freisin go raibh an concas Eilíseach agus an Reifirméisean fite fuaite ina chéile. Agus ról ceannais aige sna Proinsiasaigh, b'fhéidir gurbh fhearr an tuiscint a bhí aige ar pholasaí an stáit ná go leor eile. Ina theannta sin b'fhéidir go raibh drogall ar na filí gairmiúla dada a rá faoi chúrsaí reiligiúin, nuair nach raibh fhios acu féin cén treo a ghabhfadh na taoisigh ba phátrúin dóibh.

Má fheicimid filí neamhghairmiúla ag teacht chun cinn ó aicme ná cléire taca an ama seo, feicimid filí neamhghairmiúla ag teacht chun cinn chomh maith céanna ón uasaicme. Na dánta deoraíochta a chum Uilliam Nuinseann nuair a bhí sé ag freastal ar Hart Hall in Oxford, cuireann siad béim ar oileán na hÉireann ina iomláine chomh maith leis an ómós áite logánta. Ina theannta sin breathnaíonn an file ar mhuintir na hÉireann idir shliocht an Normannach agus shliocht na nGael mar aonad, an dá phobal eitneacha aontaithe le chéile i ngeall ar an gcreideamh Caitliceach céanna, an cultúr Gaelach céanna agus cónaí orthu san oileán céanna (Dán 33). Is í an bhéim a chuireann Uilliam Nuinseann ar an gcreideamh Caitliceach mar nasc aontaithe is mó a dhealaíonn é ó Thadhg Dall Ó hUiginn.

Agus forlámhas na Sasanach ag leathnú ar fud na tíre, ní fhéadfaí cliarscoileanna a bhunú chun oiliúint a chur ar ábhair shagairt, faoi mar a d'éiligh Comhairle Thrionta. Ina theannta sin le scrios na mainistreach, ní raibh ar chumas

and as Dublin Castle tightened its grip on the Gaelic world, a new consciousness started coming to the fore among the poets. While Tadhg Dall Ó hUiginn (1551–1591) did not engage with the religious implications of the Reformation, his poetry indicates that he realized only too well that the extension of English jurisdiction throughout the land was a major threat to the integrity of the Gaelic world. The foreigner, the alien, the stranger, the *Gall* had to be opposed. It was no longer local sovereignty that had to be defended, but that of the whole island (Poem 31).

We have to go outside the ranks of professional poets, however, before we meet the first references to religious controversy. Eoghan Ó Dubhthaigh was elected provincial of the Irish Franciscans for the period 1580–1583. Renowned for his preaching abilities, he often concluded his sermons with a summary in verse. Only two of his poems survive and we cannot say if they were connected with his sermons. The most significant feature of these poems is that Ó Dubhthaigh considers the Catholic faith to be an essential component of Irish identity (Poem 32). One of them is a long composition rebuking three bishops who have converted to the established church, an indication that the Elizabethan religious settlement was making some inroads in Gaelic Ireland. Furthermore, the poet demonstrates his awareness of the political and cultural implications of the spread of the Reformed faith in Ireland as well as his conviction that the Elizabethan conquest and Reformation were inextricably linked. Given his leadership role in the Franciscans, it is possible that Ó Dubhthaigh had a better understanding of state policy than many others. Conversely, the professional poets' reluctance to engage with religious controversy may stem from the fact that they were unsure of the choices their princely patrons would make.

If we see amateur poets emerging from the ranks of the clergy at this time, we also see the emergence of amateur poets from the aristocracy. The poems of exile composed by Uilliam Nuinseann while a student at Hart Hall, Oxford in the early 1570s emphasize the island of Ireland in its totality as well as a local sense of place. Furthermore, the poet considers the inhabitants of Ireland as one, comprising those of Norman stock as well as those of Gaelic stock, their unity forged by the same Catholic faith, the same Gaelic culture, and by their residence in the same island (Poem 33). Nuinseann's emphasis on the Catholic faith as a bonding link is the principal feature that distinguishes his views from those of Tadhg Dall Ó hUiginn (Poems 14, 18, 31).

As English authority extended across the island, it proved impossible to establish seminaries for the training of Catholic clergy along the lines advocated by the Council of Trent. Moreover, the dissolution of the monasteries ensured that the orders were no longer in a position to prepare candidates for religious life

na n-ord rialta feasta daoine óga a réiteach don bheatha chrábhaidh (Dán 34). De réir mar a bhí an socrú Eilíseach á neadú sa Bhreatain, ní raibh fáilte feasta roimh Chaitlicigh sna hollscoileanna móra Cambridge agus Oxford. Thosaigh uaisle óga Gaelacha ag dul thar lear go dtí tíortha Caitliceacha na hEorpa chun oideachas a fháil. De réir a chéile ó dheireadh an tséú haois déag ar aghaidh bunaíodh líonra de choláistí Éireannacha ar fud na hEorpa, go háirithe i gcríocha na Hapsburgach agus sa Fhrainc. Ina theannta sin de réir mar a bhí an concas Eilíseach ag teann-adh ar na taoisigh abhus, bhí ag lagú ar a gcumas an phátrúnacht ba dhual a thabhairt don aos léinn.

Tharla cor suntasach sa scéal seo nuair a thosaigh baill den aos léinn ag dul le sagartóireacht thar lear, iad ag dul isteach sna Proinsiasaigh sa Spáinn: Flaithrí Ó Maoil Chonaire, Aodh Mac Aingil, Aodh Mac an Bhaird. Roimh dheireadh na bliana 1590 d'éirigh Flaithrí Ó Maoil Chonaire as a phost gairmiúil mar staraí oifigiúil ag muintir Chonchobhair agus chuaigh chun na Spáinne chun dul le sagartóireacht. Nuair a d'éirigh idir Flaithrí agus reachtaire Íosánach an choláiste Éireannaigh i Salamanca, d'fhág Flaithrí an coláiste agus chuaigh isteach sna Proinsiasaigh. Sa bhliain 1606 ceapadh ina phroibhinseal ar Phroinsiasaigh na hÉireann é ag caibidil ghinearálta an oird in Toledo. Ceann de na chéad rudaí a rinne sé i mbun an chúraim nua dó ná cead a fháil ó rí na Spáinne coláiste a bhunú i Lováin san Ísiltír Spáinneach (an Bheilg inniu) chun Proinsiasaigh óga na hÉireann a oiliúint. Bhí an file Giolla Brighde Ó hEódhasa ar an gcéad bhuíon nóibhíseach a chuaigh isteach san ord i Lováin ar an Samhain 1, 1607. Duine eile acu ab ea Antaine Ó hIceadha, ball de theaghlach léannta leighis a d'fheidhmigh ina lianna do Bhrianaigh Thuamhan. Bhí an eaglais ag soláthar na pátrúnachta nach raibh ar chumas na dtaoiseach ní ba mhó. Níorbh fhada go raibh mais chrit-iciúil scoláirí sa chomhluadar i Lováin a chuir ar chumas an choláiste tionchar mór a imirt ar léann na Gaeilge agus ar chúram tréadach na heaglaise sa chéad leath den seachtú haois déag idir naomhsheanchas, stair agus fhoilsiú leabhar creidimh i nGaeilge.

D'fhoilsigh Giolla Brighde Ó hEódhasa teagasc críostaí in Antuairp sa bhliain 1611, an chéad leabhar Caitliceach a foilsíodh riamh sa Ghaeilge. Cé go bhfuil leibhéal na teanga i gcorp an tsaothair dírithe ar an tsimplíocht agus ar an tsoiléireacht, is saothar sofaisticiúil amach is amach é an dán tionscnaimh don léitheoir, dán ina mbaineann an file leas as acmhainní iomlána na bairdne agus mana cáiliúil an Renaissance *ad fontes* chun sluaghairmeacha cumhachtacha na leasaitheoirí a bhréagnú, *sola fide, sola scriptura, sola gratia* (Dán 35). Má chuir Giolla Brighde, nó Bonabhentura mar a tugadh air sa bheatha chrábhaidh, a bhuanna liteartha ar fáil don eaglais feasta, ní hionann sin is a rá gur éirigh sé as

and priesthood (Poem 34). As the Elizabethan settlement took hold in England, the great universities of Cambridge and Oxford were no longer hospitable places for Catholics. More and more Gaelic noble youths started going to the Catholic universities of Europe in search of education. From the end of the sixteenth century onwards, a network of Irish colleges was established throughout Europe, particularly in Hapsburg territories, Rome, and France. Meanwhile in Ireland, as Dublin Castle increased its pressure on the Gaelic princes, their ability to provide patronage for the learned élite began to wane.

A significant development occurred when members of the learned classes started studying for the priesthood overseas. The names of Flaithrí Ó Maoil Chonaire, Aodh Mac Aingil, and Aodh Mac an Bhaird are the first to spring to mind. Before the end of 1590 Ó Maoil Chonaire withdrew from his position as official historian to the O'Connors of Connacht and went to Spain to study for the priesthood. When he became embroiled in a dispute with the Jesuit rector of the Irish college in Salamanca, Ó Maoil Chonaire left the college and joined the Franciscans. Appointed provincial of the Irish Franciscans at the general chapter of the order in Toledo in 1606, one of his first achievements in his new role was to successfully petition Philip III of Spain for the establishment of an Irish college in the Spanish Netherlands for the training of Irish Franciscans. Among the first batch of novices to enter the new establishment in Leuven/Louvain (modern-day Belgium) on November 1, 1607 was the professional poet Giolla Brighde Ó hEódhasa. Another novice was Antaine Ó hIceadha, member of a hereditary medical family that served as doctors to the O'Briens of Thomond. The Catholic church and the Franciscans in particular were now beginning to supply the patronage that was beyond the capacity of the princes at home. Before long, the community in Leuven/Louvain contained a critical mass of competent scholars who were to make a major contribution both to Irish learning and the pastoral role of the Irish church in the first half of the seventeenth century—especially in the realms of hagiography, history, and the provision of religious material in Irish.

Giolla Brighde Ó hEódhasa published a Catholic catechism in Antwerp in 1611, the first ever Catholic book to be published in Irish. Though the body of the work is composed in simple clear language as befits a catechism, Ó hEódhasa's dedicatory poem to the reader is a highly sophisticated work of art. In this composition, the poet exploits all the resources of his profession in conjunction with the Renaissance clarion call *ad fontes* to combat the reformers' most powerful slogans: *sola fide, sola scriptura, sola gratia* (Poem 35). If Giolla Brighde, or Bonabhentura to give him his religious name, was now putting his linguistic training at the service of the church, in no way did he completely abandon his poetic craft. Two poems

an bhfilíocht ar fad arae tá cúpla dán leis ar marthain a léiríonn go raibh sé cleach-
taithe go maith ar choincheap an chairdis Phlatónaigh Chríostaí a bhláthaigh as
an nua le linn an Renaissance (Dán 36).

Nuair a d'imigh na taoisigh Ultacha chun na hEorpa i bhfómhar na bli-
ana 1607 chuaigh an file mór le rá Eoghan Ruadh Mac an Bhaird, ina dteannta.
Má b'fheidhmeannach tábhachtach é i measc lucht coimhdeachta Iarla Thír
Chonaill, dealraíonn sé go raibh cion ar leith aige ar Nuala, deirfiúr an Iarla. Is
dise a chum sé an caoineadh maorga, "A bhean fuair faill ar an bhfeart" agus í ag
caoineadh os cionn uaigheanna a gaolta i San Pietro in Montorio sa Róimh (Dán
37). Dealraíonn sé gur éirigh le hEoghan Ruadh an phátrúnacht ba dhual dó sa
bhaile a fháil i bhFlóndras, go háirithe tar éis do Nuala Ní Dhomhnaill cead a fháil
ó rí na Spáinne filleadh ar an Ísiltír Spáinneach (an Bheilg inniu) sa bhliain 1610.
Díol spéise gur tiomsaíodh trí dhíolaim thábhachtacha filíochta sa réigiún seo sa
chéad trian den seachtú haois déag. Idir na Proinsiasaigh i Lováin agus reisimint
Thír Eoghain a raibh a ceann ceathrúin bunaithe sa Bhruiséil, bhí pobal Gaelach
ar fáil a raibh meas acu ar an tsaíocht dhúchais agus acmhainní áirithe acu leis
an aos léinn a chothú.

Más mar "dháil chabhrach" a bhreathnaigh Eoghan Ruadh Mac an Bhaird
ar imeacht na dtaoiseach Ultach i dtús báire, "longbhriseadh" a thug sé air lais-
tigh de bhliain. Na filí ba ghéarchúisí a d'fhan in Éirinn, áfach, thuig siad ón tús
chomh tubaisteach a bhí an scéal. Baineann siad leas as meafar nua, deoraíocht
chlann Iosrael san fhásach, chun cur síos ar thurnamh na nGael. Trí dheonú Dé
chuir Maois deireadh le tréimhse bhraighdeanais an phobail tofa. Tá athMhaois
de dhíth ar na Gaeil ach is ón iasacht agus ní sa bhaile a thiocfar air (Dán 38). Idir
an dá linn is cuma nó deoraithe ina dtír féin iad na Gaeil, iad díshealbhaithe de
barr Phlandáil Uladh (Dánta 38 agus 39).

Má chuir forleathnú an choncais brú docheansaithe ar chóras na bhfilí
mar fhoras corparáideach, ní féidir a shéanadh ach gur thug na ceardaithe ab
fhearr aghaidh ar na hathruithe soch-pholaitíochta a bhí ag tarlú ina measc go
healaíonta, nuálach, cruthaitheach. D'ainneoin na tubaiste a bhí ag bagairt orthu,
áfach, d'éirigh le roinnt cleachtóirí idir fhilí gairmiúla agus fhilí amaitéaracha
comaoin nár bheag a chur ar litríocht na fóillíochta le haistí cliste deisbhéalacha
faoi chúrsaí grá, dánta a thabhódh aitheantas i gcomhluadar uasaicmeach ar
bith san Eoraip ag an am. Blaiseadh beag den dea-chaint abartha is ea an dá
dhán dheireanacha a thugtar anseo, eiseamláirí paiteanta den "sweete witt and
good invencon" a tharraing aird Spenser (Dánta 40 agus 41). Díol suntais gur
dánta Albanacha iad araon, sampla cruthanta den chultúr coiteann a roinn Gaeil
Éireann agus Gaeil Alban i bpáirt le chéile sa luathré mhoch/Nua-Aois Mhoch.

dating from his time on the continent show his familiarity with the concept of Platonic Christian friendship, an idea that gained much traction during the Renaissance (Poem 36).

When the Ulster princes departed Ireland for the continent in September 1607, one of their company was the accomplished poet Eoghan Ruadh Mac an Bhaird. Though an important functionary in the retinue of the Earl of Tyrconnell, he seems to have been particularly close to the Earl's sister, Nuala Ní Dhomhnaill. It was for Nuala that he composed the elegant and moving lament, "O woman who hast found the tomb unguarded," as he depicts her weeping over the graves of her dead relations in the church of San Pietro in Montorio in Rome (Poem 37). It seems that Eoghan Ruadh obtained the type of patronage in Flanders that he was accustomed to at home, especially after Nuala was given permission by the Spanish monarch to return to the Spanish Netherlands in 1610. It is significant that three major anthologies of Gaelic poetry were compiled in this region in the first third of the seventeenth century. Between the Franciscans in Leuven/ Louvain and the soldiers of the Tyrone regiment whose headquarters were based near Brussels, there was an Irish community with an appreciation of poetry and the resources to supply patronage.

If Eoghan Ruadh Mac an Bhaird initially considered the Irish princes' voyage to Europe as a "prospect of help," within twelve months he despondently termed it a "shipwreck." Among the poets who remained at home, the most discerning were equally dejected. A new metaphor was introduced into the poetic rhetoric to describe the Irish woes: the exile of the children of Israel in the desert. If Israel's exile was providentially brought to an end through the leadership of Moses, Ireland urgently needed a new Moses, to be sought overseas rather than at home (Poem 38). In the meantime, the Irish at home were exiles in their own land, dispossessed after the Ulster Plantation in 1609 (Poems 38 and 39).

If the expansion of conquest placed the poets under intolerable strain as a corporate body, it must be conceded that the most accomplished practitioners engaged with the enforced socio-political changes in a creative, innovative, and artistic manner. Despite the impending crisis, however, some poets managed to make a substantive contribution to recreational literature with clever, witty, and inventive love poems, works that would have been warmly received in any courtly European setting. The final two poems in this section give a flavor of this "sweete witt and good invencon," to quote Spenser (Poems 40 and 41). It is significant that both poems are Scottish compositions, a telling reminder of the common culture that Gaelic Ireland and Gaelic Scotland shared in the early modern period. It is to Scotland as well that we look for our sole representative of female poets. This is

Is as Albain freisin don aon fhile amháin baineann ón tréimhse atá á plé againn. B'fhéidir nach údar iontais é seo. Tá lua ar Aithbhreac inghean Coirceadail (fl. c. 1470) agus ar Iseabal Ní Mhic Ceiléin (fl. c. 1500) i bhfad sula gcloisimid faoina macasamhail in Éirinn arb í Caitlín Dubh (fl. 1624–9) an duine is túisce díobh de réir gach tuairisce. Is nós le roinnt léirmheastóirí dánta ó luathré mhoch na hAlban a leagan ar mhná más amhráin ghrá nó caointe ar leannáin mharbha iad. Maidir le Mòr Chaimbeul, áfach (Dán 41) tacaíonn fianaise na staire le húdaracht an tsaothair a leagtar uirthi.

31. "Nós na mban bhíos fa gheasaibh" (1567), Tadhg Dall Ó hUiginn, meadaracht: deibhí

Bhí sé de dhualgas ar an bhfile comhairle a chur ar a phátrún agus is minic a bhaineadh sé leas as apalóga nó scéalta eiseamláireacha ina gcuid filíochta chun an beart seo a chur i gcrích. Baineann an scéal faoi iníon Iopragáid a insítear thíos le Taistil Sir John Mandeville a scríobhadh i bhFraincis c.1357. Bhí an téacs seo ar cheann de na saothair thaistil ba mhó éileamh sa Mhéanaois. Aistríodh do go leor teangacha é, an Ghaeilge san áireamh sa bhliain 1475. Labhraíonn an file go neamhbhalbh ar bhealach nach dual agus feidhm an scéil á beachtú aige. Éire an bhean atá i ngéibheann, seasann an dragan do na heachtrannaigh, agus is é Conn Ó Domhnaill, an té a bhfuil an dán dírithe air, an gaiscíoch a bhfuil sé i ndán dó Éire a fhuascailt. Cuirtear béim bhreise ar thoise náisiúnta na hapalóige i ranna deiridh an dáin, nuair a impíonn Tadhg Dall ar Chonn Ó Domhnaill gan bheith taobh le críocha Dhún na nGall amháin ach díriú ar ardríogacht Teamhrach. D'ainneoin a uaillmhianta, áfach, níor éirigh le Conn céim ní b'airde ná Tánaiste a bhaint amach. 56 rann atá sa dán ar fad, agus tá fail ar an apalóg ó ran 18 go ran 41.

18. Nós na mban bhíos fa gheasaibh,
Biaidh Éire an fhóid bhailbheasaigh—
Clár móireithreach na sriobh seang—
Ag fíor fhóireithneach Éireann.

19. Fada roimpe ó do bhí bean
Mar tá an chríochsa Mhac Míleadh,
San tseanAfraig gainmhigh gil
Tealachbhuig aibhnigh éignigh.

perhaps no surprise: in the figures of Aithbhreac inghean Coirceadail (fl. c. 1470) and Iseabal Ní Mhic Cailéin (fl. c. 1500), we find Scottish women pre-empting their Irish counterparts, the earliest of whom is agreed to be Caitlín Dubh (fl. 1624–1629). There has long been a tendency to accept female authorship of poems from Early Modern Scotland on the basis of their content, most often love songs or laments for dead lovers. The historical record, however, convincingly endorses the case made for Mòr Chaimbeul's authorship (Poem 41).

31. "As with women under enchantments" (1567), TADHG DALL Ó HUIGINN, meter: *deibhí*

Apologues or exemplary tales were frequently used by the poets in their official compositions as they fulfilled their role as counselor to their patron. This example comes from a longer poem by Tadbh Dall Ó hUiginn, "Tógaibh eadrad is Éire"/"Raise the Veil from Ireland." The story of Hippocrates' daughter, narrated below, derives from the *Travels of Sir John Mandeville*, written in French c. 1357. Destined to become the most popular travel narrative of the Middle Ages, it was translated into many languages, including Irish in 1475. The application of the apologue is unusually explicit. Ireland is the lady in bondage, the dragon represents the foreigners, and Conn Ó Domhnaill, the poem's addressee, is the one destined to free Ireland. The national dimension of Ó hUiginn's incitement is further stressed in the closing verses where Ó Domhnaill is implored not to settle for his local territory of Donegal but to aim for the high-kingship of Tara. Despite his desire to become Ó Domhnaill, however, Conn never succeeded in achieving his ambition and had to settle for the role of *Tánaiste* (heir-apparent). The poem consists of 56 stanzas altogether; the apologue is narrated and explicated in stanzas 18–41, given here.

18. As with women under enchantments,
Ireland, land of rippling waterfalls,
Plain of great fins, of shallow streams,
Will be the possession of him who rescues her.

19. Long ere her time there was a woman
Even as this country of the Sons of Míl,
In ancient Africa, sandy, bright,
Of fertile hills, many-rivered, salmonful.

20. Do-rinne an céidfhear ro char
Baincheann na n-oiléan n-iongnadh
Don óigh bharrlagúir bhosghloin
Bhandragúin mhóir mhíochosmhoil.

21. Inghean Iopragáid mheic Núil
Do chaith tréimhse i ndeilbh dhragúin,
'Sa lán d'ilgheasaibh re a hucht
Budh dál imreasain d'fhurtacht.

22. Do-beirthí, gi bé hadhbhar,
Ar tí a horchra dh'athadhnadh,
Lá gach bliadhna buaidh ndealbha
Dá gruaidh niamhdha naoidheanda.

23. Mac ceannaighe a crích fhuinidh
Téid feacht n-aon dá hionnsoighidh,
Dá bhfuair 'na hinghin umhail
An sduaigh mbinnghil mbanamhail.

24. Tug toil a mheanman don mhnaoi,
Guidhis an bhféata bhfoltnaoi
Mar bhainchéile dá ghnúis ghloin,
Géar chúis aithmhéile a hiarroidh.

25. Do ráidh ríoghan an ruisg cuirr:
"Do bheinn agad dá bhféaduinn,
A óigleanaibh shídh shochruidh
Dhóidleabhair mhín mhalachdhuibh."

26. "Do dheóin nó ar éigin agam
Biaidh tú," ar an t-óg abhradonn,
"Do-chuaidh mé óm fhéagain d'fhior,
Ní féadair é," ar an inghean.

27. "Bím," ar sí, gach uair eile
I ndeilbh dhragúin teintidhe,
Mo ghnúis bhláth dhonnmhálla dhil
Gur fáth urghránna dh'fhaicsin."

4. REFORMATION, CONQUEST, AND EXILE

20. The man of yore who loved
The princess of the wondrous isles
Changed the white-handed maiden of the soft, shining hair
Into a great, forbidding she-dragon.

21. The daughter of Hippocrates, son of Núl,
Spent a while in dragon's shape,
Under many and manifold enchantments,
From which it had been difficult to rescue her.

22. Be the reason what it may,
For one day in each year,
In order to rekindle her sorrow,
The gift of beauty was granted to her sparkling, youthful countenance.

23. A merchant's son from the land of the west
Went to her once upon a time,
And found the bright, sweetly-speaking, womanly beauty
In her modest maiden's form.

24. He set the desire of his heart upon the woman,
And prayed that the lovely, shining-haired one
Might be a mate for his own bright figure,
Though to seek her was a cause for remorse.

25. The bright-eyed queen replied,
"I would be thine were it possible,
Thou wondrous, comely youth,
Long-handed, gentle, dark-browed."

26. "By consent or force thou shalt be mine,"
Said the brown-lashed youth.
"I have forsaken the glances of man,
It cannot be," returned the maiden.

27. "At all other times
I am in the shape of a fiery dragon,
So that my face (though now) smooth, modestly blushing, beloved,
Is horrifying to behold."

28. "An bhfuil cabhair dhuit i ndán,
Ó so amach?" ar an macámh,
"A ghnúis naoidhe go ngruaidhe ghlan,
Gá huair shaoile do shaoradh?"

29. "Atá ridire i ndán dúin,
Do thecht is mé i ndeilbh dhragúin,
Le póig dá saorfaidhir sinn,
Do laochraidhibh Fhóid Fhéilim.

30. "Budh fhear dhamhsa an t-óg iochtmhar,
Dó atá i ndán go ndingiontar
Rí ar na hoiléanuibh don fhior,
Ní is doidhéanuimh do dhéiniomh."

31. "Do bhí a tabhairt dhúinn i ndán,
d'Éirinn mise," ar an macámh,
"An phóg mhúchfas do mheanma,
A chúlchas óg oireaghdha."

32. "Cionnus do bheith i ndán duit,"
Do ráidh an inghean ordhruic,
"An ní adeire, a chnú chridhe,
'Sgan tú reimhe id ridire?"

33. Mac an cheannaighe ód-chluin sin
Gabhthar leis grádha gaisgidh;
Téid don bharrúrthais deirg dhuinn
Re ceird n-andúthchais d'fhoghluim.

34. Re béal maidne arís reimhe,
Táinig d'fhios na hingheine;
Fáth iongantais mar fhuair sin,
An sduaigh bhfionnfholttais bhfaoilidh.

35. Fríoth leis ar maidin mochthráith
A gnúis mhíolla mhalachbhláith,
'Sa ciabh lagúr thairseach thiogh,
'Na dragún taidhbhseach theiniodh.

28. "Is help in store for thee
In days to come?" said the youth,
"Thou bright form, with clear countenance,
When dost thou expect thy deliverance?"

29. "It is destined for me that a knight
From the warriors of Féilim's Land shall come
When I am in dragon's shape,
With a kiss whereby I shall be delivered.

30. "The compassionate warrior shall be a husband to me,
It is destined for him that he shall be made
King over the islands,
A thing difficult to accomplish."

31. "It is destined for me,"
Said the youth, "I am from Ireland,
To bestow the kiss which shall quench thy rage,
Thou curly-haired maiden, so young and noble."

32. "How could the thing thou sayest
Be destined for thee, my heart's fruit,"
Said the stately maiden,
"Since thou hast never been a knight?"

33. On hearing that, the merchant's son
Took orders of chivalry;
He departed from the rosy maiden of the soft, shining hair
To learn a strange calling.

34. At the break of day
He came again to visit the maiden;
Astonishing was the state in which he found
The gracious beauty of the fair, soft tresses.

35. He found in the early morn
The graceful figure with smooth brows,
And the smooth, silky, heavy, luxuriant tresses,
Transformed into an awesome, fiery dragon.

36. Gluaisis roimhe i raon madhma
Ód-chí an n-oilphéisd n-allmhardha,
A bhás don turussa ar dtocht,
Cás nárbh urusa d'fhurtacht.

37. Téid tar ais dá iomdhaidh féin
Inghean Iopragáid ainnséin;
'Sdo bhí an inghean bhonnbhán bhinn
Lomnán d'imneadh 'na hinntinn.

38. Tug móid ón lósoin i le
Nách éiréochadh d'fhior eile,
Go dtí an tairngeartaidh dar dhán
Sí as a hairmeartaibh d'iompádh.

39. Atá fós—fada an fulang—
A rosg uaine abhramhall,
A taobh geal, a gruaidh chorcra,
Nách fúair fear a furtochta.

40. Éire an bheansoin, a bharr slim,
Tusa an fear fhóirfeas Éirinn:
Slóigh goimheamhla dhanar ndúr
Aghadh dhoidhealbha an dragún.

41. Druid 'na coinne, a chiabh lúbtha,
Ná fill ón ndeilbh dhragúnta
Atá ar Bhóínn bhréagshrothaigh bhinn,
Fóir a héagrothaibh Éirinn.

Foinse: Eleanor Knott, "Tógaibh eadrad is Éire," in *The Bardic Poems of Tadhg Dall Ó hUiginn*, iml. 1 (London: Irish Texts Society, 1922), 18–41, 3–7.

36. On beholding the terrifying monster
He fled in panic;
That expedition ended in his death;
A case not easy to succor.

37. The daughter of Hippocrates
Then returned to her chamber,
And the heart of the white-footed, sweet-voiced maiden
Was full of sorrow.

38. She vowed from that day on
She would arise for no man,
Until the coming of the prophesied one
Who was destined to release her from her bonds.

39. And even yet—long is the suffering—
Her gray modest-lashed eye,
Her pleasing form, her rosy countenance
Await her deliverer.

40. Ireland is that woman, O silky of hair,
Thou art the man who shall deliver Ireland;
And the hideous visage of the dragon
Is the tormenting host of ruthless foreigners.

41. Draw near to her, thou curly-headed one,
Do not shrink from the dragon-like aspect
Which clothes the sweet, beguiling streams of the Boyne;
Deliver Ireland from her disfigurement.

Translation: Eleanor Knott, "Raise the Veil from Ireland," in *The Bardic Poems of Tadhg Dall Ó hUiginn*, vol. 2 (London: Irish Texts Society, 1926), 1–6.

32. "A Bhanbha, is truagh do chor!" (c. 1580),
EOGHAN Ó DUBHTHAIGH, 7 rann, meadaracht:
ógl_áchas canúna ar rannaíocht mhór

Bhí clú na seanmóireachta agus na filíochta araon ar Eoghan Ó Dubhthaigh, a ceapadh ina phroibhinseal ar Phroinsiasaigh na hÉireann don tréimhse 1580–1583. Níor tháinig ach dhá dhán leis anuas chugainn, áfach. Sa dán seo a leanas impíonn sé ar a lucht éisteachta seasamh go daingean in aghaidh an Reifirméisin atá á chur i bhfeidhm le forneart Gall. Toisc go dtuigeann sé go rímhaith nach bhfuil ar chumas an phobail dul i ngleic leis na mórcheisteanna diagachta a mhúscail an Reifirméisean, léiríonn sé an choinbhleacht go simplí soiléir mar chomhrac idir Pádraig Naofa ar lámh amháin agus Luitéar agus Cailbhín ar an lámh eile. Don Dubhthach ba mhar a chéile iad concas, galldú agus athrú creidimh, iad araon coimhthíoch agus andúchasach. Is de dhlúth agus d'inneach shainiúlacht na hÉireann, áfach, an dlúthnasc idir an creideamh Caitliceach agus saíocht na Gaeilge.

1. A Bhanbha, is truagh do chor!
Is iomdha, anocht, ar do thí,
Chum do chnámh do chreinn go léir;
A aoinMhic Dé, ainic í.

2. Ag siúd sluagh Saxan ad dháil,
A Iaith Fáil, chosnas an chóir;
Is fir Alban, do chin uait,
Thorut fa gcuairt—is tuar bróin.

3. Narab tusa Saxa óg,
A Bhanbha mhór, is fearr ainm!
Oirdheirc thú san gcruinne, a ghráidh;
Mosgail, trá, ná caill do ghairm.

4. Is faide nó an chóir do choduil tú
—Íseal, fá ghlúin, pobal Dé—
A Mháthair oirdheirc na ríogh,
Ná léig síos do chlú red ré.

5. Ná bíodh ré sluagh deamhan slim;
Olc a gcinn chum catha do chlódh;
Caiptín Lúitér is beag neart
'S caiptín Cailbhín nach ceart glór.

32. "Oh Ireland, pitiful is your state!" (c. 1580), EOGHAN Ó DUBHTHAIGH, 7 verses, meter: ógl*áchas ar rannaíocht mhór* (dialectic)

Eoghan Ó Dubhthaigh, provincial of the Irish Franciscan province from 1580–1583, was renowned both as a preacher and a poet. Only two of his poems have survived, however. The following piece implores Ireland to stand firm against the religious Reformation that is being imposed by English military might. Conscious of the inability of his unlettered audience to engage in the theological disputes at the core of the Reformation, Ó Dubhthaigh describes the conflict in simple terms as one between Saint Patrick on one hand and Luther and Calvin on the other. For Ó Dubhthaigh, conquest, anglicization, and Reformation went hand in hand, each alien and intrusive. Conversely, Catholicism and Gaelic culture were essential components of Irish identity.

1. Oh Ireland, pitiful is your state!
Many tonight are in pursuit of you
To gnaw all your bones;
Protect her, only Son of God.

2. Saxon hosts are now assembling against you,
Oh land of Fáil, who defends right.
And the men of Scotland, who are descended from you,
Are surrounding you, a portent of sorrow.

3. Do not become a little England,
Oh great Ireland, of wondrous name!
You are illustrious throughout the world, my love;
Awaken now, do not lose your vocation.

4. You have slept longer than is right,
—Low, on bended knee, God's people—
Oh wondrous mother of kings,
Do not let down your fame as long you live.

5. Let not the devilish cunning hosts be victorious;
Their leaders are not fit to triumph in battle:
Captain Luther of little strength
And Captain Calvin whose voice is not just.

6. Pádruig do ghénerál féin;
Is líor é dhá chur i ndíoth;
Cros Chríosd do bhur gcosnamh i n-am;
Biaidh neart céad 's gach duine dhíobh.

7. Do thairngir Colom ar mbrón
'S an fiabhrais mór ort do bhí
'S go mbiaidh iar sion suas do cheall;
Tóg do cheann is léig do sgíth.

Foinse: Cuthbert Mhág Craith, "Truagh, a Bhanbha do chor!" *Dán na mBráthar Mionúr*, iml. 1 (Baile
Átha Cliath: Institiúid Ard-Léinn Bhaile Átha Cliath, 1967), 151–53.

33. "Fada i n-éagmais Inse Fáil" (1571), UILLIAM NUINSEANN, 9 rann, meadaracht: deibhí

Ball d'uasaicme na Sean-Ghall ab ea Uilliam Nuinseann (1550–1625), mac le Barún
Dhealbhna. Dealraíonn sé gur chum sé an dán seo fad a bhí sé ag staidéar in Hart
Hall, Oxford, c. 1571. File cruthanta a bhí ann sa dá theanga, Gaeilge agus Béarla, cé
nár tháinig na soinéid Bhéarla anuas chugainn. Díol suntais go dtugann traidisiún
na lámhscríbhinní aitheantas d'fhilí nárbh fhilí gairmiúla iad ó dheireadh an tséú
haois déag ar aghaidh, baill den chléir agus den uasaicme. Is fiú a mheabhrú go
léiríonn an dán seo gean d'oileán iomlán na hÉireann chomh maith le Dealbhna,
ceantar dúchais an fhile. De bhreis ar áilleacht na tíre, aibhsíonn an file an creid-
eamh Caitliceach agus saíocht na Gaeilge mar shaintréithe na hÉireann, saintréithe
a roinneann Gaeil agus Sean-Ghaill i bpáirt le chéile. Más fíor gurb í an deoraíocht
cliabhán na náisiúntachta, soláthraíonn an dán seo fianaise ghlé ar fheasacht nua
faoin tírghrá a bheith ag teacht chun cinn i ndomhan na Gaeilge taca an ama seo.

1. Fada i n-éagmais Inse Fáil
I Saxaibh (dia do dhiombáidh):
Sia an bhliadhain ó Bhanbha a-bhus
('S labhra dhiamhuir ar ndúthchus).

2. Uile m'ansa d'fhéin Dealbhna,
Dom ghaol, dom aos oileamhna,
Damhna ceangail mo chroidhe
D'eangaibh Banbha braonaighe.

6. Patrick your own general;
He is sufficient to put him (Calvin?) to nought;
The cross of Christ your timely protection;
Each one of you will have the strength of a thousand.

7. Colm Cille prophesized our grief
And the great fever that befell you;
And that your church will triumph afterwards;
Lift up your head and take your rest.

Translation: Mícheál Mac Craith.

33. "Away from Inis Fáil" (1571),
UILLIAM NUINSEANN, 9 verses, meter: *deibhí*

Uilliam Nuinseann/William Nugent (1550–1625) was a member of the Old English/
Anglo-Norman aristocracy and son of Baron Delvin. It seems that he composed
this poem while studying in Hart Hall, Oxford in 1571. Though a noted poet in
both Irish and English, none of his English sonnets survive. A remarkable feature
of the Irish manuscript tradition from the late sixteenth century onwards is the
inclusion of non-professional poets, such as gentlemen and priests. It is significant
that Nugent's poem expresses affection not just for the local territory of Delvin in
Westmeath, but for the whole island of Ireland. Over and above the island's beauty
and fertility, the poet underlines the Catholic faith and Gaelic culture as essential
elements of Ireland's identity, an identity that is shared by both ethnic traditions,
Gaelic and Old English, alike. If exile is the cradle of nationality, Nugent's poem
of exile testifies to the emergence of a new awareness of patriotism in the Gaelic
world at this time.

1. In England, away from Inis Fáil,
Time passes slowly (sufficient reason for sorrow).
Here, far from Banbha, the year is longer
(My heritage is mystic speech).

2. All my love for the men of Delvin,
For my kindred, and those who reared me
Is what binds my heart
To the fields of dewy Banbha.

3. Mo-chean tír na gcúan gcubhrach,
Fódla chrannard chorrubhlach;
Binne ós gach cúil a ceól;
Gile a húir a's haieór.

4. Glan a locha 's a linnte;
Aoibhinn álainn firminnte
A's tarbhach toir gach dhoire
Do mhoigh arbhach Iúghaine.

5. Garg a laoich i ló fheadhma;
Álainn a mná míndealbha;
Lúath a coin, crom a stéada;
Trom le cnoibh a claoinghéaga.

6. Atáid fos adhbhair oile
Fá-deara dhamh mh'ionmhuine;
Oirdheirc a gcoireabh 'na (?) cheann
Do thoirbheirt oirear Éireann.

7. A haifrinn, a huird chrábhaidh,
A haos ciúil (mo chompánuigh),
Filidh cláir Ghall is Ghaoidheal,
Ann is cáir do chommaoidheamh.

8. M'aittreabh sunn is fuar fallsa;
Goimheach gaoth na bhfearannsa;
Searc m'anama don chloinn chroidhe,
Do Bhanbha Choinn cathaighe.

9. Gibe uaibh do bheath a-bhus,
Dá roiche a-rís dá dúthchus,
Fearr ós cách do-chím a chor:
Go bráth ó thír ní thiogfadh!

Foinse: Gerard Murphy, "'Fada in-éagmais Inse Fáil,' Poems of Exile by Uilliam Nuinseann," *Éigse* 6 (1948): 13–15.

3. Hail to the land of foamy bays,
Fódla of the high trees and round apples.
Her music is sweeter than that of any land,
And her soil and air are brighter.

4. Her lakes and pools are clear.
Pleasant and delightful is the sky,
And fruitful the trees of every grove,
In Úghaine's corn-rich plain.

5. Fierce are her warriors in the day of need;
Lovely her women with their gentle visage;
Her hounds are swift, her steeds bent low;
Her bowed branches are heavy with nuts.

6. There are other reasons too
Which cause me to love her:
What I shall add of the excellence of Ireland's territories
Is a worthy claim to fame.

7. Her masses, her religious orders,
Her musicians who were my companions,
And the poets of that land where Goill and Gaoidhil dwell:
All should be included in our enumeration.

8. My dwelling here is cold and false;
Bitter is the wind of these regions.
My soul's love goes to the dear race
Who live in Conn the Battler's Banbha.

9. If any one of you who happens to be here
Again reaches his home,
To me his lot seems happier than that of all:
Never would he leave his land!

Translation: Gerard Murphy, "Poems of Exile by Uilliam Nuinseann," *Éigse* 6 (1948): 13–15.

34. "Uaigneach a-taoi, a theagh na mbráthar" (c. 1600), LOCHLAINN Ó DÁLAIGH, 21 rann, meadaracht: séadna mór

Tháinig mainistir na bProinsiasach i Muilte Farannáin slán ó ghéarleanúint na nEilíseach, a bhuí le coimirce mhuintir Nuinseann, Barúin Dhealbhna. Thit an lug ar an lag ar na bráithre, áfach, nuair a rinne Sir Francis Shane ionradh ar an mainistir ar an gcéad lá de Dheireadh Fómhair 1600 ghabh roinnt de na Proinsiasaigh agus dhóigh na foirgintí go talamh. Shíolraigh Shane ó bhrainse Galldaithe de mhuintir Uí Fhearghail agus bhí sé dílis don bhanríon agus don chreideamh leasaithe araon. Bhí an dearg-ghráin aige ar na Nuinseannaigh agus bhí sé ní ba naimhdí fós do na bráithre bochta, gan de mheas aige ar an mainistir ach "naíolann an uile mhioscaise" agus "nead scairpeanna." Sa dán a chum sé go luath tar éis an loiscthe, labhraíonn Lochlainn Ó Dálaigh leis na fothracha gan an loisceoir ná an coimirceoir a lua as a n-ainm. Is fearr leis an bhfile díriú ar an dochar a rinne ainghníomh Shane do chreatlach reiligiúnda agus sóisialta an cheantair mórthimpeall. Díol spéise go dtugann sé baintreach ar an mainistir, téarma allabhrach bíobalta a mhúsclaíonn macallaí ó *Leabhar na nOlagón* agus *Leabhar Íseáia*. Dá dhiúltaí féin mar smaoineamh é, áfach, níl sé gan dóchas an athaoibhnis agus an athshlánaithe.

1. Uaigneach a-taoi, a theagh na mbráthar;
Beag dod bhuidhnibh tairisi
Do-chí tusa i ndáil do dhorchla;
Ní náir orchra ar th'airi-si.

2. Do díbreadh uaid—uch, mo thruaighe!—
Do theaghlach nocht bráithreamhail;
Do-chím sibh gan fhear dot ionnramh,
A threabh bhionnghlan bhláithshleamhain.

3. Ionmhoin drong do díbreadh asad,
A eaglas bhláith bhúidhiodhan,
Buidhean tromdha chothrom chiallda
Modhchlann diadha an Dúiliomhan.

4. A mhainistir an mhúir shleasaigh
Shloinntear ó Shliabh Farannáin,
Caoinidh an fhlaith 's an saoi suilbhir
Mar taoi it fhuilngidh anfhorráin.

34. "You are desolate, O abode of the friars" (c. 1600), LOCHLAINN Ó DÁLAIGH, 21 verses, meter: *séadna mór*

The Franciscan abbey of Multyfarnham in Co. Westmeath survived most of the Elizabethan regime thanks to the protection of the Nugent family, barons of Delvin (see Poem 33). That immunity was shattered on October 1, 1600 when Sir Francis Shane raided the abbey, captured a number of friars, and burned the building to the ground. Scion of an anglicized branch of the O'Farrells, Shane was a loyal queen's man and a staunch Protestant. Hostile to the Nugents and even more hostile to the Franciscan friars—renowned for scholarship and learning—he described the abbey as "the nursery of all mischievous practices" and "the den of scorpions." Composed soon after the friary's destruction, Lochlainn Ó Dálaigh's address to the ruins pointedly names neither Shane nor Delvin, choosing to focus on the disruption caused by Shane's malevolence to the religious and social fabric of the area. The depiction of the abbey as a widow has biblical echoes from the Book of Lamentations and the Book of Isaiah but also contains the hope of restoration.

1. You are desolate, O abode of the friars,
Little do you see of your faithful bands at your door.
That you are cast into gloom
Is no cause for shame.

2. Alas, alas! Your poor fraternal inmates
Have been expelled out of you.
I behold you left without one to attend you,
O clear, musical, smoothly-polished house.

3. Dear the people who have been evicted out of you,
O smooth, devout pure church—
A serious, even sensible company,
Pious vassals of the Creator.

4. O monastery, walled dwelling,
Which takes its name from the mountain of Farranán,
King and eloquent poet bewail the fact
That you are the victim of persecution.

5. Fuaruis cleachtadh chéile n-iodhan,
A adhbha an fhuinn ghlaintealchaigh,
Bheith it aonar nír dhual deitsi;
Truagh do bheith-si id bhaintreabhthaigh.

6. D'éis na gcéile do chleacht tusa,
A-taoi—truagh an mhaluirt-si—
Gan chluinsin sgél gcean ná gcliathcha,
Gan fhear iarrtha h'amhuirc-si.

7. Cuimhneach mé gur mheince leatsa
Líon áigh ógbhadh gcaithreannach
Ag líonadh as-teagh id thiomchioll,
A threabh fhionnchorr aifreannach.

8. D'éis dhíbeartha na n-ord oile
I n-iath Éireann eangfhoirfe,
Dé an chreidimh do bhaoi gan bháthodh,
Gach laoi id bhláthor bheannoighthe.

9. D'aithle a n-uaruis d'aoibhneas ghnáthach,
Do ghlóir nar ghlóir dhiomoltach,
Ar uaigneas th'áruis má féchthor
Tárruis échtchor iongontach.

10. Tusa it árus ealtan gcíochrach
Ar gcaill h'aosa ionmhoine;
Briseadh croidhe an tolg dá dtárrus
Th'ord i n-árus fhiodhbhuidhe.

11. H'altóra gan earradh gcrábhaidh,
Do chluig caoine cheolmhara
Mar dhúil mbailbh gach laoi gan labhra—
Mar taoi is damhna deordhubha.

12. Iomdha coireach ciontadh n-iomdha,
D'fheadhnaibh Fódla fionnshoillsi,
Fuair as tadhall bhur sleas samhghlan
Leas a n-anman, ionnoibhsi.

5. You have been used to chaste spouses,
O mansion of the fair-hilled land.
You ought not to be alone:
It is a pity that you are a widow.

6. After the departure of the spouses you have been used to,
You no longer—sad the change—
Hear tales of forays and flights;
No one asks to see you.

7. I recall you having more often [than not]
Full battle-musters of soldiers, with war spears,
Filling in around you,
Fair-turreted Mass-edifice.

8. After the dissolution of the other orders
In the perfect land of Ireland,
The spark of faith always survived unquenched
Each day in your pleasant, blessed confines.

9. In comparison with all you had of abiding joy,
Of commendable glory,
When one beholds the desolation of your abode,
You have met a strange and horrible fate.

10. You are the home of ravenous flocks,
Now that you have lost your loved ones.
The calamity that has taken place is heart-breaking:
Your order in a forest house.

11. Your altars are bereft of the articles of divine cult;
Your sweet musical bells
Like dumb creatures, always silent;
Your state is a cause of tears and gloom.

12. Many great sinners
Of the people of fair, bright Fódla,
Attained through visiting your fair, bright walls,
Reparation of soul, within you.

13. Iomdha cuideachta chlann bhfhlaitheadh,
Lé bhfríoth fésda soineamhuil,
Eidir shleasaibh do choim chláirthigh
Ón droing cráibhthigh croidheamhail.

14. Iomdha boicht do biathtaoi it orsain
'Gun ord shochruidh shéimhidhe;
Dursan linne a lorg's a láithreach
Gan ord gcráibhtheach gcéillidhe.

15. Glan an bhuidhean do bhí id ghrinneall
—Nír ghloine géis ealadhshroth—
Cuire diadha, caoimhghrinn, ceolach,
Saoirbhinn, eolach, ealadhnoch.

16. Gairid gach lá ag an lucht chédna:
Nír chian adhaigh fhírleabhur;
Ní feas ní'na aincheas orro
Dailcheas rollo ríghleabhar.

17. Mairg lé díbreadh an ndroing bhfosaidh;
Ní feas créd a gcionta-san;
Mór a gcrábhadh, deas a ndaonnacht,
Ní feas aonolc iontasan.

18. An t-airdrí, dan hainm an Tríonóid—
Go dtí dá thoil ghrásomhail
Tabhuirt an chuire mhóir mhallghloin
Róinn, don adhbhaidh fhásfholuimh.

19. Clann Phroinsias na bhfuighleadh dtaidhiuir
Till don teaghdhuis naoimhiodhuin,
A Mhuire mhór, fég bhar bhfearta
Fán tréd searcdha saoidhiomhuil.

20. A Phroinsiais, a phlanda geanmnuidh,
Guidh Dia, deaghMhac fionnMhuire,
Fá fhurtacht ar do chloinn choirnigh;
Roinn ret oighribh h'ionmhuine.

13. Many the parties of noble families
Who enjoyed an excellent feast
Between the walls of your stout timbered precincts,
From the pious, hearty community.

14. Many the poor that used to be fed at your door
By the gentle, decorous order.
We are sad that their place is without
A pious, sensible fraternity.

15. Fair the community that was within you;
The swan from the steams was not more charming—
A pious, witty, gentle, musical,
Noble, pleasant, learned, artistic body.

16. In the company of these people, every day was short
And fleeting the longest night.
One knows not of any recondite knowledge
In massive tomes that was unknown to them.

17. Woe betide the man who expelled the steady community!
They are not known to have been guilty of crime.
Great their piety, proper their generosity.
They are well known to be without any evil.

18. May it come about by the gracious will
Of the high-king styled the Trinity
That the great, sedate, renowned company
Are restored to the desolate, empty edifice before us.

19. Restore the children of Francis, beguiling of speech,
To the sacred, saintly house, great Mary;
Display your mighty powers
On behalf of the loving, agreeable flock.

20. St. Francis, pure plant,
Pray God, the good son of fair Mary,
To help your tonsured children;
Give your heirs a share in your love.

21. Ó tá treimhsi 'na treibh uaignigh
An áit ghrianach gealuaidneach,
Tar neart gcumhacht na bhfear bhfraochdha
Rob teagh naomhtha neamhuaigneach.

Foinse: Cuthbert Mhág Craith, O.F.M., *Dán na mBráthar Mionúr*, iml. 1 (Baile Átha Cliath: Institiúid Ard-Léinn Bhaile Átha Cliath, 1967), 107–110.

35. "A fhir léghtha an leabhráin bhig" (1611), GIOLLA BRIGHDE Ó HEÓDHASA, 8 rann, meadaracht: deibhí

Chum Giolla Brighde Ó hEódhasa an dán seo a leanas mar bhrollach don *Teagasg Críosdaidhe* a foilsíodh in Antuairp sa bhliain 1611, an chéad saothar Caitliceach a clóbhuaileadh i nGaeilge. Bhain Ó hEódhasa le teaghlach oidhreachtúil léannta a chumadh filíocht do mhuintir Mhic Uidhir agus do mhuintir Uí Dhomhnaill. Thart ar an mbliain 1600 d'éirigh sé as an gceird agus chuaigh thar lear don Ísiltír Spáinneach (an Bheilg inniu) chun dul le sagartóireacht. Tar éis MA a ghnóthú in Douai, chuaigh sé go Lováin agus bhí sé ar an gcéad chúigear nóibhíseach a glacadh isteach sna Proinsiasaigh i gColáiste nuabhunaithe San Antaine ar an gcéad lá de mhí na Samhna 1607. Ghlac sé Bonabhentura mar ainm crábhaidh agus oirníodh ina shagart é sa bhliain 1609. As sin amach bhain sé earraíocht as a chuid buanna litríochta agus teanga chun an leasúchán creidimh Caitliceach a chur chun cinn.

1. A fhir léghtha an leabhráin bhig
Féch an tobar ó ttáinig;
Uille a tharbha iná a thaidhbhsi;
Buime th'anama an obair-si.

2. An cisde trér cheandaigh fear
An fearann inar foilgheadh—
Ag so an fearann ina bhfoil;
Neamhfhonn do nocha dleaghoir.

3. An némhann trér dhiúlt duine
Sealbh a thoiceadh ttalmhaidhe;
Dá bhfhéchthar dhí an fonn 'na bhfoil
Do-gébhthar sonn i n-asgoidh

21. As the bright, pleasant, staunch place
Has been now for some time a desolate house,
May it become a saintly dwelling, no longer deserted,
In spite of the vehement force of violent men.

Translation: Cuthbert Mhág Craith, O.F.M., *Dán na mBráthar Mionúr*, vol. 2, (Baile Átha Cliath: Institiúid Ard-Léinn Bhaile Átha Cliath, 1980), 49–50.

35. "O reader of this little book" (1611), Giolla Brighde Ó hEódhasa, 8 verses, meter: *deibhí*

This poem is the prologue to Giolla Brighde Ó hEódhasa's *Teagasg Críosdaidhe* (Christian Catechism), published in Antwerp in 1611, the first Catholic work to be printed in Irish. Scion of a professional Gaelic bardic family who composed for the O'Donnells and the Maguires, Ó hEódhasa abandoned his profession around 1600 to study in the Spanish Netherlands. Having gained a MA in Douai, then part of the Spanish Netherlands, he was one of the first five novices to be accepted into the newly founded Saint Anthony's Irish Franciscan College in Louvain/Leuven (modern-day Belgium) on November 1, 1607. Taking the religious name Bonabhentura, he was ordained priest in 1609, and subsequently placed his linguistic and literary talents at the service of the Catholic Counter-Reformation.

1. O reader of this little book
Take heed of its source;
Greater its importance than its appearance,
The work is the nurse of thy soul.

2. The treasure for which a man purchased
The field in which it was hidden—
Here is the field in which that treasure lies;
A lack of desire for it there must not be.

3. The pearl for which a man surrendered
All his worldly possessions:
If the ground where it lies is searched for it,
Here, gratis, it will be found.

4. Ag so anois do nimh chugaibh
Sreath ghrianach gheam ccarrmhugail,
Teagaisg thoirtheacha Dé dhúinn,
Troimcheatha do sgé an sgrioptúir.

5. Ní thugsam dhóibh—ní díoth soin—
Foighreadh a ngaoidhilg grianaigh;
A nDia, a lochthobar na leag,
Cia an fothragadh nach fuairsead!

6. Ní dhearnsam—nír dhénta dhamh—
Dorcha lé dealradh briathar
Bhróin ngeamghoirthe niamhtha ó nimh
Briathra dealraighthe an Dúilimh.

7. Le hóradh briathar dá mbeinn,
Mór dhíobh fá chiaigh dho chuirfinn;
Congmhaid failghe chumhdaigh cloch
Urdail na faighne a bhfolach.

8. Rolla na bhfiach dho dhleaghair;
Cairt do dhúithche ón Dúileamhain
Daitse gan sgéimh do sgríobh mé;
Sgríobh féin an ccairt-se ad chroidhe.

Foinse: Ailbhe Ó Corráin, *The Pearl of the Kingdom, a Study of "A Fhir Léghtha an Leabhráin Bhig"*
by Giolla Brighde Ó hEódhasa (Oslo: Novus Press, 2013), 9–10.

36. "A sgríbhionn luigheas tar lear" (1610–1614), GIOLLA BRIGHDE Ó HEÓDHASA, 20 rann, meadaracht: deibhí

Tháinig borradh nua faoi chultas an chairdis nuair a músclaíodh spéis sa léann clasaiceach aimsir an Renaissance, leithéidí *De Amicitia* le Cicearó agus *Epistolae morales ad Lucilium* le Seinice. Uaidh seo d'eascair nósanna cultúrtha ar nós portráidí cairdis agus *epistolae familiares*. Thosaigh *Collectanea Adagiorum* Erasmus leis an nath cáiliúil *amicorum communia omnia*, bíonn gach rud i bpáirt ag cairde, agus bhí ceithre nath is seasca ag déileáil le saintréithe an chairdis le fáil in eagrán 1525

4. Behold now coming from heaven
A sunlit sequence of carbuncle gems,
The abundant teachings of God for us,
Copious showers poured forth by scripture.

5. I gave them not—that's no loss—
A tempering in dazzling Gaelic;
In God, the lake-fountain of jewels,
What a tempering they have received!

6. I have not—that would not do—
Made dark with bright words
That gleaming gem-tempered host from heaven,
The shining words of the Lord.

7. If I had taken to gilding words
Many had I simply made obscure;
Rings of ornamental wealth
Merely serve to obscure the sheath.

8. The scroll of debts must be redeemed;
The charter to thy domain from the Lord
Unembellished have I written for thee;
Write thou this covenant into thy heart.

Translation: Ailbhe Ó Corráin, *The Pearl of the Kingdom, A Study of "A fhir léghtha an leabhráin bhig"*
by Giolla Brighde Ó hEódhasa (Oslo: Novus Press, 2013), 9–10.

36. "O letter that makes its way over the main" (1610–1614), Giolla Brighde Ó hEódhasa, 20 verses, meter: *deibhí*

The rediscovery of Cicero's *De Amicitia* and Seneca's *Letters to Lucilius* during the Renaissance gave a new impetus to the cult of virtuous friendship in humanist circles, giving rise to such cultural practices as friendship portraits and *epistolae familiares*. Erasmus opened his *Adages* with the famous aphorism *amicorum communia omnia*, "friends have all things in common," and the 1525 edition of his work contains sixty-four aphorisms dealing with the nature of friendship. One of the

an tsaothair seo. Sáreiseamláir den *epistola familiaris poetica* is ea dán John Donne chuig Sir Henry Wotton: "More than kisses, letters mingle souls; for thus absent friends speak." Seo é an comhthéacs beacht inar cóir litir fhileata Ghiolla Brighde Uí Eódhasa a shuíomh: dán cairdis chuig dlúthchara leis in Éirinn, Uilliam Nuinseann. Tá an dán ar maos san íomháineachas Phlatónach a ndeachaigh an file i dtaithí uirthi le linn na mblianta a chaith sé san Ísiltír Spáinneach (an Bheilg inniu), ach tugann sé le fios freisin go raibh ciorcail Ghaelacha áirithe in Éirinn cleachtach ar an trealamh intleachtúil, cúltúrtha is mothálach sin a chothaigh coincheap an chairdis shuáilcigh ar an mór-roinn.

> 1. A sgríbhionn luigheas tar lear
> Ar amus innsi Gáoidheal,
> Déna mar aderam ruibh
> Ar senfhonn frémha Fíachaidh.

> 2. Glúaisidh reamhuibh tar Muir Meann
> Ar amus Uilliam Nuinnsean:
> Triall ar céilidhe 'na cheann
> Ar ccéiline d'íath Éireann.

> 3. Innis uaimse dá ucht slim
> An ceó tuirrsi atá ar m'intinn:
> Nocht cúis m'imnidh dá aithle
> Dá ghnúis tibrigh thonnghairthe.

> 4. Doighthe cuartaighthe croidhe
> Mo lucht gáoil, m'aos ionmhuine:
> Na caraid dár threisi ar ttoil,
> Ní mharuid 's meisi ar marthuin.

> 5. Barr ar gach teidhm mar tá sinn
> D'éis meanman Uilliam Nuinnsinn:
> Am beó ar sgarthain ré a ghné ghil—
> Ní marthain é, ní hoighidh.

> 6. Dursan damhsa a dheaghuil ruinn,
> Fuighioll áir m'áosa cumuinn,
> Grian m'inntleachta úair oile,
> Clúain inghealta m'ionmhuine.

most famous examples of an *epistola familiaris poetica* is John Donne's address to Sir Henry Wotton: "More than kisses, letters mingle souls; for thus absent friends speak." This provides the perfect context for Giolla Brighde Ó hEódhasa's verse letter to his friend in Ireland, Uilliam Nuinseann/William Nugent. Replete with the Platonic imagery with which Ó hEódhasa familiarized himself during his years in the Spanish Netherlands, his poem implies that at least some cultural circles in Gaelic Ireland were conversant with the cultural, intellectual, and emotional fashions of late Renaissance Europe.

> 1. O letter that makes its way over the main,
> Bound for the Isle of the Gael,
> Keep on going, I say to you,
> To the ancient land of Fiachaidh's scions.

> 2. Proceed o'er the Irish Sea,
> En route for William Nugent;
> Pay a friendly visit upon
> My companion from the land of Ireland.

> 3. Relate to his smooth breast for me
> The mist of sorrow that is on my mind:
> And disclose the root of my distress,
> To his bright laughing countenance.

> 4. Darts that search out the heart,
> Are my kinsfolk, my dear companions:
> The friends whom I have loved best,
> Live not, though I live.

> 5. The worst of my grief is that I am deprived of
> The cheerful spirit of William Nugent:
> I live separated from his bright visage—
> This is not life, nor is it death.

> 6. It grieves me that he is separated from me,
> My last surviving friend,
> Once the sun of my intellect,
> The pasture on which my love did graze.

7. Áineas gan imdheargadh n-áoin
Féile ghnáth gan ghlóir ndíomháoin
Searc pobal, freagra go bfos,
Tobar eagna gan fhorus.

8. Fuarusa re hais an fhir
Seal dob áoibhne dárbh fhéidir
Fan ráith ccuirr um bhráoinlios mBreagh,
'S gan áoibhneas an fhuinn d'áireamh.

9. Ní bhínn fiú an éanláoi ré a ais
Gan ghabhlán n-úaigneach n-eólais;
Ar cceileabhradh dhúin is dó
Neimhiongnadh m'úidh ar iarghnó.

10. Atú re treimhsi ndubhuigh
Mar ésga a n-am urdhubhuidh:
Dortadh flatha Dealbhna dhamh
Fatha meanma do mhúchadh.

11. Do tsholus gnáth gun ghealaigh
Ní bhí, as bladh dá hairdheanuibh,
Acht an tan dearlaicthior dhi
Bladh do ghealruithniodh gréine.

12. Gibé tráth a tteagoimh soin
Don dara taoibh don talmhuin,
Ní reich mong gréine 'na gar
Tar méidhe trom na talmhan.

13. Tig cláochlódh da cruth corcra,
Tréigidh a tlacht íasochta
Mun amsa a n-úair dheaghla dhi
Ré a bfuair ón ghealgha gréine.

14. Mé an t-ésga, eision in ghrían;
Mo ghlóir 's m'áineas ó Uilliam;
Lá ar sgaraidh do scaruid rum,
Amhuil ní anuid agam.

7. Joy without embarrassment to anyone,
Perpetual magnanimity without vainglory,
Love of peoples, soothing response,
A well of wisdom unfathomable.

8. In his company I experienced
The pleasantest possible period of time,
By the round fort of Brega's dewy court,
And add to that the beauty of the countryside.

9. Not a day passed that I did not learn by his side
Some rare branch of knowledge:
Since he and I have separated from each other,
Small wonder my mind is in mourning.

10. I am in a phase of gloom
Like the moon during an eclipse:
The extinguishing of the prince of Delvin
Causes my spirit to be extinguished.

11. The moon possesses no light of her own,
That is one of her properties,
Except when she is bestowed with
A share of the bright rays of the sun.

12. Whenever the moon finds herself
On the other side of the earth,
The mane of the sun reaches her not
Over the heavy nape of the world.

13. Her bright visage grows dark,
She sheds her borrowed robe,
When she is separated from
Her share of sun's bright beam.

14. I am the moon, he the son:
My glory and joy from William:
On our parting, these were severed from me,
And have left me for ever.

15. Ní hiongnadh nach soisionn sinn
Gach dealradh úaidh dá bfuighinn,
Grían shídhe fionnbhrogha Floinn—
Tíre is iolmhara eadroinn.

16. Atá an tuirrsisi fam thuinn
Mar thoircheas n-elphant aguinn:
Re deich mbliadhnuibh rom chná an chneadh,
Ó do bhá a ngrianmhuigh Gaoidheal.

17. Measuim féin nach fédfa mé
Trághadh tobair mo thuirrse,
Na deich mbliadhnasa dá mbeinn
Ag sgeith m'fhiabhrasa as m'intinn.

18. A litir léigim anonn,
Ní feas domh, móide ar mearbhall,
Gé tarla an toisgse a ndán dáoibh,
Doidse nach dál bhus díomhaoin.

19. An lámh do fhoisgeóladh ibh
Gé táoi ag triall go tír bfuinidh,
Mo thrúaighe, ní feas nach fuil
Ré cneas úaidhe nó ar uluidh.

20. Dá ttigeadh litir a-le,
Ní feas fós nach bíadh reimpe
Ina sreath chnámh ccríon a ccill
An lámh rod sgríobh, a sgríbhinn.

Foinse: Ailbhe Ó Corráin, *The Light of the Universe, Poems of Friendship and Consolation* by Giolla Brighde Ó hEódhasa (Oslo: Novus Press, 2014), 59–61.

15. No wonder they cannot reach me,
Each radiance I used to win from him,
That bewitching sun of Flann's fair mansion—
Now that land and seas lie between us.

16. This grief that breeds inside me
Is like the gestation of an elephant:
For ten years it has gnawed me
Since I departed Ireland's sunny plain.

17. I feel that I will not succeed in
Exhausting this well of melancholy,
Even had I been these ten whole years
Discharging this fever from my mind.

18. O letter that I am sending yonder,
I know not—all the greater my disquiet—
Although you shall undertake this mission
Whether or not the journey will be futile.

19. The hand that should open you
Though you proceed to the land of the setting sun,
Perhaps, alas, it lies already
In the cemetery or the tomb.

20. Should a letter be returned,
Possibly nothing will remain
Of the hand that penned thee, O epistle,
But a row of rotting bones in the grave.

Translation: Ailbhe Ó Corráin, *The Light of the Universe, Poems of Friendship and Consolation by Giolla Brighde Ó hEódhasa* (Oslo: Novus Press, 2014), 59–61.

37. "A bhean fuair faill ar an bhfeart" (1609), EOGHAN RUADH MAC AN BHAIRD, 39 rann, meadaracht: deibhí

Chuaigh an file Eoghan Ruadh Mac an Bhaird i dteannta na dtaoiseach Ultach thar sáile, d'fhan tamall i Lováin agus chuaigh chun an Róimhe ina dhiaidh sin. Sa dán seo thíos labhraíonn sé le Nuala Ní Dhomhnaill agus í ag caoineadh os cionn uaigh a beirte deartháireacha Ruairidh agus Cathbharr, agus uaigh a nia Aodh Óg Ó Néill, i séipéal San Pietro in Montorio. Is mór idir bigil uaigneach aonaránach Nuala thar lear agus na sluaite a thiocfadh ag déanamh comhbhróin léi dá mba rud é gur in Éirinn a fuair na mairbh bás. Fiú dá marófaí iad ar pháirc an áir le linn Chogadh na Naoi mBliana, dá thubaistí féin mar chaill é, ar a laghad ar bith dhéanfaí iad a chaoineadh leis an urraim ba dhual. Déanann an file tréanchodarsnacht idir líon na logainmneacha Éireannacha a luaitear fud fad an dáin agus an t-aon chlaontagairt dhoiléir amháin do shuíomh na n-uaigheanna sa Róimh. Aibhsíonn sé seo méala mór Nuala, í ina haonarán i bhfad ó bhaile. Sna ranna deiridh comhairlíonn Mac an Bhaird di an brón a chur i leataobh agus a toil a chur le toil Dé. Mar fhocal scoir, meabhraíonn an file go dólásach tréandóchas na ndeoraithe agus iad ag fágáil na hÉireann go bhfaighidís cabhair mhíleata thar lear.

> 1. A bhean fuair faill ar an bhfeart,
> Truagh liom a bhfagthaoi d'éisdeacht;
> Dá mbeath fian Ghaoidheal ad ghar
> Do bhiadh gud chaoineadh congnamh.

> 2. As fada go bhfuighthi an fhaill
> Dá mbeath thiar a dTír Chonaill;
> Láimh re sluagh mBoirche dá mbeath,
> Ní foighthe an uagh go huaigneach.

> 3. A nDoire, a nDruim Chliabh na gcros,
> A nArd Mhacha as mór cádhos,
> Ní foighthe lá an feart ar faill
> Gan mhná do theachd fa thuaraim.

> 4. Ná a nDún na nGall fan mín muir,
> Ná a n-áras Easbuig Eóghuin,
> Ná a nEas Ruaidh as séimhe sáil
> Ní bhudh réidhe an uain d'fhagháil.

37. "O woman who hast found the tomb unguarded" (1609), EOGHAN RUADH MAC AN BHAIRD, 39 verses, meter: *deibhí*

The poet Eoghan Ruadh Mac an Bhaird left Ireland with the Ulster princes in the "Flight of the Earls," but remained in Leuven/Louvain for some time after their departure to Rome on February 28, 1608, following on later to rejoin them. His poem addresses Nuala Ní Dhomhnaill weeping over the graves of her brothers, Ruairidh and Cathbharr, and of her nephew Aodh Óg Ó Néill in the church of San Pietro in Montorio (see Poem 60). Mac an Bhaird contrasts the loneliness of Nuala's vigil in a foreign land with the hosts of mourners who would have offered support and sympathy had the bereaved died in Ireland. Had they fallen in any of the battles of the Nine Years' War, their deaths, though tragic for the cause, would at least have been mourned with all due decorum. The overwhelming sense of grief in exile is accentuated by the contrast between one oblique reference to the location of the Roman graves and the proliferation of Irish place-names throughout the poem. In the final verses, the poet counsels Nuala to put aside her sorrow and put her trust in God. Mac an Bhaird ruefully concludes the poem by recollecting the exiles' conviction that they had a real prospect of military aid when they left Ireland two years previously.

1. O woman who hast found the tomb unguarded,
Pitiful to me the number thou findest to listen;
Were the soldiery of the Gaels at thy side
There would be help with thy keening.

2. Not soon would it be so unguarded
Were it west in Tirconnell;
Were it beside the host of Boirche
The grave has ne'er been found lonely.

3. In Derry, in Drumcliff of the crosses,
In Armagh great in sanctity,
Not one day would the tomb be found unwatched,
Without women coming to seek it.

4. Nor in Donegal, where the sea is gentle,
Or at the home of Bishop Eoghan,
Or in Asseroe of mildest brackishness,
Would it be easier to find an opportunity.

5. Tiocfadh ad chombáigh chaoinidh
Bean ón Éirne iolmhaoinigh,
Bean ó shlios bhinnshreabh Banna,
Inghean ó Lios Liathdroma.

6. Tiocfadh an bhean ón Mháigh mhoill,
Ó Bhearbha, ó Shiúir, ó Shionainn;
An bhean ó Chruachuin na gcath,
'Sa bhean ó thuathaibh Theamhrach.

7. Do hísléaghtha ó ingnibh sgor
An cnoc 'nar crochadh Peador;
Ní bhiadh an teach gan gháir nguil
Dá mbeath láimh re Fiadh bhFionntuin.

8. Ní bhiadh láimh risna leagoibh
Cead suaimhnis ná sailmcheadoil;
Ní bhiadh bearna gan bhróin mban,
Na dearna im nóin gan niamhadh.

9. Dá mhac ríogh don fhréimhsin Chuinn
Atá ar gach ttaobh d'Ú Dhomhnuill;
Na trí cuirp ré a síneann sibh—
Fírearr a n-uilc a n-oighidh.

10. An dá chloichsin ósa gcionn
Dá bhfaicdís ógbhuidh Éirionn,
Ar aoi a líneadh do léaghadh
Caoi ar míleadh do mhoisgéaladh.

11. Dias don triursoin tarla asttigh
Clann Aodha, ardfhlaith Sligigh;
Ua don Aodhsoin duine díobh,
Cuire d'aostoigh na n-airdríogh.

12. Ua t'athar ar aoi a mháthar,
Maraon red' dís ndearbhráthar;
Ní guth dhuit gan chéill ad chaoi,
A bhfuil nó a méin dá meastaoi.

5. There would come in sympathy with thy wailing
A woman from the many-treasured Erne,
A woman from the shore of the sweetly-flowing Bann,
A maiden from Leitrim's rampart.

6. A woman would come from the sluggish Maigue,
From the Barrow, the Suir, the Shannon;
A woman from Croghan of the battalions,
And a woman from the Tribes of Tara.

7. Were it beside the Wood of Fionntan,
The mound whereon Peter was crucified
Would be trampled down by horses' hooves;
There would be no house without a cry of lamentation.

8. Beside the pillars
There would be no leave for repose or for psalm-chanting;
There would be no gap without a crowd of women,
No palm by noon that did not glisten.

9. Two king's sons of that seed of Conn
Lie beside O'Donnell,
The three bodies by which thou art prostrate—
Their destruction is the very culmination of our woe.

10. Did the fighting men of Erin
See those two stones above (the grave),
The reading of their inscriptions
Would awaken the grief of our soldiers.

11. Two of these three within (the tomb)
Are the children of Aodh, high prince of Sligo,
And one is grandson to that Aodh;
A company of the ancient house of the high kings.

12. The grandson of thy father through his mother,
Together with thy two blood-brothers—
It is no blame to thee that thy grief passes reason,
Were their family or their bearing considered.

13. D'éis Í Dhomhnuill Dúna ós Sáimh,
Dá dtánuig tús bhar dtocráidh,
Ní guth truime do thuirsi,
Uille iná t'uch t'adhbhuirsi.

14. Triath Modhuirne, Mac Í Néill,
Dá bhféagthaoi a chraobha cinéil,
A chruth, a airdhe oile—
Ní guth aidhbhle t-eólchuire.

15. Dá bhféagthaoi gach aonmhaith ann,
Mac ríogh ó gConaill, Cathbharr,
A los ghnaoi, nó ghníomh ngoile,
Ga díol caoi bhudh chosmhuile?

16. Ní bhiadh baile ó thuinn go tuinn,
Dá dtuitdís so a gClár Chriomhthuinn,
Gan gháir bhfaoilte nó gáir ghuil
Le gáir gcaointe nó chosguir.

17. 'Sna cathaibh do cuireadh linn
Ag cosnamh Críche Féilim,
Dá dtuiteadh duine díobh soin
Robadh sníomh uile d'Ultoibh.

18. Lá oirdhearc Átha Buidhe,
Inar ládh leacht sochuidhe,
Dá dtuiteadh uainn Aodh Ó Néill,
Don taoibh thuaidh robadh tuirléim.

19. Lá a mbéal Bhealaigh an mhaighre
Dá dtuiteadh triath Modhuirne,
Bheith réidh dob aimhréidh d'iarruidh
Ar dhaighfhréimh Néill Naoighialluigh.

20. A ló mhadhma an Mhullaigh bhric
Ní géabhthaoi a nAodh mar éiric
Na cairn d'éachtuibh muin ar mhuin
San mhaidhm ó éachdfhuil Eóghuin.

13. After O'Donnell of Dún ós Sáimh,
From whom came the first of thy sorrow,
No reproach is the weight of thy sadness,
Greater than thy sobbing is thy cause.

14. The lord of Mourne, O'Neill's son,
Were his kindred's branches considered,
His beauty, his other traits,
No reproach is the greatness of thy grieving.

15. Were every good in Cathbharr,
Son of the king of Conall's line,
Considered for gentleness, for deeds of valor,
What most likely mark for mourning?

16. There would not be a homestead from wave to wave
Had these fallen in Criomthann's land,
Without a shout of joy or a shout of lamentation,
With (also) shout of mourning or of triumph.

17. In the battles waged by us
In contention for the land of Felim,
Had one of them fallen
It had been an affliction for all Ulster.

18. On the famous day of the Yellow Ford,
Where the graves of a multitude were made,
Had Aodh Ó Néill fallen
It would have been an overthrow for the northern side.

19. On the day in the mouth of Bealach an mhaighre
Had the lord of Mourne fallen,
It would not have been easy to ask
The noble line of Niall the nine-hostaged to be calm.

20. The day of the defeat at Mullach Breac
The heaped mounds of those slain in the rout
Would not have been accepted as eric for Aodh
By Eoghan's warlike kin.

21. Laithe dóibh ag gabháil ghiall
Ar sluagh a Mumhuin Mhaicniadh,
Cionnas do géabhthaoi ag crú Chuinn
Dá sgéarthaoi an chnú re a crobhuing?

22. Lá catha an Bhealuigh Bhuidhe
Dá sgarthaoi rinn Rudhruighe,
Do bhiadh gáir fhaoilte gach fhir
'Na gáir chaointe aga chluinsin.

23. Dá dtuiteadh sé ón tír thall
A ló fhillte fian n-eachdrann
Lá dob áille a nÁth Seanuigh
Nír fháth gáire ag Gaoidhealaibh.

24. Lá a Leithbhior 'nar loiteadh sin,
Lá ag Luimneach nó lá ag Gaillimh,
Do-géabhtha mná caoine í Chuinn
Lá Baoille nó an lá ag Liathdruim.

25. Dá dtíosadh a thuiteam dhe,
An lá do lingeadh Baile
Átha an ríogh, a fhian Éirne,
Ní bhiadh bhar síodh soidhéinmhe.

26. Lá a nDoire 'nar dhearbh a láimh,
Dá dtuctha leacht laoich Iomgháin,
Do bhiadh t'éanghul 'na gháir ghuil
Iar dtéarnamh dáibh ón deabhuidh.

27. Dá dtuiteadh sé re Síol gCais
Lá troda re taobh bhForghais,
Leis an sluagh ag teachta asteach
Buadh na heachtra dob aithreach.

28. Lá a ndeabhuidh fa Dhún na nGall,
Dá bhfaicthi fuil re Cathbharr,
Ba lór d'urbhuidh ar fhéaghadh,
· Slógh Murbhaigh do mhoithéaghadh.

21. The day that our army was taking hostages
In Munster of Maicnia;
How would the blood of Conn have behaved
Were the nut parted from its cluster?

22. The day of the battle of Bealach buidhe,
Had Rury been parted from us
Each man's shout of joy
Had become a shout of wailing on hearing it.

23. Had he fallen from yonder shore
The day foreign troops turned back,
The finest day in Ballyshannon
Had been no cause of exultation for the Gaels.

24. The day in Lifford, where he was wounded,
The day at Limerick or the day at Galway,
Women would have been found keening for Conn's descendant,
The day of Boyle (also) or the day of Leitrim.

25. Had his fall come about
From the fighting the day Athenry was stormed,
O soldiers of the Erne,
You had not been easily pacified.

26. That day in Derry when he proved his arm
Had the hero of Iomghán found his grave,
The lonely cry would have been a shout of mourning
When they had returned from the fight.

27. Had he fallen by the seed of Cas
That day of battle beside the Fergus,
The triumph would have been regretful
For the returning host.

28. The day of the fight by Donegal
Had a wound been seen on Cathbharr,
The host of Murbhach would perceive it
(To be) full calamity when considered.

29. Do ruaimnéaghtha ruisg ar niadh
Dá dtuctha a leachd lá ar Coirrshlíabh;
Dá dtuctha leachd lá Sligigh
Nír lá budh eachd d'fhoighidin.

30. Nír bheag an léan ar Leith Cuinn
Bás Aodha, oidhidh Cathbhuirr,
Sgaradh do Rudhruighe rinn
Rabhadh urbhuidhe d'Éirinn.

31. Cia an Gaoidheal nach guilfeadh libh,
Bláth fréimhe maicne Mílidh?
Bhar n-oire cia ar nach cuirfeadh?
Cia an croidhe nach criothnuighfeadh?

32. Díbir ar Dhia an dtuirsi dtruim
Uait, a Inghean Í Dhomhnuill;
Gearr go dtéighe ar séad mar soin,
Féag na céime fad'chomhair.

33. A láimh gcriadh ná cuir do dhóigh,
Tuicthear libh, lór do sheanmóir,
Do réir thagha an Tí ó bhfuil
Go ragha gach ní, a Nualuidh.

34. Smuain an gcroich atá red' thaoibh,
A n-áit do dhuilghis díomhaoin;
Tóguibh don uaighsi t'uille,
Fógair uaibhsi t'eólchuire.

35. Cuir, a Dhé, budh deasda an dtuinn
Tar fhuighleach n-áir chrú Conuill;
Ar chás ar loingbhriseadh luigh,
Bás na foirnesin féachuidh!

36. Tógaibh láimh, a Mheic Muire,
Le taighdeadh do thrócuire,
A n-aghaidh na tuinne a dtám,
Do chabhair luinge ar leanbán!

29. The eyes of our champions would have been reddened
Had his grave been found the day of Coirrshliabh;
Had it been found that day in Sligo
That had not been afterwards a day for patience.

30. Not small the sorrow to Leth Cuinn,
The death of Aodh, the tragic death of Cathbharr;
Rudhruighe's parting from us
Is a warning of disaster for Erin.

31. Who is the Gael that would not weep with thee
For the flower of the race of Míl's sons;
On whom (of them) would thy burden not weigh?
Whose the heart that would not quiver?

32. Dismiss from thee for the sake of God that weighing sorrow,
O daughter of O'Donnell;
Shortly thou shalt go on the same path,
Behold the steps before thee!

33. In hand of clay set not thy hope;
Be it understood by thee, sermon enough,
That according to the will of Him from whom it is,
Shall everything take its course, O Nuala.

34. Ponder on the Cross by thy side,
Rather than on thy fruitless sorrow;
Lift thine elbow from the grave,
Banish from thee thy yearning.

35. Send now, O God, the wave
Past those survivors from war of Conall's blood;
Subdue the trouble of our shipwreck;
Consider the death of that company.

36. Lift up Thy hand, O Son of Mary,
With the guidance of Thy mercy,
Against the wave in which we are (engulfed),
To rescue the ship of our babes!

37. Bíodh an t-uchd ga n-altrom so,
Bíodh an lámh uaibh, a Íosa,
Ag taltoghadh a dtaobh soin,
Glantoradh ar gcraobh gcnuasaigh!

38. A ríoghan fhréimhe Dáluigh,
Tánuig ón tuinn iombádhuigh,
Nach raibh ní as sia a fherg ret' fhuil,
Fagh ó Dhia, an Ceard rod chruthuigh.

39. Do shaoileamar, do shaoil sibh
Dál cabhra ag clannuibh Mílidh
Tréasan dtriar tarla san uaigh,
Ag triall ó Bhanbha bheannfhuair.

Foinse: Eleanor Knott, *Celtica* 5 (1960): 163–71.

38. "Anocht is uaigneach Éire" (1607),
AINNRIAS MAC MARCUIS, 12 rann, meadaracht: deibhí

Cumadh an dán seo go luath tar éis imeacht na dtaoiseach Ultach chun na hEorpa i bhfómhar na bliana 1607. Díol suntais an foclóir a úsáideann an file agus é ag trácht ar an eachtra seo, *ionnarbadh, díbirt* agus *imeacht*, gan lua aige ar *theitheadh*, focal a bhaineann leis na caipéisí stáit amháin. Is tubaiste amach is amach é ní hamháin do chúige Uladh ach don tír go léir, tubaiste a chuireann gnáthamh laethúil na beatha as a riocht ar fad. Údar spéise go roghnaíonn an file iontamhla ón mBíobla, braighdeanas an phobail tofa san Éigipt agus sa Bhablóin faoi seach, ní áirím dála Aeinéas tar éis turnamh na Traoi. Ní braighdeanas go fuascailt i gcruinneshamhail na bhfilí, áfach, ach is thar lear agus ní sa bhaile a lorgófar Maois na nGael feasta.

1. Anocht is uaigneach Éire,
Do-bheir fógra a fírfhréimhe
Gruaidhe a fear 'sa fionnbhan flioch,
Treabh is iongnadh go huaignioch.

2. Uaigneach anocht clár Connla,
Gé lán d'fhoirinn allmhardha;
Sáith an chláir fhionnacraigh fhéil—
Don Sbáin ionnarbthair iaidséin.

37. Let thy bosom nourish these,
Let Thy hand, O Jesus,
Give them comfort,
Pure produce of our fruit-laden branches!

38. O queen of Dálach's line,
That hast escaped from the whelming wave,
That His wrath against thy kindred continue no longer,
Obtain from God, the Artificer who fashioned thee:

39. We thought, as didst thou,
That the children of Míl had a prospect of help
Through these three in the tomb,
When they set forth from the cold peaks of Banbha.

Translation: Eleanor Knott, "Mac an Bhaird's Elegy on the Ulster Lords," *Celtica* 5 (1960): 163–71.

38. "Tonight Ireland is desolate" (1607), AINNRIAS MAC MARCUIS, 12 verses, meter: *deibhí*

This poem was composed shortly after the so-called "Flight of the Earls" in September 1607. Intriguingly, the poet chooses the loaded terms "banishment," "expulsion," or the more neutral "departure" in his description of the event, as opposed to "flight," the preferred term of the state papers. The consequences are devastating, not only for Ulster, but for the whole island, throwing the normal pattern of daily life into total disarray. Finding biblical precedents in the captivity of the chosen people in Egypt and Babylon respectively, not to forget the fate of Aeneas after the fall of Troy, the poet places his hope in the emergence of a deliverer. Ireland's new Moses is no longer to be sought at home, however, but overseas.

1. Tonight Ireland is desolate,
The banishment of her true race
Hath left wet-cheeked her men and her fair women;
Strange that such a dwelling place should be desolate.

2. Desolate tonight is the Plain of Connla,
Though swarming with a foreign host;
Those who sufficed the generous, bright-acred land—
They have been banished to Spain.

3. Ag triall gan locadh tar lear
Uainn do roighnibh Mac Míleadh—
Gé daoineach don fhádbhuig fhinn—
Fágbhuid gan aoinneach Éirinn.

4. Mór tuirsi Ulltach, san airc,
D'éis í Dhomhnuill do dhíobairt,
'S ní lugha fa Aodh Eanaigh
Cumha ar an taobh thuaitheamhain.

5. Gan gháire fa ghníomhradh leinb,
Cosc ar cheól, glas ar ghaoidheilg,
Meic ríogh, mar nár dhual don dreim,
Gan luadh ar fhíon nó ar aifrinn.

6. Gan imirt, gan ól fleidhe,
Gan aithghearradh aimsire,
Gan mhalairt, gan ghraifne greagh,
Gan tabhairt aighthe i n-éigean.

7. Gan rádha rithlearg molta,
Gan sgaoileadh sgeól gcodalta;
Gan úidh ar fhaixin leabhair,
Gan chlaisdin nglúin gheinealaigh.

8. Ní cluintear 'san chríchsi Bhreagh
Gníomhradh chon Mhaicne Míleadh,
(Neart danair ní sruth siobhail)
Nó guth gadhair Ghaoidhiolaigh.

9. On chruthsa ar cuireadh Gaoidhil
Ní bhiaid feasda forbhfaoilidh—
Fada leanus an léan dáibh—
Re sgéal dá fheabhus d'fhagháil.

10. Rug orra, ní cóir a cheilt,
An bhroid do bhí 'san Éigeipht,
Nó an líon fan dTraoi do thionóil,
Nó an sníomh do bhaoi ar Bháibhiolóin.

3. As the choicest of the sons of Míl
Are passing without stay across the ocean,
Populous as the bright, fertile land may be,
They are leaving Ireland without one.

4. Great is the sorrow of the Ulstermen in distress
After the banishment of O'Donnell,
And no less is the grief in the north
For Hugh of Annagh.

5. There is no laughter at the children's play,
Music is checked, speech is fettered;
The sons of kings, such was not their nature,
Care neither for feasting nor mass.

6. No gaming, no banqueting,
No pastime;
No commerce or horse-racing
Or deeds of daring.

7. No reciting of poems of praise,
No relating of stories at sleeping time,
No interest in consulting books,
No hearkening to genealogies.

8. In the land of Brega there are heard not
Even the deeds of a hound belonging to the race of Míl
(The might of the foreigner is no fordable [?] stream)
Or so much as the barking of a dog.

9. From this state into which the Gaels have been cast
Henceforth they will have no joy at any tidings,
Be they ever so excellent;
Long does sorrow persist with them.

10. They have been overtaken, it is not just to suppress it,
By the captivity that was in Egypt,
Or the army which gathered about Troy,
Or the sorrow that was in Babylon.

11. Ó tá an cuan um chrích bhFeimhin
An bhroid cionnus chuirfidhir
Don fhréimh naoi-si chéibhfhinn Chuinn,
'Sgan Maoisi i n-Éirinn aguinn?

12. Ní fhuil díon d'fhear a hiomchair,[45]
D'éis ar imthigh d'Éirionnchaibh,
Ríoghradh Bhanbha fa bhroid troim
Ag goid ar n-anama asoinn.

Foinse: Eleanor Knott, Ériu 8 (1916): 192–93.

39. "Mo thruaighe mar táid Gaoidhil" (1609), FEARFLATHA Ó GNÍMH, 24 rann, meadaracht: deibhí

Cé gur scríobhadh go leor dánta deoraíochta sa Ghaeilge tráth imeacht na nIarlaí chun na hEorpa, deoraíocht inmheánach na nGael ina dtír féin de thoradh ar Phlandáil Uladh a spreag dán Uí Ghnímh. Díláithriú spioradálta chomh maith le díláithriú fisicúil atá i gceist. Ní hamháin go bhfuil a gcuid tailte bainte de na Gaeil, ach tá dlí eile nó aindlí eile i réim, go fiú tá dreach na talún féin athraithe. Tá an t-athrú chomh tubaisteach sin gur gearr go mbeidh Éire ina Sasana nua. Díol spéise go gcuireann an file staid na nGael i gcosúlacht le clann Iosrael agus iad i ngéibheann san Éigipt, comórtas a bhí in úsáid ag údair Chaitliceacha agus Phrostastúnacha araon san Ísiltír Spáinneach (an Bheilg inniu) ó na 1560idí ar aghaidh. Ní chuirfear deireadh leis an deoraíocht gan slánaitheoir, agus cuirtear síneadh leis an meafar bíobalta trí athMhaois a thabhairt air. D'ainneoin an dóchais faoi shlánaitheoir, áfach, ní mór don fhile a admháil go mb'fhéidir gurb é deonú Dé faoi deara an díláithriú seo agus nach bhfuil an t-athaoibhneas i ndán.

1. Mo thruaighe mar táid Gaoidhil!
Annamh intinn fhorbhaoilidh
Ar an uair-se ag duine dhíobh,
A n-uaisle uile ar n-imshníomh.

---

45. An líne seo athraithe de réir leasúchán a mhol an t-eagarthóir sna nótaí.

11. Since the sea surrounds the land of Feimhen,
How shall the bright fair-haired race of Conn
Be succoured from captivity,
Whilst we have no Moses in Ireland?

12. Since so many Irishmen have departed,
There is no longer any shelter for him who bears her[45],
That the lords of Banbha lie beneath heavy bondage
Is stealing away my soul.

Translation: Eleanor Knott, "The Flight of the Earls," *Ériu* 8 (1916): 193–94.

39. "Pitiful is the state of the Irish" (1609), FEARFLATHA Ó GNÍMH, 24 verses, meter: *deibhí*

Though the departure of the Ulster princes for the continent generated a considerable number of poems of exile, Ó Gnímh's poem concentrates on the internal exile of the Irish in their own land in the wake of the Ulster plantation, an event that engendered spiritual as well as physical dislocation. Not only did the Irish lose their lands, but a new rule of law, or rather a misrule of law, prevailed, the very cultural face of the land being altered. The change has been so calamitous that Ireland itself will soon become a new England. It is noteworthy that the poet compares the fate of the dispossessed Irish with the captivity of the Israelites in Egypt, a comparison that was used by both Catholic and Protestant writers alike in the Spanish Netherlands from the 1560s onward. Only the advent of a deliverer will put an end to the Irish exile, the appellation Moses extending the biblical metaphor. Despite the poet's hope of deliverance, however, Ó Gnímh is forced to concede that God himself may dispose otherwise, and that the sought after restoration may not in fact take place.

1. Pitiful is the state of the Irish!
Seldom has any of them this time
A joyful mind;
All their nobles are anxious.

---

45. Adopting a suggestion made by the editor in her notes to this poem.

2. Baramhail do-bearar dóibh—
Fuidheall áir d'éis a ndíobhdhóidh,
'Gá sníomh ó chróluighe a gcneadh,
Nó is líon tóraimhe ar dtilleadh.

3. Nó is lucht báirce fár bhrúcht muir,
Nó is droing fuair fios a saoghail,
Nó is géill i ngéibheannaibh Gall
Éireannaigh fá fhéin eachtrann.

4. Tugsad a dtréine ar thaise,
Tugsad a maise ar mhíomhaise,
Tugsad meanma ar mhaoith mheirtnigh,
Laoich fheardha nách aithintir.

5. Atá brat ciach ós a gcionn
Mhúchas glóir Ghaoidheal Éireann,
Mar néall gceath ghrianbháitheas goil
Do leath d'iarghnáicheas orthaibh.

6. Tarla ó Bhóinn go bruach Lighean
Dligheadh is fhiú aindligheadh,
Gur bhreath shaor le fianaibh Fáil
An riaghail chlaon do chonghbháil.

7. Ní bhí ag mac ríogh ón riaghail
Aire ar lúth eich óirshrianaigh,
Nó ar sheilg oighe fá chíogh cnuic,
Nó ar ghníomh soidhe nó seabhaic.

8. D'fhearaibh Fódla is fáth orchra,—
Do threabhsad daimh dhanartha,
I n-áit graifne a ngroigheadh seang,
Gach faithche um oirear Éireann.

9. Treóid Ghall i gcluaintibh a gcean,
Túir aolta i n-áit a bhfoirgneadh,
Margaidh uatha in gach oirear,
Cruacha ar ardaibh aonaigheadh.

2. One would compare them
To survivors from destruction,
Tormented from their wounds drenched in blood,
Or to mourners returning from a wake.

3. Or to a ship's crew on whom the sea has erupted,
Or to a band that has discovered that their days are numbered,
Or to hostages enfettered by the Gall,
Such are the Irish under a foreign host.

4. They have exchanged their strength for weakness,
They have exchanged their beauty for ugliness,
They have exchanged their courage for a spirit of dejection,
Virile heroes who are no longer recognized.

5. A veil of melancholy hangs over them
That extinguishes the glory of the Gaels of Ireland;
Like a cloud of showers eclipsing the sun with weeping
Anguish and grief have encompassed them.

6. From the Boyne to the banks of the Leene
Law and even lawlessness have spread;
So that it is a noble decision by the men of Fódla
To uphold misrule.

7. Because of the (foreign) rule
A king's son pays no heed to the agility of a golden-reined steed,
Nor to hunting a hind on the breast of a hill,
Nor to the activity of hound or hawk.

8. It is a source of sorrow for the men of Fódla—
Foreign oxen have ploughed
Every sward of the land of Éire
Instead of racing slender steeds.

9. Foreign herds in the meadows which they used to tax,
Whitewashed towers in place of their houses,
Demanding markets in every region,
Stacks on the heights of the places of assembly.

10. Ní aithneann inis Logha
Ní dá faithchibh fonnmhara,
Cnuic dhlaoiréidhe i ndiaidh a n-air;
Biaidh saoirÉire 'na Saxain.

11. Ní aithneann aicme Ghaoidheal
Banbha, buime a macdhaoineadh,
'S ní aitheann Éire iad soin;
Tiad re chéile as a gcrothaibh.

12. Is í an drong dhligheas d'aithne
d'Inis Chuinn is comhaighthe;
Ní Goill is aoighidh aca,
Gaoihdeal 'na ndroing dheórata.

13. Do léig Éire an tonn tríthe
D'iomchar fhoirne coigcríche;
Arthrach Dhá Thí do tolladh,
Sí i n-anchruth do fheadamar.

14. Mar thimcheallas tonn anfaidh
Le stoirm laoi lucht caolarthraigh,
Saithe Gall ar tí a dtiomchail,
Muna dtí ann d'Éireannachaibh.

15. Bruid Bhalair go n-a bhráithribh
Tuatha Dé do dhíoláithrigh;
Dar lat is neimhthreise a-niogh
Na beithre-se Mac Míleadh.

16. Mar lucht na Traoi ar n-a toghail
Dá ndíchleith i ndíothrabhaibh,
Fian Teamhra a-táid ó Thailtin;
A bhfáid sealbha seachaintear.

17. Cosmhail re Cloinn Isra-hél
Thoir san Éighipt ar éidréan,
Mic Mhíleadh um Bhóinn a-bhus
Ag síneadh dhóibh ó a ndúthchas.

10. Inis Logha recognizes
Nothing of her spacious plains;
The smooth covered hills have been ploughed,
Free Ireland will become England.

11. The family of the Gaels
Does not recognize Banbha, the nurse of their children.
Nor does Ireland recognize them;
Each has lost its accustomed shape.

12. The people you should recognize
From Conn's Island are strangers;
It is not the foreigners who are strangers to them,
It is the Gaels who are exiles.

13. Ireland has let a wave throughout the land
Bearing a host of foreigners;
The vessel of Dá Thí has been pierced,
Misshapen we recognize her.

14. As a tempestuous wave encircles
The crew of a slender vessel during a day storm,
So is a swarm of foreigners surrounding her in pursuit.
Unless the Irish reassert themselves.

15. The goads of Balor with his brothers
Have displaced the Tuatha Dé;
You would think that the warriors of Míl
Are less strong today.

16. As the people of Troy after its destruction
Were hidden in the wilderness;
So are the warriors of Tara from Tailtiu;
The lands they possessed are avoided.

17. As the people of Israel
Were oppressed in Egypt in the east,
So here the sons of Míl
Are being parted from their native land.

18. Mar do bhí Magh Tuireadh Thuaidh
I ngeall mhic Céin an chéaduair,
Lá a sgarthana ré teidhm dtinn,
Feidhm an athLogha ar Éirinn.

19. Ag sluagh Éireann an fheóir ghloin,
Truagh gan ionamhail Eachtoir
Mic Prímh re pobal Saxan,
Cogadh dhíbh go ndiongbhatsan.

20. Truagh, a Rí rátha nimhe,
Do theacht dúinn ór ndaoirse-ne,
An t-athMhaoise nár fhéag ruinn,
Tréad an chathchraoi-se Criomhthainn.

21. A Thríonnóid 'gá dtá an chumhacht,
An mbia an dream-sa ar deóradhacht,
Níos sia ó chathaoirlios Cuinn,
Nó an mbia an t-athaoibhneas againn?

22. Nó an dtiocfa is-teach ar thairngir
Do shluagh Danar ndúraingidh
Naomh fíréanghlan, fáidh Ó gCuinn,
An prímhéarlamh cáidh Coluim?

23. Má thug an Deónughadh dhi,
Saxa nua dan hainm Éire,
Bheith re a linn-se i láimh bhiodhbhadh,
Don innse is cáir ceileabhradh.

24. Muna gcuirid dóigh i nDia
Síol Éibhir Sguit ón Sgithia,
A gclár foirne—gá dám dhó?
Ní clár d'oighre ná d'iarmhó.

Foinse: Thomas F. O'Rahilly, *Measgra Dánta: Miscellaneous Irish Poems*, 2 eag. (Cork: Cork University Press, 1927), 144–47.

18. As Magh Tuireadh in the north
Was at first in need of the son of Cian,
The day it separated from its affliction,
So does Ireland need another Lugh.

19. It is a pity that the host of Ireland of the bright grass
Has not the likes of Hector,
The son of Priam would battle for them
Against the people of England.

20. It is a pity, O King of the fort of heaven,
That another Moses did not attempt
To free us from our slavery,
The flock of Criomthann's embattled land.

21. O Trinity who has the power,
Will this people be in exile
For much longer from Conn's fortress-seat,
Or will we have our joy restored?

22. Or will the prophecy come to pass
Concerning the hosts of the cruel spiteful foreigners,
Foretold by the chief patron, holy Colm Cille,
A faithful pure saint, the prophet of the race of Conn?

23. If Providence has ordained for her
To be a new England called Ireland,
To be in the hands of foreigners as long as she lasts,
For the island it is right to weep.

24. If the descendants of Eibhear Sgoit from Scythia,
Do not put their trust in God,
The land of their people—in short—
Will be land without heir without grandson.

Translation: Mícheál Mac Craith.

40. "Soraidh slán don oidhche a-réir" (c. 1610), NIALL MÓR MACMHUIRICH, 6 rann, meadaracht: ógláchas ar rannaíocht mhór

Is breá an sampla é an dán grá seo den chultúr coiteann a roinn Gaeil Éireann agus Gaeil Alban i bpáirt le chéile tráth, ní áirím traidisiún liteartha idirnáisiúnta an ghrá. Sáinnithe idir dhá riachtanas, riachtanas na teagmhála agus riachtanas na discréide, déanann an reacaire tréanchodarsnacht idir aoibhneas na leannán nuair a bhí siad le chéile ina n-aonar aréir agus na laincisí a chuireann an chuibhiúlacht orthu an gean dá chéile a léiriú agus iad i suíomh poiblí anocht. Cé gur féidir leo gothaí rúnda súl agus beol a úsáid chun a gcuid mothúchán a chur in iúl os íseal, ní mór dóibh bheith san airdeall ar shúile agus ar bheola naimhdeacha an phobail, gan uathu ach an leithscéal is lú chun ráflaí a scaipeadh fúthu. Díol spéise deismireacht nua-aimseartha an iardhearcaidh a bheith in úsáid sa rann leathdhéanach. Dá fheabhas é aoibhneas na leannán sa mhionaubade seo, fiú amháin aréir bhí só na teagmhála faoi smúit ag brón na scarúna. Údar suntais an chomhthreomhaireacht idir na geimhle a chuireann an nósmhaireacht le hiompar an reacaire agus an oiliúint a chuireann iachall air géilleadh do rialacha dochta na bairdne chun a chuid mothúchán a aithris agus a shrianú in éineacht. Sa ghrinnniniúchadh a dhéanann Thomas Owen Clancy ar eagrán nua eatramhach den dán seo a thugann tús áite don lámhscríbhinn Albanach, Leabhar Dearg Chlann Raghnaill, ar an dá fhoinse eile, cuireann sé féidearthachtaí nua idirmhínithe chun cinn. I nGaeilge na hÉireann ní fhéadfadh ach an Mhaighdean Mhuire bheith i gceist sa rann deireanach. I nGaeilge na hAlban, áfach, d'fhéadfadh bean ar bith bheith i gceist. Díol spéise gur Mór nó Moire Mhór ab ainm do bhean chéile mhac phátrún an fhile. Fágann an débhrí seo go bhféadfaí meabhair eile ar fad a bhaint as an dán.

1. Soraidh slán don oidhche a-réir,
Fada gér a dul ar gcúl;
Dá ngealltaoí mo chor i gcroich,
Is truagh nach í a-nocht a tús.

2. Atáid dias is tigh-se a-nocht
Nach ceileann rosg an rún;
Gion go bhfuilid bél ar bhél
Is gér gér silleadh an súl.

40. "Farewell Ever to Last Night" (c. 1610), NIALL MÓR MACMHUIRICH, 6 verses, meter: óglāchas ar rannaíocht mhór

Niall Mór MacMhuirich's love poem is a fine example of the culture shared by both Gaelic Ireland and Gaelic Scotland. The narrator's dilemma is that of one caught between conflicting needs: expressing his affection and maintaining discretion. The poem contrasts the joyful abandon of the lovers' privacy the previous night with their enforced restrained behavior while in public the following evening. Employing secret intimate gestures of eye and lip to convey their feelings, they must nonetheless beware of hostile glances and whispers of the public. A very modern touch is introduced with the flashback to last night in the penultimate verse, a mini-aubade, but even there the joy of meeting was overshadowed by the impending sorrow of parting. The shackles imposed by public decorum on the lovers' emotions is neatly paralleled by the poet's conformity to the rigid rules of the metrical structure, enabling him both to express and restrain emotion.

In his analysis of a recent interim edition of this poem that prioritizes the Scottish Red Book of Clanranald over the two other sources, Thomas Owen Clancy makes some novel suggestions. While the reference in the last verse can only refer to the Virgin Mary from an Irish point of view, in Scottish Gaelic *Moire* can refer to any woman whatsoever. This ambiguity opens up other possible interpretations of the poem and it bears noting that the wife of the poet's patron's son was called Mór or Moire Mhór NicLeóid.

1. Hail and farewell to last night;
Keenly, at length it departs;
Though I were sworn to be hanged,
Sad that tonight's not its start.

2. There's a pair inside tonight
Whose secret the eye can't hide;
Though they are not mouth on mouth
Keen, keen the glancing of the eye.

3. 'S truagh an cuibhreach do-ní an chiall
Ar silleadh siubhlach na súl;
Ní feirrde an tosd do-ní an bél
Sgél do-ní an rosg ar an rún?

4. Nocha leigid lucht na mbréag
Smid thar mo bhéal, a rosg mall;
Tuig an ní adeir mo shúil,
Agus tú san chúil úd thall:

5. "Cum aguinn an oidhche a-nocht,
Truagh gan í mar so go brách;
Na leig an mhaidean a-steach,
Éirigh 's cuir a-mach an lá!"

6. Uch, a Mhuire, a bhuime an t-sheing,
Ós tú is cenn ar ar gcéill,
Tárruigh agus gabh mo lámh.—
Soraidh slán don oidhche a-réir.

Foinse: Thomas Owen Clancy a sholáthair an téacs do na heagarthóirí.

41. "Moch madainn air latha Lùnast'" (c. 1570), Mòr Chaimbeul, 16 rann, meadaracht: scaoilte bunaithe ar séadna

Is ffíorannamh a tháinig ainm banfhile anuas chugainn ó ré na Nua-Ghaeilge Moiche, ach is eisceacht í an tAlbanach Mòr Chaimbeul. Tá trí dhán léi ar marthain. San amhrán seo, "Cumha Ghriogair," nó "Griogal Cridhe," faightear mionchuntas ar a pósadh le Griogar MacGriogair, a bhás anabaí, agus ar phósadh eile nár thaitin léi. Tá clú tuillte ag an saothar seo maidir le beocht na n-íomhánna agus neart na mothúchán: is úll cumhra é Griogair a thitfeas, agus ólann Mòr fuil Ghriogair mar chuid de dheasghnátha an chaointe. Cé gur machnamh ffíor-phearsanta atá anseo, is ráiteas poiblí polaitiúil é ag an am céanna. Mhair faltanas nimhneach idir Clann Chaimbeul agus Clann Ghriogair ó na 1560idí go dtí tús an tseachtú haois déag. Sa bhliain 1570 bhain col ceathrar le Mòr, Cailean Liath, taoiseach Chlann Chaimbeul

3. Sad how the sense puts a fetter
On the roving glances of the eyes;
The mouth's silence is no better:
The eye tells their secret's tale.

4. The lying folk do not allow
One peep from my mouth, O soft eye:
Understand what my eye says,
Though you're in the corner over by.

5. "Let us keep this night tonight—
Sad it's not forever thus—
Do not let the morning in;
Get up and put out the day!"

6. Ah, Mary, the slim one's nurse,
Since it's you who rule our sense,
Rescue me and take my hand:
Hail and farewell to last night.

Translation: Thomas Owen Clancy.

41. "Early on Lammas morning" (c. 1570), Mòr Chaimbeul, 16 verses, meter: a transitional form of meter, loosely based on *séadna*

Mòr Chaimbeul, perhaps Marion Campbell in English, is a rare example of a female early modern Gaelic poet whose name is known to us. One of three works by her that survive, the song "Cumha Ghriogair," or "Griogal Cridhe," details her marriage to Griogair MacGriogair, his untimely death, and a second, unfulfilling marriage. It is celebrated for its emotional intensity and vivid imagery: Griogair is a fragrant apple that will fall, and Mòr performs mourning rituals that include drinking Griogair's blood. An intensely personal work, it is also a public, and politically charged, statement. A bitter feud between the Campbells and MacGregors stretched from the 1560s into the early seventeenth century. In 1570, Griogair was beheaded by Mòr's cousin, Cailean Liath, chief of the Campbells

Ghleanna Urchair, agus a hathair, Donnchadh Ruadh, tiarna Ghleanna Lìomhann, an ceann de Ghriogair. Tugann cumadóireacht Mhòir léargas suntasach dúinn ar chomh srianta is a bhí ról na mban uasal féin i struchtúir shóisialta a linne.

1. Moch madainn air latha Lùnast'
   Bha mi sùgradh mar ri m'ghràdh,
   Ach mun tàinig meadhan-latha
   Bha mo chridhe air a chràdh.

2. Ochain, ochain, ochain uiridh,
   Is goirt mo chridhe, a laoigh,
   Ochain, ochain, ochain uiridh,
   Cha chluinn d'athair ar caoidh.

3. Mallachd aig maithibh 's aig càirdean
   Rinn mo chràdh air an-dòigh,
   Thàinig gun fhios air mo ghràdh-sa
   Is a thug fo smachd e le foill.

4. Nam biodh dà fhear dheug d'a chinneadh
   Is mo Ghriogair air an ceann,
   Cha bhiodh mo shùil a' sileadh dheur,
   No mo leanabh fèin gun dàimh.

5. Chuir iad a cheann air ploc daraich,
   Is dhòirt iad fhuil mu làr:
   Nam biodh agamsa an sin cupan
   Dh'òlainn dith mo shàth.

6. Is truagh nach robh m'athair an galar,
   Agus Cailean Liath am plàigh,
   Ged bhiodh nighean an Ruadhanaich
   Suathadh bas is làmh.

7. Chuirinn Cailean Liath fo ghlasaibh,
   Is Donnchadh Dubh an làimh;
   'S gach Caimbeulach th'ann am Bealach
   Gu giùlan nan glas-làmh.

of Glen Orchy, and her father, Donnchadh Ruadh, laird of Glen Lyon. Mòr's composition illuminates memorably the constrained roles of even élite women within the power-structures of the time.

1. Early on Lammas morning
I was sporting with my love,
But before noon came upon us
My heart had been crushed.

2. Alas, alas, alas and alack,
Sore is my heart, my child,
Alas, alas, alas and alack,
Your father won't hear our cries.

3. A curse on nobles and relations
Who brought me to this grief,
Who came on my love unawares
And took him by deceit.

4. Had there been twelve of his kindred
And my Griogair at their head,
My eye would not be weeping
Nor my child without a friend.

5. They put his head on an oaken block
And spilled his blood on the ground,
If I had had a cup there
I'd have drunk my fill down.

6. A pity my father was not diseased
And Grey Cailean stricken with plague,
Even though Ruthven's daughter
Would wring her hands dismayed.

7. I'd put Grey Cailean under lock and key
And Black Donnchadh in heavy irons,
And every Caimbeul in Taymouth
I'd set to wearing chains.

8. Ràinig mise rèidhlean Bhealaich
Is cha d'fhuair mi ann tàmh;
Cha d'fhàg mi ròin de m'fhalt gun tarraing
No craiceann air mo làimh.

9. Is truagh nach robh mi an riochd na h-uiseig,
Spionnadh Ghriogair 'na mo làimh:
Is i a' chlach a b'àirde anns a' chaisteal
A' chlach a b'fhaisge don bhlàr.

10. Is ged tha mi gun ùbhlan agam
Is ùbhlan uile aig càch,
Is ann tha m'ubhal cùbhraidh grinn
Is cùl a chinn ri làr.

11. Ged tha mnathan chàich aig baile
Nan laighe is nan cadal sàmh,
Is ann bhios mise aig bruaich do lice
A' bualadh mo dhà làimh.

12. Is mòr a b'annsa bhith aig Griogair
Air feadh coille is fraoich
Na bhidh aig baran crìon na Dalach
An taigh cloiche is aoil.

13. Is mòr a b'annsa bith aig Griogair
Cur a' chruidh don ghleann
Na bhith aig baran crìon na Dalach
Ag òl air fìon is air leann.

14. Is mòr a b'annsa bhith aig Griogair
Fo bhrata ruibeach ròin
Na bhith aig baran crìon na Dalach
A' giùlan sìoda is sròil.

15. Ged a bhiodh ann cur is cathadh
Is latha nan seachd sìon,
Gheibheadh Griogair dhomha cragan
San caidlimid fo dhìon.

8. I reached the lawn of Taymouth
But for me that was no balm,
I left no hair of my head unpulled
Nor skin upon my palms.

9. If only I had the flight of the lark,
Griogair's strength in my arm,
The highest stone in the castle
Would be the closest to the ground.

10. Though now I'm left without apples
And the others have them all,
My apple is fair and fragrant
With the back of his head on the mound.

11. Though others' wives are safe at home
Lying sound asleep,
I am at the edge of your grave
Beating my hands in grief.

12. I'd far rather be with Griogair
Roaming moor and copse
Than be with the niggardly Baron of Dull
In a house of lime and stone.

13. I'd far rather be with Griogair
Driving the cattle to the glen
Than be with the niggardly Baron of Dull
Drinking beer and wine.

14. I'd far rather be with Griogair
Under a rough hairy skin
Than be with the niggardly Baron of Dull
Dressed in satin and silk.

15. Even on a day of driving snow
When the seven elements reel
Griogair would find me a little hollow
Where we would snugly sleep.

16. Ba hu, ba hu, àsrain bhig,
Chan eil thu fhathast ach tlàth:
Is eagal leam nach tig an là
Gun dìol thu d'athair gu bràth.

Foinse: Wilson McLeod & Meg Bateman, eag., *Duanaire na Sracaire: Songbook of the Pillagers. Anthology of Scotland's Gaelic Verse to 1600* (Edinburgh: Birlinn, 2007), 416–20.

LÉITHEOIREACHT SA BHREIS

Marc Caball, "Language, Print and Literature in Irish, 1550–1630," in *The Cambridge History of Ireland*, iml. 2, 1550–1730, eag. Jane Ohlmeyer (Cambridge: Cambridge University Press, 2018), 411–33.

Marc Caball, *Poets and Politics: Reaction and Continuity in Irish Poetry, 1558–1625* (Cork: Cork University Press/Field Day, 1998).

Marc Caball, "Responses to Transformation: Gaelic Poets and the Plantation of Ulster," in *The Plantation of Ulster*, eag. Éamonn Ó Ciardha & Micheál Ó Siochrú (Manchester: Manchester University Press, 2012), 176–97.

Marc Caball, "The Gaelic Mind and the Collapse of the Gaelic World: An Appraisal," *Cambridge Medieval Celtic Studies* 25 (Summer 1993): 87–96.

Thomas Owen Clancy, "A Fond Farewell to Last Night's Literary Criticism: Reading Niall Mór MacMhuirich," in *Cànan & Cultar/Language & Culture. Rannsachadh na Gàidlig 4*, eag. Gillian Munro & Richard A. V. Cox (Edinburgh: Dunedin Academic Press, 2010), 109–125.

Anne C. Frater, "Women of the Gàidhealtachd and their Songs to 1750," in *Women in Scotland c. 1000 – c. 1750*, eag. Elizabeth Ewan & Maureen M. Meikle (East Linton: Tuckwell Press, 1999), 67–79.

Mícheál Mac Craith, "Literature in Irish, c.1550–1690: from the Elizabethan Settlement to the Battle of the Boyne," in *The Cambridge History of Irish Literature*, iml. 1, eag. Margaret Kelleher & Philip O'Leary (Cambridge: Cambridge University Press, 2006), 191–231.

Joanna Martin & Kate Mathis, "Elegy and Commemorative Writing," in *The International Companion to Scottish Literature, 1400–1650*, eag. Nicola Royan (Edinburgh, Scotland: Scottish Literature International, 2018), 173–99.

Breandán Ó Buachalla, "Ó Néill agus an tAos Léinn," *Éire agus an Eoraip sa 17ú hAois, Léachtaí Cholm Cille*, iml. 38, eag. Tracey Ní Mhaonaigh & Tadhg Ó Dúshláine (Maigh Nuad: An Sagart, 2008), 7–38.

Breandán Ó Buachalla, "Poetry and Politics in Early Modern Ireland," *Eighteenth-Century Ireland/Iris an Dá Chultúr* 7 (1992): 149–75.

16. Ba hu, ba hu, little waif,
You are still only young,
But the day when you revenge your father
I fear will never come.

Translation: Meg Bateman, in *Duanaire na Sracaire: Songbook of the Pillagers. Anthology of Scotland's Gaelic Verse to 1600*, eds. Wilson McLeod & Meg Bateman (Edinburgh: Birlinn, 2007), 417–21.

FURTHER READING

Marc Caball, "Language, Print and Literature in Irish, 1550–1630," in *The Cambridge History of Ireland*, vol. 2, 1550–1730, ed. Jane Ohlmeyer (Cambridge: Cambridge University Press, 2018), 411–33.

Marc Caball, *Poets and Politics: Reaction and Continuity in Irish Poetry, 1558–1625* (Cork: Cork University Press in Association with Field Day, 1998).

Marc Caball, "Responses to Transformation: Gaelic Poets and the Plantation of Ulster," in *The Plantation of Ulster*, ed. Éamonn Ó Ciardha & Micheál Ó Siochrú (Manchester: Manchester University Press, 2012), 176–97.

Marc Caball, "The Gaelic Mind and the Collapse of the Gaelic World: An Appraisal," *Cambridge Medieval Celtic Studies* 25 (Summer 1993): 87–96.

Thomas Owen Clancy, "A Fond Farewell to Last Night's Literary Criticism: Reading Niall Mór MacMhuirich," in *Cànan & Cultar/Language & Culture. Rannsachadh na Gàidlig 4*, eds. Gillian Munro & Richard A. V. Cox (Edinburgh: Dunedin Academic Press, 2010), 109–125.

Anne C. Frater, "Women of the Gàidhealtachd and their Songs to 1750," in *Women in Scotland c. 1000–c. 1750*, ed. Elizabeth Ewan & Maureen M. Meikle (East Linton: Tuckwell Press, 1999), 67–79.

Mícheál Mac Craith, "Literature in Irish, c.1550–1690: from the Elizabethan Settlement to the Battle of the Boyne," in *The Cambridge History of Irish Literature*, vol. 1, to 1890, ed. Margaret Kelleher & Philip O'Leary (Cambridge: Cambridge University Press, 2006), 191–231.

Joanna Martin & Kate Mathis, "Elegy and Commemorative Writing," in *The International Companion to Scottish Literature, 1400–1650*, ed. Nicola Royan (Edinburgh, Scotland: Scottish Literature International, 2018), 173–99.

Breandán Ó Buachalla, "Ó Néill agus an tAos Léinn," *Éire agus an Eoraip sa 17ú hAois, Léachtaí Cholm Cille*, vol. 38, ed. Tracey Ní Mhaonaigh & Tadhg Ó Dúshláine (Maigh Nuad: An Sagart, 2008), 7–38.

Breandán Ó Buachalla, "Poetry and Politics in Early Modern Ireland," *Eighteenth-Century Ireland/Iris an Dá Chultúr* 7 (1992): 149–75.

Freagairt Fhileata ar Phlandálacha (1609)

Síle Ní Mhurchú & Brendan Kane

Bíodh is go ndírímid sa roinn seo ar Phlandáil Uladh a tosaíodh in 1609, cumadh cuid de na dánta a roghnaíomar níos túisce ná sin nó tamall níos déanaí. Sa séú céad déag agus i dtosach an tseachtú céad déag, tháinig athrú thar cuimse ar leagan amach eacnamaíoch agus cultúrtha na hÉireann de réir mar a cuireadh gallsmacht i bhfeidhm ar an tír ar fad den chéad uair. I ndiaidh Chogadh na Naoi mBliana agus Imeacht na nIarlaí, rinneadh díothú ar uasaicme na hÉireann ar Ghaeil agus ar Shean-Ghaill Chaitliceacha iad, agus rinne Protastúnaigh ón mBreatain (plandálaithe) coilíniú ar mhórán de thailte na tíre, i gCúige Uladh go háirithe. D'fhág seo go raibh deireadh ré ag bagairt ar na filí proifisiúnta Gaelacha, filí na scol, óir bhí a slí bheatha agus feidhmiú na scoileanna filíochta ina bhfaighidís scoth an oideachais ag brath ar phátrúnacht ós na taoisigh Ghaelacha agus Shean-Ghallda.

I gcuid de na dánta anseo, tagaimid ar mhionsonraí a léiríonn na mór-athruithe a tharla in Éirinn sna blianta roimh 1609 agus ina dhiaidh, ach an rud is tábhachtaí ar fad ná go dtaispeánann na dánta freagairt na ndaoine féin ar na hathruithe seo: cumadh iad chun dul i bhfeidhm ar mhothúcháin a lucht éisteachta. Tá éadóchas agus buairt le feiceáil iontu i láthair leathadh impiriúil na Sasanach—seo an fhilíocht ag "freagairt" d'imeachtaí na linne—ach in áiteanna eile, feicimid inniúlacht agus féidearthachtaí nua ag teacht chun cinn, agus leanúnachas leis an am atá thart.

Ní féidir le haon dán labhairt ar son cách: bhí na taoisigh agus na tiarnais Ghaelacha agus Shean-Ghallda go léir difriúil agus níor sheasadar go léir gualainn ar ghualainn in aghaidh fhorlámhas na Sasanach agus in aghaidh phróiseas an ghalldaithe. Go hiondúil, is é a léirítear i bhfilíocht na mbard ná dearcadh na scothaicme agus an chuid ar leith den scothacime sin ag a raibh an file fostaithe, agus go deimhin féin, ceist a bhíonn ina hábhar díospóireachta ag scoláirí an lae inniu ná an do leas an phátrúin nó do chás na hÉireann trí chéile a thugtar tús áite san fhilíocht? Rud eile a bhaineann leis an tréimhse seo ná gur mó de thábhacht a bhaineann le saothar na bhfilí amaitéaracha mar fhoinse: ní raibh máistreacht ag na filí seo ar an dán díreach a chleacht na filí gairmiúla ach ní fhágann sin nach bhfuil áilleacht ag baint leis na dánta a chumadar.

CHAPTER FIVE

Poetic Response to Plantations (1609)

Síle Ní Mhurchú & Brendan Kane

While the Plantation of Ulster initiated in 1609 provides a focal point for this section, we have taken a broad chronological approach in our choice of poems. The sixteenth and early seventeenth centuries saw unparalleled changes taking place in the economic organization and cultural makeup of Ireland as centralized English rule was imposed on the whole country for the first time. In the wake of the Nine Years' War and the Flight of the Earls, the Irish aristocracy that had consisted of ruling Gaelic and Old English families of the Catholic faith was decimated and large swaths of land, in Ulster in particular, were colonized by Protestants from Britain (planters). The Irish professional or bardic poets thus faced an existential threat since their livelihoods and the running of the poetic schools in which they received their elaborate education depended on patronage from Gaelic and Gaelicized lords.

Some of the poems included here provide details of the radical changes that took place in Ireland in the years leading up to and after 1609 but more importantly, they allow us to see responses to these changes at a human level: they were composed with the aim of having an emotional impact upon the listener. We see in them elements of both despair and anxiety in the face of English imperial expansion that would characterize some examples of poetic "reaction" but elsewhere, a sense of agency and possibility, and of continuity with the past.

No one poem can speak for all: there were differences among Gaelic and Gaelicized lords and lordships and there was no united front or universalizing voice of resistance to English rule and Anglicization. The views represented in the compositions of the bardic poets are generally those of the specific and élite circles in which they moved and, indeed, the extent to which their work represents the interests of their patrons or the wider plight of Ireland continues to be a subject of lively debate among scholars. We also find the work of amateur poets gaining significance as a source in this period: they were unable to compose in the strict meter style of the professionals but their poetry is no less beautiful for that.

We must be aware of the effect of hindsight on our reading of these poems. The Battle of Kinsale has now become shorthand for the demise of the Gaelic order but this demise was not inevitable to those who lived through it. There

Ní mór dúinn a chinntiú nach gcuireann an iarghaois isteach ar an léamh a dhéanaimid ar na dánta seo. Anois, seasann Cath Chionn tSáile do threascairt an chórais Ghaelaigh ach ní shin é an tuiscint a bhí ag muintir na linne. Bhí dóchas ann gach re seal go dtiocfadh cabhair chun na hÉireann ó naimhde Shasana ar Mhór-Roinn na hEorpa: dá réir sin, thug pobal Caitliceach na hÉireann faoi cheangal a chruthú lena gcomhchreidmhigh thar lear agus iad ag cur i gcoinne iarrachtaí an stáit an Protastúnachas a leathadh. Sa tréimhse seo, tugann uaisle na hÉireann faoi chomhaontas a dhéanamh le cumhachtaí móra na haoise, impirí Hapsburgacha na Spáinne agus an Impireacht Naofa Rómhánach go príomha.

Níor imigh gach rian d'fhoirmeacha agus de mheadarachtaí clasaiceacha na bairdne láithreach bonn nuair a thosaigh plandáil Uladh: bhí filíocht shiollach fós á cumadh le linn an tseachtú céad déag ar fad ach d'éirigh sí níos neamh-choitianta le himeacht aimsire agus toisc nach raibh oiliúint phroifisiúnta ar fáil d'fhilí, ní raibh sí chomh snasta ná chomh cruinn is a bhíodh sí tráth. Is féidir a áiteamh gur fhág an chorraíl shóisialta, chultúrtha agus pholaitiúil a bhain leis an tréimhse atá faoi chaibidil sa rannóg seo gur tháinig borradh ar úsáid na samhlaíochta i litríocht na nGael agus gur triaileadh go leor rudaí nua ó thaobh seánraí, foirme, stíle agus ábhair de. Níor tharla aon athrú inchurtha leis seo ós na hathruithe a chuir tús le tréimhse na Nua-Ghaeilge Clasaicí i dtosach an tríú céad déag. Thug filí proifisiúnta agus filí amaitéaracha araon faoi thopaicí nua agus faoi chineálacha nua ceapadóireachta, agus tugadh aitheantas níos mó don chineál filíochta a thaitin leis na gnáthdhaoine.

Léiríonn "Mian mhic Cumhaill fá maith gnaoi" (Dán 42, feic leis Dán 5 agus 6) leanúnachas leis an saol a bhí imithe. Is féidir stair na Fiannaíochta, lena mbain-eann an laoi seo, a rianú siar go dtí an t-ochtú céad nó níos luaithe fós. Sampla d'fhilíocht a thaitin leis an bpobal atá anseo: is annamh a fhaightear tagairtí d'Fhionn mac Cumhaill in apalóga (scéilíní a chuireann teachtaireacht faoi bhráid na n-éisteoirí) fhilíocht na scol, filíocht ina bhfuil tagairtí do dhomhan uaslath-ach na Rúraíochta níos coitianta. In "Cáit ar ghabhadar Gaoidhil?" (Dán 43) agus "Ceist! Cia do cheinneóchadh dán?" (Dán 44) nochtann beirt fhilí ghairmiúla an díomá a chuireann creach na hÉireann agus díluacháil na filíochta gairmiúla orthu faoi seach. Cuirtear anró an díshealbhaithe in iúl in "A Mhná, Guileam tre Ghlais Áir" (Dán 45) mar a bhfaighimid radharc ar shaol a bhí ar tí imeacht ar fad, teach fir a bhí ina thaoiseach agus ina phátrún ag filí na scol.

In "Mór idir na haimsearaibh" (Dán 46) agus "Och! mo chreachsa faisean chláir Éibhir," (Dán 47) tugann filí aghaidh arís ar athruithe sa tsochaí: tá na dánta seo difriúil le filíocht na scol ó thaobh stíle de agus go deimhin, tá an dara ceann acu i véarsaíocht aiceanta, cineál véarsaíochta a tháinig in áit na véarsaíochta

was intermittent hope that help could come from England's enemies on the Continent: the Catholic population of Ireland thus attempted to make links with co-religionists to resist the introduction of a state-sponsored Protestantism. We find in this period Irish élites attempting to link their fortunes with those of the great powers of the age, primarily the Habsburg emperors of Spain and the Holy Roman Empire.

The classical forms and meters found in bardic poetry did not disappear when the Plantation of Ulster began: syllabic poetry continued to be composed throughout the seventeenth century even if it did eventually become rarer and, given the increasing informality of poetic training, less accomplished and less exact. In the moment of social, cultural, and political uncertainty covered in this section, Gaelic letters experienced arguably its most explosive period of creativity and experimentation in genre, form, language, and subject since the thirteenth century changes that ushered in the period of Classical Modern Irish. Properly-trained and amateur versifiers alike explored new topics and literary forms, and the tastes of ordinary people came to be better recognized in the field of poetry.

"The Desire of Mac Cumhaill, of Good Repute" (Poem 42, see also Poem 5 and 6) represents continuity with the past, the Finn Cycle to which it belongs extending back to the eighth century if not earlier. It is an example of popular poetry: references to Finn or Fionn mac Cumhaill rarely feature in the *apologues* (narratives intended to convey a useful message) found in bardic poetry which tend to give preference to the more aristocratically oriented Ulster Cycle. In "Where have the Gaels gone?" (Poem 43) and "Question! who will buy a poem?" (Poem 44) we have two bardic poets expressing their dismay at the war-torn state of Ireland and the devaluation of bardic poetry respectively. The pain of dispossession is conveyed in "Ladies, Let Us Weep for Glashare" (Poem 45) where we get a glimpse of what was to be a rapidly disappearing world, the household of a lord and patron of professional poetry.

"How great the difference between the ages" and "Woe is me, these fashions of Ireland" (Poem 46 and 47) again show poets responding to societal shift: these poems represent a move away from the poetic style of the bardic schools and indeed the latter poem is written in accentual verse, which largely replaced the syllabic verse practiced by the professional poets. "Happy be thy journey, Aodh Ruadh" (Poem 48) and "O hostage in London Tower" (Poem 49) convey a strong sense of agency in that we see a poet responding to shifting political concerns at home and abroad. "I loved an English maiden" (Poem 50) draws us into a world of complex loyalties between an amateur poet of noble lineage and the new ruling English class. Finally, "Rouse up your country, my Ireland" (Poem 51) is a rousing

siollaí a chleacht na filí gairmiúla. Faighimid léargas maith ar inniúlacht an fhile in "Rob soruidh t'eachtra, a Aodh Ruaidh" (Dán 48) agus "A bhráighe tá i dTor London" (Dán 49) ina bhfeicimid freagra á thabhairt ar cheisteanna athraitheacha na polaitíochta in Éirinn agus thar lear. In "Tugas annsacht d'óigh Ghallda," (Dán 50) faighimid spléachadh ar an gcaidreamh casta idir file amaitéarach de shliocht uasal agus an lucht ceannais nua de bhunadh Sasanach. Ar deireadh thiar, gairm chun misnigh spreagúil le file iar-chlasaiceach atá in "Músgail do mhisneach, a Bhanbha" (Dán 51). Bhí tionchar an-mhór ag filíocht mar seo i sochaí inar ghnáthach dánta a reic os comhair an phobail. Taispeánann na dánta sa roinn seo feidhmeanna iomadúla na filíochta Gaeilge i ndeireadh an tséú céad déag agus i dtosach an tseachtú céad déag chomh maith le blaiseadh dá háilleacht a thabhairt don léitheoir.[46]

42. "Mian mhic Cumhaill fá maith gnaoi,"
NÍ FIOS CÉ A CHUM, 5 rann, meadaracht: rannaíocht mhór

Sa laoi Fiannaíochta seo, liostáiltear na fuaimeanna ab ansa leis an laoch Fionn mac Cumhaill; bhí ráchairt ar na laoithe seo i measc an phobail agus tugann a bhformhór cur síos ar eachtraí agus ar shaol na Féinne. In ógláchas a cumadh na laoithe, cineál meadarachta atá níos scaoilte ná an dán díreach. Tá an chóip is luaithe den laoi seo i lámhscríbhinn ón seachtú céad déag. Is beag eolas atá againn ar an scríobhaí, Domhnall Ó hEidirsceoil, a scríobh an téacs i Lováin in Ísiltír na Spáinne (an Bheilg inniu) ach seasann sé mar ionadaí don iliomad Éireannach a thaistil go mórthír na hEorpa sa tréimhse seo chun oideachas a fháil nó slí bheatha a bhaint amach. Ba dheacair do na Caitlicigh sin, a bhí faoi rachmas tráth, dul chun cinn a dhéanamh in Éirinn i ndiaidh choncas na nGall.

1. Mian mhic Cumhaill fá maith gnaoi—
Éisteacht re faoidh Droma Deirg,
Colladh fá shíodh Easa Ruaidh,
Fiadh Ghaillmhe na gcuan do sheilg.

2. Sgolaidheacht luin Leitreach Laoigh,
Tonn Rudhraighe[47] ag buain re tráigh,
Dordán an daimh ó Mhoigh Mhaoin,
Búithre an laoigh ó Ghleann Dá Mháil.

---

46. I gcás dánta fada, tugtar líon beag véarsaí ionadaíocha.
47. An t-uisce i gCuan Dhún Droma, Co. an Dúin.

call to courage by a post-classical poet: such verse could have considerable reach and influence in a society where oral recitation of poetry was commonplace. The poems selected here give the reader a taste of the wide functional range and expressive richness of Irish poetry of the late sixteenth and early seventeenth centuries.[46]

42. "The Desire of Mac Cumhaill, of Good Repute,"
ANONYMOUS, 5 verses, meter: *rannaíocht mhór*

This Fenian lay lists the sounds that the hero Fionn mac Cumhaill loved; other popular compositions tell of the adventures of the Fianna and of their way of life. The lays are in *ógl(a)chas*, a looser metrical form than that required in formal bardic poetry (*dán díreach*). The earliest copy of this one is in a seventeenth-century manuscript. Little is known of the scribe, Domhnall Ó hEidirsceoil, who wrote the text in Louvain/Leuven, Spanish Netherlands, now Belgium, but he represents the trend of Irish people going to continental Europe to receive education or to earn their livelihood as opportunities for formerly well-to-do Catholics diminished at home in the wake of the English Conquest.

1. The desire of Mac Cumhaill who was of good repute—
To listen to the cry of Druim Dearg,
To sleep under the fairy mound of Eas Ruaidh,
To hunt the deer of Galway of the harbors.

2. The warbling of the blackbird of Leitir Laoigh,
Tonn Rudhraighe[47] as it touches the shore,
The belling of the stag from Magh Maoin,
The lowing of the fawn from Gleann Dá Mháil.

---

46. For longer poems, we have chosen a small number of representative verses.
47. The sea in the Bay of Dundrum, Co. Down.

3. Foghar seilge Sléibhe gCrot,
Fuaim na n-os um Shliabh gCua,
Monghar faoileann Iorrais thall,
Gáir na mbadhbh ós cionn na sluagh.

4. Coigeadal na mbárc re tuinn,
Donál conairte i nDruim Lis,
Briathra Brain[48] i gCnoc na nDáil,
Gáir na dtrí sreabh um Shliabh Mis.

5. Faoidh buabhaill ar sgur do sheilg,
Guth gadhair ar leirg na bhFian,
Fleadh Almhaine i measg na ndámh,—
Fá hiad sin go brách a mhian.

Foinse: Thomas F. O'Rahilly, *Measgra Dánta: Miscellaneous Irish Poems*, 2 eag. (Cork: Cork University Press, 1927), 56.

43. "Cáit ar ghabhadar Gaoidhil?"
LOCHLAINN Ó DÁLAIGH, 26 rann, meadaracht: deibhí

Sa dán seo, léirítear Éire mar a bhí sí thart ar chéad Phlandáil Uladh agus caointear na saighdiúirí a cuireadh ar seirbhís mhíleata thar sáile nuair a chlis orthu in Éirinn. Cruthaíonn na buafhocail a úsáidtear sa dán seo (Banbha Cuinn, muighe Meadhbha, etc) nasc idir an tírdhreach agus seanchas agus litríocht na hÉireann; os a choinne sin, dearcadh praiticiúil i leith na talún atá ag na plandálaithe a dhéanann í a roinnt ina hacraí (rann 9). Ach, is é díoltas Dé, ní iompar na bplandálaithe, an bhunchúis atá le drochbhail na hÉireann (rann 26): tá coincheap seo an deonaithe coitianta i bhfilíocht na linne. Is dócha gur bhain an file, Lochlainn Ó Dálaigh (fl. 1596–1609), le Dálaigh Bhréifne, a bhí ina bhfilí le hoidhreacht ag na Raghallaigh.

1. Cáit ar ghabhadar Gaoidhil?
Créad díol na ndrong bhforbhfaoilidh?
Ní fhoghbhuim a n-amhorc sin
A radharc ghormfhuinn Gaoidhil.

48. Cú Fhinn.

3. The sound of the hunt of Sliabh gCrot,
The sound of deer around Sliabh gCua,
The cry of the seagulls of Iorras yonder,
The shout of the scald-crows above the hosts.

4. The harmony of boat-oars striking water,
The howling of a pack of wolves in Druim Lis,
The utterance of Bran[48] in Cnoc na nDáil,
The roar of the three streams around Sliabh Mis.

5. The sound of a horn at the end of hunting,
The bark of a dog on the hillside of the Fianna,
The feast at Almhain in the company of the poets,—
Those were forever his desire.

Translation: Síle Ní Mhurchú.

43. "Where have the Gaels gone?"
LOCHLAINN Ó DÁLAIGH, 26 verses, meter: *deibhí*

This poem paints a picture of Ireland around the time of the first Plantation of
Ulster, lamenting the fate of soldiers who were redeployed into military service
abroad after their defeat in Ireland. The epithets used in the poem (Conn's Ireland,
Maeve's plain, etc.) link the landscape with Irish mythology and literature; in
contrast, the planters are depicted as having a utilitarian view of the land, dividing
it up into acres (quatrain 9). However, the ultimate cause of Ireland's travails is
not the actions of the colonizers but God's vengeance (quatrain 26): this concept
of providentialism is common in Irish poetry of the era. The poet, Lochlainn Ó
Dálaigh (fl. 1596–1609), probably belonged to the O'Dalys of Breifne who were
hereditary poets to the O'Reillys.

1. Where have the Gaels gone?
What is the fate of the mirthful throngs?
I catch no glimpse of them within sight
Of the green land of Gaoidheal.

---

48. Fionn's hound.

2. Ní fhaicim an ndroing ndearcghlais
Um dhromchluibh dhionn n-oireachtais,
A ccongháir ní claisdear leam
Ag taisdeal orláir Éireann.

3. Iongnadh leam créad a ccor-san,
Laoich na longphort solusghlan;
Fuaras bruidhne Banbha Cuinn,
Buidhne a h-adhbha 's ní fhaghuim.

4. Do sgarsat linn leath ar leath,
Óig Laighean, laochraidh Mhuimhneach,
Tréad fraochlann mhuighe Meadhbha
'S cuire saorchlann seinEamhna.

6. Measa mar tharla, truagh leam
Foireann chumhdaigh chláir Raoileann,
Meic ríogh ó bhionnardthoigh Bhreagh,
Ionnarbthoigh dhíobh do dhéineamh.

7. Do cuireadh coinnmheadh fairsing
Ortha ó Éirinn soluisslim:
Tighe ríogh na ttíreadh thoir
Do shíol Míleadh do mhúntoir.

8. Atá againn 'na n-ionadh
Dírim uaibhreach eisiodhan
D'fhuil Ghall, do ghasraidh Mhonaidh,
Saxoin ann is Albonaigh.

9. Roinnid í eatorra féin,
An chríoch-sa chloinne saoirNéill,
Gan phoinn do mhoigh lachtmhair Fhloinn
Nach bhfoil 'na acraibh agoinn.

10. D'iath Banbha is baramhuil soin—
Clár óir fá fhoirinn tacoir;
Ar bhfearoinn-ne fríth ré seal
Do dhíth gealfhoirne Gaoidheal.

2. I do not see the dark-eyed throng
Around the heights of fortified assembly-places;
Their tumult is not audible to me
As I traverse Ireland's plain.

3. I marvel what can be their condition,
The heroes of the bright, pure fortresses:
I have found the mansions of Conn's Ireland,
But I cannot find the companies of her halls.

4. They have dispersed from us in all directions,
The young warriors of Leinster, the heroes of Munster,
The fierce-bladed denizens of Maeve's plain,
And ancient Eamhain's warband of noble race.

6. As it turned out the worse,
Woe's me for the plain of Raoile's protecting band:
The sons of kings from the pleasant green house
Of Breagh are being made into exiles.

7. They have been given billeting far and wide,
Away from the bright, smooth Ireland;
The palaces of kings of the Eastern lands
Are made well-known to the race of Míl.

8. We have in their stead an arrogant,
Impure crowd, of foreigners' blood,
Of the race of Monadh—
There are Saxons there, and Scotch.

9. They divide it up amongst themselves,
This territory of the children of noble Niall,
Without a jot of Flann's milky plain
That we don't find becoming (mere) "acres."

10. Here is an analogy for the land of Banbha:
A golden chessboard under base chessmen;
For some time our land has been found
Destitute of its bright complement of Gaels.

15. Bánaighid bruidhne flaithfhear,
Tógbhaid le tréan n-anfhlaitheadh
Líne lios bhfrosuaidneach bhfionn
Um shlios n-osuaigneach nÉirionn.

17. Ní binn leó díoghrais dána,
Fuaim crot nó ceól orgána,
'Náid sdaire ríogh bheannmhúr Bhreagh,
Nó ríomh seanghlún a sinnsear.

26. Díoghaltas Dé as adhbhar ann—
Fir Albon, ógbhaidh Lunnand
Do anadar 'na n-áit sin—
Cáit ar ghabhadar Gaoidhil?

Foinse: William Gillies, "A Poem on the Downfall of the Gaoidhil," Éigse 13, uimh. 3 (1969–79): 203–210.

44. "Ceist! Cia do cheinneóchadh dán?"
MATHGHAMHAIN Ó hIFEARNÁIN, 7 rann, meadaracht: rannaíocht mhór

Nuair a d'imigh an uasalaicme Ghaelach agus Sean-Ghall, ní raibh tacaíocht le fáil níos mó ag na scoileanna filíochta. Sa dán seo, léirítear an téama "meath na filíochta" go beacht agus go healaíonta: tá an file, Mathghamhain Ó hIfearnáin (fl. 1585–1620), tar éis Cúige Mumhan a shiúl gan teacht ar dhuine a bheadh sásta airgead a chaitheamh ar a dhán dea-chumtha. Tagraíonn sé dá phátrúin féin atá caillte aige, Gearaltaigh Dheasmhumhan, sa rann deireanach. I ndán mór le rá eile ón bhfile céanna, "A mhic ná meabhraigh éigse," tugann sé foláireamh d'fhear óg gan dul le ceird na filíochta.

1. Ceist! Cia do cheinneóchadh dán?
A chiall is ceirteólas suadh:
An ngéabhadh, nó an áil le haon,
Dán saor do-bhéaradh go buan?

15. They destroy the hostels of noblemen,
They build with despotic vigor
A line of white(washed) multipillared courts
All about the deer-bereft flank of Ireland.

17. They find no sweetness in devotion to poetry,
The sound of harps or the music of an organ,
Nor the tales of the kings of Bregia of the turreted walls,
Nor the numbering of the ancient generations of their forefathers.

26. The vengeance of God is the reason for it.
The men of Scotland, the youths of London
Have settled in their place.
Where have the Gaels gone?

Translation: William Gillies, "A Poem on the Downfall of the Gaoidhil," *Éigse* 13, no. 3 (1969–70): 203–210.

44. "Question! Who will buy a poem?"
MATHGHAMHAIN Ó HIFEARNÁIN, 7 verses, meter: *rannaíocht mhór*

The loss of Ireland's Gaelic and Gaelicized nobility meant that the professional schools of poetry could no longer be sustained. In this poem, the theme of the "demise of poetry" is expressed succinctly and elegantly: the poet Mathghamhain Ó hIfearnáin (fl. 1585–1620) has "walked all Munster" without finding anyone who would be willing to spend money on his finely-wrought composition. In the final quatrain, he refers specifically to the loss of his own patrons, the Fitzgeralds of Desmond. In another well-known poem of his, "A mhic ná meabhraigh éigse," he warns a young man not to take up the poetic craft.

1. Question! who will buy a poem?
Its meaning is genuine learning of scholars.
Will any take, or does any lack, a noble poem
That shall make him immortal?

2. Gé dán sin go snadhmadh bhfis,
Gach margadh ó chrois go crois
Do shiobhail mé an Mhumhain leis—
Ní breis é a-nuraidh ná a-nois.

3. D'éirneist gémadh beag an bonn,
Níor chuir fear ná éinbhean ann,
Níor luaidh aoinfhear créad dá chionn,
Níor fhéagh liom Gaoidheal ná Gall.

4. Ceard mar so ní sochar dhún,
Gé dochar a dol fa lár:
Uaisle dul re déiniomh cíor—
Ga bríogh d'éinfhior dul re dán?

5. Ní mhair Corc Chaisil ná Cian,
Nár chaigil a gcrodh ná a luagh,
Na réidhfhir ag díol na ndámh—
Slán lé síol Éibhir mon-uar.

6. Geall bronnta níor beanadh dhíobh,
Cobhthach go teasda agus Tál:
Iomdha drong diongbhaim dá luadh,
Uaim anonn dá ndiongnainn dán.

7. Mé im luing cheannaigh ar gcaill laist
D'éis Chlann nGearailt do thuill teist:
Ní chluinim—is cás rom loisg:
Fás an toisg fá gcuirim ceist.

Foinse: Osborn Bergin, *Irish Bardic Poetry* (Dublin: Institute for Advanced Studies, 1970), 145–46.

45. "A mhná, guileam tre Ghlais Áir," TUILEAGNA Ó MAOIL CHONAIRE, 11 rann, meadaracht: rannaíocht mhór

Bhain Tuileagna Ó Maoil Chonaire (fl. 1584–1603) le teaghlach léannta Gaelach ó Cho Ros Comáin. Bhí caisleán Ghlais Áir a chaointear sa dán seo i gCo. Chill Chainnigh. B'fhéidir gurbh iníon leis an bhfile bean darbh ainm "Grany fitz

2. Though this is a poem with close-knit science,
I have walked all Munster with it,
Every market from cross to cross—
Nothing gained from last year to this time.

3. Though a groat were a small earnest,
Not one man or woman offered it:
No man mentioned the reason;
Neither Gael nor Gall gave heed to me.

4. Such an art as this is no profit to me,
Though it is a misfortune that it should fall to the ground:
It were more honorable to become a maker of combs—
What use is it to anyone to profess poetry?

5. Corc of Cashel lives not, nor Cian,
Who never spared their cattle nor the price of them,
Open-handed men at paying the bardic companies—
Alas! it is goodbye to the race of Éibhear.

6. They never lost the palm for generosity,
Until Cobhthach and Tál died:
Many a host I leave untold,
For whom I might have continued to make poetry.

7. I am a merchant ship that has lost its cargo,
After the Fitzgeralds who deserved renown.
I hear no answer—a case that has tormented me.
'Tis an idle business about which I put a question.

Translation: Osborn Bergin, *Irish Bardic Poetry* (Dublin: Institute for Advanced Studies, 1970), 279–80.

45. "Ladies, Let Us Weep for Glashare," TUILEAGNA Ó MAOIL CHONAIRE, 11 verses, meter: *rannaíocht mhór*

Tuileagna Ó Maoil Chonaire (fl. 1584–1603) belonged to a Gaelic learned family with origins in Roscommon. The castle of Glashare, lamented in this poem, was in Co. Kilkenny. "Grany fitz Tullignie," the wife of Alexander Grace, proprietor of

Tullignie" a bhí pósta le húinéir an chaisleáin, Alexander Grace. Ceaptar go dtag-
raíonn an líne "gur traothadh ar dtír a-nos" (rann 6) d'Éirinn i ndiaidh Chath
Chionn tSáile, rud a thabharfadh le fios gur thart ar 1603 a cumadh an dán. Sampla
de "dhán tí" atá sa dán seo: déanann na dánta seo ceiliúradh ar thithe na n-uaisle
nó, i dtreo dheireadh ré na bairdne, déanann siad caoineadh ar a scrios. Sampla
iomráiteach eile den seánra seo ná "Caoineadh Chill Chais" a chásaíonn an scrios a
rinneadh ar thúrtheach na mBuitléarach i mBaile Uí Dhiana, Co. Thiobraid Árann.

1. A mhná, guileam tre Ghlais Áir,
Is tugam ar dtreas 'na dhiaidh;
Combáidh ghuil is déanta dhúin,
'S créachta an dúin gan luibh gan liaigh.

2. Och, ochán! adhbha na sluagh
'Na bhfaghbhadh gach bochtán biadh;
Níor bh'fhiú cách a cur ar gcúl;
Ag gul fán dún go bráth biam.

3. Binneas is eól gach re n-uair
San tigh-sin ar dtós do-chínn;
É mar tá is damhna dár ndeóir;
Mór lá leóin tarla dár dtír.

4. Do b'é mo ghrádh bheith san bhrugh,
Ní badh slán mé ó nách mar;
Is é fá liaigh dom lionn dubh;
Bun 's cionn gan gul 'na dhiaidh dhamh.

5. San teach nduasbhog gan díoth lóin
Do bhíodh cead cuarta ag gach cléir,
'S gan triall tar ais, dá madh áil,
Ó Ghlais Áir ina bhfiadh féin.

6. Do bhíodh ag laochraidh san lios,
Gur traothadh ar dtír a-nos,
Súgh caor i gcuachaibh gan ghlas,
'S luachair ghlas go caol a gcos.

Glashare castle, may have been our poet's daughter. The line "until our country was subdued" (verse 6) may refer to Ireland after the Battle of Kinsale, suggesting a date of composition of c. 1603. This poem is an example of a house poem: these celebrate fine houses or, toward the end of the bardic era, lament their destruction. A famous example of this genre is "Caoineadh Chill Chais" ("The Lament for Kilcash") that mourns the destruction of the Butler tower-house in Ballydine in Co. Tipperary.

1. Ladies, let us weep on account of Glashare
And give a bout of keening in its wake;
To weep in sympathy is what we must do,
As there is no cure or doctor for the wounded fort.

2. Alas, alas! the abode of multitudes
Where every pauper would get food;
It was not fitting that all should desert it;
We will weep for the castle forever.

3. Melody and lore in turn
I saw at first in that house;
Its current state is the reason for my tears;
A great day of sorrow befell our land.

4. It was my joy to be in the mansion,
I am not well since it no longer stands;
It was the healer of my melancholy;
It would be odd of me not to weep after it.

5. In the generous house not lacking in supplies
Every poetic company had the right to visit,
And not to return, should they wish,
From Glashare to their own land.

6. Every warrior in the dwelling,
Until our country was subdued,
Had wine in goblets without restraint,
And green rushes up to their ankles.

7. Minic fá meanmnach mic ríogh
San tigh-sin tarla fá bhrón;
Mímheanmnach a-nocht, mo nuar!
Port na sluagh míndealbhach mór.

8. Sí riamh ag dula ós gach dún,
Mar do bhiadh umha fá ór;
Do Ghlais Áir do beanadh bríogh;
Táir, fa-ríor, gach meadhar mór.

9. Do b'é ar dteas i n-aimsir uair
An teach san aimsin an óil;
Do b'é ar bhfuarán geal ón ghréin
An teagh réidh nuabhán gach nóin.

10. Bhar n-aithne is ceard deacair dún;
Dar leam do leagadh do sheól;
Más tú an baile 'na mbínn riamh,
Caidhe an chliar do chínn ná an ceól?

11. Atá agam iongnadh nua,
Go gcaithfeam, dá liobhra lá,
Gan triall ó thoil re n-ar ló
Don toigh dár mó ar mian, a mhná!

Foinse: Thomas F. O'Rahilly, *Measgra Dánta: Miscellaneous Irish Poems*, 2 eag. (Cork: Cork University Press, 1927), 157–58.

46. "Mór idir na haimsearaibh,"
MUIRIS MAC DÁIBHÍ DHUIBH MAC GEARAILT,
72 rann, meadaracht: aoi freislighe

Bhain Muiris Mac Gearailt (c. 1585–c. 1630) le teaghlach de shliocht na Sean-Ghall a bhí lonnaithe i dtuaisceart Chiarraí agus an chúis is mó a bhfuil cáil air, seans, ná gur carachtar é sa scéal aorach *Pairlement Chloinne Tomáis*. Ach, ba scríbhneoir inniúil é chomh maith agus mura raibh cumas thar na bearta ann ó thaobh stíle de ná ina ionramháil ar na foirmeacha traidisiúnta, ba ghné shuntasach dá shaothar an tráchtaireacht ghrinn a rinne sé ar imeachtaí a linne: tá an dán

7. The sons of kings were often in good spirits
In that house which sorrow has overtaken;
Uncheerful tonight, my woe!
Is the abode of great throngs of fine appearance.

8. A mansion surpassing all others
As gold surpasses bronze;
Glashare was deprived of its strength;
Every great delight, alas, will come to an end.

9. The house in the time of carousing
Was my warmth in cold weather;
The smooth white house every noon
Was my welcome fresh shade from the sun.

10. For me you have changed beyond recognition;
Methinks your sail was knocked over;
If you are the home I used to frequent,
Where are the poets I used to see, where is the music?

11. I have a new astonishment,
That I cannot, however long the day,
Set out willingly in my time
For the house I most desire, O ladies!

Translation: Síle Ní Mhurchú.

46. "How great the difference between the ages," MUIRIS MAC DÁIBHÍ DHUIBH MAC GEARAILT, 72 verses, meter: *aoi freislighe*

Muiris Mac Gearailt (c. 1585–c. 1630), of a North Co. Kerry family of Old English extraction, is perhaps best known for appearing as a character in the anonymous prose satire, *Pairlement Chloinne Tomáis*. Yet he was an accomplished writer in his own right, distinguishable less for his style or mastery of traditional forms than his incisive commentary on contemporary events, the present work being the most exquisite example. The poem opens with Ovid's framing of civilization's

thíos ar an sampla is fearr de seo. Osclaíonn sé le tuiscint Óivid ar mheath na sibhialtachta ó aois shuáilceach an óir go dtí an am i láthair, aois mhí-ádhúil an iarainn. Sna 72 rann sa saothar seo, áirítear réimse leathan comharthaí a léiríonn meath na sochaí, ar a n-áirítear easpa creidimh, tomhaltachas agus fiacha, agus cúirteanna cama. Taispeánann an cur síos cruinn seo ar imeachtaí na linne an t-athrú ón tslí indíreach a gcuirtí pointí polaitiúla in iúl i bhfilíocht na scol go dtí stíl an tseachtú céad déag atá níos *engagé* agus a dhíríonn níos mó ar eispéireas an ghnáthphobail. Cé go raibh baint ag scaoileadh na scoileanna filíochta agus an struchtúir shóisialta a thacaigh leo leis an athrú seo, cuireann racht feirge Mhic Ghearailt i gcuimhne dúinn go raibh tuairimí difriúla ann maidir leis an mbrí a bhí le sibhialtacht: maíonn an Gearaltach go bhfuil na Sasanaigh nua-thagtha agus an chosmhuintir Ghaelach araon barbartha.

1. Mór idir na haimsearaibh,
   Más fíor dá dtáinig romhainn:
   Barr oilc agus aimhghliocais
   Ag fás gach aonlá orainn.

6. Tuig an saoghal iarainnse
   Do chan an t-údar romhainn,
   Is é sin an bhliadhainse
   'S a bhfuil dá samhail chugainn.

7. Seoch a bhfuil san domhan-so
   Beanfaidh so d'iathaibh Éibhir;
   Foilseochad don turas-so
   Cuid ar olcas dá dtréithibh.

15. Na ministrí Muimhneacha
    Gan téacs, gan seanmóir leabhrach;
    Féach na bodaigh bhroimneacha
    Mar do líonadar an teampall.

19. Ná creid choidhce an sladaidhe
    Adeir níos fearr do chonradh,
    Go reacfadh riot earraidhe
    Seoch mar bhíd ar sráid Londan.

decline from a virtuous age of gold to the present and ill-starred age of iron. The remainder of the work's 72 quatrains enumerates a vast range of perceived markers of social decline, including irreligion, consumerism and debt, and corrupt courts. Such explicit description of present affairs was a feature of the broader shift from the more oblique political observations of Classical bardic verse to the more demotic and *engagé* style of the seventeenth century. While that change was spurred by the breakup of bardic schools and the social structure that supported them, Mac Gearailt's fury reminds us that civility was in the eye of the beholder, the poet laying the charge of savagery at the feet of English newcomers and Irish commoners.

1. How great the difference between the ages,
If what those who came before us say is true;
The height of evil and folly
Grows about us with each passing day.

6. Know that the age of iron
Of which the author informed us
Is this very year
And those years of its ilk that lie before us.

7. Beside all the lands of the earth
This will pertain to (the lands of) Ireland;
I shall now reveal
Some of their evil features.

15. The ministers of Munster
Without text, without sermons informed by books;
Behold how the farting churls
Have crowded the temple.

19. Never believe the brigand
Who promises the best bargain,
And that he will sell you goods
Beyond what's available on the streets of London.

20. Do-bheir lása is éadaighe
    Duit chum tadhaill na sráideann;
    Tiocfaidh ort fán gcéadchoire
    Próiseas, pursuant is sáirsint.

21. Do mheall uaibh an ceannaidhe
    Go lór bailte d'iath Éibhir;
    Fá dheoidh ag an sladaidhe
    Biaidh an fearann le chéile.

43. So an fear dlighe dúthrachtach
    Do-ní don chóir éagcóir;
    Mo mhallacht dá ghúnasan,
    Do mheall uaim mo dheich *jacob*.[49]

44. Ar feadh fichid groidthéarma
    Go hÁth Cliath leis go scíosmhar
    Do-chuaidh mise ar boidéarma
    'S gan liom acht *nisi prius*.[50]

Foinse: Nicholas Williams, *Dánta Mhuiris mhic Dháibhí Dhuibh Mhic Gearailt* (Baile Átha Claith: An Clóchomhar Tta., 1979), 48–57.

47. "Och! mo chreachsa faisean chláir Éibhir," BRIAN MAC GIOLLA PHÁDRAIG (?), 3 rann, meadaracht: amhrán

Bhí níos mó i gceist le freagairt ar na plandálacha ná imní faoi sheilbh na talún: bhí ceisteanna a bhain leis an tsochaí, leis an gcultúr agus le cúrsaí polaitíochta ag dó na geirbe ag daoine chomh maith. Ina theannta sin, níorbh iad na Nua-Ghaill amháin a thuill binb na bhfilí. Léiríonn an dán seo, arbh fhéidir gurb é an tAthair Brian Mac Giolla Phádraig (c. 1580–c. 1652) a chum é, fearg na n-uasaicmí i leith na bhfáslach Éireannach a d'úsáid briseadh síos na struchtúr sóisialta traidisiúnta chun éalú ón sean-ordlathas oidhreachtúil agus chun a ndul chun cinn féin a dhéanamh sa saol. Bhí dlíthe costais i bhfeidhm sa tréimhse seo a d'fhág

---

49. Boinn airgid.
50. Níl faighte ag an bhfile ach geallúint go gcloisfear a chás amach anseo.

20. He provides you (with) lace and robes
To cut a figure on the street;
Process, pursuivant, and sergeant
Will come for you for the first offense.

21. The merchant swindled from you
Many townlands of Ireland;
In the end, the land
Will be "united" by the brigand.

43. Behold the diligent lawyer
Who makes justice into injustice;
My curse on his legal robe,
Which swindled my 10 *jacobs*[49] from me.

44. For twenty short legal sessions
Wearily to Dublin
Did I go with him, naively,
And with nothing to show but *nisi prius*.[50]

Translation: Brendan Kane.

47. "Woe is me, these fashions of Ireland," BRIAN MAC GIOLLA PHÁDRAIG (?), 3 verses, meter: *amhrán*

Reaction to the plantations extended beyond concerns over land ownership to include matters of society, culture, and politics. Nor was the fury of poets reserved for newcomers alone. This poem, which may have been composed by Fr. Brian Mac Giolla Phádraig (c. 1580–c. 1652) offers succinct expression of élites' outrage over Irish "upstarts" who used the breakdown of traditional social structure as a spur to step outside hereditary hierarchies and pursue their own status aspirations. In an age of sumptuary laws, whereby the wearing of clothes and accoutrements was dictated by social status, the question of fashion was no mere matter of aesthetics

---

49. Coins.
50. The only thing the poet has received for his efforts is a promise that his case will be heard in the future.

gur bhain na héadaí agus na hoiriúintí a chaith duine lena stádas sóisialta: ní
ceist aeistéitice amháin a bhí san fhaisean ach comharthaí a léirigh comhtháthú
na sochaí. B'ionann neamhaird a thabhairt ar na dlíthe seo agus ar thraidisiúin
agus ar ghnása neamhscríofa, agus an tsochaí a iompú bun os cionn; b'fhacthas
do bhaill de na huasaicmí mar an file seo gur bhagairt ar an gcóras sóisialta a bhí
ina leithéid. Tugann an tagairt do Dhál gCais seandacht na huasaicme Gaelaí
chun cuimhne agus nuair a luann sé tobac, tarraingíonn an file ár n-aird ar na
hearraí nua a bhí ag teacht isteach sa tír ó choilíneachtaí Shasana thar sáile agus
cuimhnímid go bhfacthas do dhaoine áirithe go raibh baol cultúrtha ag baint leo.
Tá cumha ag baint leis an véarsa deireanach ina lochtaíonn an file na hÉireannaigh
atá ag tréigean na Gaeilge agus ag iompú ar an mBéarla atá níos praiticiúla, dar leo.

> 1. Och! mo chreachsa faisean chláir Éibhir:
> Loca cas ar mhac gach mná déarca,
> Cufa geal 'ma ghlaic is fáinne aerach
> Mar gach flaith d'fhuil Chais dár ghnáth Éire.

> 2. 'S gach mogh nó a mhac go stairs go hard lé smig,
> Cor tar ais dá scairf is gáirtéar air,
> A stoc tobac 'na chlab dá lántséideadh
> 'S a chrobh ó alt go halt fá bhráisléidibh.

> 3. Is cor do leag mé cleas an phlás-tsaoilse:
> Mogh in gach teach ag fear an smáilBhéarla
> 'S gan scot ag neach le fear den dáimh éigse
> Ach "hob amach 's beir leat do shárGhaelgsa."

Foinse: Pádraig de Brún, Breandán Ó Buachalla & Tomás Ó Concheanainn, Nua-Dhuanaire, iml. 1
(Baile Átha Cliath: Institiúid Ard-Léinn Bhaile Átha Cliath, 1971), 11.

48. "Rob soruidh t'eachtra, a Aodh Ruaidh," EOGHAN RUADH MAC AN BHAIRD, 25 rann, meadaracht: deibhí

Tugann an dán seo léiriú maith ar an idirghabháil chasta a tharla go náisiúnta
agus go hidirnáisiúnta sna blianta roimh Phlandáil Uladh. Bhí Eoghan Ruadh
Mac an Bhaird (c. 1570 – c. 1630, féach Dán 37) ina ollamh flatha ag Aodh Ruadh Ó
Domhnaill agus is mó trácht a rinne sé ar achrann na linne. Anseo, téann sé i ngleic

but rather a benchmark of social cohesion. Flouting of those laws, or of unwritten traditions and customs, was tantamount to social inversion and deemed a fundamental threat to order by élite observers such as this poet. The reference to Dál gCais calls to mind the antiquity of the Irish nobility now under threat, while the mention of tobacco highlights both the appearance of transoceanic colonial commodities and how they could be seen as culturally dangerous. Poignantly, the poem ends decrying indigenous abandonment of Irish for a seemingly more utilitarian English.

1. Woe is me, these fashions of Ireland:
Flowing locks on every beggarwoman's son,
A white cuff and shiny ring on his hand
Like a blood prince of Dál gCais of ancient Ireland.

2. And every servant or his son starched to the chin,
A scarf tied about his neck and sporting a garter,
A tobacco pipe puffing away in his gob
And his hands encased in bracelets.

3. Great my plight, laid low by the people of this deceitful world:
A servant in every house owned by a man of tainted English
And no respect from anyone for the man of bardic learning
Except "begone with you and take your precious Irish with you."

Translation: Brendan Kane.

48. "Happy be thy journey, Aodh Ruadh," EOGHAN RUADH MAC AN BHAIRD, 25 verses, meter: *deibhí*

This poem well illustrates the local and international complexities of the pre-Ulster Plantation war years. Eoghan Ruadh Mac an Bhaird (c. 1570–c. 1630, see Poem 37) was chief poet to Red Hugh O'Donnell and a prolific commentator on the upheavals of the age. Here he addresses O'Donnell's diplomatic gambit in 1602 of traveling to Spain, after the defeat of Kinsale, to secure support for those Irish in rebellion against the regime of Elizabeth I. Much of the language and metaphor is traditional, namely the claim that all Ireland and all social classes fretted over the fate of both O'Donnell and his mission. Other elements, however,

le turas Uí Dhomhnaill chun na Spáinne in 1602 tar éis bhriseadh Chionn tSáile
mar ar chuaigh sé i bhfiontar le tacaíocht a bhaint amach do na hÉireannaigh a bhí
ag éirí amach i gcoinne réimeas Eilís I. Tá an teanga agus na meafair traidisiúnta ar
an mórgóir, is é sin le rá an ráiteas go raibh Éire ar fad agus gach aicme shóisialta
buartha faoina raibh i ndán don Dálach agus dá mhisean. Ach, léiríonn eilimintí
eile sa dán inniúlacht na nGael ag tús an tseachtú céad déag—tá Ó Domhnaill go
gníomhach ag lorg cúnamh idirnáisiúnta—agus nochtar easaontas polaitiúil i
measc na nGael. Níor thacaigh gach ceannaire le cúis Uí Dhomhnaill agus Aoidh
Uí Néill, Iarla Thír Eoghain. Mar shampla, ba chomhghuaillí tábhachtacha de
chuid na corónach iad Donnchadh Ó Briain, ceathrú hIarla Thuamhan, agus an
Sean-Ghall Risteard de Búrca, ceathrú hIarla Chlann Riocaird. Ba chéile luaineach
í Éire agus cuireann Mac an Bhaird i gcuimhne dúinn anseo nach seasann caoin-
eadh do thaoiseach amháin agus dá chúis do mheon aontaithe Gaelach agus nach
léiríonn dán amháin tuairimí chách sa tréimhse seo ina raibh an tír ag athrú go
tapaidh.

> 1. Rob soruidh t'eachtra, a Aodh Ruaidh,
> An Coimsidh do-chí ar n-anbhuain,
> Gabhaidh sé t'innfheitheamh air,
> Go mbé ag rinnfheitheamh romhaibh.

> 11. Na laoich, a llos a n-annsa,
> Na mná, na meic eaccalsa,
> Clanna ar saor, meic ar moghadh,
> Dheit, a Aodh, fá énomhan.

> 12. D'furtacht shleachta Gaoidhil Ghlais
> Tar muir ón tráth do thriallais,
> Atáid croidhe sonn gá sníomh
> Le trom n-oire gach airdríogh.

> 13. Atáid m'ionnsamhla eile,
> Atúsa, a Aodh, d'áiridhe,
> Dom buing do bhithin t'eachtra
> I ttuinn fhichidh mh'aigeanta.

reveal the agency of the Gaels at the turn of the seventeenth century—O'Donnell actively courting international aid—and expose political division amongst the Irish. Not all Irish lords joined the cause of O'Donnell and Hugh O'Neill, Earl of Tyrone. Donough O'Brien, fourth Earl of Thomond and the Gaelicized Old English Richard Burke, fourth Earl of Clanricard, for instance, were critical allies for the Crown. Ireland, indeed, could be a fickle spouse, and Mac an Bhaird reminds us that a lament for one Gaelic lord and his particular cause was not the voice of a unified Gaelic mentality or a representative commentary in fast-changing times.

> 1. Happy be thy journey, Aodh Ruadh!
> The Lord who seeth our distress,
> He taketh upon Him thy care,
> May He prepare thy way before thee.

> 11. Warriors, by reason of their love,
> Women, clerics, the children of our nobles,
> The sons of our serfs,
> They are all united in fear for thee, Aodh.

> 12. Since thou hast gone over the sea
> To succor the race of Gaoidheal Glas,
> There are hearts here straining
> Under the weight of each prince's burden.

> 13. There are others like me;
> I myself especially, O Aodh,
> Am torn because of thy venture
> In the boiling wave of my mind.

14. Ní chorraigh muir nach measg sinn,
Ní éir gaoth nach gluais mh'intinn,
Ní aithrigh síon séis mbuinne
Nach sníomh dot éis oruinne.

15. Ní hé aithbhear bhar n-olc féin,
Ní hé ainbhthine an aeéir
Do chor ort budh urlamh linn,
Acht turbhadh d'olc na hÉireann.

16. Inis Chuinn do chleacht leónadh,
Gá ttám as dí theigeómhadh,
Dá ttíste ruibh god rochtain
Tar muir ngríste nguasachtaigh.

17. Do cuireadh clódh a teadhma
Uaibhsi a n-ucht na cinneamhna,
Do fhéch sibh don chríchsi Chuinn,
Dá ndigh díbhsi, a Uí Dhomhnuill.

18. Mór dá haos cumtha ar cheana
Do chuir a n-áit oidheadha
An bhréiginsi lér fhaoi Art,
Ar aoi a héiginsi d'fhurtacht.

24. Atá san luingsin tar lear
Oireachas Insi Gaoidheal,
A síodh, a guaisbhearta, a glóir,
Díon a huaisleachta, a honóir.

25. Go bhfille ar sliocht Gaoidhil Ghlais,
A mhic Aodha, a ua Mhaghnais,
Rob dimbríogh gach tonn dá ttuil,
Gach imshníomh sonn rob soruidh.

Foinse: Osborn Bergin, Irish Bardic Poetry (Dublin: Institute for Advanced Studies, 1970), 31–34.

14. The sea does not stir without bewildering me,
The wind rises not but that my mind starts,
The tempest does not alter the note of the stream
Without bringing anguish upon me, now thou art gone.

15. It is not complaint of thy own troubles,
It is not thy constraint by the rude welkin,
That would seem to me at hand,
But ruin from the ills of Ireland.

16. Conn's Isle that hath been practiced in suffering,
It is she, in short, that would feel the blow,
If thou shouldst be opposed in thy journey
Over the raging perilous sea.

17. The conquest of her disease
Has been put from thee into the lap of fate
—Thou hast cared for this land of Conn!—
If thou fail, O'Donnell.

18. Many others of her lovers
Has this false Isle, spouse of Art,
Sent to a place of doom
For helping her necessity.

24. There are in that ship beyond the sea
The sovranty of the Island of the Gaels,
Her peace, her perilous exploits, her glory,
The defence of her nobility, her honor.

25. Mayest thou return to the race of Gaoidheal Glas,
O son of Aodh, O grandson of Maghnus!
May every wave that flows be weak,
May every anxiety here be happy!

Translation: Osborn Bergin, *Irish Bardic Poetry* (Dublin: Institute for Advanced Studies, 1970), 222–24.

49. "A bhráighe tá i dTor London," EOGHAN RUADH MAC AN BHAIRD, 30 rann, meadaracht: deibhí

Bhí ar mhórán de na Gaeil dul ar deoraíocht i ndiaidh Chogadh na Naoi mBliana. Tá cáil ar leith orthu siúd a ghluais go Mórthír na hEorpa, agus go dtí an Spáinn go háirithe: ní mór ná go bhfuil sé seo tuartha i dán níos luaithe le Mac an Bhaird (c. 1570–c. 1630), "Rob soruidh t'eachtra, a Aodh Ruaidh" (Dán 48). Chuaigh mórán eile Éireannach go Londain, áfach, baill den uasaicme agus den gcosmhuintir araon. Léiríonn an dán seo le hEoghan Ruadh Mac an Bhaird (féach Dán 37 agus 48) Londain mar chroílár an údaráis agus mar áit a rachadh i bhfeidhm níos mó agus níos mó ar mheon na nÉireannach: feicimid é seo i ráiteas an fhile go raibh daoine a raibh gairmeacha beatha difriúla acu agus a bhain le haicmí sóisialta difriúla, go rabhadar go léir ag fulaingt faoi mar go raibh na laincisí a bhí ar Niall Garbh Ó Domhnaill á gcaitheamh acu féin. Cé gur íomhá thaibhseach í seo, ceileann móitíf na laincisí dílseachtaí casta an té dár cumadh an dán: roimhe sin, rinne Ó Domhnaill comhghuaillíocht le coróin Shasana d'fhonn tiarnas Uí Dhomhnaill a bhaint d'Aodh Rua agus ina dhiaidh sin, lorg sé cúnamh ar Shéamas VI agus I chun an oidhreacht ba dhual dó a bhaint amach. Cuireadh i bpríosún sa Túr é mar go raibh amhras ar an rí Stíobhartach faoi dhílseacht Uí Dhomhnaill. Bhí fuar ag an bhfile a bhí dóchasach go bhféadfaí ciall a chur i Séamas agus go saorfaí an brá; d'éag Ó Domhnaill ina chillín príosúin in 1626.

1. A bhráighe tá i dTor London,
A ua Chonaill chaomhGhulbon,
Do gheimhil-se[51] is lór do léan
Ar shlógh seinInse Saimhéar.

2. I ndiaidh ar gcarad do chaill
A-nois, a Néill Í Domhnaill,
[Is é an] bann dar mbreith ar gcúl;
Níor am dod bheith i mbríosún.

3. Ní tu-sa a-mháin, a mheic Cuinn,
Don chur-sa i láimh i Lonnuinn;
Sliocht bhar n-iarnaigh ar fhóir mBreagh
Do iarnaigh ghlóir na nGaoidheal.

---

51. Geimhle nó laincisí.

49. "O hostage in London Tower," EOGHAN RUADH MAC AN BHAIRD, 30 verses, meter: *deibhí*

Loss in the Nine Years' War scattered many Gaelic Irish from their homes. Famously, this coerced movement terminated on the Continent, primarily in Spain, as foreshadowed in Mac an Bhaird's earlier composition "Happy be thy journey, Aodh Ruadh" (Poem 48). Many Irish, however, found themselves in London, élites and commons alike. This poem by Eoghan Ruadh Mac an Bhaird (see Poem 37 and 48) demonstrates the power of London as a center of authority and increasingly as a factor in the mental world of Irish people, something expressed by the poet's claiming that all callings and social ranks suffered as if they too bore the fetters enchaining Niall Garv O'Donnell. While striking, the motif of sympathetic shackling obscures the shifting loyalties of the honorand: O'Donnell had previously allied with the English Crown in an effort to win the O'Donnell lordship away from Red Hugh and later sought assistance from James VI and I to recover his perceived patrimony. The Stuart monarch's suspicion over O'Donnell's loyalty led to the Donegal lord's imprisonment in the Tower. The poet's hope that James would hear reason and free the "hostage" was in vain; O'Donnell would die in his cell in 1626.

1. O hostage in London Tower,
Scion of Conall of fair Gulba,
Thy gyves[51] are great sorrow
To the host of the old Isle of Saimhéar.

2. After the loss of our friend,
This was no time, Niall Ó Domhnaill,
For thee to be in prison;
'Tis a blow throwing us back.

3. Not thou alone, O son of Conn,
Art now in durance in London;
The mark of thy chain is on the folk of Breagha;
It has fettered the glory of the Gaoidhil.

---

51. Fetters or shackles.

5. A-táid eidir thuaith is chill,
Eidir fhuil aird is ísill,
Ag roinn bhar rodhochair ruibh
Boill comhothair dod chneadhaibh.

6. Na mná, na boicht, na brughaidh,
Na huird is na hollumhain,
Gach mac robhras, gach rinn áigh,
Id chomhghlas, a chinn Cruacháin.

19. Ar gclos do [neamhghair], a Néill,
Mar so ar aithris an fhíréin
A-tá ar ndóigh a Dia na ndúl
Nach a-mháin nach bia i mbríosún;

20. Acht go gcuimhneocha an choróin
Duit a-rís le ro-onóir
Gach a bhfuair sibh ar a son
Is gach buaidh libh dar leanadh.

21. Ar an bhfáth fa bhfuile i nglas
Acht go gcroma Cing Séamas
Ná meas nach saorfaidhe sibh
'S ar leas fraochmhuighe Fuinidh.

25. Dóchas cháich ar chanas rut;
Nár léige Dia a dul seachat
An tsúil chabhra ad-chualaidh mé
Ag sluaghaibh Banbha, a bhráighe. A bhráighe

26. Mó an príosún fós i n-a bhfuil
Inghean ríogh fhréimhe Dálaigh
A bhfuilnge ag crádh a cridhe
Doilghe dál a daoirsine.

Foinse: Láimhbheartach Mac Cionnaith/Lambert McKenna, eag., *Dioghluim Dána* (Baile Átha Cliath: Oifig an tSoláthair, 1938), 188–91.

5. Both lay-folk and cleric,
Noble blood and humble,
Share thy misfortune,
Their limbs sore with thy chafing.

6. Women, poor folk, yeomen,
Priests, sages, valiant youths,
Battle-leaders, all are chained
With thee, O prince of Cruachán.

19. On hearing of thy mischance, Niall,
What we hope for from God
Is that, like that faithful man,
Not alone shalt thou not bide in prison;

20. But that the Crown may remember,
With all honor to thee once more,
All thou hast borne for it,
And the merit of thy career.

21. If only King James examine
The reason why thou art in chains,
And the interests of the gorse-plain of the West
Be sure thou shalt be set free.

25. My words express all men's hope;
May God not allow to fail thee
The hope of help which as I hear,
Banbha's hosts entertain, dear hostage.

26. Harder still the durance of
The princess of Dálach's stock;
More grievous is her captivity,
Namely, thy sufferings torturing her heart.

Translation: Lambert McKenna, The Irish Monthly 56, no. 657 (March 1928): 153–56.

50. "Tugas annsacht d'óigh Ghallda,"
PIARAS FEIRITÉAR, 20 rann, meadaracht: deibhí

File amaitéarach agus ceannaire míleata de shliocht Sean-Ghall a chuir fúthu i gCorca Dhuibhne i gCiarraí ab ea Piaras Feiritéar (c. 1600–c. 1652). Sa dán seo, molann sé áilleacht mná darbh ainm Meig Ruiséil. Ba ghariníon í do William Russell, Fear Ionaid an Rí in Éirinn ó 1594 go 1597. Bhí tailte dúchais Phiarais Feiritéar i seilbh Richard Boyle, Céad Iarla Chorcaí (ainmnithe i rann 17), agus i ndeireadh na 1620idí, rinneadh cleamhnas nár mhair i bhfad idir mac Boyle agus Meig Ruiséil. Mar sin, ní dán grá atá anseo mar a cheapfadh duine ar dtús, ach dán a ligeann don Fheiritéarach urraim a léiriú dá thiarna talún, i bhfoirm dán molta don mbean a bhí ar tí a mhac a phósadh.

1. Tugas annsacht d'óigh Ghallda,
Inghean chruthghlan chéimbhannda,
Stuagh ollghaoth gan fhuath, gan oil,
D'uath na lonnlaoch ó Londain.

4. Aoinbhean oile ní bhfuighbheadh
A bhfuair uaim an Londainbhean;
Ní hé amháin is doiligh dhamh,
Grádh dom oidhidh 's dom adhnadh.

6. Meig Ruiséil ríoghain Ghallda,
Réalta suaithnidh saorchlannda,
Ubhall óir is cian rom char,
Grian agus glóir na nGallbhan.

7. Do-ní a folt ór dh'umha,
Is san ló a rosg réaltana—
Croidhe uar na n-áirghiall dte—
'S a gruadh áinghrian ist oidhche.

8. Dubhaidh a cneas an ghéis gheal,
A dá cóirdhearc an crisdeal,
Tug fionna ar an rós reimhe
Ionga is ós na hingheine.

50. "I loved an English maiden,"
PIARAS FEIRITÉAR, 20 verses, meter: *deibhí*

Piaras Feiritéar (c. 1600–c. 1652) was an amateur poet and military leader of Old English stock from the Dingle Peninsula, Co. Kerry. Here, he praises the beauty of Meg Russell who has been identified as a granddaughter of William Russell, Lord Deputy of Ireland (1594–1597). Feiritéar's ancestral lands were owned by Richard Boyle, the first Earl of Cork (named in quatrain 17), and in the late 1620s, Boyle's son was briefly engaged to Russell. Thus, this poem is not a love poem as one might first assume, but a praise poem designed to demonstrate Feiritéar's respect for his landlord, expressed in the form of a eulogy for the woman who was to marry his son.

1. I loved an English maiden,
A girl of bright appearance and sprightly step,
A very wise stately beauty, without hatred, without reproach,
Of the select band of fierce warriors from London.

4. No other woman would receive
All that the London lady has received from me.
It is not only that which is difficult for me—
Love is killing and enflaming me.

6. Meg Russell, an English noblewoman,
A distinguished star of privileged birth,
A golden apple that has long given me affection,
The sun and glory of the English women.

7. Her hair makes gold of bronze
And during the day her eye makes stars—
The cold-hearted one of the warm hostages of battle—
And her cheek is a bright sun at night.

8. Her skin makes the white swan appear dark,
Her two perfect eyes make crystal appear dark;
The maiden's nail and mouth
Have caused the rose in full bloom to appear mildewed.

9. Caoinidh aimsir uaithe ag dul,
Anmhain nách féad 'na fochair;
Is gach bionnshruth suas lé suigh
Diomdhach dá luas an leanbhsoin.

16. Siúir Iarla Essex fuair olc,
Is Diúic dícheannta Norfolc,
Lucht sughchorp is ngartphort ngnaoi,
Hartfort, Suffolc is Suraoi.[52]

17. Maith dó a ghaol 'na goire
Iarla calma Chorcoighe;[53]
'S do ghriangha na gceilgcholg gcuir
d'Iarla Bedford dá bhráthair.

18. Uilliam Ruiséil,[54] ruire seang,
Giuistís oirdhearc na hÉireann;
Nochar thaom timdhibhe dhi
Gaol an fhinnbhile innti.

20. Ní fhaca mé don tsaoir shéimh
Ad-chiú, a Chaitilín Ruiséil,[55]
Ní rug glionnBhanba a geallso,
Ceannas ionlabhartha is tu.

Foinse: Deirdre Nic Mhathúna, "Tugas annsacht d'óigh Ghallda: Dán le Piaras Feiritéar do Londainbhean," in *Séimhfhear Suairc: aistí in Ómós don Ollamh Breandán Ó Conchúir*, eag. Seán Ó Coileáin, et al. (An Daingean: An Sagart, 2013), 198–215.

---

52. Tá mórán tagairtí do bhaill d'uasacime Shasana sa rann seo agus sa rann a leanann é. Léiríonn siad an aicme shóisialta lenar bhain Meig.
53. Richard Boyle, Céad Iarla Chorcaí agus tiarna talún an Fheiritéaraigh.
54. Seanathair Mheig Ruiséil.
55. Máthair Mheig.

9. Weather laments as it leaves her
Because it cannot remain in her presence.
And each melodious stream that she sits next to
Is displeased at the agility of the young girl.

16. The kinswoman of the Earl of Essex who came to harm
And the beheaded Duke of Norfolk,
People of vigorous bodies and beautiful, generous abodes,
Hertford, Suffolk and Surrey.[52]

17. His approaching relationship to her,
Is advantageous to the valiant Earl of Cork[53]
And to the Earl of Bedford, his kinsman,
The sunbeam of the stratagems of the thrusting rapiers.

18. William Russell,[54] a graceful ruler,
Renowned Lord Deputy of Ireland;
It was not a disfiguring attack to her
To be related to the fair scion.

20. I have not treated of the noble slender one
Whom I see, Catherine Russell,[55]
Steadfast Ireland has not borne one such as she,
The most deserving to be spoken of, and you.

Translation: Deirdre Nic Mhathúna, "Tugas annsacht d'óigh Ghallda: Dán le Piaras Feiritéar do Londainbhean," in *Séimhfhear Suairc: Aistí in Ómós don Ollamh Breandán Ó Conchúir*, ed. Seán Ó Coileáin, et al. (An Daingean: An Sagart, 2013), 198–215.

---

52. This quatrain and the next contain many references to members of the English nobility, designed to give a sense of the social class to which Meg belonged.
53. Richard Boyle, first Earl of Cork and Feiritéar's landlord.
54. Meg Russell's grandfather.
55. Meg Russell's mother.

51. "Músgail do mhisneach, a Bhanbha," PÁDRAIGÍN HAICÉAD, 40 rann, meadaracht: séadna

I mórán slite, léiríonn beatha Phádraigín Haicéad (c. 1604–1654, féach Dán 19, 20, agus 53) an t-athrú mór a tharla ar chinniúint na hÉireann idir 1609 agus cogaí na 1640idí. Cé gur tógadh é i gCo. Thiobraid Árann, áit a raibh éagsúlacht chultúrtha i dtosach an tseachtú céad déag, agus gur de shliocht Gaelach agus Sean-Ghall araon é, bhí sé go láidir i gcoinne an Phrotastúnachais in Éirinn. Bhí sé ina bhall den Ord Doiminiceach agus cuireadh oideachas air i Lováin na Beilge sular fhill sé ar Éirinn mar phrióir de chuid an Oird lonnaithe in aice le Caiseal Mumhan, i gCo. Thiobraid Árann. Sa dán seo, tugtar léargas spleodrach ar a chumas fileata agus ar a chur amach ar pholaitíocht reiligiúnach na hEorpa i gcoitinne. Níl eagla ar an Haicéadach ainmneacha a lua agus cúisíonn sé na daoine ba chionsiocair leis an gcorraíl idirnáisiúnta—Liútar agus Cailvín—agus na ceannairí áitiúla in Éirinn atá sásta an Caitliceachas a thréigean ar mhaithe le síocháin a dhéanamh leis na heiricigh. Ach, murab ionann is mórán den fhilíocht dhuairc a cumadh tar éis 1609, tá dóchas loisceanta sa dán seo: tá Dia ag taobhú le Caitlicigh na hÉireann, Gaeil agus Sean-Ghaill araon, agus caithfidh siad dul i mbun troda chun a gcreideamh agus a náisiún a shlánú. Tugtar réamhrá próis an dáin anseo freisin, réamhrá a dheimhníonn nach féidir le héinne míbhrí a bhaint as teachtaireacht an fhile.

Réamhrá próis: Iar bhfoillsiughadh a bhfeill agus a bhfionnghaile i ndéanamh síothchána le heircidhibh agus iar dtógbháil a gcinn don droing ar a dtugthar an Faction (.i. lucht leithleachais do dheadhail, i gceilg agus i mbriseadh mionn, iad féin amach as an gcorp Catoilice ar a dtugthar an Confederation .i. as an gcomhcheangal síthe agus cabhra agus comhail do rinneadar Éireannaigh eatarra féin fa mhóidibh Bíobla Dé um cogadh do dhéanamh ag cosnamh an chreidimh fhírinnigh i n-Éirinn.

1. Músgail do mhisneach, a Bhanbha;
Breathnaigh feasda forlann t'uilc;
In bhur bhfaill ar feadh an fhillse
Ná caill seadh, a linnse Luirc.

27. Tré tháir drúchta nimhe a-nallód
'S nuimhir Eabhraidheach iar n-éag,
A dtáir úr do chrádh nár chasmhail,
A lán súl do ghasraidh Ghréag?

51. "Rouse up your country, my Ireland,"
PÁDRAIGÍN HAICÉAD, 40 verses, meter: *séadna*

The career of Pádraigín Haicéad (c. 1604–1654, see Poems 19, 20 and 53) in many ways encapsulates the dramatic change in national fortunes from 1609 to the wars of the 1640s. Although raised in the culturally mixed Tipperary of the early seventeenth century, and of Gaelic and Anglo-Norman ancestry, he ended up a fierce opponent of the Protestant presence in Ireland. A member of the Dominican order and educated at Louvain/Leuven (modern-day Belgium), Haicéad returned to Ireland as prior of the order near Cashel, Co. Tipperary. His ability to compose syllabic verse and his knowledge of broader European religious politics are on explosive display in this poem. Haicéad is not afraid to name names and he calls out the originating fonts of international unrest—Luther and Calvin—and local Irish leaders willing to sacrifice Catholicism for a peace with heretics. But unlike much of the pessimistic verse encountered soon after 1609, this composition shows a fiery optimism: God is on the side of the Catholic Irish, be they Gaelic or Old English of origin, and they must take to the field to reclaim faith and nation. Included here, too, is the prose introduction to the poem which ensures that there can be no misunderstanding the author's intent.

Introductory prose: After the making known of their treachery and their fratricide, in making peace with heretics, and after the crowd known as the Faction raised its head, i.e., selfish people who, in treachery and oath-breaking, cut themselves off from the Catholic body known as the Confederation, i.e., from the alliance of peace and assistance and covenant which Irish people made among themselves under Bible oaths re: making war and protecting the true faith in Ireland.

1. Rouse up your country, my Ireland!
Now confront your evil fate;
Do not lose heart, my country,
At your treacherously neglected state.

27. Should not the foremost Norman-Irish
Be vexed by this fresh slur?
Once, for insulting the dew of heaven
The deaths of many Jews occurred.

28. Tré tháir Chuirp Choisreactha an Choimdhe
Ceisd nach fuasglaim foircheann cháigh,
Acht más measa fíor ná fíoghar
'S neasa díon ná díoghal dáibh.

29. Caraid Lúiteir locaid Cailbhin;
Cóir a locadh, líomhtha a nimh;
Uchán, amhairc sonn an sgiamhach!
Malairt na ndonn riabhach ribh.

30. Creideamh Chríosd le creideamh Lúiteir
(Laoch do bhanna Bhelse-búb)
Curtha arís ag riaradh reachta,
Iadhadh grís i sneachta súd.

34. Ar son bheith do mhacaibh Míleadh
Ná meas ionnraic iad a-mháin;
Féach trá an do dheirbhfhine is dile
Dá cheinnbhile Thighe Táil.

35. Ar son sgáile do sgáth creidimh
(Creidthe gníomh roimh chaint is chairt
Ón Chomhairle Aird, ar éirim)
Ro-dhoilghe a mhairg d'Éirinn Airt.

36. Ar son chonailbhe nó chombá
Ná ceanglann subháilce sluagh
Acht le gaol fola nó feóla,
Dona an chaor nach beódha buan.

40. Míle go leith sé is seacht bhfichid
Annáil Íosa, iar n-uair gan ghó,
Aimsear bhuadha na bhfial bhfeardha;
Ní chuala riamh meanma is mó.

Foinse: Máire Ní Cheallacháin, eag., *Filíocht Phádraigín Haicéad* (Baile Átha Cliath: An Clóchomhar, 1962), 38–43.

28. No one knows what end is destined
For those who defame the blessed God;
Though the fact's worse than the symbol,
Salvation's nearer than the rod.

29. Luther's friends reject John Calvin
(And rightly so—his poison does pervade):
You see how the one opposes the other—
And here before you is our lovely faith!

30. The faith of Christ, the faith of Luther
(A warrior in Beelzebub's force):
To combine them again to serve the system
Is like folding embers into snow.

34. Because of their descent from Míleadh
Honor is not theirs alone:
Ask if Inchiquin and Thomond
Stay faithful to their own.

35. Oh, action wins—not talk, not charters
Of the Confederation's plans:
With "defend the faith" as pretext
It's all the worse for Ireland.

36. An evil spark, not live nor lasting,
Is he who will not join the good
For the sake of friendship and alliance
But clings to ties of flesh and blood.

40. One thousand six hundred, six and forty—
By certain count, the years since Christ—
The time for victory for our nobles:
I've never seen morale so high!

Translation: Michael Hartnett, *Haicéad* (Oldcastle, Co. Meath: Gallery Press, 1993), 61–67.

LÉITHEOIREACHT SA BHREIS

Marc Caball, "Culture, continuity and change in early seventeenth-century south-west Munster," *Studia Hibernica* 38 (2012): 37–56.

Brendan Kane, "Ordinary violence? Ireland as emergency in the Tudor state," *History* 99 (2014): 444–67.

Brendan Kane, *The Politics and Culture of Honor in Early Modern Britain and Ireland* (Cambridge: Cambridge University Press, 2010).

Mícheál Mac Craith, "Litríocht an 17ú haois: Tonnbhriseadh an tSeanghnáthaimh nó Tonnchruthú an NuaGhnáthaim?" *Léachtaí Cholm Cille* 26 (1996): 50–82.

Annaleigh Margey, "Plantations, 1550–1641," in *Cambridge History of Ireland*, iml. 2, eag. Jane Ohlmeyer (Cambridge: Cambridge University Press, 2018), 555–83.

Sarah McKibben, "Bardic poetry, masculinity, and the politics of male homosociality," in *Companion to Irish Literature*, iml. 1, eag. Julia M. Wright (Hoboken, NJ: Blackwell Publishing Ltd, 2010), 59–75.

Máire Mhac an tSaoi, *Cérbh í Meg Russell?* (Indreabhán: Cló Iar-Chonnachta, 2008).

Deirdre Nic Mhathúna, "Convention and innovation in the poetry of Piaras Feiritéar," *Studia Hibernica* 13, uimh. 39 (2013): 71–86.

Breandán Ó Buachalla, *Aisling Ghéar: Na Stíobhartaigh agus an tAos Léinn, 1603–1788* (Baile Átha Cliath: An Clóchomhar, 1996), 3–228.

Breandán Ó Buachalla, "James our true king: the ideology of Irish royalism in the seventeenth century," in *Political Thought in Ireland Since the Seventeenth Century*, eag. D. George Boyce, Robert Eccleshall & Vincent Geoghegan (London: Routledge, 1993), 7–35.

FURTHER READING

Marc Caball, "Culture, continuity and change in early seventeenth-century south-west Munster," *Studia Hibernica* 38 (2012): 37–56.

Brendan Kane, "Ordinary violence? Ireland as emergency in the Tudor state," *History* 99 (2014): 444–67.

Brendan Kane, *The Politics and Culture of Honor in Early Modern Britain and Ireland* (Cambridge: Cambridge University Press, 2010).

Mícheál Mac Craith, "Litríocht an 17ú haois: tonnbhriseadh an t-seanghnáthaimh nó tonnchruthú an nuaghnáthaim?" *Léachtaí Cholm Cille* 26 (1996): 50–82.

Annaleigh Margey, "Plantations, 1550–1641," in *Cambridge History of Ireland*, vol. 2, ed. Jane Ohlmeyer (Cambridge: Cambridge University Press, 2018), 555–83.

Sarah McKibben, "Bardic poetry, masculinity, and the politics of male homosociality," in *Companion to Irish Literature*, vol. 1, ed. Julia M. Wright (Hoboken, NJ: Blackwell Publishing Ltd., 2010), 59–75.

Máire Mhac an tSaoi, *Cérbh í Meg Russell?* (Indreabhán: Cló Iar-Chonnachta, 2008).

Deirdre Nic Mhathúna, "Convention and innovation in the poetry of Piaras Feiritéar," *Studia Hibernica* 13, no. 39 (2013): 71–86.

Breandán Ó Buachalla, *Aisling Ghéar: Na Stíobhartaigh agus an tAos Léinn, 1603–1788* (Baile Átha Cliath: An Clóchomar, 1996), 3–228.

Breandán Ó Buachalla, "James our true king: the ideology of Irish royalism in the seventeenth century," in *Political Thought in Ireland Since the Seventeenth Century*, eds. D. George Boyce, Robert Eccleshall & Vincent Geoghegan (London: Routledge, 1993), 7–35.

Ré Nua: Polaitíocht agus Guth an Phobail

A New Order: Politics and Popularization

Filíocht agus Polaitíocht Apacailipteach (1641–1660)

Samuel K. Fisher & Brendan Kane

Tubaiste amach is amach ab ea iad na blianta i lár an seachtú haois déag d'Éir-
inn na nGael. Fiú i ndiaidh gach ar tharla tar éis chath Chionn tSáile (1601) agus
Phlandáil Uladh (a thosaigh i 1609), fós bhí fáil bheith istigh ag lucht labhartha na
Gaeilge agus ag Caitlicigh—idir Ghaeil agus Shean-Ghaill—ar stádas idir shóis-
ialta agus pholaitiúla. Ní rabhadar stoite amach ar fad ó réimsí na cumhachta;
b'ann fós do na hinstitiúidí traidisiúnta agus do na nósanna dúchais cultúrtha
agus sóisialta.

D'athraigh coimhlint na mblianta 1641–1653, ar chuid Éireannach de
choimhlint níos leithne í, ar a dtugtar Cogaí na dTrí Ríocht anois, Éire ón mbonn
aníos. Tonnbhriseadh ab ea é; súnámaí cultúrtha a scrios beagnach gach rian
den seanchóras uasaicmeach Gaelach. Díbríodh Gaeilgeoirí Caitliceacha ó lár na
cumhachta. Chailleadar pé stádas a bhí acu. Cuireadh faoi smacht agus faoi chois
iad agus b'amhlaidh a bhí a scéal go ceann i bhfad. Béarlóirí Protastúnacha ar fad,
nach mór, a bhí i gcumhacht agus i gceannas feasta. Seo é an t-athrú is mó a tharla
idir an dá ríocht, idir an dá thír, sa Nua-Aois Luath. Athrú ab ea é a raibh olltion-
char aige ar an gcaidreamh eatarthu. An cinseal Gallda a shamhlaigh Anraí VIII
agus a chuid airí stáit in 1541, bhí sé á thabhairt i gcrích céad bliain ina dhiaidh
sin ag lucht na parlaiminte ar neamhchead don rí. Níor theastaigh ó cheannairí
éirí amach na bliana 1641, Sir Feidhlim Ó Néill agus Ruairí Ó Mórdha, go mbrisfí
an nasc leis an gcoróin. Níor chogadh le Sasana a bhí uathu. A mhalairt ab fhíor.
Níor theastaigh uathusan ach a bheith níos lárnaí i gcúirt Rí Shasana ionas go
gcuirfí smacht ar na Nua-Ghaill a bhí ag iarraidh a dtailte siúd agus a stádas siúd
a bhaint díobh. Éirí amach dílis a bhí ann dar leis na ceannairí, iadsan a bhí "dílis"
don rí ag éirí amach i gcoinne naimhde an rí ar mhaithe le leas an phobail agus
leis an ordlathas traidisiúnta.

Fos féin, is in antráth amach is amach a tharla an t-éirí amach. Bhí an cogadh
polaitiúil agus creidimh a bhí ar bun in Albain, ar leagan áitiúil é den Chogadh
Tríocha Bliain san Eoraip, tar éis gach rud a athrú ó bhonn. Ní gnáthchogadh ar
son talaimh, maoine ná stádais a bhí i gceist anois; bhí na críocha déanacha ar
na bacáin agus bhí Lá an Luain ar lámh mar a tairngríodh sa Bhíobla. Ní raibh i
gceist anois ach breith nó fág; bheadh an chreach agus an bheatha shíoraí ag an
mbuaiteoir agus an tsíoraíocht in ifreann ag an gcaillteoir. Breathnaíodh air mar

CHAPTER SIX

Poetry, Politics, and the Apocalypse (1641–1660)

Samuel K. Fisher & Brendan Kane

The middle decades of the seventeenth century brought catastrophic change to Gaelic Ireland. Even after the Battle of Kinsale (1601) and the Plantation of Ulster (begun in 1609), Irish speakers and Catholics—be they of Gaelic or Old English stock—were not entirely cut out of the circles of political and economic power or alienated from traditional social and cultural forms. By contrast, the hostilities of 1641–1653, which formed an Irish theater in the wider conflict now commonly referred to as the Wars of the Three Kingdoms, would plunge Gaelic and Catholic Ireland into a radically altered and subaltern position that would prevail for centuries after. Political agency and élite status would be almost exclusively the purviews of English-speaking Protestants. Here was the real revolution in Irish-English relations in the early modern period: an Anglicized hegemony theorized by Henry VIII and his ministers in 1541 was finally, if somewhat ironically, realized a century later through the actions of forces taking their orders from Parliament.

Those radically altered social realities witnessed in 1653 fall under the heading of unintended consequences. Neither Sir Phelim O'Neill nor Rory O'More, leaders of the uprising in 1641 which sparked the ensuing decade of armed struggle, wished to cut ties with the British Crown. Rather, they sought to strengthen them as means to combat efforts of New English neighbors, courtiers, and projectors to orchestrate their removal from positions of authority. The rebellion of 1641, then, was of the "loyal" variety, the raising of arms against the king's "true" enemies and in defense of traditional hierarchy and the commonweal. Its timing, however, could hardly have been worse calculated. The political and religious warfare that had already broken out between Scotland and England, itself a local manifestation of the broader European Thirty Years' War, cast all events in an eschatological light. That is to say that these skirmishes were not believed to be mere jostling for temporal power but rather the playing out of the "end times" foretold in scripture. Events quickly transformed into a winner-take-all contest, and as Oliver Cromwell turned his attention to Ireland in 1649, it must have been clear to all observers that Parliamentary forces that had already killed an Archbishop and a divine-right monarch would have little sympathy or mercy for Irish, Catholic, or even Royalist enemies.

chogadh naofa in aghaidh na n-ainchreidmheach, ach amháin gur chreid an dá thaobh gurbh iad an taobh eile na hainchreidmhigh. D'athraigh cúrsaí as éadan agus chuaigh chun olcais go tobann. Ní foláir gur tuigeadh dóibhsean a bhí san airdeall nach mbeadh trua ná taise ag Cromail, tar éis dó ardeaspag agus rí, a raibh ceart ó Dhia aige a bheith ar an gcoróin, a chur chun báis i Sasana, do Ghael, do Chaitliceach ná fiú do namhaid ríogaí ar bith a chasfaí air.

Ní haon ionadh cúngacht raon na dtuairimí ar chúrsaí reatha atá ar fáil sna dánta seo seachas na dánta a bhain le tréimhsí níos túisce má chuimhnítear ar a raibh ag brath ar an gcoimhlint seo agus ar an tuiscint gur chogadh naofa a bhí ar bun. Más teoranta agus srianta iad maidir le saoldearcadh de, tugtar fianaise iontu ar raon leathan foirmeacha, stíleanna agus móitífeanna. Ní foláir a thabhairt faoi deara an laghdú ollmhór ar líon na ndánta a cumadh sa mheadaracht shiollach mar ba nós le filí ar cuireadh oiliúint chlasaiceach orthu i scoileanna filíochta. Ar thaobh amháin den scéal seo, bhí filí áirithe ag cumadh de réir na rialacha agus na dtuiscintí traidisiúnta sin, ach le scriosadh scoileanna filíochta agus tionóil na dtaoiseach éagsúil, ní raibh fáil ar oiliúint fhoirmeálta feasta ná deis chun na haistí filíochta traidisiúnta seo a fhoghlaim ná a chleachtadh. Ar an lámh eile de, áfach, tháinig filí chun tosaigh agus cruthaíodh spás nua cultúrtha le scrios ard-chultúr Gaeilge na huasaicme. San áit nach raibh filíochta na scol ar fáil nó ag sásamh mhianta an phobail, d'fhreastail filí ar riachtanais an phobail le haistí filíochta agus le dánta a bhí níos oiriúnaí don chosmhuintir; dánta iad seo ina a raibh an mheadaracht bunaithe ar rím agus comhshondas gutaí seachas meadarachtaí siollacha casta léannta an dáin dírigh. Ba dhírí i bhfad agus go mór iad ag cur síos agus ag dul i ngleic le cúrsaí reatha na linne.

Sna dánta anseo thíos, tugtar blaiseadh de chuid de na foirmeacha, téamaí agus réimsí teanga a fheictear sna dánta seo a cumadh le linn tonnbhriseadh na tréimhse réabhlóidí agus an díláithrithe chultúrtha seo. Tugann "Deireadh flaithis ag féin Gall" le Gofraidh Óg Mac an Bhaird léargas ar shaol sóisialta agus polaitiúla na hÉireann roimh an gcogadh agus an neamhchinnteacht a bhí i réim sa tréimhse sin. Bhí cosúlacht an chogaidh air ach ní rabhthas cinnte de. Gintear rosc catha i gcoinne na Nua-Ghall atá tagtha isteach sa tír, pléitear cúrsaí reatha ach mínítear iad i dtéarma teanga agus i móitífeanna a bhí in úsáid ag filí leis na cianta agus iad ag gríosú taoiseach agus patrún chun troda. Tháinig méadú ar an saighdeadh seo a luaithe agus a tosaíodh ar an troid. Chum Pádraigín Haicéad (Dán 53) dán a dhein éileamh ar uasal agus íseal dul i mbun troda chun na Gaill Phrotastúnacha a dhíbirt as an tír sula mbeadh deis ag fórsaí na Parlaiminte iad féin a réiteach lena gcosaint. I ndá dhán eile (Dánta 54 agus 58), feictear filí ag impí ar thaoiseach, ar de phór uasal é, ceannasaíocht a ghlacadh ar an réabhlóid. Sa dán

Given the tremendously high stakes of the conflict and its biblical overtones, it is perhaps unsurprising that the poems excerpted here reveal a greatly restricted range of opinions on current events when compared with those verses found in previous sections. While lacking diversity of outlook, they nonetheless offer witness to a broad array of forms, styles, and motifs. As a general point, attention must be drawn to the precipitous decline in the composition of strict meter syllabic verse. On the one hand, some poets attempted to write in the ancient tradition of the bards but found doing so difficult on account of the destruction of the schools whereby proper training was to be had and the dispersal of the native courts wherein such compositions would have been performed. On the other hand, the cultural void opened by the further decline of the Gaelic system was filled increasingly by more popular forms of poetic expression, notably those with line-ending vowel rhyme and those more akin to songs than to strict meter court verse. And all of them were far more direct in their discussion of contemporary politics than were their *dán díreach* predecessors.

The poems excerpted here are intended to reflect some of the range of forms, themes, and language expressed in verse during a period of revolutionary upheaval and displacement. Gofraidh Óg Mac an Bhaird's "It is the end of the foreign band's rule" offers a window onto the tense pre-war social and political situation obtaining in Ireland: war may not have been inevitable, but it was highly likely. Its call to battle against English newcomers, while provoked by contemporary circumstances, was expressed in language and motifs used for centuries by poets seeking to spur their aristocratic patrons into the field. Once battle was joined, such incitements to action multiplied. Pádraigín Haicéad, author of Poem 53, penned a general muster call, seeking to inspire noble and common alike to expel the foreign, Protestant presence quickly before the forces of Parliament in England could act in its defense.

We see personal appeals to lead the Irish offensive in the two further poems, in both cases the subjects being scions of ancient royal lineages: "Free the bright land of Conaire, royal MacCarthy" (Poem 54) sees the Munster poet Diarmaid Óg Ó Murchadha urging Donough MacCarthy, Viscount Muskerry, to join the rebellion begun in Ulster in defense of faith and fatherland; "Hard is thy case, O Land of Breagha" (Poem 58) offers an Ulster perspective but with the interesting twist that the person appealed to as warrior-savior of Ireland, Eoghan Roe O'Neill, was currently on the European mainland fighting in the armies of the King of Spain.

If the plight of the Gaels under a colonial, Protestant state was cause for lament, so too was the human loss in the ensuing hostilities. "Swiftly from the east came tidings" (Poem 55) commemorates the bravery and fall of Garret Pierse,

"Fuascail solas-ghort Chonaire, a rí Chárthaigh" spreagann an file Muimhneach, Diarmaid Óg Ó Murchadha, Donnchadh Mac Cárthaigh, Bíocunta Mhúscraí, chun dul i bpáirt leis an éirí amach a thosaigh i gCúige Uladh *pro Deo et patria*. Ní fios cé a chum "Dursan do chás, a chríoch Bhreagh" ach is aiste Ultach é, agus is spéisiúil an rud é go bhfuil Eoghan Ruadh Ó Néill, an té a bhfuiltear ag impí air filleadh ar Éirinn leis an tír a shábháil, ag saighdiúireacht ar son Rí na Spáinne ar mhórthír na hEorpa.

Más truamhéileach é cás na nGael faoi réimeas an stáit Ghallda Phrotastúnaigh, b'amhlaidh scéal na ndaoine a maraíodh de bharr na troda leanúnaí. Tugann "Táinig anoir 'na rith na scéala" cur síos ar chrógacht agus ar mharú Ghearóid mhic Phádraig Piaras, agus é ag cosaint a chaisleáin ar Shasanaigh i Lios Cearúill i gCo. Chorcaí sa bhliain 1642. Bhí lámh ag Murchadh na dToiteán Ó Briain, Barún Inse Uí Chuinn, ar Phrotastúnach agus ar cheannaire arm na parlaiminte é in ainneoin é a bheith de phór ardríthe na hÉireann i dtús Chogaí na dTrí Ríocht agus go sonrach ag léigear chaisleán Lios Cearúill agus i mbás Ghearóid. B'fhealltach agus ba náireach é a dhílseacht siúd don pharlaimint, dar leis an bhfile Seán Ó Criagáin, agus níor chuir sé aon fhiacail ann i nDán 59 nuair a deir sé "A Mhurchadh Uí Bhriain tá fiadhach ar Ghaodhaluibh." Sonraítear ról traidisiúnta an fhile chlasaicigh mar aorthóir anseo. B'eisean a d'ainmnigh agus a d'aithisigh aon bhall den phobal nach raibh a iompar siúd ag teacht lena raibh súil leis. Cuirtear "Là Inbhir Lòchaidh" le hIain Lom Mac Dómhnaill san áireamh anseo mar léiriú ar imeachtaí an chogaidh seo in Albain. Cumadh an t-amhrán seo i meadaracht atá níos comónta agus níos scaoilte ná mar atá sna haistí eile filíochta anseo ach ar nós an dáin roimhe, leagtar béim ar an ngné idirnáisiúnta Pan-Ghaelach anseo. Ní tiarnaí tuata amháin a bhí mar ábhar ag na dánta moltacha, áfach. Feictear cuid de na tréithe a raibh ardmheas ag uasal agus íseal orthu, idir thráth cogaidh agus síochána, in "Bríocht na seirce i ndiaidh Eoin" (Dán 59), adhmholadh a cheap Uilliam Óg Mac an Bhaird ar son Eoin Uí Chuileannáin, Easpag Ráth Bhoth. Cuirtear clabhsúr leis an rannóg seo le dhá dhán cháiliúla a scríobhadh sa mheadaracht nua—meadaracht aiceanta—a bhí ag teacht chun cinn go mór ag an am seo (murarbh ann di i gcónaí). Filí pobail, amaitéaraigh seachas baird phroifisiúnta a bhí oilte sna meadarachtaí clasaiceacha, ab ea lucht cumtha na ndánta nua seo. Ceapadh iad ar mhaithe leis an bpobal i gcointinne seachas líon teoranta uasal. Ní chuireann "Tuireamh na hÉireann" ná "An Síogaí Rómhánach" aon fhiacail ann agus iad ag feannadh rialtas na Breataine, an Bhéarla, agus an Phrotastúnachais agus ag cáineadh fiú mheatacht, easpa misnigh agus scaoilteacht mhorálta a comh-Ghaeil na n-údar.

killed defending a castle in Liscarroll, Co. Kerry, from English forces in 1642. Partly responsible for Pierse's slaying was Murchadh O'Brien, Baron Inchiquin, who in spite of bloodlines linking him to high-kings of Ireland was a Protestant and commander of Parliamentary forces in the early stages of the Irish theater of the Wars of the Three Kingdoms, including at that fateful siege in Liscarroll. O'Brien's allegiance was treacherous and outrageous in the eyes of Seán Ó Criagain, an assessment he made unmistakably clear from line one of Poem 59: "Murchadh O'Brien, who's been hunting Gaels." This composition echoes the poet's traditional satirical function by which the naming-and-shaming consequences of conduct unbecoming a noble were intended to help nudge the subject back to the practice of proper lordship. We include the poem-song "The Battle of Inverlochy" by Iain Lom MacDonald (Poem 57) as an example of Gaelic witness to the Wars of the Three Kingdoms as manifested in Scotland. Here we encounter a much more popular, demotic verse form than that found in some of this section's more traditional-looking compositions, but as with the preceding poem, it calls attention to the intra-Gaelic aspects of the conflict.

It must be remembered that praise poetry was not always directed to secular lords, and Uilliam Óg Mac an Bhaird's moving encomium to Eoin Ó Cuilleannáin, Bishop of Raphoe, "Spell of love doth follow Eoin" (Poem 56), illustrates some of the other traits—personal and professional—valued by élites and commons alike, whether it be a time of war or peace. The section closes with two famous examples of the emergent accentual meter poems written by amateurs and for broad audiences: "The Roman Fairy" and "Lament for Ireland" (Poems 60 and 61), both of which pull no punches in their scathing criticisms of the British government, the English language, Protestantism, and even the cowardice and moral laxity of the authors' fellow Gaels.

52. "Deireadh flaithis ag féin Gall" (c. 1640), GOFRAIDH ÓG MAC AN BHAIRD, 46 rann, meadaracht: deibhí

De bharr gur ceapadh an dán seo díreach sular spréigh an t-éirí amach ar fud na tíre sna 1640idí, tugtar léargas ann ar na cúinsí agus ar an teannas as ar eascair an choimhlint agus a chinntigh go mairfeadh sí i bhfad. Labhraíonn an file leis an gCalbhach Rua Ó Domhnaill, nia Aodh Rua, laoch a bhain cáil amach dó féin i gCogadh na Naoi mBliana (1593–1603). Tá sé ag tathant air anseo éirí amach ar son na nGael seasamh lena gceart siúd a bheith i gceannas in Éirinn agus na Gaill mhídhlisteanacha, a tháinig thar tír isteach, a dhíbirt. Tuigeann an file an stair agus an cinseal polaitiúil mar fheiniméan timthriallach: má bhí an lá ag Sasanaigh tráth, tá lá na nGael tagtha anois. Agus é ag baint leasa as an tuiscint go raibh aisiompú cinniúna i ndán, tá Gofraidh Óg Mac an Bhaird ag tarraingt ar choincheap ársa na tairngreachta. De réir na tairngreachta, bhí sé i ndán do shlánaitheoir teacht i gcabhair ar an bpobal in am an ghátair. Sa chás seo is é an Calbhach Rua an slánaitheoir sin agus seo é an t-am leis an tairngreacht a fhíorú. Is aisteach, áfach, i ndán a cumadh de réir mhúnlaí léannta fhilíocht na scol, go ndéantar comparáid ann le gairmeacha beatha eile agus an file ag moladh don Dálach a cheart dlíthiúil a leanúint in ainneoin pé cruatain agus díomá a bhain dó roimhe seo. Is cuma más rí nó diúc thú, iascaire, ceannaí, nó laoch mór le rá; ní foláir duit a beith freagrach as do chinniúint féin; ní thiocfaidh an tuar faoin tairngreacht mura dtéitear i mbun gnímh.

Deireadh flaithis ag féin Gall;[56]
Mithigh dhóibh trā re tamall
A fiadh Fódla na b[h]fér lag
A b[h]fógra dā sén sealad.

Mā fuairsead tar thoil treim[h]si
Ceannus an chraoi F[h]éilim-si,
As tráth le a ttréan do thoidheacht;
Nī gnáth séan gan sealaighéacht.

Nī[o]r gealladh dhóibh—dia do rath—
Do réir fhírfhis na-eōlach
Ar thír chaithc[h]eannn chuain Line
Acht uain aithghearr aimsire

56. Leasaíodh an téacs seo. Feic Eoin Mac Cárthaigh, "Gofraidh Óg Mac an Bhaird cecinit: 1. Deireadh flaithis ag féin Gall," Ériu 65 (2015): 57–86.

52. "It is the end of the foreign band's rule" (c. 1640), GOFRAIDH ÓG MAC AN BHAIRD, 46 verses, meter: *deibhí*

Composed just prior to the outbreak of rebellion and warfare that would ravage the island in the 1640s, this poem offers a prescient analysis of the rising tensions that would help provoke and sustain the ensuing conflict. It is addressed to An Calbhach Ruadh Ó Domhnaill, a nephew of the famous Aodh Ruadh of Nine Years' War (1594–1603) fame, seeking to incite him to action in defense of the Gaels' right to govern Ireland and to expel the illegitimate, invasive Gall. Worthy of note is the cyclical sense of political ascendancy: the Gall (English) may have enjoyed power for a spell, but that authority was fated to return to the Gaels. In making his case that this reversal of political fortunes was imminent, the poet Gofraidh Óg Mac an Bhaird employs traditional tropes of prophecy of the "chosen one/ savior," here referring to An Calbhach Ruadh. Curious in such a traditionally aristocratic composition, however, is the comparison made to the experiences of other "professions" as encouragement for Ó Domhnaill to pursue his right whatever the hardship and setbacks encountered along the way: whether one is a fisherman, a merchant, or a civilization-saving warrior, one must be an agent in one's own fate, and prophecies only come true when actors play their parts. The poem thus frames an urgent, contemporary call to action within an under-standing of historical continuity.

It is the end of the foreign band's rule;
Indeed, for a while it has been time for them
To be expelled from their monopoly of power
[And] out of the land of Ireland of the languid grasses.[56]

If they got control of this closure
Of Féilim's by force for a while,
It is time to oppose their strength;
Prosperity is not usual without rotation [of power].

Fortunately, according to the true lore
Of the knowledgeable, they were promised only
A very short spell of time [in power] over the country
Of the battle-leaders of the harbor of Line.

---

56. The Irish text translated here was amended by its editor: see Eoin Mac Cárthaigh, "Gofraidh Óg Mac an Bhaird cecinit: 1. Deireadh flaithis ag féin Gall," *Ériu* 65 (2015): 57–86.

(Rann 4–20 ar lár)

Díbirt na nGall uainn d'éntoil
Ó tá i ndán go ndingénta[i]r,
Dó as cosmhuile clódh a tteinn
Do shlógh frosmhoighe Fēilim.

Nā gabhadh oireacht Eamhna
Gráin le corn a cinneamhna;
Mór ní as dochar le duine
Do-nī sochur síordhuidhe.

Ma fuair, gion gur lainn leis,
Dochar ag dīon an fhlaitheis,
Roimhe a-tá mar tarla a c[h]eart
Lá [n]a tarbha do thoidheacht.

Meinic fuair fear na sealga
Ró snīomha i[s] sīon dhoinean[n]da
Suil theagmhus puinn fhiad[h]aigh air
I ndiamhair gach fhuinn f[h]ásaigh.

An t-iasgaire ar muir a-muigh
Meinic é ar easb[h]aidh iasguigh
Seal dā ré i ccuisnighthibh cuir,
'S nī tuirsighthir ē amhluidh.

Don cheannaighe gidh cás trom
Dā b[h]fágbha ar cuan a chédlong,
Triallaidh—'s nī hédána uaidh—
D'iarraidh ēdála an athuair.

Do-gheibh gach fear—nī fáth rúin—
Do gach druing a dhíol fortūin
'S gach cáil dā fheabhus uaidh air
Leanus go cruaidh dā cheardaibh.

(Verses 4–20 omitted)

Since it is fated that the foreigners
Will be banished from us of one accord,
He is the one, of [all] the host of Féilim's
Showery plain, most likely to overthrow them.

Let the nobility of Eamhain [Mhacha] not
Take fright at the vicissitudes of fate;
Many a thing seen [at first] as a loss
Returns a profit in the long term.

If, though he did not wish it, he has
Suffered loss while defending sovereignty,
What is his of right awaits him, as it happens,
On the day on which profit is realized.

Often has the huntsman suffered
Great difficulty and inclement weather
In the depths of every wilderness
Before he comes across any quarry.

The fisherman out at sea is often
Without a catch for some of his time
In wet (?) freezing conditions and
[Yet] he is not disheartened thereby.

Though it is a serious matter for
The merchant if he leaves his [first] ship
Sunk at sea, he sets out—and it is not
Uncourageous of him—to seek wealth again.

It is no secret that every man of every
Profession who diligently follows his calling
Gets the fortune he deserves and all
The resulting fame, however great.

Cuireadh a-nois, dā nós soin,
Brath cabhra chloinne Dáloigh
Dóigh i nDia go neart nimhe
Go ria teacht don tairngeire.

(Rann 29–46 ar lár)

Foinse: Eoin Mac Cárthaigh, "Gofraidh Óg Mac an Bhaird cecinit: 1. Deireadh flaithis ag féin Gall," Ériu 65 (2015): 57–86.

53. "Iar dTionsgnadh don Chogadh so na hÉireann, insa Bhliadhain 1641" ("Éirghe mo dhúitche le Dia") (1641), PÁDRAIGÍN HAICÉAD, 27 rann, meadaracht: deibhí (rann 1–25) agus amhrán (rann 26–27)

Déantar gríosú ar lucht éisteachta an dáin dhíograisigh fhuilchíochrraigh seo, a cumadh "Iar dtionsgnadh don chogadh so na hÉireann, insa Bhliadhain 1641," dul i bpáirt san éirí amach agus Éire a shaoradh ó dhaoirse na nGall agus na bProtastúnach. Urlabhraí agus bolscaire rí-éifeachtach ab ea Pádraigín Haicéad, file an dáin seo, do "lucht na gcléireach" laistigh de Chomhdháil Chill Chainnigh. Bhíodar go mór ina gcoinne siúd a raibh socrú síochánta leis na ríogaithe uathu leis na ríogaithe. Cuspóirí creidimh ba thabhachtaí dóibh. Ba sa todhchaí, áfach, a thiocfadh an scoilt seo chun cinn; an tráth a raibh an dán seo á chumadh ag an Haicéadach ba é a géarghá a bhí le gníomh cinniúnach agus le haontacht an chloch ba mhó ar an bpaidrín aige. Is í seo, dar leis an Haicéadach, an deis is fearr le héirí amach, sula ndéanfaidh an "droing uathbhásaigh eachtrann"— arbh iad cúnantóirí agus fórsaí na parlaiminte iad—ionradh ar Éirinn agus go gcuirfear deireadh leis na Gaeil agus leis an Eaglais Chaitliceach sa tír. Ó thaobh na hargóinte de, tagann an dán seo le dearcadh na Comhdhála: fine-chosaint de bharr a raibh ag titim amach in Albain agus i Sasana ba chúis leis an éirí amach seo. Ach bhí nithe eile, seachas cosaint an rí ar an bParlaimint agus cúrsaí na linne, ar intinn ag an Haicéadach; ba dheis í seo leis an tairngreacht ársa a chur i gcrích agus na Gaeil a thabhairt slán. Má dhéantar comparáid idir an dán seo agus na dánta eile cogaidh sa roinn seo (feic Dán 54), feictear nach luann an file cúis na ríogaithe ar chor ar bith. Is fearr go mór leis an Haicéadach cás na hEaglaise Caitlicí agus "glóire Gaoidheal" ná cás rí Shasana.

Now, like them, let the one on whom
Dálach's family rely for help hope
In God and the power of heaven
That the prophecy will be fulfilled.

(Verses 29–46 omitted)

Translation: Eoin Mac Cárthaigh, "Gofraidh Óg Mac an Bhaird cecinit: 1. Deireadh flaithis ag féin
Gall," Ériu 65 (2015): 57–86.

53. "On the Outbreak of This War in Ireland, in the Year 1641" ("By God, Rise Up, My Country") (1641), Pádraigín Haicéad, 27 verses, meter: deibhí (verses 1–25) and amhrán (verses 26–27)

This vigorous (not to say bloodthirsty) poem, composed, as its title indicates, "on
the outbreak of this war" in 1641, urges its listeners to join the rising and fight to
free Ireland from foreign and Protestant bondage. Its author, Pádraigín Haicéad,
played a key role as propagandist and advocate for the "clerical party" within
the Confederation, in opposition to moderates who prioritized peace with the
Royalists over religious objectives (see Poem 51). That unfortunate division lay in
the future when Haicéad composed this poem, however, which emphasizes the
need for united and decisive action. This, says Haicéad, is the last, best chance for
a rising, before the "awful foreign rabble"—the Covenanters and Parliamentary
forces—invade to crush Gaeldom and the Catholic church in Ireland. In making
this argument, the poem reflects the Confederation party line: their actions were
largely in self-defense and necessitated by developments in Scotland and England.
But for Haicéad the rising has less contingent roots as well: this opportunity is the
fulfillment of long-foretold prophecy and deliverance for the Gaels, not merely the
result of short-term causes and a desire to protect the king from his parliament.
Royalism, indeed, is conspicuous by its absence, especially in comparison with
other war poems (see Poem 54). Haicéad makes clear that the church and "glóire
Gaoidheal," the glory of the Gaels, are more important to him than the cause of
King Charles.

Éirghe mo dhúithche le Dia,
A musgladh le Mac Mairia,
Seach na ndionn bhus daingean di
Aingeal os cionn na críche.

Is dóigh gur mhithigh do mhnaoi Airt
Biodhgadh chum béas do mhalairt,
Ó dhíth an cheatha dá cur
Go crích bheatha—dá mbiodhgadh.

Is mó is fada d'fhód Bhanbha
Go gcuing nduaibhsigh ndanardha,
Atá i mbruinnbhéalaibh bruide
Fá thruimnéallaibh treabhlaide;

'S nach raibh táir ná ciorrbhadh crom
Ná ainbhreath léir ná leatrom,
'S nárbh fhéidir cumhang i gcuing
D'fhulang éigin, nár fhulaing.

Acht an tan nár saoileadh sonn,
Ó iomad bhfíoch is bhforlann,
Mar gur chalma an modh 'nar mhair
Cor ag Banbha ina buaraigh.

Do-fhidir Dia Fonn Fuinidh;
Do shill dá shúil trócairigh
Ar ghuaisnimh ghoimhigh na gceall
'S ar uaislibh oirir Éireann—

Dár congbhadh bhós 'na mbeathaidh
Do shíol seilbhe saoirEachaidh,
Meic cobhsaidh frithre go rinn,
Crithre an chosnaimh 's an choigill;

Go bhfíorthar riú do ráith Bhreagh,
D'aithbheódhadh glóire Gaoidheal,
Tar seal aindlighe an fhine,
Tairngire a bhfear bhfáisdine.

By God, rise up, my country!
Be awoken by the Son of Mary!
You won't have only forts—when push comes to shove
You'll have the strength of an angel above.

Old Art's spouse, it's facts you must face:
Change now your ways, new ones embrace!
The reason you must, it is plain to see:
A shower of woe falls all over the country!

O land of Banbha, how long you have been
Under this yoke so cruel and so foreign!
In the mouth of brute force, at the limits of pain,
Beneath heavy clouds of trouble rather than rain.

Insults and mutilation: what kind of endurance
Holds up under injustice, under so many burdens?
There's no torment so terrible, no yoke so heavy
Ireland can't say she's suffered through it already.

Yet we never thought to put up any fight:
We feared then the violence that imposed our plight.
But she is getting braver now, her old way she has changed:
At last, at last, O Banbha, you are shaking off your chains!

And this land of Fonn Fuinidh God sees very well
His tearful eyes of mercy looked and could tell
Our clergy was in danger from venomous wounds
And our nobles were in that same trouble too.

He kept some of them alive, still standing in their place
Of the line that holds possession, of noble Eachaidh's race.
Sons of bravery and courage, who are eager and intense:
First sparks of protection that stoked the fires of defense.

To Ireland they will show the prophecy cannot fail:
They will restore to life once more the glory of the Gaeil
Even after the injustice they have so long endured—
The predictions of our prophets say that is well assured.

Óir go dtig isteach go grod
D'inis Ghaoidheal ar gheallsod
Roighne an chuire chaoin gan choir
(A naoimh uile 's a héarlaimh).

Fáth ór musgladh marcradh Fáil,
Fáth a dtionóil do thóghbháil
(Dár gcléirne fa sgáth an sgor),
Fáth na héirghe, ní huabhar,

Acht rochtain do roinn cóibe
Go roich uachtar urchóide,
Lomlán do ghléinimh ghránna
Do dhéinimh a ndíoghbhála.

Gur las fiann Uladh go fian,
Maraon re gríobhaidh Gailian,
Caor ilreachta chorcra chóir—
Sompla is inleanta d'aonfhóir.

Anois, ós éirghe don fhonn,
Dlighidh gach neach gan neamhfhonn
Ar bhruid fa theann ar an dtréad
A chuid 's a cheann do choimhéad.

Caithfid fir Éireann uile
Ó aicme go haonduine,
I dtír mbreic na mbinncheann slim,
Gleic 'na timcheall nó tuitim.

Más rochtain arís a-nall
Don droing uathbhásaigh eachtrann;
A neart dá ria, i ngléire ghlinn,
Ní bhia Éire 'na hÉirinn.

Tríd-sin toirneadh gach nduine
D'fhoirnibh leasa Laoghaire,
Gan tslaodán chaile san chill,
Laogán a aire for Éirinn.

And see how suddenly they come, this long-promised band!
To this island they return, they've come at last to Ireland.
Choicest, spotless heroes, with a smooth and polished edge
The very ones the saints and patrons of this land have pledged.

Because our clergy stood beneath the shadow of the foe—
That's why they've assembled, that's why they've raised the host.
That's why they've risen up now, the cavalrymen of Fál—
Search the motive for their rising, and you'll find no pride at all.

Instead it was the rise of a faction so vicious
They'd perfected the art of being malicious.
They could not hold their hatred in, their cup it overflowed—
As the violence they have done us has so obviously showed.

The wild warriors of Ulster, see the fire they've ignited!
The warriors of Leinster too, they are now united:
A blazing beacon for justice, for action and for bloodshed!
An example to be followed—let us do as they did!

Since the land has risen up now, and struck the tune of war,
Let nobody think it's right for him to hold back anymore.
For the pressure of the foe is mounting, coming on with heavy tread:
Rise up, then, if you hope to keep your property or head!

All the men of Ireland, they must now decide
Every single person, every single tribe
Here in this dappled land of hills so smooth and tall—
They all must choose to fight for her, or else they choose to fall.

Make no mistake: if they come back again,
That awful rabble, terrible and foreign,
With the choicest troops they have to hand:
The island might remain but it will not be Ireland.

The burden of every single man
Of the fort of Laoghaire's warrior band
Who has not gone beneath the clay to take his final rest:
Let each and every one of them give Ireland his best.

Ní heagal dóibh námha anos
Is cheana féin gur follas
(A shamhail d'fhál cia do chuir)
A lámh ag Dia san deabhaidh.

Do ríoghraidh Éireann uile
Tráth nó choidhche a gcosmhaile,
A gcreideamh, a gclú 's a gcáil,
Is dú a dteibeadh nó a dtógbháil.

Ó so suas, mun seasamh so,
Bíodh go trom d'aithbhir ormsa,
Ar bhfáidh dúinn giodh dóigh do chan,
Más dóigh súil lena seasamh.

Dia leó 's a mbiodhbha gan bhrígh,
An chóir aca d'éis imshnímh;
Créad acht turas tréan tuile
A séan-fhuras iorghaile?

Absdal Gaoidheal ó do gheall
Nách biadh choidhche go coitcheann,
Ar fud Máthar Fhloinn is Lir,
Báthadh ar chuing an chreidimh,

'S ó do chomhaill dá chloinn féin
Feadh a síthe go soiléir,
Feadh a gcogaidh bíodh ó bhruid
Díon a phobail ar Phádraig.

A dteasdaigh d'inneall ón fhóir
Atá i meanmain an mhórshlóigh
(Do dhíth tacha a ngníomh 's a ngal)
'S ar fhíor catha na gcuradh.

Síoth re-roile i réiteach uis,
Géill d'uachtaránaibh eólais,
Sás na bhforlann gcruaidh do chor
Go mbuaidh gcomhlann is gcosgar.

What enemy now could make them fear,
When the case remains so absolutely clear?
Whatever appearances may betide
God is certainly on our side.

All the men of Ireland's royal dynasties
Can choose now or never in times like these.
Their fame and their honor—not to mention their faith:
Either they'll be restored now, or they'll be erased.

We have heard our prophets sing of hope;
This might well be our best grab at the rope.
If I can't convince you to rise at a time like this
It's me who deserves to be booed and hissed.

God be with them, may He weaken their foes:
It's only right after so many woes.
What else but the progress of that threatening flood
Gives a blessed foundation to their shedding of blood?

He promised to us, our Gaelic apostle
That it would never at once be possible
For the faith to entirely disappear
On the mother-island of Floinn and Lír.

He kept his children safe and at ease,
He long upheld them in comfort and peace.
Though now we experience the horrors of war
Patrick will be the shield of his people once more.

So it matters not if they lack some supplies:
The spirit of our host cannot be despised.
We have got heroes, men of deeds and of wrath:
And we've got a just cause for war on top of all that.

Making peace with each other, reconciliation
Listening to the wise men placed above their station:
They'll need nothing else to succeed, our valiant men,
To come through slaughter and combat and win in the end.

Má leantar le fiannaibh Fáil
A smacht, a gceart 's a gcongbháil,
Céim doilghe ní dleacht don fhéin
—Reacht an Choimdhe fa choimhréir.

Éirghe na hÉireann le Dia na ngrás.
'S a naomhchroch 'na sgéithbheirt um fhiannaibh Fáil,
Tréanaingil Dé i gcathaibh iata, ar sgáth
A léibheann-lucht léidmheach sa ghliaidh do ghnáth.

Faobhar a ngéirreann 's a ndiachair-ghráin,
Le baoghal a mbéimeann go ria go cnáimh,
'Gan ngléire fá n-éirghid na fialmhacáimh,
Dá raobadh, dá léirsgrios, dá sdialladh trá.

Foinse: Máire Ní Cheallacháin, eag., *Filíocht Phádraigín Haicéad* (Baile Átha Cliath: An Clóchomhar
Tta., 1962), 33–37.

54. "Fuascail solas-ghort Chonaire, a rí Chárthaigh" (1642), DIARMAID ÓG Ó MURCHADHA, 17 rann, meadaracht: amhrán atá sa chéad cheithre line de gach rann, agus rannaíocht bheag scaoilte atá sna línte eile[57]

Tugtar an-léargas sa dán seo ar ról agus ar thionchar na bhfilí sa chóras Gaelach
ar chinntí a gcuid taoiseach agus ar aincheist na dtaoiseach tar éis éirí amach
na bliana 1641. Agus an tír faoi bharr lasrach agus rialtas Bhaile Átha Cliath ag
freagairt go foréigneach, ní raibh de rogha ag na taoisigh ach dul le taobh amháin
nó le taobh eile, ach cén taobh? Sa dán seo le Diarmaid Óg Ó Murchadha, ball de
theaghlach fileata i gCúige Mumhan, táthar ag tathant ar an gCárthach, Bíocunta
Mhúscraí, dul i bpáirt lena chomhGhaeil Chaitliceacha agus dul sa chath. Dhein
sé amhlaidh agus bhí sé ar dhuine de na taoisigh ba mhó i measc na measarthach
laistigh den Chomhdháil Chaitliceach idir Ghaeil agus Shean-Ghaill. Bhí údar
leis an éirí amach, dar leis, údar a mhínigh sé i dtéarmaí coimeádacha: ní raibh
an dara rogha aige ach éirí amach chun é féin a chosaint i gcoinne dhíoltas an

---

57. Táthar an-buíoch de Nollaig Ó Muraíle agus de Mhíchéal Mac Craith as meadaracht an dáin
seo a dheimhniú.

If these soldiers of Ireland keep on the narrow way,
If they follow orders and don't complain over pay—
They won't be allowed to suffer, not a single poor sod,
Just so long as they keep themselves within the law of God.

Rise up now, Ireland, with the grace of the Lord!
With the holy cross on your banner victory's assured!
Powerful hosts of angels will be a defending sword
For our brave and eager soldiers, for our mighty battle-horde!

The piercing edge of their spears, by hate so well-honed
In the fury of their onslaught will cut right to the bone!
And by the rising of our youths—their luster they have shown—
We'll rip them, tear them, rend them: we will lay them low!

Translation: Samuel K. Fisher.

54. "Free the bright land of Conaire, royal MacCarthy" (1642), DIARMAID ÓG Ó MURCHADHA, 17 verses, meter: amhrán (first 4 lines of each verse) and loose rannaíocht bheag (second 4 lines of each verse)[57]

This poem offers a fascinating look at the influence of poets on the decision-making of their patrons, as well as the dilemmas many of those patrons experienced when the 1641 rebellion—and the extreme response of the Dublin government—forced them to take sides. The composition of Diarmaid Óg Ó Murchadha, representative of a hereditary poetic family in Munster, this poem urges Donough MacCarthy, Viscount Muskerry, to throw in his lot with his fellow Gaelic Catholics and join the rebellion. MacCarthy did so, and became a prominent member of the "moderate" party within the Confederation. He justified his decision to rise in conservative terms, explaining he had been forced to in order to protect himself from the reprisals of the Protestant government. But perhaps he also had Ó Murchadha's admonitions in mind: writing in 1642, before MacCarthy had made up his mind, the poet urges him to take the leadership of the rising

---

57. We are very grateful to Nollaig Ó Muraíle and Míchéal Mac Craith for their help in determining the meter for this poem.

rialtais Phrotastúnaigh. Ach cá bhfios nach raibh foláireamh Uí Mhurchadha ar chúl a chinn aige: sa bhliain 1642, sula raibh cinneadh déanta ag an taoiseach seo, bhí an file á ghríosú le ceannasaíocht a ghlacadh ar an éirí amach agus deireadh a chur le réim na nGall in Éirinn; ba iadsan ba chúis le ciapadh na gCaitliceach, le cos ar bholg ar Ghaeil agus leis an éirí amach i gcoinne na corónach. Feictear anseo reitric Ghaelach, reitric fhrithchoilíneach agus reitric ríogaí fite fuaite go cumasach cumhachtach. Déantar ceiliúradh anseo ar ghinealach uasal Mhic Chárthaigh agus a cheart oidhreachta a bheith i gcumhacht in Éirinn. Is léir freisin dímheas an fhile ar na "Piúratánaigh" a chuir i gcoinne an rí. Is ionann cás na corónach anseo agus cás na cosmhuintire, dar leis an bhfile. Ní foláir dá bharr sin don taoiseach dul i mbun gnímh.

> Fuascail solas-ghort Chonaire, a rí Chárthaigh,
> Ua na gCormac bhforasta bhfíor láidir,
> Ruaig ód phortaibh go hobann an chríon-ghrásgar
> Luaimneach lochartha modartha mío-náireach.
> Nár do mo thriath Mhusgroidhe
> Gaill ag tasdiol a thíre,
> An chuaine dhuaibhseach dhúrchroidheach
> Atá ag creachadh gach críche.

> Críoch mo chanta is riot bhaineas, a Dhonncha an chúil,
> Gríobh don Chártha-fhuil fhairsing 'sa phosta na dtrúp,
> As síoth re Danaraibh danardha locfar an chúis,
> Go n-díbirir Sacsanaigh seascaire as clochaibh na Múmhan.
> Múmha Chuirc is Ceallachán
> Níor dhóith Danar an cúpla,
> Ort dob adhbhar achmusán,
> Gan a bheith feasta fúghatsa.

> Fútsa budh chliste don fhuirinn chaoimh-Fhiachra
> An Mhúmha uile do sgiobadh ó dhaoir-fhiachaibh,
> Cúige shultmhar ghlan cluthar ghlas chaoin-riartha,
> As níor chúbhaidh red ghairm a fulang ar síor iasacht.
> Iasacht do chríoch n-athardha,
> Ó réidh Cormaic Mhuighe Tamhna,
> Atá fá gall-smacht allmhurdha,
> Go teacht duitse dá gcabhradh.

and use it to smash the power of the foreigners in Ireland, who are culpable for their persecution of the Catholic Church and the Gaels as well as their disloyalty to the Crown. The poem is a powerful fusion of Gaelic, anti-colonial rhetoric and royalism, celebrating MacCarthy's noble lineage and hereditary right to power in Ireland as well as denigrating the "Puritans" who opposed the king. The Crown and the colonized, says Ó Murchadha, share an interest—and MacCarthy must act accordingly.

> Free the bright land of Conaire, royal MacCarthy,
> Heir of the Cormacs, who were solid and truthful and strong!
> Chase from your ports in an instant that ageing rabble,
> Turbulent, bare-boned, surly, devoid of shame!
> A shame for my lord Muskerry;
> Gaill traversing his country,
> The gloomy hard-hearted litter
> That plunders the land at all points!

> The point of my song concerns you, Donnchadh an Chúil,
> Champion of the far-flung Carthys and buttress of troops:
> Through peace with the dastardly Danes the cause will be hindered,
> Till you drive out the settled Saxons from Munster's bounds.
> Munster of Corc and Ceallachan
> (Danes could not trifle with that couple!);
> You will suffer reproach
> If they are not under you henceforth!

> Under you the army of pleasant Fiachra would be wise
> To sweep all Munster free of the base ravens,
> The joyful grass-green pure smooth-pathwayed province,
> Which a man of your rank should not suffer on permanent loan.
> Loan of your fathers' domain,
> —Heir of Cormac Muighe Tamhna's line!—
> Which has lain under foreign Gaill-rule,
> Till your coming to its aid.

Cabhair na Banba ghealladar naoimh-fháidhe
Do bhrainse bheannaighthe d'arad-fhuil aoird ársaidh,
Sean-chaith Saingil as dearbh gur díobh tráchtar,
Scannradh air Ghallaibh dá scaipe is dá síor-bhráca.
Bráca gan díth daoir-fhiacla
Do bhí ag Gallaibh Fódla,
Ag brúith chlainne chaoimh-Fhiachra,
Ag súgha a gcirt 's a gcóra.

Córa duitse ná d'fhuirinn an Ghalla-Bhéarla
Fódla dhruidim ó iomar na h-aimiléise;
Dóigh a dtighthe, a muillte 's a mbailte daora
Is tógfar tuirse don turas-so d'fhearaibh Éirionn.
Éire iath-ghlais oiléanaigh,
Críoch do shean is do shinnsior,
Sean-chríoch aoibhinn il-chéardach,
Lán-chuir treasa na dtímchioll.

Timchioll Inis Luirc cuinnig-se cath ann gach n-árd,
Maoidhfidh iorghuil brisidh do Gallaibh an stat,
Saoirse tugaidh gan fille don eaglais áin,
Is daoirse cuiridh ar an bhfuirinn ná glacann a bpáirt.
Is páirt lead gnúis-ghil gléasda
Do bhí ag sean-mhnaoi Bhriain Bhóirmhe;
Lúighe lé go h-éagcneasta,
Duitse ní brise pósta.

(Rann 7 ar lár)

Riar ceanguil riot ríghe Cairbreach 's a n-umhluígheann dó,
Is Dia am chabhair-se gur fearradh dhuit ná an giuisdís Góph,
Cliath scaipitheach bhfír eachtrann is úr faoi ór,
Fiann mheasardha caomh-cheannasach noch chúmhdúigheann cóir.
Cóir súil re seilg bhfír-sheabhaic,
Ríogra úr shleachta Philip,
Cuaine mhaiseach mhín-dhealbhach,
I dtús gach catha cruinnidh.

Aid to Ireland was prophesied by the saintly prophets
To a blessed branch of the high ancient princely race;
The Battle of Singland surely foretold of you
Who would sow terror among Gaill and thoroughly harrow!
A harrow with plenty of harsh teeth
Fódla's Gaill possessed,
Tormenting pleasant Fiachra's clan,
Sucking up their dues and rights.

Right for you, rather than the crew that talks Gall-language,
To heave Fódla out of the trough of misery;
Burn their houses, their mills and their squalid towns,
And sorrow will be lifted now from the men of Ireland!
Ireland, green-meadowed, islanded,
Land of your kin and forbears,
Delightful land of many crafts,
Wage all-out war around it!

Around the island of Lorc sustain in all parts a war
To smash through the battleline and break the state-Gaill;
Give unhampered freedom to the splendid Church
And impose subjection on those that shirk their part.
Partial to your bright countenance
Was Brian Boru's old widow;
Lie with her ungently,
For you it's no breach of marriage!

(Verse 7 omitted)

Yours to command is service from Carbery's king and his vassals
(And—as God may help me!—they would serve you better than Justice Gough),
A lord who'll scatter the foreigners, with a wealthy land:
An orderly mild noble army, protecting right.
Right is the true hawk's eye for hunting:
The new kingship of Philip's race,
Handsome smooth-formed hound-pack;
When battle begins they gather.

(Rann 9–10 ar lár)

Cuir catha le gasra dod chrú gan cháim,
A thúir calma na Mangartan gan grúidh roimh dháimh,
Cuir gairm ar shliocht Chairbre Múisg gan spás,
Fir mheasardha nach measaid bheith úmhal don stát.
Stát tíre Uí Thuathaláin
Do bhí ag an Múmhain tuillte,
Go teacht duitse mar uachtarán
Aig dídhion tuatha agus cille.

Cill do bhí a n-doarbhruid is tuatha go léir,
Ag Gaill a lúighe síos ortha is shuas gach lae,
Gur smaoin do ghnaoi ríoga-sa a fuasgladh ó phéin,
As gan súim ag droing chúimhthigh in uaisle Gaodhal.
Gaodhil gan sosadh dá ndaor-chiorrbhadh
Le claoin-breathaibh fear Sacsan,
Mór ghar duitse éisteacht linn,
A mhic Mogha Néid neartmhar.

Neartmhar an dream camtha do bhráithribh Gaoidhil,
Aicme leabhair cheannsa na sár-mhac ríogh,
Gasra Gall scannraid tar sáile an bhúidhin;
Budh leatsa Teamhair Eamhain Mhacha 's tráigh an Trír.
Triúr mac do bhí ag Oilioll,
Níor ghar a n-daora an trír sin,
Ó a taoi-se air shliocht na saor-churadh,
Gaibh chúghat géille is úmhla.

Úmhla bainidh 's is dleathach dod phór an chrú,
Do chuing gaisce Bunraite, ní tóim dó siúd,
Cúmha ná gabhaidh i gcreachadh na Róisteach chúghat
Gan dúnta an Bharraigh do leaga is do dhóith go h-úr.
Úr fá ionmhas aoibh Eochaille
Ag cliathaibh Eoghain na n-guais-bheart,
Corca Múmhan dóithfir-se,
Leat féin Fódla le fuascailt.

(Verses 9–10 omitted)

Wage battle with an army of your immaculate blood,
Brave tower of Mangerton, who dreads no poets,
Summon the race of Cairbre Músg without delay,
Temperate men in no temper to bow to the state.
The state of O'Vulgarian's land
Had over-flooded Munster,
Until you came as overlord,
To shelter church and tuatha.

The church that was vilely oppressed, with all the tuatha,
By Gaill from all sides pressing on them every day,
Until your royal grace thought to deliver them from pain,
Since the foreign crowd care nothing for noble Gaels.
The Gaels relentlessly being mangled
Under the Saxons' unjust laws:
It will profit you much to hear us,
Mighty son of Mogh Néid.

Mighty in their encampment is the body of brother Gaels,
The graceful and mild league of excellent kings' sons;
They are scaring the army of Gaill over the sea,
Tara will be yours, Eamhain Macha, the shore of the Three.
Three sons noble Oilioll had,
It was hard to subject those three;
Since you come of the race of heroes,
Make all yield to you and obey.

Obedience you must seize, as your blood is keeper of the fold
(Bunratty's champions are bound to you—I am not silent about that);
And feel no remorse as you plunder the "Roche country"
Before flattening the Barry-land castles, burning them to earth.
The earth was the wealth of pleasant Youghal
For the adventurous Eoghanacht;
You will burn Cork, the marsh of Munster;
Ireland is for you to rescue!

Fuascail ana-bhruid Banba, a triath-Chárthaigh,
Uasail achmhuinnig chalma chliath-láidir,
Do thuathaibh Teamhrach bainidh bhur riaráiste,
Agus scuab i gceannas do Ghallaibh gan phian-gábhadh...

(Rann 16 ar lár)

Néal ar Ghallaibh nách measaid bheith úmhal don ríghe,
Ós méinn leat sealad is treasgairt air Phiúraitibh,
Taoibh read phearsain san mhachaire Búrcaigh bíd,
Géaga gaisce annsa cathaibh gach púir do ghníd.
Nídh nách deireadh don díogruis,
Buitléarach bró oghain-bhrais,
Ná caill ar t'fhoghnadh don fhuil
Gan caill is Fódla fuascail.

Foinse: John Minahane, *Dánta Shéafraidh Uí Dhonnchadha an Ghleanna* (Aubane, Cork: Aubane Historical Society, 2008), 74–82.

55. "Táinig anoir 'na rith na scéala" (1642), NÍ FIOS CÉ A CHUM, 132 líne, meadaracht: caoine

Scríobhadh an caoineadh[58] corraitheach seo a bhfuil 132 líne ann i gcuimhne ar bhriseadh Ghearóid mhic Phádraig Piaras ag Lios Cearbhaill, Corcaigh, cath cinniúnach san fheachtas i gCúige Mumhan sa chogadh a lean éirí amach 1641. Díol suntais faoin gcogadh seo gurbh é an chéad uair é a throid Gaeil agus Sean-Ghaill i dteannta a chéile i gcoinne na Sasanach. Ba shiombail den chomhghuaillíocht nua seo an té a cheiliúrtar sa dán de bharr gur de phór uasal Gael agus Sean-Ghall in éineacht é. Fiú má ba í cosaint an Chaitliceachais ba chúis le Gaeil agus le Sean-Ghaill a theacht le chéile, seachnaítear aon chonspóid shonrach creidimh idir Caitlicigh agus Protastúnaigh sa dán. Ina háit sin, dírítear ar thrócaire Dé agus ar lá an bhreithiúnais: íomhánna agus meafair as saoldearcadh na Críostaíochta i gcoitinne, seachas an Caitliceachas go háirithe, atá in úsáid tríd síos. Ina choinne

---

58. Maidir leis an téarma "caoine(adh)" mar mheadaracht, mar fhoirm agus mar sheánra, feic Breandán Ó Buachalla, *An Caoine agus an Chaointeoireacht* (Baile Átha Cliath: Cois Life, 1988), agus Cecile O'Rahilly, *Five Seventeenth-Century Political Poems* (Dublin: Institute for Advanced Studies, [1952] 1922), v–x.

Rescue Ireland from tyranny, lordly MacCarthy,
Noble, substantial, brave, of the powerful lances,
Take up your rent arrears from Tara's tuatha,
And sweep the Gaill from power without pity for tribes...

(Verse 16 omitted)

You cloud on the Gaill who plan not to be true to the King,
Since this long while you have wished the crushing of Puritans;
The Burkes will be next you on the battlefield,
Limbs of valor that make warriors breathe their last!
Not last to deserve affection:
Butler with his strong united host;
Do not lose by your service to that blood,
And without lost time free Ireland!

Translation: John Minahane, *Dánta Shéafraidh Uí Dhonnchadha an Ghleanna* (Aubane, Cork: Aubane Historical Society, 2008), 74–82.

55. "Swiftly from the east came tidings" (1642), ANONYMOUS, 132 lines, meter: *caoine*

This heartfelt lament[58] was written to commemorate the fall of Garret Pierse at the Battle of Liscarroll, a critical engagement in the Munster theater of the conflict that followed the outbreak of rebellion in October 1641. A unique feature of that broader conflict was the first open alliance of Gaelic Irish and Old English in opposition to forces of the English Crown. The honorand, Pierse, embodied that linkage by virtue of his mixed Irish and Anglo-Norman lineage. Yet, if defense of Catholicism was the primary factor uniting Gael and Gall, the present verse is notable for eschewing direct mention of confessional difference: its religious imagery is generically Christian, focused on God's mercy and final judgement. By contrast, there is specific mention of important figures in the rebellion, notably its chief instigator, Sir Phelim O'Neill, and the Confederate forces' eventual

---

58. For more on the "lament"—Irish *caoine*—as a meter, a form, and a genre, see Breandán Ó Buachalla, *An Caoine agus an Chaointeoireacht* (Baile Átha Cliath: Cois Life, 1998), and Cecile O'Rahilly, *Five Seventeenth-century Political Poems* (Dublin: Institute for Advanced Studies, 1977), v–x.

sin, áfach, tagraítear do phearsana móra an éirí amach: Sir Feidhlim Ó Néill, an té
is mó a chuir an tÉirí Amach sa siúl agus Eoghan Ruadh Ó Néill ina cheannaire
míleata arm Caitliceach na Comhdhála i gcúige Uladh. Tabharfar faoi deara gur
dán *entre les époques* é seo, dán ina bhfeictear gnéithe d'fhilíocht na scol, idir
struchtúir agus théamaí, ach ina ndéantar cur síos ar imeachtaí polaitiúla agus
ar chúrsaí reatha mar a dhéanfar in "An Síogaí Rómhánach" agus "Tuireamh na
hÉireann," (a bhfuil sleachta astu ar fáil anseo thíos), agus ar samplaí iad den
chaoine, le meadaracht faoi leith, a bhí ag teacht chun cinn ag an tráth seo.

>   Táinig anoir 'na rith na scéala
>   Do chuir guais ar uaislibh 's ar éigsibh,
>   Do chuir díbirt ar mhíltibh 's ar chéadtaibh,
>   Do chuir buaireamh gan fuascailt ar Éirinn,

(Líne 5–8 ar lár)

>   Gan chomhaid ag saoithibh ná laoithe á ndéanamh,
>   Gan cheolta caoine croí dá n-éisteacht,
>   Gan sport ag naoi ná ag daoinibh aosta
>   Do ló ná d'oíche ach caoi 'gus tréanas.

>   Do chuir méid meanma ar Ghallaibh an Bhéarla,
>   Do bhí go heaglach atursach traochta,
>   Mar ba lámh ó Rí na gréine
>   Do chuir bun os cionn ar thionscail Féidhlim.

(Líne 17–20 ar lár)

>   Dá dtugadh Saoi 'gus ard-Rí na gréine
>   Scóp ar bheith beó go meódhan lae dhuit,
>   A laoi [mo] chroí, do mhaoiff do laochas
>   'S do bhí na baill gan chaill ag Gaelaibh.
>   Do bheidís Goill go slim a' sléachtain
>   'S do bheidís cinn go tinn a' béicigh,
>   Do cuirfaí fuil 'na srothaibh tréana
>   'S do cuirfaí cuirp go tiubh chum cré leat.

commander, Eoghan Ruadh O'Neill. As such, this is an interesting "transitional" work, combining as it does structural and thematic aspects of Classical Irish praise poetry with the explicit mention of contemporary political events found in the emergent *caoine*-meter poems, such as "The Roman Fairy" and "Lament for Ireland" (see Poems 60 and 61).

> Swiftly from the east came tidings
> Which dismayed the noble and the learned,
> Which banished hundreds and thousands,
> Which plunged Ireland into unrelieved anxiety,

(Lines 5–8 omitted)

> No poets composing verses or lays,
> No pleasant hearty music listened to,
> No play for young or old, by day or night,
> But lamentation and fasting.

> Which roused the spirits of the English-speaking foreigners,
> Who had been fearful, weary and downcast,
> As if it was the hand of the Almighty
> That had overturned what [Sir] Felim had set in train.

(Lines 17–20 omitted)

> If the Wise and High King of Heaven
> Had permitted you to live to mid-day, beloved one,
> Your valor would resound
> And the Gaeil would not have given way,
> The Gaill would be abjectly submitting,
> Heads would be shrieking in agony,
> You would have caused blood to run in torrents
> And would have consigned countless bodies to the earth.

(Líne 29–64 ar lár)

A leóghain ba chróga 's dob éachtach
A' seóladh gach tórach le faor nirt,
A bhuinneáin ba roibhreátha déanamh
Mo dhiomá do lionnán gan céile.

(Líne 69–92 ar lár)

Sa chúige thíos nuair scaoil na scéala,
Do bhádar saoithe ar díth a gcéille,
Ba theinn re Sir Feidhlim t'éagsa
'S níor chúis tsuain d'Eóghan Ruadh Ó Néill tu.
A chróí gan chealg 's a chara na héigse,
Do shíleas gur dhíon dom mar scéith thu
Ag dul síos chum do naimhde do thraochadh,
Beannacht na dtíortha 'gus guí na cléire.

(Líne 101–124 ar lár)

A Chlann Phiarais, is diachrach bhur scéalsa—
Nó an cíach díbhse gliaire na mbéimeann
Faoi fhiachaibh dá stialladh 'na stéigeach?—
'S is cliarbhriste an t-iartharso it éagmais.
Ó tá dearbh gan aiseag ar t'éasga
'S go lá an bhreatha ná glacfair an daonnacht,
Guím na easpail 's na aingil le chéile
Mar dhíon dot anam go Flaitheas an Aonmhic.

Foinse: John H. Pierse & Pádraig de Brún, eag., "Lament for Garret Pierse of Aghamore, Slain at Liscarroll, 1642," *Journal of the Kerry Archaeological and Historical Society* 20 (1987): 5–27.

56. "Bríocht na seirce i ndiaidh Eoin" (c. 1649), UILLIAM ÓG MAC AN BHAIRD, 23 rann, meadaracht: deibhí

Cuireann an dán molta seo d'Eoin Ó Cuileannáin, Easpag Ráth Bhoth (Dún na nGall) idir 1625 agus 1661, béim ar thábhacht agus ar bhuanseasmhacht an chúraim thréadaigh le linn géarchéime. Rinneadh cúis chogaidh den reiligiún

(Lines 29–64 omitted)

Lion brave and fierce,
Launching each attack with cutting strength,
Scion of splendid physique,
My grief that your loved one is without a husband.

(Lines 69–92 omitted)

When the news spread northwards,
Sages were demented,
Your death was sorely felt by Sir Felim
And was no comfort to Eoghan Ruadh Ó Néill.
Heart without guile and friend of poets,
I had thought you my protector like a shield
As you went to subdue your enemies,
The blessing of the people and the prayers of the clergy.

(Lines 101–124 omitted)

O Clan-Piers, sorrowful is your plight—
Or does it sadden you that the strong-smiting warrior
Should be torn to pieces by ravens?—
And multitudes in this outlying district are broken without you.
Since your death is confirmed and irrevocable
And since you will not [again] take human form
Until the day of judgement, I pray that the apostles
And the angels will see you safely to Heaven.

Translation: John H. Pierse & Pádraig de Brún, eds., "Lament for Garret Pierse of Aghamore, Slain at Liscarroll, 1642," *Journal of the Kerry Archaeological and Historical Society* 20 (1987): 5–27.

56. "Spell of love doth follow Eoin" (c. 1649), UILLIAM ÓG MAC AN BHAIRD, 23 verses, meter: *deibhí*

This poem praising Eoin Ó Cuileannáin, Bishop of Raphoe, offers a reminder of the importance and endurance of pastoral care in a time of crisis. Religion in the 1640s was weaponized as Catholics in Ireland fought quite literally for their

in Éirinn sna 1640idí de réir mar a throid Caitlicigh na tíre ar son a mbeatha i gcoinne a gcuid naimhde ar Phrotastúnaigh de chineálacha éagsúla iad. Fiú sa dán seo, ina moltar an cineáltas Críostaí, feictear cúrsaí conspóideacha poileimiciúla ag borradh aníos sa tuiscint nach bhfuil láchas an easpaig ar fáil dóibhsean nach den chreideamh "ceart" iad. Ina ainneoin sin, díríonn formhór an dáin ar shuáilcí Críostaí an easpaig agus a dhea-thionchar ar a phobal. Tugtar faoi deara go moltar an t-easpag faoi mar a mholtaí prionsaí tuata, béim á cur ag an bhfile ar áilleacht fhisiciúil an easpaig, agus ar thorthúlacht na talún faoi réim an taoisigh dhlistinigh. Baintear casadh spéisiúil as móitíf traidisiúnta eile anseo, leis: Má thugann mná grá don easpag, leagann an file béim ar an gcodarsnacht idir grá diaga agus grá saolta.

Bríocht na seirce i ndiaidh Eoin
Airdheanna foirfe fíreoin
Mná is fir ag tál a dtoile
Do ghrádh fhir na hionmhoine.

Searc na mban grádh gach gille
Easpog go n-óigh n-intinne
Fear sáimh gan oil gan omhan
Gan choir gráidh do ghníomhoghadh.

(Rann 3 ar lár)

Is comaoin do chách a ngrádh
D'fhior na hansa go hiomlán
A ghrádh saor don uile fhir
Achd duine claon don chreidiomh.

(Rann 5–6 ar lár)

Luibh íce d'fhearaibh óthair
Briathrá an easpuig órghothaigh
Fuighle toghtha an fhir fhéil
Fa hothra do chneith chainnséir.

Bás a chlainne sa chéile
Easbaidh carad is coigéile
Ní léir d'aon as dheaghaidh Eoin
An chraobh go gcabhair cineoil.

lives with enemies representing a variety of Protestant confessions. Even in this poem, we witness the influence of polemical concerns in the poet's declaration that the Bishop's kindness does not extend to those who deny the faith. The bulk of the verse, however, focuses on the Christian virtues of the honorand and their positive effects on the community. Noteworthy are the parallels with praise typically associated with secular leaders, including his personal physical beauty and the flourishing of the land as signs of legitimacy of office. A further traditional motif is given an interesting twist here: while women are said to adore Ó Cuileannáin, the poet is at pains to contrast the divine love of Christ and the profane "love" of the flesh.

> Spell of love doth follow Eoin
> Sign of perfect faithful man;
> Men and women pour their souls
> Out to him, their dearest love.

> Loved by matrons, friend of youths
> Bishop virginal in mind;
> Calm, without reproach or fear
> Free from deeds of sinful love.

(Verse 3 omitted)

> All are honored by the love
> Which they bear their loving friend
> Who gives freely love to all
> But to traitors to the faith.

(Verses 5–6 omitted)

> Healing herb of invalids
> Is the gold-voiced bishop's speech;
> Words of choicest charity
> Curative of cancer-sores.

> Death of children and of wife
> Loss of comrade and of friend
> Are felt by none when Eoin leaves off
> Branch replete with help for tribes.

Do dhéanadh urlabhra Eoin
Ag teagasg aosa an aineoil
Da mbeadh fear cumhadh da chrádh
Pudhar a chneadh do chlaochládh.

(Rann 10–11 ar lár)

Mar chuiris an ghrian a gal
Feadh gach tíre na timchiol
Cuiridh Eoin teas a thoile
Tre o neas eoil na hionmhoine.[59]

(Rann 13–15 ar lár)

Grádh na gcomharsan go ceart
Is ansa Íosa i n-aoinfheacht
Ag congbháil i gcridhe Eoin
Slighe cláir an fhíreoil.

(Rann 17–20 ar lár)

Eoin Ó Cuileannáin ciabh thais
Réalta iongantach eolais
Dochtúir dílios dé nimhe
Rílios é don aithrighe

Giodh é searc na n-inghean Eoin
Órthóir uaigneach gach uirsceoil
Leis ní háir don uile bhean
Amháin acht Muire maighdean.

(Rann 23 ar lár)

Foinse: John MacErlean, "Eoin Ó Cuileannáin, Bishop of Raphoe, 1625–1661," *Archivium Hibernicum* 1 (1912): 77–121.

---

59. Tá siolla iomarcach sa líne seo: 8 siolla in ionad 7 siolla mar is cóir. Botún cló é an "o" is dócha. Ar mbuíochas do Vincent Morley as an eolas seo.

By the eloquence of Eoin
When instructing those who err,
Everyone who sadly pines
Finds relief from painful wounds.

(*Verses 10–11 omitted*)

As the sun doth send its heat
Forth through every land around,
Warmth of will flows forth from Eoin
In guiding stream of love.[59]

(*Verses 13–15 omitted*)

Love of neighbor justly joined
To the love of Jesus is
Guarded in the heart of Eoin
Tabled way of truthful lore.

(*Verses 17–20 omitted*)

Smooth-tressed Eoin Ó Cuileannáin
Star that guideth wondrously,
Royal fort of penance and
Heaven's God's devoted sage.

Dearly though by maidens loved
Hermit gilding perfect fame
Ne'er to woman hath he cleaved
But to Mary, virgin pure.

(*Verse 23 omitted*)

Translation: John MacErlean, "Eoin Ó Cuileannáin, Bishop of Raphoe, 1625–1661," *Archivium Hibernicum* 1 (1912): 77–121.

---

59. The Irish version of the poem reproduced here features an extra syllable in this line (a superfluous "o"). It does not affect the provided translation.

57. "Là Inbhir Lòchaidh" (1645), IAIN LOM (MACDÒMHNAILL), 22 rann (agus curfá), meadaracht: amhrán

Tugann an dán seo cuntas ó fhinné súl ar bhua mór Chlainne Dòmhnaill agus na ríogaithe ag Inbhir Lòchaidh (1645) in Albain. Léirítear ann an dlúthcheangal a bhí idir Gaeil na hÉireann agus Gaeil na hAlban um an tráth seo agus feictear ann, leis, na laigí a bhain leis an dáimh phan-Ghaelach seo. Is fíor sin maidir le hIain Lom (MacDòmhnaill) an té a chum an dán seo, agus Alasdair Mac Colla (MacDòmhnaill), laoch an dáin. Bhain Mac Colla le Clann Iain Mhòir (MacDòmhnaill), ar bhain na Caimbeulaich a gcuid tailte díobh i dtús an tseachtú haois déag. Dá bharr sin, d'imigh sé leis ar deoraíocht go hAontroim, Cúige Uladh, áit a bhfuair sé dídean agus cluthair ó Raghnall MacDòmhnaill, Iarla Aontroma, ball eile dá mhuintir a chónaigh in Éirinn. Throid Mac Colla ar son na Comhdhála Caitlicí in 1642–1643 sular cheap Iarla Aontroma é le hionradh a dhéanamh ar Albain le fórsa Gael chun fogha a thabhairt ar son an rí agus i gcoinne na gCaimbeulach. Ba í an ghné seo, an t-ionsaí ar na Caimbeulaich, a tharraing aird an fhile agus is air sin a dhírítear aird sa dán cáiliúil feanntach seo. Ní luaitear anseo Marcas Mhontróis, ionaid an rí, ná bunús Éireannach fhormhór na saighdiúirí a throid ar son Mhic Colla. Seachas an ghné Phan-Ghaelach, ní léirítear an cath seo mar chuid de chogadh leathan iltíreach; cuirtear os comhair an léitheora é mar aighneas cúigeach áitiúil idir Clann Dhòmhnaill agus Clann Chaimbeul. Tugtar cuntas mion ar bhriseadh Chlann Chaimbeul le díocas agus ní leasc leis an bhfile mionsonraí fuilteacha an chatha a thabhairt. Bhí Iain Lom i láthair ag an gcath agus is cosúil gur fheidhmigh sé mar theachtaire cé gur dhiúltaigh sé dul i mbun troda. Nuair a ceistíodh Alasdair Mac Colla ina thaobh seo é, tá sé sa bhéaloideas gur fhreagair an file gurbh é cúram an tsaighdiúra a bheith ag troid agus gurbh é cúram an fhile a bheith ag scéalaíocht: "Cathaichibh sibh-se is innsidh mise." Cantar an t-amhrán i gcónaí ag mórchuid amhránaithe agus grúpaí ceoil, ina measc Manràn. Tagann sin le gealluint an fhile go mairfeadh cáil Mhic Colla de bharr dhán seo an fhile fiú má nochtar ann laigí an Phan-Ghaelachais.

Cúrfa
Hì rim hó ro, hó ro leatha,
Hì rim hó ro, hó ro leatha,
Hì rim hó ro, hó ro leatha,
Chaidh an latha le Clann Dòmhnaill.

57. "The Battle of Inverlochy" (1645),
IAIN LOM (MACDONALD),
22 verses (and chorus), meter: *amhrán*

This Scottish Gaelic poem-song, an eyewitness account of the great Royalist/ MacDonald victory at the Battle of Inverlochy (1645), demonstrates the close connections between Gaelic Scotland and Ireland during this period, as well as the limits of pan-Gaelic unity. This is true of both the poet Iain Lom (MacDonald) and the song's hero, Alasdair Mac Colla. Mac Colla, a member of the Clan Donald South dispossessed by the Campbells in the early seventeenth century, had gone into exile in Antrim in Ireland, where he was sheltered by another leading member of the clan, Randall MacDonnel, Earl of Antrim, who had settled in Ireland. Mac Colla fought for the Confederate Catholics in 1642–1643 before Antrim appointed him to lead a force of Irish soldiers into Scotland to both support the king and strike a blow against the Campbells.

It was this latter aspect of the mission that earned most of Mac Colla's attention, and Iain Lom reciprocated in this legendarily vitriolic poem. Mac Colla's ally, the Marquis of Montrose, goes unmentioned, as do the Irish origins of most of Mac Colla's men. Instead the poem presents the victory at Inverlochy as a victory of Clan Donald over the Campbells, whose defeat is chronicled with morbid enthusiasm and grizzly detail by the poet. Iain Lom was present at the battle, and may have served as a messenger, though he declined to fight. When Mac Colla asked him about this the poet is said to have replied that Mac Colla would fight and he would tell the story: "Cathaichibh sibh-se is innsidh mise." The song has been recorded by a number of vocalists and bands, most recently Manràn, fulfilling the poet's pledge to immortalize Mac Colla even as it demonstrates the limits of Irish and Scottish Gaelic unity.

Chorus
Hì rim hò ro, hò ro leatha,
Hì rim hò ro, hò ro leatha,
Hì rim hò ro, hò ro leatha,
Clan Donald won the day.

'N cuala sibhse 'n tionndadh duineil
Thug an camp bha 'n Cille Chuimein?
'S fada chaidh ainm air an iomairt,
Thug iad as an naimhdean iomain.

Dhìrich mi moch madainn Dòmhnaich
Gu bràigh caisteil Inbhir Lòchaidh;
Chunnaic mi 'n t-arm dol an òrdugh,
'S bha buaidh a' bhlàir le Clann Dòmhnaill.

Dìreach a mach glùn Chùil Eachaidh,
Dh'aithnich mi oirbh surd bhur tapaidh;
Ged bha mo dhùthaich 'na lasair,
'S éirig air a' chùis mar thachair.

Ged bhitheadh iarlachd a' Bhràghad
An seachd bliadhna so mar tha e,
Gun chur gun chliathadh gun àiteach,
'S math an riadh o bheil sinn pàighte.

Air do làimh-sa, Thighearna Labhair,[60]
Ge mór do bhòsd as do chlaidheamh,
'S iomadh òglach chinne t'athar
Tha 'n Inbhir Lòchiadh 'na laighe.

'S iomadh fear gòrsaid is pillein
Cho math 's a bha beò de d' chinneach
Nach d'fhaod a bhòtainn thoirt tioram,
Ach foghlaim snàmh air Bun Nibheis.[61]

'S iomadh fear aid agus pìce
Agus cuilbheire chaoil dhìrich
Bha 'n Inbhir Lòchaidh 'na shìneadh,
'S bha luaidh nam ban a Cinn-tìr' ann.

---

60. Mionn tradisiúnta maslach é "air do làimh." Bhí Sir Mungo Caimbeul, Tighearna Labhair, ar
dhuine de cheannairí na gCaimbeulach ag Inbhir Lòchaidh.
61. Is fíochmhar an magadh é seo: bádh iad.

Have you heard of the march so valiant
Made by the army at Kilcumin?
Far has gone the fame of their play,
They drove the enemy before them.

I climbed up early Sunday morning
Above Inverlochy castle, to the brae:
I saw the army get in formation
And Clan Donald won the field that day.

As you climbed up the spur of Culachy
I could tell your spirits were elevated:
Though my country has gone up in flames
By what you've done we are well compensated.

Even if the earldom of Brae Lochaber
Should remain for seven years this way,
Without sowing, harrowing, or cultivation:
Good is the interest we have been paid.

Though greatly you boasted of your sword
By your hand, Laird of Lawers, let it be said[60]:
There is many a young man of your father's name
At Inverlochy now lying dead.

There was many an armored man, with saddle
As good as ever was of your kin
Who couldn't with dry shoes escape the battle
But in the Nevis learned to swim![61]

And there was many a man with cap and pike
And with musket narrow and straight
Who has stretched himself out at Inverlochy, even
The love of the Kintyre ladies: that was his fate.

---

60. "By your hand" is a traditional insulting oath. Sir Mungo Campbell of Lawers was one of the
    Campbell commanders at Inverlochy.
61. The joke here is vicious; the poet means they drowned.

Sgeul a b'aite 'n uair a thigeadh
Air Caimbeulaich nam beul sligneach:[62]
H-uile dream dhiubh mar a thigeadh
Le bualadh lann 'n ceann 'gam bristeadh.

'N là a shaoil iad a dhol leotha
'S ann bha laoich 'gan ruith air reodhadh:
'S iomadh slaodanach mór odhar
A bh'air aodann Ach' an Todhair.

Ge bè dhìreadh Tom na h-Aire,
'S iomadh spòg ùr bh'air dhroch shailleadh,
Neul marbh air an sùil gun anam,
An déidh an sgiùrsadh le lannan.

Thug sibh toiteal teth mu Lòchaidh,
Bhith 'gam bualadh mu na srònaibh:
'S lìonmhor claidheamh claisghorm còmhnard
Bha bualadh 'n lamhan Chlann Dòmhnaill.

'N uair chruinnich mór dhragh na falachd,
'N am rùsgadh nan greidlean tana,
Bha iongnan Dhuibhneach ri talamh
An déidh an lùithean a ghearradh.

'S lìonmhor corp nochdte gun aodach
'Nan sìneadh air Chnoc an Fhraoiche,
O'n bhlàr an greasta na saoidhean
Gu ceann Leitir Blàr a' Chaorainn.

Dh'insinn sgeul eile le fìrinn,
Cho math 's nì cléireach a sgrìobhadh,
Chaidh na laoich ud gu'n dìcheall,
'S chuir iad maoim air luchd am mìoruin.

---

62. Ceap magaidh coitianta ab ea ainm na gCaimbeulach (cam+béal) agus bhíodh a naimhde ag
síor-mhagadh faoi bhéil chama na gCaimbeulach, rud a chuir béim ar fhealltacht na clainne sin.

Every time the news was heard it pleased us well
Of those shifty fellows rightly called "Cam beul"[62]:
Every pack of them that came along
Was battered about the head by swords and fell.

On that day they thought was surely theirs
Our heroes chased them over frozen ground:
And afterwards on the field of Ach' an Todhair
Many pale-looking slowpokes could be found!

You'll see if you climb Tom na h-Aire
Many a fresh Campbell-talon, not yet pickled
And the cloud of death on their soulless eyes
To show our swords did more than tickle.

When the fighting was hot around Lochy
You battered them upon the nose,
And there were many flashes of cold-blue steel:
The blades of Clan Donald striking their foes.

When the blood-letting gathered to conclusion
And the time was come for drawing swords,
The Campbell claws fell to the ground
With their sinews hacked apart and torn.

On Heather-Hill [Cnoc an Fhraoiche] there now is lying
Many a clothes-less corpse naked and revealed:
The reason for that is the press of our heroes
To Blàr a' Chaorainn as they swept the field.

I could tell you another story truly
Just as well as a scribe could write:
Those heroes of ours did their utmost,
And put the ill-willed pack to flight.

---

62. The clan name "Campbell" was an easy target for puns. The name sounds like Gaelic *cam* (crooked
    or twisted) and *beul* (mouth). References to "crooked-mouth Campbells" are common, and they
    emphasize also the deceitfulness of the clan in the eyes of their enemies.

Iain Mhùideartaich nan seòl soilleir,[63]
Sheòladh an cuan ri là doilleir,
Ort cha d'fhuaradh bristeadh coinne:
'S ait leam Barra-breac[64] fo d' chomas.

Cha b'e sud an siubhal cearbach
A thug Alasdair do Albainn,
Creachadh losgadh agus marbhadh,
'S leagadh leis Coileach Srath Bhalgaidh.[65]

An t-eun dona chaill a cheutaidh
An Sasann 'n Albainn 's an Eirinn,
Ite e a cùrr na sgéithe:
Gur misde leam on a ghéill e.

Alasdair nan geurlann sgaiteach,
Gheall thu 'n dé a bhith cur as daibh;
Chuir thu 'n retreat seach an caisteal,
Seòladh glé mhath air an leantainn.

Alasdair nan geurlann guineach,
Nam biodh agad àrmainn Mhuile,
Thug thu air na dh'fhalbh dhiubh fuireach,
'S retreat air pràbar an duilisg.

Alasdair mhic Cholla ghasda,
Làmh dheas a sgoltadh nan caisteal,
Chuir thu 'n ruaig air Ghallaibh glasa,
'S ma dh'òl iad càl chuir thu asd' e.

---

63. Bhí Iain Mhùideartaich ina cheann fine ar Chlann Raghnaill. Shroich sé Inbhir Lòchaidh tamall beag sular thosaigh an cath—is í sin an gheallúint a dtagraítear di sa rann.
64. Dòmhnall Caimbeul, Tighearna Barra-breac. Gabhadh é tar éis an chatha agus cuireadh i ngéibheann é.
65. Is é George Gordon, Marcas Huntly, "Coileach Srath Bhalgaidh." i 1645, dhiúltaigh sé cabhrú le Montróis agus le Mac Colla, ach throid sé ar son an rí ina dhiaidh sin. Thuill an beart sin, de réir Iain Luim, a chlú arís dó i measc an phobail. Ina dhiaidh sin chaoin an file é nuair a gabhadh (1647) agus nuair a feallmharaíodh (1649) é.

Iain Mhùideartaich of the shining sails[63]
Who would ply the sea however dark the day,
No one can say you broke your pledge:
I'm pleased to see Barbreck[64] under your sway.

The journey Alasdair has made to Scotland
Was no clumsy jaunt, you know:
Plundering, burning, killing
And he laid the Cock of Strathbogie low.[65]

In England, Scotland, and Ireland
He's abandoned decorum, that ugly bird:
A worthless corner-feather from the wing,
I dislike that he's surrendered.

Alasdair of the sharp slashing blades,
You promised yesterday that you would put them out:
You drove them on straight past the castle,
A fine way that to keep up the rout!

Alasdair of the sharp stinging blades,
If only the Mull heroes had joined you
No one would have managed to escape
When that seaweed-eating rabble flew.

Alasdair, son of handsome Coll,
At breaking castles you excelled.
You put to flight the gray-skinned Gall,
Any kail they'd eaten was expelled.

---

63. Iain Mhùideartaich/John of Moidart was the chief of the MacDonalds of Clanranald; he arrived
   with his men shortly before the battle, the pledge referred to later in the stanza.
64. Sir Donald Campbell of Barbreck, who was taken prisoner at the battle.
65. The "Cock of Strathbogie" is George Gordon, Marquis of Huntly, who refused to aid Montrose
   and MacColla. He later raised forces on behalf of the Royalist cause, an action that rehabilitated
   him in the eyes of Iain Lom: the poet composed poems bewailing Huntly's capture (1647) and
   execution (1649).

'M b'aithne dhuibh-se 'n Goirtean Odhar?
'S math a bha e air a thodhar;
Chan innear chaorach no ghobhar,
Ach fuil Dhuibhneach an déidh reodhadh.

Sgrios oirbh mas truagh leam bhur càramh,
'G éisdeachd anshocair bhur pàisdean,
Caoidh a' phannail bh'anns an àraich,
Donnalaich bhan Earra-Ghàidheal.

Foinse: Annie M. Mackenzie, eag., *Òrain Iain Luim: Songs of John MacDonald, Bard of Keppoch*
(Edinburgh: Scottish Gaelic Texts Society, 1964), 20–25.

58. "Dursan do chás, a chríoch Bhreagh," BRIAN ÓG MAC CON MIDHE, 41 rann, meadaracht: deibhí

Chruthaigh an cogadh, tar éis an éirí amach i gCúige Uladh i nDeireadh Fómhair
1641, comhghuaillíocht as an nua nach bhfacthas a leithéid riamh roimhe sin.
Tháinig Gaeil agus Sean-Ghaill Chaitliceacha le chéile ar a leas coiteann agus i
gcoinne a namhad—parlaimint Shasana. Ba é an creideamh céanna a bhí acu beirt,
idir Ghaeil agus Shean-Ghaill, agus thángadar le chéile le cur i gcoinne na bhfórsaí
a thug dílseacht do pharlaimint Shasana. Glacadh leis gurbh é Eoghan Rua Ó
Néill, a raibh taithí na mblianta fada aige ag troid sna cogaí creidimh ar mhórthír
na hEorpa, an ceannaire ab fhearr le bheith i gceannas ar chúis mhíleata Éire na
gCaitliceach agus iad ar thóir bua míleata agus an neamhspleáchais pholaitiúil.
Tá na téacs seo ar na dánta atá ar marthain a impíonn ar an Niallach filleadh ar
Éirinn le bheith ina shlánaitheoir míleata ar chúis na hÉireann. Ar nós an dáin don
Easpag Ó Cuileannáin (Dán 56), múineann gá seift agus baintear casadh suntasach
anseo as móitífeanna traidisiúnta maidir le dlisteanas polaitiúil. Sa dán seo, mar
a chonacthas roimhe seo, tuigtear go mbeidh Éire faoi bhláth ach an cleamhnas
idir í agus an rí ceart a chur i gcrích. Sínítear meafar na clainne anseo ionas go
leagtar béim ar an ngá le dílseacht clainne chun gach ball den chlann féin a chos-
aint. Is é dualgas leanaí dlisteanacha na clainne anois Éire a chosaint. Léirítear an
Niallach mar chosantóir na hÉireann, ní hamháin i gcoinne na n-eiriceach agus
na gcoilíneach ach i gcoinne páistí suirí mídhlisteanacha na hÉireann—iadsan a
thréig a gclann féin—i.e. na grúpaí éagsúla a thréig cás na hÉireann agus a d'fhág
sa bhearna baoil í. Braitear idir dhóchas agus imní sa dán seo.

Have you heard of the Goirtean Odhar?
Well-manured was that field:
Not with the dung of sheep or goats
But Campbell blood which had congealed.

May you be damned if ever I pity you
Listening to the plight of your children,
To the lament for those dead on the field,
To the dog-howling of the Argyll women.

Translation: Samuel K. Fisher.

58. "Hard is thy case, O Land of Breagha," BRIAN ÓG MAC CON MIDHE, 41 verses, meter: *deibhí*

The outbreak of war following the rising in Ulster of October 1641 ushered in an unprecedented political alliance whereby Gaelic and Old English joined forces against a common enemy. In resisting the armies associated with the English Parliament, unity was offered through a shared sense of confession and Owen Roe O'Neill, veteran leader in the Continental wars of religion, was deemed to be the right person to lead Catholic Ireland to victory and independence. This is one of several surviving appeals to O'Neill to return to Ireland as military savior. Like the poem above to Bishop Ó Cuileannáin (Poem 56), this composition offers interesting twists to traditional motifs of political legitimacy. Here, again, we read of Ireland flourishing under the governance of her rightful "spouse." But the poet develops further metaphors of familial connection and duty by portraying Ireland as requiring defense on the part of her "true children." O'Neill, therefore, is depicted as defender against heretics and newcomers and against Ireland's own "bastard children" alike, both of which have left "her" exposed to grave danger. This, then, is a poem both hopeful and anxious.

Dursan do chás, a chríoch Bhreagh;
Ní hiongnadh, gé mór, himneadh
Adhbhal truime do thuirsi,
Uille (a)[66] hadhbhar aguibhsi.

Baintreabhach bocht is tréith treoir
Sibh nó dílleachta deireoil;
A thaidhbhsi nach mór cairde,
Lór le haimsir heasgcairde.

(Rann 3–4 ar lár)

An chlann ba dílios duibhsí,
Mór a n-easbhaidh oruibhsi
Na coiléin nar chlaon ód chuing,
A oiléin na naomh romhuinn.

Iomdha (fear) ag eadráin huilc
Díbh fein go ndearnsat iodhbuirt,
Líonmhar dhaoibh dá dhearbhadh soin
Laoidhe (léachtáin) is leabhoir.

An fhoirionn ba fhíorchlann duibh
Ó theasda uaibh—lór d'urbhaidh—
Gnáth do-bheir do bhasdaird ort
Caitheamh (capoill ar iasocht).

(Rann 8–33 ar lár)

Gus a-nois níor thuigios suim
An rainn do-rinneadh romhuinn;
"Éire agus Eoghan Ó Neill
Glac agus ordóg iaidsein."

---

66. Tagraíonn focal/focail idir lúibini d'easpa soiléireachta sa bhuntéacs.

Hard is thy case, O Land of Breagha;
Not strange thy anxiety however great;
Terrible the weight of thy sorrow
And great thy cause for it.[66]

Thou art as a poor faltering widow
Or a wretched orphan,
Thou wraith whose friends are few
But whose foes fail not ever.

(Verses 3–4 omitted)

O one-time Isle of Saints,
A sore loss to thee are the children
Who once were true to thee,
Whelps who accepted thy leash.

Many the men who sacrificed themselves
To save thee from harm—
Thou hast many proofs of this,
Poems and readings and books.

Now that these of thy true children
Have departed,
Children use thee as some nag
They have picked up.

(Verses 8–33 omitted)

Till today I have never understood
The meaning of that old verse:—
"Eire and Eoghan Ó Neill
Are as fingers and thumb."

66. Words that appear in parentheses in the Irish version indicate defects in the poem's meter; as
    the translation does not attempt to replicate the meter, the parentheses do not appear in the
    English version.

Ní fhuil acht aoinmhér don ghlaic
Dílios duit, a chríoch Cormaic,
Acht a-mháin Eoghan Ó Néill
An chrág uile dot aimhréir.

Ní fhaghaid Danair é ar mhír
Ní shén a thír ar bhirín,
Ní thréig a dhaoine ar a chuid,
É le baoithe ní bhréguid.

(Rann 37 ar lár)

Ní mar sin don chloinn chuilsi
Ghonus corp na heaguilsi;
Madh clann do Phádraig an fhian
Meallta an Papa's a naoimhchliar.

Do shénsat Pádraig ar mhír,
Ní feas dáibh an leo Cailbhín,
Ní caraid dóibh cliara Gall,
Fala leo ag fianuibh Éireann.

(Rann 40–41 ar lár)

Foinse: Lambert McKenna, "Some Irish bardic poems xci. Appeal to Owen Roe O'Neill as Defender of the Catholic Faith," *Studies: An Irish Quarterly Review* 38, uimh. 151 (Meán Fómhair 1949): 338–44.

59. "A Mhurchadh Uí Bhriain tá fiadhach ar Ghaodhaluibh" (c. 1648), SEÁN Ó CRIAGÁIN, 26 rann, meadaracht: amhrán

Is é Seán Ó Criagáin, file a raibh scoil aige i gCo. Luimnigh, a chum an dán neamhghnách seo. Ceaptar go raibh Dáibhí Ó Bruadair (feic Caibidil 7) mar dhalta scoile aige agus gur cheap seisean dánta dá oide. Ar fhianaise an dáin seo, níorbh aon dóithín é féin i mbun filíochta agus níorbh aon mheatachán é ach an oiread. Sa dréacht seo tá sé de mhisneach agus de dhánaíocht aige Murchadh Ó Briain, "Murchadh na dTóiteán," a cháineadh. Ba thaoiseach eisean a raibh cáil na brúidiúlachta air, mar is léir óna leasainm. Mar Phrotastúnach Gaelach, bhí

Only one finger of the hand
Is true to thee, O Land of Cormac;
The whole paw disobeys thee
Except alone Eoghan.

The English do not catch him with a morsel;
He denies not his land for a pin;
He does not give up his people to get wealth for himself;
They cannot deceive him with foolish words.

(Verse 37 omitted)

Not so with the spurious children
Who wound the body of the Church;
If that crew be Patrick's children
Then the Pope and the holy clergy have been deceived.

They have denied Patrick for the sake of a trifle;
They do not know whether they agree with Calvin or not;
The clergy (even) of the Goill do not like them
While the troops of Éire hate them.

(Verses 40–41 omitted)

Translation: Lambert McKenna, "Some Irish bardic poems xci. Appeal to Owen Roe O'Neill as Defender of the Catholic Faith," *Studies: An Irish Quarterly Review* 38, no. 151 (September 1949): 338–44.

59. "Murchadh O'Brien, who's been hunting Gaels" (c. 1648), SEÁN Ó CRIAGÁIN, 26 verses, meter: *amhrán*

This fascinating poem is the work of Seán Ó Criagáin, a poet of Co. Limerick who kept a school there. He seems to have taught Dáibhí Ó Bruadair (see Chapter 7) who composed poems for him. Judging from this piece, he was no mean poet himself, and certainly no coward: in this poem he dares to criticize the conduct of Murchadh O'Brien, Baron Inchiquin, known to tradition as "Murchadh na dTóiteán" (Murrough of the Burnings), for his brutality against his opponents. A Gaelic Protestant, the baron found himself in an anomalous position, pulled

Murchadh idir dhá dhíogha, "Idir dhá stól do thóin dá leigir," mar a deir an Criagánach. Bhí sé ar thaobh an rí i gcoinne fhórsaí na gCaitliceach sna blianta 1642–1643 sula ndeachaigh sé le taobh na parlaiminte in 1644. Sa dán seo, ar duanmholadh traidisiúnta é agus cáineadh ar aon, tá sé de dhánaíocht ag an bhfile a rá le Murchadh go bhfuil an pharlaimint Phrotastúnach ag baint leasa as ar mhaithe léi féin agus gur chóir dó filleadh ar a dhúchas, ar thaobh an rí agus ar thaobh na nGael. Tá an dán ag plé le Tadhg an dá haobhachas, le dílseacht, le hionracas. Is ríchuí mar sin go dtagann foirm, stíl agus ábhar an dáin le chéile i línte débhríocha. Is léir sin go háirithe sna línte "moltacha" i gclabhsúr an dréachta, línte ar féidir an dá léamh a dhéanamh orthu, idir mholtach agus cháinteach. Bhí an ceart ag lucht na parlaiminte a bheith in amhras air. In Aibreán na bliana 1648, d'fhill Murchadh ar thaobh na ríogaithe.

A Mhurchadh Uí Bhriain tá fiadhach ar Ghaodhaluibh
Le hochta mbliadhna a ndiaigh a chéile,
Is mithid duit stad is teacht chun réighteach,
Is léigheamh id chairt do cheart ar Éireann.

A láin bheoil, a leoghain léidmhigh,
A ghríbh bhuirb, a churadh chum éachtadh,
A chrainn bagair na Saxan le chéile,
Is teann an seasamh sa agad ghá dhéanamh.

Féach id dheoigh is romhat a n-éinfheacht,
Is déan an chomhairle is cóir do dhéanamh,
Lean do ríogh ann gach slíghe na ngéabhann,
Is tréigh an aicme nách tabhair dó géilleadh.

Ná bí meallta, hám ná tréigsi,
Ná creid feasta do mhalairt an tsaoghail;
Idir dhá stól do thóin dá léigir,
Déis do leagtha budh deacair duit éirghe.

Do chuiris Brothall ó Chorcaigh id aonar,
Do chuaidh go Lonndain, chum soin sgéal ort,
Go nach bia an stát id láimh ná Séarlus,
'S biair mur Ghoidriosg sa chlódh chéadna.[67]

---

67. Chuir Goidriosg i gcoinne Naomh Pádraig. B'ionann a bheith i riocht Ghoidrisg agus a bheith ar son na droch-chúise.

between "two stools," as Ó Criagáin aptly puts it. He served with the king's forces
in Ireland against the Catholic confederates in 1642–1643 before switching sides
and supporting Parliament in 1644. In this poem, at once a conventional panegyric
and a head-shaking admonition against O'Brien's apostasy, the poet makes bold
to tell Murchadh that the Protestant parliament is using him and that he should
return to his natural allegiance to both the king and the Gaels. The poem is as
Janus-faced as Murchadh himself: many of the lines, especially in the "praise"
section toward the poem's end, are capable of dual readings, one positive and
the other negative. The poet's warnings were borne out by persistent suspicions
among the Parliamentarians about Murchadh's loyalty, and in April 1648 O'Brien
once more joined the Royalists.

> Murchadh O'Brien, who's been hunting Gaels
> For eight years continuously,
> It's time for you to stop and reach an agreement,
> And read in your charter your right to Ireland.
>
> Valiant lion, fill of a mouth to praise!
> Ferocious griffin, champion ready for deeds!
> Defender of the English in general,
> This is a firm stand that you are making!
>
> Look at the same time behind you and before you,
> And make the decision it is right to make:
> Follow your king wherever he may go,
> And abandon the gang that would not submit to him.
>
> Do not be tricked, and do not cease being mobile,
> Do not trust any longer to change of fortune;
> If you lay your backside between two stools,
> After you're flattened you'll find it hard to rise.
>
> You sent Broghill from Cork as your deputy,
> He went to London, and made up tales about you there,
> So that the state won't be in your hands or in King Charles's,
> And you are in the same state now as Goidriosg.[67]

---

67. Goidriosg was an opponent of Saint Patrick; to be in the same state as Goidriosg is to be the
champion of a bad (and losing) cause.

Ba mór an tubaist is tusa don taobhsoin
Thall sa bhus do bhuin a n-éinfheacht,
Léad bhiodhbhadh ar éacht do cheart dá léigir,
Uch, alas, you are far deceived.

Is féach an madara i ccroiceann na caorach,
Tá grádh ag Gallaibh dá n-eagaladh féin duit;
Tar éis súd, ní thiubhruid taobh riot,
They will make use of you this season.

Is tar éis an sgathaimh más agad bhias géille,
Do cheann chum cláir go bráth ní léigfid,
Do réir mur d'imigh go minic ar shaoraibh,
Tar éis a n-oirbire uile do dhéanamh.

Ní beag súd sa ndubhairt riot d'fhéachuinn,
Amharc id thiomchuill, moil ná déansa;
An aghaidh do ríogh má bhír i ccéidiol,
All your deeds believe are treason.

Budh dual sleachta dhuit ceannas na hÉireann,
Do bheith agad, is Teamhair i n-éinfheacht;
Fhiadhain súd ar Lughaidh Ó Chléire
Is Tadhg mac Dáire, bláith na héigse.

Fágbhuim sin mur sin re féachuin,
Is fiafruidhim dhaoibh a dhaoine aosda,
An ccualabhair riamh in iath na hÉireann
Fear mar Mhurchadh in iorghail éachtaigh.

Far bríogh mo mhionn, dar liom níor bhféidir
Do Dhé dar geineadh, dá rugadh, dá mbéarthar,
Ar feadh an domhain ón gcúl go céile,
Barr an bharúin ar dheaghchlú féile.

With you on the parliament's side, great disaster
Happened here, there and everywhere together;
If you commit your right to an enemy, for the sake of military aid,
Uch, alas, you are far deceived.

And see, the wolf in the skin of a sheep!
The English love you while they are in fear;
After that, they'll give you no favor;
They will make use of you this season.

And after this period, even if you are on top,
You will never be able to lay your head to rest;
This often has happened to noblemen
After their deeds had brought a curse on them.

There are many who have told you to watch out,
Look around you, do not hesitate;
If you stand against your king in armed conflict;
All your deeds believe are treason.

The rule of Ireland, and Tara too,
Is due to you by virtue of your race;
Testifying to that are Lughaidh Ó Cléirigh
And Tadhg mac Dáire, the flower of poetry.

I leave that as it is, plain to be seen,
And I ask you, old experienced people,
Have you ever heard, in the land of Ireland,
Of a man like Murchadh in furious battle?

Upon my word, I think there cannot have been,
Of all God's children who were ever born, or will be born,
Throughout the world from end to end,
One to beat the baron for the name of generosity.

Ó d'éag Eochaidh, Corc is Féidhlim,
Ó d'éag Niall san fhiann budh tréine,
Ó d'éag Brian do stiall gach daorchath,
Is Murchadh a mhac rug neart tar laochaibh.

Ó d'éag Eoghan Mór na mbéimeann,
Is Lúghadh Lághadh tug ár ar chéadaibh,
Cú na gcleas nár stad ó éirlioch,
San laoch toghtha rinne codladh i mBinn Éadair.

Mar do rug Achilles barradh na nGréagach,
Mar do rug Hector breis ón dTraodh leis,
Mar do rug Oscar mír curaidh na Féine,
Do rug Murchadh an urruim ó Ghaodhaluibh.

Ó iathuibh Bretan, ó Ghalluibh an Bhéarlaidh,
Ó iath Alban, Alastrunn féachadh,
Sa raibh farrais gur mharbh a n-éinfheacht,
Ní leis féin fós, nár mhór an sgéal soin.

Atá Lios Cearbhaill ag dearbhadh an sgéil sin,
Maitheamh a gclódh i ló an chéadiul,
Ar feadh na Mumhan i gcúirt sa gcléirceacht,
San lá crosdadh bhí ag Corcaigh le féachuinn.

Ní mhairid ceann baile ná cathrach ná aoiltigh
Ó Phort Láirge slán go Béarra,
Is ó Shionann na mbárc go tráigh Cinn Cléire,
Nach tabhair íoc dhó, cíos is géille.

Is gach aon acha nár adhmhaigh bheith réidh leis,
Do rinne a gcreacha is táid marbh tar éis sion,
A fhiadhain súd ar chúirt Mhic Séafraigh,
Sa bhfuil na sheasamh do Halla na nDéiseach.

An lá bhí campa teann san léith chloich
Ní raibh Murchadh in ionad a saorthigh,
Bhí sleachta orradh, bhí an donas le céile
Ar gach duine dar chruinnigh Sir Séarlus.

Since Eochaidh, Corc, and Féidhlim died,
Since Niall died, who was strong in war,
Since Brian died, who cut to pieces all ignoble armies,
Murchadh his son has strength beyond other heroes.

Since Eoghan Mór the vehement died,
And Lúghadh Lághadh who massacred thousands,
The Hound of Tricks who never ceased from slaughter,
And the élite warrior who slept in Beann Éadair.

As Achilles took supremacy among the Greeks,
As Hector flourished in Troy,
As Oscar took the champion's prize among the Fianna,
So Murchadh received reverence from the Gaels.

From Britain's land, from the English-speaking foreigners,
From the land of Scotland, a (new) Alexander was seen,
And the number of those about him who all died,
That is something still unequalled; isn't it a great story?

Liscarroll is attesting to that story,
And the seats of nobility and clergy throughout Munster
Whose appearance was transformed in the day of battle,
During the harsh time of the city of Cork.

Not a roof survives, on homestead, fort, or lime-white mansion
From Waterford right round to Béarra,
And from Shannon of the ships to Cape Clear Strand,
Which did not give him payment, rent and homage.

And any of them that were not cooperative,
He plundered them, and afterwards left them dead;
Testifying to this is the Court of mac Séafraidh,
And what still remains standing of Halla na nDéiseach.

That day when there was a strong encampment in the castle,
Murchadh was not the one to set them free;
There was a slaughter of leaders, there was general misfortune
Upon everyone that Sir Charles had gathered there.

Ní hiongnadh dhaoibh gach ní dá ndéinir,
Bhí dot dhíon an tsídhbhean Béarra,
Bhí Clíodhna an ríghbhean is Déirdre,
Sní bhí Aoibheall dá oidhche id t-éagmais.

Do fuair sé arm do bfhearr dá m'féidir,
Do rinne le foghlaim gabha na ndée,
Do fuair sgiath do sgeathaibh Shéasair,
'S do fuair clogadh nach tolgann aonghadh.

Do fuair colg col na dhorn ó Venus,
Do bhronn Mars dó each is éidigh
Do bferr gaisgidh dar shealbhaigh éinfhear,
'S do thug sé srian is diallait féin dhó.

Dá dtug an barún deaghchlúdhach déarcach
Chughainn ar cuairt go bruach na Féile,
Do ghéabhainn ceathrúmhadh, admhúim féin sin,
Dá mbí agam san mbaile le chéile.

A Mhurchadh a mhílidh guídhim mac Dé leat,
Cuirim do dhíon ar rígh na gréine,
Míle bean 'sa gcneas gan éadach[68]
Fágbhuim agud, gion mhairfead do tsaoradh.

Bíodh go dtiobhraim súil an éric,
Cuirim an phaitear, an tsailm, 'sa chrédh leat,
Guídhe na napstal 'sna naithreach naomhtha
Dot dhíon ar Ghalluibh, 'sa mairionn do Ghaodhaluibh.[69]

Foinse: John Minahane, *The Contention of the Poets: An Essay in Irish Intellectual History* (Bratislava, Slovakia: Sanas Press, 2000), 64–71.

---

68. Imeartas focal atá anseo: "bean nocht = beannacht." Tugann an file "míle beannacht" do Mhurchadh, rud a mheabhraíonn, b'fhéidir, an foréigean forleathan a raibh sé freagrach as: ba mhinic le linn an chogaidh go bhfágtaí an taobh a bualadh sa chath ina gcraiceann dearg mar chomhartha dí-mheasa agus b'fhéidir go bhfuil sé sin i gceist freisin.

69. Tá Murchadh idir dhá stól arís—tá cosaint uaidh faoi dhó, cosaint óna chairde bréagacha Sasanacha agus ó na Gaeil a thréig sé chomh maith.

It is no wonder that you do all of these things,
For the fairy woman Béarra was guarding you,
The queenly Clíodhna and Déirdre,
And Aoibheall too was not absent from you at night.

Murchadh received the best possible arms,
The blacksmith of the gods made them learnedly,
He received one of Caesar's shields,
And a helmet which no javelin can pierce.

Venus gave him a sword of destruction into his hand,
Mars gave him a horse and suit of armor,
The finest for deeds of arms that any man ever had,
And gave him a reins and saddle too.

Of what the renowned alms-giving baron gave
To us when he visited the banks of the Feale,
I would give a quarter, I will admit that,
For everything that I possessed at home.

Murchadh, soldier, I pray that the Son of God be with you,
I call for your protection on the king of the sun;
A thousand women bare-skinned without clothes[68]
I leave you, even though I may not live to see you saved.

Even if I have to pay an eye as a penalty,
I say the Lord's prayer, the psalm, and the Creed for you;
And I pray the apostles and the holy fathers
To protect you from the English, and what survives of the Gaels.[69]

Translation: John Minahane, *The Contention of the Poets: An Essay in Irish Intellectual History* (Bratislava, Slovakia: Sanas Press, 2000), 64–71.

---

68. Naked woman = *bean nocht*, which sounds like *beannacht* (blessing). The poet offers Murchadh a thousand blessings, and perhaps reminds Murchadh of the violence he has exercised: stripping of clothes was a common cruelty practiced on all sides in the Confederate war.
69. Murchadh's uncomfortable position "between two stools" is again emphasized—he needs protection from his false English allies and the Gaels he has betrayed.

60. "An Síogaí Rómhánach" (c. 1650), NÍ FIOS CÉ A CHUM, 326 líne, meadaracht: caoine

Is dán é seo a bhfeictear nuálaíocht na stíle liteartha agus na dtuiscintí pol-aitíochta ann in ainneoin gur cumadh é tráth a raibh an tír ag titim as a chéile i lár an tseachtú céad déag. Baineann na sleachta éagsúla seo a leanas le téacs gan teideal agus nach fios cé a chum, ach a dtagraítear dó go hiondúil mar "An Síogaí Rómhánach." Murab ionann is na dánta roimhe seo, seachnaíonn an dán seo meadaracht chasta agus fiarthráchtaireacht fhilíocht na scol ar mhaithe le stíl dhíreach ghonta agus tráchtaireacht a théann i ngleic go neamhbhalbh leis an bpolaitíocht reatha. Is sampla luath den aisling pholaitiúil é "An Síogaí," dán a lonnaítear i measc thuamaí Uí Néill agus Uí Dhónaill i San Pietro i Montorio na Róimhe. Tuigtear dá bharr, go mb'fhéidir gur Phroinsiasach é údar an dáin a raibh seal caite aige i gColáiste San Isidore ionad a bhunaigh na Proinsiasaigh i 1625 timpeall an ama a cumadh an dán. Tharla imeachtaí na nAislingí in áiteanna tairseachúla siombalacha agus is cinnte go raibh macallaí ó ardpholaitíocht na hÉireann, ó Impireacht na Róimhe, ón LuathChríostaíocht agus ó Impireacht na Spáinne ag clabhsúr an tséú haois déag ar aon le cloisint anseo. Is saintréith de dhánta an tseachtú haois déag í, agus iad ag trácht ar chúrsaí na linne sin, an chodarsnacht idir stair agus cráifeacht na nGael agus eiriceacht agus saofacht na nGall. Mhair an dán seo, agus dánta eile nach é, i mbéal an phobail ar feadh i bhfad agus ar bhonn líon na gcóipeanna lámhscríofa sa naoú haois déag, bhí an dán lárnach i múnlú thuiscint lucht labhartha na Gaeilge ar stair na hÉireann agus ar stair Shasana in Éirinn.

Línte 59–115:

> Óir ó tháinig Pádraig naomhtha
> Leis an gcreideamh go hInis Éilge,
> Níor bhain traochadh, gaoth ná éclips,
> Foirneart eachtrann ná leatrom dá ghéire
> Creideamh Chríost as croidhe na nGael so.
> Do bhí a gcoinneall mar loinnir na gréine,
> Do bhí a n-athainne gan chaigilt ag spréachadh,
> Is níor thuit smál ná cáidh ná aonspot
> Ar fead na Fódla ar phór Mhilésius.
> Och, a Chríost! is fíor an meid sin
> Créad tá uait nó an rún leat m'éisteacht?

60. "The Roman Fairy" (c. 1650),
ANONYMOUS, 326 lines, meter: *caoine*

The mid-seventeenth century, while a period of tremendous upheaval, was also one of great innovation in literary style and political expression. The following selection is drawn from an anonymous composition which, although bearing no title in the original, is commonly known as "An Síogaí Rómhánach." Unlike the poems excerpted above, the present composition eschews the rigid metrical requirements and oblique commentary of the classically-trained bardic poet in favor of a more direct and politically-engaged style. An early example of the political *aisling*, the poem is set by the tombs of O'Neill and O'Donnell in San Pietro in Montorio (see Poem 37), Rome, which might indicate that the author was a Franciscan who had spent time in the recently founded (1625) Irish Franciscan college of San Isidoro. *Aislingí* occur in liminal and symbolic locations, and the setting of the earls' graves would have carried resonances connected not only to Irish high politics but also to Imperial Rome, Early Christianity, and the Spanish empire of the late sixteenth century. The poem's tracing of Irish history and Christian piety, contrasted with the heresy and corruption of English and Protestants, is typical of these seventeenth-century poetic commentaries on current events. This work, and others like it, remained popular well into the modern era; the great number of manuscript copies from the nineteenth century alone suggests the power that such compositions had over the Irish speakers' understandings of colonial history and its effects on the present.

Lines 59–115:

> Ever since saintly Patrick came
> Bearing the faith to Inis Éilge,
> No subjugation, wind or eclipse,
> Violence of foreign bands or oppression however sharp
> Could strike the faith of Christ from the hearts of these Gaels.
> Their candles were like rays of sun,
> Their firebrands scattered no embers
> And no stain nor blemish nor any spot fell
> Throughout Ireland upon the race of Milésius.
> Alas, oh Christ! This tale is true.
> What do you wish from me? Do you deign to hear me?

Nó an é is áil leat go bráth gan féachain
Ar an gcuaine is buaine' dréim leat
Fá na Gallaibh dá bhfeannadh le héigceart?
'S gurb é a n-agallamh glafarnach Bhéarla,
Lucht an fhill do thuill a dtréigean,
Do chuir druim le cuing na cléire
Is do-ní cnáid fá mháthair an Éinmhic.
Is leo nach mian do Dhia seal géilleadh
Acht an creideamh do sgriosadh le héirceacht.
Ní áirmhím Henrí an chéidfhear
Do léig go truaillidhe uaidh a chéile
Ar Anna Builín a inghean chéadna,
Is d'imthigh ón eaglais ar theagasg Luitéarus.
Cuirim leis Elizabeth phéisteach
Nár phós fear is nár stád ó éinneach.
Iomdha dream ar ar fheall an mhéirdreach.
Do rinne sí fásach do Chlár Éibhir.
A mná 's a bhfir do sgriosadh léithe.
Tug sí bás do Mháire Stéabhard.
I ndiaigh na mná so tháinig Séamas.
Níor thuar faoiseamh do chríocha Fhéilim,
An fear do thógaibh a bpór as a bhfréamhaibh
Is d'órdaigh a dtalamh do thamhas le téadaibh,
Do chuir Saxanaigh i leabaidh na nGaol nglan
Is transplantation ar chách le chéile.
Is gearr 'na diaigh gur thionnsgain Séarlas
Ar nós a athar le cleasaibh 's le bréagaibh.
Ar Leath Chuinn an chuing dob' éigceart
Is ar Leath Mhogha dá bhfoghairt go héinfhear.
Do bhain sé díobh a gcíos 's a mbéasa,
A maoin 's a gclann, a n-arm, 's a n-éadach,
Trian a bhfearainn 's a ngairme i n-éinfheacht.
Leis do hiarradh Dia do thréigean
'S gan labhairt i dteanga na Gaelge
'S gan 'na háit ag cách acht Beárla.
Órd is aifreann do bacadh leis d'éisteacht.
Tré gach gráin dá ndéarnaidh ar Éirinn,
Buan a mallacht ag fearadh go héag air.

Or is it your desire forever to forbear looking
Upon the tribe most steadfast in seeking you
Whilst they are plundered by injustice of the Gaill?
And in their boisterous, English speech,
That treacherous tribe who earned their forsaking,
Who turned their back on the bond of the clergy
Make mockery of the mother of Christ.
They have no desire to show obedience to God
But only to destroy faith with heresy.
I don't imagine Henry was the first man
Who, having in corruption abandoned his wife,
For Ann Boleyn his own daughter,
And who left the church on account of the teachings of Luther.
Remember, too, monstrous Elizabeth
Who, though she married no man, refused none.
It's many the multitude who was deceived by that harlot.
She made a desert of Éibhir's Plain.
She wiped out its men and women.
She put Mary Stuart to death.
Then after her came James.
He was no sign of relief to Féilim's land,
This man who pulled the island's race out from their roots
And ordered their land measured with ropes,
Who put Saxons in the beds of the pure Gaels
And transplanted everyone else.
Shortly after that came Charles
In the manner of his father with tricks and lies.
Upon Leath Cuinn lay the yoke most unjust
And upon Leath Mogha, from which all were expelled.
He took from them their tributes and their means of life,
Their wealth and families, there arms and their clothes,
A third of their land and their titles in one go.
Demanding that God be abandoned
And speak no more in Irish
With nothing in its place for anyone but English.
To stop listening to clergy or hearing Mass.
For every horror he visited upon Ireland
Everlasting will be her curse upon him.

Marab é is cionntach, ní haithne dham féin sin.
Créad ba cúis ar dtúis dá phéinbhruid
Far dheónaigh Dia an triath so 'shéana
Leis an lucht do thug do géilleadh,
Parliamentarians na dtárr maothlach
Ler baineadh a cheann le lainn fhaobhraigh.
Don rí do baineadh an ceann céadna
Is lena linn do thionnsgain Éire.

Foinse: Cecile O'Rahilly, eag., *Five Seventeenth-Century Political Poems* (Dublin: Dublin Institute for Advanced Studies, 1977), 12–32.

61. "Tuireamh na hÉireann" (c. 1650s), SEÁN Ó CONAILL, 496 líne, meadaracht: caoine

Maítear go bhfuil an dán fada seo—496 líne—ar an dán is mó tionchar dar scríobhadh riamh, b'fhéidir, sa Ghaeilge. Eascraíonn an maíomh sin, ní hamháin as cumhacht mhothálach an dáin agus as simplíocht na meadarachta (caoine aiceanta seachas stíl thraidisiúnta léannta fhilíocht na scol), ach as an achoimre ríchumasach a dhéantar anseo ar roinnt mílte bliain de stair na hÉireann; déantar tábhacht na staire sin á hionramháil go haclaí ag an bhfile chun léirmhíniú a thabhairt ar fhulaingt agus ar anbhroid na tíre faoi ansmacht lucht leanúna Cromwell. Agus cónaí air i dtír atá briste agus brúite faoi chois ag an gcogadh, breathnaíonn an t-údar siar go ré na díleann agus rianaíonn sé scéal na nGael agus Éire na gCaitliceach ón am sin i leith anuas go dtí a linn féin. Le linn an scéil, moltar crógacht na nGael agus a sinsear; déantar léirmheas cuimsitheach ar na hiarrachtaí a rinne siad teacht chun réitigh leis an stát Gallda, ach tuigtear don fhile, má ghlac roinnt Gael le creideamh agus le dlí Shasana, nach raibh de thoradh air sin ach treascairt thragóideach na nGael i gcoitinne. Ba í críoch ainnis na 1640idí agus ionradh Cromwell ar Éirinn buaic an phróisis sin—"an coga do chríochnaig Éire," dar leis an bhfile. Is ait an mac an saol agus, in ainneoin éadóchas an fhile, bhí ról lárnach ag an dán seo i gcaomhnú agus i seachadadh an chultúir Ghaelaigh atá á chaoineadh sa dán. Déanadh athscríobh agus cóipeáil gan stad ar an téacs rinneadh níos mó ná 250 cóip de idir 1650 agus tús an fichiú haois, ionas nach bréag ar bith a rá gur mhúnlaigh sé an tuiscint a bhí ag fhormhór an phobail ar stair na tíre. De bharr dáin seo Uí Chonaill, ní raibh rás na nGael rite agus in ainneoin easpa dóchais an dréachta, bheadh lá eile acu ní b'fhaide anonn sa stair.

If he is not guilty, that is news to me.
What was the first cause of his punishment
From which God allowed the denial of this lord
By those who gave him allegiance,
The soft-bellied *Parliamentarians*
Who struck off his head with sharp spears.
With the king beheaded
They turned attention to Ireland.

Translation: Brendan Kane.

61. "Lament for Ireland" (c. 1650s), SEÁN Ó CONAILL, 496 lines, meter: *caoine*

This long poem—496 lines—has a claim to being the most influential Irish poem ever written, a claim that reflects not only its emotional power and accessible meter (an accentual *caoine* rather than the traditional syllabic style of the bards) but also the extraordinary compression by which the poet manages to survey thousands of years of Irish history while also explaining its relevance to the pressing and all-too-present sufferings of the Cromwellian era. From his vantage point in a war-torn Ireland under the thumb of Cromwell, the poet looks back on the past of the Gaels and Catholic Ireland, tracing the story from Noah down to his own day. Along the way he praises the valor of the Gaels and their ancestors, and offers a sustained critique of accommodation with the English state, noting that the acceptance of English law and religion by some Gaels has played a crucial, and tragic, role in their own downfall. The process has culminated in the sordid finale of the 1640s and the Cromwellian invasion—"this war that finished Ireland," in the poet's judgment. Ironically, however, this despondent poem played a key role in preserving the culture whose passing it laments—endlessly copied and recopied over the following century and a half, "Lament for Ireland" became a kind of versified cribsheet, encapsulating Gaelic historical consciousness and its relevance to the present for succeeding generations of Irish-speakers. Not least because of Ó Conaill's poem, the Éire he keened so eloquently was far from finished.

Línte 1–8:

An uair smaoinim ar shaoithibh na hÉireann,
Sgrios na dtíortha is díth na cléire,
Díothú na ndaoine is luíod a ngréithe,
Bí mo chroí-si am chlí dá réaba.

Tar éis na díleann, fé mar léitear,
Níor mhair puinn don chine dhaonna
Nár bháig neart na tuile tréine
Acht Naoi 's a chlann, Sem, Cam is Japhétus.[70]

Línte 285–324:

Prionnsaí Saxan—olc dearbh an sgéil sin—
An t-ochtú Hénrí is Élizabétha,
Rí na Breataine 's Alban Séamus,
Lúter leanaid 's an eaglais séanaid.

Do rinneadh don rí ceann na cléire;
Do tógadh a dtalamh 's a mbeatha i n-aonacht;
Do hiompuíodh an Bíobla ó Laidin go Béarla;
Do níd acht gan Aifreann d'éisteacht.

Pobal na Saxan is gasra 'Ghaeulaibh
An creideamh so glacaid 's an t-Aifreann tréigid.
'S iad so comharthaí dheire an tsaogail
D'osgail an geata chum peaca do dhéanamh.

Stad ó Aifreann Domhnach gréine;
Bean asteach 's amach ag éinfhear;
Iomad mionn is mórán éithig,
Goid is broid is breith ar eigin;
Aoine pháise feóil is féasda,
Vigil na n-apstal gan seasamh ar aonchuid,
Is duine as an gcéad do ghlacfadh mar bhéile
Arán eórna, biolar is caol-deoch;
Craos is meisge orra i n-ionad a dtréanais:
So chugad! súd ort! Dia dot réiteach!
Rinnce mar a mbeir! deisig do bhéabhar!
Is airgead ceann dá ghlaca ar an gcléire;
Fuil gan chúis dá dorta 's dá séide;
Boicht dá gcreacha is cealla dá réaba;

---

70. Tugann an file cuntas fada ar stair na nGael—idir mhiotaseolaíocht, ghinealas, agus stair—ó aimsir na díleann go dtí an Reifirméisean.

Lines 1–8:

> The very thought of them, the heroes of Ireland, is painful:
> The crushing of the country, the scattering of the clergy,
> The poverty of the plundered people—
> My heart is shredded to pieces.
> We have read that after the flood
> Not a soul of the human race survived.
> All were drowned by the power of the mighty waves
> But Noah and his children, Shem, Cam, and Japhetus.[70]

Lines 285–324:

> Let me tell an evil tale of Saxon princes,
> Of Henry the Eighth and Elizabeth,
> Of James, who was King of Britain and Scotland:
> They abandoned the church and followed Luther.
> The king became head of the clergy,
> And their lands were taken, along with their livings.
> The Bible changed from Latin to English;
> They made an Act to prevent Mass-going.
> The people of England accepted the new faith and abandoned the Mass.
> So did the champions of the Gaels.
> That was the harbinger of the end,
> It opened the gates of sin:
> Keeping from Mass on a shining Sunday
> Every man with a woman coming and a woman going
> The multiplication of oaths and falsehoods
> Thieving and kidnapping and seizing by force
> Eating meat and feasting on Passion-Friday,
> No one bothering with vigils for the apostles,
> Not one man in a hundred who would condescend to eat
> Barley bread, watercress, and watered-down milk,
> But all preferred drunken feasting to penance!
> There you have it, there you go! May God amend you!
> A dance where you are! Straighten your beaver!
> While there is a bounty on the heads of the clergy,
> While blood is senselessly spilt and shed,
> While the poor are tormented and churches demolished,

---

70. The poet proceeds to a lengthy account—mythological, genealogical, and historical—of the Gaels, from Noah until the Protestant Reformation.

An bhaintreach bhocht ag caoine a céile
'S an díleachtaí san díg ag béicig.
Is docht na dlíthe do rinneadh dár ngéarghoin:
Siosóin cúirte is téarmaí daora,
Wardship livery is Cúirt Exchéquer,
Cíos coláisde in nomine poenae;
Greenwax, capias, writ, replevin,
Bannaí, fíneáil, díotáil éigcirt,
Provost, soffré, portré, méara,
Sirriaim, sionascáil, marascáil chlaona.
Dlí beag eile do rinneadh do Ghaeulaibh,
Surrender ar a gceart do dhéanamh.
Do chuir sin Leath Cuinn trí na chéile,
Glacaid a n-airm gé cailleadh iad féin leis.[71]

Línte 349–377:

Sin mar d'imig an donas ar Éirinn
Bíodh nár imig an tubaist le chéile
Nó gur thionnsguin an coga so Fhéilim
Is gur chaill a cheann 's a theann Séarlas.
Ag so an coga do chríochnaig Éire
'S do chuir na mílte ag iarra déarca.
An uair do díbreadh an Nuntius naofa
Do rith pláig is gorta ortha i n-aonacht.
Tógaim fínné Risdird Béiling
Nach díth daoine, bíg ná éadaig
Ná neart námhad do bhain díobh Éire
Acht iad féin do chaill ar a chéile.
Geinearál Gallda ar armáil Ghaeulaig,
Armáil Ghallda ag geinearál Gaeulach,
Cess is tax is fís Recéiver
Do níd robáil chaoch gan aonta.
Do bhí cáil amhrais—níl acht bréag ann—
Go raibh Donnchadh, Murchadh is Séamus
Is Uiliog a Búrc mar chúl daortha

---

71. Baintear leas as liodán de théarmaí dlíthiúla an Bhéarla—agus cló iodálach orthu anseo—chun
   béim a chur ar chamastaíl na nGall agus iad ag iarraidh na Gaeil a chomhtháthú laistigh de
   chóras na nGall idir chóras dlí, sóisialta agus creidimh.

While the widow laments her spouse
And the orphan screams out from the ditch!
Dark were the laws made to afflict us,
The court sessions with their cruel words:
Wardship livery and the Court of *Exchequer,*
A tax for the college, *in nomine poenae;*
Greenwax, capias, writ, replevin,
Bonds, fines, unjust indictments,
Provost, soffré, portré, mayor,
Sheriff, seneschal, and the deceitful marshals,
Another little law was made for the Gaels,
That they should *surrender* their rights.
That's what put Conn's half in confusion:
The Gaels took up their arms though they killed themselves with them.[71]

Lines 349–377:

That's how sorrow came to Ireland,
Although the disaster was not complete
Until this war of Phelim's came on
And Charles lost his power and his head.
This is the war that finished Ireland
And sent thousands seeking alms.
When the holy Nuncio was expelled,
Plague and hunger rushed on them at once.
I accept the evidence of Richard Bellings
That it wasn't lack of men, food or clothing,
Nor the strength of enemies that took Ireland from them,
But they themselves who caused their own failure:
It was a Gall-General leading a Gaelic army,
It was a Gael-General leading a Gall-army,
It was the *cess* and *tax* and the fee Receiver
Who robbed the blind against their will.
A rumor flew—though nothing but a lie—
That Donnchadh, Murchadh, and Séamus
With William Burke behind them all,

---

71. The poet offers a laundry list of English legal terminology, most of it in the original English (in italics here), in order to condemn the duplicity of English attempts to integrate the Gaels into English legal, social, and religious norms.

Ar mhá an stanncáird ag imirt na hÉireann.[72]
Do sginn eatorra cíona spéireat
Do rug an bun 's a' ghoin i n-aonacht,
Olibher Cromuil, cura na féine,
'S a mhac Hénrí go cróga taobh leis.
Fleetwood, Ludlow, Waller, is Éarton,
Slua teann na n-each ngarbh 's na n-éide,
A cluíomh 's a phiostol ag gach éinneach,
Carbín stopaithe is *firelock* gléasda.
'S iad so do chríochnaig *conquest* Éireann...

Línte 485–496:
Guígse is guím Dia na ndéithe,
An t-Athir 's an Mac 's an Spiorad Naofa,
Ár bpeacaí uile do mhaitheamh i n-aonacht
'S a gcreideamh 's a gceart d'aiseag ar Ghaeulaibh.
Pater noster qui es in coelis,
Sic nomen tuum sanctificetur,
Debita nostra feasta ná héilimh
Sed libera nos ó thuille péine.
Ave Maria, gratia plena,
Benedicta tu, Dominus tecum,
Ora pro nobis, a chara na héigne,
Nunc et semper, is do-gheabhair éisteacht.

Foinse: Cecile O'Rahilly, eag., *Five Seventeenth-Century Political Poems* (Dublin: Dublin Institute for Advanced Studies, 1977 [1952]), 50–82.

---

72. Donnchadh = Donnchadh an chúil Mac Cárthaigh (feic Dán 54); Murchadh = Murchadh Ó Briain (feic Dán 59); Séamus = Séamus Buitléir/James Butler, Marcas Ormond, ceannaire na bhfórsaí ríoga in Éirinn. Faoi 1648, bhí siad triúr mar aon le hUileag de Búrc/Ulick Burke, Marcas Chlann Riocaird, rannpháirteach sa chomhghuaillíocht Ríoga-Chaitliceach a chuir i gcoinne ionradh Chromail i 1649. Bhí cáil an chearrbhachais ar Ormond.

Staked Ireland on a peevish trump.[72]
But the trump of spades burst forth among them,
And took the trick and the game together:
Oliver Cromwell, the army's champion,
With his son Henry boldly beside him.
Fleetwood, Ludlow, Waller, and Ireton,
They were a mighty host with horses and armor,
A sword and pistol in each of their hands,
A stop-carbine and polished firelock.
It was these that finished the conquest of Ireland...

Lines 485–496:
I prayed and I pray to the Lord of lords,
The Father, the Son, and the Holy Spirit,
To forgive at a stroke all of our sins,
And to return their faith and their rights to the Gaels.
Pater noster qui es in coelis,
Sic nomen tuum sanctificetur,
Debita nostra henceforth do not claim
Sed libera nos from every evil.
Ave Maria, gratia plena,
Benedicta tu, Dominus tecum,
Ora pro nobis, friend of the oppressed,
Nunc et semper, and you'll be heard.

Translation: Samuel K. Fisher.

---

72. Donnchadh = Donough Mac Carthy (see Poem 54); Murchadh = Murchadh O'Brien (see Poem
59); Séamus = James Butler, Marquess of Ormond, the leader of the Royalist forces in Ireland.
By 1648 all three, along with William Burke, Marquess of Clanricard, were united in a Royalist-
Catholic alliance that faced Cromwell's invasion in 1649. Ormond was a well-known gambler,
so the card-game metaphor is particularly apt.

LÉITHEOIREACHT SA BHREIS

Nicholas Canny, "Pádraigín Haicéad: an sagart agus an file i gcomhthéacs a aimsire," *Dúchas* (1986): 8–20.

Joep Leerssen, *Contention of the Bards* (London: Irish Texts Society, 2002).

Brian Mac Cuarta, eag., *Ulster 1641: Aspects of the Rising* (Belfast: Institute of Irish Studies, Queen's University of Belfast, 1993).

Vincent Morley, *Ó Chéitinn go Raiftearaí: Mar a Cumadh Stair na hÉireann* (Baile Átha Cliath: Coiscéim, 2011).

Breandán Ó Buachalla, *Aisling Ghéar: Na Stíobhartaigh agus an tAos Léinn, 1603–1788* (Baile Átha Cliath: An Clóchomhar, 1996), 3–228.

Jane Ohlmeyer, eag. *Ireland: From Independence to Occupation, 1641–1660* (Cambridge: Cambridge University Press, 1995).

Micheál Ó Siochrú, *God's Executioner: Oliver Cromwell and the Conquest of Ireland* (London: Faber and Faber, 2008).

FURTHER READING

Nicholas Canny, "Pádraigín Haicéad: an sagart agus an file i gcomhthéacs a aimsire," *Dúchas* (1986): 8–20.

Joep Leerssen, *Contention of the Bards* (London: Irish Texts Society, 2002).

Brian Mac Cuarta, ed., *Ulster 1641: Aspects of the Rising* (Belfast: Institute of Irish Studies, Queen's University of Belfast, 1993).

Vincent Morley, *Ó Chéitinn go Raiftearaí: Mar a Cumadh Stair na hÉireann* (Baile Átha Cliath: Coiscéim, 2011).

Breandán Ó Buachalla, *Aisling Ghéar: Na Stíobhartaigh agus an tAos Léinn, 1603–1788* (Baile Átha Cliath: An Clóchomhar, 1996), 3–228.

Jane Ohlmeyer, ed., *Ireland: From Independence to Occupation, 1641–1660* (Cambridge: Cambridge University Press, 1995).

Micheál Ó Siochrú, *God's Executioner: Oliver Cromwell and the Conquest of Ireland* (London: Faber and Faber, 2008).

An tAthréimniú agus Cogadh
an Dá Rí (1660–1691)

Samuel K. Fisher

Theastódh misneach agus teacht aniar ó dhuine ar bith a mhair i Sasana nó in Albain le linn do Shéarlas II (1660–1685) agus Séamas II (1685–1691) a bheith i gcumhacht nó ag iarraidh a bheith i gcumhacht. Agus níor thaise do mhuintir na hÉireann é. Bhí go leor eachtraí agus imeachtaí in Éirinn na tréimhse seo a tharla gan choinne ar mhullach a chéile, a tháinig salach ar a chéile, athruithe a chuir mearbhall ar an bpobal a ndeachaigh siad i bhfeidhm orthu. Bhí na himeachtaí seo ar fad fite fuaite ina chéile go mion agus go dlúth; bhain siad le gach duine a chuir faoi nó fúithi ar an oileán, idir uasal agus íseal, idir óg agus aosta. Bhain siad go háirithe le haon duine a raibh súil aige greim a choimeád ar thalamh nó ar theideal, nó seilbh a fháil ar thalamh nó teideal. Ní foláir go raibh mearbhall ar an bpobal leis an siar is aniar agus le síorghluaiseacht na polaitíochta agus na cumhachta. I dtús na bliana 1660 bhí rialtas na gCromaileach i réim in Éirinn agus ba le húinéirí nua Protastúnacha formhór na dtailte a bronnadh orthu nuair a díshealbhaíodh na bunúinéirí Caitliceacha ar fud an oileáin tar éis do Chromail an t-oileán a smachtú agus an tír a phlandáil. B'fhada leis an bpobal Gaelach agus Caitliceach—na filí ina measc, ní nach ionadh—go bhfillfeadh an rítheaghlach Stíobhartach ar throid siad ar a shon sna blianta achrannacha idir 1640 agus 1650. Sa bhliain 1660, fíoraíodh an aisling sin ach má fíoraíodh bhí dul amú ar na Gaeil má cheap siad go gcuirfeadh athréimniú an rí tús le ré nua órga dóibh. Ní raibh ach díomá agus briseadh croí i ndán dóibh sna cúig bliana fichead tar éis athréimniú Shéarlais II—an phurgadóir a gcuirtear síos go mion air i nDán 62. De réir a chéile thit na púicíní de shúile Chaitlicigh na hÉireann agus iad ag teacht ar an tuiscint nach raibh rún dá laghad ag an rí nuaréimnithe dul siar ina n-iomláine ar na hathruithe a bhí curtha i gcrích ag Cromail.

Ina ionad sin, d'fhéach Séarlas le leas na sealbhóirí nua Protastúnacha agus leas na n-úineirí Caitliceacha a chaill a gcuid tailte acu in Acht an tSocraithe (1662) agus Acht an Mhínithe (1665) a thaibhairt chun réitigh. Dhaingnigh na hAchtanna seo formhór na n-úineirí nua ina gcuid tailte ach d'fhógair siad chomh maith go dtabharfaí tailte breise mar chúiteamh do thacadóirí dílse Shéarlais I agus II. Ní raibh d'fhadhb ag an réiteach seo ach nach raibh dóthain tailte ann chun gach éinne a shásamh. Chuir an polasaí seo eagla ar Chaitlicigh agus ar Phrotastúnaigh

CHAPTER SEVEN

Poems of the Restoration and the War of the Two Kings (1660–1691)

Samuel K. Fisher

The reigns of Charles II (1660–1685) and James II (1685–1691) were not for the faint of heart—not in England or Scotland, and even less so in Ireland. A bewildering series of changes, reverses, unexpected events, and long-simmering culminations collided with each other, and anyone who inhabited the island—especially anyone who hoped to preserve or gain a title to its land—must have experienced an exhausting whiplash between hope and anxiety. At the outset of 1660, Ireland was still in the hands of a Cromwellian government, and most of its lands held by new Protestant owners who had profited from the confiscations that had followed Cromwell's victory on the island. Most of its Gaelic and Catholic people—not least the poets among them—eagerly hoped for the return of the Stuart monarchy for which they had fought in the tumults of the 1640s and 1650s. In 1660 they got their wish. But it was not at all clear that its return would usher in a new golden age for Gaeldom. And indeed, the 25 years that followed the Restoration of Charles II were years of growing disillusionment—the "Purgatory" chronicled at length in Poem 62—as Irish Catholics realized that the newly-restored king had no intention of reversing the Cromwellian changes in their entirety.

Instead, Charles II sought to balance the interests of both the new Protestant occupiers and the Catholic landowners they had displaced in the Acts of Settlement (1662) and Explanation (1665). These Acts confirmed most of the new owners in their possessions but also decreed that loyal supporters of Charles and his father should receive other lands in compensation. The problem with this solution? There was not enough land to go around. The policy thus alarmed both Catholics and Protestants. For the remainder of the reign (which ended in 1685) the two groups wrangled for the king's favor, hoping to overthrow their enemies entirely while Charles II held the balance between them. This balance was only overturned on rare occasions—as during the Popish Plot of 1678–1689, when false rumors of a Catholic plot to overthrow Charles II rocked both Britain and Ireland. In the meantime, a surly balance prevailed in Ireland.

Catholic dreams of a revival presided over by the Crown had to wait until the accession of James II—a devoted Catholic—to the throne in 1685. Egged on by his friend, the Irish Catholic Richard Talbot (later Earl of Tyrconnell), James set

araon. Ar feadh an chuid eile den réimeas (ar tháinig deireadh leis sa bhliain 1685) bhí an dá ghrúpa in adharca a chéile agus iad ag iarraidh fabhar an rí a mhealladh dóibh féin, gach taobh faoi seach ag iarraidh a naimhde a threascairt agus an rí i lár báire ag iarraidh an cothrom a dhéanamh. Níor cuireadh an cóimheá seo de dhroim seoil ach corruair, le linn na Comhcheilge Pápánaí sna blianta 1678–79, mar shampla, nuair a bhain luaidreáin bhréige faoi chomhcheilg Chaitliceach chun Séarlas II a threascairt creathadh as Sasana agus Éirinn araon. Idir an dá linn mhair an cóimheá i réim in Éirinn, má ba go drogallach féin é.

B'éigean do na Caitlicigh a n-aislingí faoi athbheochan Chaitliceach a chur i leataobh go dtí gur tháinig Séamas II, Caitliceach diaganta, i réim sa bhliain 1685. Luigh Séamas amach ar thús áite a thabhairt do Chaitlicigh sa riarachán agus san arm, agus a chara Richard Talbot, Caitliceach Éireannach agus fear ionaid an rí in Éirinn (a ar ghair an rí Iarla Thír Chonaill de sa bhliain 1689) á ghríosú chuige sin. Chuir sé seo ardáthas ar na filí a bhí in ann todhchaí a shamhlú ina mbeadh tosaíocht arís ag an gcultúr Gaelach agus ag an gcreideamh Caitliceach (Dán 67). Ar an gcuma chéanna ba mhór ag na filí go raibh postanna gradamúla dea-íoctha le fáil ag a bpátrúin faoin réimeas nua. Má bhí muinín ag Caitlicigh na hÉireann as rítheaghlach na Stíobhartach ar feadh na mblianta, ba chosúil ar deireadh go mbeadh toradh ar a ndílseacht.

Chuir an t-athrú seo lúcháir ar na filí ar chúiseanna pearsanta agus gairmiúla chomh maith le cúiseanna polaitiúla. Níor chaith suaitheadh an tseachtú haois déag go maith leo siúd arbh áil leo teacht i dtír mar fhilí gairmiúla ag saothrú don uasaicme: idir bhás, deoraíocht agus ísliú céime go leor dá n-iarphátrúin, bhí an saol ag fáscadh ar an aos léinn. Chabhraigh athréimniú Shéarlais II chun roinnt úineírí Caitliceacha a chur i seilbh arís. Fós féin lean na filí orthu ag sleamhnú síos sa scála sóisialta. Ar éigean is féidir sampla níos fearr den phróiséas seo a thabhairt ná gníomhréim Dháibhí Uí Bhruadair, mórfhile na tréimhse seo. Mhair sé tríd an gcuid is mó de chorraíolacha móra an tseachtú haois déag agus d'fhág siad a lorg go tréan air. Ina chuid filíochta feicimid gearáin pholaitiúla na nGael Caitliceach á nascadh go buan lena chrá croí féin, idir phearsanta agus ghairmiúil: bhí dlúthbhaint dar leis idir treascairt na seantaoiseach Gaelach agus duibheagán an bhochtanais tharcaisnigh ina raibh sé féin slogtha. Bhí sé lánchinnte go raibh an fhilíocht mar a thuig sé í i gcróilí an bháis agus go raibh sé féin ar dhuine de cleachtóirí deireanacha na ceirde agus na gairme a bhí ag dul sna céadéaga (Dán 66). Ar nós go leor filí eile sa tréimhse seo, ídíonn sé a chuid feirge ní hamháin ar na Nua-Ghaill ach ar an gcosmhuintir Ghaelach a gcáineann sé as bheith ag comhoibriú leis na coilínigh. Is olc leis an bhfile nach bhfuil ach dímheas ag an daoscarshlua ar thraidisiún na nGael agus air féin go háirithe. Déanann filí mar

about Catholicizing the Irish administration and army. Poets rejoiced, imagining a future in which Gaelic culture and Catholicism would once more come to the forefront (see Poem 67). Not coincidentally, such poets were also overjoyed to see their patrons secure lucrative and prestigious employments in the new administration. For decades, Irish Catholics had pinned their hopes to the Stuart dynasty. Now, at last, their devotion seemed to pay off.

Such a change was most welcome to poets for personal and professional reasons as much as political ones. The tumults of the mid-seventeenth century had not been kind to those who hoped to make their living as professional poets composing for the aristocracy: the death, exile, and reduced circumstances of many former patrons took their toll on the learned Gaelic classes. The Restoration of Charles II helped, restoring some Catholic landowners. But even so, the poets continued their tumble down the social scale, a process epitomized by Dáibhí Ó Bruadair, the great poet of this period. Ó Bruadair lived through nearly all the great upheavals of the seventeenth century, and they left their mark on him. His work represents a sustained fusion of Gaelic, Catholic political grievances, and his own personal and professional woes: the downfall of the old Gaelic leaders and his own descent into an ignominious poverty are intimately linked for him. Ó Bruadair was convinced he was living through the death throes of poetry as he understood it and that he was one of the last representatives of a dying craft and vocation (see Poem 66). Like other poets of the period, he directs his anger for this plight not only at English newcomers but also at common Irish people, whom he blames for cooperating with the settlers and for disrespecting the Gaelic tradition—by which he largely meant himself.

Foreshadowing a key development of later poetry in Irish, poets like Ó Bruadair and Séamas Dall Mac Cuarta (see Poem 65) draw a distinction between themselves (poor but proud upholders of an endangered tradition) and common people too busy with the grubby reality of making a living to notice that they are (according to the poet) committing a kind of cultural suicide. They are undoubtedly a bit too hard on peasants who were simply trying to keep body and soul together, but this fusion of outraged aristocratic hauteur and mournful cultural lament, the personal and the political, makes for compelling—and occasionally hilarious—reading (see Poems 62, 63, 64, 65, and 68).

The accession of James II to the throne in 1685 seemed to promise an end to this long slide into irrelevance for the Gaelic learned classes, and there was an outpouring of joyful verse for the new king and his deputies, represented here by Diarmaid mac Sheáin Bhuí Mac Cárthaigh in Poem 67. Ó Bruadair likewise busied himself composing hymns of joy, including one in direct response to Mac

Ó Bruadair agus Séamas Dall Mac Cuarta (Dán 65) idirdhealú soiléir idir iad féin (caomhnóirí uaibhreacha na saíochta atá faoi bhagairt, dá bhoichte féin iad) agus an chosmhuintir atá chomh gafa sin ag na sonraí suaracha a bhaineann le saothrú a gcoda nach léir dóibh gur cineál féinmharú chultúrtha atá á shaothrú acu. Ar an mbealach seo tá forbairt shuntasach i bhfilíocht na Gaeilge a thiocfadh chun cinn ina ndiaidh á tuar ag Ó Bruadair agus Mac Cuarta. Is cinnte go bhfuil siad ábhairín dian ar na tuathánaigh nach raibh acu ach ón lámh go dtí an béal ach téann an cumasc seo de shotal uasaicmeach fraochta agus caoineadh léanmhar cultúrtha, idir phearsanta agus pholaitiúil, i bhfeidhm go mór ar an léitheoir, ní áirím an frimhagadh a thagann chun cinn ó am go chéile (Dánta 62, 63, 64, 65, agus 68).

Nuair a tháinig Séamas II chun na corónach sa bhliain 1685 ba chosúil go bhféadfadh an t-aos léinn faoi dheireadh éalú aníos as duibheagán na neamhshuime agus na neamhairde, agus le teann lúcháire cumadh rabharta filíochta in ómós an rí nua agus a ionadaithe. Sampla maith den fhlosc cruthaíochta seo is ea an dán le Diarmaid mac Sheáin Bhuí Mac Cárthaigh a thugtar anseo (Dán 67). B'fhiú le Dáibhí Ó Bruadair féin iomainn lúcháire a chumadh, freagra díreach ar dhán Mhic Cárthaigh ina measc. Léiriú maith ar ghealadhram na bhfilí seo go dtugann siad cuireadh don chosmhuintir féin bheith páirteach san athaoibhneas Gaelach. Ach ní raibh sé i ndán go mairfeadh na laethanta geala. Sa bhliain 1688, d'ionraigh Liam Oráiste Sasana agus bhain an choróin amach dó féin agus dá bhean chéile, Máire (iníon le Séamas). Sheas Séamas an fód in Éirinn ach chuir tubaistí míleata na Bóinne (1690, Dán 71) agus Eachroma (1691, Dán 69) deireadh lena chuid iarrachtaí chun athmhúnlú Caitliceach a chur i bhfeidhm in Éirinn. B'shin buille maraithe na muice do Dháibhí Ó Bruadair; má spreag an tubaiste seo é chun an dán is fearr dá chuid a chumadh, "An Longbhriseadh" (Dán 68), mhóidigh sé gan líne filíochta a chumadh go deo arís—mionn a sháraigh sé níos mó ná uair amháin, go dtí gur chan sé a ráiteas deireanach (Dán 70). Tugadh an comhtháthú idir na gearáin pholaitiúla agus na gearáin phearsanta i gcrích san aiste seo: an iarracht chun Éire Ghaelach a shábháil trí dhul i bpáirt le ríora na Stíobhartach, bhí sí marbh, bhí tinfeadh filíochta Uí Bhruadair marbh agus ba ghearr go mbeadh sé féin marbh. Ar nós go leor filí roimhe agus ina dhiaidh, áfach, bhí tuireamh an traidisiúin cumtha róluath ag Ó Bruadair, rud a léiríonn na véarsaí pobail a bailíodh i nDánta 71. Má bhí na filí tar éis titim go tubaisteach go bun an dréimire shóisialta, fós féin, d'fhan siad dílis dá ngairm agus do chúis na Stíobhartach san ochtú haois déag nuair a tháinig borradh ar leith faoina gcuid filíochta. Ní thaitneodh an cineál seo véarsaíochta le Ó Bruadar: véarsaíocht aiceanta, a dhírigh ar mhúnlaí simplí na ngutaí aiceanta i gcomórtas leis na múnlaí casta siollacha ba dhual d'fhilí na scol; chóirítí an nuavéarsaíocht seo don

Cárthaigh's poem. Their good mood is underlined by the fact that even common Irish people were invited to be part of the Gaelic renaissance in these poems.

But the good times were not to last: In 1688, William of Orange invaded England and secured the crown for himself and his wife, Mary (James's daughter). James made his stand in Ireland, but the military disasters of the Boyne (1690—see Poem 71) and Aughrim (1691—see Poem 69) saw the end of his attempted Catholic remodeling of Ireland. For Ó Bruadair this was the last straw; he produced one of his greatest poems, "The Shipwreck" (Poem 68), in response, and swore off poetry—a promise he broke several times, including to write "I Have to Put Up with a Lot in This World," his final statement (Poem 70). Here the fusion of political and personal grievance was complete: the attempt to save Gaelic Ireland by alliance with the Stuart dynasty was dead, and so was Ó Bruadair's muse and (soon) himself. Like many an Irish poet before and after him, however, Ó Bruadair had written the elegy for his tradition too soon, as the folk verse collected in Poem 71 underlines.

Poets had completed their sharp fall down the social ladder, but their verse—and their devotion to the Stuarts—was to prove exceptionally strong in the coming eighteenth century. Ó Bruadair would not have liked this verse: it was accentual, focusing on simpler stressed vowel patterns and not the intricate syllabic meters of the bardic poets; it was made for singing in taverns and not recital in a lord's hall. It was less learned and more direct. But if the names of Aogán Ó Rathaille, Seán Clárach Mac Domhnaill, Eoghan Rua Ó Súilleabháin, and Art Mac Cumhaigh mean anything in the tradition of Irish poetry—and they do—that tradition was in good hands.

cheol rud a d'fhág gur mó a d'fheil sí don amhránaíocht i dtithe tabhairne seachas don reacaireacht i hallaí na dtiarnaí uaisle. Ní raibh sí chomh léannta ach bhí sí níos dírí. Ach más fiú dada ainmneacha mar Aogán Ó Rathaille, Seán Clárach Mac Domhnaill, Eoghan Rua Ó Súilleabhain, agus Art Mac Cumhaigh i dtraidisiún fhilíocht na Gaeilge—agus is fiú—fágadh an traidisiún ar lámh shábhála.

62. "Suim Purgadóra bhFear nÉireann" (1684), DÁIBHÍ Ó BRUADAIR, 27 rann, meadaracht: amhrán

Is cuntas é an dán seo le Dáibhí Ó Bruadair (1625–1698) ar imeachtaí ré an rí Séarlas II mar a chonacthas iad d'fhilí a raibh a stádas agus a shlí beatha ag brath go huile agus go hiomlán ar chóras seanbhunaithe traidisiúnta na nGael. Mar is léir ón teideal, is duairc é léargas an fhile ar ré Shéarlais, cé go leagann sé an milleán ar na coilínigh Phrotastúnacha Shasanacha seachas ar Shéarlas féin. Ach oireann íomhá na Purgadóra go beacht d'Éirinn agus í sáinnithe idir dóchas an phobail sna Stíobhartaigh agus réaltacht dhearóil na ndaoine faoi smacht lucht Chromail, ní áirím an leatrom a lean an chomhcheilg Phápánach—a d'eascair as fianaise bhréige Titus Oates a chuir i leith na gCaitliceach go raibh sé beartaithe acu Séarlas II a dhúnmharú. Spreag sé sin taom frith-Chaitliceach arbh é an tArdeaspag Oilibhéar Pluincéad an t-íobartach ba shuntasaí a d'íoc as nuair a crochadh, nuair a tarraingíodh agus nuair a gearradh ina cheathrúna in Tyburn é sa bhliain 1681. Cailleadh an tArdeaspag Peter Talbot i bpríosún freisin. Ní lá ionaidh é mar sin gur samhlaíodh Éire ina purgadóir, go háirithe an réiteach talaimh a d'fhág na huaisle Gaeil "amharc a bhfearann mar mhadra an mhill d'fhéachain feola" agus líomhaintí bréige Titus Oates in aghaidh na gCaitliceach—a dtráchtar orthu anseo mar leann lofa a ghrúdaigh Oates agus a fhoireann d'aon ghnó.

> Do fearadh a flathas tré peacadh na prímhféinne
> Ó ar haithreadh a maireann do mhaicne chríche Éibhir
> Acfainn a gcascartha a gcréachta 's a gcroidhechéasta
> I nglacaibh na haicme lear fealladh ar King Séarlus.
>
> Gabhaidh dá aithle go calma círéipeach
> Gradam is fairche na flatha is a shíol tréigid
> Airgid cealla gan chaigil a bpríbhléide
> Is dearbhaid feasta gan feacadh fán ríghshéala.

62. "The Purgatory of the Men of Ireland" (1684), DÁIBHÍ Ó BRUADAIR, 27 verses, meter: *amhrán*

Ó Bruadair's poem offers a chronicle "summary" of the political events of Charles II's reign, seen through the eyes of a professionally trained bardic poet devoted to, and dependent on, the old, aristocratic Gaelic order. As the title implies, the judgment passed on Charles's reign is largely negative, though Ó Bruadair blames the Protestant, English colonists for that rather than the king. But the image of a "purgatory" is an apt one for Gaelic Ireland in this period: caught between high hopes for the Stuarts, the shabby reality perpetrated by the continued presence of Cromwellian colonizers, and the persecution suffered as a result of the Popish Plot, which was caused when Titus Oates presented (fabricated) evidence for a Catholic conspiracy to murder Charles II.

The resulting wave of anti-Catholic hysteria was to famously lead to the martyrdom of Archbishop Oliver Plunkett, who was hanged, drawn, and quartered in 1681 and canonized in 1975, as well as the death in prison of Archbishop Peter Talbot (see Poem 67). Little wonder that Ó Bruadair considered the king's reign a purgatory; he takes particular aim here at the land settlement (which left the Gaelic nobles to stare at their lands "like a dog at a lump of beef") and the commotion over the Plot, here depicted as a batch of foul ale brewed by Oates and his associates.

It rained down from heaven, by the sins of their ancestors,
On those who survived of the children of Eibhear's land:
Power to slaughter and plunder them, to torment their hearts,
Fell into the hands of that gang who betrayed King Charles.

Then they took, boldly as you please,
The rank and realm of the prince; they abandoned his seed,
Plundered churches, not sparing their privileges,
And pledged ne'er to bend to the royal seal again.

Sealbhaid athardha is aitreabh gach aoinéigne
Dob fheasach gan fhailleadh 'na charaid don chraoibh Réxa
Scaraid ar achtaibh tar fairge a gcinnréallna
'S gach airgtheach ainicthe i n-atharrach taoibh éigin.

(Rann 4–5 ar lár)

Iar n-aistear a beatha do chathurra an chraoiséirligh[73]
Do scaradh a rannta go mearaighthe míghléasta
I reachtaibh gur cheaduigh an eagnamh fhíornaomhtha
Sealbh a chairte d'fhear anma an King chéadna.

I dtamall a thaistil do leanadar díne é amuich
Is d'fhanadar farais go caithiomh a gcaointréimhse
Ar gcasadh do bhaile níl acu dá ndíméadaibh
Acht amharc a bhfearann mar mhadra an mhill d'fhéachain.

Geadh tarcuisneach treallamh is taisce gach síthchréidmhigh
Gan airgiod spealta gan eallach gan aoibhghréithe
Ní sachair an ealta 's a sreabha na sínéireacht
Tré fhaicsin a seasaimh gan seascadh i snímhéagaibh.[74]

Do neartuigh an ainimhsi i gceannaibh na toinnéada
Le hathghoimh i sealgaibh tartmhara tíortha éigin
Níor bhrathadar caisi do chaiscfeadh a n-íota éachta
Gan amuisce sa aithghein nár blaiseadh do bhríbhéireacht.

Mar fhairsinge bhealaigh do mhacaibh na mímhéinne
Nach gabhann gan rachmus gan marbh ár bhfuighillfhéinne
Eagarthar leastar an leannasa i ndroing mhéirligh
Do thairg an machaire d'fheannadh le daoiréitheach.

---

73. Is tagairt é seo do Chromail.
74. D'fhág an réiteach talaimh uaisle na nGael ar an ngannchuid, dar leis an bhfile, agus ní leor sin,
    fiú, do na coilínigh: ní foláir dóibh slite eile chun deireadh a chur le plúr na nGael. Ba chuige
    sin an *Popish Plot*.

They lay hold of the demesne and dwelling-place of any lord
They know to be an unfailing friend to the Royal Stock;
They scatter their leading lights overseas by acts [i.e., of Parliament]
And every plunderer is protected in the revolution, one way or other.

(Verses 4–5 omitted)

When once ended the life of the champion of murderlust[73],
His followers were dispersed in a commotion, thrashed and baffled
Until the dictates of the truly divine wisdom allowed
The namesake of the old king to come into his own.

So long as he journeyed a crowd of them followed him,
And they stayed beside him, serving their time,
Till they returned home to get nothing of their estates
But to look on them like a dog at a lump of beef.

But though the dress and wealth of these royalists inspire contempt,
Though their money, their herds, and their jewels be gone,
That crew can't rest easy, no matter how many signatures they collect
At the sight of them standing, not yet withered away to death.[74]

That little defect in their plan strengthened the waves of jealousy
                    in their minds;
With renewed malice they sought to slake their thirst elsewhere.
They found no stream that would quench their thirst for blood
But to brew a wretched ale such as none had ever tasted.

To smooth the way for those sons of malevolence who would take
Nothing less than the riches and very lives of our chiefly remnant,
A rabble of rogues prepared a cask of this ale,
Contriving to flay the plain with the damndest lies.

---

73. The reference is to Cromwell.
74. The land settlement has left the Gaelic nobles in poverty, says Ó Bruadair, but even that is not
    good enough for the colonists; they must come up with a way to put the Gaelic élites to death.
    Their tool? The Popish Plot.

Leagaid a startha go gangaideach gnímhéidigh
'S a n-amhuil i gcartaibh nach facadar fíréigse
Re maithibh a charad gér anabaidh an ghaois bhréige
Gur atadar eagla is fearg an ríghchéillidh.

Do cailleadh don scathamh sin scata mar fínéidthear
Dob fhearra ná seasamh i mairg na maoithghréine
'S do crapadh i nglasaibh araile don choill chéadna
Do chaithfeadh dul seachad mun gcasadh an címéara.

Níl pearsa do threabhaibh na Sacsan i gcrích Fhéidhlim
Dar hadamhadh achaidh do tharbha an traoischéidil
Lá fearthana an cheatha fár gealladh ár gcaoi i n-aonfheacht
Nár dhamain gach anmain againn mar dhíol dréimre.

Amh breacaid na bearta le dathaibh gan díth scéimhe
Lá scaipighthe an scamail sin d'fheartaibh na fírghréine
Dár bhfearaibh ós marthain gan taise re taoibhnéalaibh
Gá caraid is neasa iná an breathamh do bhí a ndé a ndiu.

Is ainicthe an ealbha thairgtheach shírthréidhtheach
Nach aimideach amus i n-anfadh aoinspéire
Acht ghlacas don mhaide go hathlamh i gcrích fhéadas
Freagra a n-aigeanta i gcalm nó i gcaoirspéirling.

Ós feasach don bheatha gach caschuil dá gclaointréidhibh
Is gur mealladh a meanga le taithneamh an tríaonta
Ní sleamhuine an eascain uim shleasaibh a slímléine
Iná mheasaid a mbeanna do tharraing ó míghnéithibh—

Sa leagadh le cleasaibh i gcasa na bhfíoraonach
Nár chagair a gcealg ná a shamhuil dam fhínéisi
Is nach rachadh ar cheathraibh an talmhan truimnéalaigh
Easma tar tairsigh re hargain aoisi aenneith.

Aiste re gcreanaid iar spealadh a spinnséireach
'S go ndeachaidh an t-amuisce i meascadh 's i maoilghéire
Tabhairt ár seabhac 's a gcarad na loing léigthe
'S i leaba an fhir gada cur calapa an chaoimhéilmhigh.

They laid out the vilest falsehood in the handsomest dress
Such as even the poets have never seen in their manuscripts;
Such artisans of falsehood they were, they turned the fear and anger
Of the royal sage against his best friends.

Who does not know that many were lost in that great pruning?
But better to die so than to live on beneath a waning sun,
When the others of that noble band were clapped in fetters
To meet at last the same fate, had not the chimera changed.

In Feidhlim's land there is not a single English soul
In hopes of an estate, the due reward of treason-cant,
Who refused, on that stormy day of our grief,
To damn the lot of us for gallows-fodder.

And yet they paint their doings over in such pleasing colors,
Just so soon as the true Sun scattered those clouds away,
That now when our chiefs live fearless of another such storm,
Which friend today is closer than the judge of yesterday?

They are not to be trusted, that flock of flattering shifters,
They make no false moves, however stormy the sky above them;
But will use as a staff to achieve their ends, as they can,
The resolution of their minds, in calm or in confusion.

While all the world knows every little twist of their slanted minds,
While they've been turned from their schemes by the light of the Trinity,
They're more slippery than the smoothest slickest eel
When they seem to have laid aside the locking of horns—

For surely they mean to gore through the legs of the loyal,
Men who I'll warrant have never whispered such treason,
Who would not cross the threshold of anyone
To rob him of his herds, the wealth of this cloud-covered world.

The scheme they turned to when their spencers were felled
And the ale they'd fermented had turned out sour:
To change places with our hawks and their friends,
And to make the innocent claimant look the guilty thief.

Más meata fear athluit re calg na caoindéise
Is más faiteach an leanbh do laisceadh re caoirspré ar bith
Nach leamhas dár bhflathaibhne d'aithle gach díbhféirge
Mun n-aithnid fear leasa tar bheachaibh an bhríbhéara.

Aitchimsi an mheanma mhaithfeach gan míchéadfaidh
Do cheaduigh an sparrainn is bhacas a saoiléifeacht
Go lasa ionár gcreathaibhne carthain is crí aonta
Is dearca le bhfaicfeam an ngealaigh seach duibhréite.

Mar bharra ar gach peannaid gach faraire finnghéagach
Do thairg le gaisceadh go feardha fírfhéata
Tarrang a mbeatha fá bhratachaibh imchéine
Do gaireadh is tagaid tar learaibh don ríghsméide.[75]

Is aindeas a malairt ní lamhaid an nidh céadna
Is ní lamhaid madh leathscoilte faire 'na dtír féine
Ní lamhaid an t-attomh nba cahbhartach clíchéime
Acht gadaid is crachtar nó deachaidh don díthéachtain.[76]

I n-aithghiorra chairte sin agaibhh an scríob dhéadhnach
Do bhreathaibh an reachta so lairaem is íbh nÉireann
Agus beag searbh ón ngairm do dhruimléanuigh
Na dreama sin dealbh gan chasail gan choimléinte.

A neamhchion 's a n-easbuidh tug adtuirse aníos tréamham
Is faire an fhir faille gach taca ar a mídhéanamh
Ní fheasaid ar bhearaibh cé fearra a gcur d'aoinmhéithreadh
Iná a ngearradh ina mballaibh 's a gcarba ar tinntéanibh.

A athair na bhflathas ó ar fearadh na fraoichbhéime
T'fheargain feasta cuir seachann ar aoi t'éinmhic
Ar thaisibh na dtreabh so tug t'fhala re crích Éibhir
Ná hagair a gcartha náid peacaidh a bprímhréime.

---

75. Déanann an file talamh slán de gurb eol dúinn gur díscaoileadh na saighdiúirí seo agus nár chead dóibh gléas troda a iompar—táid díomhaoin dá bharr.
76. Níl an dara rogha ag na saighdiúirí díscaoilte seo ach dul i mbun gadaíochta cé go ngearrfar pionós oll-trom orthu má bheirtear orthu.

If a solider twice-wounded keeps clear of the spear,
If a child once-burnt keeps himself from the fire,
How foolish our chiefs if after all these revenge plots
They still can't tell a benefactor from the brewers' bees!

I ask of that Mind who forgives without spiting,
Who permitted this trial yet holds back its consequence,
To enflame us with charity and union of hearts
And show us the difference between an absent moon and a full one.

To top off all this cruelty, every fair-limbed warrior
Who had sought by heroism, manfully and chivalrously,
To make their living underneath foreign banners,
Obeyed the royal summons and returned over the seas.[75]

A sad change that! They won't dare the same thing to do
In their native land, to arm themselves with even a watchman's staff.
They don't dare to do anything useful or productive,
But fall to thieving and hence to infamy or the gallows.[76]

That pretty well sums it up, this scribbling of mine,
Of this regime's judgment of me and the clans of Erin—
One more bitter taste of the backbreaking condition
That's left them poor without so much as shirt or cloak.

Held in contempt, lacking everything—it pains me to see them!
And the schemers still seeking any opportunity to do them mischief!
They don't know what's better—to cook them together in a single stew
Or cut them limb from limb and roast them over the hearths.

Father of heaven, who has struck us so forcefully,
Put aside your wrath, on account of your only Son;
Do not plead their crimes, nor those of their ancestors,
Against this remnant of tribes that drew down your wrath on Ireland.

---

75. Ó Bruadair assumes we know these soldiers were disbanded and prevented from bearing arms in Ireland—hence they are without work.

76. The disbanded soldiers are left with no recourse but petty theft, for which they can expect draconian punishment.

7

5555

Más teasbach nó tearcuid i laithibh mo chlíréisi
Dam chalainn bhus cleachtadh do thalsa mo rígh déantar
Go ndeacham fád bhrataighsi a mharcaigh an chroinn chaomhna
D'aithle gach ceatha go flathas na fíoraonta.

An duilleog so ar phurgóid mo dhúithe féin
Is guirt sceol geadh giorróg don chúntas lé
A chruithneoir ghil fhurfhógras rún gach cléibh
Cuir beo don uile órd a cionntaigh réil.

Foinse: John C. MacErlean, eag., *Duanaire Dháibhidh Uí Bhruadair*, iml. 3 (London: Irish Texts Society, 1917), 12–22.

63. "Is Mairg Nár Chrean" (1674), DÁIBHÍ Ó BRUADAIR, 21 rann, meadaracht: amhrán

Sonraítear an dán seo ar cheann de mhór-dhánta Uí Bhruadair, mar phointe cinniúnach i bhforbairt an fhile. Roimhe seo b'fhile é, a raibh meas ag maithe agus uaisle air; anois is bodach bóthair é gan stádas ná seasamh i measc na cosmhuintire. Is iomaí léamh is féidir a dhéanamh ar an dán seo: an scéal grinn é idir an file agus a chuid patrún? An naimhdeas buan nó gearrthéarmach é? Nó an lándáiríre é an file agus é ag nochtadh a chroí agus a rúin go poiblí? D'éirigh leis an bhfile, i ndiaidh an dán seo a chur i láthair an phobail, uaisle a aimsiú a dhein pátrúnacht air go deireadh a shaoil. Tacaíonn an t-eolas sin leis an tuiscint gur scéal grinn nó gur aighneas sealadach a bhí ann. Ach má chuirtear rí-bhinb na ndánta déanacha san áireamh, is deacair naimhdeas an fhile a fhágáil ar lár. Pé acu súgradh nó dáiríre, léiríonn an dán seo strus agus imní an fhile agus na héilíte Gaelaí. Bhí stádas agus seasamh na bhfilí agus na filíochta ag brath ar scothaicme na nGael agus na Sean-Ghall, ach thit an saol sin as chéile tar éis chath Chionn tSáile agus thug an concas a dhein Cromwell buille an bháis dó. Ba shlí bheatha luachmhar ardnósach í gairm an fhile tráth; tá deireadh leis anois agus leis an tsochaí a chothaigh agus a chaomhnaigh an file mar ghné lárnach den chultúr sin. Is fiú go mór an dán seo a léamh i bpáirt le Dán 62 chun blas a fháil ar imní phroifisiúnta agus ar chrá croí polaitiúil arb iad sain-nótaí dánta Uí Bhruadair iad.

For the rest of my ill-spent days, whether poverty or plenty
Be the lot of my life, may your will, my King, be done,
Till I come at last beneath your banner, Knight of the redeeming tree,
Passing through every rainstorm to the paradise of true amity.

This little scribbling of mine on the purging of my native land
Is a bitter tale, though I haven't told the half of it;
Shining creator, who uncovers the depths of every heart,
Grant life at last even to we guilty ones.

Translation. Samuel K. Fisher.

63. "Woe To Him Who Hasn't Troubled" (1674), DÁIBHÍ Ó BRUADAIR, 21 verses, meter: *amhrán*

One of Ó Bruadair's most well-known poems, it marks a turning point in the poet's oeuvre: the formerly dignified, aristocratic chronicler of the aristocracy and nobility of his people is reduced to, in Michael Hartnett's fine turn of phrase, "a ragged horny-handed itinerant, muttering under his breath." The poem is open to multiple readings: is this an elaborate in-joke between Ó Bruadair and his patrons? Is the animosity real, but reflecting only a brief estrangement? Or is everything to be read as painfully earnest? The fact that Ó Bruadair certainly managed to find patronage for the rest of his life, even if intermittently, lends credence to the first two readings; the overwhelming bitterness of most of Ó Bruadair's later work makes it hard to discount the third. Joking or serious, the poem captures the very real urgency poets felt and experienced as the élite culture that underpinned their livelihood continued to collapse beneath their feet. What had once been a prestigious and remunerative vocation was becoming financially—and reputationally, Ó Bruadair says—precarious. It is worth reading the poem in connection with Poem 62 for the overlap between personal, professional woe, and political purgatory that is a keynote of Ó Bruadair's poetry.

Is mairg nár chrean re maitheas saoghalta
Do cheangail ar gad sul ndeachaidh i n-éagantacht,
'S an aindeise im theach ó las an chéadluisne
Nach measmar gur fhan an dadamh céille agam.

Do chaitheasa seal 'san gcathair ngléigilse
Gan anfadh easba ar aithris Éireannaigh,
Do leanas go hait an bheart ba léire dom
Go scaipe na n-aingeal ghreanas géarthuigsin.

An tamall im ghlaic do mhair an ghléphinginn
Ba geanamhail gart dar leat mo thréighthesi,
Do labhrainn laidean ghasta is béarla glic
Is do tharrainginn dais ba cleas ar chléireachaibh.

Do bheannachadh damh an bhean 's a céile cneis
'S an bhanaltra mhaith 's a mac ar céadlongadh,
Dá ngairminn baile is leath a ngréithesion
Ba deacair 'na measc go mbainfeadh éaradh dhom.

Do ghabhainn asteach is amach gan éad i dtigh
Is níor aistear im aitreabh teacht aréir 's andiu,
Do b' aitheasc a searc fá seach re chéile againn:
Athchuingim ceaduigh blaise ár mbéilene.

Fán dtaca sain d'fheabhas air na bhféithlionn bhfis
Ba neartmhaire nath ar nasc dom réir abhus,
Ní facathas damh go raibh don fhéile cuid
Do b'fhearra ionnás spealadh cheathra an ché ar a bhfuid.

Dam aire níor radas mana m'éilnighthe,
Go hanabaidh im cheacht geadh dleacht do léighinnse,
Nó gur gadadh go glan mo theastas céirde is croidh
Amhail do leathfadh deatach d'éadan cnuic.

Ní fada go bhfaca scabal éigin dubh
Fá eadrom eacht san aicme chéadna choir,
Ós feasach gur scar an bleachtas bréige is me,
Ní fhuil teanga fá neamh ar bail náid béasa im phluc.

Woe to him who hasn't troubled with the good things of this world
To ensure he had enough, to make sure he wasn't poor
For I'm miserable every morning when the sun begins to shine
And I know everybody thinks that there's no sense left in my mind.

For a while, yes, I lived in this city bright and shining
After the best Irish fashion, and never at fate repining.
Back then I happily did whatever I thought to do
And coins engraved with angels away I happily threw.

As long as I had silver in my hands and carried coins so pretty
Everyone I knew—including you—thought me a handsome lad, and witty.
Back then my Latin was so fluent, and my English was so clever
I wrote lines so fine they far outshined the other scribblers altogether.

The lady of the house would bless me, so would the spouse she cherished
The wet-nurse and the hungry infant, too, that hung upon her breast.
If I'd asked for half their money, if I'd asked for the whole of their castle
they would have handed it right over, would have given me no hassle.

In and out of the house I'd go, and it filled no one with envy
And if I arrived by night or day a bed they would always give me.
With kindness they would greet me, their affection I would feel:
"Pray good sir, sit and stay a while, we're about to have our meal!"

The muscles of learning I had then trained up into such a keen perfection
I thought that I would always keep poem-craft bound to my subjection.
I was so blind at the time in my mind that I never could quite see
That to squander, after all, was not the same thing as nobility.

I didn't do it on purpose, of that you can rest assured
Though back then my wit, I must admit, was just a bit immature.
My right to craft and to cash, it was suddenly taken
As mist soon leaves a mountainside alone and forsaken.

I saw a black cloud hover over, and it didn't take long
It came between me and these friends who did wrong.
Now lying success and myself have taken our leave,
In the grace and wit of my tongue they can no longer believe.

D'athruigh 'na ndearcaibh dath mo néimhe anois
Ar aiste nach aithnid ceart im chéimeannaibh,
Ó shearg mo lacht le hais na caomhdhruinge
D'aithle mo cheana is marcach mé dom chois.

Is annamh an tan so neach dom éiliomhsa
Is dá n-agarainn fear is falamh éiric sin,
Ní fhaiceann mo thaise an chara chéibhfhionn chlis
Dár gheallamhuin seal is leat a bhféadaimse.

Cé dearbhtha an stair mo staid nár thréigiosa
'S im aiscibh nach deachaidh athnamh éislinge,
Dá dtairginn drad gan chead i gcéill ar bith
An caise tar ais do shailigh m'éadtroime.

Geadh fada re sail mo sheasamh tréithchuisleach
Ó mhaidin go feascar seasc gan béilfhliuchadh,
Dá dtairginn banna sleamhain séalaighthe
Ar chnagaire leanna a casc ní bhéarainnse.

Is tartmhar mo thasc ag treabhadh im aonarsa
Le harm nár chleachtas feacht ba mhéithe me,
D'atadar m'ailt ó rath na crélainne
Is do mharbh a feac ar fad mo mhéireanna.

Geadh labhartha leasca an creat so i bplé ream ucht
Is a athardha im aice ag aslach m'éignighthe,
Badh baramhail mhear tar lear go ngéillfinnse
Do mhalartaibh breaca beart an bhréagaire.

Ní machtnamh liom m'acht is breatha dé dom chur
Go leathtromach lag im spreas gan spréidh gan spuir
Fá tharcuisne ag fearaibh teanna is tréithe an truip
'S an fhairrge thearc i gceanaibh clé mo chuirp.

Ná mealladh mo cheasacht mearbhair aonduine
Is ná gabhadh gan aga uim thabhairt bhéirdicte,
Ní mairg fá deara leath a léigimsi
Acht magadh fá chleasaidh cama an fhéirfhithchill.

In their eyes I changed colors, I've become a different person;
They can see no longer anything good to say about my verses.
The verve in my words the connoisseurs now think has all gone dry
Since I've fallen out of fashion, a horseless cavalryman am I.

No one asks me for a favor now, saying "Please sir, if you would"
And I don't ask anybody either, for it wouldn't do any good.
My friend with golden hair pretends she doesn't see I'm poor
But before she was full of promises: "whatever's mine is yours!"

I never once was not a gentleman, the truth of that is sound,
And I never once did use my wit for the purpose of punching down.
Oh, maybe I sometimes snarled a bit, argued a little too roughly
But pointed barbs are the exception to my usual frivolity.

I could stand a long time at the bar, weaken as my pulse dips
But from morning to evening I'd be thirsty, would never wet my lips.
Though I should offer collateral, a bond and friend to go my bail
What would it avail? I still would fail to get a single drink of ale.

Yes it's thirsty work I'm doing now, I'm lonely at my labor
Using tools I'd never touch in the days when I was favored:
My knuckles all are swollen from working with the clay-blade
And my fingers all are deadened from working with the spade.

My frame complains to my heart all the day, endlessly
Hatching schemes and plots in hopes of depressing me:
What a notion it is! I'd never think of complying
With the wishes of one who's so practiced in lying.

God can well judge me; it's not all that strange
That I'd be stockless and spurless, weak and deranged:
Why wouldn't both the weak and the strong be allowed now to scorn me
When I've made a raging sea of my body, perverted and horny?

By all this complaining of mine, let no one be tricked:
Let no one think he has warrant to rush to a verdict.
Don't think that misfortune caused all of my grieving:
Half was due to the fact that this chess-game's deceiving.

A Athair na bhfeart do cheap na céadnithe
Talamh is neamh is reanna is réithleanna
Earrach is teasbach tartha is téacht uisce,
T'eargain cas is freagair m'éagnachsa.

Dom chabhair go tapa tair a réchainnioll
D'aisigh mo bheatha i gceart lead chréachtfhulang,
Aduigh im anam acfuinn fhéidhlighthe
Gan mhairg fád reacht go habaidh éifeachtach.
Amen.

Éifiocht úr úghdar na haoise a dtáim
Is céadfaidh úird ionnraic an choimhdhe cháidh,
A léirchrú súd tiomsuighthe i dtoinn fhir ghráidh
Téid a mugha a phionnsa gan ní iona láimh.

Gach réfhlaith fhionn úrnaightheach aoibh gan táir
Don tread i bhfonn Fionntainn nach ísiol d'fhás
Rear scéar a chúl duthchais a mhaoin 's a stat
Do réir a gclú cionntach mar dtaoimse atáid.

A réithleann iúil d'iompuidh an oidhche i lá
'S do thréig an chrú chumhra nár thuill a tál,
Ós éigion dúinn iomchar na daoirse atá
Réidh a rúin m'ionntrust i dtír na ngrás. Amen.

Foinse: John C. MacErlean, eag., *Duanaire Dháibhidh Uí Bhruadair*, iml. 2 (London: Irish Texts Society, 1913), 24–33.

64. (a) "Do Shaoileas dá Ríribh" agus (b) "Seirbhíseach Seirgthe," DÁIBHÍ Ó BRUADAIR, 3 agus 4 rann, meadaracht: amhrán

Is dea-shamplaí iad an dá dhán seo a leanas de chumas Uí Bhruadair a fhraoch feirge a léiriú, go háirithe orthusan a bhí níos ísle na é ar an gcéimlathas sóisialta dar leis. Ach leis an mórchorraíl ollthubaisteach a thit amach in Éirinn, idir pholaitíocht agus chultúr, níorbh fhada go raibh sé féin ar aon chéim, agus níos ísle fiú, leosan a mbíodh dímheas aige orthu roimhe sin—an daoscarshlua,

Father of miracles, who every thing has made
Earth, planets, stars and heavens your *fiat* have obeyed.
You likewise made the seasons, winter, summer, spring and fall,
Turn your anger from me, Lord; Give me mercy, hear my call.

You're the Candle of glory, Lord, so come quickly to my aid
You who by your wounded suffering my debts have all repaid.
I ask you, Lord, to give me a spirit so sustaining
That I might live your law in earnest, that I might give up the complaining!
Amen.

The authors of our time, they've got a freshness and an energy;
They've got the self-same prudence as all our chaste Lord's clergy.
So much skill compressed into our craft makes it sharp just like a sword—
And the blade one day may just go astray when I don't get my reward!

Every prayerful charming chieftain who's a shepherd to his flock
Living here in Fionntann's land, who comes not from lowly stock
They've likewise lost their local haunts, their status and their wealth—
Consider once their reputation, and you'll see that mine's in health!

O bright shining star who guides me, who turned the night to day
Who shed for me your precious blood, undeserved in every way:
Since in this life we must endure whatever suffering takes place
Prepare for me, beloved Lord, a home in the land of grace. Amen.

Translation: Samuel K. Fisher.

64. (a) "I Really Thought Him a Chief, All the Same" and (b) "A Shriveled-up Servant," DÁIBHÍ Ó BRUADAIR, 3 and 4 verses, meter: *amhran*

The two poems here are both fine examples of Ó Bruadair's unmatched capacity for vituperation, especially when directed against those he felt were beneath him. But his dramatic fall in social status described in "Woe to him who hasn't troubled" (Poem 63) left him no better off—and apparently, in many cases, worse—than the bumpkins, yokels, and upstarts whom he eviscerates with so much facility in these

na cábóga, agus na tútacháin. Feictear i nDán 63 mar a baineadh a stádas ard de agus gur tharla dó a bheith i measc na mbochtán. Ní thuigeann Ó Bruadair cás na cosmhuintire: dream nach raibh rogha acu ach leanúint orthu ag saothrú a gcoda agus ag baint lá amach. Ní léir dó ach a chás féin, na suailcí agus na deiseanna a baineadh de agus atá á gceilt air anois. Tá an saol i gcoitinne trí chéile, tá saol na hÉireann bunoscionn, tá a shaol pearsanta trí chéile, rinneadh cocstí den domhan agus den tsochaí mar a tuigeadh dó iad. Níos measa fós, níor réitigh filleadh an rí chirt cíor thuathail an fhile.

(a)

Do shaoileas dá ríribh gur uachtarán
Tíre nó taoiseach dob uaisle cáil
An daoiste dubh díobaighthe duairc gan dán
Do chlainn Ghiolla Choimhthigh í Thuathaláin.

Do bhí an staoinse 'na rídhuirc i n-uachtar Cláir
'S an mhuinntear ag tíodhlacadh cuach iona láimh,
Do shuidheasa iona chuibhrionn le huamhain cháich
Go bhfuighinn a fhios cia an fhíonfhuil ó ar ghluais a dháid.

Do stríocas go híseal mo chluas iona dháil,
Is ba dís liom go scaoilfeadhsan ualach árd
I n-insgne an fhir chíordhuibh tan duaidh a sháith
Seadh fríth liom go fíreannach tuata bán.

(b)

Seirbhíseach seirgthe íogair srónach seasc
D'eitigh sinn is eibior íota im scórnaigh feacht
Beireadh síobhra d'eitill í gan lón tar lear
An deilbhín gan deirglí nár fhóir mo thart.

Dá reicinn í san bhfeileghníomh dogheobhadh ceacht
Is beirt an tighe go leigfidís im scórsa casc
Ó cheisnimh sí go bhfeirg linn is beoir na gar
Don steiling í nár leige rí na glóire i bhfad.

poems (and others not included here). Ó Bruadair is more than a little unfair to
the common people who, after all, had little choice but to focus on surviving and
getting on with life as it was. But to Ó Bruadair, obsessed with former glories, their
lack of respect for a poet such as he was a galling betrayal that served to underline
just how topsy-turvy the world had become—nor had the return of the rightful
king managed to alleviate the poet's personal troubles.

(a)

I really thought him a chief, all the same
A principal man, of the noblest fame
The dumb-arsed dunce of good sense deranged
Bumpkin Mac Giolla Foreign, that was his name!

Yes, he reigned as King Dunce in the Upper Clare
And of goblets they gave him there more than his share;
I sat down beside him, I was dying to see:
Could I find out how blue-blooded was his daddy?

So I bent my ear down and I listened with care,
I was anxious to know if the answer he'd share;
But when the fool'd ate his dinner and opened his mouth
I needn't have wondered; he was clearly a lout!

(b)

A shriveled-up servant, snarling sterile and sharp,
Turned me down for a drink though my throat was parched.
May a spirit carry her far over the seas to starve,
The ugly little imp—has she not any heart?

If I got my payback, I'd take her to task—
I'd call for the managers and they'd give me a cask!
She gave me a tongue-lashing as she stood by the beer;
I hope God gives her the mange, this and every year!

Meirgíneach bheirbhthe í gan ceol na cab
Do theilg sinn le greidimín san bpóirse amach
Gé cheilim ríomh a peidigraoi mar fhógras reacht
Ba bheag an díth dá mbeireadh sí do ghósta cat.

Reilgín an eilitín nach d'ord na mban
Is seisce gnaoi dá bhfeiceamaoid i ród re maith
A beith na daoi ós deimhin dí go deo na dtreabh
San leitin síos go leige sí mar neoid a cac.

Foinse: John C. MacErlean, eag., *Duanaire Dháibhidh Uí Bhruadair*, iml. 2 (London: Irish Texts Society, 1913), 14–15, 220–21.

65. "Tithe Chorr an Chait," SÉAMAS DALL MAC CUARTA, 4 rann, meadaracht: trí rainn (ógláchas ar rannaíocht mhór) agus amhrán

Ar nós na ndánta roimhe seo leis an bhfile Dáibhí Ó Bruadair, is cúis ghrinn do Shéamas Dall Mac Cuarta (c. 1647–1733) na gnáthdhaoine nach léiríonn ómós agus meas do na filí, na ceoltóirí agus aos dána sheanchóras sóisialta na nGael. Níl deis ag muintir Chorr an Chait, baile beag i gCo. Lú, sásamh ná taitneamh a bhaint as an gcultúr ársa ná fáilte a chur roimh lucht cumtha dánta. Samhlaítear iad don fhile seo mar scata broc—seachas cait—agus iad tiomnaithe do bhailiú saibhris agus ag tochailt sa chré seachas fáilte thraidisiúnta a chur roimh fhile. Más séimhe Mac Cuarta ná Dáibhí Ó Bruadair is ionann an teachtaireacht: tá an tóin ag titim as an saol agus tá na gnásanna traidisiúnta sóisialta ag teip. Dhein filí talamh slán de go gcuirfí fáilte rompu, go mbeathófaí iad agus go gcaithfí leo go fial agus go flaithiúil mar gurbh fhilí iad. Ní amhlaidh an scéal a thuilleadh. D'airigh Séamas Dall an t-athrú seo le linn a shaoil féin agus thug sé guth dó ina chuid dánta. Mhair sé idir dhá ré: ré fhilí na scol ina raibh ard-stádas ag filí proifisiúnta a chleacht dánta i meadarachtaí casta léannta agus ré na n-amhrán san ochtú haois déag inar tháinig na hamhráin lena meadarachtaí scaoilte chun cinn. Ba cheardaí filíochta é féin agus ar an meadaracht ar a dtugtar "trí rainn agus amhrán": meadaracht a mheasc an dá stíl agus dhá mheadaracht idir ard agus íseal le chéile. Is toradh é ar an athrú saoil agus ar an aistriú ó na filí proifisiúnta go hamhránaithe amaitéaracha a chleacht meadaracht ina raibh na gutaí, seachas na siollaí, faoi bhéim.

She's a used-up old bitch without a note in her throat—
She threw me out of the place, the angry old goat!
Since I follow the law I won't tell you her pedigree
But no loss if a ghost knocked her up with a pussy.

She's a clubfooted arse, I'm not sure that she's female;
I know I haven't seen uglier out on the trail.
She'll be a dunce until judgment day, never a wit;
She may as well season her gruel with a helping of shit!

Translation: Samuel K. Fisher.

65. "The Houses of Corr an Chait," Séamas Dall Mac Cuarta, 4 verses, meter: trí rainn (ógláchas ar rannaíocht mhór) agus amhrán

Like the preceding two Ó Bruadair poems, this composition of Séamas Dall Mac Cuarta (c. 1647–1733) pokes fun at common people who have lost reverence for poets, musicians, and all the standard bearers of the old élite Gaelic culture. Unlike Séamas Dall, the residents of Corr an Chait, in Co. Louth, have no time to enjoy the arts or extend hospitality to their practitioners. Instead, the poet imagines them as badgers, too busy digging and acquiring capital to host the poet in the traditional manner and style. The tone here is considerably more gentle than in the Ó Bruadair poems, but the message is the same: the social foundations that made the vocation of professional poet possible have been undermined. A poet expecting to be feted and treated like nobility is in for disappointment. Séamas Dall experienced these tensions in his own life and expressed them in his poems: suspended between the era of the professional bards who specialized in strict syllabic verse and the less well-off songsters of the eighteenth century, he was the master of the trí rainn agus amhrán (three verses and a song verse) structure that combined elements of both approaches in a single poem. The prevalence of this genre marks a transition from the professional bardic era to the amateur vowel-accented song genre of the eighteenth century. This poem is an excellent instance of the form.

Uaigneach sin tithe Chorr an Chait,
Is uaigneach a bhfir is a mná;
Is dá bhfaighdís ór is fíon,
Cha dtig aon díobh i gceann cháich.

I gceann cháich cha dtig siad,
Ar ar cruthaíodh thiar is thoir;
Ar ar cruthaíodh ó neamh go lár—
Ionann sin is béasa an bhroic.

Béasa an bhroic bheith ag tochailt faoi
I ndorchadas oíche is lae;
Ar ar cruthaíodh ó neamh go lár,
I gceann cháich cha dtig sé.

Ní hionúin leis an ríbhroc aoibhneas aiteas ná spórt,
Ní hionúin leo saoi draoi ná cumadóir ceoil;
Ní hionúin leo Séamas caoch ná cuidiú Néill óig,
Is fanadh gach aon mar a mbíd ag tochailt an phóir.

Foinse: Seán Ó Gallchóir, eag., *Séamas Dall Mac Cuarta: Dánta* (Baile Átha Cliath: An Clóchomhar, 1971), 76.

66. "D'aithle na bhFileadh," DÁIBHÍ Ó BRUADAIR, 3 rann, meadaracht: rannaíocht bheag (rann 1 agus 2) agus amhrán (rann 3)

Dán grá agus caoine is ea an dán seo ar cheard na filíochta atá, dar leis an bhfile, ar an dé deiridh. Ba é Dáibhí Ó Bruadair a cheap do mhic Chon Chonnacht Uí Dhálaigh, file proifisiúnta agus duine den ghlúin dheireanach de theaghlach éigseach iomráiteach sin (feic Dán 24). Ar éigean a thaitin an dán leo, más amhlaidh fiú gurbh eol dóibh é nó gur chuala siad é á reic. Theip ar mhic an tsárfhile, dar le Dáibhí Ó Bruadair, léann dúchasach an teaghlaigh a thabhairt leo. Ag deireadh an scéil is cuma ann nó as cumas mhic Chon Chonnacht. Ag croí an scéil, tá bás na filíochta, deireadh ré na bhfilí agus meath an léinn dúchais i saol agus i sochaí atá ag athrú as cuimse ó tháinig fórsaí Chromail i dtír agus i gceannas. Tá ag teip ar "c[h]lann na n-ollamh" an traidisiún a chaomhnú, dar leis an bhfile, agus is ionadaithe iad mic Chon Chonnacht Uí Dhálaigh d'fhilí ar fud na gceithre chúige. Seasann an an teaghlach don tír agus léiríonn a ndearcadh athrú níos forleithne

They're unfriendly, the houses of Corr an Chait,
The men and women inside 'em, too;
Give them some gold, give them some wine,
Still they couldn't be bothered to greet you.

No, they couldn't be bothered to greet you
For the whole world, east and west;
For the whole world, top to bottom—
They're like badgers, all snug in their nest!

For badgers, you know, are always digging,
In the darkness of night and the lightness of day;
Offer them everything in heaven and earth
And to strangers still they've got nothing to say.

King badger hates merriment, pleasure, or sport
They hate a musician and poets of all sorts;
They don't like blind Séamas, to young Neill won't resort,
So let them stay as they are, a-digging dirt forts.

Translation: Samuel K. Fisher.

66. "After the Noble Poets," DÁIBHÍ Ó BRUADAIR, 3 verses, meter: *rannaíocht bheag* (verses 1 and 2) and *amhrán* (verse 3)

This poem, Ó Bruadair's love-letter to and lament for a dying poetic craft, is addressed to the sons of Cúchonnacht Ó Dálaigh, a professional poet and one of the last active representatives of the great bardic family of that name (see Poem 24). If they ever read it, or heard it recited, it is unlikely they found it flattering, given Ó Bruadair's conclusion that the great poet's sons have failed to inherit his vast learning. Ultimately, the particular merits (or lack thereof) possessed by Cúchonnacht's sons are beside the point: Ó Bruadair is more concerned here to lament the passing of the bardic order and the neglect of traditional Gaelic learning in a radically changed social environment following the Cromwellian occupation of the country. "*Clann na n-ollamh*"—the clan of the poets—are all failing to live up to the glories of their tradition, in Ó Bruadair's view, just as much as the *clann* (children) of this particular *ollamh*. This family stands for the country

ar fud na tíre. Tá an ghlúin nua, agus an chosmhuintir ina dteannta, ag tabhairt
droim láimhe don léann dúchais agus don traidisiún ársa.

> D'aithle na bhfileadh n-uasal
> Truaghsan timheal an tsaoghail
> Clann na n-ollamh go n-eagna
> Folamh gan freagra faobhair.

> Truagh a leabhair ag liatha
> Tiacha nach treabhair baoise
> Ar ceal níor chóir a bhfoilcheas
> Toircheas bhfear n-óil na gaoise.

> D'aithle na bhfileadh dár ionnmhus éigsi is iul
> Is mairg do chonnairc an chinneamhain d'éirigh dúinn
> A leabhair ag tuitim i leimhe 's i léithe i gcúil
> 'S ag macaibh na droinge gan siolla dá séadaibh rún.

Foinse: John C. MacErlean, eag., *Duanaire Dháibhidh Uí Bhruadair*, iml. 3 (London: Irish Texts Society, 1917), 4.

67. "Céad buidhe re dia" (c. 1687–1688), Diarmaid mac Sheáin Bhuí Mac Cárthaigh, 39 rann, meadaracht: amhrán

An Corcaíoch Diarmaid mac Sheáin Bhuí Mac Cárthaigh, a cheap an dán seo.
B'fhile é a bhain leas as pátrúnacht na gCárthach, ceann de theaghlaigh uaisle na
Mumhan. Sa dán seo ceiliúrann an file teacht an rí Chaitlicigh Séamas II, chun
na corónach i Sasana, in Albain agus in Éirinn agus ceapachán Richard Talbot,
Caitliceach Éireannach mar fhear ionaid an rí in Éirinn. Táthar ag tnúth sa dán
seo le hathréimniú chultúr na nGael, cur chun cinn an Chaitliceachais agus ath-
ghabháil na dtailte a bronnadh ar lucht Chromail. Chonaic an file na nithe sin ag
teacht i réim go sealadach. Cuireadh stop áfach leis an bhfrithréabhlóid Ghaelach
Chaitliceach, mar a bhaist an staraí Tim Harris air, nuair a bhain Uilliam Oráiste
an choróin de Shéamas II i gCogadh an Dá Rí (sa Réabhlóid Ghlórmhar, de réir na
Sasanach) idir 1688–1691. Is suntasach an dán é mar sin féin mar ní hionann é agus
an liodán dánta ag caoineadh chás na hÉireann agus staid na tíre ó na filí le linn

and represents, for Ó Bruadair at least, a generational shift away from traditional culture and poetic practice by practitioners as well as the common classes.

> After those noble poets, alas!
> The world is dark;
> The children of those learned poets
> Are destitute, lacking a quick wit.

> Alas for their books gone grey,
> Book-satchels holding no folly!
> Their mysteries are wrongfully neglected,
> The offspring of men who made wisdom their drink.

> After those masters so rich in poems and wit,
> Pity any who has lived to see our fate—
> Their books falling unheeded to a dusty, moldy ruin
> And not a bit of their learning in their sons.

Translation: Samuel K. Fisher.

67. "A hundred thanks to God" (c. 1687–1688), DIARMAID MAC SHEÁIN BHUÍ MAC CÁRTHAIGH, 39 verses, meter: amhrán

This poem comes from Diarmaid mac Sheáin Bhuí Mac Cárthaigh, a Cork poet patronized by the MacCarthys, one of the great Gaelic families of Munster. It is an unrestrained celebration of the accession of James II, a Catholic monarch, to the thrones of England, Scotland, and Ireland, and the appointment of Richard Talbot, an Irish Catholic, as his deputy in Ireland (see Poem 62). Under their leadership the poet expects to see the restoration of Gaelic culture, the return of estates lost to the Cromwellians, and the promotion of Catholicism in Ireland. He would indeed see such events occur, but not for long: this Gaelic, Catholic "counter-revolution," as historian Tim Harris calls it, was to be nipped in the bud when James II lost his throne to William of Orange in the "Glorious" Revolution of 1688–1691. The poem nevertheless offers a brief pause in the otherwise persistent stream of lament and despondence issuing from poets during the reigns of the late Stuarts. While other poems, like Ó Bruadair's "The Purgatory of the Men of Ireland" (Poem 62),

na Stíobhartach déanach. Cé go gcuireann dánta eile ar nós "Suim Purgadóra" (Dán 62) le Dáibhí Ó Bruadair síos ar dhíomá agus ar dhiomú na bhfilí agus na dtráchtairí Gaelacha leis an gcleas a bhí i gcumhacht, is ceiliúradh é an dán seo ar a bhfuil curtha i gcrích agus le fíorú na haislinge. B'amhlaidh d'Ó Bruadair nuair a chum sé "Caithréim Thaidhg" mar cheiliúradh ar an éacht. Baineann an dá dhán sin leas as ainmneacha cineálacha ar nós "Tadhg" agus "Diarmaid" a bhí coitianta i measc na nGael agus cuirtear iadsan i gcodarsnacht le "John" agus "Ralph," ainmneacha dílse a sheasann do na Sasanaigh atá in ísle brí. Filleann an feall ar an bhfeallaire sa chás seo agus is iad na Sasanaigh atá thíos leis anois. Is eisceacht iad na dánta seo mar is dual d'fhilí na tréimhse a bheith ag caitheamh anuas agus ag déanamh beag is fiú den chosmhuintir ach ní hamhlaidh anseo.

> Céad buidhe re dia i ndiaidh gach anfaidh
> Sgach *persecution* chughainn dár bagaradh
> Rí gléigheal Séamus ag aifrionn
> I *Whitehall* is gárda sagart air.[77]

> Sin iad Gaedhil go léir i n-armaibh
> Gunnaoi is púdar púirt is bailte aca
> *Presbyterians* féach gur treascaradh
> Is braidhm an diabhail i ndiaidh na bh*fanatics.*

> Cá ngabhann Seon níl cóta dearg air
> Ná *"Who's there?"* re taobh an gheata aige
> Ag iarraidh slighe dá luighead go sparrainneach
> Mo chur fá chíos ist oidhche i n-acharann.

> Cá ngabhann Ráif sa ghárda mhalluighthe
> Prinntísigh dhíobhlaidhe na cathrach
> Do stiall gach aontaobh séipéil bheannuighthe
> Ag díbirt cléire dé sdá n-argain.

> "*You Popish rogue*" ní leomhaid a labhairt rinn
> Acht "*Cromwellian dog*" is focal faire againn
> Nó "cia súd thall" go teann gan eagla
> "Mise Tadhg" géadh teinn an t-agallamh.[78]

---

77. Is ann d'fhocail sa dán faoi chló Iodálach, rud a thugann le fios go mb'fhéidir go raibh cur amach ag an bhfile ar dhíospóireachtaí polaitiúla an Bhéarla le linn an ama seo.

78. Samhlaítear na Gaeil don fhile mar fhear faire san oíche ag ciapadh Sasanach ar bith a bhíonn amuigh istoíche—nó fiú na Gaeil féin amuigh faoi bhráid agus iad sásta iad féin a ainmniú mar Ghaeil ar an tuiscint nach gcuirfear isteach orthu.

chronicle the disillusionment of Gaelic observers with the reigning dynasty, this one celebrates that their long-held hopes have come to fruition. Ó Bruadair himself got in on the act, composing his own "Caithréim Thaidhg"/"The Triumph of Tadhg" in response. Both poems deploy "generic" Gaelic names like Tadhg and Diarmaid as stand-ins for the Gaels as a whole, juxtaposing them with the newly-despondent English settlers John and Ralph, "Cromwellian dogs" who must now suffer the contempt of the Gaels they formerly abused. Both poems are thus also brief vacations from the usual aristocratic disdain turned on common Irish people by the poets.

A hundred thanks to God! After every storm
And every *persecution* that formerly troubled us,
We've a king at Mass! Bright James is
In *Whitehall*, with a guard of priests about him.[77]

Can you believe it? Those are Gaels you see all in arms,
With guns and powder, ports and towns in their hands!
And look, the *Presbyterians* are overthrown—
And may the devil's fart attend those *fanatics*!

Where will John go without his red coat on him?
What can he do besides shout *"Who's there?"* from beside the gate,
Trying to find a means of provoking me
Just so he can arrest me for making trouble in the night?

And O where will Ralph go, him and his accursed pals,
The city's devilish apprentices?
Who never saw a blessed chapel they wouldn't ransack
Or a man of God they wouldn't rob and banish?

"You Popish rogue" they won't dare to say to us,
But we'll call one of them a *"Cromwellian dog"*;
We're shouting "cia súd thall" boldly and fearlessly,
And answering "Mise Tadhg" even if they hate to hear it.[78]

---

77. Words in italics appear in English in the poem. They suggest the poet's familiarity with political debate in English during the period.
78. "Cia súd thall?" is Irish for "Who's there?" The poet imagines that now Gaels will be serving as night watchman and harassing Englishmen out and about in the night—or, when out and about themselves, cheerfully declaring themselves to be Irish without fear of reprisal.

(Rann 6 ar lár)

Bodaigh an cháise táid go hatuirseach
Ag filleadh ar a gcéird gach spéice smeartha aca
Gan ghunna gan chloidheamh gan pinnse chleachtadar
D'imthigh a mbrígh is tá an croidhe dá ghreada aca.

Do fríth an uain, monuar, bo dheacair sin
Ar an druing gan iocht do scrios is d'argain
Clanna Gaedhal a hÉirinn airgthe
Le meastar gurab oighreacht deimhin dá gclannaibh sin.

Tug a n-éitheach, bréag a mbaramhail,
Ní bhiaidh an fód sa Fódla ag *fanatics*
I n-imirt na lann fuil chreabhair níor chailleadar
Sa gceart ar Éirinn féach ar baillechrith.

Fearta mhic dé nach éasca d'fhearadar
Re linn tSéamuis réalta ós flaitheasaibh
A n-uraidh dá leadhbadh Tadhg ag *fanatic*
Eisean a mbliadhna ag stialladh an phlaice aige.

D'éis *transplant* is gach feall dár cheapadar
D'éis *transport* na seol tar fairge
Go hiaith *Jamaica* an méid gur scaipeadar
Don Fhrainnc don Spáinn is gach áit a ndeachadar.

Idir thuaith is chléir gach aon don aicme sin
Na ndéithe bhfallsa dream an mhearbhail
Lán do phoimp do shíoda is d'airgead
Sgan aca go deimhin ar Thadhg meas madra.

Och mo léansa d'éis a bhfacamar
D'éis léirscrios na nGaedheal sa mbeatha aca
D'éis gan chúis gan chionnta ar chreachadar
Lucht an chaim an fhill san anachirt...

(Verse 6 omitted)

The cheese-eating space-wasters are sad enough now,
Headed back to their drudgery, every one of the spoiled little brats.
No more guns and swords and rapiers for them!
Their power's all gone and their hearts are tormented.

We've got our chance at them now, though alas! We came by it honest
That merciless rabble who rooted out and robbed the
Clanna Gael from plundered Erin, which even now
They've the nerve to think is their own particular birthright!

That's a lie they've told, a deluded opinion—
Fanatics will not have the soil of Fódla!
They haven't lost even a horsefly's worth of blood to the sword
But their right to Ireland is crumbling beneath them all the same.

See how suddenly the graces of God's son have come to us,
In the time of James, heaven's brightest star:
Last year a *fanatic* was giving Tadhg a beating,
This year Tadhg is tearing him a new one!

After every treachery they tried, after *transplants*
And *transports* in the ships overseas,
After so many were scattered to Jamaica,
Or to France and Spain—to wherever they wandered—

After not one of that rabble, either clergy or laity,
Who wandered astray after false gods,
Who were full of pomp over their silver and silk,
Could bear to show Tadhg the respect they would to a dog—

After everything that, my God! We have had the misfortune to see,
After the destruction of the Gaels and their livings,
After they were plundered for no cause and no crime
By these scheming plotters of treachery and injustice—

(Ranna 14–20 ar lár: *Sraith fhada véarsaí ag cur síos ar imeachtaí an seachtú haois déag. Tosaíonn gach véarsa leis an bhfrasa "d'éis," gné a thugann le fios go bhfuil na Gaeil tar éis teacht slán.*)

Is iomdha Diarmaid ciallmhar ceannasach
Is iomdha Tadhg go meidhreach meanmnach
I gcrích Éibhir budh tréan san mhacaire
Na gaill gé d'fhuathuigh buan a n-ainm sin.

(Rann 22 ar lár)

A cháirde chroidhe d'éis mhílte chailleamhain
Screadaim go dian ar dhia sna flaitheasaibh
Ag breith buidheachais gach lae gan dearmad
Gur re linn an ríogh so mhaireamar.

Naoimh is fáidhe a lán do tharrangair
Go bhfaghadh Éire cabhair san am do ghealladar
Do t'fheartaibhsi a Chríost le guidhe do bhanaltrann
Tiucfa i gcrích gach ní do mheasadar.

(Rann 25 ar lár)

Ar m'fhocal gur bé si an spré do tharrangair
Pádraig naomhtha is léighidh na bheatha sin
D'adhanfadh tuaidh i dtuaisceart Bhanbha
Chuirfeas go dílinn soillse ar lasa againn.

(Rann 27–29 ar lár)

A óga do phórfhuil na Banbha
Atá gan bhréig do phréamhfhuil cheathrair
Síol Éibhir is Éireamhóin acfuinnigh
Sliocht Íthe agus Ír badh fearadha.

Agus gach aon is Éireannach dearbhtha
Is tá gan cheist don chreidimh chatoilce
D'éis gur scannradh fann bhar n-aithreacha
Atá dia buidheach don líon so mhaireann díobh.

(Verses 14–20 omitted: A long series of verses describing the events of the seventeenth century, each commencing with "d'éis"/"after," emphasizing that the Gaels have escaped a long period of suffering.)

After all this there are now many wise Dermots in government,
And many brave and merry Teagues in Ireland,
Who were mighty on the field of battle,
However much the Gaill might hate their names!

(Verse 22 omitted)

O my dear friends after the loss of so many thousands
I shout to God in the heavens at the top of my lungs
Never neglecting to thank Him every day
That we have survived until the time of this king!

A train of saints and prophets have long predicted
That Ireland would get help some day, at the appointed time.
By your power, O Christ, and the prayer of your nurse,
Everything they hoped for will come to pass.

(Verse 25 omitted)

By my lights this is surely that spark promised
By holy Patrick—read his history and you will see—
That would blaze across the north of Ireland
And keep our lamps kindled till the second flood.

(Verses 27–29 omitted)

I am speaking to you, youths of the pure stock of Banbha,
Who are truly descended from the four princely seeds,
You children of Eibhear, you sons of deedful Eireamhon,
Descendants of Ioth and of the most manly Ir—

And to every one who is a tried and true Irishman,
Who is without question a Catholic too:
Though your fathers were scattered and enfeebled
You surviving remnant, God is pleased with you.

Le heagla dé bídh déirceach carthannach
Is gan dearmad déinidh réir na n-aitheanta
Seachnaidh póit is móide is eascaine
Is "God damn" go héag do bhar mbéal ná labharaidh.

Guidhidh le Séamus réaltann bheannuighthe
Tug soillse ar gach taoibh don fhairge
Guidhidh arís sliocht díleas feardha air
Do dhéana díon don chrích si is tarmonn.

D'éis bhar ríogh chirt guidhidh gan mhearbhal
Tyrconnell[79] bheith buan san ruaig ar dhanaraibh
An té do ghlan Fódla ó cheo só scamalaibh
A shláinte i ndíoghrais díogaidh eadraibh.

(Rann 35–36 ar lár)

Sláinte an phápa a ghrádh ná seachnaidh
Bheith dá hól gan phóit go measardha
Is gibe Whig ar bith do chasfa ribh
Kick no dhó iona thóin go mbramasan.

Déinidh rinnce is bídh go meanmnach
Is teinte cnámh ó shráid go falla agaibh
Ní nár síleadh tríd gach sparra libh
Rinnce an chloidhimh is rinnce an ghadaraigh.

A ghallbhuidhean lear meabhruigheadh ár gcrochadh gan chóir
Is tug clann Mhíleadh fannbhrígheach gan chothrom gan stór
Do reamhruigheadh le teann bídh i bhflocas le póit
Bramfaidhe ag Mac Amhlaoibh i gCorcaigh san phórt.

Foinse: John C. MacErlean, eag., Duanaire Dháibhidh Uí Bhruadair, iml. 3 (London: Irish Texts Society, 1917), 94–110.

---

79. Richard Talbot, Iarla Thír Chonaill, Fear Ionaid Shéamais in Éirinn, b'eisean a bhí freagrach as arm agus rialtas na hÉireann a iompú i dtreo an Chaitliceachais.

For fear of God give alms and be kind;
Do not neglect to live by the Commandments.
Shun hooch, shun cursing and swearing,
And never utter the words "*God damn*" until death.

Pray for the blessed star, James,
Who has shined a light on every side of the sea;
Pray also that he may obtain a true son and heir,
To be shield and sanctuary for the country.

Yes, pray for your rightful king without distraction,
And for *Tyrconnell*[79] to be victorious over the barbarians;
He has driven away the mists and clouds that covered Fódla:
Drink his health amongst you, and drink it heartily!

(*Verses 35–36 omitted*)

Drink, while you're at it, the health of the pope,
Though not, my friends, without temperance.
And should you chance upon a *Whig*, why give him
A kick or two in the ass, until flatulence!

So strike up the dancing! Let's be joyful!
And make up a bonfire that fills the street to the wall!
We'll do at each gate what we could never have hoped for,
The dance of the sword and the dance of the withe!

You pack of Galls who plotted unjustly to hang us,
To leave the Gaels weakened, without justice or wealth,
Who fatted yourselves on self-indulgence in ill-gotten gains,
Mac Amhlaoibh will fart you out into the fort of Cork.

Translation: Samuel K. Fisher.

---

79. Richard Talbot, Earl of Tyrconnell. James's deputy in Ireland, he was responsible for Catholicizing
    the Irish army and government.

68. "An Longbhriseadh" (1691),
DÁIBHÍ Ó BRUADAIR, 41 rann, meadaracht: amhrán

Is mór go deimhin idir an dán seo agus ábhar an dáin roimhe. Is cosúil gurb é seo an dán is cáiliúla a chum Ó Bruadair (1625–1698), agus is minic an teideal in úsáid mar thagairt don uile mhí-ádh—idir pholaitiúil, shóisialta agus chultúrtha—a tharla d'Éirinn na gCaitliceach agus na nGael tar éis bhua Uilliam Oráiste agus a fhoireann ar Shéamas II. Feicimid Ó Bruadair ina steillbheatha san aiste seo; caitheann sé anuas orthusan a thréig na luachanna agus na tuiscintí ar chreid seisean iontu. Tugann sé íde na muc agus na madraí do na saighdiúirí agus do na ropairí a throid—anois agus arís—ar thaobh na Seacaibíteach i gCogadh an Dá Rí idir Séamas II agus Uilliam Oráiste. Cé go dtráchtar orthu mar laochra sa traidisiún béil, níl iontu, dar leis, ach ropairí agus ceithearnaigh. Cuireann an file toradh tubaisteach an chogaidh síos don easaontas idir na Gaeil agus do pheacaí na ropairí. Caoineann an file uair amháin eile agus don uair dheireanach aineolas agus cruálacht na cosmhuintire, an dá rud is mó a rinne spior spear dá aisling go gcuirfí an cultúr Gaelach i réim arís mar a tuigeadh dósan é. Is trua leis gur de bharr a dhúthrachta agus a chuid díograise don fhilíocht agus do leas an phobail Ghaelaigh atá sé beo bocht agus ar an ngannchuid anois. Mionnaíonn agus móidíonn sé nach scríobhfaidh sé ar son phobal na hÉireann a thuilleadh.

    Le ciontaibh na healta ag ar dalladh a gcluastuigse
    Le friotal a leasa tan tairgthe a dtuaslaigthe
    Fá mionnaibh an leabhair dá leamhainn ní uamhan dam
    An tuireamh so ar m'aire gur searbh an duanaireacht.

    Innmhe ag gallaibh ní machtnamh dom thuairimsi
    Is cunnail a gcaingean sa gcaradas buan gan scur
    Ní hionann is clanna na n-ainnear ós ghluaiseasa
    Do rithfeadh a gceangal go rantaibh le ruainne fuilt.

    Ní hiongnadh Banbha meascuighthe an uama chuil
    Do thuitim san aindeise i gceanaibh a cuallachta
    San chisigh dá cathaibh ag casadh re cruadhtanaibh
    Dá ciorrbhadh gan fhios ag gangaid mar fuarasa.

68. "The Shipwreck" (1691),
DÁIBHÍ Ó BRUADAIR, 41 verses, meter: *amhrán*

A stark turnaround from the previous poem, "The Shipwreck" is probably Ó
Bruadair's best-known work, and its title has become a shorthand for the disas-
trous consequences—political, social, economic, and cultural—experienced in
Gaelic and Catholic Ireland following the victory of William of Orange and his
supporters against James II. The poem is thoroughly in character for Ó Bruadair,
turning its critical scorn against those who the poet felt had betrayed the values
he championed. In this case the poet's ire is directed at the raparees, irregular
soldiers who supported—intermittently—the Jacobite side in *Cogadh an Dá Rí*
(The War of the Two Kings) between James II and William. Many of them were
to go down as heroes in the folk tradition, but at times they acted as little more
than bandits. Here Ó Bruadair blames the division of the Irish side—and the sins
of the raparees (see Poem 81)—for the disaster of the war. The poet laments one
final time that the barbarity of common Irish people has destroyed his dream of
a renewed aristocratic Gaelic culture. Bewailing the fact that his dedication to
his craft—and to the welfare of the Gaelic community—has left him destitute,
he resolves to write for the Irish people no more.

> This guilty flock, their good sense is all gone!
> They shunned the advice by which freedom is won.
> On the good book I'll risk it, it doesn't scare me
> To give my opinion, though too bitter for poetry.
>
> It's no wonder at all, the success of the *Gaill*;
> They stay undivided, so of course they don't fall.
> But the people I come from, it isn't like them—
> At the pull of a hair they're at each other again.
>
> No wonder poor old Banbha, bent under loads of sin,
> Has fallen once more at the hands of her own men—
> For I know that her troops, once they found it hard going
> Tried to turn their backs on her without anyone's knowing.

Dá gcurthar i bpratainn gan fhala gan uallchubhar
An siosma sar chreanadar maithe ghuirt Nuadhat ris
Dar linne ní peacadh a chur deachtuighthe i nduanaire
Nach oirbheart meathach an margadh fuaradar.[80]

Ní hionann is agalladh an amail san fhuargaire
Chuimileas teanga do chneasaibh ár dtuailgineach
D'ionmhas Sacsan is d'arm seacht sluaghphobal
Is curata an seasamh le ar bheanadar duais ar bith.

Gé cuireadh i gcarcair na cathurraidh fhuadracha
Is tuirm gach treasa ar a marbhadh ag bruachaireacht
D'fhuinniomh a n-eagna is d'fheabhas a gcruaidhmhiotail
Is iomdha anam a hanachuinn d'fhuascladar.

Gach goile nach bearbh na hairtiogail fhuarthainsi
Do cineadh dá dtairbhe is d'fheartaibh an tualangthaigh
Do lingfeadh a leathchumadh ar aithearrach uaigneasa
Dá bhficeadh a bhfacasa dealbh ar buailteachas—

D'imircibh leanbh is mbanaltran mbuaidheartha
Ó Shionainn go Leamhain fá ainimh ag ualfartaigh
Gan siolla ar bith eatartha is rabharta an ruadhchoilg
Acht inneamh an fheartaigh is faire na n-uasal sin.

An conachlann cneasta lear leanadh an fuainniment
Is d'fhuiling seach mannar i leasgaibh luaimneacha
Cumhtha gé gealladh don ghasraidh ghluais abhus
Ní thuigim ó rantaibh gur leamhas a gcuairt tar muir.

Gach inchinn mheasardha mheasas gan truailleadh nith
Fuireach fá bheannaibh an cheannais rug buadha an ghuirt
Más iodhan do brathadh gan fairbre fuain go se
Ní tulg ina fhallainn dom bharamhail stuadhadh anois.

---

80. Tagairt é seo do Chonradh Luimnigh a chuir deireadh leis an gcogaíocht in Éirinn. Sna véarsaí
    a leanann déanann an file cosaint ar an gConradh agus ar na huaisle a cheap é ag tagairt do na
    daoine ar fad nár maraíodh de bharr an Chonartha.

If it was all written down, with no malice in mind,
What the nobles of Nuadha's field paid for them in kind,
It's no sin, by my lights, to claim in these poem-lines
That cowardice could never make a bargain so fine.[80]

I don't talk like a fool, or like a flatterer either
I won't plant my lips on a noble posterior;
But against seven nations' armies and the wealth at England's call
I'd say they fought like devils to get anything at all!

Even though our wild warchiefs were thrown into prison,
And the din of battle roared, threatening to kill them,
Still the prowess of their blades and the keenness of their skill
Saved many a poor fellow who'd otherwise been killed.

If you can't stomach these Articles that are for your own good—
Though God has arranged them just as He would—
Nothing, I think, would change your mind faster
Than the number of poor folks I've seen put out to pasture:

Women and children wandering, caught in the strife,
Hear them howling south of Shannon of their hard fate in life!
Not a thing between them and the end of a sword
But the eye of their chiefs and the hand of their Lord.

The good-hearted clan that stayed true to first things,
Who kept their feet steady on paths that were shifting—
However many bribes these young men could have got to stay home,
I don't think it was foolish, their preferring to roam.

But if a right-minded fellow thinks it won't hurt any thing
To stay and take his chance with the new, victorious king—
Well who am I to say it would be a hole in his cloak
If he's always been numbered among the loyal sort of folk?

---

80. The reference is to the Articles of Limerick that ended the fighting in Ireland. Over the next
    several verses Ó Bruadair defends the agreement and the Irish nobles who negotiated them,
    noting that their surrender helped save the lives of many Irish people.

Dronga do dheachaidh ní fheadar an gcualabhar
Go humhal chum deabhtha san machaire ar mbualadh an druim
Soineann a sealbh an sealad beag fuaradar
Tug filleadh na bpearsan ó bhrataigh a mbuannaighthe.

I dtighthibh bhfear bhfala géar anaireach suan mar sin
Siostaid gan airiochtain chneasuighthe an chuais tar goimh
Ar ndruidim an deataigh na n-aice le fuaim an truis
Longaraid langaraid scaipid mar scuaine trud.

Do lingeadar scata aco an dearg san uaine bhriosc
Ó ionadh na gleaca mo lasadh le buaibh chum cnuic
Acht ionamhaidh eathlainne an treabhthaigh ar luas do dhul
Badh cuma an fear grafaigh ar scathamh nó an scuabaire.

Nuimhear na bhfreastalach sealgghlan suaimhneasach
Nár chuidigh don chaismirt acht caitheamh a gcruach sa gcruidh
Ionnas an achta lear tachtadh an t-uan gan choir
I gcoinnibh an chaise do shaladar uatha an sruith.

An nuimhear so chanaim nár shatail i gcuairshlighthibh
Acht turadh agus treabhadh agus tabhairt gan fuath gan oil
A n-oineach don aicme níor tharmain luach an uibh
Dorinneadh a gcreachadh sa gcearbadh ó bhuaic go bun.

An cuimreasc Caitcheann gá haisling ba uathmhaire
Ná an cuthach re ndeachadar slapair na sluasaide
Urba ar thalamh ba tarbh le tuata aco
Nó urba ar athrach mun agaradh a fhuaith ar bhoin.

Cine na n-athach ó ghlacadar uallachas
Muine ná macha níor dhaingean ar bhuanna aco
Dá miongar is mairg nár smachtuigh na buaiciollaigh
Sul d'imthigh a ndeachaidh dá ndeascaibh chum ruaidhteachais.

Dá gcuireadh an tseanabhean anairt a truaghchruite
Fá bhonnaibh an easpuig nó i leabaidh an luaimh si thoir
Ba cuma dhi gairbh na Breatan dá ruachtainsi
Nó Cuireall Ó Cara nó Cathal Ó Cuallachtaigh.

I don't know if you've heard of those rascally bums,
Who humbly offered to fight at the beating of drums:
For the peace of their estates they thought it little to pay
The cost of their allegiance, and their flag to betray.

And isn't it moronic so to sleep with the enemy?
But fools like these couldn't tell a wound from its remedy.
When the dark clouds of a truce began coming their way,
You should have seen their panic as they all flew away!

A pack of them ran off from the scene of the battle—
Off to the mountains they went with their poor neighbor's cattle.
But when the whole of the harvest is gone off in the breeze,
What's the difference between laboring and taking your ease?

Even so there were many who shunned all these lies,
And while they didn't join the fight they provided supplies.
But isn't it just like the fable of the wolf and the lamb?
The sins of the few made the many all too easy to damn.

These honest men I speak of, not taken with lying,
Without any ill-will took up ploughing and kiln-drying.
They gave and they gave but not a single egg it's bought them;
They've only been plundered and pillaged from top on down to bottom.

Oh that cat-headed rabble! The sight was overwhelming
To see those shit-streaked shovelers with rage all a-trembling.
They thought it worth a prize bull to spoil all the land;
Where cows couldn't slake vengeance, they robbed anything to hand.

And when this motley rabble got proud, took on notions,
Neither woodland nor pasture was safe from their motions.
They were left alone to gnaw, no one gave them the law,
Before anyone could to the hills they'd withdrawn.

If some wretched old lady were to spread out her clothes
Atop an abbot's bed or underneath a bishop's soles
British jackboots might abuse her, that much is true;
But does that make any difference, when an Irish *friend* would too?

Urraim an tsagairt fó thalamh do shuathadar
Gé hongadh a bhathas i ngradamaibh uachtracha
Strille na straipeann dá mbarradh uim stuacaire
Do bhrisfeadh a phlatainn le bata na buannachta.

Is cuirbthe an chlagairt ar cheathraibh do thuargadar
Muirear na meacan is banna na mbuanaidhthe
Cuma ní fheadar bíodh aithfear ar bhuadhlannaibh
Tuilleadh dá dteastas ní fada go luaidhfeadsa.

Ionamhaidh aistir ríogh Sacsan gan sluaghchumas
Ó fhiuchadh na ndealbh dá ndeachaidh bheith stuama ris
Uim ifearn adamair taca na huaire sin
Do briseadh an balla le rabha na ruadhthuile.

Fán gcruinne do leathadar aingil na puathaise
Ag sonnadh a leasa do sheachnadh ar uaibhreachaibh
Turas do thairg mo ghalarsa guasachtach
Sa uise do gabhadh san gcalaith si a gcluanaireacht.

An ruire gé radadh ar eachtra i n-uathadh stoic
Is inneall a charad ó cheartas ar dtuathal ris
A grinnioll a thairisi ar fhearaibh na tuaime si
Dochonnairc an easbaidh iona rabhadar uaidh anos.

An fuilingidh feardha d'aigne a bhfuaduighthe
Ó chonafadh an cheatha do bhagair a luaithmhilleadh
Tug iorradh agus airgead trealamha tuairgthe is fir
Tar mongaibh an mhara sa phearsa agá mbuachailleacht.

Buirbe an cheatha an tan d'airg tar bruach a rith
Is cuisle na Banbha i n-anafadh an fhuascalta
Oiriseamh[81] aga níor labhair an luamaire
Gur scuireadh a scafa re sleasaibh an chuain go lucht.

---

81. Séamas II.

For the priest they've wiped out each and all form of reverence,
Though he's been anointed from the highest of heavens.
If he prevents the town harlot's taking some cretin to bed,
He can count on a soldier's staff upside his head.

Like a pack of reapers they hacked away at the cattle
A bunch of common criminals, a root-eating rabble!
How did it happen? Let the judges explain—
I'll have more to say about *them*, every now and again!

With no host to support him, the English king fled
From these rage-wracked wretches who declined to be led;
At that very moment burst forth all the horrors of hell—
Before a rising tide of violence the guarding wall fell.

Over the whole world spread these angels of hell,
Urging proud men to do what could never end well.
That little mission of theirs worsened all my distress—
For such men were most willing to tell demons "yes."

Though he was lacking supplies to carry on the work,
And his friends here were eager their duty to shirk,
For the people of this island the king's love did not waver:
From the east he took note of how pitifully they labored.

He still thought to save them, after all he'd endured,
From the encroaching destruction their own madness deserved.
He sent soldiers and arms, he sent money and chattels;
He came over himself, to tend them like cattle.

When the flood broke the dam, flowed all over creation,
And Banbha's pulse pounded awaiting salvation,
This captain of ours[81] could not fathom a moment's delay
Until his ship brought its passengers up to the quay.

---

81. James II.

Cuireas an caithbhile[82] carthannach d'fhuaith an uilc
A itche agus a aitheanta measruighthe uaidh i gcrois
Ag toirmeasc ragairne is reachta gach ruagaire
Dár innill a thapa re hargain fhuainne an chirt.

I neithibh na cairte ní fhacadar fuairc ar bith
Sní thugadar aire don ainm ór ghluaiseadar
Géar miochair a theagasc don ealbha thuaisceartaigh
Ó rusdam gach teallaigh níor anadar uair an chluig.

D'uireasbaidh ratha na dtabhartas nuachruthach
Shileas an t-athair go macaibh na stuamachta
Le fiuchaire a dtaistil tar creasaibh an dualgasa
Do thuilleadar aithis mo mhairg is fuaradar.

Níor fionnadh i stairibh na seanchadh suadhoilte
Gur geineadh i dtalmhain amhail an chuaine si
Buirb sa mbearta fá deara go truaillighthe
Cur croiche i ngach baile inna seasamh mar suaitheantas.

An fhuireann tug scannail sa samhail nach cualasa
D'fhuirm a reachta sdo tharcaisnigh a fhuagartha
Ón dtuirigean dtreabhair lear fearadh anuas a bhfuil
Is iongantach ghlacaid nach flaitheas a dtuarastal.

An cuire nach caigileadh calla ná cualaire
Is d'imir a n-allamh ar achrann tuaiplise
Ó ursainn gach ana géadh maithmheach i gcruadhchoirthibh
Ní thuigid lucht feasa gur taise do thuaradar.

I n-ionachlann airgthe an bhacaigh sa bhuachalla
Giobal is eallaigh is arbha an truaigh do ghoid
I gcumann an chaile do charthain tar nuachar cnis
Is iongnadh ar leacaibh gan tarraing a muanament.

---

82. Frasa moltach coitianta de chuid an fhile, ag tagairt do Shéamas anseo.

In signs posted at crossroads the battle-oak[82] then prayed
That for avoiding of evil his kind orders be obeyed:
He outlawed the violence and rule of these raparees,
Who hoped by their might to bring right to its knees.

While they couldn't make out that these laws were defective,
Still the name of a king they thought needn't be respected.
Though to the goats on the left he gave gentle instruction,
They looted on without even an hour's compunction.

How could they neglect these new-offered benefits,
When God the father himself rained them down on penitents?
With the fury of their violence their sense of duty they ravished—
They cried out for punishment, and on all of us, alas, it's been lavished!

Even a scholar half-drunk on the lessons of history
Hasn't seen the like of these dogs bred for misery:
Men with noses so high it has brought on new lows,
When every street-corner needs a newly-built gallows!

Have you ever heard of such abuse? Yet these very same fools
Who ignored the king's orders and derided his rules
Now are shocked to discover they won't have their reward:
That the king who gives all will not make them a lord.

With sinners like these, who spared neither woman nor man,
Even the wisest don't know how they could fail to be damned.
On such pointless squabbles did they throw away their fame
God is the source of all mercy, but He'll think twice all the same!

If some beggar or servant made them taste their own medicine,
They'd take it out double on the poor who had plundered them.
And in the annals of whoring these men were so prominent
I'm surprised that their lechery hasn't earned them a monument.

---

82. A favorite term of praise for Ó Bruadair, here used in reference to James.

Do thuireamh a gcaidirne gada agus fuadaigh si
Le liostacht na haiste ní casmhail gur luath dham scur
I mionnaibh 's i n-eascaine ós arrachtaibh cuan is cnuc
Mullach an tairnge is dearbh gur bhuaileadar.

Ar chiorruigh an t-arm i ndeabhaidh dár n-uasalaibh
Sar cuireadh dár bhfearaibh chum fairge i bhfuarlongaibh
A bhfuilingid pearsana ár n-eaglaisi d'fhuacht amuich—
Is d'iomalat beatha na healta so anuas do thuit.

Gé thugamar amas ar aithris go tuairmeach
Na neithe tug easbaidh na n-airtiogal ruaigthe se
Ice mo dhearmad fada go mbuailfinn sprioc
Dochonnarc na garmain seacham gan ruaimneacha.[83]

Innisidh falamh gach fairche fuanghlaise
Go bhfuilid na hairm si ag tagra a dtruaghchrutha
Gan tiomna an reachtaire d'eagair a n-uaim gan chiol
Tugadh dá aire an té sheachmail san uain do dhligh.

Níl tuisle ná taitneamh fá ar scamaladh sluagh an phuirt
Re tuilleadh agus ceathrachadh samhfhuin nár fuaigheasa
Is mithid damh scaradh re seanmaibh suaracha
Is nach ionamhas eatha ná eallaigh a luach dom thigh.

Cine mo charad dá measa gur gua mo ghuth
Táid m'uilleanna is m'easna na dteastaibh le dua mo chruibh
Tré thurrainn a ngradaim gé leathchiorruigh lua mo ruisc
Ní shilfinn an dadamh dá rabhainn im chluanaire.

I gcuilithe a maise do mharthainn go buabhallach
Gé chrithnigh mo mheanma tathamh a dtuarasca
Culaith ná capall do rachmas an ruathair si
Ná oiread an phaspuirt re breacadh ní fhuarasa.

---

83. i.e., Croch gan rópaí. Tá teipthe ar an gcúis, dar leis an bhfile, mar nár crochadh a dhóthain ropairí.

They've thieved and robbed so much, their file is so long—
I'll give up the telling, or I can never finish this song.
Curses on every hill and every port they haven't left unsaid,
These demons who don't fail to hit the nail on the head.

All this rained down on us as punishment for the likes of these:
The priests of our church were left to wander and freeze.
Our nobles went to battle, to be killed by enemy troops;
Our men went off to exile in cold, lonely sloops.

I'm an opinionated man, so I'll venture to say
Just what caused the Articles to be thrown away.
How forgetful I've been, to leave it unsaid—
Who fails to see all the looms without thread?[83]

The green fields given to ruin surely will show
That these poor old looms are lamenting their woe:
They've no orders from the Foreman, they can't do their work—
Duly noted by all who hope the king's laws to shirk!

Whatever happened to our army—success or reverse—
For forty years I've been translating it all into verse.
But what's the point now of writing that sort of poem?
It hasn't earned me a harvest or a herd to bring home.

If my friends now should think I'm just full of hot air,
Let them see these old bones, and know I've done my share.
Their fall from grace has crushed me, left me half-blinded—
Now if I was a mere flatterer, why would I have minded?

It went straight to their heads while they enjoyed victory,
But even then they couldn't be bothered to call on me.
Of the fruits of their triumph I never got a taste,
Got no clothes, horse, or passport: writing was a waste.

---

83. i.e., gallows without ropes. The poet argues that the failure to string up enough of the raparees
has doomed the cause.

Sirim an chearrad lear ceapadh an chuach san chuil
San bile do cheannuigh le peannaid mo bhuain a bruid
Spioraid an tseaca do bhearbhadh i bhfuarchroidhthibh
Go dtuillid fir Bhanbha malairt na duaine si.

Gé shaoileas dá saoirse bheith seascair sódhail
Im stíobhard ag saoi aco nó im ghearraphróbhost
Ós críoch di mo stríocadh go seanabhrógaibh
Fínis dom scríbhinn ar fhearaibh Fódla.

Foinse: John C. MacErlean, eag., *Duanaire Dháibhidh Uí Bhruadair*, iml. 3 (London: Irish Texts Society, 1917), 164–80.

69. "Tuireamh Shomhairle Mhic Dhomhnaill" (1691), SÉAMAS DALL MAC CUARTA, 211 líne, meadaracht: caoine agus amhrán (líne 208–211)

Iarracht í seo, ar nós "An Longbhriseadh," ag Séamas Dall Mac Cuarta (1647–1733) chun dul i ngleic le scrios na hÉireann de bharr Chogadh an Dá Rí, Séamas II agus Liam III. Ach murab ionann is An Longbhriseadh a phléann cás na tíre, is dán e seo a phléann cás aon duine amháin. Is caoineadh é, agus é ar cheann de na dánta is luaithe atá againn leis an bhfile, do Shomhairle Mac Dónaill (Sorley MacDonnell), Gael d'uasaicme Chúige Uladh a maraíodh ag Cath Eachroma. Bhain Somhairle le teaghlach mór le rá in Éirinn a raibh tailte acu in Éirinn, in Albain agus in Inse Gall. Mar is dual do dhán a bhaineann le traidisiún fhilíocht na scol, moltar an fear marbh i dtéarmaí a mbeifí ag súil leo: a shliocht, a fhearúlacht, a shibhialtacht agus a chumas troda. Is dán fada é seo agus ní thugtar anseo ach an tús agus an deireadh, na véarsaí a bhaineann le Cath Eachroma.

Is in Eachroim an áir atáid ina gcónaí,
Taise na gcnámh ar lár gan chónra,
Bheir greadadh na lámh ag mná na Fódhla;
Na leinbh gan aird is na gártha de dheoraíbh,
Tuilte ós aird gach tráth de dheoraibh.
Is a thulaigh nach náir dhuit bás na leonsa!
A goineadh i do dháil is do pháirtse leotha,
D'fholannaibh arda ó bharr na hEorpa,

I can only ask of the Craftsman, who made the goats and birds,
And the Oak whose passion saved me from all that I deserved,
The Spirit that melts the ice from all hearts, however cold they be:
May Banbha's people someday merit a kinder poem from me.

I cherished fond hopes of comfort, if ever we were free:
I'd be a steward or a provost, humbly serve the nobility.
But since my life's work adds up to this old pair of shoes
I'm done writing for Irishmen: after all, what's the use?

Translation: Samuel K. Fisher.

69. "Elegy for Sorley MacDonnell" (1691), SÉAMAS DALL MAC CUARTA, 211 lines, meter: caoine and amhrán (lines 208–211)

Like "The Shipwreck" (Poem 68), Séamas Dall's "Elegy for Sorley MacDonnell" is an attempt to come to grips with the devastation in Ireland wrought by the war between James II and William III. Unlike that poem, however, this one focuses on just one individual. The poem, one of Séamas Dall's earliest known compositions, is a lament for Somhairle Mac Dónaill (Sorley MacDonnell), a Gaelic nobleman of Ulster killed at Aughrim, the bloodiest battle of the war. Somhairle's family, as Séamas Dall points out, was one of the greatest of all Gaelic families, which had expanded into Ireland from its strongholds in the highlands and islands of Scotland. The poem, in keeping with the bardic tradition, is largely concerned with conventional praise for a deceased patron: his lineage, manliness, civility, and prowess in battle are all celebrated. The poem is very long; included here are the beginning and ending sections, which deal mainly with the events at Aughrim.

Aughrim of the slaughter is now their homeland,
And their lying there in bone-heaps, a coffin-less band
Has got the women of Ireland to beating their hands;
The infants are senseless, the exiles are crying
Floods of tears running with no hope of drying.
Alas for the lions! Shame on you, hill, for the death of them all!
On your sides they were wounded, for your sake they fall,
Of the noblest blood of Europe, them all,

Na curadhna b'áille is ní áirím slóite.

Is a chnoic nachar thárrthaigh do chairde an ló sin,
Is mairg atá do do chátú i gcónaí;
Gidh gur mar sin a ghnáth atá an clársa Chobhthaigh,[84]
Gan seanadh, gan ghrá dá bráithre cróga,
Ach ag beathú na námhad is ag bású comharsan;
Clann Chalbhin is Mháirtín lán dá torthaibh,
Is na treabhanna d'fhás ón Spáinn ar fógra;
Sliocht Ghalaimh dá gcrá, mhic Brath mhic Bhreoghain,[85]
Gan sonas, gan ágh, gan aird, gan fhónamh;
Síol Éimhir an áigh thug barr le foghlaim,
Ar shinsireacht cháich, ar áille, ar eolas;
Sliocht Íre do shásaíodh is do shlánaíodh na ceolta,
Sciath dhídin na ndámh i ngach gábh ar dhócúl,
Is do shíneadh ar sáile go háitibh an chomhraic,
Do dhíbirt na n-aitheach is do bhású na bhfómur;
Agus síol Éireamhóin ághmar, an t-ardmhac ab óige,
Is é ríomhadh de bhláth an fhirse i státa na coróna,
Ó Mhílidh na Spáinne go bás an rí Dónall,
Seacht bhfichid is a ceathair is ní áirím ríthe cóige.
Atá a fhianaise ar fail i leabhar Ard Mhach' na hEoghanach,
Gur den línese tarraingeadh fuil ard-dhearg Shomhairle,
An ríora as clár uchta an airdfhlaith Mhic Dónaill;
Is ón ríCholla shnámhfadh gun bháthadh ar bóchna,
Le mílte de bhárcaiabh is iad lán ag an leonsa,
De laochraibh ba dána chum Págánaigh a róloit.
Carbh ionadh an té tháinig ón athairse a bheith cróga?
Is gur faoisean do gháireadh an Lia Fáil mar ba chóir dhi,
Ag fíorú na fáidheacht do bhí i dtairngire dhósan—
Go líonfadh ina ngrá leis gach cathair is gach cóige.
Ní hé an laoch mearsa chrádh bosa mhná deasa Fódhla,
Ach an saoithchoirnéal sásta chuireadh an marcshlua in ordú,
Ag cur bíobhaí as a n-áit is a chairde dá dtreorú,
Ar son íobairt na páise agus fháscadh na gcordaí,

---

84. i.e., Éire.
85. Is de shliocht Ghalaimh ar aon le hÉibhear, Ír, Éireamhon, agus Míl—a luaitear sna línte a
leanann—iad na Gaeil. Inseoidh Séamas Dall dúinn gur de shliocht na sinsear clúiteach é Sorley.

Not to mention the men at their beck and their call.
And yet on that day, hill, the death of your friends you did not prevent,
Woe is me! Woe is anyone who ever called you a friend!
But isn't that always your way, O Cobhthaigh's plain?[84]
From giving joy and love to your brothers you always abstain.
You kill off your friends, let your enemies remain;
Clan Calvin and Martin all your profits retain,
And to their exile must go the noble race come from Spain.
Galamh mhic Bhrath mhic Bhreoghain,[85] his people suffer abuse,
They're joyless, they're luckless, neglected and of no use;
The people of Éibhear, champion of learning,
Of good breeding, of excellence, so wisely discerning;
The people of Ír, who loved the music and kept it in health,
The shield of needy poets, who kept them in wealth,
Who to habitations of combat sailed out through the world,
Conquering the giants and expelling the churls;
So too the people of Éireamhon, who was youngest of the offspring:
Of crowned heads it is said in an accurate accounting
That from Míl's time to King Dónall—no trifling thing—
He has begotten one hundred forty-four unprovincial kings.
In the book of Armagh all may see if they please
That the red blood of Sorley is from ancestors like these:
From the great prince MacDonald, sire of dynasties
From royal Colla who unfailingly sailed on the seas,
Who filled up his ships with thousands, as he pleased,
Of heroes brave to bring Pagans down to their knees.
Who's surprised if the son of such fathers has courage so keen?
That the Lia Fáil would, as it ought, for this noble son scream,
Showed it was he the prophecies mention, him that they mean,
With love for whom every city and province would teem.
It's not he who has set Irish women to bruising their hands,
Our wise colonel who put in order the cavalry bands,
Who encouraged his friends, and drove enemies out of their lands.
It was for the sake of the Passion, for the tightening bands

---

84. i.e., Ireland.
85. Galamh—as well as Éibhear, Ír, Éireamhon, and Míl, mentioned in the following lines—is
    among the legendary ancestors of the Gaels. Séamas Dall will tell us that Sorley is descended
    from these illustrious ancestors.

Agus mhaolscoith na dtairní chuaigh i lámhaibh an Choimhdhe,
Críosta do shlánaigh síol Ádhaimh as gach dócúl;
Is Phítear do básaíodh in áras na Rómha;
Is na bpianta fuair Parthalán le rásúiribh dá ródadh;
Is gach naomh eile ar tarraingeadh le rácaí a gcuid feola.
Fá aon chreideamh Phádraig is ar ghrá mhic na hóighe,
Le fírinne dár náisiún is do shásamh na córa,
Chuagh an laochsa is a gharda comh dána le leonaibh,
Le dísle tré dhásacht i bpáirt a lucht eolais,
In aghaidh iorghail na námhad, an lá sin dá leonadh,
Nó gur bhris sé an dá phártaí do b'fhearr ins na slóghaibh;
Is le faobhar tré náire fá scanradh na gcóige,
Chuaigh tríd an treas pártaí dá n-ardghreadhaibh óga,
Mar Shamson le Págánaigh nó mar Dháibhí le Goliath,
Mar Rolandus áigh nó mar Raghnall Bhontóbáin,
Mar Chú Chulainn san tánaidh ar ardghail na crógacht,
Nó mar chlú Chonaill Chearnaigh fán mbás sin dá thóraíocht;
Mar Hercules an lá do thir fathaigh na Cremona,
Nó san Eadáille ag sárú Ching Cacus fán mbólacht,
Mar trí mic Priamus, Hector Paris nó Troilus—
Is mar sin a bhí barr treise ar an láimh dheis ag an choirnéal,
Nó gur briseadh ar an náisiún is gur fhágadar a bportaí,
Gidh gurbh fhuras dó a bheith slán tar éis báire nó dhó a chur,
Dá dtillfeadh mar chách lena ghardaibh na n-óigeach;
Ach fanúin ag carnadh na Galltacht san gcomhrac,
Is le líonmhaire na lámhsa mo chrá gur thit Somhairle
Is gach aon dá raibh i bpáirt leis san ár sin Dia Domhnaigh!

(Línte 70–181 ar lár)

Dá n-abrainn tuilleadh tá an iomad gan chóireamh,
Is gan braon ina thimpeall ach sileadh na coróna.
Is mairg ler chleachtadh an macaomh is óige;
Is nach bhfaigheadh an atuirse foscadh mar a gcónaíodh,
Le súgaidh, le tapadh, le gaisce, le heolas,
Le lúth is le pearsain, le frasa na rósa,
Le dúblú gach aitis i dteangaibh na hEorpa,
Agus cnuasmhil na mbeach ar gach focal dá labhradh,

That held down the Creator, the nails hammered into his hands;
For Him who saved all Adam's people, for Christ the Lord;
For Saint Peter, who in a Roman dwelling was murdered;
For Bartholomew, who was slashed with razors and tortured;
For all the saints who were stretched on the racks and endured.
For the one faith of Saint Patrick and for love of the Virgin's son,
With loyalty to our nation and to see that right was done:
For all these did our hero and his guard like lions boldly come
With loyalty and courage, advancing then as one
Against the enemy's line, wounding many in the scrum,
Until they'd forced the opponent's two best units to run.
When he saw the fear of the provincials, it got up his choler
And a third portion of their young soldiers he cut through and slaughtered;
They were Goliath and he was David; they were pagans and he was Samson;
He was Montauban, he was Roland, he was the hero of a *chanson*;
The *Táin* was playing out and his blood was boiling like Cú Chulainn.
He was the famed old Conall Cearnach, of death always defiant,
He was Hercules in Cremona on the day he killed the giants,
Or in Italy where King Cacus had dared to steal his kine—
He was like Hector, Paris, Troilus, he was like any son of Priam.
That was how the colonel fought, and the right wing commanded
Until the nation was broken and its ground it then abandoned;
Though he could have saved himself, a challenge or two in hand,
If he had only left the field with the others and taken home his youthful band.
But he stayed, kept up the slaughter, he went on hammering the *Gaill*
And it was only strength of numbers that could make my Sorley fall
Woe is me for slaughter-Sunday, for the death of him and of them all!

(Lines 70–181 omitted)

I could keep on naming ancestors, but still much would go unsaid;
Let's just say he'd no drop of blood that didn't come from crowned head.
Alas for all those who consorted with this young man who is dead!
There was no shelter for melancholy in any place where he was found:
He was too hearty, active, and heroic, and his learning too profound
He was athletic, he had *presence*, like roses raining all around.
He had the languages of Europe, to double your enjoyment
His tongue was coated in the honey that bees make their employment,

Ar a shiúltaibh go Sacsain, go Paris, go Poland,
Go Venice, go Madrid, is thart chun na Rómha.
San Almaine i gcathaibh do ghlacadh le foghlaim,
Go Flanders ag teacht dhó is go bárc-chuan na Fódhla,
Nó go dtáinig go hEachroim chum cascartha an Domhnaigh,
Cé b'iomaí triath tapaidh bhí in aice san ló sin,
Fágadh gan leachta, gan fearta, gan tórramh,
Ar son an dalta a bhí i mbrataibh na hóighe,
Is ag cosnamh rí Sacsan ar lochtaibh na comhairle,
Chun seasamh na dtaltasa ar eachtarnaigh i gcónaí.
Ach, a mhná uaisle, atá ag greadadh fán leagadh sin Shomhairle,
Stadaidh bhur mbosa agus coiscidh bhur ndeora,
Ó nach bhfaighfear aisíoc, mar mheasaim, san leonsa,
Ach beannacht a chur leis-sean atá ar dheisiúr na glóire;
Beannacht na n-aspal is choinfeasóir na Rómha,
Beannacht gach Eaglaise is treise ins na hordaibh,
Beannacht a mhaireann dár gcreideamh le Somhairle,
Go cathair na n-aspal dhá leasú chum glóire.

Aois mhic na óighe ó thoirling a cheannach shíol Ádhaimh,
Réir Mharcais is Eoin ler seoladh an scrioptúir do chách,
Ocht gcéad faoi dhó le nóchad is bliain a dh'fhearbarr
Go bás Shomhairle Mhic Dónaill in Eachroim an áir.

Foinse: Seán Ó Gallchóir, eag., *Séamas Dall Mac Cuarta: Dánta* (Baile Átha Cliath: An Clóchomhar, 1971), 63–69.

70. "Geadh Éigean Fulang" (1694), DÁIBHÍ Ó BRUADAIR, 2 rann, meadaracht: amhrán

Dán deiridh Uí Bhruadair (1625–1698) atá ar marthain, ón mbliain 1694. Focal deiridh an fhile ar staid ainnis na hÉireann é "Geadh éigean fulang." Ní hann a thuilleadh do na cúinsí is gá le filíocht—mar a thuigeadh d'Ó Bruadair í: gairm, ceard, cleachtas sóisialta a raibh íocaíocht mhaith le baint aisti—a cheapadh. Níorbh ann do na coinníollacha sin a thuilleadh, tháinig deireadh leo i gcíor thuathail an tseachtú haois déag. Mhair Ó Bruadair sách fada chun na nithe sin ar fad a fheiceáil é féin. Cheal cairde, lucht aitheantais, cheal measa ar an bhfilíocht, ba bhocht a scéal agus b'olc a chás. Ní raibh a thuilleadh le rá ná le

To England, Paris and to Poland he journeyed and deployed it.
He went to Venice and to Madrid, then back over again to Rome;
To gain experience on Germany's battle-fields he roamed
Off to Flanders and then to Ireland's harbors he came home
Just in time for Aughrim, for the slaughtering on Sunday.
Though many a manful lord was beside him on that day,
He got no funeral, no headstone, no, not even a grave
Though it was under the Virgin's banner he went
To defend the English king against the crimes of his Parliament
And the invasion of foreigners on these lands to prevent.
All you noble ladies who beat yourselves for Sorley's death
May as well dry up your tears and give your palms a rest
Since for this lion it won't obtain any kind of redress.
Better to send him a blessing, where he sits at glory's right hand
A blessing of the Roman confessors, of the apostolic band
A blessing from every clergy-packed church in the land:
A blessing from all of our religion for Sorley
In the city of the apostles, where he's preparing for glory.

Since the Virgin's Son came down to blot out Adam's fall
—Or so say Mark and John who gave the scripture to us all—
It has been eight hundred years twice over with ninety plus one
Until the death of Sorley MacDonnell in the slaughter of Aughrim.

Translation: Samuel K. Fisher.

70. "I Have to Put Up with a Lot in This World" (1694), DÁIBHÍ Ó BRUADAIR, 2 verses, meter: *amhrán*

Ó Bruadair's final extant poem, "I Have to Put up with a Lot in this World," serves as a closing statement of the poet's disillusionment. The conditions under which it was possible to practice "poetry" as Ó Bruadair understood it—as craft, as vocation, as social practice, as remunerative employment—have vanished in the tumults of the seventeenth century, almost all of which Ó Bruadair lived long enough to witness personally. With his friends and patrons gone, with respect for poets disappearing, and with himself mired in poverty, there is nothing more to write—though the poem's defiant pathos and affirmation that the poet's skills

scríobh. Mar sin féin tuigtear ó thruamhéala dhúshlánach an dáin nach bhfuil an scéal baileach chomh holc sin ar fad, d'ainneoin mhaíomh an fhile gurb é an bochtanas seachas a éagumas féin is cúis leis an drochmheas ar a bhuanna fileata. Lean an traidisiún ar aghaidh agus lean sé ar aghaidh go spleodrach—cé nach filí proifisiúnta lánaimseartha a bhí i mbun pinn ná faoi mheas—agus b'fhéidir gurbh é sin croí na ceiste.

Geadh éigean fulang uille a dtriall anuas
Do ghnéithibh guirte an chruinne a mbliadhna im bhuaic
Ní béarla briste ar bith do stiall mo stuaim
Acht mé gan truis do churfeadh ciall im dhuain.

Níl éifeacht dom i gcumaidh tiacht mo nuar
D'éis na droinge dile i gcian dochuaidh
Mo léan aniudh na fir ar iarraidh uaim
Nach déineadh guth mo ghuib dá bhliaclaibh guais.

Foinse: John C. MacErlean, eag., *Duanaire Dháibhidh Uí Bhruadair*, iml. 3 (London: Irish Texts Society, 1917), 228.

71. Filíocht Phoiblí: Ranna faoi Chogadh an Dá Rí (c. 1688–1692)

Cé gurb eol cé a chum formhór na ndánta sa rannóg seo, anseo tá sampla d'fhilíocht na cosmhuintire, dánta a chum filí nárbh fhilí proifisiúnta iad nó nár fhéach orthu féin mar fhilí lánaimseartha. Seo filíocht na ndaoine, an dream a raibh an oiread sin dímheasa ag Ó Bruadair orthu. Ní hionann iad agus filí oilte ar nós Uí Bhruadair a raibh tuiscint agus bá acu le pátrúin arbh uaisle iad: is cuma leo seo ann nó as na huaisle agus na ríthe ach, ar nós na bhfilí proifisiúnta, is cúis go mór leo cás na nGael i gcoinne na Sasanach agus tionscadal, coilíneachta na nGall in Éirinn. Cé go raibh Ó Bruadair in umar na haimléise ag deireadh a shaoil is dóchasach atá na filí amaitéaracha seo faoi thodhchaí na hÉireann. Pé locht a bhí ar Rí Shéamas II, nó "Séamas an Chaca," mar a thug an chosmhuintir air, mhair an traidisiún Seacaibíteach Gaelach síos tríd an ochtú haois déag agus ba sa chéad sin a ceapadh agus a cumadh roinnt de na dánta is fearr agus is iomráití sa traidisiún. Tuigtear, dá bharr sin, go raibh an léamh ceart ag an gcosmhuintir. Ba é an sárscoláire Breandán Ó Buachalla, rí na bhfoinsí lámhscríofa, a chruinnigh na sleachta seo ó lámhscríbhinní éagsúla agus a chuir le chéile iad ar bhonn téama. Leantar den ord sin anseo ach ní foláir a thuiscint nach aon údar amháin a chum na dánta seo ach tráchtairí éagsúla ó áiteanna éagsúla.

have been devalued by poverty, not his own failings, suggest it is not so bad as all that. The continuing vitality of the Irish-language poetic tradition—even if in less aristocratic hands than formerly—makes the same point.

> I'll grant that I have to put up with a lot in this world:
> Its many flavors of woe have battered me about the head.
> But don't ever say it was shoddy language that silenced me, oh no—
> It's the damned poverty that robbed my craft of meaning.

> There's no point in my composing anymore; why
> Would I? My friends have all gone on their travels.
> Alas! If only they were still with me today—
> What could I be afraid to say then?

Translation: Samuel K. Fisher.

71. Anonymous Folk Verse:
Verses on the Jacobite War (c. 1688–1692)

While most of the poems in this section are the work of identifiable professional poets—or at least poets who aspired to that status—we have here an expression of the folk tradition, the poetry of the bumpkins and yokels abused in Ó Bruadair's poetry. They are far less deferential to aristocrats and monarchs than Ó Bruadair, but they are no less committed to victory over the English colonizing interest in Ireland. And where Ó Bruadair's final verdict on the late Stuart era was one of overwhelming despondency, we see here a confident hope for the future of Gaelic Ireland—whatever the failings of James II (stigmatized in this vernacular tradition as Séamas an Cháca [James the Shit]) may be. That Irish Jacobitism persisted deep into the eighteenth century, and that the century likewise produced some of the greatest poets in the tradition, suggests that the peasants had the right of it. The selections here were gathered together from a number of manuscripts by their editor, Breandán Ó Buachalla, who organized them by theme. I have preserved this organization in what follows, but the reader should recognize that these are not coherent compositions by a single author like the earlier selections; instead each verse is a snippet of local comment.

"Briseadh na Bóinne"

Is iomdha saighdiúir láidir mómhar
Do chaill a chlaíomh, is do chaill a chlóca,
Do chaill a stocaí is d'imigh gan bhróga
Ag teitheadh ón namhaid, lá bhriste na Bóinne,
Och! ochón![86]

Ar an bpáirc do bhí an rás ar Dhiarmaid,[87]
Do chaill sé a chlóca is a chórú ciarsach,
Do chaill sé a phiostal, a ghunna is a dhiallait,
Is do chaill an t-anam, gidh mhairbh sé an diabhal díobh,
Is uch! uchón!

Nárb é do bheatha anall chugainn a rí ghil Séamas
Red leathbhróg ghallda is red bhróg eile Gaelach
Ag déanamh buartha ar fud na hÉireann
'S nach tug tú bualadh uait ná réiteach,
Is uch! uchón!

Cuirimse mo mhallacht ortsa, a rí Séamas,
Is iomdha mac máthara a d'fhág tú in éide,
Fána stocaí geala is a gcarabhataí gléigeal,
Is bróga móra fuaite ar chlann na nGael bocht,[88]
Is uch! uchón!

A scológaí na Mí, ná goilleadh oraibh an fómhar
Nó an mórchloí fuaramar ag briseadh na Bóinne;
Tá an Sáirséalach[89] láidir is a thrúpaí aige in ordú
Le gunnaíbh is dromaíbh leis na bodaigh a chur as Fódla,
'S seinn och! ochón!

---

86. Is frásaí seanchaite iad seo atá le fáil ag deireadh gach véarsa sa dán seo.
87. Tagraíonn an t-ainm "Diarmaid" (agus "Tadhg") don ghnáthshaighdiúir Éireannach, nó do Ghael ar bith.
88. Bhí drochcháil i bhfad agus i gcéin ar théagar na mbróg a tugadh do shaighdiúirí Shéamais.
89. Ba é an Sáirséalach an ceannaire míleata ab fhearr ar éirigh leis i measc na Seacaibíteach agus bhain sé stádas laoich amach i measc an phobail tar éis an chogaidh. Nuair a chríochnaigh an cogadh, thug sé mórán dá chuid saighdiúiri chun na hEorpa agus throideadar i gcogaí mar chuid d'airm na Spáinne agus na Fraince. Ba é seo tús na nGéanna Fiáine cáiliúla.

"Defeat at the Boyne"

Of strong and dignified soldiers rest assured there were many
On the day of the Boyne who fled from the enemy,
Who lost their swords, left their cloaks behind too,
Lost their stockings to boot and ran off with no shoes!
Och! ochón![86]

On the field that day they put Diarmaid[87] to flight;
He lost the cloak and equipment he took off to the fight,
Lost his pistol, his guns, he lost even his saddle—
And he lost his soul too, though he killed his share in the battle!
Is uch! uchón!

Don't you ever come back, James our *shining sovereign*—
It's true you've one shoe Irish but the other is foreign.
Making trouble is all you do here in poor Erin's land
And you never took a blow, much less took command!
Is uch! uchón!

You're the one who needs cursing, King James, and I'm willing
On account of so many mother's sons you led to their killing—
Lying in uniform, in stockings so white and with bright cravats too,
And on all these poor Gaels? Enormous stitched-up shoes![88]
Is uch! uchón!

You scollogues of Meath for the harvest don't grieve,
Nor yet for the Boyne-day, the great blow we received;
Sarsfield[89] is mighty, he has his troops all in order
They've guns and they've drums and they'll drive the bums right over
                          the border!
'S seinn och! ochón!

---

86. These stock phrases are used at the end of each verse; a literal English translation might be "alas"
    or "woe is me," which makes sense with some of these verses but not all.
87. "Diarmaid" here refers to a common Irish soldier; along with "Tadhg" the name was used as a
    stand-in for a generic Irish-speaker. See Poem 67.
88. The poor quality of the footwear provided to James's soldiers was proverbial.
89. Patrick Sarsfield was the Jacobites' most successful commander, and went down as a folk hero
    after the war. Following the war's end he led many of his soldiers abroad to serve in the armies
    of France and Spain—the beginnings of the famed "Wild Geese."

A chlanna Gael chalma bainigí an fómhar so
'S ná cuirigí suim i lá bhriste na Bóinne...

"Athnuachan"

A Phádraig Sáirséal slán go bhfille tú,
Thug tú clú na Mumhan go huile leat,
Do thug tú an láir riabhach ar srian tré Bhiorra leat,
'S i gCuilleann Ó gCuanach do bhuaigh tú Luimneach.

A bhuachaillí an chúige, bainigí an eorna,
Is ná cuirigí faoi gheasaibh bheith ag briseadh na Bóinne,
Tá an Sáirséalach ag teacht is beidh leis na slóite,
Ar chuala sibh mar cailleadh Ball Dearg Ó Dónaill,[90]
Is m'uchón ó!

An chlann sin Bhullaí[91] is gan aon duine acu le chéile,
Buaidh agus biseach le cuid bhuachaill Shéamais,
Is m'uchón ó!

Nár fhagha mise bás 's nár fhága mé an saol seo,
Go bhfeice mé an bhuíon Shacsanach ag stealladh na déirce,
Bróga boga fliucha orthu mar bhíodh ar chlanna Ghael bocht,
'S seinn, och! ochón!

Achainím ar Mhuire is ar Rí na féile
Go bhfeicead na Sacsanaigh ag stealladh na déirce,
A ráinne ar a nguaillibh ag tuilleamh pá lae leo
Is a mbróga lán d'usice mar bhíos ar Ghael bocht,
Och! ochón!

---

90. Tagairt í seo do Bhall Dearg Ó Domhnaill. Tar éis dó a bheith ag troid in arm na Spáinne, d'fhill
    sé ar Éirinn le troid ar son Shéamais II i gcoinne lucht leanúna Uilliam Oráiste.
91. Is ionann "Bhullaí/Wully" agus Liam Oráiste.

Gather in this harvest, you brave Gaelic clans:
Don't think that the Boyne has ruined our plans...

"Renewal"

Come back Patrick Sarsfield, may you safely return;
You carried off with you all the fame Munster has earned.
It was a brindled mare that you bridled in Birr—a fine trick!
And at Cuilleann Ó Cuanach you won for us Limerick.

Gather up the barley, boys, the harvest you can join—
Don't you fret at all about the trouble at the Boyne.
Sarsfield is coming, and he's got an army too.
As for Ball Dearg[90], you've heard he's dead, haven't you?
Is m'uchón ó!

May they all be lost and scattered, all Wully's[91] little toys!
Triumph and good fortune to all King James's boys!
Is m'uchón ó!

May I not meet my end, may I not cross death's door
Until the English band learn how it feels to be poor,
Wearing soggy tattered shoes as the Irish heretofore.
'S seinn, och! ochón!

I beg of Mary and of the King all-giving
That I might see the English go a-begging for their living.
Carrying bindles on their shoulders, *earning* the day's pay,
And their shoes all full of water, as is now the Irish way.
Och! ochón!

---

90. The reference is to Ball Dearg Ó Domhnaill. He had served in the Spanish army but returned to
   Ireland to fight for James II against the Williamites. Despite the reference to his death, he did
   not die until 1704.
91. "Wully" is William—William of Orange.

Tiocfaidh an rí is tiocfaidh an bhanríon,
Tiocfaidh Séarlas is an dá Mhac Cárthaigh;
Tiocfaidh na Francaigh ina rancaí ina dhéidh sin
'S beidh na fir ghruama á ruagadh as Éirinn,
Is uch! uchón!

Foinse: Breandán Ó Buachalla, "Briseadh na Bóinne," *Éigse* 23 (1989): 83–106.

LÉITHEOIREACHT SA BHREIS

Tim Harris, *Restoration: Charles II and His Kingdoms, 1660–1685* (London: Penguin, 2005).

Tim Harris, *Revolution: The Final Crisis of the British Monarchy 1685–1720* (London: Penguin, 2006).

Michael Hartnett, aist., *Ó Bruadair* (Dublin: Gallery Press, 1985).

John MacErlean, eag., *Duanaire Dháibhidh Uí Bhruadair/The Poems of David Ó Bruadair*, 3 iml. (London: Irish Texts Society, 1910–17).

Breandán Ó Buachalla, *Aisling Ghéar: Na Stíobhartaigh agus an tAos Léinn, 1603–1788* (Baile Átha Cliath: An Clóchomhar, 1996).

Seán Ó Gallchóir, eag., *Séamas Dall Mac Cuarta: Dánta* (Baile Átha Cliath: An Clóchomhar, 1971).

J. G. Simms, *Jacobite Ireland: 1685–1691* (London: Routledge, 1969).

The king and queen, they both will come
Charles and two MacCarthys will join in the fun;
The French will come too, in ranks well-apportioned
And we'll rout out of Ireland every one of the whoresons!
Is uch! uchón!

Translation: Samuel K. Fisher.

FURTHER READING

Tim Harris, *Restoration: Charles II and His Kingdoms, 1660–1685* (London: Penguin, 2005).

Tim Harris, *Revolution: The Final Crisis of the British Monarchy 1685–1720* (London: Penguin, 2006).

Michael Hartnett, trans., *Ó Bruadair* (Dublin: Gallery Press, 1985).

John MacErlean, ed., *Duanaire Dháibhidh Uí Bhruadair/The Poems of David Ó Bruadair*, 3 vols. (London: Irish Texts Society, 1910–17).

Breandán Ó Buachalla, *Aisling Ghéar: Na Stíobhartaigh agus an tAos Léinn, 1603–1788* (Baile Átha Cliath: An Clóchomhar, 1996).

Seán Ó Gallchóir, ed., *Séamas Dall Mac Cuarta: Dánta* (Dublin: An Clochomhar, 1971).

J. G. Simms, *Jacobite Ireland: 1685–1691* (London: Routledge, 1969).

Ré na bPéindlíthe, Uirísliú na nGael agus an Aisling

Niall Comer, Wes Hamrick & Éamonn Ó Ciardha

Bhí dílseacht i measc Éireannach do ríshliocht na Stíobhartach le sonrú ar dtús díreach i ndiaidh do Shéamas VI agus I teacht i gcoróin Shasana agus na hÉireann in 1603. Agus é ar an chéad mhonarc *de facto* ar an ríocht iomlán, chinntigh máthair mhartraithe Chaitliceach an rí a ghinealaigh gan smál (chumtha) Ghaelacha, agus an maisiú straitéiseach, cultúrtha, taidhleoireachta, agus diagachta a chuir diagairí na hÉireann agus filí agus scríbhneoirí na Gaeilge leis, nach raibh aon duine inchurtha leis le gean ríogaithe na hÉireann a mhealladh. Tháinig an dílseacht seo slán trí thráma Chogaí na dTrí Ríocht (1638–1652), an Idir-ríocht (1649–1660), agus frustrachas agus díomá réimeas Shéarlais II (1660–1685). Ar theacht do Shéamas II i gcoróin (1685), bhí súil ag a lán Éireannach go n-aisghairfeadh an monarc nua Caitliceach an reachtaíocht fhrith-Chaitliceach agus go dtabharfadh sé ar ais tailte a chaill siad ag troid dá theaghlach in éadan pharlaimint Shasana. Le cliseadh agus díomá ag an Bhóinn (1690), ag Eachroim (1691) agus ag Luimneach (1691), lagaíodh ar dtús díograis na nÉireannach don ríshliocht chloíte seo, ach níor múchadh ar fad í. I rith an ama i ndeireadh an tseachtú haois déag agus san ochtú haois déag, go minic i gcomhthéacs sraithe fada de chomhchealga Seacaibíteacha agus scéalta uafáis faoi ionradh (1692, 1695, 1708, 1715, 1719, 1745, 1759), bhí súil ag Seacaibítigh na hÉireann go dtabharfadh na Stíobhartaigh, agus go háirithe tiarnaí agus uasaicme na hÉireann ar deoraíocht in airm na Fraince agus na Spáinne, a dtailte gafa ar ais, go ndéanfadh siad an Caitliceachas a athshlánú agus a athbhunú, go gcuirfeadh siad ar ceal na péindlíthe agus go n-iompódh siad ceannas polaitiúil, sóisialta agus cultúrtha na Cinsealachta Protastúnaí. Dhearc siad go faichilleach fosta ar an iliomad cogaí idir rítheaghlaigh san Eoraip agus na coimhlintí leanúnacha polaitiúla agus míleata, agus na himpleachtaí a d'fhéadfadh a bheith acu sin do chúis na Stíobhartach.

Mar gheall ar ghabháil an talaimh sa tseachtú haois déag agus díothú thiarnaí Caitliceacha na nGael dá réir ní raibh ceannaireacht le fáil ag Seacaibítigh ó uasaicme dhúchasach in Éirinn mar a bhí i Sasana agus in Albain. Ach, bhí dlúthbhaint acu lena raibh fágtha de na huaisle Caitliceacha in Éirinn agus thar sáile, na reisimintí Éireannacha (na "Géanna Fiáine") sa Fhrainc agus sa Spáinn, agus coláistí na nGael san Eoraip. Bhí aos litearta na Seacaibíteach, freisin, ag cur na cúise chun cinn go tréan sa tír féin. Ba mhinic a rinneadh scoláirí an fichiú haois beag is fiú dá gcuid filíochta, an aisling go háirithe, mar shaothar stílithe de

CHAPTER EIGHT

Penal Laws and Jacobite Poetry

Niall Comer, Wes Hamrick & Éamonn Ó Ciardha

Irish loyalty to the Stuart dynasty first manifested itself in the immediate aftermath of James VI and James I's succession to English throne and Irish crown in 1603. The first *de facto* monarch of the whole kingdom, the king's martyred Catholic mother, his impeccable (fabricated) Gaelic genealogies, and the strategic, cultural, diplomatic, and theological trimming of Irish theologians and Gaelic poets and writers ensured that he had no rivals for Irish royalist affections. This loyalty survived the trauma of the "Wars of the Three Kingdoms" (1638–1652), the Interregnum (1649–1660), and the political frustrations and disappointments of Charles II's reign (1660–1685). On the succession of James II (1685), many Irishmen looked to the new Catholic monarch to repeal anti-Catholic legislation and restore lands they had lost fighting for his family against the English Parliament. Defeat and disillusionment at the Boyne (1690), Aughrim, and Limerick (1691) initially dimmed but did not extinguish Irish enthusiasm for the fallen house of Stuart. Irish Jacobites looked to the Stuarts, and particularly to the exiled Irish aristocracy and gentry in the armies of France and Spain, to restore their confiscated lands, rehabilitate and re-establish Catholicism, dissolve the Penal Laws, and reverse the political, social, and cultural domination of the Protestant Ascendancy. Those hopes bore partial fruit in a series of Jacobite plots and invasion scares (1692, 1695, 1708, 1715, 1719, 1745, and 1759). Irish Jacobites also paid careful attention to Europe's numerous dynastic wars and ongoing political and military rivalries, and their possible ramifications for the Stuart cause in Ireland.

Seventeenth-century confiscations of land and the subsequent political decimation of the Irish Catholic landed interest ensured that Irish Jacobitism would not be characterized by a gentry-led or clan-inspired movement as in England and Scotland. Thus, it became closely associated with the surviving Catholic aristocracy at home and abroad, the Irish Brigades ("Wild Geese") in France and Spain, and the Irish colleges in Europe, and was vigorously promoted in Ireland by the Jacobite literati. Although their poetry, particularly the *aisling* (allegorical vision poem) has often been dismissed as the stylized output of a literary caste lacking substantive political content, a careful contextualization shows that it did not flourish in a political vacuum. Indeed, international news, particularly news pertaining to the Jacobite Pretender and his allies abroad, frequently finds its way into poetry of the period, including some of the poems included here.

chuid aicme liteartha gan ábhar substainteach polaitiúil, ach má chuirtear é go cúramach i gcomhthéacs cuí, léirítear nach i bhfolús polaitiúil a bhí sé faoi bhláth. Leoga, is minic scéala idirnáisiúnta, go háirithe scéala a bhaineann le héilitheoir Seacaibíteach na corónach agus a chomhghuaillithe, ag déanamh a bhealaigh isteach i bhfilíocht na tréimhse, cuid de na dánta anseo san áireamh. Nuair a chuirtear í i gcomparáid ó thaobh téamaí agus idé-eolaíochta de le scríbhinní Seacaibíteacha i nGaeilge na hAlban agus i mBéarla, agus le reitric na bhFuigeanna agus scríbhneoirí Frith-Sheacaibíteacha na tréimhse céanna, léiríonn sí feasacht ghéarchúiseach ar oibriú na polaitíochta sa Bhreatain agus san Eoraip, agus na himpleachtaí a d'fhéadfadh a bheith aige sin do chúis na Stíobhartach.

Bhí aos liteartha na nGael ag feidhmiú ar bhealach a bhí ag éirí níos daon-lathaí mar urlabhraithe dá bpobal; ghlac cultúr filíochta na nGael chuici féin gné nua, sláinte duine a ól agus an t-ólachán; is minic a bhíodh filí ag labhairt go díreach le hÉirinn i bhfoirmeacha baineanna éagsúla ina gcuid véarsaíochta, nó lena huasaicme, a cléir agus a pobal; ba mhinic iad ag bunú a gcuid filíochta pol-aitiúla do ghnáthdhaoine ar nuacht a d'fhaigheadh siad ó nuachtáin Bhéarla, agus bhí siad mar a bheadh iriseoirí iontu ag cur gnóthaí polaitiúla agus míleata na hEorpa in iúl do phobal a bhí, den chuid ba mhó, ina nGaeilgeoirí aonteangacha. Chomh maith leis sin, ba mhinic traidisiún meisiasach liteartha na Seacaibíteach ag iarraidh údarás a fháil ó thraidisiún reiligiúnach tairngreachta béaloidis ó ré roimh "Réabhlóid na Deabhóide." Bhí gné dhrámata na haislinge cosúil, chomh maith, le cineál de dhrámaíocht sráide i mbéal forbartha, nó agallamh beirte an lae inniu, agus tá teacht le chéile chultúr Gaelach na scothaicme agus na ngnáth-dhaoine le feiceáil sa mheadaracht níos coitianta a bhí á húsáid i gceapadóireacht na tréimhse, é ag maireachtáil agus á scaipeadh go forleathan i measc an phobail i lámhscríbhinní agus ó bhéal go béal. Le linn na tréimhse seo bhí cultúr liteartha na Gaeilge á chothú, á chaomhnú agus á sheachadadh ag aicme nua filí agus scríobhaithe, a raibh a mbunús acu dátheangach agus sa mheánaicme íseal (lucht siopaí, múinteoirí, tábhairneoirí, etc.). D'úsáid Maoilín Óg Mac Bruaideadha frása sonraíoch le chur síos ar an ordlathas, "trí ghlúin ó rí go rámhainn," le meath aos liteartha na Gaeilge a léiriú i ndeireadh an tseachtú haois déag agus san ochtú haois déag. Faoi dheireadh, ba mhinic filí na Gaeilge ag úsáid foinn Sheacaibíteacha ó Shasana agus ó Albain, leithéid "The White Cockade," "The King shall enjoy his own again," "Bonnie Dundee," "Charlie come over the water," agus "Over the hills and far away."

Thar aon rud eile, is beag teacht a bhí ag gnáthmhuintir Chaitliceach na hÉireann ar ghnéithe eile de mheáin choitianta agus d'íocóin na Seacaibíteach, rudaí cosúil le suaitheantais, boinn, boinn tadhaill phiseogacha, ealaín agus gloiní ólacháin deasghnácha. Ba léir an chontúirt a bhain le cumarsáid inmheánach

Compared thematically and ideologically with contemporary Scots-Gaelic and English Jacobite writings, and with contemporary Whig and anti-Jacobite rhetoric, it showed an astute awareness of the workings of local, British, and European politics, and their possible ramifications for the Stuart cause.

The increasingly democratized Irish literati functioned as spokesman for their peers; Irish poetic culture adopted a toasting and drinking component; poets regularly addressed their verse to Ireland in her various female forms, or to her aristocracy, clergy, and people. They often based their popular political verse on news gleaned from English-language newspapers and acted as a kind of press corps for the transmission of European political and military affairs to a largely monoglot Irish-speaking public. In addition, the messianic Jacobite literary tradition regularly sought authority from a popular prophetic, folkloric, and pre–"Devotional Revolution" religious tradition. The *aisling*'s dramatic quality also resembled an embryonic form of street theatre or the modern *agallamh beirte* (dialogue of two), while the convergence of Gaelic élite and folk culture is also borne out by the employment of a more popular song meter in contemporary composition and its survival and popular and widespread transmission in manuscript, folkloric, and oral sources.

During this period, Irish literary culture was cultivated, preserved, and passed down by a new class of poets and scribes, most of whom were bilingual and of lower-middle class (shopkeepers, teachers, publicans, etc.). Maoilín Óg Mac Bruaideadha utilized the memorable hierarchical analogy of *trí ghluain ó rí go ramhainn* (three generations from a king to a spade) to represent the socio-economic decline of the Gaelic literati in the late seventeenth and eighteenth century. Finally, Irish poets regularly employed imported English and Scottish Jacobite airs such as "The White Cockade," "The King shall enjoy his own again," "Bonnie Dundee," "Charlie come over the water," and "Over the hills and far away."

Crucially, the Irish Catholic populace had little access to other aspects of the popular Jacobite media and iconography, such as medals, coins, touch-pieces, art, and ceremonial drinking glasses. Internal and continental communication through the medium of English had obvious dangers. Therefore, poetry and song in Irish provided the principal medium through which they could articulate and disseminate their political sentiments with relative impunity. Like its Scottish and English counterparts, Irish Jacobite poetry and song operated at two levels; thus, the educated ear knew exactly who the poet meant when he referred to "The Blackbird," "The Shepherd," "The Little Branch," "The White-backed Heifer," or "The Merchant's Son." That the bilingual poet based much of his political verse on material gleaned from local news-sheets shows his key role in the diffusion of international war news to an Irish-speaking public.

agus ar an mhór-roinn trí mheán an Bhéarla. Mar sin de ba iad filíocht agus amhránaíocht na príomh-mheáin trína raibh siad in ann a dtuairimí polaitiúla a chur in iúl agus a scaipeadh gan mhórán contúirte. Cosúil lena macasamhail in Albain agus i Sasana, d'fheidhmigh an fhilíocht Sheacaibíteach ar dhá leibhéal; dá réir sin, bhí a fhios ag an duine oilte cad é go díreach a bhí i gceist ag an fhile nuair a thagraíodh sé do "An Lon," "An tAoire," "An Craoibhín," "An Droimeann," nó "Mac an Cheannaí." Bhunaigh an file dátheangach cuid mhór dá chuid véarsaíochta ar ábhar a fuair sé ó bhileoga nuachta áitiúla, rud a léiríonn a thábhachtaí is a bhí sí chun nuacht faoi chogaí thar lear a scaipeadh i measc phobal na Gaeilge.

Tá cuid mhór de na dánta seo caomhnaithe i lámhscríbhinní ón ochtú haois déag. Leabhair choitianta a bhí sna lámhscríbhinní seo go bunúsach, meascán mearaí de dhánta le filí éagsúla de chuid an ochtú haois déag, chomh maith le sleachta agus cóipeanna de shaothair a raibh éileamh an phobail mhóir orthu, leithéidí Foras Feasa ar Éirinn le Céitinn. Agus "sochaí fhíor-dhátheangach dhébhéascnach"[92] inar mhair na filí á léiriú acu, tá an iliomad sleachta sna lámhscríbhinní chomh maith as nuachtáin, foclóirí, saothair thíreolaíochta, saothair staire agus foilseacháin chlóite eile i mBéarla, filíocht Jonathan Swift agus Alexander Pope san áireamh. Tríd is tríd d'oibrigh filí na tréimhse seo i dtimpeallacht nach raibh go hiomlán éagsúil óna leathbhreac Béarla. Taobh le leathadh tobann téacsanna clóite ar saorchonradh san ochtú haois déag bhí méadú mór sa litearthacht agus bhí na filí in ann dá réir dearcadh polaitiúil sofaisticiúil a léiriú agus a fhógairt níos forleithne ná riamh. Chomh maith leis sin, ní hamháin go raibh Gaeilgeoirí na tréimhse ag dul i ngleic le téacsanna clóite Béarla, ach bhí cuid acu—Aodh Buí Mac Cruitín, Seán Ó Tuathaláin/John Toland, agus Cathal Ó Conchubhair Donn ina measc—ag scríobh a dtéacsanna clóite féin i mBéarla. Ina bhfoirm agus ina n-ábhar léiríonn na lámhscríbhinní seo na mór-athruithe stairiúla a bhí ag tarlú in Éirinn agus níos faide i gcéin san Eoraip san ochtú haois déag.

72. "Bímse buan ar buairt gach ló," SEÁN CLÁRACH MAC DOMHNAILL, meadaracht: amhrán

Caoineadh le "Éire" don Phrionsa Séarlas Éadbhard Stíobhart, a cloíodh agus a díbríodh go gairid i ndiaidh dó pilleadh ar Albain in 1745 le corónacha a sheanathar, Séamas II a aisghabháil is ea "Gile Mear." Tá an t-amhrán seo le Seán Clárach

---

92. Niall Ó Ciosáin, Print and Popular Culture in Ireland, 1750–1850 (Basingstoke: Macmillan, 1997), 6.

Many of the poems anthologized here are preserved in paper manuscripts from the eighteenth century. Essentially commonplace books, these manuscript miscellanies typically contain copies of poems by various eighteenth-century poets, as well as extracts and copies of popular canonical prose works, such as Keating's Foras Feasa ar Éirinn. Reflecting the "intensely bilingual and diglossic society"[92] inhabited by the poets, the manuscripts also contain countless extracts from newspapers, dictionaries, geographies, histories, and other print publications in English, including the poetry of Jonathan Swift and Alexander Pope.

To a great extent, the poets of this period worked in a milieu not entirely unlike that of their Anglophone contemporaries. The eighteenth century's sudden proliferation of cheap printed texts went hand-in-hand with increasing literacy and enabled the often sophisticated political outlook of the poets. Moreover, not only did Irish speakers of the period engage with printed texts in English, but some, such as Hugh McCurtin, John Toland, and Charles O'Connor, were also authors of their own printed texts in English. In both their form and content these manuscripts serve as the material embodiment of the wider historical changes taking place both within eighteenth-century Ireland and in Europe more broadly.

72. "I Am Forever Heartbroken" ("Gile Mear"), SEÁN CLÁRACH MAC DOMHNAILL, meter: *amhrán*

"Gile Mear" features a lament by "Éire" (Ireland) for the recently defeated and exiled "Bonnie Prince Charlie," who had returned to Scotland in 1745 to reclaim his grandfather James II's thrones. This song by Seán Clárach Mac Domhnaill (1690–1754), one of the most prolific Jacobite poets, differs from more conventional *aislingí*. Whereas *aisling* poetry normally has the sleeping, or newly-wakened poet envisioning a fair maid, the poet this time imagines a once fair, but now widowed "Éire." Her husband, the "Dear Steward," is not dead but exiled and both land and nature bewail his banishment. This less-optimistic spin on the usual *aisling* form reflects the despondency of Irish Jacobites following the failure of the '45 in Scotland and demonstrates how the form was not static or unchanging but adaptable to meet a changing political situation both at home and abroad.

---

92. Niall Ó Ciosáin, *Print and Popular Culture in Ireland, 1750–1850* (Basingstoke: Macmillan, 1997), 6.

Mac Domhnaill, duine de na filí Seacaibíteacha is bisiúla riamh (1690–1754) éagsúil
ó aislingí níos traidisiúnta. I bhfilíocht na haislinge de ghnáth bíonn an file ina
chodladh nó i ndiaidh múscailt agus feiceann sé ainnir álainn. Anseo, áfach,
feiceann an file "Éire," a bhí tráth ina spéirbhean, ach anois gur baintreach í.
Níl a fear, an "Gile Mear," marbh ach ar deoraíocht, agus caoineann an tír agus
an dúlra a dhíbirt. Léiríonn an leagan diúltach seo den aisling lagmhisneach na
Seacaibíteach Éireannach i ndiaidh gur theip orthu i '45 in Albain agus léiríonn
sé go mbíodh cineál na haislinge in ann athrú chun freastal ar chúrsaí polaitiúla
a bhíodh de shíor ag athrú sa bhaile agus i gcéin.

Bímse buan ar buairt gach ló,
Ag caí go cruaidh 's ag tuar na ndeor
Mar scaoileadh uainn an buachaill beo
Is nach ríomhtar tuairisc uaidh, mo bhrón.

Curfá
Is é mo laoch, mo ghille mear!
Is é mo Shaesar, ghille mear!
Ní bhfuaras féin aon tsuan ar séan
Ó chuaigh i gcéin mo ghille mear!

Ní haoibhinn cuach ba suairc ar nóin,
Táid fíorchoin uaisle ar uathadh spóirt,
Tá saoithe suaga i mbuairt 's i mbrón
Ó scaoileadh uainn an buachaill beo.
Curfá

Níor éirigh Phoebus féin ar cóir,
Ar chaomhchneas ré tá daolbhrat bróin,
Tá saobhadh ar spéir is spéirling mhór
Chun sléibhe i gcéin mar d'éala an leon.
Curfá

Níl séis go suairc an chrua-chruit cheoil
Tá an éigse i ngruaim gan uaim 'na mbeol,
Táid béithe buan ar buairt gach ló
Ó théárnaimh uainn an buachaill beo.
Curfá

I am constantly unhappy and worried every day,
Grieving sorely and shedding tears
Because the lively lad has been sent away from me
And no news is heard of him, my sorrow.

Chorus
He is my hero, my young steward!
He is my Caesar, young steward!
I have had no rest from forebodings
Since he went far away my young Steward!

No cuckoo sings pleasantly in the evening,
And the true, noble hound is not heard in nut woods,
The playful sages are troubled and in sorrow
Since he went away from me, young steward.
Chorus

Phoebus himself did not rise as is proper,
And on his bright skin there is a black cloak of sorrow
There is distortion in the sky and loud thunder
In the mountains since the lion has fled.
Chorus

The is no joyous melody of the harp to be heard,
The poets weep and their lips are silent,
The muses are in constant sorrow
Since our young boy has left us.
Chorus

Marcach uasal uaibhreach óg,
Gas gan gruaim is suairce snó,
Glac is luaimneach luath i ngleo
Ag teascadh an tslua 's ag tuargain treon.
Curfá

Is glas a shúil mhear mhuirneach mhodhail
Mar leagadh an drúchta ar chiumhais an róis;
Tá Mars is Cúipid dlúth i gcomhar
I bpearsain úir 's i ngúis mo stóir.
Curfá

Is cas a chúl 's is cúrsach cóir,
Is dlathach dlúth 's is búclach borr,
Is feacach fionn ar lonradh an óir
Ó bhaitheas úr go com mo stóir.
Curfá

Is cosúil é le hAonghas Óg,
Le Lughaidh mac Céin na mbéimeann mór,
Le Cú Raoi ard mac Dáire an óir
Taoiseach Éirnigh tréan ar tóir,
Curfá

Le Conall Cearnach bhearnadh póirt
Le Fearghas fiúntach fionn mac Róigh,
Le Conchúr cáidh mac Náis na nós
Taoiseach aoibhinn Chraoibhe an cheoil.
Curfá

Ní mhaífead féin cé hé mo stór
Tá insin scéal 'na dhéidh go leor;
Ach guím chun Aonmhic Dé na gcomhacht
Go dtí mo laoch gan bhaoghal beo.
Curfá

Noble, proud young horseman,
Cheerful warrior, of most pleasant countenance,
A swift-moving hand, quick in battle,
Slaying hordes and smiting champions.
Chorus

His quick, affectionate, green eye
Like dew on the rose's border;
Mars and Cupid are tightly bound together
In the fresh character and vigor of my love.
Chorus

His curling hair flows justly downrightfully,
Tightly woven, ringleted and proud
Grooved and blond and shining like gold
From crown to the waist of my true love.
Chorus

He is like Aonghus Óg
Or Lughaidh mac Céin of the big blows,
Or Cú Raoi mac Dáire of the gold
Or the taoiseach of Eirneach, strong in pursuit.
Chorus

Like Conall Cearnach who could burst through barriers
Or fair and worthy Fearghas, son of mac Róigh
Or the famed Conchúr mac Náis
Beautiful taoiseach of the vigorous [Red] Branch Knights.
Chorus

I will not say who my love is
That story has often been told before;
But I pray to the powerful son of God
Who will deliver my hero safely from danger.
Chorus

Ach seinntear stáir ar chláirsigh cheoil
Is líontair táinte cárt ar bord
Le hintinn ard gan cháim gan cheo
Chun saoil is sláinte d'fháil dom.
Curfá

Foinse: Éamonn Ó hÓgáin, eag., *Seán Clárach Mac Domhnaill* (Baile Átha Cliath: Field Day
Publications/Keough-Naughton Institute for Irish Studies, 2011), 59–60.

73. "Gile na Gile," AOGÁN Ó RATHAILLE, meadaracht: amhrán

Is le hAogán Ó Rathaille, file Ciarraíoch agus nuálaí sa seánra (1670–1728/9) an
dán seo, dá atá ar na haislingí is fearr dár cumadh riamh. Deir Michael Lillis sa
Dictionary of Irish Biography, faoi "Gile na Gile" gurb é "the most enthralling and
brilliant of all Ó Rathaille's works" agus chum Ó Rathaille é am éigin idir an
tréimhse 1714–1715 nuair a tháinig Seoirse I i gCoróin na Ríochta Aontaithe agus na
hÉireann ach roimh éirí amach na Seacaibíteach in 1715. Mar is dual do sheánra na
haislinge, casann an file ar ainnir álainn a sheasann d'Éirinn. Faigheann sé amach
go bhfuil sí gafa ag arracht adharcach, a sheasann do Sheoirse I anseo: Seasann
an hadharca dá stádas mar dhuine a bhfuil cocól déanta de. Éiríonn an dán níos
éadóchasaí de réir mar a théann sé ar aghaidh; gliondar ar an fhile i dtús báire i
ndiaidh scéala a fháil ón ainnir go bhfuil an prionsa Stíobhartach le pilleadh ach
ag an deireadh bíonn a chroí briste agus ní fhéadfadh duine ar bith sin a leasú ach
saighdiúirí na hÉireann ag teacht ar ais ó airm na Fraince agus na Spáinne—na
"leoin" i líne dheiridh an dáin. Léiríonn an ghluaiseacht seo ó dhóchas go brón,
mar a bhí sa dán roimh, scil an fhile maidir le cúinsí polaitiúla na haimsire a chur
in iúl: múchadh an dóchas sin a bhí ag dílseoirí na Stíobhartach go dtiocfadh
Séamus III i gcomharbacht ar a dheirfiúr an Bhanríon Anne i ndiaidh a báis i 1714
agus ní raibh de rogha acu ina dhiaidh sin ach a bheith ag dúil le cuidiú ó thír
eile. Tras-scríobhach an dán álainn barócach seo go leitheadach i lámhscríbhinní
Gaeilge sna blianta i ndiaidh a chumtha. Is mar gheall ar áilleacht an dáin agus
é a bheith lárnach i dtáin na Gaeilge a tarraingíodh aird cuid de na scríbhneoirí
Éireannach is tábhachtaí sa Bhéarla—ina measc siúd James Clarence Mangan,
Frank O'Connor, Michael Hartnett, Thomas Kinsella, agus Seamus Heaney—agus
tá leagan Béarla de déanta ag gach duine acu.

Let a story be played on musical harps
And fill many quarts on the table
With high spirit faultless and unclouded
To give life and health to my lion.
Chorus

Translation: Éamonn Ó Ciardha & Peadar Mac Gabhann.

73. "Gile na Gile," Aogán Ó Rathaille, meter: *amhrán*

This poem, one of the greatest *aisling* (vision) poems, comes from Aogán Ó Rathaille (1670–1728/9), a Kerry poet and master and innovator of the genre. This particular text, which Michael Lilis has called "the most enthralling of all Ó Rathaille's works," was composed sometime in the period 1714–1715, when George I had ascended to the thrones of the United Kingdom and Ireland but before the Jacobite rising of 1715. As is typical in the *aisling* genre, the poet encounters a beautiful maiden representing Ireland. He discovers she is in the clutches of a horned monster, here representing George I: the horns symbolize his status as a cuckold. The poem becomes notably less optimistic as it proceeds; the poet first is elated at the maiden's good news of the Stuart prince's return but the poem ends with his collapse into a heartbreak that could only be healed by the return of the Irish soldiers in the armies of France and Spain, the "lions" of the poem's closing line. This movement from optimism to sorrow, as in the preceding poem, shows how well the poet's craft is attuned to the political circumstances of the time: the optimism of Stuart loyalists that James III would succeed his sister Queen Anne after her death in 1714 had been dashed by George I's succession, leaving them with no option, other than hope for a foreign invasion.

This beautiful and baroque poem was widely transcribed in the Irish manuscript tradition in the years after its composition. Its beauty and centrality in the Irish-language canon has likewise earned it the attention of some of Ireland's greatest writers in English, including James Clarence Mangan, Frank O'Connor, Michael Hartnett, Thomas Kinsella, and Seamus Heaney—all of whom have translated it into English.

Gile na gile do chonarc ar shlí in uaigneas,
Criostal an chriostail a gormroisc rinn-uaine,
Binneas an bhinnis a friotal nár chríonghruama,
Deirge is finne do fionnadh 'na gríosghruannaibh.

Caise na caise i ngach ribe dá buíchuachaibh,
Bhaineas an chruinne den rinne le rinnscuabadh,
Iorra ba ghlaine ná gloine ar a broinn bhuacaigh,
Do gineadh ar ghineamhain dise sa tír uachtraigh.

Fios fiosach dom d'inis, is ise go fíor-uaigneach:
Fios filleadh don duine don ionad ba rídhualgas,
Fios milleadh na droinge chuir eisean ar rinnruagairt,
Is fios eile ná cuirfead im laoithibh le fíor-uamhan.

Leimhe na leimhe dom druidim 'na cruinntuairim,
Im chime ag an gcime do snaidhmeadh go fíorchruaidh me,
Ar ghoirm Mhic Mhuire dom fhortacht, do bhíog uaimse,
Is d'imigh an bhruinneal 'na luisne go Bruín Luachra.

Rithim le rith mire im rithibh go croíluaimneach,
Trí imeallaibh corraigh, trí mhongaibh, trí shlímruaitigh;
Don teinnebhrog tighim, ní thuigim cén tslí fuaras,
Go hionad na n-ionad do cumadh le draíocht dhruaga.

Brisid fá scige go scigeamhail—buíon ghruagach
Is foireann de bhruinneallaibh sioscaithe dlaoichuachach,
I ngeimhealaibh geimheal me cuirid gan puinn suaimhnis,
Is mo bhruinneall ar broinnibh ag broinnire broinnstuacach.

D'iniseas dise, sa bhfriotal dob fhíor uaimse,
Nár chuibhe di snaidhmeadh le slibire slimbhuartha,
Is an duine ba ghile ar shliocht chine Scoit trí huaire
Ag feitheamh ar ise bheith aige mar chaoin-nuachar.

Ar chloistin mo ghutha di, goileann go fíor-uaibhreach,
Sileann an fhliche go life as a gríosghruannaibh,
Cuireann liom giolla dom chomairc ón mbruín uaithi—
Sí gile na gile do chonarc ar shlí in uaigneas.

Brightness most bright I beheld on the way, forlorn.
Crystal of crystal her eye, blue touched with green.
Sweetness most sweet her voice, not stern with age.
Color and pallor appeared in her flushed cheeks.

Curling and curling, each strand of her yellow hair
As it took the dew from the grass in its simple sweep;
A jewel more glittering than glass on her high bosom
Created, when she was created, in a higher world.

True tidings she revealed me, most forlorn,
Tidings of one returned by royal right,
Tidings of the crew ruined who drove him out,
And tidings I keep from my poem for sheer fear.

Foolish past folly, I came to her very presence
Bound tightly, her prisoner (she likewise a prisoner...).
I invoked Mary's Son for succor; she started from me
And vanished like light to the fairy dwelling of Luachair.

Heart pounding, I ran, with a frantic haste in my race,
By the margins of marshes, through swamps, over bare moors.
To a powerful palace I came, by paths most strange,
To that place of all places, erected by druid magic.

All in derision they tittered—a gang of goblins
And a bevy of slender maidens with twinning tresses.
They bound me in bonds, denying the slightest comfort,
And a lumbering brute took hold of my girl by the breasts.

I said to her then, in words that were full of truth,
How improper it was to join with that drawn gaunt creature
When a man most fine, thrice over, of Scottish blood
Was waiting to take her for his tender bride.

On hearing my voice she wept in high misery
And flowing tears fell down from her flushed cheeks.
She sent me a guard to guide me out of that palace—
That brightness most bright I beheld in the way, forlorn.

An Ceangal
Mo threighid, mo thubaist, mo thurainn, mo bhrón, mo dhíth!
Mo shoilseach mhuirneach mhiochairgheal bheoltais chaoin
Ag adharcach foireanndubh mioscaiseach coirneach buí,
Is gan leigheas 'na goire go bhfillid na leoin tar toinn.

Foinse: Breandán Ó Buachalla, eag., *Aogán Ó Rathaille* (Baile Átha Cliath: Field Day/Keough-Naughton Institute for Irish Studies, University of Notre Dame, 2007), 34–35.

74. "Mac an Cheannaí,"
AOGÁN Ó RATHAILLE, meadaracht: amhrán

Tugann an dán seo le hAogán Ó Rathaille léargas glé ar éadóchas an fhile as siocair na Stíobhartaigh a bheith go fóill ar deoraíocht agus an tionchar tubaisteach a bhí aige sin ar Éirinn. Más rud é gur cumadh an dán in 1706–1707 tá Diúc Berwick, mac nádúrtha Shéamais II, ag teacht leis na príomhchritéir (mac le rí, a raibh ráfla ann faoi go raibh sé marbh sa Spáinn) mar tuairiscíodh sna meáin chlóite bás Berwick ag Cath Almansa (1707). Más i ndiaidh 1716 a cumadh an dán, d'fhéadfadh go léiríonn sé go raibh tréas déanta aige ar chúis na Seacaibíteach i ndiaidh dó diúltú do chuireadh a leathdheartháir Séamas III ceannas a ghlacadh ar fhórsa ionraidh Seacaibíteach a lainseáladh an bhliain roimhe. Trí bliana ina dhiaidh sin bhí Berwick i gceannas ar ionradh Francach ar an Spáinn a bhí ar son na Seacaibíteach; mar sin, d'fhéadfadh sé go bhfuil an file ag tabhairt rabhaidh do Sheacaibítigh Éireannacha atá ró-dhíograiseach faoi mhac Berwick, an Diúc Liria, a bheith ag teacht go hÉirinn in 1720.

Aisling ghéar do dhearcas féin im leaba is mé go lagbhríoch:
Ainnir shéimh darbh ainm Éire ag teacht im ghaobhar ar marcaíocht,
A súile glasa, a cúl tiubh casta, a com ba gheal 's a mailí,
Dá mhaíomh go raibh ag tíocht 'na gar le díograis, Mac an Cheannaí.

The Knot
Pain, disaster, downfall, sorrow, and loss!
Our mild, bright, delicate, loving, fresh-lipped girl
With one of that black, horned, foreign, hate-crested crew
And no remedy near till our lions come over the sea.

Translation: Thomas Kinsella, *An Duanaire 1600–1900: Poems of the Dispossessed* (Dublin: Dolmen Press, 1981), 151–53.

74. "The Merchant's Son,"
AOGÁN Ó RATHAILLE, meter: *amhrán*

This poem, another of Ó Rathaille's well-known *aislingí*, provides a vivid insight into the poet's despair at the continued Stuart exile and its cataclysmic effects on Ireland. As in "Gile na Gile" the poet comes across a maid representing Ireland; as in that poem he is grieved by the tragedy of her condition and despairs of her relief unless help arrives from overseas in the person of her "Mac an Cheannaí," the merchant or redeemer's son. Scholars are not certain of his identity, nor of the poem's date, though the Duke of Berwick, James II's natural son, may fit the bill: the son of a king, he was rumored in the papers to have died in Spain in 1706–1707. If the poem is dated post-1716, it could represent Berwick's betrayal of the Jacobite cause after refusing his half-brother James III's invitation to command a Jacobite invasion force in 1715. Three years later, Berwick headed a French invasion of pro-Jacobite Spain. The poet could thus be warning over-enthusiastic Irish Jacobites of the Duke of Liria's arrival in Ireland in 1720. He was Berwick's son. Whatever reading is adopted, the poem, like other *aisling* poems, demonstrates the keen engagement of poets with newspapers and political developments in Ireland and abroad, as well as their commitment to disseminating this information in accessible forms for an Irish-language audience.

A bitter vision myself beheld, in my bed and lying weakly:
A noble maid whose name was Éire, on horseback coming near me.
Her eyes were green, her hair curled thick, her waist and brows shone fairly:
She claimed that he was coming soon, her loved one, Mac an Cheannaí.

A beol ba bhinn, a glór ba chaoin, is róshearc linn an cailín,
Céile Bhriain dár ghéill an Fhiann, mo léirchreach dhian a haicíd;
Fá shúistibh Gall dá brú go teann, mo chúileann tseang 's mo bhean ghaoil,
Beidh sí 'na spreas, an rí-bhean deas, go bhfillfidh Mac an Cheannaí.

Na céadta tá i bpéin dá grá le géarshearc shámh dá cneas mhín,
Clanna ríthe, maca Mhíle, dragain fhíochta is gaiscígh;
Gnúis ná gnaoi ní mhúsclann sí, cé dubhach fá scíos an cailín,
Níl faoiseamh seal le tíocht 'na gar go bhfillfidh Mac an Cheannaí.

A ráite féin, is cráite an scéal, mo lánchreach chlé do lag sinn,
Go bhfuil sí gan cheol ag caí na ndeor, 's a buíon gan treoir gan maithghníomh,
Gan fiach gan feoil, i bpian go mór, 'na hiarsma fó gach madaí,
Cnaíte lag ag caí na ndearc go bhfillfidh Mac an Cheannaí.

Adúirt arís an bhúidhbhean mhíonla ó turnadh ríthe chleacht sí,
Conn is Art ba lonmhar reacht, ba foghlach glac i ngleacaíocht,
Críomthainn tréan tar toinn tug géill is Luighdheach Mac Céin an fear groí,
Go mbeidh sí 'na spreas gan luí le fear go bhfillfidh Mac an Cheannaí.

Do-bheir súil ó dheas gach lá fá seach ar thráigh na mbarc an cailín,
Is súil dheas soir go dlúth tar muir, mo chumha anois a haicíd,
A súile siar ag súil le Dia, tar tonntaibh fiara gainimhe,
Cloíte lag beidh sí gan phreab go bhfillfidh Mac an Cheannaí.

A bráithre breaca táid tar lear, na táinte shearc an chailín;
Níl fleadh le fáil, níl gean ná grá ag neach dá cairdibh, admhaím;
A gruanna fliuch, gan suan gan sult, fá ghruaim is dubh a n-aibíd
Is go mbeidh sí 'na spreas gan luí le fear go bhfillfidh Mac an Cheannaí.

Adúrtsa léi, ar chlos a scéil, i rún gur éag do chleacht sí,
Thuas sa Spáinn go bhfuair an bás 's nár thrua le cách a ceasnaí;
Ar chlos mo ghotha i bhfogas di chorraigh a cruth 's do scread sí,
Is d'éala an t-anam d'aonphreib aisti—mo léansa an bhean go lagbhríoch.

Foinse: Breandán Ó Buachalla, eag., *Aogán Ó Rathaille* (Baile Átha Cliath: Field Day/Keough-Naughton Institute for Irish Studies, University of Notre Dame, 2007), 30–31.

For her sweetest mouth and gentlest voice, I love the maiden dearly:
Wife of Brian, to whom pledged the Fenians, her case has pressed me cruelly.
She is crushed beneath the foreigners' flails, this slender maid, kin to me,
She'll be a branch ungreen, that pleasant queen, till comes her
            Mac an Cheannaí.

Hundreds ache for love of her, whose smooth skin pricks so sweetly
The children of kings, the sons of Míl, the dragons fighting fiercely;
Her face, her cheer will not appear, the maiden's woe sets on so darkly;
No relief at all will be at call till he comes, her Mac an Cheannaí.

A tortured tale her own words told, ruined and weak it left me:
Her troops without a lead and doing no deeds, no music left but weeping.
She'd no game nor meat, her pain complete, a scrap for every dog she—
Weak and worn away, her mourning eyes say, till comes her Mac an Cheannaí.

Her former kings, the mild maid said, were overthrown completely:
Conn and Art, mighty hands for war, who once had reigned so fiercely,
Mighty Criomthain, taker of hostages, and Lugach Mac Céin the hearty,
Branch ungreen she'll stay and with no man lay till he comes, her
            Mac an Cheannaí.

South looks the maiden each and every day, for the boats she hopes to see,
South and east, over sea, looks devotedly—her pain is torment to me—
To the west she looks with her hope in God, over waves so wild and sandy,
She is weak and low and will nowhere go till he comes, her Mac an Cheannaí.

Her dappled friars all were gone away, the flock the maid loved dearly,
Love, respect, hospitality, her friends go without as it seems to me:
Their cheeks are wet, sleep or cheer can't get, in habits black for grieving
Branch ungreen she'll stay and with no man lay till he comes, her
            Mac an Cheannaí.

I said to her when she'd told her tale, in a whisper, that dead was he:
He had died in Spain and would there remain, and no one pitied her weeping:
When she heard my voice to her side she cried, and trembling seized her body,
Her soul abandoned her in a single leap, she is lifeless: woe to me.

Translation: Samuel K. Fisher.

75. "Éisdidh lem' ghlórtha, a mhór-shliocht Mhílésius,"
SEÁN CLÁRACH MAC DOMHNAILL, meadaracht: amhrán

Sa dán seo le Seán Clárach Mac Domhnaill (1690–1754), ina léirítear spéis na Seacaibíteach sa nuacht ón gcoigríoch agus go háirithe faoin dóigh a ndeachaigh eachtraí áirithe i bhfeidhm ar chinniúint oidhrí na Stobhartach, tugann an file insint ar eachtraí a thit amach le linn luathbhlianta Chogadh Chomharbas na hOstaire (1740–1748), lena n-áirítear corónú Shéarlas na Baváire mar Impire Naofa Rómhánach (1742), an feachtas le haghaidh na Siléise (1740–1742) agus Cartagena de Indias (1741), bua suntasach ag na Spáinnigh ar chabhlach na Breataine. Go deimhin, déantar cur síos ar an dán i lámhscríbhinn chomhaimseartha mar "poetic translation of part of a newspaper."

> Éistídh lem ghlórtha, a mhór-shliocht Mhilésius,
> Bhus daoibh-se ba dheonach mo sceol do scaipeadh,
> Bhur saoithe cé leónadh, bhur leomhain's bhur laochra,
> I gcrích Inis Fódla gan fód, ná fearann.
> Tá'n báire le Pilip ar muir is ar tír,
> 'S ní táire do thuilleadh dhá fhuirinn má's fíor,
> Béidh sceimhle 'gus scólladh 'cu ar fhóirneach an éirligh,
> Is díoltas an chomhachtaigh gach ló dá leagan.

> Tá fórneart, is fórsa, 'gus sóirse, 'gus séideadh,
> Is díon-ghearradh drólann gach ló le fada,
> Ag síor-ghreadadh Seoirse go treorach, gan traochadh,
> Tá'n flít briste breoidhthe, 's níl fóirthin acu;
> An méid sin dá fhuirinn a d'imthigh i gcian
> Is léir nár ligeadh aon duine 'cu 'niar,
> Beidh cuimhne go deo 'cu ar ghleo Cheartagéna
> 'S ar shlíobadh dhá sheoltaí go Pórt Sebeastian.

> Tá Babharia comhachtach i gCróinn is i gcéimibh,
> A n-Impire san Eóraip—sin sceol nár measadh,
> Ag suigheachant a shlóighte ag Bórdaibh Bhiénna,
> Tá'n Rí-bhean go deor-fhliuch 's a tóir dá tafann:

75. "Listen to My Voice, Oh Great Descendants of Milesius," Seán Clárach Mac Domhnaill, meter: *amhrán*

The Irish-language literati's eager obsession with newspapers, European power politics, and their combined interest for a Jacobite, Irish-speaking audience could not be demonstrated any more forcefully than they are in this poem, another composition of Seán Clárach. The poem recounts events from the early years of the War of Austrian Succession (1740–1748), including the coronation of Charles of Bavaria as Holy Roman Emperor (1742), the campaign for Silesia (1740–1742), and the battle of Cartagena de Indias (1741), a major Spanish victory over British naval forces. It well deserves its description in one contemporary manuscript copy as a "poetic translation of part of a newspaper," and it is easy to imagine it being recited before an eager audience at a tavern or market. The poem is thus a classic example of how Irish speakers could engage with politics in the eighteenth century.

Listen to my words, great race of Milesius,
That I might freely share with you my news,
Your noble persons (though injured), your lions, and your heroes
Without a strip of ground or territory in the land of Fódla.
Philip will have the victory, on sea and on land,
And likewise his troops, if my story is true.
They will bring terror and torture upon the confiscating hordes,
With God's vengeance every day laying them low.

Violence and force and charging and blasting
And dire cutting of intestines every day, henceforth,
Are constantly thrashing George—relentlessly, without ceasing.
The fleet is broken and feeble, and they have no relief;
The portion of his troops who fled far away,
It is clear not one of them will be allowed back.
They will remember forever the battle-din of Cartagena
And how they trimmed their sails for Port Sebastian.

Powerful Bavaria has the Crown and sovereignty,
Their Emperor in Europe (that's news that was not expected)
Is camping his troops at the borders of Vienna,
The Queen is wet with tears and the hunting party pursuing her:

Tá Céibhin Huller gan chumas gan chrích,
Ag Sisilí cuireadh an briseadh ar a bhuidhin,
Tá Prusia 'gus Póland i bpórtaibh Silésia,
Sin choidhche sliocht Leopaild fá cheo na mallacht.

Tá Montemar mórdha go treorach ag téarnamh,
Go lainnseach go leomhanda, go lonnmhar, lasmhar,
Le teintibh, le tóirneach, le tórmach, le tréine,
Le saoithibh, le slóightibh, le ceoltaibh catha,
Mantua 'gus Milan, tá tuilte dhá bhuidhin,
Tá Tuscanaí ag tuitim chum Philip gan mhoill,
Agus Carolus códha rí nósmhar san Naples,
Ba ghníomhthach i ngleo-chnuic i gcóir len' athair.

Tá Laoiseach na lóchrann go leomhan-mhilleach léireach,
Go díthciollach dó-bhriste i ndóchas daingean,
'Sa mhuintear le dóirse Hanóbher agus Bhrabant,
Tá cuing ar Holland agus ní leomhfaid preabadh;
Atá sé anois ullamh ag nochtadh na lann,
Beidh carnadh 'gus cosgairt is cogadh ina gceann,
Dá síneadh le Seoirse gan ró-thuirse i n-éinfeacht,
Sin críoch ar mo sceolta, 's beidh an brón ar Bhreatain.

Foinse: John O'Daly, *Reliques of Irish Jacobite Poetry* (Dublin: S.J. Machen, 1844), 18–25.

76. "Oró sé do Bheatha Abhaile,"
NÍ FIOS CÉ A CHUM, meadaracht: amhrán

Beidh go leor léitheoirí Éireannacha a aithneoidh é seo mar cheann d'amhráin mhór an Náisiúnachais. Is lú acu, áfach, a thuigfidh gur amhrán máirseála de chuid na Seacaibíteach é in áit a bheith ina amhrán Poblachtánach. I mblianta luatha an fhichiú céad bhailigh Énrí Ó Muirgheasa an t-amhrán ó Neansaí Ní Threasaigh (Co. Thír Eoghain) agus ó Cháit Ní Cheallacháin (Co. Dhún na nGall). Rinne Pádraig Mac Piarais an t-amhrán a nuashonrú. Bhain sé na tagairtí Seacaibíteacha as agus rinne tagairtí ginearálta den dóigh ar fhulaing Éire mar gheall ar na Gaill, chuir sé Éire in áit Bonnie Prince Charlie agus Óglaigh na

Kevenhuller is without power or country,
At Sicily his soldiers were broken,
Prussia and Poland have taken refuge in Silesia,
And thus Leopold's tribe is henceforth under the gloom of damnation.

Great Montemar is vigorously approaching,
Lance-like, lion-like, vehement, burning,
With lightning and thunder, and increase and power,
With nobles, with hosts, with songs for battle;
Mantua and Milan are flooded with his troops,
Tuscany is falling before Philip without delay,
And brave Charles, customary king, in Naples,
Active in the swell of battle along with his father.

Louis of the torches, destroyer of lions,
Diligent and unbreakable in firm expectation,
With his people by the doors of Hanover and Brabant;
The yoke is upon Holland and they won't dare start;
Now he is ready, unsheathing his swords,
And carnage and slaughter and war, each in its turn,
Will all be laid upon George without remit.
That's the end of my account, and thus Britain will come to grief.

Translation: Wes Hamrick.

76. "Oró, You Are Welcome Home,"
ANONYMOUS, meter: *amhrán*

This song will be well-known to most Irish readers as one of the great anthems of the Irish Nationalist tradition. Fewer will know, however, of its origins as a Jacobite marching-song rather than a Republican one. Énrí Ó Muirgheasa collected the song in the early years of the twentieth century from Neansaí Ní Threasaigh (Co. Tyrone) and Cáit Ní Cheallacháin (Co. Donegal). Pádraig Mac Piarais/P. H. Pearse updated the song, replacing the specifically Jacobite content with generic references to Ireland's sufferings at the hands of the foreigner, Bonnie Prince Charlie with Ireland herself, and French and Spanish soldiers with Irish

hÉireann in áit shaighdiúirí na Fraince agus na Spáinne. Ba é seo an t-amhrán a
cheol Óglaigh na hÉireann i bhfothrach Ard-Oifig an Phoist i 1916 agus bhí sé mar
mháirseáil troscaidh le linn Chogadh na Saoirse (1919–1921). Le céad bliain anuas
tá go leor amhránaí agus ceoltóirí Éireannacha a rinne taifead de agus léiríonn
sé seo tionchar na filíochta agus na hamhránaíochta Seacaibítí ar thraidisiúin
an Náisiúnachais ar ball agus an gaol míshocair idir an Seacaibíteachas agus an
Poblachtánachas sa traidisiúin sin.

A Shéarlais Óig, a mhic Rí Shéamais
'Sé mo mhórchreach do thriall ar Éirinn,
Gan aon ruainne bróg ort, stocaí no léine,
Ach 'do choscairt leis na Francaigh.

Curfá
Óró sé do bheatha abhaile,
Óró sé do bheatha abhaile,
Óró sé do bheatha abhaile,
Anois ar theacht an tSamhraidh.

'Sé mo léan géar nach bhfeicim,
Mura mbeinn beo 'na dhiaidh ach seachtain,
Séarlas Óg is míle gaiscíoch,
Ag coscairt leis na Francaigh.
Curfá

Tá Séarlas Óg ag triall thar sáile,
Beidh siad leis-sean cúpla garda,
Beidh siad leis-sean Francaigh is Spáinnigh,
Agus bainfidh siad rinnc' as Eiricigh.
Curfá

Foinse: *Abair Amhrán* (Béal Feirste: Comhaltas Uladh/Cumann an Ógra, an Ord-Scoil, 1962), 25.

volunteers. In this form it went on to be sung by the Irish Volunteers amidst the ruins of the General Post Office (GPO) in 1916 and served as a fast march during the Irish War of Independence (1919–1921). Over the course of the last hundred years it has been recorded and performed by a whole host of Irish singers and musicians, demonstrating the influence of Jacobite poetry and song on the later Nationalist tradition as well as the sometimes uneasy fit between Jacobite and Republican strands in that tradition.

> Oh Young Charles, son of King James,
> It is my great, sharp sorrow your departure for Ireland,
> Without a scrap of footwear, socks or a shirt,
> But slaughtering with the French.
>
> *Chorus*
> Oh-ro, welcome home
> Oh-ro, welcome home
> Oh-ro, welcome home
> Now that Summer is coming.
>
> My sharp sorrow that I may not see,
> Though I may be alive but for one week after,
> Young Charles and a thousand warriors,
> Slaughtering with the French!
> *Chorus*
>
> Young Charles is coming across the sea,
> He will be accompanied by an old troop of guards,
> He will be accompanied by the French and the Spanish,
> And they will make the heretics dance.
> *Chorus*

Translation: Éamonn Ó Ciardha.

77. "An Bonnán Buí,"
CATHAL BUÍ MAC GIOLLA GUNNA, meadaracht: amhrán

Léiríonn na hamhráin a chuirtear síos do Chathal Buí Mac Giolla Gunna (c. 1680–1756) mar cheannaí siúlach, banaí atá tugtha don ól, a mhair i ndeisceart Uladh i ndeireadh an tseachtú haois déag agus i dtús an ochtú haois déag. Ach dearbhaíonn Vincent Morley go bhfuil an clú seo ag brath ar an mhórshaothar seo amháin, a raibh an-ráchairt air i gCúige Uladh, agus a spréigh amach ina dhiaidh sin go Connachta agus go tuaisceart Laighean. San téacs seo caoineann an file bás an bhonnáin chotúil a d'éag den tart ar loch reoite. Dearbhaíonn sé a rún an oiread a ól agus is féidir le macasamhail chinniúint an éin mhífhortúnaigh a sheachaint.

A bhonnáin bhuí, is é mo chrá do luí
Is do chnámha críon tar éis a gcreim,
Is chan díobháil bídh ach easpa dí
D'fhág tú 'do luí ar chúl do chinn;
Is measa liom féin ná scrios na Traí
Thú bheith sínte ar leacaibh lom,
Is nach ndearna tú díth ná dolaidh is tír,
Is nárbh fhearr leat fíon ná uisce poill.

Is a bhonnáin álainn, mo mhíle crá
Do chúl ar lár amuigh insa tslí,
Is gur moch gach lá a chluininn do ghráig
Ar an láib agus tú ag ól na dí;
Is é an ní adeir cách le do dheartháir Cathal
Go bhfaighidh mé bás mar súd, más fíor;
Ní hamhlaidh atá—súd an préachán breá
Chuaigh a dh'éag ar ball, gan aon bhraon dí.

A bhonnáin óig, is é mo mhíle brón
Thú bheith romham i measc na dtom,
Is na lucha móra ag triall chun do thórraimh
Ag déanamh spóirt is pléisiúir ann;
Dá gcuirfeá scéala in am fá mo dhéinse
Go raibh tú i ngéibheann, nó i mbroid fá dheoch,
Do bhrisfinn béim ar an loch sin Vesey
A fhliuchfadh do bhéal is do chorp isteach.

77. "The Yellow Bittern,"
CATHAL BUÍ MAC GIOLLA GUNNA, meter: *amhrán*

The songs attributed to Cathal Buí Giolla Gunna (c. 1680–1756) portray a hard-drinking, itinerant womanizer and peddler who lived and died in South Ulster in the late-seventeenth and early-eighteenth centuries, and "The Yellow Bittern" is no exception. Vincent Morley attests that Cathal Buí Mac Giolla Gunna's reputation rests solely on this masterpiece, which enjoyed great popularity in Ulster and later spread into Connacht and north Leinster. If so, his reputation rests on a secure foundation. In this clever and charming poem, the poet bemoans the shy bittern's death from thirst on a frozen lake and declares his intention to drink as much as possible to avoid the unfortunate bird's thirsty fate. Thomas Mac Donagh's translation is not a line-by-line translation of the original version given here. But it does manage to capture much of Cathal Buí's meter, rhyme, and wit, a rare achievement for a translation, particularly of a poem that deploys all three so masterfully in the original.

> The yellow bittern that never broke out
> In a drinking bout, might as well have drunk;
> His bones are thrown on a naked stone
> Where he lived alone like a hermit monk.
>
> O yellow bittern! I pity your lot,
> Though they say that a sot like myself is curst—
> I was sober a while, but I'll drink and be wise
> For I fear I should die in the end of thirst.
>
> It's not for the common birds that I'd mourn,
> The black-bird, the corncrake, or the crane,
> But for the bittern that's shy and apart
> And drinks in the marsh from the lone bog-drain.
>
> Oh! if I had known you were near your death,
> While my breath held out I'd have run to you,
> Till a splash from the Lake of the Son of the Bird
> Your soul would have stirred and waked anew.

Ní hé bhur n-éanlaith atá mise ag éagnach,
An lon, an smaolach, ná an chorr ghlas—
Ach mo bhonnán buí, a bhí lán den chroí,
Is gur chosúil liom féin é ina ghné is ina dhath;
Bhíodh sé choíche ag síoról na dí,
Agus deir na daoine go mbím mar sin seal,
Is níl deor dá bhfaighead nach ligfead síos,
Ar eagla go bhfaighinnse bás den tart.

Dúirt mo stór orm ligean den ól
Nó nach mbeinnse beo ach seal beag gearr,
Ach dúirt mé léi go dtug sí bréag
Is gurbh fhaide mo shaolsa an deoch úd a fháil;
Nach bhfaca sibh éan an phíobáin réidh
A chuaigh a dh'éag den tart ar ball?—
A chomharsain chléibh, fliuchaidh bhur mbéal,
Óir chan fhaigheann sibh braon i ndiaidh bhur mbáis.

Foinse: Seán Ó Tuama & Thomas Kinsella, eag., *An Duanaire, 1600–1900: Poems of the Dispossessed* (Portlaoise: Dolmen/Bord na Gaeilge, 1981), 132–34.

78. "As I was walking one evening fair,"
Donnchadh Rua Mac Conmara, meadaracht: amhrán

Mar a nótáil Diarmuid Ó Muirithe, cé gur beag aird a thug scoláirí liteartha go traidisiúnta ar thraidisiún amhránaíochta macarónach na hÉireann, tá cuid mhór de na hamhráin a cumadh san ochtú haois déag á gcasadh go fóill. Ba mhinic scoláirí in amhras faoin meascadh teangacha iontu. Bhaist "Fiachrach Eilgeach" (Risteard Ó Foghludha) "the bastard child of Irish literature" orthu; chuir "Torna" (Tadhg Ó Donnchadha) cosc orthu i gcoláistí Gaeilge na Mumhan agus dúirt an bheirt acu gur fhás aon oíche a bhí iontu, a tháinig chun cinn le linn mhearghalldú na tíre agus mheath na Gaeilge. Bhí meas beagán níos fearr orthu i measc a gcomhscríbhneoirí Béarla. D'admhaigh William Butler Yeats, agus é ag lorg teanga liteartha rúnda Éireannach (i mBéarla) go raibh a n-áit féin acu; chuir tráchtairí ina dhiaidh sin béim ar a dtionchar ar James Joyce. Tugann Ó Muirithe áit dóibh i dtraidisiún macarónach uasal beoga meánaoiseach Eorpach, a chaith solas ar an rud ar ar thug Yeats "the vivacity of common life." Tá "As I was

My darling told me to drink no more
Or my life would be o'er in a little short while;
But I told her 'tis drink gives me health and strength
And will lengthen my road by many a mile.

You see how the bird of the long smooth neck
Could get his death from the thirst at last—
Come, son of my soul, and drain your cup,
You'll get no sup when your life is past.

In a wintering island by Constantine's halls
A bittern calls from a wineless place,
And tells me that hither he cannot come
Till the summer is here and the sunny days.

When he crosses the stream there and wings o'er the sea
Then a fear comes to me he may fail in his flight—
Well, the milk and the ale are drunk every drop,
And a dram won't stop our thirst this night.

Translation: Thomas MacDonagh, *The Poetical Works of Thomas MacDonagh* (Dublin: Talbot, 1916), 65–67.

78. "As I was walking one evening fair,"
DONNCHADH RUA MAC CONMARA, meter: *amhrán*

This hilariously subversive poem by Donnchadh Rua Mac Conmara (c. 1715–1810) is set in Saint John's, Newfoundland (Talamh an Éisc), which attracted a large number of seasonal Irish migrants to fish in its waters. It relies for both its humor and its Jacobite subversiveness on the use of both the Irish and the English languages: the English lines praise the English, Newfoundland, and King George; the Irish lines hope for English defeat, unfavorably compare Newfoundland to Ireland, and express hope for a Stuart restoration. Macaronic poems like this composition became increasingly common in the eighteenth century, demonstrating the familiarity of Irish-language poets (and their audiences) with English, as well as their determination to adapt the language to their own ends. Although literary scholars traditionally paid little attention to these poems and songs, many are still

walking one evening fair" le Donnchadh Rua Mac Conmara (c. 1715–1810) suite
i mBaile Sheáin i dTalamh an Éisc, a mheall na sluaite Éireannach ar imirce le
hiascaireacht a dhéanamh ar an Grand Bank san ochtú haois déag. Braitheann
greann an amhráin, agus éifeacht na teachtaireachta Seacaibítí ann a thugann
nod don eolach, ar an dá dhearcadh éagsúla sa dá theanga: i mBéarla moltar na
Sasanaigh, Talamh an Éisc, agus Rí Seoirse; sa Ghaeilge táthar ag súil le cliseadh
na Sasanach, cuirtear síos ar lochtanna Thalamh an Éisc i gcomparáid le hÉirinn,
agus léirítear dóchas go n-athghairfear na Stíobhartaigh.

> As I was walking one evening fair
> Is mé go déanach i mBaile Sheáin,
> I met a gang of English blades
> Is iad á dtraochadh ag a namhaid;
> I sang and drank so brisk and airy
> With those courageous men of war—
> Is gur bhinne liom Sasanaigh ag rith le foiréigean,
> Is gurb iad clanna Gael bocht a bhuaigh an lá.
>
> I spent my money by being freakish,
> Drinking, raking and playing cards—
> Cé nach raibh airgead agam ná gréithre
> Ná rud sa saol ach ní gan aird;
> Then I turned a jolly sailor,
> By work and labor I lived abroad,
> Is bíodh ar m'fhalaingse gur mór an bhréag sin,
> Is gur beag den tsaothar a thit lem' láimh.
>
> Newfoundland is a wide plantation,
> 'Twill be my station before I die;
> Mo chrá go mb'fhearr dom bheith in Éirinn
> Ag díol gáirtéirí ná ag dul faoin gcoill.
> Here you may find a virtuous lady,
> A smiling fair one to please the eye—
> An paca straipeanna is measa tréithe,
> Is go mbeiread féin ar bheith as a radharc.
>
> Come, drink a health, boys, to Royal George,
> Our chief commander—nár ordaigh Críost

sung. William Butler Yeats, in his quest for an elusive Irish literary language (in English), conceded that they had their place; others have stressed their influence on James Joyce and their place within a venerable European macaronic tradition. In the translation below, lines appearing in brackets are in Irish in the original. Lines without brackets are in English in the original.

> As I was walking one evening fair
> [And I lately in Baile Sheáin,]
> I met a gang of English blades
> [And they being hammered by their enemies;]
> I sang and drank so brisk and airy
> With those courageous men of war—
> [How sweet it was for me to see the English running
>   as a consequence of that violence,]
> [And that the Gaels would win the day.]
>
> I spent my money by being freakish,
> Drinking, raking and playing cards—
> [Though I had neither money nor chattels]
> [Or anything of worldly value;]
> Then I turned a jolly sailor,
> By work and labor I lived abroad,
> [And by my cloak this is a great deception,]
> [And little of that did I renounce.]
>
> Newfoundland is a wide plantation,
> 'Twill be my station before I die;
> [Alas I would rather be in Ireland]
> [Selling garters or going into the woods.]
> Here you may find a virtuous lady,
> A smiling fair one to please the eye—
> [A pack of the worst-mannered harlots]
> [I would compel myself to remain out of their sight.]
>
> Come, drink a health, boys, to Royal George,
> Our chief commander—[not ordained by Christ],

Is aitchimis ar Mhuire Mháthair
É féin is a ghardaí a leagadh síos;
We'll fear no cannon or loud alarms
While noble George shall be our guide—
Is a Chríost go bhfeiceadsa iad dá gcárnadh
Agus an mac so ar fán uainn ag dul don Fhrainc.

Foinse: Diarmaid Ó Muirithe, *An tAmhrán Macarónach* (Baile Átha Cliath: An Clóchomhar, 1980), 127–28.

79. "Tagra an Dá Theampall," Art Mac Cumhaigh, meadaracht: amhrán

Is léiriú é an t-agallamh filíochta seo le hArt Mac Cumhaigh (c. 1738–1773) atá ar fáil i lámhscríbhinní áirithe mar amhrán macarónach, ar an stair agus an pholaitíocht chorraitheach choilíneach sheicteach ríoraíoch a bhíodh i nDeisceart Uladh ach go háirithe. (San aistriúchán seo a leanas, tógtar líne Béarla na heaglaise Protastúnaí ó leagan macarónach, agus is aistriúchán nua as an bpíosa iad línte na hEaglaise Caitlicí. Gheobhaidh léitheoirí le Gaeilge blaiseadh den leagan macarónach trí línte na heaglaise Protastúnaí a leamh san aistriúchán.) Is éard atá sa chomhrá bhríomhar seo idir teampall Fhochairt agus Fhoirceal na cléire, comhrá atá lán de thagairtí stairiúla, bíobalta agus miotaseolaíocha ná eireaball ar ré an choncais agus na bpéindlíthe agus tugann sé réamhspléachadh dúinn ar na cumainn rúnda talmhaíochta/seicteacha ar nós na Peep O'Day Boys, an Oird Oráistigh agus na nÉireannach Aontaithe a bhí gníomhach sna deich mbliana roimh 1798 agus Acht an Aontais in 1800–01.

[And we beseech Mary, our Mother]
[To cast down him and his troops;]
We'll fear no cannon or loud alarms
While noble George shall be our guide—
[And Christ may I see the bodies being piled up]
[And the young fellow wandering away from us going to France.]

Translation: Éamonn Ó Ciardha.

79. "The Disputation of Two Temples," ART MAC CUMHAIGH, meter: *amhrán*

The work of Art Mac Cumhaigh (c. 1738–1773), one of the great Jacobite poets of Ulster, this song takes the form of a poetic controversy (*agallamh filíochta*) between the English, Protestant church at Foirceal and the Irish, Catholic church at Fochairt. In some manuscripts the song appears in macaronic form, with the English church speaking in English. (In the translation below, the English church's lines come from one of these macaronic versions, while the Catholic Church's lines are our own translation. Readers with Irish can thus get the flavor of the macaronic version by reading the English church's lines in the translation in place of the Irish originals.) In all its forms this song demonstrates Mac Cumhaigh's knowledge of English perceptions of the Irish and Catholicism, his determination to defend them both, and his conviction that the Jacobite claimant will return and set things to right. It also demonstrates a growing divide between those Irish Catholics who remained committed to Jacobitism and those who did not in the later part of the eighteenth century. The song's reference to Charles Stuart as "king" flew in the face of the Vatican's decision not to recognize him as the rightful ruler of Britain and Ireland on his father's death in 1766—an event that allowed wealthier Catholics to pursue an accommodation with the powers-that-be without fearing for their consciences. Its defiant reassertion of sectarian and cultural divides in Ireland makes it both a postscript to the era of conquest, plantation, and the Penal Laws, and a prelude to the emergence of agrarian/sectarian conflict in the 1790s.

Réamhrá
Eadar Foirceal na cléire is Fochairt na nGael
'Sé chodail mé aréir ar loistín,
Is le fainne an lae 'sé chuala mé an ghéag
Cur ceisteanna i gcéin ón Róimhchill,
Dá fiafraí den teá'pall galánta gléasta
Chonaic sí réidh den chomhgar:
"Cé acu sliocht Gael a dheisigh do thaobh,
Clann Liútair nó fréamh *Strongbownians*?"

An Teampall Gallda:
"A chiúinbhean gan chéill, 'sé mholaim dhuit féin
Thú a scor de do phléid gan treoir liom,
'S gur éalaigh sliocht Gael ó do phobal go léir,
'S do chreideamh gan chéim gan chrógacht.
Tá Gallaibh róthréan i ngach ionad dá dtéithear
Is Caitlicigh faoi lean á ndeoradh,
Tá do theampall ag éag, is gan foscadh go mbeidh
Le treise Luthérians óirdhearc."

An Róimhchill:
D'fhreagair mé a scéalsa sa teanga fuair Gael
Mac Eathair ar Mhaigh Séanair óirdhearc:
"Tabhair aire dhuit féin nach scaipfidh do shréad
Mar Nimrod 's a shaoraibh róghlic.
Ach is cosúil gur éag siad maithe Síl Néill
Is clann Anluain, fuil tréanrí Óirthear,
Mac 'Naosa na stéad, na n-ollamh 's na dtéad,
Tráth deasadh do leithéid sa chló sin."

An Teampall Gallda:
"Go neamhchead do bhur gcré beidh Béarla i gcéim,
Is Gaeilge go léir ar dórtadh,
Té maoin agus séad ag Breatain is Wales
Le dealramh a scéimh' go glórmhar,
Dúiche is sréada is fearantaí saora,
Ag imeacht ar stéadaibh 's i gcóistí,
'S gach costas dá ngéillfeadh timpeall na réagún
Go dtiteann sliocht Gaeil Ghlais leofa."

Introduction
Between Forkhill of the Clergy and Faughart of the Gaeil
I slept last night in lodgings,
And at the break of day I heard a beautiful young maiden
Asking questions from afar from the Roman Church,
She asked the beautiful, dressed church
That she saw in front of her:
"Was it the descendants of the Gael who mended your sides
Or Luther's clan or Strongbownian stock?"

The Protestant Church:
"You silly old dame, I would have you forsake
Your ignorant papist notions,
For all your Sliocht Gaedhil are declining away
From Popery's vain devotion:
My Protestant states are thriving each day,
Since Romans and they divorced;
Your church is decayed and ever shall fade
Since Luther arrayed his forces."

The Roman Church:
I responded to his tale in the fresh tongue of Gael Mac Eathair
Of the language school of renowned Maigh Seanair:
"Take care that your herd is not scattered
Like Nimrod and his sly masons.
It seems that the good crop of Niall has died
And the Hanlons, of the blood of the strong kings of the east,
Mac 'Naosa of the steeds, the ollamhs and the strings
Their likes will not be seen again in that form."

The Protestant Church:
"In spite of your beads my English shall reign,
Whilst Irish grows daily odious;
England and Wales have riches in heaps
To flourish away most glorious;
My flock has estates, with land and demesnes
All riding in state their coaches,
While taxes, arrears, and cesses severe
Upon your Gaedhelian broaches."

An Róimhchill:
"An gcuala tú scéala sa Scrioptúr dá léamh
Ar phobal na hÉiphte i mbeo-bhroid,
Gurb iomaí sin gléas ler cosradh an réacs,
Súl fár scaradh go léir uaidh an cóige,
Is le cumas na n-éacht gur chruinnigh siad laochra
I gcarbaid go gléasta in ordú,
'S in ainneoin a dtréas go dtáinig siad saor
Tríd thonnaibh geal tréan na bóchna."

An Teampall Gallda:
"Deir bhur nEaglais gan bhréag nach bhfuil sa Scrioptúr go léir
Ach aisling, is géilleadh nár chóir dhuit,
Buime ró-chlaon a mheallas gach aon
Ó fhlaitheas na naomh 's na glóire,
'Cumadh a gcuid bréag chun ciste a mhéadú
Ar gach ionad dá ngéillfidh gleo-bhroid,
Mar deir Liútar le céill is Cailvin 'na dhéidh
Ag aithris a réim' go seolta."

An Róimhchill:
"Sé mo thuirse gur tréaghdadh maithe na nGael
In Eachroim 's ar thaobh na Bóinne,
'S nach maireann i gcéim Eoghan an Chogaidh Ó Néill
'Chuirfeadh Cromail i bpéin 's a shlóite;
Cha lasfaidh King Harry, Beelsebub éitheach,
Nó Liútar a bhuaradh Fódhla,
New Lights nó Secéders, Old Presbyterians,
Swaddlers nó Quakers leofa."

An Teampall Gallda:
"Bhí Liútar i gcéim seal tamall de shaol
Ag maithibh gach aon dar gcéill dhó,
Ón Ghearmáin le réim go Sacsain na séad
A tháinig sé i gcéin dá seoladh,
Mar bhféadfadh siad géilleadh do fhlaitheas ó Ghael,
A bhanríon Kate a dheoradh
Is ceangal 'na dhéidh le Anne Bullin na scéimh'
Go neamhchead do lucht pléid na hEorpa."

The Roman Church:
"Have you heard of stories, read in scripture
Of the people of Egypt, in lively pride
With many instruments to slaughter the race
Before they would be parted from the province
And with slaughterous intent they gathered
In glossy, polished ordered chariots
And in spite of their strength, they came safely
Through the bright, strong waves of the ocean."

The Protestant Church:
"Your clergy maintains the Scripture contains
But mystical dreams and stories—
False doctrine, that leads your senses away
From heavenly grace and glory;
Inventing such schemes for money to gain,
Of Limbo they treat laborious,
Until Luther the great, and Calvin of late,
Renounced their shameful chorus."

The Roman Church:
"My sorrow that cream of the Gaels have been pierced
At Aughrim and the bank of the Boyne,
And Eoghan Roe O'Neill does not live
To torment Cromwell and his hordes:
I will not invoke King Harry, or lying Beelsebub
Or Luther who disturbed Ireland
New Lights or Seceders, Old Presbyterians
Swaddlers or Quakers with them."

The Protestant Church:
"Luther was great in virtue and fame,
And high potentates adored him;
From Germany great to England he came,
Until he would plainly show them
How they might ease King Henry's reign
Concerning Queen Kate's divorcement
By his marrying the fair Anne Boleyn of fame,
In spite of proud Spain's reinforcement."

An Róimhchill:
"Bhí an iomad den chléir in eagna 's i léann
Ag teagasc i téa 'pall Rómha,
Ag Nice is ag Éphesus thart timpeall fán réim
Go Constanti—Ghréagach—nople,
Sul fá dtáinig an fear claon sin, Liútar na mbréag,
A mhilleadh an mhaighdean ró-ghlan,
Is má d'imigh le baos na Huguenots gan chéill,
Char cailleadh mo shréadsa i gcónaí."

An Teampall Gallda:
"A dhuine gan chéill, níl brí in do scéal,
'S cha dtiompaíthear go héag mo dhóigh-sa,
Níl cuidiú ag Gaeil bheith i gcumas linn féin
Ach mar shruthán le taobh na bóchna,
In Albain le réim, sa mBreatain le céim,
'S in Éirinn le tréan Hanóver,
'S nach cuma linn féin fán Fhrainc nó fán Ghréig,
Nó fá Shéarlas mur n-éagsa mhórsa."

An Róimhchill:
"Níl gar damh bheith 'dréim le creideamh gan chéill,
Nach nglacann uaim scéal nó comhairle,
Nó go dtiocfaidh na méara chonaic an tréanfhear
Baltassar ar thaobh a lóistín,
Dá nochtadh dhuit féin, 'réir chothrom an scéil,
Gurb atuirseach mé faoi Sheoirse,
Is ar fheartaibh Mhic Dé, nár mhairidh tú i gcéim,
Nó go gcuirfidh Rí Séarlas brón ort."

Foinse: Tomás Ó Fiaich, eag., *Art Mac Cumhaigh: Dánta* (Baile Átha Cliath: An Clóchomhar, 1981), 84–87.

The Roman Church:
"There were many wise and learned clergy
Who taught in the Roman Church,
In Nice and Ephesus around the kingdom
To Constantinople of the Greeks,
Until the coming of that biased man, Luther of the lies,
Who destroyed the pure virgin
And if those senseless Huguenots went with mischief
I did not always lose my flock."

The Protestant Church:
"Your whimsical brain, with wrath or disdain,
It never will change my notion:
For you have no more share with us to compare
Than the purling stream to the ocean.
In Hibernia fair, in Scotland we reign,
In England great, and Hanover;
So what need we care for France or for Spain,
Or for Charley, your rakish rover."

The Roman Church:
"There is no need for me to wait for a senseless religion,
That does not accept a story or advice from me,
Or until the fingers come who were seen by the great man
Baltassar on the side of his lodgings,
If I revealed to you, to balance the tale,
That I am tired of being under George,
And by a miracle of God, that you will not live long,
Until King Charles will make you sorry."

Translation: Éamonn Ó Ciardha.

80. "A Athair Niocláis, mo chás id luí thú,"
Cáit de Búrca, meadaracht: caoine

I 1766 rinneadh an tAthair Nioclás Ó Síthigh a chrochadh, a tharraingt agus a ghearradh ina cheathrúna mar gheall ar an bhaint a bhí aige, más fíor, leis na Buachaillí Bána, cumann rúnda míleata talúntais a tháinig chun cinn chun agóid a dhéanamh in aghaidh Eaglais na hÉireann a bhí ag bailiú deachúna agus in aghaidh srianta nua ar chearta féaraigh ar thalamh a bhíodh ina choimín go dtí sin. Ar nós Eibhlín Dubh Ní Chonaill sa dán "Caoineadh Airt Uí Laoghaire," tugann Cáit de Búrca, deirfiúr an tsagairt, léargas ar choinníollacha polaitiúla agus geilleagair náisiúunta trí mhionsonraí an-sainiúla áitiúla. De réir an bhéaloidis, sháigh na húdaráis ceann dícheannta ar spíce agus thaispeáin go poiblí é ar gheata an phríosúin. Fágadh ansin é ar feadh 20 bliain sula raibh cead ag De Búrca é a chur. Seachas cúpla líne atá le fáil i lámhscribhinní, mhair an dán i dtraidisiún béil amháin sular taifeadadh é i 1932. Tá sé ar an líon íseal dánta Gaeilge a luaitear le bean san Ochtú hAois Déag (i gcomparáid le hAlban na nGael le linn na tréimhse seo). Léiríonn an dán freisin gur lean an mhíshástacht agus an ghoimh ar aghaidh i measc Chaitlicigh na hÉireann, fiú nuair a bhí deireadh leis an Seacaibíteachas (i dtuairim go leor comhaimsirí agus staraithe níos moille anonn) mar fhórsa láidir polaitiúil: bhí an scéal, mar a léiríonn De Búrca, níos casta ná sin.

> A Athair Niocláis, mo chás id luí thú,
> Atá do chomhlucht go buartha gan aoibhneas,
> Atá Clanna Gael fé ghéarsmacht do chaoineamh
> Ó ghlacadar na Black Townsends[93] le fonn a gcroí thú—
> Aodhagán[94] is Créach[95] a dhíol tú
> Bagwell is Maude[96] a chráigh an croí ionat
> Nuair chuireadar an córda féd' scornach nár thaoiligh;
> An diabhal dá dtachtadh—gus is dealbh an díol é!

---

93. Teaghlach tábhachtach Protastúnach a raibh talamh i gCorcaigh acu.
94. An tAthair William Egan, Sagart Paróiste Chluain Meala (agus ina dhiaidh sin ina easpag ar Phort Láirge agus Lios Mór) nach ndearna aon idirghabháil ar son Uí Shíthigh.
95. Peter Creagh, Easpag ar Phort Láirge agus Lios Mór.
96. John Bagwell, Teachta Parlaiminte, a bhí chun tosaigh san fheachtas i gcoinne Uí Shíthigh. Sir Thomas Maude, feisire Parlaiminte, a roghnaigh an giúiré do thriail Uí Shíthigh.

80. "Father Nicholas, My Sorrow at Your Death,"
CÁIT DE BÚRCA, meter: *caoine*

In 1766 Fr. Nicholas Sheehy was hanged, drawn, and quartered in Clonmel, Co. Tipperary for his ostensible involvement with the Whiteboys, a militant agrarian secret society that emerged to protest the collection of tithes by the Church of Ireland as well as new restrictions on grazing rights to land that had previously been common pasturage. Like Eibhlín Dubh Ní Chonaill in "The Keen for Art Ó Laoghaire" (Poem 92), Cáit de Búrca, the priest's sister, provides a window onto national political and economic conditions by way of highly specific local detail. According to oral tradition, the authorities impaled Sheehy's decapitated head on a spike and displayed it publicly above the prison gate. It remained on display for twenty years until De Búrca was permitted to bury it. With the exception of a few lines recorded in manuscript, the poem was preserved solely in oral tradition before being recorded in 1932. It is one of a very few eighteenth-century Irish poems attributed to a woman (in marked contrast with Gaelic Scotland in this period). The poem also demonstrates the persistence of disaffection and bitterness among the Catholic populace of Ireland even at the point where Jacobitism had ceased (in the view of many contemporaries and later historians) to be a potent political force: the matter, as De Búrca demonstrates, was more complicated than that.

> O Father Nicholas, my sorrowful lot that you lie sleeping,
> Your people are anguished and joyless,
> The oppressed Gaels are lamenting you,
> Since the Black Townsends[93], by their hearts' desire, took you—
> It was Aodhagán[94] and Créach[95] who sold you,
> Bagwell and Maude[96] who tormented the heart in you,
> When they put the rope about your unyielding throat.
> May the devil choke them—a meager compensation!

---

93. A prominent Protestant landowning family in Cork.
94. Fr. William Egan, Parish Priest of Clonmel (later Bishop of Waterford and Lismore) who failed to intervene on Sheehy's behalf.
95. Peter Creagh, Bishop of Waterford and Lismore.
96. John Bagwell, MP, who was prominent in the campaign against Sheehy, and Sir Thomas Maude, MP, who selected the jury members for Sheehy's trial.

Mo chreach ghéar fhada is m'atuirse nimhneach!
An treas lá Samhraidh agus é 'na shaoire
Dainid cruaidh do chomhlucht 'na luí é!
Cuirfidh sé ar a thuilleadh acu briseadh agus scaoileadh
Aimsir féile agus glaoite an chíosa,
Ní leigfeadh an bhroid i gcomhair a' tí cúcha
Go dtagadh laogh in aos a dhíol' dóibh
Go gcuiridís an t-im sa *price* b'aoirde
Go ndéanaidís bréidín olann na gcaoire
Agus a cholann gan cheann, mo channtla id luí tú!

Mo chreach ghéar agus mo chás
A shagairt an urla bháin!
Agus ní bréag domsa é rá
Gur fada chuaigh do cháil
San bhFrainc is san Spáinn
Gus go Droichead Geal na mBán (—an Róimh)
Míle altú le Rí an nGrás
Ní raibh acu leat a rá
Ach gur tú captaon na bhfear mbán a dhriotháir ó!

Mo chreach ghéar fhada goirt
A shagairt an urla ghil!
Agus ní bréag domhsa sin
Gur bhinne liom do ghuth
'San ceól binn do bhí i mbarr do ghoib
Id' sheasamh ós cionn coirp
Ná an chéirseach 'sná an druid
Ná an chuach i mbarr an toir
Cé go mbeidh do cheann bán anocht go dubh
Ar spair an phriosúin thoir a dhriotháir ó!

Mo chreach ghéar agus mo thuirse
Nár ghlac an tAthair Nioclás 'ac Síthigh a bhriseadh
Agus dul uathu thar uisce
Sar do dhein Maude é mhilleadh
Agus an cucól na raibh gnó leis chun cloinne!
Céad léan ort a thréinis Mac Mhuire
Gus a dhaorais an t-aon úd dár gcineadh
Thiocfadh ar ár n-éileamh go minic! a dhriotháir ó!

My lasting, bitter ruin and my painful affliction!
The third day of Summer, and it being a holiday,
It's a hard grief for the people that he is laid low!
It will make others of them broken and undone.
At festival time and the calling for rent,
He'd spare them the worry of losing their houses
Until they had a calf old enough to sell,
Until they had the highest price for the butter,
Until they had made tweed from the sheep's wool.
O headless body, you are my lamentation!

My bitter ruin and my sorrowful lot,
O priest of the fair forelock!
And it's no lie for me to say
That your reputation went as far
As France and Spain
And to the white bridges of Rome,
Thanks be to the grace of God.
Yet they had nothing to say about you
But that you were captain of the Whiteboys, my brother!

My long, sharp, bitter ruin
O priest of the bright forelock!
It's no lie for me to say
That your voice was sweeter to me
And the sweet music on the tip of your tongue
When standing over a body,
Than the fair maiden or the starling,
Or the cuckoo in the upper part of the bush,
Though your fair head will tonight be black
On a spike of the prison to the east, O brother oh!

My bitter ruin and my weariness
That Father Nicholas Mac Sheehy did not take flight
And go from them overseas,
Before Maude made to destroy him
And that cuckold who had no business concerning offspring!
A hundred afflictions upon you who forsook the Son of Mary
And who condemned the only one of our race
Who would often hear our pleas! O brother, oh!

A Bhagwell óig, go n-imídh Dia ort!
Nár thagaidh an ros i ngort ná an síol chughat
An chruithneacht dhearg nár thagaidh i gcriaidh chughat
Nár bheiridh do bhean mac ná iníon duit.
Má bheireann cheana go raibh sampla don saol agat
Crúb chapaill agus earball caoire
Agus gob lachan a chartfadh an t-aoileach
Ar eagla gur rógaire tú a mharódh daoine.

Bagwell grána na cuaiche
Diabhal a fhuadfadh mar fhuadaigh t'athair
Fásach ag táirseach do halla
Crann cárthainn in áit do leapan,
Tobar uaithne agus nead dubhán-fhalla,
Neantóga agus feochadáin ghlasa
Ar an slí romhat agus a' dhá cheann i dtalamh
Cuirim féin go bráth gan driotháir gan sagart.

Máire Ní Dhoinnléi[97] go n-imídh Dia ort,
Stríopach choiteann clog ar na mílte,
Thug na trí boinneáin as ceart lár na tíre
A chroch an dá Shéamas[98] is Nioclás 'ac Síthigh
Dá mbeinn im muileoir do mheilinn gan díol tú
Chráifinn chomh cráite lem chroí tú
Ar leac na bpian ag an diabhal mar chiste.

Mo chreach ghéar fhada is m'atuirse chráite
'Gus ní crann duilleabhar aon ná fásfaidh
'Sní ó chrann na n-úll bhfiain a d'fhás sé
Ach ó phlúr na buairne báine
Déinídh slí dó tríd an mbearnain
Mar a bhfuil fearantas a athar is a mháthar
Go gcuire Séamus Óg[99] roimhe fáilte
Mar is iad a dá íciú le díograis tál ort a dhriotháir ó!

Foinse: *Feasta* 8, uimh. 11 (1956): 2.

---

97. Mary Dunlea, finné ar son na gcúiseoirí.
98. Rinneadh James Buxton agus James Farrell a lua (in éineacht le Sheehy) i ndúnmharú John
    Bridge agus crochadh i 1766 iad.
99. Deartháir Nioncláis Mhic Shíthigh.

O young Bagwell, may God forsake you!
May the flax not grow in the field for you, nor the seed,
May the red wheat not grow in the earth for you,
May your wife not bear a son or daughter for you;
If indeed she bears one, may you have a freak for all to see,
A horse's hoof and a sheep's tail
And a duck's mouth that would clear away dung
For fear that you are a rogue who would kill people.

Bagwell, you ugly cuckold,
Would the devil take you away like your father was taken,
May weeds grow in the threshold of your hall,
A rowan tree in place of your bed,
May spiders make their nest in your green well,
And nettles and green thistles
On the way before you, with both ends in the ground—
I myself will sow till Doomsday, having lost a brother and a priest.

Mary Dunlea,[97] may God forsake you,
A common whore who blistered thousands,
Who took the three saplings from the middle of the country
And who hanged the two Jameses[98] and Nicholas Mac Sheehy.
If I were a miller I would grind you for free.
As much as my heart is tormented, I would torment you
On Hell's flagstones as a cake for the Devil.

My long, bitter ruin and my tormented weariness,
A leafless tree is one that will not grow,
And he did not grow from a wild apple tree,
But from the flower of the fairest women.
Make way for him through the gap
To where his father and his mother are,
And may young James[99] welcome him
For they will embalm you with the milk of mother's kindness, O brother, Oh!

Translation: Wes Hamrick.

---

97. Mary Dunlea, a key witness for the prosecution.
98. James Buxton and James Farrell were implicated (along with Sheehy) in the murder of John
     Bridge and hanged in 1766.
99. Fr. Nicholas Sheehy's brother.

81. "Mairgneadh Phádraig Phléamoinn,"
NÍ FIOS CÉ A CHUM, meadaracht: amhrán

Maireann "Mairgneadh Phádraig Phléamoinn" (d. 1678), ceann de mharbhnaí
móra Uladh theas, sna scórtha lámhscríbhinní agus chantaí é ar fud cheantair
Ghaeltachta dheisceart Uladh go dtí an chéad leath den fhichiú haois. Fógraíodh
Pádraig Pléamoinn ina thóraí i dteannta an "Chunta" Réamonn Ó hAnluain in
1676 agus fuair sé bás dhá bhliain ina dhiaidh sin i luíochán in Inis Caoin, Co.
Mhuineacháin. Ag am a bháis bhí litir ina sheilbh ón Ardeaspag (anois Naomh)
Oilibhéar Pluincéad, a chuir síos ar phlean, eagraithe ag an ardeaspag agus faoi
choimirce an Phríomhbharúin Henry Hene, pardún a fháil do Phléamoinn agus
é a thabhairt anonn chun na Fraince. Ach níorbh é sin deireadh an scéil, mar
d'úsáid slua de shagairt agus de bhráithre réiciúla idirghabháil seo Phluincéid
ar son Phléamoinn agus seachtar agus tríocha tóraí eile chun an ardeaspag seo
nach raibh gean acu air a lagú agus a dhamnú sa deireadh le linn an *Popish Plot*.
Bhain Anthony Ashley Cooper, Iarla neamhscrupallach Shaftesbury, agus a chomh-
ghuaillithe sna Fuigeanna, úsáid as an bhaint a bhí ag Pluincéad le Pléamoinn
chun ionsaí a dhéanamh ar Shéamas de Buitléir, céad Diúc Urmhumhan, fear
ionaid an rí in Éirinn agus Tóraí, mar chuid dá scéim le Séamas, Diúc Eabhrac
(Séamas II níos faide anonn) a choinneáil ón choróin i nGéarchéim an Eisiata
mar a baisteadh air. Ach chuir Urmhumhan go paiteanta spás idir é féin agus an
litir a chaith amhras air trína chur in iúl gurbh é Iarla Essex, Fuig a bhí ina fhear
ionaid roimhe, a thionscain an litir. Ghearr seisean a scornach féin i dTúr Londan
i ndiaidh an *Rye House Plot*.

> O! Éirighidh, a mhná, ó gha'n áird d'Éirinn
> Agus teannaidh mur bpáirt gan spás le chéile
> Greadaighidh mur lámha 'sna gártha géara
> Nó go nguilfidh sibh an bás sin Pádraig Phléamoinn.
> Is ochón.

81. "The Lament for Patrick Fleming,"
ANONYMOUS, meter: *amhrán*

This anonymous poem laments the death of Patrick Fleming/Pádraig Phléamoinn, a "tory" (outlaw) of Ulster. Along with another famous tory, Redmond O'Hanlon, he was proclaimed an outlaw in 1676; he died two years later in an ambush at Inniskeen, Co. Monaghan. At the time of his death, he had in his possession a letter from Archbishop (later Saint) Oliver Plunkett, which attested to a plan, orchestrated by the archbishop and sponsored by Chief Baron Henry Hene, to secure Fleming's pardon and passage to France. Dissolute Ulster priests and friars used Plunkett's intercession on behalf of Fleming and other tories, as revealed in the letter to compromise and ultimately damn the unpopular archbishop during the Popish Plot (see Poem 62). Anthony Ashley Cooper, Lord Shaftsbury, and his Whig allies used the Plunkett-Fleming connection to accuse the Tory James Butler, the Duke of Ormond and the King's Representative in Ireland, of plotting to prevent James, the Duke of York (later James II) from ascending to the throne. Butler distanced himself from the controversial letter by casting suspicion on the Earl of Essex, a Whig, who later slashed his own throat in the Tower of London after the House of Rye conspiracy. While the events the poem commemorates took place in the late seventeenth century, it nevertheless highlights the importance of these tories, or raparees, in the imagination of Irish Jacobites. Outlaws like Fleming were often looked on as Robin Hood figures, protecting the poor Irish against English oppression, especially among the mass of Irish Catholics—a stark contrast, for example, to the view of a more aristocratic poet like Dáibhí Ó Bruadair, who considered them a disgrace to the Irish Jacobite cause (see Poem 68). The outlaws were to have the last laugh: this song went on to become one of the great *marbhna* (keens) of South Ulster. It survives in dozens of manuscripts and was sung throughout the Irish-speaking areas of South Ulster until the first half of the twentieth century.

> Arise! Women from every height of Ireland
> And play your part without space together
> Wring your hands with fierce, piercing shouts
> So you may lament the death of Pádraig Phléamoinn.
> Is ochón.

I Mioscais Uachtrach[100] a baineadh an fóghmhar,
Bhí na hocht gcinn i gcliabhán na mónadh
Na corpaí geala a' chóir a bheith i gcómhraidh
Na luighe annsan díog ó Dhiardaoin go Dómhnach.
Is ochón.

A Phádraig Phléamoinn, a chroidhe an duin' uasail,
A mhic Shéamais an tSidheáin 's a oighre na dúithche,
Gan claidheamh, gan phiostal, nó urchar púdair
A bhainfeadh urraim as Gallaibh le bata a rúsgadh.
Is ochón.

Cha dtéidhim fhéin go Mioscais imbárach
Go toigh Chuinn Fhada mar a dtearnadh an t-ár úd,
Fliuchadh gunnaí is tarraingeadh lámhach,
'S a churaidh bhí tréan, mo léan thú, a Phádraig.
Is ochón.

Is mór an scéal agus adhbhar léin é
Nach fá ghadaidheacht a chuaidh 'na tsléibhe
Pádraig Phléamoinn, gar-ghaol na nIarlaidhe
Acht fá n-a bpárdún a fhaghail do thriúr de na Gaedheala.
'S ochón.

Acht tá Baile Átha Fhirdhíadh faoi eacraidh bána
Agus ghní na maorthai fógairt lámhaigh;
Is é scríobhtha síos air pháipéirí bána
"Tá Pádraig Phléamoinn ag iarraidh a phárdúin."
'S ochón.

Chuaidh Conn Fada amach 'na gharraidhe
Bhain se preab no dhó le na spáidín;
Sé an seort comhartha a bhí aige air na námhaid
Ag síor-bhaint tarpán as a gcaitheadh n-áirde.
Is ochón.

---

100. Inis Caoin, Co. Muineacháin.

In Mioscais Uachtrach[100] the harvest was gathered
There were eight heads in the turf creel,
The bright corpses that should have been laid out
Lying in the ditch from Thursday to Sunday
Is ochón.

Pádraig Phléamoinn, the vigor of the gentry,
The son of James of Siddan and heir of the district,
Without a sword, pistol, or shot of powder
That would gain the respect of the English and put them to flight.
Is ochón.

I will not go to Mioscais tomorrow
To the house of Conn Fada who perpetrated the slaughter on them,
Guns were wet and charges pulled,
O brave champion, my sorrow for you, oh Pádraig:
Is ochón.

It is a great tragedy and a cause of grief
That you did not go robbing in the mountains
Pádraig Phléamoinn, a close relative of the earls
Who went to secure pardons for three Gaels.
'S ochón.

But Ardee is under white steeds
And the stewards of Faughart are firing
It is written on white paper
"Pádraig Phléamóinn is seeking a pardon."
'S ochón.

Conn Fada went out into the garden
He made one or two jumps with his little spade;
This was his signal to the enemies
Cutting turf and throwing it into the air.
Is ochón.

---

100. Inishkeen, Co. Monaghan.

Nuair a chuaidh a cheann i lathair Iustís na hÉireann
Ghread sé a bhosa is rinne sé éagchaoin
"Uch, a Phiobaraigh bhradaigh lúbaigh bhréagaigh
Cá dteachaidh na ribiní a bhí ins na péarlaí?"
Is ochón.

"A Mháire Ní Néill, ó threibh na bhfear uasal
Foscail an doras agus leigh suas mé
Tá airgead a's ór go leor faoi do liobaidh
Ach ma tá, tá an chroch chéasta gearrtha air do bhrollach."
Is ochón.

"A Mháire Ní Néill, is trom do choladh
Agus croidhe do chéile i ndéidh a pholladh
Aige na bodaigh Gallda nár ghabh riamh baisdeadh
Aniar ó Áth Fhirdíadh na féille t'hainic."
Is ochón.

Nuair a chuaidh sí suas air coiscéim staidhre
Cé tharla uirthi acht Pádraig Phléamoinn
Phóg sí a dhá láimh acht ní bhfuair sí a bhéilín—
Acht an colann gan chionn, a b'fhearr a bhí in Éirinn.
Is ochón.

Da bhfeicfeá-sa Máire dhul an éadan a staidhre
A's na deoracha alluis le n-a héadán
Chuirfeadh sí truaighe ar mhnáibh na hÉireann
'Sí teacht go tobann ar Phádraig Phléamoinn.
Is ochón.

"Ó, a Phádraig Phléamoinn na gruaige báine
'Sé mo chreach ghéar na dteachaidh tú thar sáile
Ag tabhairt cuidighthe do Rí na Spáinne
Nó do Rí na Frainnce le treise do lámha."
Is ochón.

When his head was brought before the Irish Justice
He wrung his hands and gave a death-cry
"Oh thieving, twisted, lying Pepper
Where are the ribbons which were in the pearls?"
Is ochón.

"Máire Ní Néill, from the tribe of noble men
Open the door and let me up
There is silver and gold under your bed
But if there is, the crucifix has been torn from your breast."
Is óchón.

"Máire Ní Néill, heavy is your sleep
After your husband's heart has been pierced
By unbaptized English churls
Who came from hospitable Ardee."
Is óchón.

When she went up the steps of the stairs
Who did she encounter but Pádraig Phléamoinn
She kissed both his hands but did not reach his lips—
But his headless corpse was the best in Ireland.
Is óchón.

If you saw Máire climbing up the stairs
And the beads of sweat on her brow
She would invoke the pity of the women of Ireland
As she suddenly encountered Pádraig Phléamoinn.
Is ochón.

"Oh Pádraig Phléamoinn of the fair hair
It is my sharp regret that you did not go across the sea
Helping the King of Spain
Or the King of France with the strength of your hand."
Is ochón.

"A Phádraig Phléamoinn, ba mhór an duine thú
Dubhradh liom gur marcach air mire thú
Gurbh' ubhall óir air dhórn ghach duine thú
Ás gur mhór an sciath-dhídean ar na ceithearnaigh choilleadh thú[101]!"
Is ochón.

"A Phádraig Phléamoinn, a mharcaigh uasail
Chan é an tórramh seo an tórramh ba dual duit:
Dá mba i mbriseadh Chluain Eois nó 'bPort-a-Dúnámh
A thuit tú in uaigneas, mo lean, nár thruaighe thú."
Is ochón.

"A Phádraig Phléamoinn mur' bhfuil cionn air do cholann
Aithnighim-sa fhéin mo sháith de do chulaidh,
Síoda go bróigh ort a's sról go huilinn,
A ghaoil na nIarlaí nár thriall go Lonndan."
Is ochón.

"Tá an scioból amuigh 'a ghlanadh 'sa scuabadh
Chan le haghaidh cathadh nó bualadh
Acht chun coinnleóirí óir do chur na seasamh suas ann
Agus Pádraig Phléamoinn do chur chun suain ann."
Is ochón

"Ná cluineadh éanlaith ná cluas níos géire
Na Ceithearnaigh coilleadh in éagar mór
Ná Pádraig Phléamoinn 'a chur san scioból sínte,
Aris Bhullaidh a's Clann Éa'raoí ins an chaisleán mhór."
Is ochón.

"Gur a seacht gur a h-ocht a's gur' a mheasa i gcionn na bliana
Caitrín Gearr agus Conn Fada na n-iarna
Na spalpairí caimhthraighe a rinn an díoghbháil
A's a chuir an t-uisce i ngunnaí na nIarlaí."
Is ochón.

---

101. Tóraí nó Rapaire: meirleach de chuid an nua-aois luath.

"Oh Pádraig Phléamoinn, you were a great man
I have been told that you were a brilliant horseman
A golden apple in the hand of every person
And a sheltering shield to the Woodkerne[101]!"
Is ochón.

"Oh Pádraig Phléamoinn, noble horseman
This funeral is not suitable for you:
Had it been at the breck of Cluain Eois or Port-a-Dúnámh
Had you fell, my sorrow, it is a shame for you."
Is ochón.

"Oh Pádraig Phléamoinn if you do not have a head on your body
I myself would identify enough of your clothes,
Silk to your boots and satin to you shoulder,
A relative of the earls who went to London."
Is ochón.

"The byre outside is being cleaned and brushed
Not for chaffing or threshing
But to stand gold candelabras in it
And to lay Pádraig Phléamoinn to rest there."
Is ochón

"Do not deceive birds or a sharper ear
The woodkerne in great agony
Nor Pádraig Phléamoinn laid out in a byre,
And Wully and Henry's Clan in the great castle."
Is ochón.

"Until it will be seven or eight times worse by the end of the year
Caitrín Gearr and Conn Fada of the curly hair
The loud-mouthed, rancid who did the devilish deed
And put water in the guns of the earls."
Is ochón.

---

101. Tory or rapparee—an early modern Irish outlaw.

"In áit an áir bíodh culfaidhe 's raithnighe
Mar ar treascaradh na curaidh le feill 's le aincheart
Nar thigidh na dhéidh sin féar nó arbhar
No fiu glas-ghoirt a d'iosadh gamhna."
Is ochón.

"Acht tá gean agam fhéin ar Dhia a's air Mhuire,
'Sair na ceithre feara déag de na ceithearnaigh coilleadh,
'S air Phádraig Phléamoinn na gruaige gile
Dár ghnáthach liobaidh ghlas-luachra i mbruach gach coilleadh."
Is ochón.

"Óch, a Chaitlinn Ghearr, a's a Chuinn Fhada Shéarluis
Nach mithid díbh theacht a's mbur dtiomna 'dhéanamh
Is fada'n spás a fuair sibh indhéidh bhás mbur maighistir
Deanagidh deifre in am le mbur n-anam' thabhairt do Chriosta."
Is ochón.

Foinse: *Journal of the County Louth Archaeological Society* 8, uimh. 1 (1933): 75–91.

LÉITHEOIREACHT SA BHREIS

Vincent Morley, *Ó Chéitinn go Raiftearaí: Mar a cumadh stair na hÉireannn* (Baile Átha Cliath: Coiscéim, 2011).

Vincent Morley, *The Popular Mind in Eighteenth-Century Ireland* (Cork: Cork University Press, 2017).

Breandán Ó Buachalla, *Aisling Ghéar: na Stíobhartaigh agus an tAos Léinn 1603–1788* (Baile Átha Cliath: An Clóchomhar, 1996).

Éamonn Ó Ciardha, *Ireland and the Jacobite Cause, 1685–1766: A Fatal Attachment* (Dublin: Four Courts Press, 2002).

"In the place of the slaughter there are nettles and brambles
Where the heroes were knocked down with treachery and wickedness
Nothing will come after that grass or corn
Or even miserable grass that calves would eat:"
Is ochón.

"But I myself have a fondness for God and Mary,
And for the fourteen men of the woodkerne,
And for Pádraig Phléamoinn of the bright hair
In a bed of green-edged rushes on the embankment of every wood."
Is ochón.

"Oh, Caitlinn Ghearr, and Conn Fada, son of Séarlas
Is it not time for you to come and make your will
You got a long time and space after the death of your master
Hurry up and give your souls to Christ."
Is ochón.

Translation: Peadar Mac Gabhann & Éamonn Ó Ciardha.

FURTHER READING

Vincent Morley, Ó Chéitinn go Raiftearaí: Mar a cumadh Stair na hÉireannn (Dublin: Coiscéim, 2011).

Vincent Morley, The Popular Mind in Eighteenth-Century Ireland (Cork: Cork University Press, 2017).

Breandán Ó Buachalla, Aisling Ghéar: na Stíobhartaigh agus an tAos Léinn 1603–1788 (Dublin: An Clóchomhar, 1996).

Éamonn Ó Ciardha, Ireland and the Jacobite Cause, 1685–1766: A Fatal Attachment (Dublin: Four Courts Press, 2002).

Ón Seacaibíteachas go dtí an Gorta Mór (1700–1850)

Liam Mac Mathúna, Deirdre Nic Mhathúna & Pádraig Ó Liatháin

Pléann an rannóg seo leis an gcéad go leith bliain ó bhuanna arm rí Uilliam ag an mBóinn, ag Eachroim agus ag Luimneach anuas go dtí tréimhse an Ghorta Mhóir. Cuimsítear dá réir an aird a thug lucht léinn na Gaeilge ar chúrsaí míleata agus polaitiúla idirnáisiúnta, an streachailt chun an Seacaibíteachas a chur chun cinn, cúrsaí na hEorpa trí chéile agus Cogadh na Saoirse i Meiriceá. Bhí tionchar díreach nó indíreach acu seo ar fad ar phobal dúchais na hÉireann agus ar an réimse poiblí in Éirinn. Bhí a dhinimic féin ag baint le sochaí na tíre, agus ábhair teannais ar nós na bPéindlíthe, a bhí dírithe orthu siúd a bhí lasmuigh den Eaglais bhunaithe (is é seo an cúlra a bhaineann le "Caoineadh Airt Uí Laoghaire," Dán 92), gluaiseacht na nÉireannach Aontaithe, as ar eascair Éirí Amach 1798 agus Acht an Aontais a lean é ag tús an naoú haois déag. Maidir leis seo, feic thíos "Beir litir uainn don Mhumhain leat" (Dán 97) le Mícheál Óg Ó Longáin ina ngríosaítear pobal na Mumhan chun sampla na gceannairceach i Loch Garman a leanúint.

Glúin i ndiaidh na n-imeachtaí seo, d'éirigh ollsuaitheadh daonlathach ar son fhuascailt na gCaitliceach faoi stiúir Dhónaill Uí Chonaill, gluaiseacht ar éirigh léi. Lean gluaiseacht eile dá chuid nár éirigh léi, áfach, is é sin an feachtas ar son aisghairm Acht an Aontais, agus na deacrachtaí tubaisteacha a lean den Ghorta Mór. Sa rannóg seo mar sin, gheofar dán Raiftearaí, "Election na Gaillimhe" (1830 nó mar sin, Dán 100), ina dtugtar ardmholadh do Sir John Burke, iarrthóir a bhí báúil le seasamh Uí Chonaill, dán ina ndéantar gairm láidir chun an chumhacht a bhí ag na Dálaigh agus na Trinsigh i gCo. na Gaillimhe le fada an lá a bhriseadh. Is amhlaidh a chuireann Raiftearaí an t-iomlán i láthair mar choimhlint idir an Gael agus an Gall, idir an Caitliceach agus an Protastúnach. Meastar gur de bharr spreagtha ó chomharsa léi a chum Máire Bhuí Ní Laoghaire a cuid véarsaí in "Máire Ní Laoghaire" (Dán 99), áit ar léiríodh an ghluaiseacht ar son Reipéil mar chuid de choimhlint na gcéadta bliain idir na Gaeil agus lucht an Bhéarla a raibh siad faoi smacht acu. Ar feadh an ama, bhí athruithe sóisialta agus cultúrtha ag titim amach, taobh leis na coimhlintí polaitiúla ar fud na tíre, agus bhí siad ag dul i bhfeidhm ar a chéile. Athrú suaithinseach amháin ab ea an t-aistriú ó Ghaeilge go Béarla mar theanga labhartha, athrú a tharla de réir a chéile, ar bhonn leanúnach. Níor chinneadh idé-eolaíoch é seo a rinne cainteoirí dúchais na Gaeilge ach toradh pragmatach ar an mbrú leanúnach a bhí orthu féin agus ar an tsochaí pholaitiúil agus shóisialta ó aimsir Anraí VIII i leith i réimsí na reachtaíochta, an riaracháin,

CHAPTER NINE

From Jacobitism to the Great Famine (1700–1850)

Liam Mac Mathúna, Deirdre Nic Mhathúna & Pádraig Ó Liatháin

This section covers the century and a half from the Williamite victories at the Boyne, Aughrim, and Limerick to the period of the Great Famine. As such, it encompasses the attention paid by the Irish-medium literati to international military and political matters such as the struggle for Jacobitism, European affairs in general, and the American War of Independence. All of these impacted directly or indirectly on the native Irish and the public sphere within Ireland itself. The country of course had its own internal societal dynamics and focuses of tension such as the Penal Laws, directed against those outside the established Church (and the catalyst for Poem 92, "The Keen for Art Ó Laoghaire") and the United Irishmen movement, which resulted in the 1798 Rebellion and subsequent Act of Union at the turn of the nineteenth century. In this latter regard, see here Mícheál Óg Ó Longáin's rallying call to his fellow Munstermen, urging them to follow the lead of the Wexford insurgents, "Take a letter to Munster from me" (Poem 97).

These events were followed a generation later by the successful mass democracy agitation for Catholic Emancipation, led by Daniel O'Connell, and his later unsuccessful movement in pursuit of Repeal of the Act of Union, and the cataclysmic effects of the Great Famine. Thus, this section includes Antaine Raiftearaí's poem, "The Galway Election" (Poem 100, about 1830), which was a ringing endorsement of the O'Connell-leaning candidate, Sir John Burke, and a clarion call to break the longstanding power of the Dalys and Trenches in Co. Galway, the whole conceived by Raiftearaí as a contest pitting Gael against Gall, Catholic against Protestant. It was in response to the urgings of a neighbor that Máire Bhuí Ní Laoghaire is said to have composed her verses in "Máire Ní Laoghaire" (Poem 99), which situated the struggle for Repeal within the centuries-old struggle of the Irish against their English-speaking oppressors. All the while, the political conflicts were complemented and impacted by the ongoing social and cultural changes taking place throughout the country, not least of which was the impact of the gradual but relentless shift in vernacular from Irish to English. Essentially, this was less an ideological decision on the part of the native Irish speakers than a pragmatic working out of the sustained pressure to which they and the body politic and social structures had been subjected from the time of Henry VIII in the legislative, administrative, educational, and print spheres. This negative impact on the fortunes of the Irish language was of course playing out on the very medium

an oideachais agus an chló. Ar ndóigh, bhí an éifeacht dhiúltach seo ar staid na Gaeilge ag dul i bhfeidhm ar an meán a bhí in úsáid sna dréachtaí a fhoilsítear, a aistrítear agus a chuirtear i gcomhthéacs go hachomair anseo.

Ós rud é go bhfuil réimse leathan ama i gceist, chinn eagarthóirí na rann-óige seo ar fhiche déantús filíochta atá ionadaíoch ó thaobh réigiún agus téamaí de a chur i láthair. Tá roinnt dánta iomráiteacha roghnaithe againn a bhfuil stádas canónta, geall leis, bainte amach acu. Ina measc seo, tá saothair ghearra Sheacaibíteacha ar nós "Aisling Aogáin Uí Rathaille" (Dán 82) ó thús an ochtú haois déag agus "Rosc Catha na Mumhan" (Dán 90) le Piaras Mac Gearailt ó lár na haoise, mar aon le sleachta fada as mórshaothair cháiliúla ar nós "Cúirt an Mheán Oíche" (Dán 95) agus "Caoineadh Airt Uí Laoghaire" (Dán 92), taobh le saothair eile nach mbeadh an oiread céanna eolais orthu. Tá súil againn, dá bharr sin, go mbraithfidh léitheoirí go bhfuil úire áirithe ag baint leis an rogha ó thaobh coincheapa agus ábhair de. Ar an mbonn sin, tarraingíonn an rannóg seo aird ní hamháin ar leithne thíreolaíoch na cumadóireachta Gaeilge a chuimsigh an tír ar fad sa tréimhse idir 1700 agus 1850, ach ar an tslí a raibh toise bríomhar uirbeach ag baint le litríocht na Gaeilge, i gceantar Bhaile Átha Cliath go speisialta. Cé go raibh réamhtheachtaithe ar nós an fhile Chiarraígh, Piaras Feiritéar, ann sa seachtú haois déag (feic Dán 50, "Tugas Annsacht d'Óigh Ghallda"), is i mBaile Átha Cliath ba láidre a bhí anáil an nua-aoiseachais le brath, agus is ann a aithníodh luach pearsanta an duine aonair—bíodh an té sin fireann, baineann, fásta nó óg: is bealach isteach chuig stair na mothúchán in Éirinn Ghaelach an ochtú haois déag atá anseo i ndáiríre agus caitheann mórán de na dánta sa rannóg seo solas ar an raon leathan ábhair spéisiúil agus tábhachtach atá le fáil i litríocht na Gaeilge maidir leis an toise síceolaíoch sin. Samplaí is ea dólás coscrach Thaidhg Uí Neachtain agus é ag fágáil slán lena mhac Peadar, a bhí naoi mbliana déag d'aois agus é ag taisteal Cuan Bhaile Átha Cliath amach chun aghaidh a thabhairt ar Choláiste na nÍosánach i Salamanca a Spáinne sa bhliain 1728, nó dán éadrom cairdis a mhná céile, Máire Ní Reachtagáin chuig a hiarshagart paróiste, Proinsias Laighneach, agus í ag cur fáilte roimhe chuig Baile Átha Cliath, "cathair an Bhéarladh bhinn." Go deimh-in, tarraingíonn mórán de na dánta seo aird ar thoise idirnáisiúnta an tsaoil Ghaelaigh. Chomh maith leis an Spáinn, tagann an Fhrainc i gceist le foilsiú "A uaisle Éireann áille" (Dán 86) le hAodh Buí Mac Cruitín. Meastar gurbh é Mac Cruitín an t-aon fhile Gaeilge amháin san ochtú haois déag a chonaic dán dá chuid i gcló. Foilsíodh an dán seo mar réamhrá fileata le foclóir Béarla-Gaeilge Chonchobhair Uí Bheaglaoich, a clóbhuaileadh i bPáras sa bhliain 1732.

Baineann Meiriceá Thuaidh leis an rannóg seo chomh maith. Thaistil Donnchadh Rua Mac Conmara go Talamh an Éisc (tá a dhán imirce "Bánchnoic

of the compositions presented, translated, and briefly contextualized here.

Given its broad chronological range, the editors of this section have opted for choosing some twenty poetic compositions which are at once regionally and thematically representative. We have selected a number of familiar poems which have achieved virtual canonical status. These include shorter Jacobite political pieces such as Aogán Ó Rathaille's "Aogán Ó Rathaille's Vision" (Poem 82) from early in the eighteenth century and Piaras Mac Gearailt's "The Battlecry of Munster" (Poem 90) from mid-century, as well as extended extracts from celebrated major works such as "The Midnight Court" (Poem 95) and "The Keen for Art Ó Laoghaire" (Poem 92), alongside others which are not so well known. We trust, therefore, that readers will find that our selection conveys a certain conceptual and material freshness. Accordingly, this section not only draws attention to the geographical, countrywide reach of Irish-language composition in the period from 1700–1850, but to the existence of a vibrant urban component in Irish letters, particularly in the Dublin area.

Although there were seventeenth-century precursors such as the Kerry poet Piaras Feiritéar (see Poem 50, "I Loved an English Maiden"), it is in Dublin that the winds of modernity were blowing strongest, and where the individual person—male, female, adult, or child—was acknowledged to have their personal worth: this is actually also a gateway to the history of emotions in eighteenth-century Gaelic Ireland. Many of the poems presented here serve too as pointers to how much of interest and importance there is to be mined in Irish literature from that psychological perspective. Examples are Tadhg Ó Neachtain's heartfelt lament at his parting from his nineteen-year-old son Peadar, who set sail from Dublin Bay in 1728 to join the Jesuit College in Salamanca, Spain, or the light-hearted poem of friendship by Tadhg's wife, Máire Ní Reachtagáin, to her former parish priest, Francis Leynagh, welcoming him to Dublin, "the city of the sweet English tongue." Indeed, many of these poems draw attention to the international dimension of Gaelic life. Apart from Spain, there is France and the publication of Aodh Buí Mac Cruitín's "O nobles of beautiful Ireland" (Poem 86). Indeed, Mac Cruitín is thought to have been the only eighteenth-century Irish-language poet to see one of his compositions in print. His poem was published by way of poetical introduction to Conchobhar Ó Beaglaoich's *English-Irish Dictionary*, published in Paris, France in 1732.

There is also a North American dimension. Donnchadh Rua Mac Conmara journeyed to Newfoundland—his emigrant poem, "Fair Hills of Ireland" (Poem 89), in which he expresses his longing for his native land, is to be found below (see also Poem 78). Yet another Clareman, Tomás Ó Míocháin, followed contemporary

Éireann," Dán 89, ina léiríonn sé caitheamh i ndiaidh a thíre dúchais, le fáil thíos). Lean Cláiríneach eile fós, Tomás Ó Míocháin, tuairiscí nuachtáin a linne faoi Chogadh na Saoirse i Meiriceá agus spreagadh é chun saothair a chumadh ina ndéantar comóradh ar dhul chun cinn na Meiriceánach agus ar chúlú na Sasanach (feic "Ar dTréigean Bhoston d'Arm Shasana, 1776," Dán 93). Go deimhin, tá dán eile a cumadh sa Domhan Úr san áireamh againn anseo, ceann a bhreac Pádraig Phiarais Cúndún, in Utica, stát Nua Eabhrac sa bhliain 1848, "Anbhfainne Ghaedhal Éireann," (Dán 101) a phléann leis an nGorta Mór. Tá roinnt nithe neamh-choitianta ag baint le Pádraig Phiarais Cúndún, fear a d'fhág Baile Mhac Óda, gar d'Eochaill in oirthear Chorcaí, agus a thug aghaidh ar Mheiriceá sa bhliain 1826 agus 49 bliain d'aois slánaithe aige. Chomh fada agus is eol dúinn is é an t-aon duine amháin é as measc na n-imirceach Éireannach ar fad a chuaigh go Stáit Aontaithe Mheiriceá sa naoú haois déag a scríobh sraith litreacha abhaile i nGaeilge. Is é an nós a bhí aige ná dán a chur le gach litir dá chuid, mar mheas sé go mbeadh an comhfhreagras "folamh" dá éagmais. Is dán suaithinseach é an dán seo ar an Drochshaol, ní hamháin toisc nach dtugtar mionsonraí ann (ní haon ábhar iontais é seo, is dócha, ós rud é go raibh Cúndún ag maireachtáil roinnt míle mhíle ó láthair na tubaiste) ach toisc nach gcuirtear mórphictiúr den Ghorta i láthair mar imeacht ar leith; bhí sé fós ag titim amach agus gan é le haithint mar aonad ar leith a raibh tús agus deireadh leis, ní folair. Is é rud a léiríonn an file, áfach, ná an fhulaingt a lean den Ghorta, fulaingt na bpáistí ach go háirithe: cuireann sé é seo i láthair mar thubaiste amháin sa tsraith tubaistí a bhain do na Gaeil de bharr ansmacht na Sasanach, léiriú a thagann leis an tuiscint leathan náisiúnach ar stair na hÉireann.

Tugann an rannóg seo ionad lárnach do shaothar ban (feic Máire Ní Reachtagáin, Eibhlín Dubh Ní Chonaill, Máire Bhuí Ní Laoghaire). Cuireann pearsana fireanna agus baineanna araon sna saothair in iúl go raibh plé chomh bríomhar céanna á dhéanamh ar cheisteanna gnéis sa Ghaeilge is a bhí i litríocht Bhéarla agus Fhraincise na linne (tá sé seo le tabhairt faoi deara in "Dán do Sheon Eana," Dán 87, dán ina labhraítear le duine le hinscne dhéach, de réir dealraimh, a bhíodh mar theachtaire ag na cúirteanna éigse, chomh maith le "Cúirt an Mheán Oíche"). De cheal spáis, níl ar ár gcumas oiread samplaí agus ba mhaith linn a sholáthar de théamaí áirithe ar nós reiligiúin (feic "Gile mo chroí do chroí-se" dán in ómós don Chroí Rónaofa le Tadhg Gaelach Ó Súilleabháin, Dán 91). Ar an lámh eile, tá an chléir le fáil i mórán de na saothair, ní hamháin sa dán ina gcuireann Máire Ní Reachtagáin fáilte roimh an Athair Laighneach, ach san aoir éadrom ina ndéantar magadh faoi shagart ón Daingean, an tAthair Aonghas, a chuaigh i muinín Bharántais dlí agus é sa tóir ar choileach dá chuid a bhí ar iarraidh,

newspaper accounts of the American War of Independence, which moved him to compose a number of works celebrating American advances and English reverses (Poem 93, "On the English Army's Withdrawal from Boston, 1776"). In fact, we include another poem composed in the New World, one which was penned in Utica, New York in 1848 by Pádraig Phiarais Cúndún, "The Weakness of the Gaels of Ireland" (Poem 101), which treats of the Great Famine. Cúndún—who emigrated from Ballymacoda, near Youghal in East Cork, to America in 1826, at the rather late age of 49—has a number of claims to fame. As far as we know, he is the only one of all the nineteenth-century Irish emigrants to the United States to write a series of letters home in Irish. His practice was to include a poem with his letters as he felt that otherwise his correspondence would be *folamh* (empty). His famine poem is remarkable not so much for its lack of micro-details (not surprising, as he lived several thousand miles away from the disaster), but for the lack of a macro picture of the famine as a single event, presumably because it was still ongoing and not yet identifiable as a unit, having a beginning and an end. However, what Cúndún does achieve is to situate the famine suffering, particularly of children, as part of the ongoing tribulations being endured by the Irish under English servitude, within the extended nationalist narrative of the history of Ireland.

This section accords an important place to compositions by women (namely Máire Ní Reachtagáin, Eibhlín Dubh Ní Chonaill, and Máire Bhuí Ní Laoghaire). Be they expressed via male or female voices, readers will see that the sexual concerns of this period were articulated every bit as vigorously and uninhibitedly in Irish as they were in contemporary English and French literature (to be noted in this regard is "A Poem for Seon Eana," Poem 87, which addresses an apparently dual-gendered messenger who carried verse missives between poetic schools, as well as "The Midnight Court"). Given our space constraints we have not found it possible to provide as many examples of some themes, such as religion, as we would have wished (see Tadhg Gaelach Ó Súilleabháin's poem in praise of the Sacred Heart, "The light of my heart is your heart," Poem 91). On the other hand, there is considerable clerical presence elsewhere, not just in Máire Ní Reachtagáin's welcome for Fr. Leynagh, but in the light-hearted satire at the expense of a Dingle, Co. Kerry priest, a Fr. Aonghas, who has recourse to a legal warrant in his efforts to discover the whereabouts of his missing cockerel, "*Whereas* Aonghas, clever as a seer" (Poem 83). The Warrant genre in Irish is itself a parody of the newly imposed English Common Law legal system and became popular in Munster during this period. Then, of course, there is the vexed question of clerical celibacy, which is the subject of spirited debate in "The Midnight Court" (Poem 95). Additionally, Seán Ó Coileáin's reflections on the destruction of Timoleague Abbey, "The Remorseful

"*Whereas* Aeneas fáithchliste" (Dán 83). Scigaithris atá i seánra an Bharántais sa Ghaeilge ar dhlí coiteann Shasana, córas a bhí nuathagtha i bhfeidhm ag an am. Tháinig an seánra seo chun cinn i gcúige Mumhan sa tréimhse atá faoi chaibidil. Ina theannta sin, ar ndóigh, tá ceist achrannach aontumha na cléire, ábhar a ndéantar plé bríomhar air in "Cúirt an Mheán Oíche" (Dán 95). Chomh maith leis sin, tá dán Sheáin Uí Choileáin, "Machnamh an Duine Dhoilíosaigh" (Dán 98) ina ndéanann an file a mharana ar mheath Mhainistir Thigh Molaige, ar shlí atá ag teacht go hiomlán leis an mbealach a gcuirtí an Chríostaíocht in iúl in Éirinn leis na cianta. Tá aoir ghéar le fáil in "Eoghan Cóir" (Dán 96), bréagchaoineadh le Riocard Bairéad ar "Eoghan Cóir," gníomhaire talún neamhscrupallach darbh ainm Conway. Sampla is ea é den nós Gaelach seanbhunaithe cáineadh a dhéanamh i bhfoirm molta.

Ba mhaith linn clabhsúr a chur ar an réamhrá seo trí chúpla pointe a mheabhrú agus trí bhéim a leagan ar chúpla ceist nua: ní hamhlaidh gur éiríodh as filíocht Sheacaibíteach a chumadh ag deireadh éirí amach 1745 agus ar lean é. Ná ní hamhlaidh gur éiríodh as an aisling i lár na haoise ach an oiread, ach leanadh de bheith á cumadh, mar a léiríonn "Ceo Draíochta" (Dán 94) le hEoghan Rua Ó Súilleabháin ó na 1770idí atá anseo thíos. Níos bunúsaí fós, b'fhéidir, ní hé go raibh cliseadh i gcumadh na filíochta mar thoradh ar bhriseadh síos an tseanchórais thraidisiúnta pátrúnachta ina mbíodh file pearsanta fostaithe ag taoiseach, ach ina áit sin d'fhorbair saothrú na litríochta: bunú na gcúirteanna éigse agus teacht le chéile réigiúnach na bhfilí. Ná níor tháinig deireadh le gníomhaíocht liteartha na Gaeilge le forleathnú leanúnach an Bhéarla. Tar éis an tsaoil, ghlac sé na céadta bliain sula raibh an Béarla ina phríomhtheanga labhartha ar an oileán—go deimhin, tá mórcheannas an Bhéarla ina chnámh spairne go fóill i gceantair Ghaeltachta na tíre, agus sna gréasáin uirbeacha athbheochana atá ag teacht chun cinn i gcathracha ar nós Bhaile Átha Cliath, Corcaigh, Gaillimh agus Béal Feirste.

Ní thar oíche a tharla an t-athrú teanga ach oiread. Is amhlaidh a mhair an Ghaeilge agus an Béarla taobh le taobh ar feadh i bhfad. Bhí feiniméan na ndánta macarónacha ar cheann de na gnéithe ba shuaithinsí a d'éirigh as an teagmháil leanúnach theangeolaíoch: b'fhéidir teachtaireachtaí caolchúiseacha a thabhairt do na dreamanna ba mhó Béarla nó ba mhó Gaeilge san am céanna, laistigh de na pobail dhátheangacha a bhí i mbun athrú teanga. Chuir sé seo timpeallacht ar fáil a d'oir do mheascadh an dá theanga—códmhalartú agus códmheascadh mar a thugtar go cruinn ar an bpróiseas—agus d'iompaigh sé seo ina dheis chun Béarla a úsáid go cruthaitheach agus go dearfach mar dhara teanga laistigh de fhráma na saothar Gaeilge. Dá réir sin, ba bhuntáiste é an dátheangachas (feic Dán 88, "Muiris Ó Gormáin," aoir nimhneach le Peadar Ó Doirnín ag magadh faoi dhuine a raibh

Man's Contemplation" (Poem 98), is embedded in the historical expression of Christianity in Ireland. More biting satire is to be found in Riocard Bairéad's mock-elegy entitled "Fair Owen" (Poem 96) on an unscrupulous landlord's agent by the name of Conway. This continues a long-established approach within Irish culture that disguises animosity by cloaking it in apparent praise.

We would like to conclude this introduction by reiterating a number of points and by stressing a few new ones: Jacobite poetry does not cease with the end of the 1745 rebellion and its aftermath. Neither does *Aisling* or "Vision" poetry end at mid-century, but rather it continues to be composed, as the inclusion here of Eoghan Rua Ó Súilleabháin's "Magic Mist" (Poem 94) from the 1770s shows. More fundamentally perhaps, the breaking down of the traditional patronage system, whereby a local *taoiseach* or chief would have retained a personal poet, led not to the collapse of original composition but rather to the evolution of literary production with the establishment of *cúirteanna éigse* or schools of poetry, regional gatherings of poets. Nor did Irish language literary activity cease with the ongoing spread of the English language. After all, it took hundreds of years for English to establish itself as the leading vernacular on the island—indeed its hegemony is still contested in the *Gaeltacht* or traditionally Irish-speaking communities of the western seaboard and by the urban revival networks emerging in cities such as Dublin, Cork, Galway, and Belfast.

Nor was the language shift a case of Irish today, English tomorrow. Rather there was a great deal of coexistence. One of the most striking features arising from the extended linguistic contact was the phenomenon of macaronic poems which allowed nuanced messages to be transmitted simultaneously to the primarily English-speaking and Irish-speaking sections of the bilingual communities in transition. This provided an environment for the intermingling of both languages—technically known as code-switching and code-mixing—and the window became an opportunity for English to be used creatively and positively as a second language within Irish matrix compositions. Thus, for many poets bilingualism was an asset (see Poem 88 "Muiris Ó Gormáin," a stinging satire by Peadar Ó Doirnín at his rival's expense). Just as there was no overnight shift from Irish to English, neither was there a clean break from writing in Irish to an exclusively oral tradition of composition. While it is true that, in general, literacy in Irish meant literacy within a predominantly manuscript tradition rather than a mass print culture, propagated by State weekday schooling or by Church Sunday schooling, we would wish to observe that, for the most part, manuscript literature flourished as long as Irish was spoken, and that the nineteenth century was a very productive period in Gaelic cultural history. Indeed, it has been estimated that perhaps as many as half of the estimated 5,000–6,000 surviving Irish language

sé in iomaíocht leis). Díreach faoi mar nár iompaíodh ó Ghaeilge go Béarla thar oíche, ní raibh briseadh glan ann ó scríbhneoireacht i nGaeilge chuig traidisiún a bhí bunaithe go hiomlán ar chumadóireacht ó bhéal. Cé gur fíor a rá i gcoitinne gurbh ionann litearthacht i nGaeilge agus litearthacht laistigh de thraidisiún na lámhscríbhinní go príomha, seachas cultúr mórphobail cló a bhí á chur chun cinn ag scolaíocht stáit i rith na seachtaine, nó teagasc eaglaise i scoil Domhnaigh, ní miste cuimhneamh air gur mhair litríocht na lámhscríbhinní chomh fada céanna, geall leis, agus a mhair an Ghaeilge labhartha, agus gur thréimhse an-torthúil maidir le saothrú lámhscríbhinní Gaeilge a bhí sa naoú haois déag. Go deimhin, meastar gur sa chéad bliain sin a scríobhadh suas le leath den 5,000–6,000 lámhscríbhinn Ghaeilge atá ar marthain. Ní hionann sin agus a rá nach raibh éabhlóid ann ó chultúr a bhí liteartha go príomha—nó ó chultúr liteartha agus béil, le bheith níos cirte faoi—go saothrú ó bhéal go príomha. Is é sin le rá, bhí toisí béil agus liteartha araon i gceist ó lár an ochtú haois déag ar aghaidh. Mar shampla, cumadóirí béil ab ea Máire Bhuí Ní Laoghaire agus Raiftearaí, ach údar liteartha ab ea Cúndún, rud a léiríonn nach bhfuil aon deighilt shimplí le rianú.

Chomh maith leis sin, is gá dúinn a bheith san airdeall faoi bheocht na seánraí atá ar leataobh ó phríomhshruth ár dtaithí reatha ar an mBéarla. Mar shampla, an ghné rannpháirtíochta a bhain le dánta/le hamhráin pholaitiúla ón uair a cumadh iad—bíonn amhráin ar nós "Rosc Catha na Mumhan" (Dán 90) agus "Beir litir uainn don Mhumhain leat" (Dán 97) fós á gcanadh ar an sean-nós sa lá atá inniu ann. Is eol dúinn, leis, gur canadh dánta le Tadhg Gaelach Ó Súilleabháin mar iomainn i séipéil Chaitliceacha ag casadh an naoú haois déag. Ba mhodh thar a bheith éifeachtach é an amhránaíocht le teachtaireacht pholaitiúil, reiligiúnach nó eile a scaipeadh ar phobal mór.

Mar fhocal scoir, táimid cinnte go dtabharfaidh an fiche saothar filíochta atá bailithe le chéile sa rannóg seo léargas do léitheoirí ar an mbeocht intleachtúil agus ar an nuálaíocht chruthaitheach a chuir ar chumas na nGael na laincisí sóisialta, polaitiúla agus eacnamaíocha a raibh siad faoi chuing acu a shárú sa tréimhse idir an dóchas a chothaigh an Seacaibíteachas agus an duairceas a lean an Gorta Mór.

82. "Aisling Aogáin Uí Rathaille," AOGÁN Ó RATHAILLE, 5 rann, meadaracht: véarsaíocht aiceanta

Tá ionad lárnach ag an aisling sa ré iar-chlasaiceach. Dánta polaitiúla ab ea samplaí luatha den aisling, ar nós an chinn seo le hAogán Ó Rathaille (c. 1670–1729), ach baineadh leas aisti san fhilíocht ghrá chomh maith níos déanaí. Bhí Ó Rathaille

manuscripts were written in that century. This is not to say that there was not an evolution of primarily literary—or more accurately, oral and literary, culture—to primarily oral output. In other words, the mid-eighteenth century onwards sees an overlapping between the oral and literary aspects. For example, while Máire Bhuí Ní Laoghaire and Raiftearaí were oral exponents, Cúndún was literary, thus showing that no easy assumptions can be made.

We also need to be alert to the vitality of genres outside the mainstream of our contemporary Anglophone experience. One important example is the participatory element of political poetry/song from the moment of composition. Songs such as "The Battlecry of Munster" (Poem 90) and "Take a letter to Munster from me" (Poem 97) are still performed today in the *sean-nós* tradition. Compositions by Tadhg Gaelach Ó Súilleabháin are also known to have been sung as hymns in Catholic churches at the turn of the nineteenth century. Song was a most effective way to spread a political, religious, or other message among the masses.

Finally, we feel sure that the twenty poetic compositions gathered in this section will afford readers some appreciation of the intellectual vitality and creative innovation which allowed the people of Irish-speaking Ireland to rise above the social, political, and economic constraints under which they lived from the period of Jacobite optimism to Great Famine depression.

82. "Aogán Ó Rathaille's Vision," AOGÁN Ó RATHAILLE, 5 verses, meter: *accentual verse*

The *aisling* or vision poem features prominently in the post-classical period. Early examples such as this one by Aogán Ó Rathaille (c. 1670–1729) were political in nature, and it was later also used in love poetry. Ó Rathaille was one of the genre's most accomplished proponents. The poem chosen here features many of the genre's recognizable characteristics. It was dated by Ó Buachalla to c. 1708–1709 due to its strong Jacobite sentiments and sense of optimism in the first part of the poem. The poet-narrator is alone in a remote place when he falls asleep. There he is met by a band of beautiful fairy women and presented with a vision of Ireland as a place of bounty and plenty. This is the imagined fate of Ireland as soon as the three kingdoms of England, Scotland, and Ireland, represented by three lit candles, will be governed by their rightful ruler, James III ("The Pretender"), who is not referred to by name in the poem. The translation below draws on the glossary provided in Breandán Ó Buachalla, ed., *Aogán Ó Rathaille* (Baile Átha Cliath: Field Day Publications, 2007).

ar dhuine de na filí ba chumasaí i gcur chun cinn na haislinge. Tá cuid mhór de
na tréithe is mó a shamhlaítear leis an aisling le fáil sa dán a thugtar anseo. Mheas
Ó Buachalla gur thart ar 1708–1709 a cumadh é ós rud é go bhfuil oiread bá leis na
Stíobhartaigh le brath air agus go bhfuil dóchas láidir le brath ar an gcéad chuid
de. Agus é ina aonar in áit iargúlta, titeann a chodladh ar reacaire an dáin. Castar
buíon sí air agus cuirtear aisling d'Éirinn ina tír shaibhir thorthúil os a chomhair.
Seo mar a shamhlaítear Éire a luaithe is a bheidh na trí ríocht—Sasana, Albain
agus Éire—trí coinnle lasta an dáin, faoi réimeas an chinnire chirt, Séamas III,
nach luaitear as a ainm sa dán.

Maidean sul smaoin Títan a chosa do luail
Ar mhullach cnoic aírd aoibhinn do lodamair suas,
Tarrastar linn scaoth bhruinneal soilbhir suairc—
Gasra bhí i Sí Sainbh, solasbhrog thuaidh.

Fearastar scim dhraíochta nár dhorcha snua
Ó Ghaillimh na líog lígheal go Corcaigh na gcuan,
Barra gach crainn shíorchuireas toradh agus cnuas,
Meas daire ar gach coill, fírmhil ar chlochaibh go buan.

Lastathar trí coinnle go solas ná luaim
Ar mhullach Cnoic Dhoinn Fírinne Conallach Rua,
Leanastar linn scaoth na mban gcochall go Tuamhain,
Is fachtaimse dhíobh díogras a n-oifige ar cuaird.

D'fhreagair an bhríd Aoibheall nár dhorcha snua
Fachain na dtrí gcoinnle do lasadh ar gach cuan:
"In ainm an rí dhíograis bheas againn go luath
I gceannas na dtrí ríochta is dá gcosnamh go buan."

As m'aisling do shlimbhíogas, do loiteas mo shuan,
Is do mheasas gurbh fhíor d'Aoibheall gach sonas dar luaigh;
Is amhlaidh do bhíos tinnchreathach doilbhir duairc,
Maidean sul smaoin Títan a chosa do luail.

Foinse: Breandán Ó Buachalla, eag., *Aogán Ó Rathaille* (Baile Átha Cliath: Field Day Publications,
2007), 29.

One morning before Titan thought of stirring his feet
On the top of a high beautiful hill I went up
I happened upon a band of cheerful pleasant maidens
A group which was in Sí Sainbh, a luminous mansion in the north.

A magic haze, of hue not dark, poured forth
From Galway of the bright colored stones to Cork of the harbors,
The top of each tree continually bearing fruit and nuts,
Oak mast in each wood, fresh honey constantly on stones.

Three candles are lit with a blaze I cannot describe
On the top of Donn Fírinne's Hill in Conallach Rua
I followed the band of the cloaked women to Thomond
And enquired about the zeal of their function in their rounds.

The maiden Aoibheall who was not of a dark hue responded
With the reason for lighting three candles in every harbor:
"In the name of the faithful king which we will soon have
In charge of the three kingdoms and protecting them ceaselessly."

From my vision I started up suddenly, I spoiled my slumber,
And thought that Aoibheall was right about every joy she mentioned;
I was in fact sickly shaken, gloomy and dejected,
One morning before Titan thought of stirring his feet.

Translation: Deirdre Nic Mhathúna.

83. "*Whereas* Aeneas fáithchliste," AOGÁN Ó RATHAILLE, 10 rann, meadaracht: leagan nua de chasbhairdne

Léiríonn an dara dréacht leis an bhfile cáiliúil Ciarraíoch, Aogán Ó Rathaille, a ildánaí nuálaí a bhí sé. Is é seo an sampla is luaithe den Bharántas aoire sa Ghaeilge, seánra fileata a bhí faoi bhláth i gCúige Mumhan sa tréimhse atá i gceist anseo. Is amhlaidh a spreag daingniú Dhlí Comónta Shasana ar fud na tíre an Barántas. Aithris ar fhriotal mór is fiú an dlí chun an tóir ar choirpeach a fhógairt atá de dhlúth is d'inneach sa Bharántas, é sin agus easpa tábhachta na gcoireanna a bhíonn faoi thrácht. Sa chás atá á phlé anseo, cuireadh as do shagart darbh ainm Aonghas nuair a d'imigh a choileach ar iarraidh, agus é díreach ceannaithe aige ar aonach an Daingin.

Contae Chiarraí le [hEoin] Hasset ardsirrriam na Contae réamhráite

Ar mbeith do shagart áirithe dárbh ainm Aonghas ar aonach Dhaingin Uí Chúise i gContae Chiarraí ionar cheannaigh sé coileach, agus ag dearcadh 'na thimcheall do chonairc seirbhíseach airdsirriam na dútha dárbha ainm Séamas Ua Síobharráin, ar an aisc, ar bheith dó ag filleadh abhaile ón aonach, an t-éan d'fhágáil ag a lannchumhdaí, mar bhá a n-árais i ngrod dá cheile. Ach d'éis an aonaigh, ar rochtain a dhúna don tsagart, mar nach bhfuair an t-éan, scríobhann litir antlásach gus an airdsirriam ag gearán an éagóra d'imir Mac Uí Shíobharráin air. Ris sin tugann an sirriam a bharántas le gabháil Mhic Uí Shíobharráin ar an modh so:

Whereas Aenéas fáithchliste
Sagart cráifeach Críostaithe
Do theacht inniu dom' láthairse
Le gearán cáis is fírinne:

Gur cheannaigh coileach dárshleachta
Dá chearcaibh sráide is tí bhaile,
Ba bhreátha scread is bláithmhaise,
Baic le scáil gach líondatha.

83. "*Whereas* Aonghas, clever as a seer," AOGÁN Ó RATHAILLE, 10 verses, meter: a modern version of *casbhairdne*

This second contribution by the famed Co. Kerry poet Aogán Ó Rathaille attests to his versatility and flair for innovation. It is the earliest example of the satirical poetic "Warrant" in Irish, a genre which flourished in Munster in our period. The Warrant was inspired by the embedding of the English system of Common Law throughout the country. Much of the humor of the theme comes from its aping of grandiose legal vocabulary and applying a hue and cry proclamation to what are usually rather trivial misdemeanors. In the present instance a priest called Fr. Aonghas has been discommoded by the loss of a cockerel, newly purchased at the fair of Dingle, Co. Kerry.

County Kerry, by John Blennerhassett, High Sheriff of said County.

When a certain priest by the name of Aonghas was attending the fair of Dingle in County Kerry at which he bought a rooster, and looking about him, saw the servant of the high sheriff of the district, who was called Séamas Ua Síobharráin, and whom he requested, when he was returning home from the fair, that he would leave the bird with his clerical protector, as their dwellings were close to each other. But after the fair, when the priest had reached his dwelling, as he did not find the bird, he writes a strong letter to the High Sheriff to complain about the injustice which Ua Síobharráin had done him. With that the sheriff issues his warrant for the arrest of Ua Síobharráin as follows:

Whereas Aonghas, clever as a seer
A pious Christian priest
Came today into my presence
To make and avow his complaint:

That he bought a rooster of the best pedigree
For his yard and household hens,
With the finest crowing and fairest appearance
Neck with the sheen of every color.

Tug sé caogad mínscilling
Ar an éan dob aoibhinn cúilbhrice,
Do sciob síofra é go draíochtaithe
Ó aonach chinn na dúiche-se.

Bhí gá dá shamhailt d'áirithe,
Coileach screadtha is dúiscithe,
Do bheith in aire ar shámhchodladh
I dtráth gach easpairt urnaithe.

M'ordú díbhse, ar an ábhar sin,
A bháillí stáit mo chúirte-se,
Déanaíg cuartú sáirshlite
'Na dhiaidh le díograis dúthrachta.

Ná fágbhaíg sagart tuarastail,
Dá bhfuil in bhur bhfuarmáil,
Gan scíos an éin so d'f[h]uadachain
D'fhógairt dóibh 'na bpoibleachán.

Gluaistear libh le húdarás
A Eibhlín ard 'níon Uallacháin,
Siobhán fhada an scúilleacháin,
Is gach bean dá sórt den tsluamhionnán.

Ná fágbhaíg lios ná síchnocán,
'Na gcluinfí glór ná gliongaráil
Gan dul ar lorg an tSíobharráin
Do rinn an gníomh le plundaráil.

Whatsoever cuaiseachán
'Na bhfaighthí é mar thórpachán,
Tugaíg libh é ar ruainseachán
Go gcrochad é mar dhreolacán.

And for so doing d'oibreagáil
Seo dhíbh uaim bhur n-údarás,
Faoi scríobh mo lámh le cleiteachán
An lá so d'aois an Uachtaráin.

He paid fifty fine shillings
For the bird with the delightful speckled comb.
A sprite stole him by magic
From the foremost fair of this district.

There was a real need for his like,
A rooster to crow and waken,
To be on guard against sound sleep
At the time of every evening prayer.

For that reason I order you,
State bailiffs of my court,
Go and search the highways
After him with zeal and fervor.

Do not leave any salaried priest
Who is within your hearing,
Without proclaiming to their congregations
The worrisome news about the abducting of the bird.

Make a move with authority,
Tall Eibhlín Ní Uallacháin,
Long Siobhán the scullion,
And every woman like her of the frisky crowd.

Do not leave any fairy fort or fairy hill
In which a voice or chattering can be heard
Without going in search of the little sprite
Who did the deed by plundering.

Whatsoever hollow
In which you may find the little lumpish oaf,
Bring him by a string
So that I can hang him like a silly wretch.

And for so doing, as obliged,
I hereby give you your authority,
Under my hand, written with a little quill
This day of the Lord.

Toirbhearta faoim' láimh
Eoin Haiséad
Ó mo scríobhchaoin an 13 lá don naoú mí 1717.

Foinse: Pádraig Ó Fiannachta, *An Barántas* (Má Nuad: An Sagart, 1978), 124–25.

84. "Fáilteadh romhat go Duibhlinn daoineach," MÁIRE NÍ REACHTAGÁIN, 4 rann, meadaracht: trí rainn (meadaracht shaor nó scaoilte) agus amhrán

Ceann de dhá dhréacht a chuirtear i leith Mháire Ní Reachtagáin, tríú bean chéile Thaidhg Uí Neachtain (feic Dán 85), scoláire agus scríobhaí Baile Átha Cliathach, atá sa dán seo, a chuireann fáilte roimh an Athair Proinsias Laighneach. Marbhna ar a deartháir Seoirse a cailleadh sa bhliain 1725 atá sa cheann eile. Ba as Co. na Mí do Mháire féin agus ba é an tAthair Laighneach a sagart paróiste i Láithreach Cora sular aistrigh sé go dtí Dún Uabhair, Co. na Mí. Is suimiúil an rud é go spreagfadh an timpeallacht intleachtúil, chultúrtha inar mhair muintir Neachtain a leithéid seo de dhán taitneamhach sofaisticiúil. Tá sé le tabhairt faoi deara gur fhoirm cuibheasach nua a bhí san fhoirm inar cumadh an dán ag an am, mar atá "trí rainn agus amhrán." Faoi mar a tharlaíonn sé, léiríonn fianaise na lámhscríbhinní gur trí mheán chiorcal Uí Neachtain a leath an fhoirm ó thuaidh, áit ar tháinig sé faoi bhláth.

"Roimhe an Airmhidneach Proinnsias Laighneach, fáilteadh Mháire nuí Reachtagáin .i. bean Taidhg uí Neachtuin"

Fáilteadh romhat go Duibhlinn daoineach,
'Oideadh fhíre an fhíorchrádhbhadh,
'Aoidhreadh ionnraic úir-thréid Íosa,
A chroídhe dhílis na hiolghrádhagh.

Reult eoluis (as slighthibh)
Go dún naomhtha Dé dúileach,
Proinnsias pártach, gidh Laighneach,
A bhfoidne is a n-úmhladh.

A Chéile cumainn an chóirchreideamh
A tteagasg is a bhfhuighleadh,
Míle fáilteadh rómhat, a chumainn,
Go hÁth ionmhuin Duibhlinn daoineach.

Given under my hand
John Blennerhassett
With my fair writing the 13 day of the ninth month 1717.

Translation: Liam Mac Mathúna.

84. "You are welcome to populous Dublin," MÁIRE NÍ REACHTAGÁIN, 4 verses, meter: trí rainn (loose syllabic meter) and amhrán

This poem welcoming Fr. Francis Leynagh to Dublin is one of just two extant compositions attributed to Máire Ní Reachtagáin from Co. Meath, who was the third wife of the Dublin scholar and scribe, Tadhg Ó Neachtain, the other being an elegy for her brother Seoirse, who died in 1725. Fr. Leynagh had been Máire's Parish Priest at Laracor, before transferring to Donore, Co. Meath. It is revealing that the intellectual and cultural milieu which flourished around the Ó Neachtains should be conducive to the penning of such a pleasant, urbane poem as this composition. It may be noted that the form of composition, trí rainn agus amhrán (three verses and a song), was also quite a new one at the time. In fact, the manuscript trail shows that the Ó Neachtain circle facilitated its migration from Co. Cork to Ulster, where it was to flourish.

"To Reverend Francis Leynagh, Máire Ní Reachtagáin's welcome i.e. wife of Tadhg Ó Neachtain"

You are welcome to populous Dublin,
True teacher of the real piety,
Upright shepherd of Jesus's fresh flock,
Loyal heart of the manifold love.

Guiding star (among pathways)
To the holy fort of God the Creator,
Sympathetic Francis, although a Leinsterman,
In patience and humility.

Loving spouse of the just religion
In teaching and in speech,
A thousand welcomes for you, my dear,
To the beloved ford of populous Dublin.

Abhrán
Dia do bheathadh, a charadh 's a chéile an ghrinn;
Dia do bheathadh go cathair an Bhearladh bhinn;
Cían do bheathadh sul rachair a gcria ná 'gceill
Iarradh is aisgeadh do Mhailidh bhocht féin, a chuim, ₇c.

Foinse: Tomás Ó Cléirigh, "Leaves from a Dublin Manuscript," *Éigse* 1, uimh. 3 (1939–1940): 202–203.

85. "Ochlán Thaidhg Uí Neachtain," TADHG Ó NEACHTAIN, 37 rann, meadaracht: 34 rann deibhí scaoilte agus 3 rann amhrán

Bíodh is go raibh litríocht na Gaeilge ag teacht faoi anáil na nua-aoiseachta roimh an tréimhse seo againne,[102] bhrúigh sí chun cinn go mór i saol uirbeach lucht na Gaeilge sa chéad chuid den ochtú haois déag. Is é Tadhg Ó Neachtain, an scríobhaí agus scoláire mór le rá a saolaíodh i mBaile Átha Cliath, a chum an dán seo a léiríonn an tocht bróin a tháinig air nuair a d'imigh a mhac Peadar thar sáile chuig coláiste na nÍosánach i Santiago, sular chuaigh sé ar aghaidh chuig Salamanca, agus gan é ach naoi mbliana déag d'aois. Spreag dólás Thaidhg é chun cuimhneamh siar ar bhaiste Pheadair agus ar an oideachas leathan liobrálach a tugadh dó faoi scáth na bPéindlíthe. Cuirtear an t-athair agus an mháthair baistí agus múinteoirí Pheadair i láthair i saothar fileata ar cuma nó rolla aitheantais laochra é.

"Ochlán Thaidhg Uí Neachtuin ar ndul don Spáinn dá mhac Peadar"

Seacht gcéad déag fidhche sa hocht
Do scar ream chroidhe a annsacht,
Peadar dílis ag triall tar tuinn
D'fhagháil bárr oideachas is fodhluim.

'T-aonugh fidhcheat do Bheallthain bhláth
(Ní bhíad choidhche ach dá iomrádh)
Chuaidh don Spáinn mo chuid, mo ghreann,
M'amharc, mo shearc, mo shult, mo shuinneann.

---

102. Mar shampla, déanann an file Ciarraíoch Piaras Feiritéar idirdhealú grinn idir an duine aonair agus an slua—is fearr duine ná daoine—i lár an tseachtú haois déag.

Song

You are welcome, friend and merry companion;
You are welcome to the city of the sweet English tongue;
May you have a long life before you go to clay or cemetery
That is the request and entreaty of your own poor Molly, etc.

Translation: Liam Mac Mathúna.

85. "Tadhg Ó Neachtain's Lament," Tadhg Ó Neachtain, 37 verses, meter: 34 verses of loose *deibhí* and 3 of *amhrán*

While the arrival of modernity to Gaelic letters can be shown to predate our period,[102] it took a qualitative leap forward in early eighteenth-century Irish-language urban life. Here, Tadhg Ó Neachtain, renowned Dublin-born scribe and scholar, laments the emigration of his son Peadar, just nineteen years old, as he departed by ship for the Irish College in Santiago, Spain, before proceeding to the Jesuit college in Salamanca. Tadhg's grief prompts fond recall of Peadar's baptism and a surprisingly broad liberal education received during the watch of the Penal Laws. The poem presents Peadar's godparents and teachers in a poetic hall of fame, as it were.

"Tadhg Ó Neachtain's lament after his son Peadar departed for Spain"

In seventeen hundred and twenty-eight
My loved one parted from my heart
Faithful Peadar journeying over the sea
In order to get the summit of education and learning.

On the twenty-first of flowering May
(I shall be talking about it for ever)
My dear, my love went to Spain,
My sight, my love, my pleasure, my serenity.

---

102. For instance, the Co. Kerry poet, Piaras Feiritéar—see "I Loved an English Maiden," Poem 50—perceptively distinguishes between the individual and the crowd—*is fearr duine ná daoine,* "a man is better than men"—in the middle of the seventeenth century.

Ó chuan Duibhlinne ling an long
Go cuan chainteach Chille Mantain
As sin go Corca ionnar fhos
('Na scríbhinn féin dhúinn a dhearbhas).

Taoiseach na luinge Ó Dubhthaidh dil,
Gearalt Ó Bruin an faothaoiseach,
Maria Lonnduin an líogach long
Do thaistioll tar muir mo mheanmonn.

'N-aois naí mbliadhna déag, tar tuinn a thríall,
Chum féadhm do Íosa Mhac Maria;
Ord an Dil do char mo chuid
Tré fhír-áilgheas cumainn a charad.

Ó aois naoidhin níor ghreann gó
Is tar bheul níor bheart mheann na aóradh:
Bhrunn a thús mar chríoch a roith
Do riaghail algadh na n-aostadh.

Daondhacht d'fhoghluim is filigheacht fós
Ó dhaltadh Dé d'órd Íosa
Maolradh Ó Bruin, 't-uan gan mheang,
Is ó Aodh eagnach ua Conaill.

Tús a loighic lean gan locht
Ag bláth na heagnadh 's na hollamhnacht
Eóin Harald, an cáirneach caomh,
Lóchrann an chreideamh 'sa chathaoir.

A mhían uile an eagnadh chóir,
Uathmhuin Dé, mar chríon-sheanóir,
Tréar ghabh grádhagh 's gan smior 'na chnáimh,
Díbirt thoilteach is inghreamadh.

Máthair Dé dá ildhíon anocht,
Grádh a athar agus a annsacht,
Rún a mháthar 's a háilleán fíor,
Dá shean-athair a chuid is a chualluidh.

From Dublin harbor sprang the ship
To the roaring harbor of Wicklow
From there to Cork where it stopped
(In his own writing to us he confirmed it).

The chief of the ship was dear Ó Dubhthaigh,
Gearalt Ó Broin was the second-in-command,
Maria of London was the beautifully colored ship
In which my darling traveled across the sea.

At the age of nineteen years, over the sea he traveled,
To serve Jesus, Son of Mary;
The Order of Dear God my darling loved
Through the true loving desire of his friends.

From the age of infancy he did not like a lie
And across his mouth cast no deceit or lampooning:
He bestowed his start just as the end of his course
On the noble rule of the elderly.

He learned humanities and poetry as well
From God's student of the Order of Jesus
Maolra Ó Broin, the lamb without guile,
And from wise Aodh Ó Conaill.

The foundation of logic he followed without fault
With the flower of wisdom and professorship
John Harold, the gentle friar,
The torch of the faith and its seat.

His whole desire was for just wisdom,
The fear of God, like an old elder,
By which he loved and without any marrow on his bone,
To expel desires and persecutions.

May the Mother of God fully protect him tonight,
His father's love and his darling,
His mother's beloved and her true pet,
To his grandfather he was his love and his dear.

Tús a litreach do lean mo ghrádh
Agus tús fós a ghramada
Ag mo athair dil, Seán, mo shearc
Ag deargadh aidhinne a inntleacht.

Fós tús a cheoil do char mo chuid
Uaim féin (fíor; ní fáth a dhearmad)
'S riaghalúgh a mhéir (gan bhríathar gó)
A scríobhadh gaoiseach na Gaoidhiolgodh.

Raoimh-eadhluighean lean mo leanabh dil
Ag Gearóid gaoiseach ua Réadhmuin;
Sin na saothaibh bhus oidígh do
A n-íath aerach Éireann algodh.

Naodhughadh fidhchead do Iún-thráth
San bhliadhuin d'aois an Tighearna
Míle seacht gcéad agus an naoi,
Do rugadh an dil, dia Céadaoin.

A bhaisteach ba hé an cáirneach caomh
Rivers riaghalta Uailintín;
Seán Uailis is Agnéis Brún bhinn
'Dheaghthuistidhe (fíor—an chóir canuim).

A Tarmonn tairbheach an fhallsamh fhíor,
An naomhóigh cheannsaidh Caiterín,
A n-Áth na gClíath gan claonadh clódh,
Geine mo chuid is mo chuisleadh.

Sé Domhnaidh dhearbhadh (truagh mo dháil)
Ó chualaigh mo chluas fuaim a chomhrádh;
Riaghan Portugaedhil taoi anocht,
'N-a port o taoi, d'ildíon m'annsacht.

Naomh Isebel an riaghan fo réim,
Measg Ógh is Aingil a mór-shéan,
Croidhe a fir, baintreabhach Dé,
Do chaomhnadh go lúan mo leine!

The start of his letters my love followed
And the start of his grammar as well
With my dear father, Seán, my love
Kindling the lighting of his intellect.

The beginning of his music too which my darling loved
From me myself (true: that is no reason to forget it)
And the directing of his finger (without word of a lie)
In the wise writing of Irish.

My dear child learned the art of enumeration
From wise Gearóid Ó Réamoinn;
Those are the wise men who were his teachers
In the pleasant land of noble Ireland.

The twenty-ninth day of June
In the year of Our Lord
One thousand and nine
The darling was born, on a Wednesday.

The baptizer was the gentle monk
Valentine Rivers, of a religious order,
John Walsh and sweet Agnes Browne
His good [God-]parents (true: what I say is right).

In the beneficial church lands of the true philosopher,
The holy gentle virgin Catherine,
In Dublin, without any twisting of shape,
My darling and my beloved was born.

Six Sundays it was confirmed (pity my state)
Since my ear heard the sound of his conversation;
The queen of Portugal, she is [there] tonight,
Since he is in her port, as protection for my darling.

Queen Elizabeth is the reigning queen
Among the virgins and angels of her great prosperity,
Beloved of her husband, a widow for God,
May she protect my child until Judgement Day!

Litir mo leinibh go nuadh anois
Do ráinic mé, mar a n-aithris
A thriall tar tuinn is a fhos
A n-airdscoil ilsearcach Shéamuis.

Ó chuan Corcaidh gur ching mo chuim
A gcarbh sheoltach san lán-linn
Gur scar mar sin re ffarach Floinn,
Treabhadh an doimhneacht gan duineann.

Níor chían for muir mo dhaltadh dil,
Tráth d'iompaidh gaoth thuath for dheisil,
'S gur fhosgail a craos an ghaoth ó-dheas,
Borradh tonnadh gan traochachas.

Fo thoinn lingeann a long 'san linn,
For thoinn oile gan ath-mhoill;
Síos dá buaic arís a gclais
Idir dhá thuinn fo thuinn tuiteas.

Seoltadh na cairbhe claonann don ghaoth;
Blodhar téadaibh agus cranaoil
Ath-thoinn ar thoinn gur mhadhm gan fos
San gcarbh (mo ghrádh féin dhamh a dhearbhas).

Aon lá déag dó for muir ming
Sul ráinic port a bPoirtinghaeidhil,
Cathair cheallach fo chrobhthuinn clíar
Do shíor ag moladh an Mhóir-Dhia.

Dá lá déag dó san daoineach dún
Bhus ro-dhaor biadh agus cothughadh,
'Fuireach re bárc ro bhí mo ghrádh
Chum triall go gort Galichia.

Ó Dubhthaidh dílis lachtann long
Ré coth san gcúan, tré chumann
Do mo ghrádh, agus réidheann dó
A iomlot go port Pontivedro.

My child's letter just lately now
Reached me, in which he relates
His journey across the sea and his stay
In the much-lovable high school of Saint James.

From Cork harbor my love proceeded
In a sailing ship on the deep sea,
Until he parted thus with Ireland's lea,
Ploughing the deep without bad weather.

Not long on the sea was my dear student,
Until the north wind turned right,
And the wind from the south opened her mouth wide,
The swelling of the waves without let up.

His ship jumps under a wave in the sea,
Onto another wave without any delay at all;
Down from her top again in a dip
Between two waves she falls under a wave.

The sails of the ship bend before the wind;
Smashing of ropes and masts,
Wave after wave, so that they burst without respite
Into the ship (my own beloved affirms it).

Eleven days he was on the treacherous sea
Until he reached port in Portugal,
City with churches under a cluster of clergy
For ever praising the Great God.

Twelve days was he in the populous fortress
In which food and sustenance are excessively dear,
Waiting for a ship was my beloved
In order to travel to the land of Galicia.

Faithful Ó Dubhthaigh who loads the ship
With food in the harbor, out of friendship
For my beloved, and arranges for him
To be ferried to the port of Pontivedro.

Sé tráthadh dó san turas sin,
A tteas garrthach for an ghríanmhuir
Gus an gcuan do ro rochtain dó,
An port pártach Pontivedro.

Ó'n chuan so ching gan mharbhadh moill
Go San Iago na n-órd ionmhuin
Go Mac Énrigh, mar bhfhuair sé cuim;
Ollamh ollamhnaibh an t-ionmhuin.

Ag so an t-ionad ionn a bhfuil
Eagnadh fhíre, ceart is creidiomh,
Naomhthacht 's aondhacht gan mhairg fo mhuirn,
Grádh 's dísleacht go cóir a gcumann,

Airdeacht gan uathbhar a n-eagladh Dé
Saidhbhreas a sódh gach subháilceadh
Díadhacht fo réim mar ríaghain óg
'S na huile eagnadh agá honóir.

Raomhacht, fallsacht, filigheacht fós
San áras neamhdha na ndeaghnós,
Mórdhacht ársaidh, riaghalgacht rúin
Don díadhacht uile ag umhalugh.

Anam, cos, croidhe agus ceann
An cheirt-chreideamh taoi san ttearmonn,
Ag buabhaill Dé a n-annsacht naoimh,
An ghlóir go huile don Áirdrígh.

'bhFhochair na foirne 'n annsacht taoi
Fo mhuirn mhomhair ag Mac Éinrigh
D'órd Íosa, ag daltadh Dé,
Ag bard eolgach na heagluise.

Dul 'n-a dháil o bhus deacair dhamh,
Innlim a gcroidhe is a gcumann
Seacht gcéad déag fidhche 'sa hocht
Míle míle biothbhuan beannocht.

Six days he spends on that journey,
In the ardent heat on the sunny sea
As far as the harbor which he reaches,
The friendly port of Pontivedro.

From this harbor he proceeded without deadening delay
To Santiago of the dear Orders
To Mac Éinrí, where he received protection;
A professor of professors is the dear one.

This is the place in which there is
True wisdom, that which is just and religion,
Holiness and unity without woe and cherished,
Love and faithfulness justly in companionship,

Nobility without arrogance in the fear of God
Wealth in the enjoyment of every virtue,
Divinity reigning like a young queen
And her honor possessing every wisdom.

Enumeration, philosophy, poetry too
In the heavenly abode of good customs,
Ancient majesty, mysterious religious life,
All bowing before the divinity.

The soul, leg, heart and head
Of the true religion is in the church land,
God's bugle has their saintly love,
All the glory for the High King.

In the company of the band the loved one is
In gentle affection with Mac Éinrí
Of the Order of Jesus, with the student of God,
With the knowledgeable poet of the church.

As it will be difficult for me to go to meet him,
I arrange in heart and in love
In seventeen hundred and twenty-eight
A thousand thousand everlasting blessings.

Orrtha

Íarraim ar mo Thighearna ar Aingil bhus Rígh
Gan tsían bheir grían 'ndiaigh gailling is gaoth,
A bhíadhas gach íasg beag san bhfhairge shíos,
Gan diachair mo chíallach d'aisioc dá ghaol.

Tréar ngaoil-nedh re naomh-Mhuire do bhuime 's do mháithir,
A oidhcheacht gach díshleacht tá 'bhfuine gach áit
'S ní ríoghaibh don ísiol dá ttigidh ón láib,
Mo Phítear beag dílis cuir chugam-sa slán.

Slán go Fódhladh deonaigh a thiacht gan scís,
Tré bhláth na n-óghacht 'stóir, mo Thighearna Críost;
Ráimh gach bóchnach is eol na ndíadhairigh
Chúinn lán eolais a sheoladh noch iarramaoid.

Foinse: Tomás Ó Cléirigh, "A Student's Voyage (Ó Neachtain)," *Éigse* 1, uimh. 2 (1939–40): 110–15.

86. "A uaisle Éireann áille," AODH BUÍ MAC CRUITÍN, 24 rann, meadaracht: deibhí scaoilte

Cé nár nós le formhór na nGael Caitliceach aird a tharraingt orthu féin sna cúinsí polaitiúla a bhí i réim in Éirinn sa chéad leath den ochtú haois déag, ba eisceacht é Aodh Buí Mac Cruitín, file de chuid Cho. an Chláir. Bhí sé gníomhach sa saol poiblí faoi chló a *persona* Béarla. Go deimhin, is léiriú é ar a mhéid a bhí sé gafa le cúrsaí reatha mar staraí a raibh ábhar foilsithe aige, gur chaith sé babhta i bpríosún! Ba eisean an t-aon fhile Gaeilge amháin i measc lucht a chomhaimsire a chonaic dán dá chuid i gcló, an dréacht a chuirtear ar fáil anseo, *A uaisle* Éireann áille. Is dán é seo a cumadh mar réamhrá fileata don fhoclóir Béarla-Gaeilge a réitigh Conchobhar Ó Beaglaoigh agus a foilsíodh i bPáras na Fraince in 1732, saothar a raibh lámh ag an gCruitíneach féin ann.

A uaisle Éireann áille,
A chrú na gcéimeann gcomhbháidhe,
Tréigidh bhur dtromshuan gan on,
Céimidh lomlua bhur leabhar.

A Prayer
I ask my Lord of Angels who is King
Who without murmur bestows the sun after storm and wind,
Who feeds every little fish in the sea below,
Without sorrow to return my dear one to his relative.

Through our relationship with holy Mary, your nurse and your mother,
O you who is the welcome of every orphan who is in weakness in every place
And who makes kings of the lowly if he leaves the mire,
Send my little loyal Pítear safely to me.

Safely to Ireland allow him come without sorrow,
Through the bloom of rich chastity, my Lord Christ;
Let the oars of every sailor and the knowledge of the theologians
Send him to us full of knowledge we ask.

Translation: Liam Mac Mathúna.

86. "O nobles of beautiful Ireland," AODH BUÍ MAC CRUITÍN, 24 verses, meter: loose *deibhí*

Whereas most native Irish Catholics opted to avoid the limelight in the political circumstances prevailing in Ireland in the first half of the eighteenth century, the Co. Clare poet Aodh Buí Mac Cruitín was an exception. In his English-language persona he was an active participant in the public sphere. Indeed, the strength of his engagement as a published historian was affirmed by a stint in prison! Uniquely among the Irish-language poets of his era, he saw one of his poems appear in print. This is the work included here, which was composed by way of poetic introduction for the English-Irish dictionary of Conchobhar Ó Beaglaoich, which Mac Cruitín had helped to edit, and published in Paris, France in 1732.

O nobles of beautiful Ireland,
You of the blood of the friendly ranks,
Abandon your deep slumber without blemish
Advance the slight fame of your books.

Trom an teidhm se tharlaigh daoibh,
Idir mhnáibh agus mhacaoimh,
Ar séanadh seanrá bhur sean,
Comhrá solais bhur sinsear.

Níor dhealbh an domhan uile
Teanga is milse mórthuile
De bhriathraibh is briochtshnoite blas,
Caint is ciantuilte cuntas.

Má tráitear tiobraid an fhis,
Leabhair uama is iris
Folach bhur scéal ní scrios gann,
Gan fios bhur gcéimeann gcomhthrom.

Na dréachta druadh níor léig brat
Ar ghéig dar geineadh romhat,
'S cidh marbh ár n-uaisle a-niogh.
Dár nguaisne níor dháil deireadh.

Cidh cian caithréim chlainne Coinn,
Séan sleachta Oilill Óloim
Gan béim le bua gach bile,
Táid le lua 's gach léirlíne.

Fios gach fiailbhile fosaidh
'S gach triathfhine tromtheaghlaigh
Fuair clú le caithréim go mbua,
Ba fiú a maithmhéin mórlua.

Anois cidh léan 'na luighe
Clanna ríoga Rúraighe
Mórleabhair líonta dá dtreoir,
Meabhair a bhfíonta 's a bhfleá-óil.

Clanna Néill na ngeimheal nglas,
Don fhéinn ba saoire seanchas,
Laoich úra ba tréine teist
Ba trom tréithe agus tuairisc.

Heavy is this stupor which has come upon you,
Both women and youths,
In denying the old words of your forebears,
The bright conversation of your ancestors.

The whole world did not fashion
A language of sweeter profuseness
In words and elegant polished sayings,
A speech long overflowing with stories.

If the well of knowledge is drained
Books of verse and records
The hiding of your histories will be no light destruction,
Without knowledge of your proper ranks.

The composition of the poets did not place a mantle
On any generation that was born before you,
And although our nobles are dead today,
No end has been put to the peril we are in.

Although the battle-career of the descendants of Conn is distant in time
And the prosperity of the offspring of Oilleall Ólom
Without reproach on the valor of every hero,
They are to be mentioned in every complete lineage.

Knowledge of every steadfast generous hero
And every noble kin with a numerous household
Which achieved fame in a battle-career with victory,
Their good traits deserve a grand mention.

Although now afflicted and lying down
Are the royal offspring of Rúraí
Great books are filled with their progress
And the memory of their wine and their drinking feasts.

The descendants of Niall of the grey-iron fetters
Of the band with the noblest lore,
Fresh warriors of the strongest testimony
Great in qualities and report.

An chinneamhain chlaon do rad
A scéala daor ar dearmad,
Na tréinfhir ba teann i dtroid,
Éire san am so in anbhroid.

Ní linne nach trua an tlás,
Anois go nua i neamhchás
Clann bhríomhar Bhriain mac Eachach
An eang líonmhar láinbhreathach.

Sliocht Laoghaire Loirc an áigh,
A seanchas cian ar congbháil,
A gcatha, a gcogtha ad-chlos,
Ó scolta frofa fuaras.

Sliocht Mogha Nuadhat na n-each,
Ór chin mórchuain na Muimhneach
Gan cuimhne orra iar n-éag,
Orchra bhus cian gan choiméad.

Aitchim fós na Gaill ghlana
Le bhfríth fios gach foghlama
'S do fuair réim le rinn áighe,
Dhúinn a gcoim 's a gcomhbháidhe.

Gan fios uasail seach athach,
In Éirinn na magh mionscathach
Má léigthear ar lár nosa
Barr is suim a seanchasa.

Cluintear uaibh tráth bhur dteasta,
Sliocht na dáimhe deighmheasta.
Leasaíthear libhse go luath.
'S cneasaíthear irse bhur n-ardshlua.

Ós dualgas daoibh, gan dochma,
Uaisliughadh na healadhna,
Cur in éifeacht, mo rá ribh,
Gréiseacht iomlán ar uaislibh.

The unhappy fate which has brought
Their severe plight into oblivion
The strong men who were firm when fighting,
Ireland at this time is under oppression.

It is not we who do not pity the weakness
Now recently come to be uncared for
The lively descendants of Brian mac Eachach
The numerous fully discerning race.

The descendants of valiant Laoghaire Lorc,
Their lore is long preserved,
Their battles, their wars have been heard of,
I got it from proven schools.

The offspring of Maigh Nuad of the steeds,
From whom descended the great company of the Munstermen
Without keeping their memory after death,
Will be a long-lasting loss.

I also beseech the pure foreigners
From whom the knowledge of every learning was received
And who achieved power by dint of battle,
For us their protection and their sympathy.

There will be no distinguishing of noble from churl,
In Ireland of the small-flowered plains
If the summit and extent of their lore
Is now allowed to be lost.

Let your testimonies be timely heard from you,
Descendants of the esteemed band,
Let the records of your noble company be amended
And restored by you soon.

As it is your duty, without churlishness
To enhance the arts
Put into effect, that is what I say to you
Great encouragement of the gentry.

Miste mé 's is miste leam
Ciste ealadhna Éireann
Do bheith i gciach is i gceas,
Liach gan urra ag éigeas.

Easpa báidhe, buan an bhroid,
Easpa áighe is ionaid,
Easpa laoch ná lacht 'na ndáil.
Do thacht intleacht gach ógáin.

Fuaras tráth iar dteacht i bhfad,
Gan feacht comhghaoil ná carad,
An sagart sáir-riaghlach séimh
Seasmhach sáimh-mhianach soiléir.

Tharlaigh leamsa, saor an saoi,
Conchubhar caomh Ó Beaglaoich,
Uile-shuairc i méin nach meangach,
Duine uasal Éireannach.

De bháidh le hInis Éilge
Do dháil glanchló Gaedhilge.
D'aithbheodhadh ár dteangan tráth,
Tá gan eagar in anbhá.

Tugas céim, mo chúnamh leis,
I gcéin mar liaigh ár leighis
Ón gceas do loim ár leabhair,
Coim is fearr do fuaramair.

Gabhaidh agam a aos iomtha,
Gion gurb ionnmhas ionghafa,
Sirim fós bhur luighe liom,
Ós nós ó dhuine a dhíchioll.

Foinse: Vincent Morley, eag., *Aodh Buí Mac Cruitín* (Baile Átha Cliath: Field Day Publications/Keough-Naughton Institute for Irish Studies, 2012), 47–50.

I am worse off for it and I grieve the more
That the store of the art of Ireland
Should be in darkness and in affliction
Alas that no poet has a patron.

Lack of sympathy is a lasting trouble,
Lack of support and situation,
Lack of heroes and of followers around them
Has choked the intellect of every youth!

I once got after coming a long way
Without a relative or friend traveling
The truly pious, gentle priest,
Steadfast, of quiet demeanor, clear.

I met with him, noble is the sage,
Dear Conchubhar Ó Beaglaoich
Totally pleasant in disposition without guile
A noble Irishman.

Out of love for the island of Ireland
He distributed a clear font of Irish
To revive our language in good time.
Which is without order in danger of extinction.

I stepped out, to give him my assistance,
From afar, as the surgeon to cure us
From the debility which stripped our books,
The best protection we got.

Forgive me, O rivals,
Although this may not be wealth worthy of acceptance
I nevertheless seek your indulgence to me,
As it is customary for a person to try his best.

Translation: Liam Mac Mathúna.

87. "Dán do Sheon Eana," SEÁN CLÁRACH MAC DOMHNAILL, 5 rann, meadaracht: amhrán

Seán Clárach (1691–1754?), file agus scríobhaí Corcaíoch, a raibh Gaeilge, Laidin, Gréigis agus Béarla ar a thoil aige. Aithne fhairsing air mar fhile Seacaibíteach agus is é "Bímse buan ar buairt" (Dán 72) an saothar is aitheanta uaidh. Tá dán neamhchoitianta roghnaithe anseo againn áfach faoi dhuine dá lucht aitheantais, darb ainm Seon Eana, pearsa mhistéireach le tréithe fireannacha agus baineannacha araon. Leanann an éiginnteacht fíorthréithe an duine seo i gcónaí, áfach.

"A ainnir is áille lámh ar bhratachaibh sróil
Is do chanas go sámh gach dán do chleachtann mo shórt,
Ó ghabhais gach sráid ón Ráth go Caiseal faoi dhó,
Abair, a ghrá, cé is fearr do thaitnigh le Seon?"

Is dathaithe d'fhás an bán 'na dhearg trí rós
Is an dearg is sámh i scáil an tsneachta 'na chló;
Tá an dearg 'na bhán 's an bán 'na dhearg fé dhó
Ag Eana bean Sheáin cé tharlaigh Eana ina Seon.

"Mo dheacair, a Sheáin, an t-ár so bhaineas dár sórt
Ag Gallaibh dár gcrá ón lá do cailleadh an Bhóinn,
Dá dtagadh an Spáinneach bán is fearaibh tar Móin
Do gheabhainnse stáit mo chrá dá mba mheasa do Sheon."

Sin Eana ina Sheán is Seán ina hEana is 'na Seon
Ag taisteal d'bhur ndáil go láidir acmhainneach óg,
An reacaire mná is an sárfhear seasaimh i ngleo,
Tá ceangailte i ngrá, i bpáirt, i ngradam 's i gcló.

Mo dheacair gan lán-each bán 'gan bpreabaire Seon
Fé arm nár tháir gach áit 'na measann sé góil,
Do lascfadh gan gráin gach rásta d'*fanatics* chrón
Ár sagairt chrábha is ár mbráithre bhagair don Róimh.

Foinse: Éamonn Ó hÓgáin, *Seán Clárach Mac Domhnaill* (Baile Átha Cliath: Field Day Publications/ Keough-Naughton Institute for Irish Studies, 2011), 43.

87. "A Poem for Seon Eana," Seán Clárach Mac Domhnaill, 5 verses, meter: *amhrán*

Seán Clárach Mac Domhnaill (1691–1754?), a poet and scribe born near Charleville in Co. Cork, was well-educated, possessing a good knowledge of Greek and Latin. He became well established in Irish-language literary circles and was centrally involved in poetic gatherings across Munster. Although known primarily as a Jacobite poet, in particular as the composer of "I Am Forever Heartbroken" (Poem 72), we include here an unusual poem about a mysterious figure of uncertain gender, Seon Eana Príor, a literary messenger and transmitter of poetry with both male and female characteristics. Uncertainty remains as to the subject's true identity.

"Most beautiful maiden of great skill with satin cloths (embroidery)
And who pleasantly recites every poem my class is wont to compose,
Since you frequented every street from Charleville to Cashel twice over
Tell me, my love, which did Seon prefer most?"

Lustrously did the white break through the red hue of the rose
And the red is pleasant in the gleam of snow in his countenance,
Red is white and white is red twice over
In the case of Eana, Seán's spouse, although Eana was actually Seon
        [i.e., they are one and the same person].

"Alas, Seán, these afflictions that befall our kind
By foreigners tormenting us since the day the [battle of the] Boyne was lost,
If the fair Spaniard would come, and men across the Avonmore,
I would get into a state of anguish if it were worse for Seon."

Here is Eana as Seán and Seán as Eana and as Seon
Traveling towards you strong, sturdy, and youthful,
The female reciter and an excellent man to stand firm in combat
Are as one in love, affection, esteem and form.

Alas that the gallant Seon has no white steed
Not feebly armed and going wherever he intends,
Who would lash without flinching every swarthy fanatical informer
Who drove out our devout priests and our brothers to Rome.

Translation: Pádraig Ó Liatháin.

88. "Muiris Ó Gormáin,"
PEADAR Ó DOIRNÍN, 6 rann, meadaracht: amhrán

Bhí de thoradh ar leathnú an dátheangachais i measc an phobail san ochtú haois déag gur cumadh dréachtaí dátheangacha macarónacha, mar a luadh cheana, saothair inar meascadh an dá chód—Gaeilge agus Béarla—ar bhealaí éagsúla. Is minic a ghabh fuinneamh nua cruthaitheach agus brí bhreise leis an bhfeiniméan seo. Is é rud atá sa dréacht a roghnaíodh anseo ná aoir neamhthrócaireach a dhein Peadar Ó Doirnín, arbh as oirdheisceart Uladh dó, ar easpa Béarla file eile, Muiris Ó Gormáin, ina chuid focal féin, mar dhea. Ní hamháin go raibh Ó Doirnín agus Ó Gormáin in iomaíocht le chéile go gairmiúil agus iad ar thóir postanna teagaisc sa cheantar céanna, ach is cosúil go rabhadar beirt ag lorg fhabhar na mná óige atá lárnach sa dán. Pé scéal é, d'ainneoin flaithiúlacht Uí Ghormáin agus é ag tathant dí ar an gcailín agus an ghalamaisíocht lenar chuir sé é féin ina láthair le Béarla áiféiseach nach bhfuil bun ná barr leis, ní raibh de thoradh ar a chuid iarrachtaí ach gur thit sé féin faoin mbord de bharr an óil, agus nach raibh tásc ná tuairisc ar an mbean óg nuair a dhúisigh sé as a néal.

Ar maidin Dia Máirt is mé ag dul go Droichead Áth'
Theagaimh dhamh an stáid ar an Turnpike Road,
Is í is deise dar tharla orm de mhnáibh
Ó gineadh mé lá go bhfaca mé an tseoid;
Gabhamsa a láimh an oiread is a rá
"Shall travil vith bláth na finne, sweet rose,"
"Yes, dar be me own trath," ar sise, a thabhairt sásaimh,
"Fat vill se kall or feadar shall go?"

Fhreagair mé an tráth sin lile na mbánchrobh
Ba ghile nó bláth na n-abhall faoi dhó,
Is tráth aithneas gur pháiste Sacsanta gallta
Ainnir na bhfáinní, chas mé mo ghlór:
"Me is go to Droichead Áth, shall give you a cárta
And heartily fáilte, madam vit póg;"
D'amhairc mo dháilse is rinne sí gáire,
"Shad is the kas, me money, has none."

88. "Muiris Ó Gormáin,"
PEADAR Ó DOIRNÍN, 6 verses, meter: *amhrán*

The spread of societal bilingualism in the eighteenth century prompted the rise of macaronic, dual-language compositions, in which the two linguistic codes—Irish and English—were mixed in a variety of ways. This phenomenon often brought with it a new creative energy and verve. The example selected for inclusion here shows Peadar Ó Doirnín from southeast Ulster mercilessly presenting fellow-poet Muiris Ó Gormáin's alleged incompetence in English in his own words, as it were. Not only were Ó Doirnín and Ó Gormáin in professional competition for teaching positions in the same area, but they were also apparently rivals for the affections of the young lady central to the poem. At any rate, despite Ó Gormáin's generous proffering of drink and his pretentious self-presentation in ridiculously contorted English, he only manages to drink himself under the table and awakes to find that the maiden is nowhere to be seen.

> On Tuesday morning as I went to Drogheda
> I met the beautiful woman on the Turnpike Road,
> She is the nicest of all the women I've met
> Since the day I was born till I saw the jewel;
> I grasp her hand as if to say,
> "*Shall travil vith fair maiden, sweet rose,*"
> "*Yes, on be me own trath,*" says she, giving satisfaction,
> "*Fat vill se kall or feadar shall go?*"
>
> I then answered the lily of the white hands
> Who was twice as bright as the flower of the apple-trees,
> And when I recognized that the girl of the ringlets
> Was a foreign English maid, I switched my voice:
> "*Me is go to Drogheda, shall give you a quart*
> *And heartily welcome, madam vit kiss;*"
> She looked my way and she laughed,
> "*Shad is the kas, me money, has none.*"

Tráth chonnaic mé sméideadh ag teacht fó mo dhéin
Ón gcoinneal mar ghréin na maidne gan cheo,
Is go mb'fhearr liom nó saibhreas Mharcais is Séasair
Ise is mé a bheith i gcumann ag ól;
Las mé sa mBéarla is labhair mé léithe:
"If him had apron file the ór,
The divil a halfpenny me let you pay,
Shall drink the good ale whil feather cock crow."

Thaitin mo Bhéarla blasta le spéir
Na ndearca mar réalta glasa go mór,
Is do labhair de shéimhghuth ba bhinne nó téada;
"Fath was you name or town was you home?"
Fhreagair mé scéimh na cruinne go léir:
"Me is cristan Moresious Goraman cóir,
I is very school-measther, dar bi me soulvation
Shall carry good favour for you go deo."

Ar ndul go tigh an óil do shuíomar ar bord
Mar Pharis ón Traí is mar Helen ón nGréig,
Bhí mise dá phógadh is ise mar lóchrann
Solais gan bhrón, ag moladh mo léinn:
"You is very fine cloathes, you is prettey vright prose,
You is Latin vell spoke and fath me can name;"
Ach bhíomar ag ól gur thuit mise mo cheo
Is don deamhan sin orlach fuair Muiris dá feidhm.

Ar dteacht as mo néal dhamh dhearcas gach taobh
Den halla raibh an spéirbhean is mise fón mbord,
Is ní fhaca mé aon a bhéarfadh dhamh scéala
Ach gasún gan chéill nach dtuigfeadh mo ghlór;
"Did you see fair, fine, handsome white lady
That was me comrady night last ag an ól?"
"She is make run away vith a shantleman brave,
Back horse with race and up the ród mór."

Foinse: Breandán Ó Buachalla, *Peadar Ó Doirnín: Amhráin* (Baile Átha Cliath: An Clóchomhar, 1969), 51–52.

When I saw the beckoning coming for me
From the candle like the morning sun without haze,
And I would prefer to the riches of Mark or Caesar
Me and her to be in company together drinking;
I lit into English and spoke to her:
"If him had apron file the gold,
The divil a halfpenny me let you pay,
Shall drink the good ale whil feather cock crow."

The beautiful woman with eyes as shining stars
Liked my fine English very much,
And spoke in a gentle voice which was sweeter than chords;
"Fath was you name or town was you home?"
I answered the beauty of all the world:
"Me is cristan Moresious Goraman fine,
I is very school-measther, on bi me soulvation
Shall carry good favour for you for ever."

When we went to the ale-house we sat at a table
As Paris from Troy and Helen from Greece,
I was kissing her and she like a lantern
Of light with no sorrow, praising my learning:
"You is very fine cloathes, you is pretty vright prose,
You is Latin vell spoke and fath me can name;"
But we were drinking until I fell in a daze
And devil an inch of benefit did Muiris get for his effort.

When I came to from my daze I looked at every side of
The hall where the beautiful woman and I were at the table,
And I saw no one who could give me news
Except a silly youth who wouldn't understand my voice:
"Did you see fair, fine, handsome white lady
That was me comrady night last at the drinking?"
"She is make run away vith a shantleman brave,
Back horse with race and up the high way."

Translation: Liam Mac Mathúna.

89. "Bánchnoic Éireann," DONNCHADH RUA MAC CONMARA, 7 rann, meadaracht: amhrán

Deirtear gur rugadh an file i gCo. an Chláir, ach is i bPort Láirge a chaith sé cuid mhaith dá shaol, mar is léir ó fhianaise na lámhscríbhinní. Bhí sé siúlach scéalach, agus deirtear gur ar an mór-roinn a fuair sé a chuid oideachais. Chaith sé seal i dTalamh an Éisc, leis, an áit ar chum sé an saothar seo. Seo ceann de na dánta deoraíochta is cáiliúla dá bhfuil againn in Éirinn. Féach, áfach, go bhfuil casadh ag an deireadh agus teachtaireacht fholaithe Sheacaibíteach ann.

> Beir beannacht óm chroí go tír na hÉireann,
> Bánchnoic Éireann óigh
> Chun a maireann de shíolra, Ír agus Éibhear,
> Ar bhánchnoic Éireann óigh,
> An áit úd 'nar b'aoibhinn binn-ghuth éan
> Mar shámhchruit chaoin ag caoineadh Gael
> 'Sé mo chás a bheith míle míle i gcéin,
> Ó bhánchnoic Éireann óigh.

> Bíonn barra bog slím ar chaoinchnoic Éireann,
> Bánchnoic Éireann óigh,
> Is is fearra ná an tír seo díogha gach sléibhe ann,
> Ar bhánchnoic Éireann óigh;
> Dob' ard a coillte 's ba dhíreach, réidh
> Is a mbláth mar aol ar mhaoilinn géag,
> Atá grá im' chroí is im' intinn féin
> Ar bhánchnoic Éireann óigh.

> Ní fheicim a gcóraid ag gabháil sa taobh so,
> Ar bhánchnoic Éireann óigh,
> Ní fheicim a mbólacht dá dtreorú chun féir ann,
> Ar bhánchnoic Éireann óigh;
> Ach barca dá seoladh le fóirneart gaoth,
> Agus farraigí móra go deo lena dtaobh,
> Go bhfaiceathar fós mé im' chóige féin—
> Ar bhánchnoic Éireann óigh.

89. "Fair Hills of Ireland," DONNCHADH RUA MAC CONMARA, 7 verses, meter: *amhrán*

Donnchadh Rua is said have been born in Co. Clare, but he spent most of his life, as attested by the manuscript evidence, around the vicinity of Co. Waterford. His was a peripatetic existence, which perhaps included an education on the Continent but certainly a sojourn to Newfoundland in the middle of the eighteenth century. It was there, around Saint John's, that the following poem was composed, one of the most famous of Ireland's odes of yearning and exile. However, it must be noted that there is a sting in the tail in the form of a Jacobite message in the fourth verse.

Take a blessing from my heart to Ireland,
The fair hills of pure Ireland,
Where the descendants of Ír and Éibhear live
On the fair hills of pure Ireland,
The place where the sweet voices of the birds are beautiful
As a soothing harp lamenting the Gael,
Woe is me to be one thousand miles away
From the fair hills of pure Ireland.

Slender, smooth and soft are the mountaintops of Ireland,
The fair hills of pure Ireland
And her worst mountain is more beautiful than this country
The fair hills of pure Ireland,
Her woods are high, straight and smooth
And her flowers are white on the branch tops,
There is love in my heart and mind
For the fair hills of pure Ireland.

I don't see their herds going this way
On the fair hills of pure Ireland,
And I don't see their cattle being guided to graze there
On the fair hills of pure Ireland,
But ships being driven by violent winds
With high seas forever at their sides,
May I be seen in my own province yet
On the fair hills of pure Ireland.

Atá gasra líonmhar i dtír na hÉireann,
Bánchnoic Éireann óigh,
D'fhearchoin ghroí ná cloífeadh céadta,
Ar bhánchnoic Éireann óigh;
M'atuirse chroí, is mo chaoineadh géar!
Iad ag gallaphoic thíos fé ghreim, mo léan!
Is a mbailte dá ríomh fé chíos go daor—
Ar bhánchnoic Éireann óigh.

Is fairsing 's is mór iad cruacha Éireann,
Bánchnoic Éireann óigh;
A cuid meala agus uachtair ag gluaiseacht 'na slaoda
Ar bhánchnoic Éireann óigh;
Rachaidh mé ar cuairt nó is luath mo shaol
Don talamh beag suairc is dual do Ghaeil,
'S go mb'fhearra liom ná duais dá uaisleacht é
Bheith ar bhánchnoic Éireann óigh.

Scaipeann an drúcht ar gheamhar 's ar féar ann,
Ar bhánchnoic Éireann óigh,
Is tagaid ann úlla cumhra ar ghéagaibh,
Ar bhánchnoic Éireann óigh;
Biolar is samhadh i ngleanntaibh ceoigh
Is na srutha sa tsamhradh ag labhairt ar neoin,
Agus uisce na Siúire ag brúcht ina shlógh
Ar bhánchnoic Éireann óigh.

Is oscailte fáilteach an áit sin Éire,
Bánchnoic Éireann óigh,
Bíonn toradh na sláinte i mbarr na déise
Ar bhánchnoic Éireann óigh;
Ba bhinne ná méara ar théadaibh ceoil
Ag seinm liom géimneach a lao is a bó,
Bíonn taitneamh na gréine orthu, aosta is óg
Ar bhánchnoic Éireann óigh.

Foinse: Risteárd Ó Foghludha, *Donnchadh Ruadh Mac Conmara 1715–1810* (Baile Átha Cliath: Oifig Díolta Foilseacháin Rialtais, 1933), 31–32 (le mionleasuithe litrithe déanta ag Pádraig Ó Liatháin).

Numerous are the warriors in Ireland,
The fair hills of pure Ireland,
Fierce warriors whom hundreds would not defeat
On the fair hills of pure Ireland,
My heart's dejection, my sore lament,
They are under the grip of the English, alas,
And their dwellings under servile rent,
The fair hills of pure Ireland.

Wide and great are the plains of Ireland,
The fair hills of pure Ireland,
Her honey and cream flow in swathers
On the fair hills of pure Ireland,
I will pay a visit or short is my life
To the pleasant land native to the Gael,
And I would rather than a prize, no matter how noble,
To be on the fair hills of pure Ireland.

The dew is scattered on cornfield and grass
On the fair hills of pure Ireland,
And fragrant apples blossom on boughs there
On the fair hills of pure Ireland,
There is cress and sorrel in hazy glens
And streams in summer speaking at noon,
And the Suir's waters flowing vigorously
By the fair hills of pure Ireland.

Ireland is a welcoming, open place,
The fair hills of pure Ireland
The healthy fruit is seen on the top of barley ears,
The fair hills of pure Ireland
Sweeter to me than fingers playing on musical strings
The lowing of her calves and cattle,
The sun shines on them all, young and old,
On the fair hills of pure Ireland.

Translation: Pádraig Ó Liatháin.

90. "Rosc Catha na Mumhan,"
PIARAS MAC GEARAILT, 8 rann, meadaracht: amhrán

Rugadh Mac Gearailt (c. 1702–c. 1795) in oirthear Chorcaí gar do Bhaile Mhac Óda, agus feirmeoirí láidre sa cheantar ab ea a mhuintir roimhe. Lena bhféadfadh sé an gabháltas a choimeád, d'iompaigh sé ina Phrotastúnach. File polaitiúil ab ea é, agus pearsa thábhachtach in oidhreacht liteartha oirthear na Mumhan. Go deimhin, thugadh sé "Ardsirriam Leithe Mogha" air féin sna lámhscríbhinní agus é i mbun cúirt éigse ag a theach féin. Seo an aiste is cáiliúla uaidh, amhrán meanmnach Seacaibíteach a bhfuil fonn bréa aerach leis agus athrá rialta sa churfá leis an teachtaireacht a scaipeadh agus lena phobal éisteachta a spreagadh chun gnímh. Amhrán é seo a chantar fós ar fud na tíre. Is é "Mícheál Ua hAnnracháin" a scríobh an t-aistriúchán [tras-scríofa ag Breandán Ó Cróinín] i gCo. an Chláir thart ar 1856 i Lámhscríbhinn 24 L 12 in Acadamh Ríoga na hÉireann.

> D'aithníos féin gan bhréig ar fhuacht,
> 'S ar anfa Thétis taobh re cuan,
> Ar chanadh na n-éan go séanmhar, suairc,
> Go gcasfadh mo Shéasar glé gan ghruaim.

> *Cúrfa*
> Measaim gur subhach don Mhumhain an fhuaim,
> Dá maireann go dubhach do chrú na mbua,
> Torann na dtonn le sleasaibh na long,
> Tá ag tarraing go teann 'nár gceann ar cuaird.

> Tá lasadh 'san ngréin gach lae go neoin,
> Ní taise don rae; ní théann faoi neoill;
> Atá barra na gcraobh ag déanadh sceoil,
> Nach fada bheidh Gaeil go faon faoi cheo.

> Tá Aoibheall ar mire is Áine óg,
> Clíona na mbruinneall is áilne snódh,
> Táid míle 'gus tuilleadh den táin seo fós,
> Dá shuidheamh le buile go dtáinig an leon.

> Measaim gur subhach don Mhumhain an ceol,
> Dá maireann go dubhach do chrú na dtreon,
> Torann na dtonn le sleasaibh na long,
> Tá ag tarraing go teann 'nár gceann faoi sheol.

90. "The Battlecry of Munster,
Piaras Mac Gearailt, 8 verses, meter: *amhrán*

Mac Gearailt was born in east Co. Cork near Ballymacoda. From a well-to-do farming family, he converted to Protestantism in adulthood to keep his land holding. He was an important literary figure around Munster generally, but particularly around the fertile area of east Munster, the most productive region in Ireland for Irish-language literary transmission. He ironically styled himself "The High Sheriff of Southern Ireland" and held an influential court of poetry at his home. The following is his most well-known work, which is still sung all over the country. The strong Jacobite sentiments are evident within, and the repetitive chorus is an effective means of both spreading the political message and inspiring potential listeners to action.

> I knew it well by storm and cold,
> The waves which lashed the shore foretold,
> The birds' sweet notes in forest tell,
> Our prince comes over ocean's swell.

> *Chorus*
> 'Tis time for Munster now to cheer,
> 'Twill glad our wasting clans to hear,
> The dash of the wave 'gainst the ships of the brave,
> And gallant hearts that are drawing near.

> The sun's full splendor shines each day,
> No cloud obscures the pale moon's ray,
> The slender branches sigh the tale,
> The mist shall soon rise from the Gaodhal.

> High triumph have Aoibheall and Áine at last,
> Éana's fair virgins' gloom is past,
> A thousand and more of this joyous train,
> Now herald our hero with fairy strain.

> 'Tis time for Munster now to cheer,
> 'Twill glad our drooping tribes to hear,
> The dash of the wave 'gainst the ships of the brave,
> And gallant hearts that are drawing near.

Ní hannamh an mhaidean le hamharc an laoi,
Ná bainim chum reatha go farraige síos,
Mo dhearca ar leathadh ag faire do shíor,
Ar bharcaibh an fharaire ag tarraing na slí.

Measaim gur subhach don Mhumhain 's gur binn,
Dá maireann go dubhach do chrú na rí
Torann na long ag scoltadh na dtonn,
Tá ag tarraing go teann 'nár gceann thar toinn.

Gach duine d'fhuil Mhíle bháin na gcréacht,
Curaí na Traoi mear, láidir, tréan,
Do milleadh le dlíthe is 'crádh le claon,
Cuirfidh gan moill an báire séin.

Measaim gur subhach don Mhumhain s' i gcéin
Dá maireann go dubhach do chrú na dtréan
Torann na dtonn le sleasaibh na long
Tá ag tarraing go teann 'nár gceann le faobhar.

Foinse: Breandán Ó Cróinín, *Piaras Mac Gearailt: a shaol agus a shaothar* (An Daingean: An Sagart, 2015), 178–79.

91. "Gile mo chroí do chroí-se," Tadhg Gaelach Ó Súilleabháin, 7 rann, meadaracht: amhrán

Luimníoch de réir dealraimh ab ea é Tadhg Gaelach Ó Súilleabháin (c. 1715–1795), ach is i bPort Láirge a chaith sé cuid mhaith dá shaol ina dhiaidh sin. Agus é meánaosta, d'éirigh sé fíorchráifeach ina mheon, agus tá sé seo le sonrú sa mhéid is gur filíocht dhiaga amháin a chum sé as sin go deireadh a shaoil. Foilsíodh duanaire leis *A Pious Miscellany*, rud a bhí eisceachtúil ann féin i gcomhthéacs liteartha na Gaeilge. Ba chuid de ghluaiseacht leasaithe na heaglaise Caitlicí san ochtú haois déag an deabhóid don chroí Ró-Naofa, mar a léirítear sa dán seo í. Nuair a cailleadh é, scríobh Donnchadh Rua Mac Conmara dán molta dó as Laidin (feic Dán 89).

In storm or calm at peep of day,
With eager steps I seek the bay;
And strain my eyes in hopes to greet,
The first glimpse of our prince's fleet.

Oh joyful in Munster the music rings,
And joyful to all who mourn their kings,
The dash of the waves 'gainst the ships of the brave,
And gallant band the future brings.

All ye whose hearts beat warm and fast,
With Gaelic blood the die is cast,
Rise up, rise out, like chiefs of old,
And smite the foe whose doom is told.

Oh sweet in Munster, sweet abroad,
To the sadden'd race of each proud lord
Is the dash of the wave 'gainst the ships of the brave,
Who come to join us with the sword.

Translation: "Mícheál Ua hAnnracháin" (c. 1856), in Breandán Ó Cróinín, *Piaras Mac Gearailt: a shaol agus a shaothar* (An Daingean: An Sagart, 2015), 321–22.

91. "The light of my heart is your heart," TADHG GAELACH Ó SÚILLEABHÁIN, 7 verses, meter: *amhrán*

Tadhg Gaelach Ó Súilleabháin (c. 1715–1795) was born in Co. Limerick, but spent much of his life around Waterford. From the middle of his life onwards his poetry became exclusively religious. Somewhat exceptionally in the Irish-language literature of the time, his devout poetry was published in a book, *A Pious Miscellany*, a volume often republished throughout the early nineteenth century. The following work expresses the devotion to the Sacred Heart characteristic of the reform movement of the Catholic Church in the eighteenth century. Upon his death, his friend and fellow poet Donnchadh Rua Mac Conmara (see Poems 78 and 89) composed an elegy in Latin in his honor.

Gile mo chroí do chroí-se, a Shlánaitheoir,
Is ciste mo chroí do chroí-se d'fháil im' chomhair.
Ós follas gur líon do chroí dem' ghrá-sa, 'stór,
I gcochall mo chroí do chroí-se fág i gcomhad.

Ar fhuilingis trínne, 'Rí ghil aird na gcomhacht,
Ní thigeann im smaointe 'shuíomh ná 'thrácht i gcóir,
'S gur le goradhghoin ní' do chroí 's do chneá-sa, 'stór,
A bhrostaigh na mílte saoi go sámh i gc'róin.

'Athair is Íosa, 'dhíon led' bhás mé beo,
'S a dhealbh mo ghnaoi, gan chríochnadh ceard, id' chló,
Nach danartha 'n gníomh, a Chríost, nár ghrá-sa fós
Ach gach uile ní 'na mbíonn do ghráin don tsórt.

Ar shealbhaigh Maois det' dhlí-se, i bpáirt an tslóigh,
B'annamh mo chroí-se síoch ná sásta leo,
Ach fala is fraoichnimh, craíos a'carnadh stóir,
Le heasmailt gach n-aoin, 's na mílte cáim ba mhó.

Le hatuirse chnaíte, a'suíomh a ndearna, gheobhad
A' taisteal na dtíortha i gcríocha Áilbhe is Eoghain,
'G aithris mo ghnímh, 's a' caoi le gártha bróin,
'S a'screadadh go scíosmhar tríd, a' tál na ndeor.

Nuair 'chasfadsa 'rís led' ghuí, a Bhláth na nOrd,
Fé thearmann Chríost, is díon a ghrá dom' chomhad,
Beidh garbhchnoic fraoigh, 's na líoga 'chráigh mé romham
'Na machairí míne síoda 's 'na mbánta sróil.

An Ceangal
Ar fán cé bhís, a Rí ghil naofa ó Neamh,
Go cráite trínn, i slí nach léir a mheas,
Do ghrá-sa, 'Chríost, níor mhaís gur réab an tslea
An t-áras-dín id' chroí don tsaol ar fad.

Foinse: Úna Nic Éinrí, *An Cantaire Siúlach: Tadhg Gaelach* (An Daingean: An Sagart, 2001), 240–41.

The light of my heart is your heart, O Savior,
The treasure of my heart is your heart poured out for me;
Since it is clear that your heart is filled with my love, O beloved,
In my innermost heart leave your heart for safe-keeping.

What you have suffered on our account, O mighty and splendid High King,
My thoughts cannot determine nor account for;
It is the hot piercing hurts in your heart and your sores, O beloved,
Which urged the wise in their thousands to their reward.

O Father and O Jesus, whose death preserved my life,
Who formed my image in your own without the craftsman's toil,
Isn't it a cruel deed, O Christ, that I have loved nothing yet
Except all those things you most despise?

That which Moses, on behalf of the many, received of your law,
My heart was rarely pleased or satisfied with,
But spite and anger, and greed in the pursuit of wealth,
Ridiculing everyone, and thousands of other faults even greater.

Worn out with regret for what I have done I will set out
To travel all over the territory of Fáilbhe and Eoghan
To confess my deeds and to mourn with shouts of remorse,
Crying sorrowfully aloud about them and weeping tears.

When I return again by your leave, O flower of the Orders,
To Christ's sanctuary and with the covering of his grace to protect me,
The rough stony heather-hills that troubled me before
Will become smooth silken plains and fields of satin.

Envoi
Even though you were astray, O fair, holy King from heaven,
Tormented in our midst in a way that cannot be estimated,
You made no boast of your love for us, O Christ, till the lance tore open
A haven in your heart for the whole world.

Translation: Ciarán Mac Murchaidh, ed., *Lón Anama: Poems for Prayer from the Irish Tradition* (Baile Átha Cliath: Cois Life, 2005), 246–47.

92. Sleachta as "Caoineadh Airt Uí Laoghaire," Eibhlín Dubh Ní Chonaill, 390 líne, meadaracht: véarsaíocht aiceanta

Chum Eibhlín Dubh Ní Chonaill agus b'fhéidir daoine eile "Caoineadh Airt Uí Laoghaire" ar bhás a fir chéile, Art Ó Laoghaire. Maraíodh é ar 4 Bealtaine 1773 gar do Charraig an Ime i Múscraí, Co. Chorcaí, tar éis dó bheith ag achrann le Abraham Morris, Ard-Shirriam Chorcaí. Meastar gur chum Eibhlín Dubh mórán de na véarsaí ar an toirt go luath i ndiaidh a bháis agus gur cuireadh véarsaí eile leo roinnt míonna ina dhiaidh sin. Meastar gur chum deirfiúr Airt agus a athair véarsaí chomh maith, ach níl scoláirí ar aon intinn faoi seo. Tá tréithe de chuid an traidisiúin bhéil le sonrú sa chaoineadh—an t-athrá ar théarmaí ceana atá cosúil lena chéile agus na línte "Thugas léim go tairsigh, / An dara léim go geata, / An tríú léim ar do chapall" a bhfuil toise osnádúrtha, geall leis, ag baint leo. Faightear léargas ar shárchumas ealaíne Eibhlín Dubh sa tslí ina gcuireann sí a grá d'Art agus a cumha trom ina dhiaidh in iúl. Ina theannta sin, tugann an dán léargas neamhchoitianta dúinn ar dhálaí maireachtála na haicme Caitlicí sin a mhair sóúil go maith san ochtú haois déag. Cuireann an léiriú a thugtar ar fhéinmhuinín agus, go deimhin, ar phostúlacht Airt le tábhacht an chaointe seo ó thaobh na staire sóisialta de chomh maith.

> Eibhlín Dubh
> Mo ghrá go daingean tu!
> Lá dá bhfaca thu
> Ag ceann tí an mhargaidh,
> Thug mo shúil aire dhuit,
> Thug mo chroí taitneamh duit,
> D'éalaíos óm charaid leat
> I bhfad ó bhaile leat.
>
> Is domhsa nárbh aithreach:
> Chuiris parlús á ghealadh dhom,
> Rúmanna á mbreacadh dhom,
> Bácús á dheargadh dhom,
> Brící á gceapadh dhom,
> Rósta ar bhearaibh dom,
> Mairt á leagadh dhom;
> Codladh i gclúmh lachan dom
> Go dtíodh an t-eadartha
> Nó thairis dá dtaitneadh liom.

92. Extracts from "The Keen for Art Ó Laoghaire," EIBHLÍN DUBH NÍ CHONAILL, 390 lines, meter: *accentual verse*

"The Keen for Art Ó Laoghaire" was composed by Eibhlín Dubh Ní Chonaill and perhaps others on the death of her husband, Art Ó Laoghaire. He was killed on May 4, 1773 near Carriganimmy in Muskerry, Co. Cork, following an altercation with Abraham Morris, High Sheriff of Co. Cork. Many of the verses are believed to have been composed *extempore* by Eibhlín Dubh immediately following his death, with further verses added some months later. Art's sister, and, to a lesser extent, his father are also thought to have composed verses, though not all scholars agree on this point. The poem contains many features characteristic of the oral keening tradition—the repeated use of similar terms of endearment and the almost supernatural "Thugas léim go tairsigh, / An dara léim go geata, / An tríú léim ar do chapall" ("I took a leap to the threshold, / The second leap to the gate, / The third leap onto your horse"). Eibhlín Dubh's personal grief finds artistic expression in her extended declaration of love for Art and utter sorrow at his death. The poem also provides a rare insight into the material luxury enjoyed by relatively affluent Catholic members of society in the eighteenth century. Its portrayal of Ó Laoghaire's personal confidence and indeed, swagger, also adds to its value for socio-historical purposes.

> Eibhlín Dubh
> You are my steadfast love!
> On a day I saw you
> At the front of the market house,
> My eye noticed you,
> My heart grew fond of you,
> I slipped away from my friends with you
> Far from home with you.
>
> I was not sorry:
> You had a parlor whitened for me
> Rooms decorated for me,
> An oven lit for me,
> Loaves prepared for me,
> A roast put on spits for me,
> An ox felled for me;
> Slumber in duck down for me
> Until milking time would come
> Or past it if I wished.

Mo chara go daingean tu!
Is cuimhin lem aigne
An lá breá earraigh úd,
Gur bhreá thíodh hata dhuit
Faoi bhanda óir tarraingthe,
Claíomh cinn airgid—
Lámh dheas chalma—
Rompsáil bhagarthach—
Fír-chritheagla
Ar námhaid chealgach—
Tú i gcóir chun falaracht,
Is each caol ceannann fút.
D'umhlaídís Sasanaigh
Síos go talamh duit,
Is ní ar mhaithe leat
Ach le haon-chorp eagla,
Cé gur leo a cailleadh tu,
A mhuirnín mh'anama.

A mharcaigh na mbán-ghlac!
Is maith thíodh biorán duit
Daingean faoi cháimbric,
Is hata faoi lása.
Tar éis teacht duit thar sáile
Glantaí an tsráid duit,
Is ní le grá dhuit
Ach le han-chuid gráine ort.

Mo chara thu go daingean!
Is nuair thiocfaidh chugham abhaile
Conchubhar beag an cheana
Is Fear Ó Laoghaire, an leanbh,
Fiafróid díom go tapaidh
Cár fhágas féin a n-athair.
'Neosad dóibh faoi mhairg
Gur fhágas i gCill na Martar.
Glaofaid siad ar a n-athair,
Is ní bheidh sé acu le freagairt.

My steadfast friend!
My mind recalls
That fine spring day,
That a hat drawn under a golden band
Suited you well,
A silver-topped sword—
A brave right hand—
Threatening prancing—
Real trembling fear
In a treacherous enemy—
You prepared for ambling
And a slender white-faced horse under you.
Englishmen would bow
Down to the ground for you,
And not for your benefit
But out of sheer terror,
Although it was at their hands you died,
My dearly beloved.

Horseman of the white hands!
It is well a pin used suit you
Secure under cambric,
And a lace hat.
After your return from overseas
The street would be cleared for you,
And not out of love for you
But out of much hatred of you.

My steadfast friend!
And when they return home to me
Young affectionate Conchubhar
And Fear Ó Laoghaire, the child,
They will ask me without delay
Where I have left their father.
I will tell them in sorrow
That I left him in Cill na Martar.
They will call to their father,
And they won't have him to answer them.

[...]

Mo chara thu go daingean!
Is níor chreideas riamh dod mharbh
Gur tháinig chugham do chapall
Is a srianta léi go talamh,
Is fuil do chroí ar a leacain
Siar go t'iallait ghreanta
Mar a mbítheá id shuí 's id sheasamh.
Thugas léim go tairsigh,
An dara léim go geata,
An tríú léim ar do chapall.

Do bhuaileas go luath mo bhasa
Is do bhaineas as na reathaibh
Chomh maith is bhí sé agam,
Go bhfuaras romham tu marbh
Cois toirín ísil aitinn,
Gan Pápa gan easpag,
Gan cléireach gan sagart
Do léifeadh ort an tsailm,
Ach seanbhean chríonna chaite
Do leath ort binn dá fallaing—
Do chuid fola leat 'na sraithibh;
Is níor fhanas le hí ghlanadh
Ach í ól suas lem basaibh.

[...]

Deirfiúr Airt
Mo chara is mo stór tu!
Is mó bean chumtha chórach
Ó Chorcaigh na seolta
Go Droichead na Tóime,
Do thabharfadh macha mór bó dhuit
Agus dorn buí-óir duit,
Ná raghadh a chodladh 'na seomra
Oíche do thórraimh.

[...]

My steadfast friend!
And I never believed you could die
Until your horse came to me
With her reins trailing to the ground,
And your heart's blood on her cheek
Back as far as your polished saddle
Where you used to sit and stand.
I took a leap to the threshold,
The second leap to the gate,
The third leap onto your horse.

I quickly beat my palms
And galloped as fast as I could
As well as I was able,
Until I found you dead in front of me
By a low furze bush,
Without Pope, without bishop,
Without cleric, without priest
Who would read the psalm over you,
But an aged withered old woman
Who spread over you a tip of her cloak—
Your blood coming from you in streams;
And I didn't wait to clean it
But drank it up in my palms.

[...]

Art's sister
My friend and my treasure!
Many a shapely attractive woman
From Cork of the sails
To Droichead na Tóime,
Who would give you a great herd of cattle
And a fistful of yellow gold,
Would not go to sleep in their chamber
The night of your wake.

Eibhlín Dubh
Mo chara is m'uan tu!
Is ná creid sin uathu,
Ná an cogar a fuarais,
Ná an scéal fir fuatha,
Gur a chodladh a chuas-sa.
Níor throm suan dom:
Ach bhí do linbh ró-bhuartha,
'S do theastaigh sé uathu
Iad a chur chun suaimhnis.

[...]

Athair Airt
Mo chara thu 's mo shearc!
Is éirigh suas, a Airt,
Léimse in airde ar t'each,
Éirigh go Magh Chromtha isteach,
Is go hInse Geimhleach ar ais,
Buidéal fíona id ghlaic—
Mar a bhíodh i rúm do dhaid.

[...]

Eibhlín Dubh
Mo ghrá thu agus mo rún!
Tá do stácaí ar a mbonn,
Tá do bha buí á gcrú;
Is ar mo chroí atá do chumha
Ná leigheasfadh Cúige Mumhan
Ná Gaibhne Oileáin na bhFionn.
Go dtiocfaidh Art Ó Laoghaire chugham
Ní scaipfidh ar mo chumha
Atá i lár mo chroí á bhrú,
Dúnta suas go dlúth
Mar a bheadh glas a bheadh ar thrúnc
'S go raghadh an eochair amú.

Eibhlín Dubh
My friend and my lamb!
And do not believe that from them,
Nor the whisper you received,
Nor the hateful man's story,
That I went to sleep.
I did not sleep deeply:
But your children were very anxious,
And they needed
To be soothed.

[...]

Art's father
My friend and my love!
And rise up, Art,
Jump up on your horse,
Go into Magh Chromtha,
And back to Inse Geimhleach,
A bottle of wine in your hand—
As it used to be in your dad's room.

[...]

Eibhlín Dubh
My love and my darling!
Your haystacks are set up,
Your yellow cows are being milked;
Sorrow for you weighs on my heart
Which all of Munster could not heal
Nor the magic smiths of Ireland.
Until Art Ó Laoghaire comes to me
My sorrow will not lift
Which is in the center of my heart, pressing it,
Closed up tightly
Like a lock on a trunk
And the key gone missing.

A mhná so amach ag gol
Stadaidh ar bhur gcois
Go nglaofaidh Art Mhac Conchubhair deoch,
Agus tuilleadh thar cheann na mbocht,
Sula dtéann isteach don scoil—
Ní hag foghlaim léinn ná port,
Ach ag iompar cré agus cloch.

Foinse: Seán Ó Tuama, eag., *Caoineadh Airt Uí Laoghaire* (Baile Átha Cliath: An Clóchomhar, 1961),
33–45 (ach le "Eibhlín Dubh" in áit "Eibhlín Dhubh").

93. "Ar dTréigean Bhoston d'Arm Shasana, 1776," TOMÁS Ó MÍOCHÁIN, 4 rann, meadaracht: amhrán

Tá breis airde á tabhairt le glúin anuas ar an teacht a bhí ag scoláirí agus filí na
Gaeilge ar nuachtáin chomhaimseartha san ochtú haois déag, agus ar an spéis a
chuir siad in imeachtaí idirnáisiúnta, ní hamháin in Éirinn agus sa Bhreatain, ach
ar fud na hEorpa agus i Meiriceá Thuaidh chomh maith (feic Dán 75). Chuir an
file Tomás Ó Míocháin, Cláiríneach, an-spéis sna hiarrachtaí a bhí á ndéanamh ag
coilínigh Mheiriceá chun iad féin a shaoradh ó laincisí údaráis na Breataine. Chum
sé roinnt dánta mar gheall ar chora cinniúnacha éagsúla i gCogadh na Saoirse.
Dála Thaidhg Uí Neachtain roimhe, níor ghá dá chuid léitheoirí agus éisteoirí
puinn stró a chur orthu féin chun seasamh Uí Mhíocháin a thuiscint. Cuireadh
an sonrú céanna, ar a laghad, i gcúlú na Sasanach agus a cuireadh i ndul chun
cinn na Meiriceánach ina shaothar. Go deimhin, is minic gur ar an gcúlú is mó a
leagadh an bhéim, faoi mar atá i gceist anseo, áit a bpléann, áit a gceiliúrann, an
file cúlú éigeandála an Ghinearáil Howe as Boston in 1776.

(Fonn: "Washington's Frolic" nó an seanfhonn úd "An Fear Buile gan Bhríste")

A ghéaga cumainn na nGael gcumais
De shaorcheap mhuireannach Míleadh,
Tá tréithlag tuirseach ag plé le bruscar,
Gan réim faoi urchall cíosa,
Sin scéalta sonais do théarnaigh chugainn
I gcéin tar dromaibh na díleann,
Go bhfuil méirligh mustair go déanach gonta
Ina mbéile fiolair is faoileann.

Women, as you go out weeping
Wait a while
Until Art son of Conchubhar calls a drink,
And more on behalf of the poor,
Before he goes into the school—
Not learning knowledge nor tune,
But carrying earth and stone.

Translation: Deirdre Nic Mhathúna.

93. "On the English Army's Withdrawal from Boston, 1776," TOMÁS Ó MÍOCHÁIN, 4 verses, meter: *amhrán*

In recent decades increasing attention has been paid to the access eighteenth-century Irish-language scholars and poets had to contemporary newspapers and their lively interest in international affairs, not only in Ireland and Britain, but in Europe and North America as well (see Poem 75). Co. Clare poet Tomás Ó Míocháin paid close attention to the struggle of the American colonists to free themselves from the constraints of British authority. He wrote a number of poems about various turning points in the American War of Independence. Like Tadhg Ó Neachtain (see Poem 85) before him, his readers and hearers would have had little difficulty in divining where his own sympathies lay. English reversals received at least as much attention as American advances. Indeed, the emphasis was often placed on the former, as here, where the poet treats of, or rather, celebrates, General Howe's forced evacuation of Boston in 1776.

(Air: "Washington's Frolic" or that old air "An Fear Buile gan Bhríste")

Dear branches of the powerful Gaels
From the loving noble stock of Míleadh,
Who are exhausted and tired dealing with rabble
Without authority under the spancel of rent,
Those are happy stories which have come to us
From afar across the crests of the ocean,
That arrogant villains are lately wounded
And meal for eagle and seagull.

Is fonn 's is aiteas liom Howe is na Sasanaigh
Tabhartha, treascartha choíche,
Is an crobhaire, Washington, cabharthach, calma,
I gceann is i gceannas a ríochta;
Sin amhais ag screadaigh gan chúil, gan charaid,
Gan trúip ná barcaibh ar taoide,
Faoi Shamhain go dearfa búir na Breatain'
I bponc faoi thearmainn Laoisigh.

D'éis an chluiche seo Éire léigfear
Dá céile dlitheach ceart díleas,
An féinne fuinneamhach faobhrach fulangach.
Séarlas soineanta Stíobhart;
Beidh réim ag filí, is go saol an fhiolair
Cead féir is uisce ag Gaelaibh,
Is na géaga ag filleadh re héigean duille
Is na héisc ag lingeadh as a líontaibh.

Go saor im fhochair le méin dom fhoclaibh
Ag déanamh an ghortha seo' mhaíochan,
An té gan dochma nach ngléasfaidh portaibh
Go séidtear gothaibh a phíbe;
Taoscam srothaibh de dhaorphunch thorainn,
Is réabfam cornaibh fíon breac;
A Thraolaigh brostaigh leat Méabh Ní Chrotaigh
Agus claon do chosa chun rince.

Foinse: Diarmaid Ó Muirithe, eag., *Tomás Ó Míocháin: Filíocht* (Baile Átha Cliath: An Clóchomhar, 1988), 84.

94. "Ceo Draíochta," EOGHAN RUA Ó SÚILLEABHÁIN, 9 rann, meadaracht: amhrán

File, múinteoir scoile, spailpín agus saighdiúir a bhí in Eoghan Rua Ó Súilleabháin (1748–1784), nó "Eoghan an Bhéil Bhinn." Ba Chiarraíoch é a thaistil mórán ó chúige Mumhan go dtí na hIndiacha Thiar, agus a thagair do chúrsaí idirnáisiúnta go minic ina chuid filíochta. Tá léiriú sa dán thíos ar an aisling mar a d'fhorbair sí i

I am pleased and happy that Howe and the English
Are worn out, vanquished forever,
And that the strong, able person, helpful, brave Washington,
Is at the head and in charge of his kingdom;
There are the hirelings without store, without friend,
Without troops or ships on the tide,
By November the boors of Britain will certainly
Be in a fix under the protection of Louis.

After this game Ireland will be let go
To her lawful rightful faithful spouse,
The vigorous, keen, enduring freeman
Pleasant Charles Stuart;
Poets will hold sway, and for ever and a day
The Irish will have leave to land and water
The branches will be bending with the force of leaves
And the fish jumping out of their nets.

Free, near to me with fondness for my words
Boasting about inflicting this thrashing,
The cheerful person who would not start up a tune
Until the notes of his pipe are blown;
Let us drain the streams of expensive punch going past us,
And we will blast the horns of dappled wine;
Traolach, hurry up and get Méabh Ní Chrotaigh with you
And bend your feet to dancing.

Translation: Liam Mac Mathúna.

94. "Magic Mist," EOGHAN RUA Ó SÚILLEABHÁIN, 9 verses, meter: *amhrán*

Known in the Irish tradition as "Eoghan an Bhéil Bhinn" (sweet-mouthed Eoghan), Ó Súilleabháin, from east Co. Kerry, was a poet, soldier, *spailpín* (migrant laborer), teacher, and scribe. He is said to have lived somewhat of a tempestuous, wayfaring lifestyle, and died young. His lexically rich, expressive poetry discusses international affairs from Ireland to America to the West Indies. Eoghan Rua is

gcaitheamh na haoise seo. Tá sí ornáideach, snasta, binn anseo, gan an ghéireacht chéanna inti is a bhí ag an Rathailleach níos luaithe san aois chéanna. Ní hionann sin agus a brí pholaitiúil a bhaint di, áfach.

Ceo draíochta i gcoim oíche do sheol mé
Trí thíorthaibh mar óinmhid ar strae,
Gan príomhcharaid díograis im chóngar
'S mé i gcríochaibh tar m'eolas i gcéin;
Do shíneas go fíorthuirseach deorach
I gcoill chluthair chnómhair liom féin,
Ag guíochan chun Rí ghil na glóire,
'S gan ní ar bith ach trócaire im béal.

Bhí líonrith im chroíse gan gó ar bith
Sa choill seo, gan glór duine im ghaor,
Gan aoibhneas ach binnghuth na smólach
Ag síorchantain ceoil ar gach géig,
Lem thaoibh gur shuigh sí-bhruinneall mhómhrach
I bhfír is i gcló-chruth mar naomh;
'Na gnaoi do bhí an lí gheal le rósaibh
I gcoimheascar, 's níorbh eol dom cé ghéill.

Ba trinseach tiubh buí-chasta ar órdhath
A dlaoi-fholt go bróig leis an mbé,
A braoithe gan teimheal is mar an ómra
A claoinroisc do bheo-ghoin gach laoch;
Ba bhinn blasta fírmhilis ceolmhar,
Mar shí-chruit gach nóta óna béal,
'S ba mhín cailce a cí' cruinne i gcóir chirt
Dar linne nár leonadh le haon.

Feacht roimhe sin cé bhíos-sa gan treoir cheart,
Do bhíogas le róshearc don bhé
'S do shíleas gurbh aoibhneas mór dom
An tsíbhean do sheoladh faoim dhéin;
Im laoithibh do scríobhfad im dheoidh dhuit
Mar a scaoileas mo bheol seal ar strae
'S gach caoinstair dár ríomhas don óig dheis
Is sinn sínte ar feorainn an tsléibhe.

best known for his *aislingí* (vision poems). Their political aspects do not possess
the bite of earlier exponents of the genre such as Aogán Ó Rathaille, but it would
nevertheless be a mistake to focus on their stylistic ornateness alone.

> Through the deep night a magic mist led me
> Like a simpleton roaming the land,
> No friends of my bosom beside me,
> An outcast in places unknown.
> I stretched out dejected and tearful
> In a nut-sheltered wood all alone
> And prayed to the bright King of Glory
> With "Mercy!" alone on my lips.
>
> My heart, I declare, full of turmoil
> In that wood with no human sound nigh,
> The thrush's sweet voice the sole pleasure,
> Ever singing its tunes on each bough.
> Then a noble *sídh*-girl sat beside me
> Like a saint in her figure and form:
> In her countenance roses contended
> With white—and I know not which lost.
>
> Furrowed thick, yellow-twisting and golden
> Was the lady's hair down to her shoes,
> Her brows without flaw, and like amber
> Her luring eye, death to the brave.
> Sweet, lovely, delicious—pure music—
> The harp-notes of the *sídh* from her lips,
> Breasts rounded, smooth, chalk-white, most proper
> —Never marred by another, I swear.
>
> Though lost to myself till that moment,
> With love for the lady I throbbed
> And I found myself filled with great pleasure
> That she was directed my way.
> How it fell, I write out in these verses
> —How I let my lips speak unrestrained,
> The sweet things that I told the fair maiden
> As we stretched on the green mountain-slope:

"A bhrídeach na rinnrosc do bhreoigh mé
Le díograis dod shnó 'gus dod scéimh
An tú an aoilchnis trír díoscadh na mórthruip
Mar scríobhtar i gcomhrac na Trae,
Nó an rí-bhruinneall mhíolla d'fhúig comhlag
Cathmhíle na Bóirmhe 's a thréad
Nó an ríogan do dhlígh ar an mórfhlaith,
Ón mBinn dul dá tóraíocht i gcéin?"

Is binn blasta caoin d'fhreagair domhsa
'S í ag síorshileadh deora trí phéin,
"Ní haoinbhean dár mhaís mise id ghlórthaibh,
'S mar chímse ní heol duit mo thréad;
Is mé an bhrídeach do bhí sealad pósta
Fá aoibhneas i gcoróin chirt na réx
Ag rí Chaisil Chuinn agus Eoghain,
Fuair mírcheannas Fódla gan phlé."

"Is dúbhach bocht mo chúrsa 's is brónach
'Om dhúrchreimeadh ag coirnigh gach lae,
Fá dhlúthsmacht ag búraibh, gan sóchas,
'S mo phrionsa gur seoladh i gcéin;
Tá mo shúilse le hÚrmhac na glóire
Go dtabharfadh mo leoghan faoi réim
'Na dhúnbhailtibh dúchais i gcóir mhaith
Ag rúscadh na gcrónphoc le faobhar."

"A chúileann tais mhúinte na n-órfholt
De chrú chirt na coróinneach gan bhréag,
Do chúrsa-sa ag búraibh is brón liom,
Faoi smúit, cathach ceomhar, gan scléip;
'Na ndlúthbhrogaibh dúchais dá seoladh
Mac cúntach na glóire, do réx,
Is súgach do rúscfainnse crónphoic
Go humhal tapaidh scópmhar le piléir."

"Are you, languid-eyed lady who pierced me
With love for your face and your form,
The Fair-One caused hordes to be slaughtered
As they write in the Battle of Troy?
Or the mild royal girl who let languish
The chief of Boru and his troop?
Or the queen who decreed that the great prince
From Howth follow far in pursuit?"

Delicious, sweet, tender, she answered,
Ever shedding tears down in her pain:
"I am none of those women you speak of,
And I see that you don't know my clan.
I'm the bride wed in bliss for a season
—Under right royal rule—to the King
Over Caiseal of Conn and of Eoghan
Who ruled undisputed o'er Fódla."

"Gloomy my state, sad and mournful,
By horned tyrants daily devoured,
And heavy oppressed by grim blackguards
While my prince is set sailing abroad.
I look to the great Son of Glory
To send my lion back to his sway
In his strong native towns, in good order,
To flay the swarth goats with his blades."

"Mild, golden-haired, courteous fair lady,
Of true royal blood, and no lie,
I mourn for your plight among blackguards,
Sad and joyless, dark under a pall.
If your King to his strong native mansions
The Son of Glory should send, in His aid,
Those swarth goats—swift, freely and willing—
With shot would I gleefully flay!"

"Ár Stíobhard dá dtíodh chughainn thar sáile
Go crích Inis Fáilbhe (Áilge ag an Tuamach) faoi réim
Le *fleet* d'fhearaibh Laoisigh 's an Spáinnigh
Is ffor le corp áthais go mbéinn
Ar fhíor-each mhear ghroí thapa cheáfrach,
Ag síorchartadh cách le neart piléar
'S ní chloífinnse m'intinn 'na dheáidh sin
Chun luí ar sheasamh garda lem ré."

Foinse: Seán Ó Tuama & Thomas Kinsella, *An Duanaire 1600–1900: Poems of the Dispossessed* (Portlaoise: Dolmen, 1981), 186–90.

95. Sliocht as "Cúirt an Mheán Oíche," BRIAN MERRIMAN, 1,026 líne, meadaracht: véarsaíocht aiceanta

Brian Merriman (c. 1749–1805), file agus máistir scoile ó Cho. an Chláir a scríobh "Cúirt an Mheán Oíche." Sa bhliain 1780 a scríobh sé an dán, de réir dealraimh. Agus é ag baint leasa as suímh na haislinge agus na cúirte araon, pléann an file gnáthaimh na linne ó thaobh cúrsaí gnéis de go hoscailte agus go neamhbhalbh. Titeann a chodladh ar reacaire fireann an dáin agus glaoitear chun na cúirte air i dtaibhreamh. Tá de ghearán ag mná na cúirte go bhfuil ganntanas fear atá ina sea ann. I measc na gcúiseanna a luaitear leis sin, tá cogaí, imirce, aontumha na cléire agus líon na bhfear nach bpósann go dtí go mbíonn siad meánaosta. Is é an chéad chuid den dán a thugtar thíos, áit a n-éilítear go dtiocfadh an reacaire i láthair na cúirte. Is le Donncha Ulf, Cláiríneach a bhí nach mór comhaimseartha le Merriman, an t-aistriúchán.

Ba gnáth me ag siúl le ciumhais na habhann
Ar bháinseach úr 's an drúcht go trom,
In aice na gcoillte i gcoim an tsléibhe
Gan mhairg gan mhoill ar shoilse an lae.
Do ghealadh mo chroí an uair chínn Loch Gréine,
An talamh 's an tír is íor na spéire,
Taitneamhacht aoibhinn suíomh na sléibhte
Ag bagairt a gcinn thar dhroim a chéile.
Do ghealfadh an croí bheadh críon le cianta
Caite gan bhrí nó líonta 'o phianta,

"If our Stuart returned o'er the ocean
To the lands of Inis Áilge in full course
With a fleet of Louis' men, and the Spaniards,
By dint of joy truly I'd be
On a prancing pure steed of swift mettle
Ever sluicing them out with much shot
—After which I'd not injure my spirit
Standing guard for the rest of my life."

Translation: Seán Ó Tuama & Thomas Kinsella, *An Duanaire 1600–1900: Poems of the Dispossessed* (Portlaoise: Dolmen, 1981), 187–91.

95. Extract from "The Midnight Court," BRIAN MERRIMAN, 1,026 lines, meter: *accentual verse*

"Cúirt an Mheán Oíche" was written by Co. Clare poet and schoolmaster Brian Merriman (c. 1749–1805), probably in 1780. Using a combination of the *aisling* and courtroom setting, the poet discusses the sexual mores of the time in a frank and candid manner. The male narrator falls asleep and in a dream he is called before a court in which women complain of a scarcity of available men in their prime. Reasons cited include war, emigration, priestly celibacy, and the number of men waiting until middle age before marrying. The extract below comprises the first part of the poem, where the narrator's presence at court is demanded. The translation is by Donncha Ulf/Dennis Woulfe, a near contemporary of Merriman and fellow Clareman.

Through dewy meads by streamlets clear
I often strayed the greenwoods near
The mountain brow in towring view
When Sol's bright ray had beamed anew.
The charming sight now bright now grand
The landscape wide by Lough Grein strand
The nodding mountains proudly rise
No darkening clouds in azure skies.
The heart decayed and pained full sore
Would health regain and ache no more,

An séithleach searbh gan sealbh gan saibhreas
D'fhéachfadh tamall thar bharra na gcoillte
Ar lachain 'na scuainte ar chuan gan ceo
Is an eala ar a bhfuaid 's í ag gluaiseacht leo,
Na héisc le meidhir ag eirghe in airde,
Péirse im radhairc go taibhseach tarrbhreac,
Dath an locha agus gorm na dtonn
Ag teacht go tolgach torannach trom.
Bhíodh éanla i gcrainn go meidhreach mómhar
Is léimreach eilte i gcoillte im chóngar,
Géimreach adharc is radharc ar shlóite,
Tréanrith gadhar is *Reynard* rompu.

Ar maidin inné bhí an spéir gan ceo,
Bhí *Cancer* ón ngréin 'na caorthaibh teo
Is í gofa chum saothair tar éis na hoíche
Is obair an lae sin réimpi sínte.
Bhí duilleabhar craobh ar ghéaga im thimpeall,
Fiorthann is féar 'na shlaodach taoibh liom,
Glasra fáis is bláth is luibheanna
Scaipfeadh le fán dá chráiteacht smaointe.
Bhí me cortha is an codladh dhom thraochadh
Is shín me thoram ar cothrom sa bhféar glas
In aice na gcrann i dteannta trinse,
Taca lem cheann 's mo hanlaibh sínte.
Ar cheangal mo shúl go dlúth le chéile,
Greamaithe dúnta i ndúghlas néalta
Is m'aghaidh agam foilithe ó chuile go sásta
I dtaibhreamh d'fhuiling me an cuilithe cráite
Chorrraigh do lom do pholl go hae me
Im chodladh go trom gan mheabhair gan éirim.

Ba gairid mo shuan nuair chualas, shíl me,
An talamh máguaird ar luascadh im thimpeall,
Anfa aduaidh is fuadach fíochmhar
Is calaithe an chuain ag tuargaint tinte.
Siolla dhom shúil dár shamhlaíos uaim
Do chonairc me chúm le ciumhais an chuain

The withered wight would fire display
Perchance he spied the woodland gay,
Wild waterfowl around the shore,
The swan so proudly placed before,
The finny tribe in wanton play,
With speckled sides and gambols gay,
The expansive lake and waves so blue
In grand array arrayed in view.
The birds on spray do sweatly sing
The bounding doe now mainly spring
The horn's loud blast the huntsman's brace
The echoing pack do Reynard chase.

On yesterday no vapours veered
Refulgent rays from *Sol* appeared
The shades of night to light gave way
His course to ride another day.
The trees were clad in foliage green
The fields with grass had clothed been
The flowers and herbs that deck the vale
Would woes expel and health entail.
Being weary and to rest inclined,
In waving sedge I lay reclined,
Where springs and groves my fancy pleased,
My limbs composed and head upraised.
As *Sommus* sealed my closing eyes
My face concealed from buzzing flies,
In sleep serene I did repose
Till direful dreams the scene transposed,
Imagination scarce can tell
The fancied ills that me befel.

In aftertime, O direful thought!
The earth I spied with frenzy fraught
The waves and shore convulsively
And winds to blow most furiously.
As then I gazed in dreams entranced
A terriffic dame to me advanced,

An mhásach bholgach tholgach thaibhseach
Chnámhach cholgach dhoirrgeach ghaibhdeach.
A haeirde cheart má mheas me díreach,
Sé nó seacht do shlata is fuílleach,
Péirse beacht dá brat ag sraoilleadh
Léi sa tslab le drab is ríobal.
Ba mhuar ba mhiar ba fiain le féachaint
Suas 'na héadan créachtach créimeach,
B'anfa ceantair, scanradh saolta,
A draid is a drandal mantach méirsceach.
A Rí gach má! ba láidir líofa
A bíoma láimhe is lánstaf inti
Is comhartha práis 'na barr ar spíce
Is comhachta báille in airde air scríofa.

Acht dúirt go doirrgeach d'fhoclaibh dána
"Múscail, corraigh, a chodlataigh ghránna,
Is dubhach do shlí bheith sínte id shliasta
Is cúirt 'na suí is na mílte ag triall ann.
Ní cúirt gan acht gan reacht gan riail,
Ná cúirt na gcreach mar chleacht tú riamh
An chúirt seo ghluais ó shluaite séimhe,
Ach cúirt na dtrua, na mbua is na mbéithe.
Is muar le maíomh ar shíolrach Éibhir
Uaisle sí mar shuíodar d'aonghuth
Dhá lá is oíche ar bhinn an tsléibhe
I bpálás buíonmhar, Bruíon Mhaigh Gréine.
Is daingean do ghoill sé ar shoilse an Rí
Is ar mhaithibh a theaghlaigh thaibhsigh shí
Is ar uimhir na buíne bhí ina ndáil
Mar d'imigh gach díth ar chríochaibh Fáil.
Gan sealbh gan saoirse ag síolrach seanda,
Ceannas i ndlí ná cíos ná ceannphoirt,
Scriosadh an tír is níl 'na ndiaidh
In ionad na luibheanna acht flíoch is fiaile,
An uaisle b'fhearr chum fáin mar leaghadar
Is uachtar lámh ag fáslaigh shaibhre
Ag fealladh le fonn is foghail gan féachaint

Whose hideous, fierce and frowning form
Transfixed my soul with dire alarm.
Her monstrous size I will proclaim
Twelve cubits high and more to name
The robe she trailed along the strand
Accumulating slime and sand.
Her frightful frame in haste I viewed
Her spiteful face my heart subdued.
A horrid head of hellish size
With gaping mouth and flaming eyes.
A walking staff of massive weight
She firmly grasped and balanced straight,
A plate of brass aloft denoted
A bailiff proud in power promoted.

"You wretch," she cries, "arise in haste
Our precious time no longer waste,
The court is thronged with maids despairing
And thousands still to it repairing.
'Tis not a court of goading laws,
Nor yet a court of flimsy flaws,
But a court disposed to great relief
To maids long prone to heartfelt grief.
Old Hebe's clan have honored been
The fiery strong and regal queen
In concert sat in regal state
Our grievous wants to terminate.
The monarch too did sore complain
And all his honored household train,
In concert with the congregated
That Ireland had degenerated.
No land or store the old possessing,
No friends in court their wrongs redressing,
In lieu of herbs and fragrant seed
There grew wild rape and chicken weed.
The ancient nobles fast decaying,
And sordid clans in grandeur swaying,
Foul deceit and fell oppression,

D'fheannadh na lobhar 's an lom dá léirscrios.
Is dochrach dubhach, mar dhiú gach daoirse,
Doilbheadh dúr an dúcheilt dlíthe,
An fann gan feidhm ná faighidh ó éinne
Acht clampar doimhin is loighe chum léirscris,
Falsacht fear dlí is fachnaoide airdnirt,
Cam is calaois, faillí is fábhar,
Scamall an dlí agus ffordhath fannchirt,
Dalladh le bríb, le fís, le falsacht.

Fara gach ffor is fuíoll níor fágadh,
Dearbhadh díble ar bhíobla an lá sin
Cúis dar ndóigh ná geobhairse saor thríd,
Cnú na hóige á feo le faolraois
Is easnamh daoine suíte ar Éire.
Do mheath led chuimhne an síolrach daonna,
Is folamh 's is tráite fágadh tíortha,
An cogadh is an bás gan spás dá ndíogadh,
Uabhar na rithe is ar imigh tar sáile
An uair ná deineann sibh tuilleadh ina n-áit díobh.
Is nár bhur n-iomad gan siorraigh gan síolrach
Is mná ina muirear ar muir is ar tíorthaibh,
Consaigh chorpartha is borrcaigh óga
Is bunsaigh bhrothallach fola agus feola,
Lóistigh liosta agus ligthigh shásta
Is mórgaigh shioscaithe d'imigh i bhásta.
Is trua gan toircheas tollairí 'on tsórt so,
Is trua gan tormach brollaigh is bóta iad,
Is minic iad ullamh an focal dá bhfaighidís
Ag tuitim dá mogall is molaimse a bhfoighne.

Is é cinneadh le saoithe i gcríoch na comhairle,
In ionad na daoirse d'inseadh dóibhsin,
Duine don bhuíon so líonta i gcomhachta
Ar thuitim 'on dílse shuíomh go Fódla.
Tairgeann Aoibheall, croí gan claoinbheart,
Cara na Muimhneach, síbhean Léithchraig,
Scaradh le saoithibh sí na slua so,

Feuds create and rank aggression.
Alas too direful to detail
The woeful ills that now prevail,
A dreary tribe by tyrants goaded
With woes and wiles and anguish loaded,
The lawyers frown the proud's reflection,
Frauds through power and foul rejection,
The law obscured the poor oft cheated,
By fees and bribes our rights defeated.

A female swore and loud insisted
That other evils still existed
And as a proof will now arraign
Her virgin bloom consumed amain
And Ireland short of population.
Our sexes too scant for propagation
For war the pest and scourge of regions
With palefaced death had swept whole legions
The strife of Kings with Emigration
The lazy left for generation.
O fie for shame no progeny
And maids increased most awfully
And all composed of different shades
Stately brisk and buxom blades
Some are fat and some are lean
And desponding in disdain.
Alas if those were pregnant grown
The human race would millions own
As all are ripe and doomed to waste
And yet admired for passing chaste.

The noble chiefs in consultation
Have now decreed with exultation
That one of them should here preside
And graciously our claims decide.
Aoibheall fraught with acts of grace
The darling of the Munster race
Forsook her seat in Craigliath mount

Scaitheamh ag scaoileadh daoirse i dTuamhain seo.
Do gheall an mhíonla chaointais chóir seo
Falsacht dlí do chloí go comhachtach,
Seasamh i dteannta fann is fánlaig
Is caithfidh an teann bheith ceansa tláith libh.
Caithfidh an neart gan cheart so stríocadh
Is caithfidh an ceart 'na cheart bheith suíte.
Geallaimse anois nách clis ná comhachta,
Caradas Miss ná Pimp ná comhalta
Shiúlfas tríd an dlí seo 'o ghnáth
Sa gcúirt 'na suífe an síolrach neámhdha.
Tá an chúirt seo seasmhach feasta sa bhFiacail,
Siúilse is freagair í, caithfidh tú triall ann,
Siúil gan tafann go tapa ar do phriacail
Siúil nó stracfad san lathaigh im dhiaidh thu."

Foinse: Liam P. Ó Murchú, eag., *Cúirt an Mheon-Oíche le Brian Merríman* (Baile Átha Cliath: An Clóchomhar, 1982), 19–22.

96. "Eoghan Cóir," RIOCARD BAIRÉAD, 5 rann, meadaracht: rócán

Rugadh Riocard Bairéad (c. 1735–40 – 1818–19) in Iorras i gCo. Mhaigh Eo am éigin idir 1735–1745 agus chaith sé a shaol i gcóngar do Bhéal an Mhuirthead. Ba mhúinteoir scoile é agus file aitheanta. Thaithigh scríbhneoirí taistil an Bhéarla agus bailitheoirí amhrán na Gaeilge a theach de bharr a chuid saíochta, cé go ndeirtear nár fhoghlaim sé scríobh na Gaeilge go dtí go raibh sé go maith in aois. Deirtear leis, gur chaith sé seal sa phríosún toisc a bhaint le hÉirí Amach 1798 i Maigh Eo. Aoir i bhfoirm moladh íorónta atá sa dán seo ar an mbáille áitiúil, fear nach bhfuil "cóir," nó baol air, nuair a thuigtear na línte, ach atá míthrócaireach, cruálach ag caitheamh leis an bpobal áitiúil.

Nach é seo an scéal deacrach sa tír seo,
In anacair chroí agus bróin,
Ó fhágas sé Creagán a' Líne
Go dté sé go dtí an Fál Mór.
A leithéid de screadadh 's de chaoineadh
Níor cluineadh sa tír seo fós,

The regal chair in Clare to mount.
She then announced without disguise
Our rights she would not compromise
That tyranny she would restrain
And equity in fine maintain.
To right the wronged she would proceed
That right to wrong would not succeed
No pander pimp or concubine
The law should stem or undermine
Through party power or friendly aid
Where Royalty will be displayed.
The court henceforth will holden be
On Feacle's plains attend to me
Come post away at my desire
Or you'll be dragged through mud and mire."

Translation: Donncha Ulf/Dennis Woulfe, in Liam P. Ó Murchú, ed., *Cúirt an Mheon-Oíche le Brian Merríman* (Baile Átha Cliath: An Clóchomhar, 1982), 85–88.

96. "Fair Owen," RIOCARD BAIRÉAD, 5 verses, meter: *rócán*

Riocard Bairéad was born on the Erris peninsula in Co. Mayo sometime between 1735 and 1745 and spent his life in the vicinity of Belmullet. He was both a respected schoolteacher and a composer of poetry, and throughout his life he came into contact with travel writers in English as well as collectors of Irish-language literature. He is said not to have learned to write in Irish until well into adulthood. He was also imprisoned for a time due to his involvement in the 1798 rebellion in Mayo. Here we find an ironic lament on the death of an extortionate bailiff, whom he terms "Eoghan Cóir," which clearly reflects the hardships experienced by many tenants at the time. The recurrent adjective *cóir*, usually meaning "right" or "just," but probably "generous" in this context, is here used satirically in lieu of the bailiff's actual surname.

Isn't this painful news we've been hearing,
That causes us heartbreak and woe,
It spreads outwards from Creggan-a-Leena
All the way till it reaches Faulmore.
The likes of such wailing and weeping
Never heard in this country before,

Gidh níl againn aon ionadh
Ó cailleadh, faraoir! Eoghan Cóir.

Bhí gnaoi agus gean ag gach n-aon air,
An seanduine críon is an t-óg.
Bhí an saibhir is an daibhir i ngrá leis
Mar gheall ar a chroí maith mór.
Le togha 's le rogha na tíre
Do chaitheadh sé píosaí óir,
'S le daoine bocht' eile níor spíd leis
Buidéal ón síbín d'ól.

Tá Antoine Ó Gábháin ag caoineadh
Is ní bheidh Seán Ó Baoill i bhfad beo,
Ó cailleadh a gcaraid sa tír seo
'Sé d'fhága a gcroí faoi bhrón.
In anacair catha níor síneadh,
Is é mheasaim, faoi liag ná fód
Aon neach ba mheasa don dís seo
Ná an duine bocht maol Eoghan Cóir.

Ba rómhaith ag tógáil an chíos' é
Ba bheag aige mí nó dhó
Go ndíoltaí an bhó ar an aonach
Nó an giota a bhíodh sa tseol.
'Sé dúirt Séamas Pheadair Mhic Riabhaigh,
Is é ag agairt ar Rí na nDeor:
De réir mar bhí seisean do dhaoine,
Gurab amhlaidh 'bheas Críosta dhó.

Aon agus seacht insan léne
Agus ocht a chur síos faoi dhó,
Tráth ghlac seisean cead lena dhaoine
Is níor labhair sé gíog níos mó.
Tá sé lándearfa scríofa
Gur talamh is críoch do gach beo,
Is chomh fada is bheimid sa saol seo,
Cá miste dhúinn braon beag d'ól!

Foinse: Críostóir O'Flynn, Irish Comic Poems (Indreabhán: Cló Iar-Chonnacht, 1995), 150–54.

And no wonder, since we're all a-keening
The death, alas! of Fair Owen.

There was none but regarded him fondly,
He was cherished by all, young and old,
The rich and the poor all adored him
Because of his heart's goodly store.
In all quarters, to all and sundry,
He scattered his pieces of gold,
Nor scorned with the poorest of people
A jar from the shebeen to hold.

Hear Anthony Gavin lamenting!
And John Boyle will soon be at death's door,
Since they heard their good friend has departed,
Their hearts are near breaking with woe.
There ne'er fell in the battle's hard struggle,
To be laid 'neath the sod or the stone,
Any man to that pair could be dearer
Than this harmless poor fellow, Fair Owen.

At gathering the rent he was powerful,
A month or two he'd let it go
Till the cow for the fair was in order
Or the cloth from the loom could be sold.
Old Seamus McCreevy beseeches
Our heavenly Lord on his throne:
The same treatment he dealt to our people
Let Christ hand out now to Fair Owen.

Write a one and a seven behind it,
Put two eights after that in a row,
When his final farewell was recited,
Not a geeks after that did he blow.
Now we know that it's solemnly chronicled,
All life to the dark earth must go,
So as long as we're here in this world
We might as well drink a drop more!

Translation: Críostóir O'Flynn, *Irish Comic Poems* (Indreabhán: Cló Iar-Chonnacht, 1995), 150–54.

97. "Beir litir uainn don Mhumhain leat," MÍCHEÁL ÓG Ó LONGÁIN, 4 rann, meadaracht: neamhaicleach

Ba scríobhaí tábhachtach thar a bheith bisiúil é Mícheál Óg Ó Longáin (1766–1837) ó Cho. Chorcaí. Chum sé mórán filíochta chomh maith—breis agus trí chéad caoga dán ar fad. Dánta polaitiúla, ar nós an dáin thíos, is ea go leor acu. Bhí Ó Longáin gníomhach sna hÉireannaigh Aontaithe agus in "Beir litir uainn don Mhumhain leat," áitíonn sé ar phobal na Mumhan éirí amach. Tugtar "Maidin Luain Chincíse" air seo chomh maith agus tá ionad suntasach aige sa traidisiún amhránaíochta, áit a bhfaightear roinnt véarsaí de bhreis ar na cinn a chum Ó Longáin, de ghnáth.

> Beir litir uainn don Mhumhain leat
> A riúin dhil 's a stóir,
> Is aithris-se tré riún dóibh
> Go bhfuil an cúrsa 'na gcomhair;
> Inis gur mhó ainnir mhilis mhúinte
> Agus leanbh fireann fionn leis,
> Is fear breá cliste cumtha
> Do fúigeadh ar feo.
>
> Is fiafraigh créad nách éiríd
> Is teigheacht linn sa ghleo
> In arm ghreanta ghreadhnach
> Bheadh faghartha go leor;
> Cia táimidne brúite meillte
> 'S go leor dár namhaid 'nár dtimpeall,
> Inis go bhfuil na Laighnigh
> Ag adhaint na tine leo.
>
> Do ghluais ó chúige Chonnacht chughainn
> Tuilleadh 's deich míle laoch,
> 'S aduaidh ó chuantaibh Uladh iar sin
> An oiread eile i bhfíoch 's i bhfaobhar;
> Ní bhfuaireamar fuaradh ar bith acu
> Go rugamar bualadh is fiche orthu,
> 'S ba trua mar bhídis coirp againn
> Is fuil i ndeireadh lae.

97. "Take a letter to Munster from me," Mícheál Óg Ó Longáin, 4 verses, meter: *neamhaicleach*

Mícheál Óg Ó Longáin (1766–1837) was a highly prolific and important scribe from Co. Cork. He also composed a substantial body of poetry extending to more than three hundred and fifty poems. Many of them are political, like the composition below. Ó Longáin was active in the United Irishmen, and here he calls on his fellow Munstermen to rise in rebellion. Also known as "Maidin Luain Chincíse," it features prominently in the song tradition, where several other verses are usually found alongside those composed by Ó Longáin.

Take a letter to Munster from me
My beloved darling and my treasure,
And tell them in confidence
That the bout is imminent;
Tell them that many a sweet mannerly beauty
And fair-haired male child, too,
And fine clever handsome man
Were left decaying.

And ask why they do not rise
And side with us in the battle
In an ornate bright army
They would be sufficiently spirited;
Although we are crushed and worn down
And many of our enemies surround us,
Say that the Leinsterfolk
Are kindling the fire.

From the province of Connacht to us traveled
More than ten thousand warriors,
And southwards from Ulster's harbors after that
The same number again in anger with bladed weapon;
We didn't find any relief from them
Until we gave them twenty-one defeats,
It was sad how we used to have corpses
And blood at the end of the day.

Is cá bhfuil cúnamh Muimhneach,
Nó an fíor go mairid beo,
In arm lonrach líofa
Ná tíd linn san ngleo:
A ndeacairphúir do dhíogailt,
Is Gallabhúir do dhíbirt
As fearann dúchais díleas
Ár sinsear go deo.

Foinse: Rónán Ó Donnchadha, eag., *Mícheál Óg Ó Longáin, File* (Baile Átha Cliath: Coiscéim, 1994), 90–91.

98. "Machnamh an Duine Dhoilíosaigh," Seán Ó Coileáin, 20 rann, meadaracht: rannaíocht mhór nuachóirithe

Chum Seán Ó Coileáin (c. 1754–1817) "Machnamh an duine dhoilíosaigh" sa bhliain 1813. Tar éis dó Mainistir Thigh Molaige, Co. Chorcaí, a fheiceáil ina fhothrach, samhlaíonn an file na himeachtaí reiligiúnacha agus léinn is dóichí a tharla laistigh de na fallaí úd atá anois ar tí titim (feic Dán 34). Feidhmíonn drochbhail na mainistreach mar léiriú follasach ar an ísliú céime a fuair an eaglais Chaitliceach agus, go hindíreach, ar an ísliú céime a fuair an tsochaí Ghaelach. Sa chuid dheiridh den dán, spreagann an machnamh seo an reacaire lena mharana a dhéanamh ar a staid féin agus é ag dul in aois. Tá toise rómánsach an dáin neamhchoitianta go maith i bhfilíocht na tréimhse seo sa Ghaeilge. Bhí an-tóir ag scríobhaithe ar an dán seo.

Oíche dom go doiligh dubhach
Cois fharraige na dtonn dtréan
Ag léirsmuaineadh is ag lua
Ar choraibh crua an tsaoil.

Bhí an ré is na réalta suas,
Níor chlos fuaim toinne na trá
Is ní raibh gal ann den ghaoith
Do chraithfeadh barr crainn ná bláth.

Do ghluaiseas i machnamh mhaon
Gan aire ar raon mo shiúil,
Doras cille gur dhearc mé
San gconair réidh ar mo chionn.

And where is assistance from Munster
Or are they alive at all,
That they are not joining us in the battle
With shining sharpened weapons:
To avenge their distressing calamity,
And to rout English boors
From the loyal native land
Of our ancestors forever.

Translation: Deirdre Nic Mhathúna.

98. "The Remorseful Man's Contemplation," SEÁN Ó COILEÁIN, 20 verses, meter: modernized *rannaíocht mhór*

Seán Ó Coileáin (c. 1754–1817) composed this poem in 1813. On seeing Timoleague Abbey, Co. Cork, lying in ruins, the poet imagines the religious and learned activities which must have taken place within its now decaying walls (see Poem 34). Its demise symbolizes the reduced state of the Catholic church and more obliquely, traditional Gaelic society, and in some later verses he draws a parallel with his own advancing years. The poem's romantic flavor makes it quite unusual within Irish-language poetry of this period. The poem was often copied within the manuscript tradition.

I passed a night, mournful and melancholy,
On the shore of the powerful waves
Reflecting deeply and pondering
The ups and downs of life.

The moon and stars were up,
Barely a stirring of the waves could be heard
And there was not a breeze
That would stir tree-top or flower.

I moved in quiet reflection
Not minding where my path did wind,
Till I spotted the door of a church
On the smooth path ahead of me.

Do stad mé san doras tsean
'Nar ghnáth almsanna is aoi
Dá ndáil don lobhar is don lag
An tráth do mhair lucht an tí.

Bhí fora fiar ar a thaoibh,
Is cian ó cuireadh a cló,
Ar a suíodh saoithe 'gus cliar
Is taistealaigh thriallta an róid.

Shuigh mé síos le machnamh lán,
Do leigeas mo lámh fám ghrua
Gur thuit frasa diana déar
Óm dhearcaibh ar féar anuas.

Adúirt mé ansan fá dhíth
Agus mé ag caoi go cumhach
"Do bhí aimsear ina raibh
An teach so go soilbh subhach."

Sonn do bhíodh cloig agus cléir,
Dréachta 'gus diadhacht dá léadh,
Córa, ceatal agus ceol
Ag moladh mórgachta Dé.

A fhothrach fholamh gan aird,
A árais seo is aosta túr,
Is iomdha eascal is gaoth
Do bhuail ar mhaol do mhúir.

Is iomdha fearthainn is fuacht
Is stoirm chuain do chuiris díot
Ó tíolaiceadh tú ar dtúis
Do Rí na ndúile mar thíos.

A mhúir naofa na mbeann nglas
Dob ornáid don tír seo tráth,
Is diomá dian liom do scrios
Agus cuir do naomh ar fán.

I stood in the ancient doorway
Where alms and hospitality were
Once provided for the sick and the weak
When the people of the house did thrive.

There was a bench lying awry on its side,
A long time since it had its proper shape,
Whereon used to sit scholars and monks
And the traveling wayfarers of the road.

I sat down deep in thought,
And put my hands to my cheeks,
And the tears came hard and fast
From my eyes down onto the grass.

Then sorrowfully I said
As I cried pitifully,
"There was once a time when
This house was cheerful and merry."

There were bells and monks then,
Passages of theology being read,
Choirs, psalms and music
To the praise and glory of God.

O empty ruin now unnoticed!
O place of ancient tower!
Many's a storm and high wind
Have struck your ruined walls.

Many's the shower of rain, cold spell
And storm you have weathered
Since first you were dedicated
Here below to the God of Creation.

O hallowed wall of the grey peaks
Which once did decorate this land,
A great desolation to me is your destruction
And the scattering of your monks.

Is uaigneach ataoi anois—
Ní bhfuil ionat cora ná ceol,
Ach scréachach ghéar na gceann gcait
In ionad na salm sóil.

Eidhean ag eascar ós do stua,
Neantóg rua it urlár úr,
Tafann caol na sionnach seang
Is crónán na n-eas id chlúid.

Mar a nglaodh an fhuiseog mhoch
Do chléir ag canadh a dtráth,
Ní bhfuil teanga ag corraí anois
Ach teangtha gliogair na gcág.

Atá do phroinnteach gan bhia,
Do shuainlios gan leaba bhláth,
Do thearmann gan íobairt cliar
Ná aifreann do Dhia dá rá.

D'imigh do luamh is do riail
Is do chuallacht ba chian cáidh;
Uch! ní fhionnaim anois fád iadh
Ach carannán criata cnámh.

Uch! anfhorlann is an-uaill,
Anbhroid, an-uais is ain-dlí,
Foirneart námhad is creachadh cruaidh,
Tug uaigneach tú mar taoi.

Do bhás-sa féin sona seal;
Faraor! do chlaochlaigh mo chló,
Táinig tóir an tsaoil im aghaidh,
Ní bhfuil feidhm orm ach brón.

D'imigh mo luail is mo lúth,
Radharc mo shúl agus mo threoir;
Atáid mo chairde is mo chlann
San gcill seo go fann ag dreo.

Desolate you are now—
Neither choirs nor music are to be found in you
Except for the screeching of the owls
In place of the psalms of comfort.

Ivy now sprouts out of your archways,
Red nettles from your fair floor,
The thin bark of the slender foxes
And the purr of the weasels in your corner.

Where once the early lark did sing,
Where your monks chanted the hours,
No tongue now stirs here
Except the prattle of the jackdaws.

Your refectory is without food,
Your dormitory has no fair beds,
Your sanctuary is without religious service
And no Mass is celebrated for God.

Your abbot and rule are now both gone
And your brotherhood, which was pure for so long.
Ah! I find nothing now within your enclosure
But mounds of riddled bones.

Alas! It was oppression and arrogance,
Tyranny, unworthiness and injustice,
The violence of the enemy and cruel plundering,
That left you desolate as you are.

I too was once happy for a time;
Alas! My luck changed,
The allure of the world came against me,
I am reduced to sorrow.

My nimbleness and agility have deserted me,
My eyesight and direction too;
My friends and family
Rot slowly in this burial place.

Atá duairceas ar mo dhriuch,
Atá mo chroí 'na chrotal cró;
Dá bhfóireadh orm an bás,
Ba dhearbh m'fháilte fána chomhair.

Foinse: Ciarán Mac Murchaidh, eag., *Lón Anama: Poems for Prayer from the Irish Tradition* (Baile Átha Cliath: Cois Life, 2005), 248–51.

99. "Máire Ní Laoghaire,"
MÁIRE BHUÍ NÍ LAOGHAIRE, 9 rann, meadaracht: amhrán

File as Béal Átha an Ghaorthaidh in iarthar Cho. Chorcaí ab ea í Máire Bhuí Ní Laoghaire (1774–1849) a chum go bisiúil sa naoú haois déag, agus ar mhair a saothar go láidir sa traidisiún béil ar feadh i bhfad. Ní hamháin sin, ach cantar a cuid amhrán fós. Bhí meon láidir ceannairceach aici, agus ba dhiúltach an léamh a bhí aici ar riail na Breataine in Éirinn lena ré, mar a fheicfear thíos. Mar léiriú ar shaibhreas an tradisiúin bhéil, tá de chastacht ag baint leis an téacs seo, go ndeirtear gur chum Donncha Bán Ó Luínse dhá véarsa, agus gur chuir Máire Bhuí críoch leis ina dhiaidh sin. Cailleadh Máire Bhuí le linn an Ghorta Mhóir (1845–1850) tar éis di féin agus a fear céile a bheith curtha as seilbh.

A Mháire Ní Laoghaire ó bheál an Chéama
Mar a mbíonn os maol dá mhúscailt,
An amhlaidh a éagais ná hairím aon phioc
De ghuth do bhéil á mhúscailt,
Nó an bhfacaís éinne ag gabháil moch ná déanach
Sa ghleann so taobh le Diúchoill
Do neosadh scéal duit ar chúrsaí an tsaoil seo
Ag clanna Gael i gcúngracht?

Do chualag scéal duit anois go déanach
Ó fhiodóg sléibhe a bhí i nDiúchoill,
Go suífeadh téarma gan moíll in Éirinn
A chuirfeadh béir ar gcúlaibh;
Go mbeadh *repéalers* is a bhfórsaí tréana
Agus cúnamh Dé acu á stiúradh,
Agus buín an Bhéarla gan fíon gan féasta
Agus stealla piléar dhá ndúiseacht.

My countenance is desolate,
My heart is a nutshell;
If death were now to come to my aid,
I should provide him with a sure welcome.

Translation: Ciarán Mac Murchaidh, ed., *Lón Anama: Poems for Prayer from the Irish Tradition* (Baile Átha Cliath: Cois Life, 2005), 251–55.

99. "Máire Ní Laoghaire,"
MÁIRE BHUÍ NÍ LAOGHAIRE, 9 verses, meter: *amhrán*

Máire Bhuí Ní Laoghaire was born near Ballingeary in west Co. Cork. She was a formidable oral intellectual and poet whose work endured and was collected well into the twentieth century. Her songs are still sung in the *Gaeltacht* regions of Munster. Her work reveals strong anti-authoritarian and anti-British sentiments. The text here below both underlines this point, and illustrates the layers of complexity of the oral tradition; two verses were composed by another local poet, Donncha Bán Ó Luínse, but Máire Bhuí added to and completed the work. She died during the Famine shortly after she and her husband were evicted from their holding.

Oh Mary O'Leary from the mouth of Keimaneigh
Where the hornless deer stirs,
Is it that you have died that I hear none
Of the voice of your mouth stirring,
Or did you see anyone early or late
In this glen beside Diúchoill
That would tell a tale of the happenings of this world
Of Gaelic clans in difficulty?

I heard a tale for you of late
From a mountain plover in Diúchoill,
That a term would reside shortly in Ireland
That would send bears retreating;
That there would be repealers and their strong forces,
And the help of God steering them,
And that English-speaking crew without wine without feast
And pelting of bullets starting them.

Go n-éirí an saol leis an bhfiodóg sléibhe amuigh
Do thug an scéal san chugatsa
Le grá is le méin duit thar mhnáibh na hÉireann,
A bhláth 's a chraobh na n-údar.
Ó bhís chomh héasca agus lámhach le béaraibh
Is iad d'fhágaint tréith le púdar,
Tá an cairde taobh leo le grásta an Aonmhic
Do ghearr an téarma ar dtúis dóibh.

Beidh stealladh piléar agus pící géara
Dhá gcur ina méadail bhrúidigh,
Beidh cloch is craobh orthu ó láimh gach éinne
Agus mallacht Dé ar an gcomplacht;
Beidh siad faonlag faoi spalladh gréine
Gan neach sa tsaol ina gcúram,
A gcoin is a *mbéagles* is a gcapaill traochta
Gan dúil i ngéim ná i liú acu.

Tá dream an áil seo go céasta cráite
Ag cíos is cáin á dturnadh,
Agus búir go tábhachtmhar in allaí bána
Agus deireadh a gcairde tabhartha.
Ní bheidh féasta ar clár ach prátaí bána
Agus salann lán de bhrúscar;
Is ní bheinn féin sásta le méid a ngátair
Go bhfaighidís bás gan bhlúire.

Dá mbeinn ar clár glan faoi thobac ghearrtha
Is faoi sholas bhán gan múchadh,
Go n-aireoinn rás ar an ndream so a chráigh sinn,
Go n-éireoinn láidir chúcu.
Tá mo shúil lem mháistir ná raghad don bhán ghlas
Go bhfeicead tláth an complacht,
Is go mbead á n-áireamh i bpollaibh báite
Is le faillibh arda á rúscadh.

The best of wishes for your mountain plover
Who brought you that tale
And with love and affection for you over all the women of Ireland,
Oh flower and branch of authors
                    [greatest of all authors, poets or prophets].
Oh you were so adept at firing at bears
And enweakening them with the grace of the One Son
Who created the term for them first day.

There will be pelting of bullets and sharp pikes
Being driven through theur brutish paunches,
A stone and branch down upon them from every hand
And God's curse on the company;
They will be exhausted and weak under scorching sun
With no one in the world to care for them,
Their hounds and beagles and their horses exhausted
With no desire for game or shout.

Our people are tormented and troubled
By rent and tax which defeat them,
And boors (self)importantly in white halls
And their time is running out.
There will be no feast upon table but white potatoes
And salt full of dirt;
And I wouldn't be happy with the extent of their deprivation
Unless they died without a scrap to eat.

If I were on a white plank under cut tobacco
And under a white light unquenched,
And if I were to hear that crew who persecuted us were sent racing,
I would rise up strongly to them.
My eye is to my Master that I won't go to the green plain
Until I may see that company weak
And until I will be counting their dead bodies drowned in bog holes
And being flung over high cliffs.

Do chualag trácht ort, a mhic an dea-athar,
Gur mhaith do cháil id dhúthaigh,
Guím séan is áthas is sliocht faoi bhláth ort,
A chuirfidh coráiste is fonn ort.
Dá gcastaí lá orm thú i dtigh an tábhairne,
Do thabharfainn cárt ort faoi chúr duit
Is crothadh lámh leis ag ól do shláinte,
Agus *punch* ar clár go flúirseach.

'S a mhic an dea-athar nár thuill tú a cháineadh,
Mar bhís fial fáilteach flúirseach,
Ní dhéan-sa trácht ar a thuilleadh dánta,
Táim críonna támhach-lag brúite.
Bronnaim láithreach an chraobh id láimh duit,
A bun 's a bárr 's a húlla,
Is ná caill do choráiste—insa bhliain seo lámh linn
A bheidh ochalán ar bhúraibh.

Go deimhin is dóigh liom, más fíor do ghlórtha,
Gur dheinis óg arís mé
Chun *tally ho* a bheith ar mhnáibh na rógairí seo
Dh'itheann feoil Dé hAoine.
'Sé deir lucht eolais go mbeid siúd brónach
Mar ghiúll ar phóit an tsaoil seo
Ná leanann comhairle na cléireach cóireach
Is gabháil an bóthar díreach.

Foinse: Tríona Ní Shíocháin, *Bláth's Craobh na nÚdar: Amhráin Mháire Bhuí* (Baile Átha Cliath: Coiscéim, 2012), 297–99.

100. "Election na Gaillimhe,"
ANTAINE RAIFTEARAÍ, 8 rann, meadaracht: ochtfhoclach

Rugadh Raiftearaí gar do Choillte Mach i gCo. Mhaigh Eo. D'éirigh sé dall ó aois óg de bharr tinnis. File agus ceoltóir a bhí ann a chaith an chuid eile dá shaol ag taisteal fud na Gaillimhe. Is ón tradisiún béil a fhaighimid go leor dá shaothar; go deimhin cantar a chuid amhrán go fóill i gcúige Chonnacht (feic Dán 108). An

I heard talk of you, oh son of the fine father,
And your reputation precedes you in the country,
I wish good luck and happiness and flowering descendants upon you
That will give you courage and vigor.
If I were to meet you one day in the tavern
I would give you a frothing quart
And shake your hand and drink to your good health,
And there would be plentiful punch to drink.

Oh son of the fine father who never earned criticism,
Because you were big-hearted, welcoming and generous,
I won't talk any more of poems,
I am old, weak and worn.
I give you now the branch in your hand,
Its bottom, top and apples,
And don't lose courage—in this coming year
Boors will be groaning.

Indeed I think, if your voice is true,
That you have made me young again,
To give tally ho to the women of these rogues
Who eat meat on Friday.
All those who are knowledgeable say that they will be sad
Because of the drunken excesses of this life
For those who don't follow the advice of the true clergy
And stray on the straight road.

Translation: Tríona Ní Shíocháin, *Singing Ideas: Performance, Politics and Oral Poetry* (New York:
Berghahn, 2018), 181–83.

100. "The Galway Election,"
ANTAINE RAIFTEARAÍ, 8 verses, meter: ochtfhoclach

Antaine Raiftearaí (1779–1835) was born in Kiltimagh, Co. Mayo. Due to illness he
became blind at a young age. He spent his life as a wandering poet and musician,
and is probably the best known oral poet of nineteenth-century Ireland. It is
worth noting that his most popular songs are still performed to this day. The

dán atá roghnaithe anseo, is iad cúrsaí polaitiúla a chúram: toghadh an Bhúrcaigh
mar bhall pairliminte ar son Cho. na Gaillimhe. Léiríonn sé greim an fhile ar
imeachtaí polaitiúla, ar stair na hÉireann, chomh maith le tábhacht na teanga go
fóill le meon iarbhír an phobail a chur in iúl. Mar léiriú ar an tóir agus an meas
ar a shaothar a lean é, bhí baint ag de hÍde, an Bhantiarna Gregory agus Yeats le
leac cuimhneacháin in ómós dó a thógáil os cionn a uaighe gar do Chreachmhaoil
na Gaillimhe sa bhliain 1900.

Tá Jumpers go deacrach is gach baile faoi bhuaireamh,
Nár dhéana Dia trua do lucht Bíoblaí bréag.
Ba bheag acu sinne a bheith tuirseach faoin ualach,
Ó scríobh Mártan Liútar i mbliain a seacht déag.
Imríodh an cluiche is bhí an muileata in uachtar,
Ó Conaill is a chúnamh a chuir ceann ar an scéal;
Ach cuiridh sa gcathaoir dúinne Sior Seán de Búrca
Is labhróidh sé cliúthúil i bhfabhar na nGael.

Níl Dálach ná Trinseach dá bhfuil in sa gcúige
Nach gcuirfeadh a ndúiche go gclisfeadh na Gaeil;
Scéal de réir barúla ar fad a gcuid údar,
Ach i dtriail na cúise chuaigh ceann ar an scéal.
Na Máirtínigh is Darcaigh, na Frinsigh is na Brúnaigh,
Chlis an láimh chúnta orthu an t-ochtú lá déag;
Tá sé le feiceáil i bpáipéar is i nuaíocht,
Is aimsir an chruatain gur sheas na fíréin.

Ba saighdiúirí seasmhacha i Míleac na Búrcaigh,
I gCaisleán Chill Chúile is i gContae Mhaigh Eo,
A sheas ariamh talamh i gcruatan gach cúise,
Is ní raibh sé sa gcúige an té a n-umhlaídís dó.
Tiarna na Gaillimhe a throid go glan fiúntach,
In Eachroim go cliúthúil gur thit ar an bhfód;
Cibé a d'fheicfeadh é ar maidin is é marbh faoin drúchta,
Shilfeadh a shúil dá mbeadh inti deoir.

following work celebrates the election of Sir John Burke as a member of parliament for Co. Galway. Oral poetry such as this illustrates not only a knowledge of local politics and national history, but its transmission also tells us something about the concerns of its audience. As a testament to his enduring cultural relevance, Douglas Hyde, W. B. Yeats, and Lady Gregory, among others, were involved in the erection of a memorial headstone in his honor at his grave near Craughwell, Co. Galway, in 1900.

> Jumpers are distressed and every townland is disturbed,
> May God have no mercy on the ones of the false bibles.
> They had no concern that we were burdened
> Ever since Martin Luther wrote in the year seventeen.
> The game was played and diamonds came up,
> It was O'Connell and his help that ended the affair;
> Just put Sir John Burke into the seat for us
> And he'll speak famously on behalf of the Gaels.

> There isn't a Daly or a Trench in the province
> Who wouldn't have bet his estate that the Gaels would fail;
> All their authorities were speculative tales,
> But trying the case settled the matter.
> The Martins and Darcys, the Frenches and Brownes,
> Their helpers failed them on the eighteenth [of August];
> It can be seen in the papers and in the news
> That in the hour of difficulty the righteous stood up.

> The Burkes were steadfast soldiers in Meelick,
> In Kilcooley castle and in County Mayo,
> Who always stood their ground under pressure in every cause,
> And there wasn't a man in the province to whom they'd defer.
> Galway's lord who fought with honor and effect
> At Aughrim famously until he fell on the sod;
> Whoever saw him in the morning, dead and covered in dew,
> His eye would have wept if there was a teardrop in it.

Diarmaid Laighean a d'imir an chéad bheart,
Is shíl sé nárbh fhéidir go mbacfaí leis faoi;
D'ardaigh sé chun bealaigh leis bean Tiarna na Bréifne
Is cailleadh na céadta mar gheall ar an mnaoi.
Strongbó is a bhunadh de sciorradh ghnóthaigh Éire,
Ba mhór ar na Gaeil é, ach níorbh ann ach leathbhrí,
Gur bhuail fúthu Cromail, láimh scriosta na féinne,
A chuir chun báis Séarlas mac Shéamais, an rí.

Ó caitheadh an Pretender as coróin agus dúiche,
Tá Gaeil ar an gcúinne faoi sciúrsadh ag an dream
A scríobh in aghaidh Mhuire a fuair grásta agus cumhachta,
Is í a d'oil an tUan cumhra a fuair bás ar an gcrann.
Dhíol Hanraí an creideamh ar pheaca na drúise
Do Phápa ná údar ní umhlaíodh a cheann;
Ach díoltas ina ngnóthaí Lá an tSléibhe faoi dhúthracht
Ar Chranmer ar dtús a cheangail leis Anne.

Féachaidh Fisher is Plunket, mar léitear,
A tarraingíodh ó chéile gan siocair ná slí;
Is a lán eile a cailleadh le fianaise bhréige,
Díoltas dá réir go raibh ar lucht an dá chroí.
Cúig phunt ar cheann sagairt, is giní ar an gcléireach,
A d'admhódh an t-éide chum Peadair is Críost,
Ach Banríon na nAspal a d'oil an Rí a céasadh
Cá bhfuil an té a déarfadh go mbeadh inti brí?

A bhuachaillí dílse cuididh le chéile
Agus smaoinidh ar Éirinn atá i bhfad i ndroch-chaoi;
Gan cheannas, gan chumas, gan chuibheas, gan éifeacht,
A móinte is a sléibhte le céad fada riamh.
Bhí siad in Eachroim mar bheadh caoirigh léithe
Dá ruaigeadh ó chéile gan ceannfort ná rí;
Ach ó d'iompaigh an rotha ní sásamh dúinn aon rud,
Gan seasamh in aghaidh a chéile is na Sasanaigh a chloí.

Diarmait of Leinster committed the first act,
And thought it impossible that he'd be bothered over it;
He carried away with him the lord of Bréifne's wife
And hundreds were killed on account of the woman.
Strongbow and his people quickly won Ireland,
It was a great blow to the Gaels but was only of partial effect
Until they met with Cromwell, destroyer of the warriors,
Who put to death Charles, son of James, the king.

Since the Pretender was expelled from crown and country,
Gaels are at the corner, being scourged by the crowd
That wrote against Mary who received grace and power,
It was she who reared the fragrant Lamb who died on the cross.
Henry betrayed the faith for the sin of lust
And would not bow his head to any pope or authority;
But on the Last Day earnest vengeance for their misdeeds
Will fall first on Cranmer who married Anne to him.

Behold Fisher and Plunkett, as is read,
Who were torn apart without pretext or process;
And many others who died because of false evidence,
May vengeance be taken accordingly on the hypocrites.
Five pounds for the head of a priest, and a guinea for the cleric
Who'd acknowledge the habit designed by Peter and Christ,
Yet the Queen of the Apostles who taught the King who was crucified—
Who would have said that she'd be active?

O faithful boys, assist one another
And think of Ireland which has long been in a bad way;
Without sovereignty, capacity, propriety, or power
Were her moors and mountains through a long century.
They were like grey sheep at [the battle of] Aughrim,
Being driven apart without a commander or king;
But since the wheel has turned nothing will satisfy us
Except standing together to overthrow the English.

Tá Loch Riach is Gaillimh is Gort Inse Guaire
Le seachtain 'na ndúiseacht is níor chodail siad néal;
Ach tinteacha lasta agus púdar á scuabadh
Ag íseal is ag uasal le spóirt faoi na Gaeil.
Tá geataí Dhún Sandail faoi smúit is faoi uaigneas
Is na *Brunswickers* buartha mar gheall ar an scéal;
M'impí gach maidin, go mothaí muid dúiseacht
Agus Galla dá rúscadh ins gach cúinne ag na Gaeil.

Foinse: Vincent Morley, *The Popular Mind in Eighteenth-Century Ireland* (Cork: Cork University Press, 2017), 272–77.

101. "Anbhfainne Ghaedhal Éireann," PÁDRAIG PHIARAIS CÚNDÚN, 8 rann, meadaracht: amhrán

Tá ábhar suaithinseach maíte ag Pádraig Phiarais Cúndún, arbh as Baile Mhac Óda in Oirthear Chorcaí dó: chomh fada agus is eol dúinn, ba eisean an t-aon duine amháin de na milliúin Éireannach a d'imigh ar imirce go Meiriceá sa naoú haois déag, a scríobh sraith litreacha ar ais go hÉirinn as Gaeilge. Ba nós leis dán amháin, ar a laghad, a chur le gach litir, sa tslí nach gceapfaí gur litir "fholamh" a bhí á seoladh aige. Is i dteannta na litreach a scríobh sé chuig Tomás Ó Briain i mBaile Mhac Óda óna fheirm i Machaire an Fhiaidh (an leagan Gaeilge a bhaist sé ar "Deerfield"), lámh le Utica i Stát Nua-Eabhrac, 27 Bealtaine 1848, a cuireadh an dán thíos. Bíodh is go bpléann an dréacht le slad an Drochshaoil, ní mar aon mhóreachtra amháin a chuirtear an Gorta Mór i láthair, ach mar an sampla is déanaí den ainnise agus den éagóir thar meán a imríodh ar chomhthírigh an fhile. Is laistigh de raon fada na staire agus ó pheirspictíocht na nGael cloíte a thuigtear an tubaiste (feic Dánta 61 agus 62).

(Fonn: "Fágaimís súd mar athá sé")

A Éire mo dhanaíd do chaithmhilidh treóin,
D'fhlaith díleas, d'fhóirne, agus d'fháidhe,
Do chléir is do dhaltaí, do ghaiscidhigh do leóghain,
Do cheap craoibhe cródha is do mhánaigh
I ngéibheann fé ghlastsnaidhm i dtrapgheimhleach bróin
Ag méirligh do chreach Ínse Airt, Ír, is Eóghain,
Faolchoin do mheascmhill le reachtdlighe gan chóir
Sleacht saoithe i bhFódla do b'ársa.

Loughrea and Galway and Gort have been
Awake for a week without sleeping a wink;
But bonfires were lit and powder was discharged
By the lowly and the gentry with the revelry of the Gaels.
The gates of Dunsandle are dejected and lonely,
And the Brunswickers are worried on account of the news;
It's my prayer each morning that we'll experience an awakening
With foreigners being battered in every corner by the Gaels.

Translation: Vincent Morley, *The Popular Mind in Eighteenth-Century Ireland* (Cork: Cork University Press, 2017), 272–77.

101. "The Weakness of the Gaels of Ireland," PÁDRAIG PHIARAIS CÚNDÚN, 8 verses, meter: *amhrán*

Pádraig Phiarais Cúndún, from Ballymacoda in East Co. Cork, has a major claim to fame: he was, so far as is known, the only one of the millions of nineteenth-century Irish emigrants to America who wrote a series of letters back to Ireland in Irish. His practice was to include at least one poem with each letter so that it would not be deemed *folamh* (empty). The poem published here accompanied the letter he sent to Tomás Ó Briain in Ballymacoda, from his farmstead in Machaire an Fhiaidh (his Irish name for "Deerfield"), near Utica, New York, on May 27, 1848. Although the poem treats of the ravages of the Great Famine, it views this not as a specific, major event, but rather as the latest of the innumerable miseries and injustices visited on the poet's countrymen, as viewed from the perspective of the defeated Irish, within the broad sweep of Irish history. (For similar perspectives, see Poems 61 and 62.)

(Air: "Fágaimís súd mar athá sé")

O Ireland alas your strong soldier
Your faithful ruler, your bands and your seers,
Your clergy and your students, your warriors your heroes
Your stock of brave kindred and your monks
Imprisoned under lock and bond as a sorrowful trapped prisoner
By villains who plundered the Island of Art, Ír and Eoghan
Wolves who scattered and destroyed with unjust statute-law
The descendants of the sages in ancient Fódla.

Staonadh ar fad síos i dtrearcbhrígh thar fóir
Scaibh chraoibh Oilioll Óluim is Dhál gCais,
Laochra Chonrí agus caithidhe Bhriain Bhóirmhe,
Gamhanraidh is treóir chlainne Carrthaigh,
Tréadtha shearc Meídhbhe ghlandíorma i ngleó,
Géaga na bhfear ríoghdha mhearíogair scóip,
Éibhir mac Míleadh shleaghlíomhtha i dtóir,
Cheat Shíorna is pór Chonaill Cheárnaigh.

Traochadh i dtreas daoirse phreasphoimpeach mhó
Treabh taoisigh mhódhmhair 'n-a dtáinte
Le bréaga, le bradghail, le mailís, le móid
Machtírí d'fheóil bhinb Mhártain
Léan-adhbhar pairíllis faithchís crith sceóin
Éisteacht le sceamhghail na gclamhbhuidhean gach ló
Séideadh 'n-a saithíbh le gal gaoithe ceó
As creasíochtar phóirse uilc Shátain.

Ag téarnamh don drastsíol go Leath Chuinn 'n-a slógh
Sealbhuighid le fóirnearta námhad
Séada na sean-Ghaoidheal, a n-earraí is a n-ór
A mbailtí, a stóir is a n-áruis
Gan bhuidheachus, go casnimhneach, athmhaoidhid gur leó
An t-éan, an t-earc caoirigh, an t-eachín 's an bhó,
Gan daonnacht gan deaghchroidhe do leanbhaí cé óg
Ach lag-shuim i ngeóinghail na ngárlach.

In éinfheacht ar marcaigheacht ag teacht bíonn an chóip
Gan neach puinn 'n-a gcomhar acht a gcáirde,
Gréasta gan sal teimheal i mbrait míne sróill,
Le flasc suidhid ar chóisir go gnáthach:
In aolbhrog 'n-a gcathaoir ag feadghal 's ag ceól,
Ag scléip is ag fastaoim 'n-a hallaíbh 's ag ól,
A méadail go baic líonta d'fhleadh, d'fhíonta, 's d'fheóil,
Ag cneadghal go sóghmhach le háthus.

Forced down completely in poor strength beyond measure
The best of the kin of Oileall Ólom and Dál gCais
The heroes of Conrí and the fighters of Brian Bóraimhe
The offspring and guidance of the McCarthys
The bands devoted to Méabh, a fine troop in battle
The limbs of the royal men of swift, lofty, high spirits,
Éibhir son of Míleadh of the sharpened spears in pursuit,
Of Ceat Shíorna and the offspring of Conall Cearnach.

Subdued in combat of oppression with pressure and great pomp
Were the race of a dignified chief in their droves
By lies, by trespassing, by malice, by vow
Wolves of the bitter flesh of Martin [Luther]
Subject of anguish, paralysis of fear, shaking terror
Listening to the squealing of the mangy horde every day
Blowing in their swarms with the fury of foggy wind
From the lower zone of the evil porch of Satan.

As the worthless race regain their strength and go to the Northern Half
                    in their multitude
They occupy with hostile force
The possessions of the ancient Gaels, their goods and their gold
Their homesteads, their stores and their buildings
In spite of them, devious and poisonous, they proclaim over and over that
                    they own
The bird, the baby lamb, the foal and the cow,
Without humanity without generosity towards children however young
But little interest in the rumbling stomachs of the children.

Together on horseback the gang is wont to come
Hardly anybody co-operating with them but their friends,
Attired without dirt or stain in embroidered cloaks of soft satin
With a flask they commonly sit at a feast.
In a white mansion in their chair, whistling and making music,
Making merry and amusing themselves in halls as they drink.
Their stomachs are filled to the brim at the feast, with wines, and with meat,
Groaning contentedly and happily.

Tréadhnus ní thaithighid le gean shíor do phóit
Ag casaoid ar chomhairle na mbráithre,
Séanaid a bpeacaí 's ní admhuighid go deó
An aibíd an t-órd is an Pápa;
Géillid gur maithshlighe go deas ríoghacht na gcomhad
Craos, bainis carghais, is mairt Aoine ar bórd,
Is léir linn gan mhearaidhe, má's ceart fíor san dóibh,
I gceachtscríbhinn Phóil níl ach rádhmhail.

In éiric a gcleas shlím go beacht íocfaid fós,
Beid lag cnaoidhte clóghonta cráidhte,
Gan éide gan bairghín gan paillín gan póirt,
A gcreat chríon gan fóirthin i ngábhtar
Léightar i stair laoithe chan draoithe romhainn
A dtréithreatha tanaí thar calaidhibh sa bhfoghmhar,
Ag scéachant a gceasnaí le screadchaoi gan lón
A bpeannaíd ní ponncach Lá Pádraig.

An Ceangal
A shoirbhshliocht laoch do b'fhéile i mBanba anallód,
Ag cosnamh don chléir is déarcach cneasta le dreóil,
Is doilbh bhur scéal fé mhéirligh Bhreatan i ngeóc,
Ag obair mo léan ar réal bhocht bheathadh sa ló.

Foinse: Risteárd Ó Foghludha ("Fiachra Éilgeach"), *Pádraig Phiarais Cúndún* (Baile Átha Cliath: Oifig Díolta Foilseacháin Rialtais, 1932), 80–83.

Léitheoireacht sa Bhreis

Liam Mac Mathúna, *The Ó Neachtain Window on Gaelic Dublin, 1700–1750* (Cork: Cork Studies in Celtic Literatures, 2021).

Ciarán Mac Murchaidh, eag., *Lón Anama: Poems for Prayer from the Irish Tradition* (Baile Átha Cliath: Cois Life, 2005).

Vincent Morley, *An Crann os Coill: Aodh Buí Mac Cruitín, c.1680–1755* (Baile Átha Cliath, Coiscéim, 1995).

Vincent Morley, *The Popular Mind in Eighteenth-Century Ireland* (Cork: Cork University Press, 2017).

No abstinence do they practice because of their continuing love of
        drinking-bouts
Complaining about the advice of the religious brothers,
They deny their sins and they never acknowledge
The habit, the Order and the Pope;
They maintain that a good way to attain the kingdom of hymns
Is greed, a Lenten wedding-feast, and meat on the table on Fridays,
It is clear to us without confusion, if they are correct in that,
In the instructional scripture of Paul there is nothing but raving.

In retribution for their cunning tricks they will pay the full amount yet,
They will be weak, worn out, wounded and defeated, tormented,
Without clothes, without a loaf, without a tent, without port,
Their old body-frame without help when in danger
Their feeble, weak, sea-crossing passages in the autumn
Are read about in the history of lays which druids sang before our time,
Divulging their afflictions accompanied by shouting and wailing, without
        food,
Their torment is not troubling on St. Patrick's Day.

The Envoy
O pleasant descendants of the heroes who were most generous in Ireland
        long ago,
Protective of the clergy, and charitable and kind to the wretched,
Sad is your tale under the bandits of Britain in yoke,
Working, alas, for a paltry sixpence of sustenance per day.

Translation: Liam Mac Mathúna.

FURTHER READING

> Liam Mac Mathúna, *The Ó Neachtain Window on Gaelic Dublin, 1700–1750* (Cork: Cork
> Studies in Celtic Literatures, 2021).
> Ciarán Mac Murchaidh, ed., *Lón Anama: Poems for Prayer from the Irish Tradition* (Baile
> Átha Cliath: Cois Life, 2005).
> Vincent Morley, *An Crann os Coill: Aodh Buí Mac Cruitín, c.1680–1755* (Baile Átha Cliath,
> Coiscéim, 1995).

Úna Nic Éinrí, *An Cantaire Siúlach: Tadhg Gaelach* (An Daingean: An Sagart, 2001).

Breandán Ó Buachalla, *An Caoine agus an Chaointeoireacht* (Baile Átha Cliath: Cois Life, 1998).

Breandán Ó Buachalla, eag., *Aogán Ó Rathaille* (Baile Átha Cliath: Field Day Publications/Keough-Naughton Institute for Irish Studies, 2007).

Breandán Ó Conchúir, *Scríobhaithe Chorcaí 1700–1850* (Baile Átha Cliath: An Clóchomhar Tta., 1982).

Liam P. Ó Murchú, eag., *Cúirt an Mheon-Oíche le Brian Merríman* (Baile Átha Cliath: An Clóchomhar Tta., 1982).

Seán Ó Tuama & Thomas Kinsella, *An Duanaire 1600–1900: Poems of the Dispossessed* (Portlaoise: Dolmen, 1981).

Vincent Morley, *The Popular Mind in Eighteenth-Century Ireland* (Cork: Cork University Press, 2017).

Úna Nic Éinrí, *An Cantaire Siúlach: Tadhg Gaelach* (An Daingean: An Sagart, 2001).

Breandán Ó Buachalla, *An Caoine agus an Chaointeoireacht* (Baile Átha Cliath: Cois Life, 1998).

Breandán Ó Buachalla, ed., *Aogán Ó Rathaille* (Baile Átha Cliath: Field Day Publications/Keough-Naughton Institute for Irish Studies, 2007).

Breandán Ó Conchúir, *Scríobhaithe Chorcaí 1700–1850* (Baile Átha Cliath: An Clóchomhar Tta., 1982).

Liam P. Ó Murchú, ed., *Cúirt an Mheon-Oíche le Brian Merríman* (Baile Átha Cliath: An Clóchomhar Tta., 1982).

Seán Ó Tuama & Thomas Kinsella, *An Duanaire 1600–1900: Poems of the Dispossessed* (Portlaoise: Dolmen, 1981).

Amhráin na nDaoine sa Naoú hAois Déag

Lillis Ó Laoire & Sorcha Nic Lochlainn

Bhí dhá phríomhchuspóir againn sa rogha a chuirtear os comhair léitheoirí anseo, éagsúlacht téamaí agus dáileadh cothrom tíreolaíochta. Ba mhaith linn raon leathan guthanna agus áiteanna a chuimsiú le léargas a thabhairt ar fhilíocht an naoú haois déag. Nílimid iomlán sásta gur éirigh linn, ach táimid cinnte de go bhfuil a áit féin tuillte ag gach píosa atá anseo. Tá amhráin as Gaeltachtaí éagsúla Chúige Uladh taobh le cinn as Gaeltachtaí Chonnacht agus na Mumhan. Bhí ceist na hinscne beo inár n-intinn chomh maith agus sinn ag iarraidh guth na mban a léiriú. Dá réir sin, tá dán le Máire Bhuí Ní Laoghaire (1774–1849) (feic Dán 99) sa chnuasach againn agus ceann eile a leagtar go héiginnte ar Mháire Chonnachtach Ní Dhónaill (c. 1780–1860), cé gur beag atá ar eolas go cruinn fúithise i bhfoinsí oifigiúla. Mar sin féin, tá béaloideas láidir ann fúithi i Rosa Thír Chonaill go háirithe.[103] Tá reacairí anaithnide ban eile i gceist fosta. Is fiú dúinn a lua ag an phointe seo nach gá go mbíonn ionannas iomlán idir an reacaire agus an t-údar i gcónaí: is féidir leis an chumadóir an reacaire a úsáid mar chineál carachtair (rud a tharla i gcás an amhráin "'Á mBeinn féin in Aird a' Chuain": de réir bhéaloideas an cheantair, ní dheachaigh an t-údar ar imirce riamh, ach chum sé an t-amhrán i mbéal fir eile a raibh air an tír a fhágáil). Gné thábhachtach eile d'ealaín na cumadóireachta is ea an athchumadóireacht, agus fiú i gcás na n-amhrán a mbíonn údar aitheanta luaite leo, is cinnte gur chuir daoine aonair agus an pobal athmhúnla orthu le himeacht ama, rud a fhágann gur minic cuid mhór leaganacha d'aon amhrán amháin againn. I gcás na n-amhrán anaithnid, ní fiú agus ní féidir "bunleagan" idéalach a shamhlú.[104] Is de nádúr na n-amhrán seo go ndéantar iad a athmhúnlú go leanúnach.

Cuimsíonn na dátaí an aois ó "Mac Néill na Carraige" timpeall na bliana 1800 go dtí "Amhrán an Bhá" nó "Amhrán na Trá Báine" mar a thugtar air chomh maith i dtrátha 1880 nó mar sin, rud a shéanann gan aon cheist gur tháinig deireadh leis

---

103. "Máire" (Séamus Ó Grianna), *Rann na Feirste* (Dublin: An Press Náisiúnta, 1941), 58–65; Pádraig Ua Cnáimhsí, *Idir an Dá Ghaoth: Scéal Mhuintir na Rosann* (Baile Átha Cliath: Sáirséal Ó Marcaigh, 1997), 98–111; Bernard Byrne, *The Strumpet of Glenaree: Connacht Mary* (Dublin: Rossan, 1997); Ben O'Donnell, *The Story of the Rosses* (Lifford: Caoran, 1999), 97–100.

104. Ruth Finnegan, *Oral Poetry: Its Nature, Significance, and Social Context* (Cambridge: Cambridge University Press, 1977), 69.

CHAPTER TEN

Nineteenth-Century Song Poetry

Lillis Ó Laoire & Sorcha Nic Lochlainn

Two main decisive concerns in our selection were thematic variety and geographic distribution—wishing to represent the multivocal and plurilocal aspects of nineteenth-century Irish-language song poetry. We cannot claim that we have fully succeeded, but we are satisfied that all the items included deserve their place. Items from Ulster's *Gaeltachtaí*, ranging from Antrim to Oriel and Donegal, are balanced with those of Connacht and Munster. Another concern has been gender, with a desire to include a representative sample of women's voices. Thus, we include a poem by Máire Bhuí Ní Laoghaire (1774–1849, see Poem 99) and one attributed tentatively to Máire Chonnachtach Ní Dhónaill (c. 1780–1860), of whom very little is known with any certainty, although folklore about her survives, particularly in the Rosses area of Co. Donegal.[103] We also include some anonymous female narrators. It is worth mentioning at this point that we should not imagine that the narrator is always to be identified with the song's composer; poets could use the song's narrator as a persona (as in the case of the song " 'Á mBeinn féin in Aird a' Chuain"—according to local folklore, the maker never emigrated himself, but he made the song in the voice of another man who had been forced to flee the country). Another important aspect of the art of oral composition is that songs were often subject to substantial revision. Even where songs have a recognized author, it is certain that both individuals and community remolded them, with the result that, over time, numerous lexical and melodic variants developed. In the case of anonymous songs, therefore, it is neither worthwhile nor possible to imagine a hypothetical "original" version.[104] Continuous reinvention remains a core part of the nature of these compositions.

The dates span the century from "The Son of Neil of Carrick" around 1800 to "The Song of the Drowning" in and about 1880, conclusively refuting the idea

---

103. "Máire" (Séamus Ó Grianna), *Rann na Feirste* (Dublin: An Press Náisiúnta, 1941), 58–65; Pádraig Ua Cnáimhsí, *Idir an Dá Ghaoth: Scéal Mhuintir na Rosann* (Baile Átha Cliath: Sáirséal Ó Marcaigh, 1997), 98–111; Bernard Byrne, *The Strumpet of Glenaree: Connacht Mary* (Dublin: Rossan, 1997); Ben O'Donnell, *The Story of the Rosses* (Lifford: Caoran, 1999), 97–100.

104. Ruth Finnegan, *Oral Poetry: Its Nature, Significance, and Social Context* (Cambridge: Cambridge University Press, 1977), 69.

an traidisiún.[105] Tá roinnt de na píosaí níos sine ná an naoú haois deag ach ós rud é go raibh beatha bhríomhar acu san aois úd, agus gur mhair siad sa traidisiún béil go dtí ár linn féin, is furast iad a chosaint.

Áis úsáideach eagarthóireachta í an litríocht a roinnt de réir "tréimhsí" ach tá a cuid deacrachtaí féin ag baint léi mar áis. Maíonn a leithéid de chur chuige go bhfreagraíonn na ranna daonna ama úd agus na treochtaí sa táirgeadh chultúrtha dá chéile go cruinn. Ach lena mhíthapa a bhaint as an tróp cumhachtach seo, a chuirfeadh duine ar seachrán uaireanta, agus leis an chinnteacht mharfach sin a sheachaint, lena chur i bhfocail eile, tá dhá amhrán chomhaimseartha curtha leis an chuid eile againn, "Tráthnóna Beag Aréir" le Séamus Ó Grianna ("Máire") (1926) agus "Amhrán Ros Muc" (2016) le trúbadóir mór Chonamara, John Beag Ó Flatharta. Tá an tsúil siar agus staid reatha dhomhandaithe na hamhránaíochta Gaeilge i gceist leis an dá mhír seo. Maíonn siadsan go maireann cumadóireacht na n-amhrán go bríomhar sa Ghaeilge i gcónaí, d'ainneoin gach drochscéil, cumadóireacht a shíneann trasna na múnlaí traidisiúnta agus a chuimsíonn seánraí nua ar nós hip hop agus rap gan stró.

Bhí rún daingean againn chomh maith a ceart féin a thabhairt don bhéalaireacht. Bhíodh an litearthacht teoranta go maith i gcónaí sa Ghaeilge agus lean sí uirthi ag crapadh is ag cúngú de réir mar a dhaingnigh institiúidí an Stáit aonteangaigh a ngreim ar chultúr an oileáin go leanúnach san ochtú agus sa naoú haois déag. Nuair a tháinig an slua-oideachas in 1831 mar sin féin, cuireadh modh nua litearthachta ar fáil dá bharr agus tháinig litearthacht thánaisteach sa Ghaeilge léi, cé nach raibh sé sin i gceist ag lucht a sholáthair ar chor ar bith. Mar sin, d'ainneoin nach raibh eolas ag daoine ar chóras traidisiúnta an litrithe i nGaeilge, níor leasc leo leas a bhaint as córas an Bhéarla dá gcuid riachtanas. I measc na lámhscríbhinní a mhaireann, léiríonn an chuid atá scríofa i litriú atá bunaithe ar ghnáis an Bhéarla mar a chuir scríbhneoirí na cleachtais sin in oiriúint don Ghaeilge. Táthar ag déanamh staidéir ar an débhéascna dhátheangach úd a bhí coitianta le tamall anuas anois.[106]

105. Risteard A. Breatnach, "The End of a Tradition: A Survey of Eighteenth-Century Gaelic Literature," Studia Hibernica 1 (1961): 128–50; Breandán Ó Buachalla, "Canóin na creille: an file ar leaba a bháis," in Nua-Léamha: Gnéithe de Chultúr, Stair agus Polaitíocht na hÉireann c. 1600–c. 1900, eag. Máirín Ní Dhonnchadha (Baile Átha Cliath: An Clóchomhar, 1996), 149–69.
106. Lesa Ní Mhunghaile, "The Legal System in Irish and the Irish Language, 1700–c. 1843," in The Laws and Other Legalities of Ireland, 1689–1850, eag. Michael Brown & Seán Patrick Donlan (Farnham, Surrey: Ashgate, 2011), 325–38; Meidhbhín Ní Urdail, The Scribe in Eighteenth- and Nineteenth-Century Ireland (Munster: Nodus, 2000); Niall Ó Ciosáin, Print and Popular Culture in Ireland (Dublin: Lilliput, 2010 [1997]); Niall Ó Ciosáin, "Print and Irish, 1570–1900: An Exception Among the Celtic Languages," Radharc: a Journal of Irish and Irish-American Studies 5/7 (2004–2006): 73–106; Nancy Stenson, An Haicléara Mánas: a Nineteenth-Century Text from Clifden, Co. Galway (Dublin: Dublin Institute for Advanced Studies, 2003); Nicholas M. Wolf, An Irish-Speaking Island: State Religion, Community, and the Linguistic Landscape in Ireland, 1770–1870 (Madison: University of Wisconsin Press, 2014).

that the eighteenth century marked the "end of a tradition."[105] Some items are undoubtedly older, but because they enjoyed a vigorous nineteenth-century life, remaining active in oral tradition into the twentieth century, their inclusion is easily justified.

Dividing literature into "periods" provides a convenient editorial tool, but it is also problematic, suggesting a neat correspondence between humanly organized time and continuing cultural production. To destabilize this powerful, but frequently erroneous trope, to overcome the teleological impulse, so to speak, we include two contemporary songs, "At Twilight Last Night" by Séamus Ó Grianna ("Máire") (1926) and "The Song of Ros Muc" (2016) by the latterday troubadour, John Beag Ó Flatharta. These two choices contain both the backward look and the contemporary global state of Irish song poetry and remind us that, contrary to all expectations, song as a genre continues to proliferate in the Irish language, ranging across traditional strophic verse genres and adapting itself comfortably to newer forms such as hip hop and rap.

The representation of orality was also an important consideration. Literacy, always quite restricted in the Irish language, continued to recede throughout the eighteenth and nineteenth centuries as monolingual state institutions inexorably tightened their grip on the island's culture. With the advent of mass education from 1831, however, a new means of literacy provided through this conduit often enabled an unintended secondary literacy in Irish, so that although people were not familiar with traditional orthographic conventions, they nevertheless did not hesitate to press those of English into service. Written in English-based orthography, surviving manuscripts show how writers roughly adapted those conventions to the needs of the Irish language. This widespread bilingualism and diglossia has now begun to be explored.[106]

---

105. Risteard A. Breatnach, "The End of a Tradition: A Survey of Eighteenth-Century Gaelic Literature," *Studia Hibernica* 1 (1961): 128–50; Breandán Ó Buachalla, "Canóin na creille: an file ar leaba a bháis," in *Nua-Léamha: Gnéithe de Chultúr, Stair agus Polaitíocht na hÉireann c. 1600–c. 1900*, ed. Máirín Ní Dhonnchadha (Baile Átha Cliath: An Clóchomhar, 1996), 149–69.

106. Lesa Ní Mhunghaile, "The Legal System in Irish and the Irish Language, 1700–c. 1843," in *The Laws and Other Legalities of Ireland, 1689–1850*, eds. Michael Brown & Seán Patrick Donlan (Farnham, Surrey: Ashgate, 2011), 325–38; Meidhbhín Ní Urdail, *The Scribe in Eighteenth- and Nineteenth-Century Ireland* (Munster: Nodus, 2000); Niall Ó Ciosáin, *Print and Popular Culture in Ireland* (Dublin: Lilliput, 2010 [1997]); Niall Ó Ciosáin, "Print and Irish, 1570–1900: An Exception Among the Celtic Languages," *Radharc: a Journal of Irish and Irish-American Studies* 5/7 (2004–2006): 73–106; Nancy Stenson, *An Haicléara Mánas: a Nineteenth-Century Text from Clifden, Co. Galway* (Dublin: Dublin Institute for Advanced Studies, 2003); Nicholas M. Wolf, *An Irish-Speaking Island: State Religion, Community, and the Linguistic Landscape in Ireland, 1770–1870* (Madison: University of Wisconsin Press, 2014).

Nuair a chuirtear béim ar bhéalaireacht, tugtar dúshlán na réamhbharúlacha ceannasacha a mheasann gur amach as cultúr nua-aimseartha an chló a thagann an litríocht, mar atá ráite ag Benedict Anderson faoin "imagined community," an "pobal a shamhlaítear."[107] Mar a nochtann tagairtí Mháire Bhuí do "Eachtra an Amadáin Mhóir," ní raibh an pobal seo ag brath ar chló ná go deimhin ar an litearthacht féin, d'ainneoin gur cuid dá dtimpeallacht iad. Is teist iad na tagairtí don scéal liteartha sin ar an mhuinín láidir, ládasach a bhí ag an fhile as a c(h) ultúr féin, muinín a thacaigh le héilimh ar chearta sibhialta agus ar fhéinriail, agus a chuirtear in iúl i nguth diongbháilte, dochloíte, freasúrach. Feictear a mhacasamhail chéanna ag Tomás Rua Ó Súilleabháin.[108] Ar an bhealach chéanna, in amhrán nach bhfuil ar eolas go forleathan agus a gcuirfí ina leith, b'fhéidir, gur píosa gan tábhacht é, le Peadar Gréasaí Ó Domhnaill, as Rann na Feirste, feictear tuiscint bheo íogair ar chúrsaí reatha polaitiúla na linne maidir lena chéim síos féin agus cruachás a mhuintire de bharr leagan amach na cumhachta.

Níor cuireadh déantús filíochta Uí Dhomhnaill ná cuid a bheirte deartháireacha Aodh agus Séamus i scríbhinn nó gur bhailigh a gharnia, Seán Ó Domhnnaill (1863–1948) (Johnny Sheimisín)[109] na dánta agus gur scríobh sé síos iad, ag baint leasa as an chumas scríbhneoireachta a fuair sé ó chóras oideachais an Bhéarla, córas an stáit. D'fhoilsigh Seosamh Mac Grianna an bailiúchán seo faoi dheireadh, duine de ghlúin nua scríbhneoirí, a fuair oideachas sa Ghaeilge agus a bhí ábalta an t-ábhar a aistriú go dtí an litriú traidisiúnta in Filí Gan Iomrádh (1926).[110]

Agus sinn ag díriú airde ar na ceisteanna seo, molaimid athsmaoineamh maidir le "barúlacha faoin chumarsáid fhileata" a chuirfeas "atheagar ar chatagóirí cognaíocha" ag áitiú go mbeadh "iolrachas folláin i gceist maidir leis an fhilíocht bhéil."[111] Déantar éagóir ar an litríocht lámhscríofa agus chlóite agus ar an litríocht bhéil araon nuair a dhealaítear óna chéile iad.[112] Cé nach freagra cuimsitheach é an tiomsú beag seo ar an cheist, meabhraíonn sé dúinn, mar sin féin, gur den litríocht agus den ghabháil os ard araon iad na dánta nó na hamhráin atá bailithe anseo. Tá amhránaíocht agus aithris, mionmhíniú, agus critic ina gcuid

107. Benedict Anderson, Imagined Communities (London: Verso Revised Edition, 2006 [1983]).
108. Vincent Morley, The Popular Mind in Eighteenth-Century Ireland (Cork: Cork University Press, 2017), 278–79, 294.
109. Seán Ó Domhnaill, An Bunachar Náisiúnta Beathaisnéisí Gaeilge, ainm.ie, https://www.ainm .ie/Bio.aspx?ID=64, rochtain ar 9/10/21.
110. Seosamh Mac Grianna ("Iolann Fionn"), Filí Gan Iomrádh (An t-Ultach: Cló-Oifig Shéin Uí Mháta, 1926).
111. John Miles Foley, How to Read an Oral Poem (Urbana & Chicago: University of Illinois Press, 2002), 11. (Aistriúchán Gaeilge: Lillis Ó Laoire.)
112. Finnegan, Oral Poetry, 1–2.

Emphasizing orality also challenges hegemonic assumptions of literature as a function of modern print culture such as Benedict Anderson has discussed regarding the "imagined community."[107] As Máire Bhuí's references to "Eachtra an Amadáin Mhóir" ("The Adventure of the Great Fool") reveal, the imagined community did not depend on print or even literacy although these were part of the world she lived in. Her references to the literary tale/lay arguably assert the conviction of a deep and defiant cultural confidence, supporting a claim for civil rights and self-government, expressed in a resolute voice of indomitable resistance aimed at ending oppression, sentiments also echoed by Tomás Rua Ó Súilleabháin.[108] Similarly, a little known and perhaps ostensibly trivial song such as "The Son of Neil of Carrick" by Peadar Gréasaí Ó Domhnaill of Rann na Feirste reveals an acute awareness of current political events and the dispossession inflicted on the poet and his community because of the status quo. Ó Domhnaill's poetic output, and that of his two brothers, Aodh and Séamus, did not assume written form until his great-nephew, Seán Ó Domhnaill (Johnny Sheimisín) (1863–1948),[109] gathered it and wrote it down using his ability to write, learned through schooling in the state system, adapting English-language orthographical conventions. This work was eventually published by Seosamh Mac Grianna, one of a new generation of writers educated to reproduce the traditional orthographic conventions in Irish as Filí Gan Iomrádh.[110]

By drawing attention to these matters, we propose a "rethinking of basic assumptions about poetic communication" leading to a "reshuffling of cognitive categories" advocating a "healthy pluralism in approaching oral poetry."[111] The separation of oral poetry from the study of mainstream literature, whether printed or manuscript, does both an injustice.[112] Although this small selection does not address the question satisfactorily, it nevertheless serves as a reminder that the poems or songs chosen here are both literary and performative, including dimensions of singing, recitation, oral criticism, and debate that their presentation

---

107. Benedict Anderson, *Imagined Communities* (London: Verso Revised Edition, 2006 [1983]).

108. Vincent Morley, *The Popular Mind in Eighteenth-Century Ireland* (Cork: Cork University Press, 2017), 278–79, 294.

109. Seán Ó Domhnaill, An Bunachar Náisiúnta Beathaisnéisí Gaeilge, ainm.ie, https://www.ainm .ie/Bio.aspx?ID=64, accessed 9/10/21.

110. Seosamh Mac Grianna (Iolann Fionn), *Filí Gan Iomrádh* (An t-Ultach: Cló-Oifig Shéin Uí Mháta, 1926).

111. John Miles Foley, *How to Read an Oral Poem* (Urbana & Chicago: University of Illinois Press, 2002), 11.

112. Finnegan, *Oral Poetry*, 1–2.

den phróiseas sin, rud nach bhfuil ar chumas a gcuma anseo mar "shreangán de litreacha dubha teanntaithe ag spásanna bána" a chur in iúl.[113] Ar an dea-uair, cuireann an t-idirlíon inniu deiseanna iomadúla ar fáil chun na toisí breise sin a sholáthar agus molaimid go mbainfí oiread leasa agus is féidir as mar áis, agus staidéar á dhéanamh ar an ghlac bheag filíochta seo. Is fiú Cartlann Amhrán TG4 a lua go sonrach.[114]

Is bunchloch í an leanúnachas i dtaca le cumadóireacht agus gabháil amhrán dár dtuiscint ar chultúr liteartha agus ceoil na haimsire caite agus an lae inniu araon. Folaíonn foilsiú téacsanna mar dhánta amháin an chuid seo dá mbeatha. Cuireann "Baile Uí Liaigh" nó "Máire Ní Eidhin" le hAntaine Raiftearaí an bhéalaireacht chun tosaigh. An t-amhrán is mó cáil le Raiftearaí, b'fhéidir, tá eagar cuimsitheach curtha air ag de hÍde agus Ó Coigligh.[115] Ach i léann na béalaireachta, is féidir comhchéim gach leagain a aithint.[116] Mar sin, tugtar anseo leagan réigiúnach a seachadadh ó bhéal, ceann a ndearnadh taifeadadh fuaime air luath san fhichiú haois. Ba é an t-ógánach Máirtín Dráipéar, as Rinn ó gCuanach, Port Láirge an t-amhránaí.[117] Bailíodh leaganacha eile de ina dhiaidh sin i nDéise Mumhan, áit a raibh agus a bhfuil tóir ag amhránaithe air i gcónaí. Bhí leagan den amhrán ag Peig Sayers féin go deimhin, agus ní léir gur ó leabhar an Chraoibhín go díreach nó go hindíreach a tháinig sé chuicise.[118]

Mar dhaoine a dtaitníonn linn a bheith ag éisteacht le hamhráin agus le ceol, agus a bhaineann oiread eile pléisiúr as na téacsanna nuair a dhéantar iomlánú orthu trína ngabháil os ard, molaimid iad agus sinn ag dúil go nglacfaidh sibh leis an bhrostú seo uainn, ciall a fhorbairt do thuiscint níos iomláine agus níos sásúla de na dánta ceolmhara atá roghnaithe anseo againn daoibh.

113. Foley, How to Read an Oral Poem, 17.

114. TG4 Cartlann Sean Nóis, http://seannos.tg4.ie, rinneadh rochtain ar 6/8/20.

115. Douglas Hyde, eag., Abhráin atá Leaghta ar an Reachtúire: or Songs Ascribed to Raftery (Baile Átha Cliath: Gill agus a Mhac, 1903), agus Ciarán Ó Coigligh, eag., Raiftearaí: Amhráin agus Dánta (Baile Átha Cliath: An Clóchomhar, 1987).

116. Ciarán Ó Gealbháin, "Raiftearaí's Máire Ní Eidhin in the Waterford Song Tradition," Béaloideas 82 (2015): 1–15.

117. "Henebry Cylinder Recordings 1, 1905," Richard Henebry, ITMA, https://www.itma.ie/goilin/playlist/itma-henebry-cylinder-recordings-1905, rochtain ar 9/16/21.

118. Heinrich Wagner & Nollaig Mac Congáil, Oral Literature from Dunquin, Co. Kerry: Gaelic Texts with Phonetic Transcription, English Summaries and Folkloristic Note (Belfast: Institute of Irish Studies, 1983), 271–75.

here as a "string of black letters bounded by white spaces" cannot encompass.[113] Fortunately, the internet today provides many, many resources that can help readers of this poetry to include those extra dimensions and we encourage their use as companions for the study of this small selection. As one example we may recommend the TG4 website's *sean-nós* archive with live contemporary performances of a great deal of material as an aid for teaching and research.[114]

The persistence of song composition and attendant performance is therefore of central importance to our understanding of both past and present literary and musical culture in the Irish language. The presentation of song texts as poems alone disguises this central element of their being. "Ballylee" by Antaine Raiftearaí (also known as "Máire Ní Eidhin" after its eponymous subject) foregrounds oral transmission. Perhaps Raiftearaí's most well-known song, this text has been comprehensively edited by Douglas Hyde and Ciarán Ó Coigligh.[115] Following claims advanced by studies in oral poetry, however, where each variant may carry equal validity,[116] we present an orally transmitted regional text here recorded in sound in the early twentieth century from a young Martin Draper of Ring, Co. Waterford.[117] This strategy seeks to show how the song traveled from its place of composition in Galway in Connacht through Munster where it was, and remains, favored by some Déise singers. Indeed, Peig Sayers herself knew the song by heart and her version does not appear to derive directly or indirectly from Hyde's 1903 text.[118]

As listeners to song and music who enjoy these texts as they are fully realized in oral performance, we commend them hoping that you too will embrace our mandate and develop a taste for a fuller, more satisfying understanding of the riches of the song poems we have selected here.

---

113. Foley, *How to Read an Oral Poem*, 17.

114. TG4 Cartlann Sean Nóis, http://seannos.tg4.ie, accessed 6/8/20.

115. Douglas Hyde, ed., *Abhráin atá Leaghta ar an Reachtúire: or Songs Ascribed to Raftery* (Baile Átha Cliath: Gill agus a Mhac, 1903), and Ciarán Ó Coigligh, ed., *Raiftearaí: Amhráin agus Dánta* (Baile Átha Cliath: An Clóchomhar, 1987).

116. Ciarán Ó Gealbháin, "Raiftearaí's Máire Ní Eidhin in the Waterford Song Tradition," *Béaloideas* 82 (2015): 1–15.

117. "Henebry Cylinder Recordings 1, 1905," Richard Henebry, ITMA, https://www.itma.ie/goilin/playlist/itma-henebry-cylinder-recordings-1905, accessed 9/16/21.

118. Heinrich Wagner & Nollaig Mac Congáil, *Oral Literature from Dunquin, Co. Kerry: Gaelic Texts with Phonetic Transcription, English Summaries and Folkloristic Note* (Belfast: Institute of Irish Studies, 1983), 271–75.

102. "'Á mBeinn Féin in Aird a' Chuain," CORMAC Ó NÉILL [119]

Téama leanúnach tábhachtach é an áit i bhfilíocht na Gaeilge. San amhrán seo, is
mian leis an fhile a bheith sa bhaile ar a dhúchas ar chósta thoirthuaidh Aontroma,
rud a chuireann na logainmneacha in iúl. Cuireann an file a smaointe in iúl trí
phearsa deoraí. Tá macalla Albanach le fáil i siollaí na loinneoige. Bíonn siollaí
nach focail iad an-choitianta thall. Baineann sé le Co. Aontroma agus tá baint ag
an fhonn chaointeach leis an dúil a chuirtear i gcónaí ann. Bhí an-ráchairt ar an
amhrán ina cheantar dúchais agus de bharr mhealladh an fhoinn. Tá sé go hard
ar liosta amhránaithe ó aimsir na hAthbheochana i leith.

> [Ó] *shean-mhnaoi i nGleann Áirimh* [sic]
> 'Á mbeinn féin in Aird a' Chuain,
> In aice an tsléibhe úd 'tá i bhfad bhuaim,
> B'annamh liom gan dul ar cuairt,
> Go Gleann na gCuach Dé Domhnaigh.

> Curfá:
> Agus och och Éire lig is ó!
> Éire, lionndubh, agus ó! [120]
> 'S é mo chroí atá trom 's é brónach.

> An iomad Nollaig a bhí mé féin,
> I mBun Abhann Duinne 's mé gan chéill
> Ag iomáin ar a' tráigh bháin.
> Mo chamán bán in mo dhorn liom.

---

119. Cuirtear an t-amhrán seo i leith John McCambridge go minic, ach is cosúil go bhfuil an méid
seo bunaithe ar mhíthuiscint ar an leagan scríofa is sine den amhrán atá ar marthain. Ba é
McCambridge an faisnéiseoir a d'aithris an t-amhrán, agus ní cosúil gurbh é an cumadóir é. De
réir an traidisiúin áitiúil, aoire darbh ainm Cormac Ó Néill (a mhair san ochtú haois déag, is
dócha) a chum an t-amhrán; níl mórán eolais faoin bhfear seo ar fáil (feic Sorcha Nic Lochlainn,
"Amhráin Ghlinnte Aontroma agus Oileán Reachlann," *Léann* 2 [2009]: 43–74).

120. Tá fadhbanna ag baint leis na línte seo: seans gurb é atá san fhocal "Éire" i ndáiríre ná ceann de
shiollaí gaoithe an bhróin (dála "lig is ó"). Ní raibh an scoláire canúna Nils M. Holmer cinnte
faoin fhocal, agus "Éire (?)" a bhí sa leagan tras-scríofa aige: feic Nils Holmer, *On Some Relics of
the Irish Dialect Spoken in the Glens of Antrim* (Uppsala: A-B Lundequistska Bokhandeln, 1940), 95.
Tá taifead den amhrán againn ó bhéal duine de na cainteoirí deireanacha sa cheantar, Michael
McKiernan, agus "éirí" a deir seisean, feic "Och ó, Éire — Michael McKiernan," Tionscadal
Gréasáin Cheirníní Doegen, https://www.doegen.ie/LA_1202d2, rinneadh rochtain ar 6/8/20. Tá
an chuma ar an scéal nach ndearna an chéad bhailitheoir, Roibeard Mac Ádhaimh, tras-scríobh
ar an loinneog ar chor ar bith, agus gur sraith réiltíní a bhí aige in ionad na loinneoige: feic
lámhscríbhinn Mhic Ádhaimh (31), c. 1830–c. 1850, Belfast Central Library.

102. "If Only I Were in Ardicoan," CORMAC Ó NÉILL [119]

Place is a recurring theme in Gaelic poetry. This song represents a longing to be at home in the poet's native place on the northeast coast of Antrim identified by the toponyms. The poet speaks through the persona of an emigrant. The chorus is reminiscent of Scottish song where non-lexical vocables are a very common feature in refrains and choruses. It belongs to the oral tradition of that area and its plangent melody has ensured its enduring popularity. This song was very popular in the Antrim area and became a mainstay of Ulster singers during the Gaelic Revival.

From an Old Woman in Glenariff
If only I were in Ardicoan,
Near that mountain that is far from me,
It would be rare for me not to take a trip
To Gleann na gCuach on a Sunday.

Chorus:
And och och Ireland [vocables of sorrow]
Ireland, despondency, and oh! [120]
My heart is heavy and sorrowful.

Many Christmases I myself was
In Cushendun and I without sense
Playing hurling on the white beach.
My beloved hurl in my fist.

---

119. This song has often been attributed to John McCambridge, but this ascription seems to have been based on a misreading of the earliest known written version of the song. McCambridge was in fact the informant who supplied the song, and is unlikely to have been its composer. Local tradition holds that the song was composed by a (probably eighteenth-century) shepherd, Cormac Ó Néill, about whom little is known (see Sorcha Nic Lochlainn, "Amhráin Ghlinnte Aontroma agus Oileán Reachlann," *Léann* 2 [2009]: 43–74).

120. These lines are problematic; what has often been interpreted as "Éire"—Ireland—may in fact be a vocable of sorrow. The dialect scholar Nils Holmer was uncertain as to the word and transcribed it as "Éire (?)," see Nils Holmer, *On Some Relics of the Irish Dialect Spoken in the Glens of Antrim* (Uppsala: A-B Lundequistska Bokhandeln, 1940), 95. A spoken recording from one of the last speakers of Antrim Irish, Michael McKiernan, reveals that he consistently pronounced the word as "éirí," see "Och ó, Éire—Michael McKiernan," The Doegen Records Web Project, https://www.doegen .it/LA_1202d2, accessed 6/8/20. Robert MacAdam, the song's earliest collector, seems to have opted not to transcribe the refrain at all, instead replacing it with a series of asterisks to denote the missing portion, see MacAdam MS (31), c. 1830–c. 1850, Belfast Central Library.

Nach seo a' choraíocht atá buan,
Is ar an tsaol go gcuiridh sé cluain;
Mheall sé an chaora bhón uan,
Is mheall sé uaim an óige.

Nach tuirseach mise anseo liom péin,
Nach n-airím guth coiligh, lo[i]n duibh nó traon',
Och is tuirseach mise anseo liom péin,
Is chan aithním péin an Domhnach.

'Á mbeith agam péin ach coit' is rámh,
Ná go n-iomarfainn leis a' tsnámh,
'Dúil as Dia go sroichfinn slán,
Is go bhfuighinn bás in Éirinn.

Foinse: Énrí Ó Muirgheasa, eag., *Dhá Chéad de Cheoltaibh Uladh* (Baile Átha Cliath: Oifig Dhíolta Foilseachán Rialtais, 1934), 194–95.

103. "Amhrán an Bhá," BRÍD NÍ MHÁILLE

Ceann d'amhráin mhóra Chonamara, tugtar "Amhrán na Trá Báine" air chomh maith. Is iomaí díospóireacht a bhí ann faoi le céad bliain. Sna blianta 1879–1880 a cumadh é. Lady Gregory ba luaithe a chuir i gcló é á rá go raibh "an-tóir air."[121] Léiriú cumhachtach é ar shaol muirí Chonamara. D'imigh Bríd Ní Mháille (c. 1860–1950) go Boston nuair a bádh a triúr deartháireacha Micil, Tom, agus Peats agus níor fhill sí riamh. Chonacthas i dteach altranais in Boston í sa bhliain 1948, ina seanbhean agus í in easláinte. Rinne Bríd amhrán eile darb ainm "Amhrán South Boston," agus is minic a mheasctar véarsaí as leis an amhrán seo.

Is faraor géar nár cailleadh mé an lá ar baisteadh mé go hóg
Ach fágadh i mo chadhan aonraic mé gan feithide an bhéil bheo
Níl deartháir a'm is níl deirfiúr a'm is níl mo mháithrín beo
Ach tá mo dheaide bocht lag aosta is a Chríost cén t-iontas dó.

---

121. Lady [Augusta] Gregory, *Poets and Dreamers: Studies and Translations from the Irish* (Dublin: Hodges, Figgis & Co.; agus London: John Murray, 1903), 52.

Isn't this the struggle that's unending,
And it would deceive all the world;
It enticed the sheep away from the lamb,
And it enticed youth away from me.

Aren't I tired here by myself,
I don't hear the voice of a rooster, a blackbird or a corncrake,
Och I am tired here by myself,
And I don't recognize Sunday.

If only I had a boat and an oar,
So I could row with the tide,
Hoping to God I'd arrive safely,
And that I'd die in Ireland.

Translation: Sorcha Nic Lochlainn.

103. "The Song of the Drowning," Bríd Ní Mháille

One of the great songs of Conamara by Bríd Ní Mháille (c. 1860–1950), this is also known as "Amhrán na Trá Báine"—"The Song of Trá Bháin." It has been the subject of much discussion over the past century. Composed about 1879–1880, it was first published in translation by Lady Gregory, who called it "a great favourite."[121] It remains a powerful evocation of life as lived on the Conamara coast down to the present. Bríd Ní Mháille emigrated to the Boston area after the drowning of her three brothers, Micil, Tom, and Peats, never returning home. She is remembered as an old woman in poor health in a nursing home in Boston in 1948. A second song by Bríd, "Amhrán South Boston," is often mixed with this song.

It's a sharp regret that I didn't die young on the day of my baptism,
But I was left a lone bird with not the smallest living creature near me,
I have no brother and no sister and my mother no longer lives,
But my poor father is weak and aged and that's no wonder.

---

121. Lady [Augusta] Gregory, *Poets and Dreamers: Studies and Translations from the Irish* (Dublin: Hodges, Figgis & Co.; and London: John Murray, 1903), 52.

Is an cuimhneach libhse, a chailíní, an lá ar fhága mé an Trá Bháin?
Ní bhfuair mé an té a chuir comhairle orm ná a dúirt liom fanacht ann,
Céad glóire do Dhia tá an tsláinte agam is caraid ó Rí na nGrást,
Is pé ar bith áit a rachaidh mé ní chasfaidh mé go brách.

Is mo bheannacht leis an teach úd inar chaith me seal den tsaol,
Mo bheannacht le mo chuid deartháireacha a bhíodh ann ag déanamh grinn,
Muise, a Dhia, nach bocht an cás a'm é is gan fáil a'm iad a fháil choích',
Is nach é sin a fhágann buartha mé is an ghruaig ag titim dhíom.

Mo dhiomú do na curachaí is mo mhallacht do na báid,
Mo dhiomú géar don fharraige atá siar leis an Trá Bháin,
Nár shíl mé dá mbáití céad fear go dtiocfadh mo Mhicil slán,
Ach a dheartháireachaí nach breá nár chuimhnigh sibh a theacht
                  isteach sa snámh.

Is d'fhága sibh an caladh amach ar maidin leis an lá,
Dia linn agus Muire, sibh an triúr a chuaigh sa ngábh,
Níl blas ar bith dár cheannaigh sibh nár tháinig don Trá Bháin,
Ach mo thriúrsa deartháiracha bochta gan a mbeo ná a marbh le fáil.

Is shoraidh díbhse a dheartháireacha, nach dtiocfadh isteach i dtír,
Nach gcuirfí cónra cláir oraibh amach ó lámh an tsaoir,
Chaoinfeadh mná óga an bhaile sibh bhur gcleamhnas is bhur ngaol,
Ach is mise an bhean a chaill sibh is a bheas cráite lena saol.

Is go bhfóire Dia ar na dílleachtaí a d'fhága sibh le fán,
Nach mairg a cheapfadh tamall díbh sibh scaipthe anonn is anall,
Dá gcuirfinnse sa reilig sibh ní chuirfinn ann leath cás,
Á dtúncáil idir mhaidhmeanna is á gcur ó áill go háill.

Is nach dona an rud a chaill mé libh a dheartháireacha ó mo chroí,
Sibh a dhul go Gaillimh i gcurach is á gcur ó mhaidhm go maidhm,
Dá bhfanfainn féin sa mbaile agaibh is an geall a bhain sibh díom,
Is go deo ní ghabhfadh an clár oraibh go bhfaigheadh muid malairt saoir.

And, girls, do you remember the day I left An Trá Bháin,
There was no one to advise me or to tell me to remain,
Glory to God I have my health and a friend in Jesus Christ,
And wherever I go now I will never return.

My blessings to that house yonder where I spent a period of my life,
My blessings to my brothers who lived there and all the fun we had,
God, what a poor state of affairs that I have no opportunity to find them again,
That's what has left me distressed with my hair falling out.

Bad luck to the currachs and my curse upon the boats,
My bad wishes upon the sea that lies westwards from An Trá Bháin,
I was convinced that even if a hundred were drowned, my Micil would survive,
But, dear brothers, how well you didn't think to come ashore on the
                    flowing tide.

All of you left the harbor at the first light of day,
God and Mary bless us, weren't you the three who went into danger,
There wasn't even one item that you bought that did not wash up in Trá Bháin,
except my own three brothers to be found neither alive nor dead.

Blessings upon you brothers, why wouldn't you come ashore,
Wouldn't you all have coffins of boards made from the joiner's hand,
Your in-laws and relations and the young women of the village would lament,
But I am the woman who has lost you and I will be tormented until I die.

And God pity the orphans whom you have left dispersed,
And once the one who would have thought that you would be scattered
                    would have been pitiful,
If I were to bury you in the graveyard, I wouldn't do it by half measures,
Instead of that you are being buffeted by the waves, being driven from
                    precipice to precipice.

What a tragedy all I have lost with you dear brothers of my heart,
That you went to Galway in a currach and that you were sent from
                    wave to wave,
If I had stayed at home with you given the promise you made me swear,
You would never have been buried until we had had another craftsman.

Tá cumha i ndiaidh Pheaits is Tom agam is caitheamh mór ina ndiaidh,
Mo dheartháir eile úd, Máirtín, a báitheadh fadó riamh,
'Sé Micil Bán ba mheasa liom dá bhfaca mé beo riamh,
Ach mo dhiomú-sa don tonn bháite, is í a d'fhága mé ina ndiaidh.

Nuair a bhí teach agamsa céad faraor níor fhan mé ann,
Ach anois ó tá sé imithe uaim níl blas agam dá bharr,
An fear a choinneodh ceart dom ann seacht bhfaraor fuair sé bás,
Ach a dheartháireacha ó mo bheannacht libh sé bhur gcliamhain
　　　　atá in bhur n-áit.

Go bhfóire Dia ar mo dheirfiúr bhocht atá thall insa Trá Bháin,
Ag breathnú ar an bhfeilm is ar an áit a mbíodh muid ann,
Bhí fairsinge mhór den talamh againn is neart a'ainn le cur ann,
Ach nach cuma leis an gCeallach é, is é féin atá ina n-áit.

Foinse: Sinéad Ní Ráinne, eag., *An Baile Beag Géimiúil: Amhráin na Trá Báine* (Indreabhán: Cló Iar-Chonnacht, 2019), 77–80.

104. "An Bhean Chaointe," NÍ FIOS CÉ A CHUM

Rinne Pádraigín Ní Uallacháin athbheochan ar an amhrán seo agus d'fhoilsigh sí é in *A Hidden Ulster*. Pléitear ansin difríochtaí idir caointeoireacht Chúige Uladh agus traidisiún na Mumhan, áit a raibh an chaointeoireacht beo bríomhar fosta. Mar chomhthéacs, tugaimid údar an amhráin mar atá sé sa bhunfhoinse. Cuirimid leis sin chomh maith, leidí na seanchaithe i dtaca le hionad agus le ham canta na véarsaí éagsúla. Téacs comhráiteach é seo agus gearradh cainte i gceist ann. Cuireann na leidí seo béim ar an téacs mar phíosa amhránaíochta, rud a mheabhraíonn nádúr bunúsach na béalaireachta, gan trácht ar an drámaíocht, atá i gceist.

Bhí bean sa tír seo, tuairim is ar chéad bliain ó shin [luath sa naoú haois déag], agus fuair sí buaireamh mór le linn a saoil. Bhí dáréag clainne aici, cúigear níon agus seachtar mac. D'fhan sí sa toigh go bhfaca sí aon chloigeann déag acu pósta ar eachannaí (i. ar cúlóg) agus charbh fhada ina dhiaidh sin gur éag siad uilig go léir uaithi, ach níon amháin a d'fhan sa bhaile aici. Pósadh an níon seo fosta agus nuair a thug an tseanbhean fá dear go raibh siad uilig ar shiúl uaithi, chaill sí a ciall agus d'imigh sí tríd an tsaol le buaireamh. D'fhan an níon i dtigh a

I pine for Peats and Tom and I miss them terribly,
Likewise my brother Máirtín who was drowned long ago.
Micil Bán was the one I loved most of anyone I ever saw,
But my bad luck upon the drowning wave, that left me to survive them.

When I had a house, alas, I did not stay there
But now since it has gone from me, I have nothing to show for it
The man who would stand up for me, alas, he died
And dear brothers, my blessings upon you it's your in-law who has
                    your holding.

May God help my poor brother who lives over there in An Trá Bháin,
Looking at the farm and the place we used to live,
We had a great expanse of land there and plenty to grow there,
But Kelly doesn't care, he's the one in their place.

Translation: Lillis Ó Laoire.

104. "The Keening Woman," ANONYMOUS

Reanimated as a performance piece by Pádraigín Ní Uallacháin, this powerful
keening song has also been published with full discussion in *A Hidden Ulster*, which
indicates important differences in practice between Ulster (this text's provenance)
and Munster, where keening also thrived and burgeoned. For context, we give the
backstory in full as related in the original source. Additionally, we add the cues pro-
vided by narrators about the location and timing of the verses. This is a dialogical
text, with an element of repartis. Restoring the cues emphasizes the performa-
tivity of the text, to remind readers of its integrally oral and dramatic qualities.

> *There was a woman in this part of the country, around a hundred years ago [early
> 1800s] and she experienced a great deal of sorrow during her life. She had twelve
> children, five daughters and seven sons. She remained in the house until she had
> seen eleven of them get married, setting off riding pillion on horseback. It wasn't
> long afterward that they all died, except one daughter who had stayed at home
> with her. This daughter also got married and when the old woman noticed that
> they had all left her, she lost her senses, and she went off traveling through the
> world because of the sorrow. The daughter remained in her mother's house and she*

máthara agus cha raibh sí i bhfad pósta nó gur éag sí fosta. An lá céanna ar éag
an níon tháinig an tseanbhean thart 'na tíre seo arís agus fuair sí lóistín fán
chomharsanacht. Na cailíní, a raibh sí sa tigh acu, bhí siad ag dul chun na faire
agus chuaigh an tseanbhean leo. Shíl siad gur bean bhocht a bhí ann agus charbh
fhiú leo í a chur ina suí aige bord. Bhí pota prátaí sa chistinigh, a bhí bruite do
na muca, agus d'iarr siad uirthi suí agus a cuid de na prátaí a ithe. Ach bhí sise
ag aithniú an tí, gurb é a tigh féin é, agus tháinig a ciall ar ais chuici, chomh
maith agus a bhí sí riamh. Thosaigh sí ag gol agus dúirt sí:

Fuair mise cuireadh nuair a tháinig mé chun bhur sráide,
Fuair mise cuireadh ach cuireadh gan fháilte,
Fuair mise cuireadh chuige bascóid na bprátaí,
Och, dá mairfeadh mo níon chumainn, gheobhainn cuireadh is fáilte.

Chan cuireadh mná comónta a fuair mé chun bhur sráide,
Ach an cuireadh a fuair mise, cuireadh gan fháilte,
Cuireadh mo shuí mé ag bascóid na bprátaí,
Och dá mairfeadh mo níon chumainn gheobhainn cuireadh 'na phárlúis

Ina dhiaidh sin chuaigh sí síos go dtí an áit a raibh a níon marbh agus
sheasaigh sí agus dhearc sí uirthi:

A Eilís bhán deas go mbeannaí Dia duit,
Go mbeannaí an ghealach gheal is an ghrian duit,
Go mbeannaí an haighil tá sa bhFlaitheas síoraí duit,
Mar a bheannaíonns do mháthair bhocht a chaill a ciall duit.

A Neilí bhán deas go mbeannaí Dia duit,
Go mbeannaí an ghealach gheal is an ghrian duit,
Go mbeannaí an ghrian is an ghealach siar is aniar duit,
Mar a bheannaíonns do mháthair bhocht a chaill a ciall duit.

Bhí cailín beag ina suí agus thosaigh sí ag gáirí uirthi. Dúirt an tseanbhean
léithe:

A chailín óig thall a rinne an gáire,
Nár fhága tú an saol seo go bhfaighidh tú croí cráite,
Fá mise bheith ag éagcaoint fá mo níon na páirte,
A bheas ag dul uaim amárach i gcomhra chláraí.

hadn't been married long when she died as well. The very same day the daughter died, the old woman came back around into this area again and she found lodging in the neighborhood. The girls in whose house she was staying were going to the wake and the old lady went with them. They (the people of the house) thought that it was a poor woman and they didn't think her worthy enough to put her sitting at the table. There was a pot of potatoes in the kitchen, which had been cooked for the pigs, and they asked her to sit and to have a share of the potatoes. But she was [gradually] recognizing the house, that it was her own house, and her senses returned to her, as good as ever. She began to cry and she said:

I got an invitation when I arrived in your street,
I got an invitation but it contained no welcome,
I got an invitation to eat at the potato basket,
Oh, if my daughter had lived, I'd have got an invitation and a welcome.

It wasn't an ordinary woman's welcome I got when I came to your yard,
I got an invitation but it harbored no welcome,
I was put sitting at the potato basket,
Oh, if my daughter had lived, I'd have been invited to the parlor.

After that she went down to where her dead daughter [was laid out] and she stood and she looked at her:

Eilís, fair and pretty, may God greet you,
May the bright moon and the sun greet you,
May the angels in eternal Heaven greet you,
Just as your poor mother who lost her senses greets you.

Nelly, fair and pretty may God greet you,
May the bright moon and the sun greet you,
May the sun and the moon greet you back and forth,
As your poor mother greets you who lost her senses.

A little girl was sitting [there] and she began to laugh at her. The old woman said to her:

Young girl yonder who made the laugh,
May you not leave this world until you have a tormented heart,
Because I was crying for my most beloved daughter,
Who'll be leaving me tomorrow in a coffin of boards.

Och a chailín óig atá ag déanamh díom meathghéim gáirí,
Nár fhága tú an saol seo go bhfaighidh tú ábhar gol in áit an gháire,
Fá mise a bheith ag éagcaoint fá mo níon na páirte,
A bheas ar siúl chun na gcreagacha maidin amárach.

Bhí máthair an fhir sa toigh agus dúirt sise:

Dá bhfuireochadh do níon i mbun a pósta,
Fuair sí céile gan dhronn gan chomartha,
Fuair sí rogha agus togha na dúiche,
A raibh an tír seo thíos uilig faoina chomhairle.

Dúirt an bhean déirce:

Och a bhean úd thall is duit is fus,a
Beidh do mhacsa pósta le céile eile,
Maighdean óg dheas i mbun a leapa,
Is mo níon is mo théagar ag dul faoi leaca.

D'oil mise is d'fhulaing mise dáréag leanbh,
Cúigear níon agus seachtar mac,
D'fhan mé ina ndiaidh lena gcur faoi leaca,
Is a níon na míne mo mhíle creach é.

D'fhulaing mise dáréag leanbh,
D'fhan mé ina ndiaidh lena ní is lena nglanadh,
D'fhan mé go bhfaca mé ar eachanna pósta iad,
Is d'fhan mé go bhfaca mé aon chloigeann déag faoi leaca.

Rachaidh mise amárach ionns air an phobal,
Agus músclóidh mé na mná mantach' atá i bhfad ina gcodladh,
Bhéarfaidh mé 'na bhaile na mná sochorraithe,
Agus cuirfidh mé ar siúl na mná síochánta.

Rachaidh mise amárach go cruinniú an phobail,
Agus musclóidh mé na mná greadtha atá i bhfad ina gcodladh,
Agus cuirfidh mé Maighread, a rún, ar thoiseach an tórraimh,
Agus déanfaidh Síle go díreach an t-eolas.

Alas young girl, who is making a making a belittling mockery of me,
May you not depart this world until you have cause to cry instead of laughter,
Because I was crying for my most beloved daughter,
Who will be going to the rocks tomorrow morning.

The husband's mother was in the house and she said:

If your daughter had remained [alive] minding her marriage,
She got a spouse with no hump with no blemish at all,
She got the pick and the best of the region,
Who had influence throughout the country.

The beggar woman said:

Alas, woman yonder, how easy it is for you,
Your son will be married to another mate,
A pretty young maiden to take care of his bed,
While my daughter and my dear one goes under the flagstones.

I nursed twelve children and suffered with them,
Five daughters and seven sons,
I survived them all to see them go under the flagstones,
And, my tender daughter, it has been my destruction.

I suffered with twelve children,
I minded them constantly bathing them and keeping them clean,
I remained until I saw them off to their marriage riding pillion,
And I lived until I saw eleven of them under the flagstones.

Tomorrow, I will go to the congregation,
And I will awaken those inarticulate women who have long been sleeping,
I will bring home the women who are easily moved by emotion,
And I will send away the peaceful women.

Tomorrow I will go to the assembly of the congregation,
And I will awaken the clapping chiding women who have long been sleeping,
And my darling, I will place Maighread at the front of the funeral procession,
And Síle will guide us directly.

Éirigh a Eoin agus múscail Róise,
Is a Mháire na gcumann bí thusa leofa,
Cuirfeamuinn Eilís bheag i ndeireadh an tórraimh,
Agus déanfaidh Síle dheas go díreach an t-eolas.

Tá an ghrian is an ghealach ag triall faoi smúid,
Tá rialtaí na maidne ag sileadh na súl,
Tá na spéartha in airde fá chulaith chumhaidh,
Is go dtille tú arís cha luíonn an drúcht.

Foinse: Lorcán Ó Muireadhaigh ("Muireadhach Méith"), *Amhráin Chúige Uladh*, eag. Colm Ó Baoill
(Indreabhan: Cló Iar-Chonnacht, 2009), 31–33, 102–103, 166. Pádraigín Ní Uallacháin, *A Hidden Ulster*
(Dublin: Four Courts Press, 2003), Song 15, 137–50.

105. "An Buachaill Caol Dubh," SEÁN AERACH Ó SEANACHÁIN

Amhrán é seo a leagtar ar Sheán Aerach Ó Seanacháin (fl. c. 1760) faoi ródhúil san
ól, ach tharraing an dá véarsa a d'fhoilsigh George Petrie (1855) aird ar fhéith ho-
ma-éarótach ann níos deireanaí. Chuirfeadh an leagan níos iomláine atá foilsithe
anseo i gcoinne na tuairime sin, ba dhóigh leat, cé go maireann an débhrí i gcónaí.
Is deis í sin leis an cheist seo a phlé ó tharla gur annamh a ardaítear go díreach í in
amhráin eile. Mar gheall ar éiginnteacht scéal mhórán de na hamhráin, is minic
coimhlint ann maidir lena mbrí cheart. Tá grá agus crá na handúile soiléir go
maith sna véarsaí. Deir Petrie go raibh ardmheas ar an fhonn de bharr "áilleacht
shlaodach"[122] an cheoil agus bíonn amhránaithe á rá i gcónaí. Luaitear go háirithe
é le hIarla Ó Lionáird inniu.

Nuair a théim ar aonach ag ceannach éadaigh
Bíonn an séithleach im' dhiaidh de ghnáth,
Suíonn sé taobh liom 'na shianaí caol dubh,
Agus cuireann a léirchróbh isteach im' láimh
Is gearr 'na dhiaidh sin go mbím go haerach
Gan puinn céille os cionn an chláir
Ag díol an éadaigh in inead an éilimh
Trí mhí gan léine 's an fuacht 'am chrá.

---

122. George Petrie, eag., *The Petrie Collection of the Ancient Music of Ireland*, Vol. 1 (Dublin: M. H. Gill,
1855), 19.

Rise up, Eoin, and awaken Róise,
And dear beloved Máire you go with them,
We'll placed little Eilís at the end of the procession,
And pretty Síle will guide us directly.

The sun and the moon proceed through a gloomy mist,
The stars in the morning are weeping profusely,
The skies above dressed in the cloths of sorrow,
And until you return, the dew won't fall.

Translation: Lillis Ó Laoire.

105. "My Dark Slender Boy," SEÁN AERACH Ó SEANACHÁIN

Ostensibly about alcohol addiction, two verses (1 & 6 below) published by George Petrie from Eoghan Ó Comhraí led to later speculation that this poem by Seán Aerach Ó Seanacháin (fl. c. 1760) expressed homoerotic sentiments. This fuller version seems to contradict such an idea, but the ambiguity remains, providing an opportunity for discussion on this topic seldom directly provided in other songs. The indeterminate quality of much song verse lends itself to contesting interpretations. The love-hate aspect of substance addiction is also well captured here. An eighteenth-century song, Petrie claims the air was universally admired for its "flowing beauty,"[122] and it continues to be enjoyed and is sung today, most notably by Iarla Ó Lionáird.

When I go to the fair to buy clothing
The gaunt one usually follows me,
He sits beside me, a dark slender wretch,
And puts his entire paw into my hand
Shortly after that I am light-hearted
Without an ounce of sense upon the table
Selling the clothes instead of [paying] debts
Three months without a shirt tormented by cold.

---

122. George Petrie, ed., *The Petrie Collection of the Ancient Music of Ireland*, Vol. 1 (Dublin: M. H. Gill, 1855), 19.

'S é an buachaill caol dubh, fada, féileach,
Cliste, léannta, is níor mhaith é a shnódh,
Do chloígh i bpéin mé is do mhill in éag mé,
Is d'fhág mé féinig ar bheagán stóir.
Don Fhrainc dá dtéinn, nó go Cuan Bhinn Éadain [i.e. Éadair?]
Nó ag dul don léim sin go hInis Mór,
Bíonn an séithleach im' dhiaidh ar saothar,
Mara mbeinn féin uaidh ach uair de ló.

A óigfhir léannta, gur fíodh mo ghaol leat,
Tabhair dom néal beag nó scamall ceoil,
Nó an fuath gan traochadh do gheobhadh mar "éirneist"
Nó a' dtugais chugham scéala óm chairde fós?
Duain bheag éigin, gach uair ba mhéin liom,
Do thabharfadh faosamh dom seal ón mbrón
Is go bhfúigfinn féin tú thar triúch dá bhféadfainn,
'S é an buachaill caol dubh do mhill mo ghnó.

Tar éis gach pointe dar chuir sé im linnse
Níor mhothaíos ní ar bith go ndéas i mbád,
Is do scólas díom gach a raibh im' thimpeall,
Is do chuas le sceinn uaidh amach 'n tsnámh,
Nuair a smaoineas arís ar theacht 'un tíreach,
Is tapaidh do bhí istigh agus chroth mo lámh,
Agus dúirt dá dtréigfinn an buachaill caol dubh
Go bhfúigfinn céad míle fear im' dháil.

Do shiúlaíos Dúrlas is Caiseal Mumhan,
Is Doirín an Dúna mar a ngabhaid fáidh,
As súd síos go bun na Siúire,
Is ansúd anonn go dtí Muileann gCearr,
Bhí aoinne is triúr ann, dís is cúigear,
Scata ón Mumhain ann is trúp ón Spáinn,
Do bhí an buachaill dubhach ann do mhill mo chuntais,
Is gach áit a ngabhainn, é slad mo pháigh.

It's the dark slender boy tall and festive,
Clever, learned, though his complexion was not good,
Who exhausted and pained me and who destroyed me to death,
And who left me with little wealth.
If I went to France, or to Howth Harbor
Or if I took that leap over to Inis Mór,
The scrawny one follows me, panting,
[Even] if I were only away from him for an hour of the day.

Young learned man, with whom I am united in an inextricable bond,
Give me a little bout or burst of music,
Or the tireless hatred he would get as a "deposit"
Or have you brought me a message from my friends by now?
Some little ditty, each time I wanted it,
Would give me relief from sorrow for a while
And I'd forsake you, traversing districts, if I could,
It's the dark slender boy that has ruined my endeavor[s].

After all his effects on me
I felt nothing until I got into a boat,
And I destroyed everything that was near me,
And I sprang away from it, out to the deep water,
When I thought again of coming in to dry land,
I quickened inside and my hand[s] shook,
And I said that if I betrayed the dark slender boy,
I'd leave behind a hundred thousand men [who were] in my company.

I walked through Thurles and Cashel in Munster,
And Doirín an Dúna where prophet[s] go,
From there down to the bottom of the Suir,
And then across to Mullingar,
There were one and three [people] there, two and five,
A crowd from Munster and a troop from Spain,
The gloomy lad who spoiled my accounts was there,
And everywhere he goes, he's the plunder[er] of my pay.

Do casadh Aoibhill na Craige Léithe orainn,
Ag gabháil an tslí is do ghaibh liom báidh.
Is dúirt dá ngéillfeadh an buachaill caol dubh,
Go dtabharfadh céad fear dó suas im' áit.
Do labhair an caolfhear go gonta géar léi,
Is dúirt ná tréigfeadh a charaid ghnáth,
Is gur shiúil sé Éire tré choillte 's ré-chnoic,
Le cumann cléibhe 's le searc im' dheáidh.

Foinse: Fionán Mac Coluim ("An Giolla Ruadh"), *An Lóchrann* (Iúil 1918): 3. Donal O'Sullivan, *Songs of the Irish* (Dublin: Irish Books and Media, 1981), 126–27, 192. George Petrie, *The Petrie Collection of The Ancient Music of Ireland* (Dublin: M.H. Gill, 1855), 19–21.

106. "SeanAmhrán Gaeilge—An Drochshaol," NELLIE NÍ GHALLCHOBHAIR

Is faoin "Drochshaol" atá an t-amhrán seo nár foilsíodh i gcló cheana. Baineann an focal Drochshaol le heachtraí agus le himeachtaí atá scartha thar thréimhsí fada ama agus ní leis an Ghorta Mhór (1845–1850) amháin. Leagann an ceoltóir anseo an t-amhrán ar a máthair mhór, Nellie Ní Ghallchobhair (fl. c. 1850), agus dá réir sin tugtar údarás áirithe do dháta cumtha i lár an naoú haois déag. Rinne Karl Tempel taifeadtaí fuaime de Nellie Bheag Mhic Dhomhnaill (Nellie McConnell) nuair a bhí sí 71, i mí Iúil 1931, mar chuid de thionscadal Doegen.[123] Cuireann an aois in iúl gur in 1860–61 a rugadh í. Bhí stór mór amhrán aici.

> Nellie Bheag, bean Mhic Chonaill, a thug an t-amhrán seo dom. Deir sí gurbh
> í a máthair mhór—Nellie Ní Ghallchobhair—nó "Nellie Thailligh" a chum
> é in am an drochshaoil. Bhí "Nellie Thailligh" lá amháin ag béal an iomaire
> ag baint phrátaí. Bhí sé ag sárú uirthi éadáil ar bith a fháil. Le brón agus
> tuirse, shuigh sí síos ar an iomaire agus chum sí an dán údaí.

> A Rí mhóir na Páirte,
> Cad é a dheánfas na daoine,
> Gan maoiseog mhaith phrátaí,
> Go Féil Pádraig nó ina dhiaidh?

---

123. Tá glór Nellie McConnell le cluinstin anseo: "Nellie McConnell," Tionscadal Gréasáin Cheirníní Doegen, https://www.doegen.ie/ga/node/2386, rinneadh rochtain ar 6/8/20.

We met Aoibhill of An Chraig Liath,
Going along the road and she gave me sympathy.
And she said if the dark slender boy relented,
She'd give a hundred men up to him in my place.
The slender man spoke tersely and sharply to her,
And said that he would not betray his constant friend,
And that he'd walked Ireland through forests and gentle hills,
With heart's affection and love for me.

Translation: Sorcha Nic Lochlainn.

106. "An Old Song in Irish—The Famine Times," NELLIE NÍ GHALLCHOBHAIR

This previously unpublished song deals with the time called "An Drochshaol"—
"the Bad Times," sometimes thought to refer only to The Great Famine of 1845–
1850 (see Poems 101 and 117), but in reality capable of referring to events over a
wide span of time. The fact that the singer here attributes the composition to her
grandmother, Nellie Ní Ghallchobhair (fl. c. 1850), provides an authority of sorts
for a date around the mid-nineteenth century. The informant was first recorded
in July 1931 by Karl Temple for Wilhelm Doegen, when she stated her age as 71,
suggesting that she was born in 1860 or 1861.[123] She had a large store of songs.

> Nellie Bheag bean Mhic Chonaill [Little Nellie, Mrs. McConnell] gave me
> this song. She says that it was her grandmother Nellie Ní Ghallchobhair
> "Nellie Thailligh" who made it during the famine times. Nellie Thailligh
> was digging potatoes one day at the mouth of the ridge [lazy bed]. She failed
> to find anything at all worth her effort. Tired and weary, she sat down on the
> ridge and she made that poem.

O great King of Mercy,
What will the people do,
Without a decent store of potatoes,
Until Saint Patrick's Day or thereafter?

---

123. Nellie McConnell's voice can be heard here: "Nellie McConnell," The Doegen Records Web
Project, https://www.doegen.ie/node/2386, accessed 6/8/20.

Ní bhfaighidh sinn min chairde,
'S tá ár stát uilig réidh,
'S mura bhfóire orainn an bhanríon,
Tá an bás ag Clann na nGael.

Tá seandaoine na tíre seo
Go fíor ar dhrochdhóigh,
Gan tobaca acu ná píopaí,
Nó pighinn ina ndorn.

Dá dtigeadh Mac a' tSaoir
'S iad a shíneadh faoin fhóid,
Chluinfeadh an saol mór
Na daoine ag gabháil cheoil.

Tá páistí bochta ag caoineadh,
'S gan fios acu cad é an fáth,
Níl ciall ag na huaisle,
Cad é mar tá ár gcrá.

Muna dtigidh Rí an Domhnaigh,
'S ar dtárrthail a bheith le fáil,
Beidh muid go huaigneach,
Ar mhéad is a gheobhas bás.

Tá an t-earrach cruaidh láidir,
'S beidh an spád inár ndorn,
Tá'n fómhar mar an gcéanna,
Is gan tarrtháil le fail.

Foinse: "Tionscadal Digitithe Chnuasach Bhéaloideas Éireann UCD," Dúchas.ie, https://www
.duchas.ie/en/cbes/4428330/4395838. Rinneadh rochtain ar 6/8/20.

We won't get meal on credit,
And our estate is finished,
And if the queen doesn't aid us,
The Gaelic people are completely finished.

The old people of this country
Are truly in a bad way,
They have neither pipes nor tobacco,
And not a penny in their fists.

If Mac an tSaoir were to come
To lay them beneath the sod,
The whole world would hear
The people singing.

Poor children are crying,
And they don't understand why,
The gentry have no inkling,
What our torment is like.

If the King of Sunday fails to come,
And if our rescue is not at hand,
We will be so lonely,
Because of the numbers that will die.

The Spring is hard and strong,
And we'll have the spade in our fists,
The harvest will be the same,
And no relief to be had.

Translation: Lillis Ó Laoire.

107. "An Fialathair Dónall,"
MÁIRE CHONNACHTACH NÍ DHÓNAILL (?)

Faighimid léaró ar thábhacht na himirce go Meiriceá i dtaca le sábháil na
n-amhrán de sa téacs seo. Ba ó Eibhlín Ní Dhónaill (Ellen O'Donnell) as Rann na
Feirste, Co. Dhún na nGall, a fuarthas é in Audenried, Pennsylvania. D'fhoilsigh an
tAthair Dónall Ó Morchadha (1858–1935) é ar *An Gaodhal*, foilseachán Meiriceánach,
i nDeireadh Fómhair 1897, agus chóirigh Micheál Ó Lócháin don chló é. Deireadh
na deoraithe na hamhráin seo ag coirmeacha de gach cineál, daoine ar mhór a
líon ar chósta thoir na Stát i ndiaidh an Ghorta. Moladh áibhéileach ar áit atá i
gceist, a mheabhraíonn filíocht adhmolta na bhfilí do thaoiseach dúinn. Ba é
an rí fíorchéile an bhandé, agus ba í siúd crann seasta na torthúlachta agus na
rathúlachta. Is beag atá ar eolas go cinnte faoi Mháire Chonnachtach Ní Dhónaill
(c. 1780–1860) ach tá béaloideas go leor ann fúithi i dTír Chonaill.

> Rachaidh mise siar go mullaigh Shliabh a Liag,
> Go bhfeicfidh mise an fialathair Dónall,
> Gur faide liom ná bliain an lá go mbeinn ag triall,
> Ag tarraingt ar an chléir mhómhar.
> A ghnúis gheal nár fhiata umhlaigh aniar
> Tá cumhdaithe den chéill rómhaith,
> Is gur brúite i bpéin atá an chlúid seo uilig go léir,
> Ag dúil leat gach aon oíche Dhomhnaigh.

> Idir Caiseal is an Áth is go mullaigh Chró Bheithe
> Is go dté tú go barr tíre,
> Tá an talamh ann is fearr i dtoradh is i ngrán,
> Dá bhfaca mé fá bharr críche ann.
> I gcúplaí a bhíos na cadhain bíonn seabhaic ina ndiaidh,
> I ngleanntán na séimh sealga,
> Is gurb é áiríos an chléir gurb é Parrthas na Naomh é
> Le ceolta na n-éan dá gcealgadh.

107. "Magnanimous Father Dónall,"
MÁIRE CHONNACHTACH NÍ DHÓNAILL (?)

Representing the diasporic heritage of Irish-language song, Eibhlín Ní Dhónaill (Ellen O'Donnell) of Rann na Feirste, Co. Donegal, and Audenried, Pennsylvania, was the source of the song, published by Fr. Dan Murphy (1858–1935) in *An Gaodhal*, October 1897, a North American publication, edited by Micheál Ó Lócháin. Such publications underscore the neglected importance of North America in the Gaelic Revival. Songs in Irish were performed at all social occasions by immigrants, whose numbers in the eastern States swelled after the Famine. The text praises place in extravagant terms, reminiscent of medieval tropes of chiefly panegyric verse, hailing the chief as the true spouse of the goddess, the guarantor of fertility and prosperity. The priest replaces the chief here. Almost nothing is known for certain about Máire Chonnachtach Ní Dhónaill (c. 1780–1860), though there are many stories about her in Donegal folklore.

> I will travel West to the summit of Sliabh a Liag,
> So that I may see the magnanimous Father Dónall,
> It seems more than a year away the day that I set out
> Approaching the serene cleric,
> O bright countenance that is never stern, consent to return,
> You who are sustained by such sound judgement,
> And that this area is so oppressed by pain,
> Expecting you every Sunday night.

> Between An Caiseal and the Áth and to the the summit of Cró Bheithe,
> And even further to the southern country,
> There lies the best earth, producing crops and grain,
> That I have seen in any distant land,
> The barnacle geese fly in pairs, chased by falcons,
> Through vales of easy hunting,
> And that the clerics declare that it is a Paradise of the Saints,
> As they are lulled to sleep by birdsong there.

Is iomaí abhaill chumhra folaithe go húr,
Is coillte boga úra ag fás ann,
Loingis ar a stiúir ina mbeirteanna is ina dtriúir,
Ag tarraingt ar shiúl adhmaid,
Nó fear as Cúige Mumhan a d'inis domh i rún,
Gur bhreathnaigh uilig na cúig cearna,
Is nach bhfaca riamh a shúil i mbealach ar bith dár shiúil,
A leithéid de chluain fásaigh.

Nach aoibhinn don té a tharla ina leithéid,
Ní fhásann an féar garbh ann,
Thig dealramh ón ghréin is soilsiú ón spéir,
Is ceolta ó thaobh na farraige
Mil bhuí ag gabháil le fánaidh droichead siúcra bháin,
Is an abhainn fána lán fíona,
Tithe déanta de cháisidh, bonnóga 'na sráid ann,
Duilliúr agus bláth sna Faoilligh.

I mBaile an tSagairt atá an dóigh nach méanra a bheadh á chóir!
B'fhogas dúinn beoir Mhárta,
Bíonn imirt ann is ól, aiteas agus spórt,
Seinm agus ceol cláirsí,
Bíonn na lilíocha is na rósaí in imeall achan róid,
Is an iomataí de phór garraí,
Is dúshlán a bhfuil beo nó marbh riamh go fóill,
Sneachta a fheiceáil ann ná deoir bháistí.

Tchífidh sibh an lá a rachaidh cruinniú ar a lán
As gach uile chearn dá mbíonn siad,
Agus gach aon pheacadh beo dá dtearnadh de ghan fhios nó os ard
Nach mbeidh in bhur[124] láimh scríofa,
Nó tá siad ag fáil bháis mar chaoirigh a bhíos ar seáid

---

124. "Inár láimh" sa bhunleagan. Dar linn go bhfuil an dara pearsa iolra ag teacht níos fearr le glór apastrófach an amhráin. Úsáidtear í mar chomhartha ómóis i dTír Chonaill nuair a bhítear ag caint le baill den chléir.

Many apple orchards are densely concealed,
And tender young forest growth abounds,
Well-steered ships in twos and threes
Drawing away timber,
But a man from Munster told me in secret,
That he had viewed all the world's cardinal points,
And that his sight had never beheld in any of his travels,
Such luxuriant untended meadow grass.

How joyful for those who happen upon it,
The coarse grass does not grow there,
The sun radiates from a glowing sky,
And music rises from the banks of the ocean,
Golden honey flowing down the hillsides,
Bridges of white sugar,
And rivers flowing with wine,
Houses of cheese and loaves of bread paving the streets,
Foliage and blossoms in February.

Everything is at its best in Baile an tSagairt,
How happy to be near it!
We would have a ready supply of March beer.
There is gaming there and drinking, joy and sport,
The playing and music of the harp,
Lilies and roses grow on the verge of every road,
And all kinds of garden fruits,
And a challenge to either the living or the dead,
To find snow there or rain.

You will see the day when the host will congregate
From all directions where they are now dispersed,
And every single sin committed secretly or overtly,
Will be accounted for in writing in your hand[124]
Because they are dying like feverish sheep,

124. "In our hand" in the original text. We consider the second person plural to be more in keeping
    with the apostrophic tone of the song. This form is used in the Donegal *Gaeltacht* as a mark of
    respect when addressing a member of the clergy.

Ó d'imigh uainn ar sciathdhídean,
Is é an tAthair Dónall atá mé a rá libh,
Dálta Rí na nGrást is gan againn air ach spás míosa.

Foinse: Cathal Goan, "An Fial Athair Dónall," *Ceol* VII, uimh. 1 & 2 (1984): 46–49. Daniel Murphy, "Na Liliacha agus na Rósaidh," *An Gaodhal* 12, uimh. 5 (1897): 59–60.

108. "Baile Uí Liaigh," Antaine Raiftearaí

Tá Raiftearaí (1779–1835) ar an fhile is bisiúla agus is mó cáil in Éirinn na Gaeilge sa naoú haois déag, cáil a leanann go dtí an lá inniu. Baineann an leagan áitiúil seo den amhrán "Máire Ní Eidhin" leis Na Déise, i bPort Láirge. Trí leagan béil a roghnú thar leagan caighdeánaithe scolártha, tugtar ómós do na spailpíní taistil, oibrithe gan léann gan foghlaim a bhformhór, a scaip amhráin mar seo ó bhéal, trína ngnáthchaitheamh aimsire. Aithnítear tábhacht na n-amhránaithe agus na n-éisteoirí seo agus cuirtear cloch ar a gcarn nuair a chuirtear leagan den chineál ar comhchéim le heagrán cúramach, tomhaiste léannta.

Ar mo dhul 'dtí an Aifreann dom le toil na ngrásta,
Lá breá Páise le teannta ón Rí,
Do casadh ainnir orm cois tí an tábhairne,
'S thit mé i láthair i ngrá le mnaoi,
Do labhair mé léi siúd go banúil náireach,
Is de réir a cáil' is ea a d'fhreagair sí,
Is é a dúirt sí a ghrafadaeir, bí ag ól is fáilthe,
Thá an soiléar láidir i mBaile Uí Liaigh.

Níor chuireas aon tairisicint riamh ar cairde,
Nuair a fuair mé an foláireamh do phreab mo chroí,
Ní raibh le dul agam ach trasna páirce,
Is thug mé an lá liom age cúinne an tí.
Ansúd a bhí na sáirfhir ó ghloiní is cáirteanna,
Is mo chailín fáinneach le m'ais 'na suí,
Sé dúirt sí a ghrafadaeir, thá m'intinn sásta,
Is tar go lá liom go Baile Uí Liaigh.

Since our shielding protector has gone from us,
It's Father Dónall I mean to say,
Who is like the King of Grace,
And he will only spend another month in our midst.

Translation: Lillis Ó Laoire.

108. "Ballylee," ANTAINE RAIFTEARAÍ

Antaine Raiftearaí (1779–1835) rates among the most prolific and popular makers in nineteenth-century Irish-speaking Ireland, his songs retaining their tremendous appeal down to the present. This local version of "Máire Ní Eidhin" belongs to the Déise, the Irish-speaking area of Co. Waterford. Choosing this orally saturated variant over a standard edited text remembers those migrant, mostly non-literate, workers who broadcast such songs orally, through their ordinary entertainment. It gives the singers a deserved recognition, valuing this orally transmitted variant as equal to a careful, meticulous scholar's edition and allowing it to stand out as a memorial to its singers and transmitters.

Upon my going to Mass, by the grace of God,
One fine Passion day with support from the King,
I met the fair one near the tavern house,
And in that very place I fell in love with the woman,
I spoke to her modestly, as is fitting with a woman,
And she answered accordingly,
She said my laborer, come drink and welcome,
There's a well-stocked cellar in Baile Uí Liaigh.

I never postponed an offer
When I got the notice, my heart gave a leap
I only had to cross the field
And I spent the day at the corner of the house.
There were great men both glasses and quarts,
And my ringleted girl sitting by my side,
She said my laborer, my mind is satisfied,
Won't you come with me until daybreak to Baile Uí Liaigh.

A Réiltheann an tsolais is a ghrian an ómair,
A chúilín phéarlaigh is tú grá mo chroí,
Dá dtiocfá liomsa thar n-ais go hEochaill,
Go bhfaighimis eolas cá mbeam inár luí,
Thabharfainn aer duit ar bhailte móra,
Puins ar bord agus dá n-óltá fíon,
Ó agus a Rí na Glóire go ré tú an ród dúinn,
Go bhfaigheam an t-eolas go Baile Uí Liaigh.

Shiúlaíos Éire agus san le chéile,
An Fhrainc is an Ghréig agus páirt a' Rí,
Ó cartadh Séamus as gach cúige in Éirinn,
N'fheacas féinig aon bhean mar í
Bhí a gnaoi ar lasadh agus a mailí caola,
Oró a píob néata is a béal tais mín
Nár róbhreá an féirín an té a gheobhadh mar chéile í,
Óró an pabhsae gléigheal so i mBaile Uí Liaigh.

Foinse: Ciarán Ó Gealbháin, "Raiftearaí's Máire Ní Eidhin in the Waterford Song Tradition,"
Béaloideas 82 (2015): 1–15.

109. "Caisleán Uí Néill" nó "An Bhean Dubh ón Sliabh,"
NÍ FIOS CÉ A CHUM

Tá plé mion déanta ar áitiú Thomáis Uí Chriomhthain in *An tOileánach* gur chan
sé an t-amhrán seo ar oíche a bhainise. Ní féidir dul i mbannaí air ó tharla go
n-athraíodh sé sonraí a bheathaisnéise uaireanta ar mhaithe leis an scéalaíocht.
Cur síos corraitheach a thugann sé ar a chumann le hiníon Uí Dhálaigh as Inis
Mhic Aoibhleáin mar sin féin, cé nárbh í a phós Tomás i ndeireadh na dála. Is
Chanson de Jeune Fille an t-amhrán seo—amhrán an chailín thréigthe—ach sa
téacs ilghuthach seo cluintear guth an leannáin óig fhir thall agus abhus fosta.

Mo shlán chun na hoíche aréir; 'sé mo léan nach í anocht atá ann
Mo bhuachaillín séimh deas do bhréagfadh me seal ar a ghlúin;
Dá neosfainn mo scéal duit is baolach ná déanfá orm rún:
Go bhfuil mo ghrá bán dhom thréigean, is a Dhia ghléighil is a
      Mhuire nach dubhach.

Star of Light and amber sun,
Pearls in your hair you're the love of my heart,
If you were to return with me to Youghal,
We could find out where we would be sleeping,
I would give you the pleasure of the great towns,
Punch on the table and wine if you would drink it,
And, King of Glory, may you ease the road for us,
So that we may make our way to Baile Uí Liaigh.

I traveled Ireland from one end to the other,
France and Greece and even the King's portion,
Since James was expelled from all provinces in Ireland,
I never met a woman like her
Her luminous countenance and her refined brows,
Her delicate neck and her gentle, tender lips
What a fine acquisition for the one who would win her as a spouse,
This bright blooming maiden in Baile Uí Liaigh.

Translation: Lillis Ó Laoire.

109. "O'Neill's Castle" or "The Dark Woman from the Mountain," ANONYMOUS

Tomás Ó Criomhthain's claim in *An tOileánach* (The Islandman) that he sang this song on his wedding night has been minutely discussed and critiqued. We cannot be certain that he did sing it because he frequently adapted details of his biographical stories for dramatic effect. Nevertheless, his account of his courtship of Daly's daughter from the neighboring Inishvickillane island and how he came finally to marry another woman makes a compelling narrative, culminating in his performance of this song. Usually considered a *Chanson de Jeune Fille*—a jilted young woman's song—the individual version given here provides a more poly-vocalic text with, here and there, the young male lover's voice also to be heard.

Farewell to last night; it's my grief that it's not tonight,
My gentle handsome youth who would coax me a while on his knee,
Were I to tell you my story, I'm afraid you would not keep my secret,
As my true love deserts me, God of Brightness and Mary what a pity.

Do gheallais-se féin dom go mbréagfá mo leanbh ar dtúis:
Do gheallais ina dhéidh sin go mbeadh aon tíos idir me agus tú;
Do gheallúint in aghaidh an lae dom, gur ligeas-sa leatsa mo rún
Agus fóraoir tinn géar dubhach, tá an saol seo ag teacht idir me is tú.

Tá mórán den bhrón so a dhianstóraigh ag gabháil timpeall mo chroí,
Agus lán mo dhá bhróigín do dheoraibh ar sileadh liom síos.
Grá buachaill óig do bhreoigh mé is do bhain díom mo chiall,
Is ná mairfead féin nóimit má phósann tú an bhean dubh ón sliabh.

Nár théad den saol choíche go scaoilfidh mé dhíom an mí-ádh,
Go mbeidh ba agam is caoire in aontíos i bhfochair mo ghrá,
Troscadh na hAoine an lae saoire ní dhéanfainn go brách,
Is nárbh fhada liom lá saoire a bheinn taoibh led bhrollach geal bán.

Tá siad á rá go bhfuil ádh na mban deas orm féin
Is, dar ndóigh, má tá, a dhianghrá ní miste leat é
Thugas naoi lá, naoi dtráth agus aon tseachtain déag
Ag cúl tí mo ghrá ghil ag piocadh airní do bharraí na gcraobh.

A chumainn ghil is a ansacht, i dtúis an tsamhraidh an dtiocfá liom féin
Amach fés na gleanntaibh nó in oileáinín mar a dtéann an ghrian fé?
Ba, caoire ná gamhna ní shantóinnse leat iad mar spré,
Ach mo lámh dheas faoid cheannsa is cead labhairt go dtí am an dó dhéag.

Téanam araon go dtéam go tigh an tsagairt ó thuaidh,
Mar a gcloisfeam ceol éan go déanach dár síorchur chuin suain,
Níor bhuail éinne ar an saol liom in aon chor do bhuail orm cluain,
Gur tháiníse taobh liom led bhéilín ba bhinne ná an chuach.

Foinse: Tomás Ó Criomhthain, *An tOileánach*, eag. Seán Ó Coileáin (Baile Átha Cliath: Cló Talbóid, 2002 [1929]), 20–21.

You promised me first that you would nurse my child,
After that you promised me that you and I would live together in the
        same house,
You made promises daily until I allowed you to take my secret,
And my black sore regret, this world comes between me and you.

This great sorrow my steadfast love is surrounding my heart,
And my shoes are overflowing with the tears that flow down from me,
A young man's love that has left me feverish and has taken my sense,
And I won't live a minute longer if you marry the dark woman from
        the mountain.

May I never leave the world until I have been freed from misfortune,
That I will have cattle and sheep and that I will be in one house along
        with my love,
Fasting on Fridays, on holy days, I would never fulfil,
And that I would find a holy day very short if I were beside your fair
        white breast.

They say that I have the luck of the pretty women,
And, indeed, if I have, my steadfast love, it's little you care about it,
I spent nine days, nine sessions and eleven weeks,
At the back of my bright love's house, picking sloes from the tops of
        the branches.

My darling beloved, would you come with me at the start of summer,
Out through the valleys or to an island where the sun sets,
Cattle, sheep or calves, I would not covet them with you as a dowry,
But my right hand under your own head and permission to speak to
        you until the twelfth hour.

Let's both go northwards now to the priest's house,
Where we will hear bird song in late evening lulling us always to sleep,
I never met anyone in the world who was able to beguile me,
Until you came by my side with your beloved mouth that is sweeter
        than the cuckoo.

Translation: Lillis Ó Laoire.

110. "Comhairle d'Fhearaibh Óga,"
MÍCHEÁL "STUDMAN" MAC CÁRTHAIGH

Moltar gabháil Phádraig Uí Cearbhaill ar an amhrán seo le Mícheál "Studman" Mac Cárthaigh (1800–1850?) don léitheoir. Tá fonn mealltach, draíochtúil leis agus paisean gannbhriathrach, rud a dhéanann sampla thar a bheith sásúil d'amhrán an óigfhir de. Léiríonn rogha mheáite Uí Chearbhaill de na véarsaí an dinimic a fheidhmíonn idir an bhunfhoinse lámhscríofa agus bhéalaireacht nuair a dhéantar comparáid eatarthu. Cuirimid aistriúchán véarsaíochta Liam Mhic an Iomaire leis le barúil a thabhairt don léitheoir Bhéarla ar mheadarachtaí uaimeacha na Gaeilge, agus mar ómós dó féin. Corcaíoch a bhí san fhile a mhair roimh an Ghorta Mhór. Léirítear spraoi agus cuideachta an tábhairne mar ghnáthchuid den chaitheamh aimsire.

> Do bhéarfainn comhairle d'fhearaibh óga,
> Agus déarfad fós nach ar dtuathal,
> Gan bean a phósadh le grá dá bólacht,
> Ach do réir mar gheobhaidís a tuairisc;
> Mar i dtaobh na mbó san níl iontu ach lón beag
> 'S ní bhíonn siad beo ach ar uairibh,
> 'S is é mo bhrónchreach nach fiosach domhsa
> Cé acu lón is buaine.
>
> Tá cailín ceansa deas im cheantar
> Gur thugas greann na n-ae di;
> Is í gan amhras a bhain mo mheabhair díom
> Is a d'fhág mo cheann gan éifeacht.
> Nó gur éirigh spang dom le racht éagsamhlach
> Is le gníomhartha fallsa an tsaoil seo,
> Do chuas den stang san go Droichead Banndan,
> Go siopa branda léi isteach.
>
> Do raghainn don Ghréig leat is don Phortaingéil leat
> Nó go Talamh an Éisc ar mo chomhairle,
> Do shiúlóinn Éire ina fódaibh caola,
> Nó i bhfad go dtéinn thar m'eolas.
> Ar mo theacht aduaidh dom is na céadta trunc liom
> A bheadh lán de húdaí daora,
> Go mbeadh radharc ainsiúd orthu *coral* fionn
> Agus carabuncail dhaora.

110. "Counsel for Young Men,"
Mícheál "Studman" Mac Cárthaigh

Pádraig Ó Cearbhaill's performance of this song by Mícheál "Studman" Mac Cárthaigh (1800–1850?) is recommended to the reader. With a powerfully attractive melody, its laconic passion marks it as a particularly perfect example of a young man's love song. Comparing the manuscript original to Ó Cearbhaill's finely judged selection emphasizes the dynamic qualities of oral engagement with written tradition. We include the late Liam Mac Con Iomaire's verse translation to give an idea of how the assonantal rhyming patterns work in Irish, and as an homage to his memory. The poet was a Corkman composing before the Great Famine. The fun and fellowship of the alehouse feature as a habitual part of entertainment.

A word in time to men in their prime,
And this word of mine is not foolish,
Don't take a wife for love of her kine,
But by virtue of wide approval,
For wealth of kine my soon be thine,
But may then decline in ruin,
My grief and woe that I do not know,
Which one is more enduring.

A gentle maiden is my near neighbor,
That I, of late, love dearly,
If I'm not mistaken my mind is shaken,
And for her I'm yearning clearly.
I took to raving and wild behaving,
With deeds most rare and daring,
I took my fond one to Bridge of Bandon
To a shop for brandy-sharing.

To the land of Greece, of the Portuguese,
And from there to Greenland gaily,
I'd travel Erin's narrow laneways,
And blindly stray not caring.
Returning homeward with trunks o'erflowing,
With hoods and clothes of the rarest,
What dazzling sights of coral whites,
And carbuncles fairest!

Is iad cúrsaí an tsaoil seo a mheall go léir mé,
Is a chuir uait féin mé a óigbhean!
Go bhfuil mórán Éireann cnoic is sléibhte,
'Dul eadrainn araon mar theorainn.
Agus fios mo scéilse níl ag éinne,
Is ní chodlaím néal ar fónamh
Le heagla go ndéanfadh rún mo chléibhse
Mo mhalairt féin de nóchar.

Nach ró-bhreá an dúiche go mbéarfainn liom thú
Trí choillte dubha na nDéise,
Mar a mbíonn an smólach is an lon go ceolmhar
Is an t-iasc um nóin ag léimrigh.
Bíonn na cranna ag lúbadh faoi thorthaí cumhra
Agus bláth na n-úll ar ghéaga.
An chuach gan amhras i dtús an tsamhraidh,
Fia na mbeann agus céir-bheach.

Is in airde an staighre do ghabhas lem mhaighre
Isteach i seomairín greadhain aolmhar.
Ansiúd ba bhinn liom fuaim na creidhle
Agus ceol an veidhlín taobh liom;
Bhí an drum dá leadhbadh ann ag bun an staighre,
'S na "bals" go deimhin dá bhfógairt,
Bhí rince is ceol ó ló go ló againn,
Is cead a bheith ag pógadh a chéile.

Foinse: Pádraig Ó Cearbhaill, *Amhráin na Séad: Jewels and Pathways* (Bré: An Béal Binn, 2006), traic 7, notaí 20–22. Bláthnaid Uí Chatháin, *Éigse Chairbre* (Baile Átha Cliath: An Clóchomhar, 2007), 62, 234–37. Fionán Mac Coluim, "Finghin na Leamhna," *Amhráin na nGleann* (Baile Átha Cliath: An Comhlucht Oideachais, 1939), 33–34.

111. "Cuach mo Lon Dubh Buí," NÍ FIOS CÉ A CHUM

Amhrán é seo faoi fhear a chuir féacháil ar dhílseacht a mhná agus a fuair amach gur beag an seanadh a bhí inti. Murab ionann agus go leor amhrán eile i nGaeilge, tá cosúlacht an bhailéid air. Faightear línte an-chosúil leis san amhrán luaidh

Life's cruel ways have led me astray,
So far away from my dear one,
That all of Erin's hills and dales,
Have grown in space between us,
Nobody cares about my affairs,
And sleep escapes me entirely,
For fear this maiden, my loved and fair one,
For another male would deny me.

How I'd love to view and to walk with you,
Through the shady woods of the Déise,
Where blackbirds croon and thrushes tune,
And trout at noon are playful,
Where trees are bowing 'neath fruit a-growing,
And bees on boughs are swarming,
The cuckoo's song all bright summer long,
The antlered stag alarming.

Then up the stairway I brought my fair maid,
To a lime-white chamber neatly,
Where sound of lyre was to our desire,
And the strains of violin near me,
The drum was beating downstairs fleetingly,
Dancers were sweetly repairing,
We had a ball from night till dawn,
And we kissed in the morning early.

Translation: Liam Mac Con Iomaire, in Pádraig Ó Cearbhaill, *Amhráin na Séad/Jewels and Pathways*
(CD & booklet), (Bré: An Béal Binn, 2006), 21–22.

111. "The Brown and the Yellow Ale," ANONYMOUS

Known in English as "The Brown and the Yellow Ale," the song tells of a man
who tested his wife's fidelity and found it wanting. More ballad-like than many
other songs, similar lines are found in the Scottish waulking song "Cailin òg a'
Stiùireamaiche," seemingly representing a direct link between Irish and Scottish
Gaelic tradition. Gender politics are again at the heart of this song. Patriarchal

Albanach, Cailin Òg a' Stiùireamaiche, rud a chuirfeadh nasc díreach idir an dá dhúchas in iúl. Tá polaitíocht na hinscne ina cheartlár. Bíonn drochamhras ag an phatrarcacht as na mná, agus caitear mórán fuinnimh ag cur smachta orthu chun líne an fhir a bhuanú. Ócáid den chineál a léirítear san amhrán seo agus is le súile gruama a fheictear an bhean dá bharr.

Bhí mise 's mo bhean lá' gabháil an bhóthair,
[Loinneog 1:] 'S hóró,' ghrá mo chroí!
Is cé chas orainn ach gruagach an óir bhuí,
[Loinneog 2:] Cuach mo lon dubh buí!

D'fhiarthaigh sé domh-sa an níon domh an óig-bhean
Ach dúirt mé fhéin gurbh í mo bhean phósta í.

"An dtabharfása domhsa choích' go deo í?"
"Mura ndéana mé sin leat, déanfaidh mé an chóir leat:

Gabh thusa 'n a' Mhullaigh, is rachaidh mise 'n a' Mhóinte,
Cibé againn a leanfaidh sí, bíodh sí go deo aige."

Chuaigh seisean 'n a' Mhullaigh 's chuaigh mise 'n a' Mhóinte
'S rinne an óinseach ní nár chóir di.

Lean sí 'n gruagach, ó 's aige a bhí an óige,
Chuaigh mise 'n a' bhaile, ach má chuaigh is go brónach.

Luigh mise siar ar mo leabaidh trí ráithe,
Is d'éirigh mé 'mach go doras na sráide.

Cé tchím chugam ach Malaí gan náire.
Chrom mé mo cheann agus rinne mise gáire.

Chrom mé mo cheann, óir is mé a fuair an t-ábhar.
"A ghioll' udaí istigh, caidé mar 'tá tú?"

"Mar is olc le mo charaid 's mar is maith le mo namhaid."
"A stór mo chroí, dá bhfaghfása bás uaim."

anxieties consider women fundamentally untrustworthy and much effort is
devoted to surveilling their fidelity to ensure the continuity of the male line.
This song, although amusing, describes just such an encounter with the female
character emerging in a negative light.

> My wife and I were walking along the road one day,
> [*Refrain 1:*] Hóró, love of my heart!
> And whom should we meet but the golden yellow "gruagach,"
> [*Refrain 2:*] Cuach mo lon dubh buí!
>
> He asked me if the young woman was my daughter
> But I said that she was my wedded wife.
>
> "Will you give her to me forever and ever?"
> "I won't do that, but I'll behave fairly by you:
>
> You take to the mountain, and I'll take to the moorland,
> Whichever of us she follows, let her be his forever."
>
> He took to the mountain, and I took to the moorland
> And the fool did a thing she shouldn't have done.
>
> She followed the "gruagach," because he was young,
> I went home, but if I did, it was sorrowfully.
>
> I lay down on my bed for three seasons,
> And I got up and went to the door facing the street.
>
> Whom did I see coming towards me but shameless Molly.
> I bowed my head and smiled
>
> I bowed my head—I had a reason for doing so.
> "Yon fellow within, how are you?"
>
> "[I am] as my friends dislike and as my foes like" [i.e. unwell].
> "Love of my heart, if you were to die on me."

"Caidé' dhéanfá 'nois, dá bhfaghfainnse bás uait?"
"Is mé' chuirfeadh ort na briathra breátha;

Chuirfinn i gcónair bhreá na gcúig gclár thú,
Nó i gcónair luaidhe óir 's í ba láidre,

Nó i gcónair airgid dá mba í a b'fhearr leat."
Nuair a chuala mé féin na briathra breátha,

Luigh mise siar agus rinne mé an t-éag úd.
"Gabhadh duine chun na coilleadh a chliseadh bhaint adhmaid,

Ná bain'í a'n mhaide de na maidí is fearr ann;
Cam-mhaide cuilinn 's caol-mhaide fearnóige.

Tógaigí suas ar ghuailneacha ard' é,
Is caith'í sa pholl is neise don tsráid é."

Nuair a chuala mé féin na briathra gránna,
D'éirigh mé suas go lúfar láidir;

"Beir chugam mo chamán go mbainfidh mé an báire,
Is fágfaidh mé sa pholl is neise don tsráid í."

Ach d'imigh ar scaoll an bhean dí-náireach
'S siúd agaibh scéal i dtaobh mo mhnása.

Is iomaí bó a théid siar thaire an teorainn
Is a philleas arís ar an fhoraois ar chóir di,

Scéal inniu agus scéal amárach
Agus scéal 'ach uile lá' dtiocfaidh' ceann ráithe

'S ach munab é gur bean a bhí in mo mháithrín
D'inseoinn scéal beag eile ar na mná daoibh.

Foinse: Pádraig Mac Seáin, *Ceolta Theilinn* (Belfast: Instititute for Irish Studies, Queen's University of Belfast, 1973), 46, 88.

"What would you do now, if I were to die on you?"
"I would speak of you in the finest words;

I would bury you in a fine coffin of five boards,
Or in a lead coffin, for it is stronger,

Or in a silver coffin, if you'd prefer that."
When I heard the fine words,

I lay back and feigned that death.
"Let someone run out to the forest to get some wood,

Don't lift any of the good timber;
A crooked piece of holly and a thin piece of alder.

Lift him up high on your shoulders,
And throw him in the hole nearest the street."

When I heard the hateful words,
I rose up strong and agile,

"Give me my hurl so I can win the match,
And I'll leave her in the hole nearest the street."

But the shameless woman ran off in a panic
And that's my story about women for you.

Many's the cow crosses the [field] boundary
And returns again to her proper place.

A yarn today and a yarn tomorrow
And another yarn every day for a season,

And if my little mother hadn't been a woman herself
I'd tell you another little tale about women.

Translation: Sorcha Nic Lochlainn.

112. "Dóín Dú," NÍ FIOS CÉ A CHUM

Is amhrán fosaíochta nó buachailleachta é seo a bailíodh i gceantar Charna, Co. na Gaillimhe. D'úsáidtí mar shuantraí fosta é. Cuirtear béim ann ar mhalairteacht an ghrá ar bhealach éadrom barrúil. Deis a bhí sa cheol agus sa churfá don chumadóireacht ar an láthair agus bhaineadh daoine óga leas as le bheith ag magadh faoina chéile. Cineál cúirtéireachta le focail a bhí i gceist. Ba iad na hamhránaithe Seosamh Ó hÉanaí (Deoindí)[125] agus Meaigí Sheáinín Choilmín Nic Dhonncha a sholáthair na focail. Thaifead Alan Lomax Meaigí sa bhliain 1951. D'ainneoin gur focail gan substaint atá sna liricí, léiríonn comparáid le suantraí Mháire Bhuí (feic Dán 123) go bhféadfadh filí a leithéid a mhúnlú le teachtaireachtaí ceannairceacha a chur in iúl.

Dóín dú ó deigh dil ó
Grá mo chroí do chos.
Dóín dú ó deigh dil ó
Is í a dhaimseodh leas an bport.
Dóín dú ó deigh dil dum.

Is grá mo chroí do lámh
Is í a chuirfeadh seol i gcrann.

Is tá mo ghrá chomh deas
Le caislín ar an nead.

Is tá mo ghrá chomh cóir
Le gloine i dteach an óil.

Is tá mo ghrá chomh caoin
Le ceannabháin ar mhoing.

Níl seanbhean ná bean óg
Ag teacht idir mé is mo stór.

---

125. Seosamh Ó Héanaí, *Ó Mo Dhúchas Sraith II*, CEF 051 (Baile Átha Cliath: Gael Linn, 1976), traic 5, ar fail ar Spotify.

112. "Dóín Dú—Doh-een do," ANONYMOUS

This herding song, also doubling as a lullaby, collected in the Carna area in Conamara, Co. Galway, emphasizes the vagaries of love in a resigned and light-hearted manner. The melody and chorus provide a vehicle for extempore composition and it is certain that young people used this jocular teasing as a form of verbal courtship. The singers were Seosamh Ó hÉanaí/Joe Heaney, who called it "Deoindi,"[125] and Maggie McDonagh, who recorded for Alan Lomax in 1951. The insubstantial lyrics are nevertheless witty and eloquent. They may be compared with Máire Bhuí's lullaby (see Poem 123) which carries a far more serious political import, showing how verse may be adapted and changed by poets for their own purposes.

Doo een doo o die dil o,
The love of my heart for your foot,
Doo een doo o die dil o.
How it dances to the tune
Doo een doo o doo o die dil um.

The love of my heart for your hand,
It would raise a sail on the mast.

My love is as pretty
As a stonechat on its nest.

My love is as proper
As a glass in the drinking house.

My love is as refined
As bog cotton on a mound.

No woman old or young
Comes between me and my love.

---

125. Seosamh Ó hÉanaí, *Ó Mo Dhúchas Sraith II*, CEF 051 (Dublin: Gael Linn, 1976), track 5, available on Spotify.

Nach iomaí cor is cleas
I do chroí nach bhfuair mé amach.

'S tá mo chroí chomh trom
Le cloch a chaithfí i dtom.

Nach neantóg is bláth buí
Atá ag fás ar áit do thí.

Is dúirt mo stór liom péin
Gan géilleadh do lucht bréag.

Nach iomaí siar is aniar
Bhí ag mo ghrása riamh.

Foinse: Peadar Ó Ceannabháin, "Dóín Dú," Micheál Ó Conghaile, Lochlainn Ó Tuairisg & Peadar
Ó Ceannabháin, eag., *Leabhar Mór na nAmhrán* (Indreabhán: Cló Iar-Chonnacht, 2013), 364. Cultural
Equity, Alan Lomax Archive, https://archive.culturalequity.org/node/56415.

113. "Geaftaí Bhaile Buí," NÍ FIOS CÉ A CHUM

Tá diamhracht ag baint leis an amhrán meallta ban seo. Ní éiríonn leis an leannán an bhean a roghnaigh sé a bhréagadh. Is cosúil go mbíonn cúrsaí go maith i dtosach ach faoi dheireadh go gcloíonn an tuirse é agus go dtagann críoch grod le suirí. Tá dearcadh agus guth an fhir chun tosaigh. Dála roinnt amhrán eile, tagann ceist achrannach na toilíochta chun cinn. Measadh go raibh an t-amhrán graosta ach tá nasc suimiúil ann idir éagumas gnéasach an fhir agus machnamh aithríoch ar éadairbhe na beatha. Déantar ceangal idir an dúil sa phléisiúr chollaí agus éagothroime bhunúsach a bhaineann le caidrimh den chineál.

Ag geaftaí Bhaile Buí, a rinne mise an gníomh
A bhí amaideach baoth déanta,
Éaló le mnaoi seal tamaill ins an oích'
Ar neamhchead a raibh faoi na spéarthaí.
Mar bhí me lag gan bhrí gan mhisneach in mo chroí
Is í agam ar mhín shléibhe.
Bhí an codladh do mo chloí agus b'éigean domhsa luí,
Agus d'imigh sí ina fíormhaighdean.

There's many a twist and trick
In your heart that I did not find out.

My heart is as heavy
As a stone thrown in a bush.

Isn't it nettles and ragwort
That are growing on the site of your house?

My love said to myself
Not to yield to the lying gossips.

What a great deal of to-ing and fro-ing
My love always had.

Translation: Lillis Ó Laoire.

113. "The Gates of Baile Buí," ANONYMOUS

This seduction song is somewhat enigmatic, touching on the seeming failure of
a suitor to woo his chosen sweetheart. Things seem to be going well for him but
in the end fatigue overcomes him and he is unable to bring the courtship to a
conclusion. The male voice and gaze are prominent and like other songs chosen
here, the text invokes a debate on consent. Considered vulgar, the text nevertheless
turns from the immediate problems of impotence to a regretful meditation on
the futility of existence, linked explicitly to both the desire for erotic pleasures
and a critique of their fundamental inequalities.

At the gates of Baile Buí [lit. Yellow Town] I performed the deed
A foolish and silly act,
To elope with a woman for a spell in the night
Without regard for anyone under heaven.
But I was weak, and lacking in strength,
With no courage in my heart.
The sleep began to overcome me and I had to lie down,
And when she left me she was a pure maiden.

Ag gabháil a luí don ghréin fán am seo aréir
Ó nach agamsa a bhí an scéala buartha.
Ba é an shamhailt domh an té a shínfí ins an chré
Ó is a Mhuire nach mé an truaighe.
Is é a déarfadh mo chairde, an méid acu a bhí i láthair,
Altaigh leis na mná a bhuachaill
Is an méid a ngoillfeadh orthu mo chás
Ghoilfeadh siad a sáith,
Fá mo chroí a bheith i mo lár ina ghual dubh.

Dá mbínnse thall sa Spáinn i mo luí ar leaba an bháis
Agus cluinimse do dháil in Éirinn,
D'éireoinn go sámh leis an bhradán ar an tsnámh
I nduibheagán i lár na hÉirne.
Focal ar bith mná ní chreidfidh mé go brách
Mura bhfaighidh mise scríofa i mBéarla é
Is gur chaith mé naoi lá ag cleasaíocht leis an bhás
Ag dúil go bhfaighinnse spás ar éigean.

Nach agamsa atá an mháistreás is measa i gCríocha Fáil
Cé gur soineanta clár a héadain,
Chuirfeadh sí mo chás i bhfad agus i ngearr
Agus b'fhurast ár gcás a réiteach.
An madadh rua a bheith sách, an chaora dhubh ar fáil
Is ní chluinfí mé go brách ag éileamh
Ach m'fhocal duit a Sheáin, go bhfuil ealaín insa mná
Agus codail féin go sámh dá n-éagmais.

A Mhuire agus a Rí nach mairg a bíos
I dtoiseach an tsaoil le pléisiúr,
Agus a ghiorracht agus a bíos an tinneas do do chloí
Is do do tharraingt ar na críocha déanach'.
Níl sé ar an domhan ní ar bith, och ó,
Is peacaí agus is mó dá ndéantar,
Ná an mhaighdean dheas óg a mhealladh le do phóg
Agus a fágáil faoi bhrón ina dhiaidh sin.

Foinse: Seán Ó Baoighill, Réamonn Ó Frighil & Aodh Ó Duibheannaigh, eag., *Cnuasacht de Cheoltaí Uladh* (Dún Dealgan: Comhaltas Uladh, 1944), 36–37. Mícheál Ó Conghaile, Lochlainn Ó Tuairisg & Peadar Ó Ceannabháin, eag., *Leabhar Mór na nAmhrán* (Indreabhán: Cló Iar-Chonnacht, 2013), 385–86.

As the sun was setting, about this time last night
I was the one with the troubled story.
I resembled nothing more than one laid in the clay
And Mary, was I not the the pitiable sight.
What my friends would say, those who were present, was
Rejoice in your appeal to women my boy
But those who felt my plight, they would lament their fill,
Because my heart inside was like black coal.

Were I beyond in Spain lying on my deathbed,
And were I to hear of your betrothal in Ireland,
I would rise as smoothly as the leaping salmon
From the depths in the middle of the ocean [or the Erne].
A single word from a woman, I will never believe
Unless it be written in English [i.e., in a legal document]
For I spent nine days, playing a tricky game with death
Hoping for even the smallest respite.

I'm the one who has the worst mistress in the lands of Fál [Ireland]
Though her forehead may seem blameless,
She would discuss my case both near and far
And our dispute might be easily resolved.
The fox to be sated, the black sheep to be available
And I would never be heard to complain
But my word to you dear Seán, that women are full of wiles
And you ought to sleep soundly without them.

Dear God and Mary, what a pity to have been
Addicted in early life to pleasure,
And how quickly illness defeats you
Drawing you toward the Four Last Things.
There is nothing in the world, alas,
More sinfully or more frequently accomplished,
Than to seduce a pretty young maiden with your kiss
And to leave her in sorrow thereafter.

Translation: Lillis Ó Laoire.

114. "Hupsaí Rá na nGearaltach," NÍ FIOS CÉ A CHUM

Roimh an Ghorta Mhór bhíodh troid bhataí ar siúl go minic agus lean sé air mar chleachtas in áiteanna éagsúla ina dhiaidh sin. Nuair a bunaíodh C.L.G. cuireadh eagar nua ar choimhlintí áitiúla. Bhíodh buíonta fear ag bruíon ar aontaí agus ar chruinnithe eile agus sáraíocht chainte agus geaitsíocht eatarthu sula mbuailtí aon bhuille. Gheofar cuntais orthu i gCnuasach Bhéaloideas Éireann.[126] Leanadh dílseachtaí aicme agus cine. Chuireadh a leithéid idir ionadh agus alltacht ar thaistealaithe iasachta. Sa chóip de *An Duanaire Duibhneach* atá i Leabharlann Uí Argadáin, OÉ, Gaillimh, tá roinnt mhaith nótaí lámhscríofa a mhíníonn cérbh iad na carachtair atá luaite san amhrán seo, "Tarbh an tSáis" cuiream i gcás, fear dena Breatnaigh.

Fonn: "Táim gan im gan ór" nó "The Rocky Road to Dublin"

Gluaiseann an Gearaltach mear
Ó Bhaile an tSlé' anuas go ceannasach
Níl aon Mhainníneach thoir ná thuaidh,
Nach mbainfeadh sé an chluais le maide dhe.

Curfá
Hupsaí rá rí rá
Is hupsaí rá na nGearaltach
Hupsaí rá rí rá
'S ar pháirc Éamoinn Dháith bhí an greadadh acu.

Gluaiseann Gearaltaigh Ghualann,
'S a gcasóga móra ar a mbaclainn,
Do chuirfidís ceangal faoi uain
Is cordaí crua faoi chapalla.
Curfá

Gluaiseann Gearaltaigh Mhárthain,
Gabhann siad anuas chun Gallaruis.
Ní stadaid go dtéid 'on Chúil,
Féachaint an mbuailfeadh Breathnaigh leo.
Curfá

---

126. Dúchas.ie, Tionscadal Digitithe Chnuasach Bhéaloideas Éireann UCD, https://www.duchas.ie/en/src?q=faction+fights&t=CbesTranscript, rinneadh rochtain ar 6/8/20.

114. "Hupsy Raw of the Fitzgeralds," ANONYMOUS

In Pre-Famine Ireland, faction fighting was a common occurrence. Though in decline, it continued in some areas afterwards, the rivalries eventually being subsumed under the Gaelic Athletic Association (GAA). Gangs of men conducted pitched battles at fairs and other gatherings. Ritualized performances and verbal duels often preceded any blows. There are many accounts in UCD's National Folklore Collection of these altercations.[126] Kinship and class decided allegiances. Such spectacles fascinated and repelled traveling commentators. The copy of *Duanaire Duibhneach* in the Hardiman Library, NUI, Galway, contains many hand-written annotations, explaining certain references and naming some of the characters, such as the rapacious nature of the "Bull from Sás," a Walsh.

Tune: "Táim gan im gan ór" or "The Rocky Road to Dublin"

The speedy Fitzgerald moves swiftly
Downwards from Baile an tSlé with authority,
There's no Mannion to the east or the north
Whose ear he wouldn't remove with a stick.

Refrain
Hupsy raw ree raw
Hupsy raw the Fitzgeralds
Hupsy raw ree raw
'Twas on Éamonn Dháith's field they thrashed it out.

The Fitzgeralds of Gualainn march on,
Their great coats on their arms,
They could tie up lambs
And put hard cords on horses.
Refrain

The Fitzgeralds of Márthain march on,
They come down to Gallarus.
They don't stop until they go to the Cúil,
To see whether they'd meet any Walshes.
Refrain

---

126. Dúchas.ie, National Folklore Collection UCD Digitization Project, https://www.duchas.ie/en/src?q=faction+fights&t=CbesTranscript, accessed 6/8/20.

Tá Gearaltaigh thuaidh sa Chúil,
Gearaltaigh shúghaigh an bhrocamais
Is nuair a bhíonn an *battle* ar siúl
Gur ina mbróga síos a chacann siad.
Curfá

Tá Gearaltaigh eile sa Chúil,
Gearaltaigh chlúmhúil cheannasach,
Níor dhódar riamh coca ná stáca
'S níor mharaíodar láir ná searrach ann.
Curfá

Gluaiseann Tarbh an tSáis
Go mínáireach, láidir, mallaithe,
Téann 'on Daingean ar stáir
Is cuireann sé fán ar Ghearaltaigh.
Curfá

Ó 'sé dúirt Séamus tSeanacháin,
"Mo mhallacht go deo ar Ghearaltaigh
Do thógadar lao na bó báine
Gan aon phioc a fhágáil chun blaiseadh di."
Curfá

Maireann na Gearaltaigh fós,
Is céad fear breá a leanas iad,
Beidh acu rince is ceol
Ag an *Holy Shtone* Dé Sathairn.
Curfá

Foinse: Seán Ó Dubhda, *Duanaire Duibhneach* (Baile Átha Cliath: Oifig an tSoláthair, 1933), 157–61. Micheál Ó Conghaile, Lochlainn Ó Tuairisg & Peadar Ó Ceannabháin, eag., *Leabhar Mór na nAmhrán* (Indreabhán: Cló Iar-Chonnacht, 2013), 602–603, 847.

There are Fitzgeralds to the north in the Cúil,
Smutty, filthy Fitzgeralds,
And when the battle ensues
It's down in their shoes they defecate.
Refrain

There are other Fitzgeralds in the Cúil,
Reputable, stalwart Fitzgeralds,
They never burned a hay cock or a stack
And they didn't kill a mare or a foal there.
Refrain

The Bull from Sás marches on
Shamelessly, strongly, damnably,
He goes to Dingle in a frenzy
And scatters the Fitzgeralds in all directions.
Refrain

Oh and Séamus tSeanacháin said,
"My curse forever on Fitzgeralds
They took the white cow's calf
And left nothing at all of its taste."
Refrain

The Fitzgeralds live on,
And a hundred fine men who follow them,
They will have dancing and music
At the "Holy Stone" on Saturday.
Refrain

Translation: Lillis Ó Laoire.

115. "Idir Aird Mhór is Eochaill," NÍ FIOS CÉ A CHUM

Sa *pastourelle* seo, tá ceiliúr pósta gan chomhlíonadh agus ragairne ina orlaí tríd. Éiginnteacht an chaidrimh idirinscneach agus éagothroime inscne atá mar théamaí aige. Tá cuma mhacánta ar an chuireadh chun pósta ar dtús ach imíonn sin ina ghal soip an mhaidin i ndiaidh na scléipe. Is carachtar gníomhach í an bhean. Cuireann sí roimpi tairiscint an fhir a thástáil ach baintear mealladh aisti sa deireadh agus móidíonn sí gan bacadh leis na fir feasta, ach a slí bheatha a thuilleamh mar mhaintín. Ba shuimiúil staidéar a dhéanamh ar na malairtí téacsúla go léir leis na tuiscintí difriúla i leith an amhráin bhreá seo a spíonadh. Tá idir chomhrá díreach agus aithris sa chéad phearsa ag an bheirt agus léirítear na hathruithe seo le comharthaí faoi chló iodáileach.

> *Arsa an fear:* "Idir Aird Mhór is Eochaill sa ród seal do bhíos
> Ar chóngar na taoide is í ag tráchaint
> 'Sea do dhearcas an ógbhean go mómharach binn
> 'S a cuacha léi cíortha go básta
> Is cailín ó Eochaill í, is eolach dom í
> Is tá sí gan pósadh go bpósfadsa í
> Tá coróin gheal im phóca 'gus ólfaimíd í
> Agus fágfaimíd siúd mar athá sé."

> *Eisean:* "Do thugas grá cléibh duit, a spéirbhean ó thús,
> Do leogas mo shúil ar do bhán-chnis,
> Is go mb'fhearr liom ná mórchuid den ór atá im phúits
> Go mbeifeá sa chúl tigh aigem' mháithrín.
> Bheadh do mhachaí breá bó ann romhatsa le crú,
> Is do leabaigh ghlan chóirithe ó ló agat id rúm,
> Chuirfinn búclaí id bhrógaibh, luach coróineach is púnt,
> 'S a stóirín, ná tabharfá do lámh dom?"

> *Ise:* "Ní thabharfainn mo lámh duit go brách le haon chúis,
> Mar go bhfuil scéala ort ansúd aigem' mháithrín
> Go bhfuair sí de thuairisc go suarach ar dtúis
> —Go n-ólfá do thriús i dtí' 'n tábhairne,
> 'S gur mhinic do scór ort ó choróin go dtí púnt,
> Ag caitheamh do stóir le mná óga gan chlú,
> 'S tar éis díol le fear ceoil ní bheadh feoirling id phúits,
> Is an dóigh leat cé thabharfadh bean bhreá dhuit?"

115. "Between Ardmore and Youghal," ANONYMOUS

In *pastourelle* mode, involving copious amounts of alcohol and an unfulfilled proposal of marriage, this very attractive song deals with gender asymmetries and the confusion that may characterize romantic encounters. The promise of marriage seems initially sincere enough, but evaporates rapidly in the cold light of the morning after. An active female character resolves to test her suitor's proposal only to be disappointed and finally renounces all dealings with men, vowing to live independently as a seamstress. It would be an interesting study to compare all textual variants to learn how these interpret various narrative points of view. The text comprises both first-person narration and direct speech from both characters, indicated with cues in italics.

> *The man speaks:* "Between Ardmore and Youghal once as I traveled the road
> Along near the tide as it was ebbing,
> I spied the young lady who was demure and sweet
> Her curling hair combed down to her waist.
> She's a girl from Youghal and I am acquainted with her
> And she'll remain unmarried until I marry her,
> There's a bright crown in my pocket and we will drink its value,
> And we'll leave well enough alone after that."

> *He said:* "I gave you heart's love, lovely lady, from the start,
> Since I first laid my eyes on your fair complexion,
> And wouldn't I prefer much more than a lot of the gold in my pouch
> That you'd be in the kitchen with my mother.
> You'd have fine herds of cattle to milk every day,
> And your neat bed dressed every day in your room.
> I'd put buckles on your shoes, costing a pound and a crown,
> And dearest, won't you give me your hand in marriage?"

> *She said:* "I'd never give you my hand for any reason
> Since my mother has a report there about you:
> That she heard at first the contemptible report
> That you would drink your trousers in the tavern.
> That you often ran up a tab from a crown to a pound,
> Spending your wealth with young women of no repute,
> And after paying the musician you wouldn't have a red cent!
> And who do you think now would give you a fine woman?"

Eisean: "Ná creidse na bréithre go léir atá ar siúl,
Mar is annamh mo chuairt go tigh tábhairne,
Tá airgead im' phócaí is mór-chuid de im' thrúnc,
Is níor ólas riamh púnt ar aon láthair.
Beidh a mhalairt de ghnó 'gam sa bhFómhar atá chughainn,
Ag baint garraithe prátaí 's a' cur stácaí ar a mbonn
Is mo mhachaí 'tá lán de bhuaibh bána 'gus dubha,
'S gan éinne á gcrú ach mo mháithrín."

Ise: "Tá fear siopa in Eochaill is gheobhainn é gan púnt,
Is is dóigh liom gurb é siúd ab fhearr liom,
A dhíolfadh as mo mháistreacht don ráithe seo chugainn,
Is a Dhia nach aige siúd a bheinn im' scoláire."
Arsa an fear: "Ach do thógas í in airde go lána bhí cúng,
Ba ghairid 'na dhéidh sin go raibh daor-phuins dá thabhairt,
Ba mhóide í chun glaoití ná éinne sa rúm,
Is do dhíol sí go humhal as a dtáinig.

"Ar maidin amárach le héirí na drúcht,
Do scread sí 's do liúigh sí ar a máithrín,
Do fhliuch sí a cuid éadaigh le braonacha súl,
Is do mhóidigh gur chuireas ar fán í.
'Sé dúrtsa léi éisteacht is déanamh go ciúin,
Go raghainn ag díol eornan go hEochaill na long,
Chuirfinn scataí breá caorach ar an aonach seo chugainn,
Is go bpósfainn í i Londain gan spleáchas."

Arsa an bhean: "Ó do ritheas an bóthar is an cóngar ar dtús,
Is ní bhfuaireas in aon chúinne den tsráid é
Go dtánag go suarach fé thuairim a thí,
Is bhí ionadh ar na daoine cá dtánag.
Dá mhéid mo chuid saothair, ní dúirt sé liom suí,
Ná, 'bain díot do chlóca go n-ólfair braon dí,'
Ach an seanduine stuacach ar fhuarma 'na shuí,
'S gan ruainne 'na phíp ach é a' cnáideach."

He said: "Don't believe all that chatter going around,
For I rarely go visit the tavern.
There's money in my pockets and more in my trunk
And I've never drunk a pound in one establishment.
I'll have a different concern this coming harvest,
Harvesting fields of potatoes and building stacks of grain.
And my herds that are full of black cattle and white ones,
With nobody milking them except my mother."

She said: "There's a shopkeeper in Youghal and I'd get him without a pound
And I think I should prefer him above all.
He'd pay me as a supervisor for the coming season
And by God, wouldn't I be the scholar for him?"
The man speaks: "But I swept her away to a lane that was narrow,
And soon expensive punch was being served.
She called for more louder than any one in the room,
And she paid dutifully for all that came.

"The next morning as the dew was rising,
She screamed and she called for her mother.
She wet her clothes with profuse tears
And she swore that I had led her astray.
I told her to stop and to settle down
That I'd go to Youghal of the ships to sell barley
I'd send fine flocks of sheep to the next fair
And I'd marry her in London regardless."

The woman speaks: "Oh I ran out on the road and took the shortcut
But I failed to find him in any corner of the street.
Until I came in disgrace close to his house
And the people wondered where I came from.
Despite my efforts, he didn't invite me to sit,
Nor 'take off your cloak til you have a drop to drink,'
But the grumpy old man sitting on a bench
With nothing in his pipe and he complaining."

Ise: "Agus cár ghaibh na stácaí bhí timpeall do thí,
Nó cár ghaibh do chaoire le n-áireamh,
Nó cár ghaibh an eorna bhí in Eochaill le díol,
Nó cár ghaibh do bha chiardhubha is bhána?
Ó bhís-se chomh baoth sin is a' déanamh dod' shlí,
Imeoidh an méid sin sa spéir leis an ngaoith.
Ní phósfainn lem' shaol thú dá dtéinn ar a' bhflít,
Ach mairfidh mé choíche ar mo shnáthaid."

Foinse: Dáibhí Ó Cróinín, *The Songs of Elizabeth Cronin* (Dublin: Four Courts Press, 2000), 104–105;
Alexander Martin Freeman, "Irish Folksongs from Ballyvourney," *Journal of the Folk Song Society* 6,
uimh. 23 (1921): 295–99; Liam de Noraidh, Dáithí Ó hÓgáin & Marion Deasy, eag., *Binneas Thar Meon*
(Baile Átha Cliath: Comhairle Bhéaloideas Éireann, 1994), 168, 250.

116. "Is é Dónall Binn Ó Conaill Caoin,"
Tomás Rua Ó Súilleabháin

Fathach a bhí i nDónall Ó Conaill i bpolaitíocht na hÉireann sa chéad leath den
naoú haois déag. Bhuaigh sé toghchán cinniúnach i gCo. an Chláir sa bhliain
1828, chun fuascailt na gCaitliceach a bhaint amach—deireadh a chur le bacainní
agus dlíthe peannaideacha frith-Chaitliceacha. Tá caithréim bhuacach le brath
i dtuairimí míleannacha seicteacha an amhráin seo, a d'eascair as tairngreachtaí
Phastorini. Mhúintí an teagasc seo sna scoileanna scairte agus bhí scoil ag an fhile
féin in Uíbh Ráthach. In amhrán cáiliúil eile dá chuid, caoineann sé an scrios a
rinne tine ar bord loinge ar a chuid leabhar luachmhar.

Sa mbliain 1828 ar theacht abhaile ón gClár do Dhónall Ó Conaill, do ch-
uaigh muintir Bhord Eoghainín ar fad ina choinne go mullach Chom an
Chiste, 900 troigh os cionn na farraige. B'éigean do na fearaibh óga na cóistí
do shá rompu go héadan an chnoic tríd an seanbhóthar garbh, contúirteach.
Bhí an file ina measc, agus do chrom sé ar fháiltiú Dhónaill mar seo:

Ba bhinne liom do chóiste
Ná eacha Rí na Gréige,
Ag teacht go tiubh de dhroim na gcnoc,
Ar Dhoire Fhionáin aoibhinn gréine.

She said: "But where did the stacks go that surrounded your house
Or where did your numerous sheep go,
Or where did the barley go that was to be sold in Youghal,
And where did your cattle, both black and white, disappear to?
You were so foolish in making your way
That much will depart on the wind to the sky
I wouldn't marry you ever even if I had to go to the fleet
But now I'll make my living forever by my needle."

Translation: Lillis Ó Laoire.

116. "Daniel O'Connell, Eloquent, Kind,"
Tomás Rua Ó Súilleabháin

Daniel O'Connell dominated Irish politics in the first half of the nineteenth cen-
tury, winning the decisive Clare election in 1828 on the issue of Emancipation—a
removal of restrictions and discrimination against Catholics present in the law
since the Reformation and exacerbated by the Penal Laws (see Poem 100). This ex-
ultant, sectarian song reveals the millenarian views popular at the time, promul-
gated by "Pastorini's Prophecies," taught in Hedge Schools. Ó Súilleabháin (1785–
1848) himself kept one in Iveragh, Kerry. His "Amhrán na Leabhar" is a poignant
lament for the loss of many of his rare and beloved books in a fire aboard ship.

> In the year 1828, when Daniel O'Connell returned home from Clare, the people
> of Bord Eoghainín all went out to meet him to the top of Com an Chiste, 900 feet
> above sea level. The young men had to push the coaches in front of them against
> the slope over the old, dangerous, rough road. The poet was amongst them and
> he began to welcome Daniel in this manner:

Your coach was more melodious to me
Than the horses of the king of Greece,
Coming swiftly over the hills,
To joyful Derrynane in the sunshine.

Ach nuair a labhair Dónall leis an bhfile do thug Tomás an t-amhrán binn seo
uaidh, agus do chuir an slua go léir leis an bhfonn:

Is é Dónall Binn Ó Conaill caoin
An planda fíor den Ghaelfhuil,
Gur le feabhas a phinn is meabhair a chinn
Gur scól sé síos an craos-sliocht;
Go bhfuil sé scríte i bPastorini
Go maithfear cíos do Ghaelaibh
'S go mbeidh farraigí breac le flít ag teacht
Isteach thar pointe Chléire.

Curfá:
Raidht fol de dol dol, dol dol, dol dol
Raidht fol de dol dol, déar a leaidil ídil
Raidht fol de dol dol raidht fol dol dol
Raidht fol dol dol déar o.

In Uíbh Ráthach thiar tá an dragún dian
Ár sciath ar Iarthar Éireann,
Go bhfágfaí iad go brách faoi chiach
An t-ál seo a shéan an éide.
Fán is fiach dá gcrá go dian
Gan fáil ar iasacht scléipe,
Fé sháil an dia'il a ngrád go léir
Ach plá is pian dá réabadh.

Sa bhfómhar seo chughainn sea dhóifeam púirt
Le glór an Údair Naofa,
Beidh Seoirse dubhach gan choróin gan chlú
Gan sólás buird gan féasta,
Ólfam lionn is beoir le fonn
Is comh-sheinneam tiúin don Ghaelainn,
Beidh bróga dubha ar gach óigfhear clúmhúil
Cé gur rófhada dúinn dá n-éagmais.

But when Daniel spoke to the poet, Tomás gave out this sweet song and the whole
assembly took up the chorus:

Daniel O'Connell, eloquent, kind,
Is the true scion of the Gaelic people,
With his intelligence and the strength of his pen
He has struck down the gluttonous breed,
Because Pastorini has written it
That the tithes will be abolished for the Gaels,
And that the seas will be speckled with fleets,
Coming in past the point of Cape Clear Island.

Chorus:
Rite fol de dol dol, dol dol, dol dol
Rite fol de dol dol, dare a laddle eedle
Rite fol de dol dol rite fol dol dol
Rite fol dol dol dare o.

In Iveragh in the West lives the strong dragon,
Our protector in the West of Ireland.
And this brood that have turned their coats
Will forever be left in gloom and sorrow,
Scattering and persecution may it torment them sorely.
With no respite of any kind
May all their class fall under the devil's heels,
And may plagues and pains destroy them.

This coming harvest we'll burn the ports
By the order of the Holy Author.
George will be sorrowful without crown or reputation,
With no comfort at this table or feasting.
We will drink beer and ale with gusto
And we will sing together a tune for the Irish language.
Every respectable young man will wear black shoes,
Although we have been a long time without them.

Beidh ministrí gan strus gan phoimp
Is ní rithfidh chun cinn mar théidís,
Ní bhainfid cíos de Chaitlicígh
Mar cuirfear síos na méirligh,
Beidh Domhnall choíche ar a dtí
Go nglanfar cruinn as Éilge iad,
Nuair a bheidh an dlí fúinn féin arís
Ar theacht Emancipation.

Foinse: James Fenton, eag., *The Songs of Tomás Ruadh Ó Súilleabháin, The Iveragh Poet* (Dublin: Gill and Son, 1914), 95–96.

117. "Johnny Seoighe," NÍ FIOS CÉ A CHUM

Baineann an t-amhrán conspóideach seo le daoine agus le himeachtaí i gCarna, Co. na Gaillimhe. Amhrán ceilte a bhíodh ann tráth. Bhailigh Séamus Ennis leagan de ó Cholm Ó Caodháin sna 1940idí. Cé go ndeirtear go mbaineann sé leis an Ghorta Mhór, seans gur tréimhse níos moille (1879–1880) atá i gceist. Cheapfadh an té nach raibh fios an scéil aige gur amhrán molta é seo. Cáineann na scéalta an Seoigheach as a iompar drúisiúil, a shaint agus a chuid bradaíola. Cé go bhfuil an tréimhse ama éiginnte, nochtann an t-amhrán an ghangaid leanúnach a cothaíodh de bharr an anáis agus an ocrais. Rinneadh an t-aistriúchán Béarla do chomhghleacaí, Mary McPartlan, nár mhair nó go mbeadh ar a cumas é a chanadh.

'S a Johnny Seoighe, tuig mo ghlórtha, 's mé tíocht le dóchas faoi do dhéin,
Mar is tú an Réalt Eolais is deise lóchrann, as mo shúil ag Teampall Dé.
Is tú bláth na hóige, is binne glórtha, dhearc mo shúil ó rugadh mé,
Agus as ucht Chríost, is tabhair dom relief, nó go gcaitear Oíche Nollag féin.

Ó 'gus lá arna mháireach fuair mé an páipéar, 's nach mé a bhí sásta 's ghabh
        mé 'un siúil,
Ach ní bhfuair mé freagra ar bith an lá sin, ach mé fhéin 's mo pháistí amuigh
        faoin drúcht.
Tá mé tuirseach, sciúrtha, feannta, liobraithe, gearrtha ó neart an tsiúil,
Is a Mhiostar Joyce, tá an workhouse lán, is ní glacfar ann isteach níos mó.

Ministers will lack their [former] wealth and arrogance
They won't run ahead like they used to.
They won't take the tithes from the Catholics
Because the robbers will be cast down.
Daniel will never let them rest
Until he clears them fully out of Ireland.
When the law is our own to administer again
After Emancipation.

Translation: Lillis Ó Laoire.

117. "Johnny Seoighe," ANONYMOUS

This controversial song deals with people and happenings in Carna, Co. Galway. Long performed only in intimate groups, it became better known after its collection from singer Colm Ó Caodháin by Séamus Ennis in the 1940s. Thought to be about the Great Famine of 1845–1850 (for which see also Poem 101), it possibly refers instead to a later crisis in 1879–1880. Formulaic patterns seem like praise to one unaware of accompanying narratives. These criticize Mr. Joyce (Seoighe) for his lust, his grasping ways, and unjust appropriation of resources, dispensed to his own favorites. Although chronologically vague, the bitterness here engendered reveals enduring divisions caused by want and hunger. The metrical translation fits the melody. It was for a colleague, Mary McPartlan, who died in April 2020, before she could sing it.

Oh and Johnny Joyce, please heed my voice, as I come to you in faith and hope,
You're my guiding star, my light so bright, as you stand there near the house
        of God.
Your youthful bloom, your talk so fine, the like not heard since I was born,
And for God's sake, please, grant me relief so that we may see this
        Christmas dawn.

The paper came the next day now, and happy I set out for town,
But no answer came that livelong day and we waited as the rain came down,
My babes and I are harshly pressed, lashed, perished, frozen, cold and sore,
And the workhouse, Mr. Joyce, is full and they won't take in one poor
        soul more.

'S nach mór a' cliú do bhaile Chárna, an fhad 's tá an lánúin seo a' goil thríd,
'S gur deise breáichte dreach na mná, ná an "Morning Star" nuair a éiríonn sí.
Tá an bhánríon tinn, is í go lag ina luí, 's deir dochtúirí go bhfaighidh sí bás,
'S gurb é fios a húdair léir mar deir siad liomsa, nuair nach bhfuil sí póstaí
ag Miostar Joyce.

Foinse: Sean Williams & Lillis Ó Laoire, *Bright Star of the West: Joe Heaney Irish Song Man* (New York:
Oxford University Press, 2011, 2016), 75–78. RTÉ Field Recording 30-10-48 ó Cholm Ó Caodháin.
Trascríobh: Peadar Ó Ceannabháin. Feic fosta: Cormac Ó Gráda, *An Drochshaol: Béaloideas agus Amhráin*
(Baile Átha Cliath: Coiscéim, 1994) agus Cormac Ó Gráda, *Black '47 and Beyond: The Great Irish Famine
in History, Economy and Memory* (New Jersey: Princeton, 1999), 216–20.

118. "Mac Néill na Carraige,"
PEADAR GRÉASAÍ Ó DOMHNAILL

Aor éadrom frithlaochúil é seo ar an chéad amharc, a dhéanann gaiscíoch bua-
cach den fhágálach (Éamonn, Mac Néill na Carraige). Tá mioneolas cruinn ann
ar chathanna Eorpacha agus ar a dtionchar ar chúrsaí na hÉireann. Is léir gur ar
an rialtas agus nach ar an duine aonair atá an t-amhrán dírithe mar sin féin.[127]
Léiríonn tagairtí do Chogadh an Dá Rí, do Fontenoy (1745), bua mór d'Éirinn, agus
Léigear Gibraltar (1779) an-suim i gcúrsaí reatha. Cuireann na tagairtí do Napper
Tandy agus do Bhonaparte dáta i ndiaidh 1798 in iúl. I leagan béil den amhrán as
Toraigh, (i dTír Chonaill), luaitear "Lá an Bhriste Mhóir," cath idir cabhlach na
Breataine agus na Fraince i mí Dheireadh Fómhair 1798. Briseadh go tubaisteach
ar na Francaigh.

Is é an mac sin Néill na Carraige an t-amharc dubh ag Sasanaigh
A bhfuil Éire agus Albain seasta air lena lá
Lena thaobh sin níorbh fhiú bearán Red Riever ná William Wallace,
Ná an Duke o' Cumberland a bhí ceannasach ag briseadh Fontenoy.

Ghluais an míleadh scaileagánta leis go Gibráltar,
Go dtógfadh sé na h-arch-anna bhí druidte os a chionn,
Na *bombshells* uaidh go gcaithfeadh sé, is na cathracha go loiscfeadh sé,
Go réabfadh sé na geaftaí mar bheadh Seán an Bhuille Mhóir.

---

127. Morley, *Popular Mind*, 312–13.

What fame and pride for the town of Carna when they see the fine pair
      passing through,
She shines as bright as the Morning Star, that kind lady, so fair, so true.
The queen lies sick and weak, she's low, the doctors fret she'll die and go,
And the reason is, they tell me so, is that she's not married to Mr Joyce.

Translation: Micheál Ó Cuaig & Lillis Ó Laoire.

118. "The Son of Neil of Carrick,"
PEADAR GRÉASAÍ Ó DOMHNAILL

Ostensibly a fanciful mock-heroic satire that casts a weakling (Éamonn, the son of Niall of Carrick) as a great conquering hero, this sharply political song displays a keen awareness of European military engagements and their consequences for Ireland. The hostility is not so much toward the harmless individual, as the government.[127] Allusions to the Williamite wars, to Fontenoy (1745), considered a great Irish victory, and the Siege of Gibraltar (1779) reveal close attention to politics. References to Napper Tandy and Bonaparte suggest a composition date after 1798. Another oral variant from Tory Island mentions "Lá an Bhriste Mhóir," the defeat of the French navy in the Battle of Tory Island, Co. Donegal in October 1798. The author, Peadar Gréasaí Ó Domhnaill, flourished c. 1780–1820.

That son of Niall of Carrick is the very plague of Englishmen,
Who has conquered Ireland and Scotland in his time.
The Red Riever or William Wallace would be worthless in comparison,
Or even the Duke of Cumberland who was in command at the rout
      of Fontenoy.

The breezy warrior traveled on across to Gibraltar,
To raise the arches which had been closed above them.
He would fire the bombshells from where he was and the cities he
      would set ablaze,
So that he would breach the gates like John of the Great Blow.

---

127. Morley, *Popular Mind*, 312–13.

Ar éirí amach dá loing dó gur sháraigh sé Columbus,
Caiftín Drake is 'ach ceannfort eile den iomlán riamh ar sheol,
Cabhlach mór na Fraince go n-umhlaíonn dó le *grandeur,*
Is gan focal ag gach ceannfort ach *"strike down color"* dó.

Is é mo léan is mo bhrón is m'angadh nach raibh Éamon óg sa champa,
I mbriseadh Eachroim a d'fhág an t-iomlán den drong údaí faoi bhrón,
Baile Átha Luain go cinnte bhí ag Sarsfield lena ransú,
Leis an ruaig a chur ar Ginkel agus ar *King* William Mór.

Ar éirí amach ón talamh dó ar na h-*air balloons* gur bhreathnaigh sé,
Suíochán na Sasana a bhfuil ann intleacht an tslóigh,
Mar Bhonaparte is Napper Tandy a bhí Éamonn Óg le haicseáin,
Ar an *quarter deck* ina sheasamh in aimsir catha is gleo.

Foinse: Amhrán uimhir 50 a bailíodh ó William O'Donnell, Rann na Feirste, in Audenried, Pennsylvania, G20 (Daniel Murphy Archives), Bailiúcháin Speisialta, Leabharlann Hardiman Ollscoil na hÉireann, Gaillimh. Seosamh Mac Grianna, *Filí Gan Iomrádh* (An t-Ulltach: ClóOifig Shéin Uí Mháta, 1926), 24–25. Donnchadh Ó Searcaigh, *An Uiseog* (Baile Átha Cliath: Connradh na Gaedhilge, 1905), 12–13.

119. "Máire Ní Mhongáin" nó "Baintreach Chonamara,"
NÍ FIOS CÉ A CHUM

Faightear an chéad leagan scríofa den amhrán seo i lámhscríbhinn ó 1814. Tá an-dúil ag amhránaithe i gcónaí ann. Léirítear staid chorrach na mná agus a cumha i ndiaidh a clann mhac atá imithe uaithi, go háirithe an té is sine, Peadar. Tugtar pictiúr an-phearsanta de staid dhearóil shíceolaíochta an reacaire agus meabhraíonn an t-athrá a fheictear i véarsaí 3, 5 agus 8 an chaointeoireacht dúinn. Cé nach meadaracht na caointeoireachta atá i gceist anseo, tá cosúlachtaí móra idir an ghéarchéim chroíbhriste mhothálach agus an stíl íogair filíochta úd. Cuireann an fonn caointeach béim ar an uaigneas agus ar an chrá.

Bhí beirt mhac agam a bhí oilte tóigthe
Agus ba ghearr an lón dom iad céad faraor gear,
D'fhág siad a ndeirfiúr bhocht ag sileadh deora
Gach aon lá Domhnaigh is ní ag iarraidh a ngléas,
Ní hé an fear ab óige a chráigh go mór mé
Cé go mba lách an leoinín le mealladh é,
Ach an mac ba sine acu a bhreoigh is a leon mé
Agus mí ní beó mé le cumha 'na dhiaidh.

Disembarking from his ship he excelled Columbus himself,
Captain Drake and every other admiral that ever sailed the sea.
The great navy of France bow down before his grandeur,
And none of their leaders have a word to say, but "strike down the colors"
        for him.

My lament and sore destruction, that Éamonn Óg was not in camp,
During the defeat at Aughrim that left all of that gang in sorrow.
Sarsfield would have gained Athlone surely and would have plundered it
To drive out Ginkel and the Great King William.

As he rose into the air, he examined the air balloons,
The situation of the English which has the intellect of the many.
Like Bonaparte or Napper Tandy Éamonn Óg was in full swing,
Standing on the quarterdeck in the time of battle and strife.

Translation: Lillis Ó Laoire.

119. "Mary Mongan" or "The Conamara Widow,"
ANONYMOUS

The first recorded version of this song is found in a manuscript from 1814 and it is still favored by many singers today. The distraught voice of a woman in hardship becomes clearly apparent as she contemplates her missing sons, especially her eldest, Peadar. It presents an intimate portrayal of a bleak psychological situation, although outwardly, matters may appear differently. The repetition and similarity of lines in verses 3, 5, and 8 recall keening. Though not metrically a keen, the grief-stricken emotional crisis depicted clearly resonates with that expression of trauma. The plaintive air reinforces a sense of isolation and distress.

I had two sons who were courteous and well reared,
And although they did not remain with me long, my sharp sorrow,
They left their poor sister shedding tears
Every Sunday and not looking to prepare them.
It was not the youngest who tormented me greatly,
Though Peadar was indeed a cheerful little lion,
But the eldest son who burned and hurt me
And I won't live a month with pining grief after him.

Mo Pheadar muirneach a bhí oilte múinte
A d'imigh ar chuntar a bheith níos fearr,
Bhí gnaoi na gcomharsan air a fhad is bhí sé fúmsa
Is ba mhaith an fóinteoir é amuigh le Seán.
Tá súil agamsa go bhfaighidh sé iomlacht
Agus fortún cumhachtach ó Rí na nGrást
A thabharfas abhaile é chugam slán gan chontúirt
Mar is mór mo chumha i ndiaidh mo mhicín bháin.

Is cá bhfuil trua in Éirinn ach mac is máthair
A bheith ag dul i bhfán ar a chéile choích'?
A d'oil go cneasta é gan guth gan náire
Fuair bia agus anlann maith glan dá chionn.
Más é an bás a chlis orm is d'fhág faoi dhrámh mé
Mar is iomaí geall maith a chur sé i gcill,
Is gurb é an fortún deireanach a bhí dá bharr, agam
Gur gheal mo cheann is gur dhubh mo chroí.

Is nach beag a ngoilleann mo ghalar dubhach air,
Is a liachtaí brón ag dul trí mo chroí.
Tháinig tinneas orm is chaill mé mórán
Is níl luach mo chónra agam anois faraor.
Ní hé is measa liom ná a chráigh go mór mé
Ach mar rinne mé an pósadh ar ais arís,
Bhain sé an chlann dhíom bhí oilte tóigthe
Tá muirín óg orm is mé lag ina gcionn.

Cá bhfuil trua in Éirinn ach mac is máthair
Ag dul i bhfán ar a chéile choích'?
A chuaigh go Sasana san arm Gallda
Gan fios a pháighe acht beagán bídh.
Dá mba i mBaile na Cille agam a bheadh do chnámha
Ní bheinn chomh dúchroíoch ná a leath i do dhiaidh,
Acht mo chúig céad beannacht leat go Righ na nGrásta
Nuair nach bhfuil sé i ndán dom thú fheiceáil choích'.

My darling Peadar who was well raised and courteous
Who left in order to improve his lot,
The neighbors' favorite while he was under my care
And what a good helper he was when out working with Seán.
I hope he will get the ship's passage
And a powerful fortune from the King of Grace,
That will bring him home to me whole and healthy,
Because my grief is great after my darling, beloved son.

And where is the more pitiable thing than a son and a mother
Eternally separated from each other and unable to meet?
She who nursed him lovingly without reproach or shame
And who provided him with the best of nourishment.
If it is death that has overcome me and left me in misfortune
It's many a fine promising intention that it has committed to clay,
And the last inheritance I have because of it,
Is that my hair is white and my heart has grown dark.

There are few who have any sympathy for my melancholy,
With so many sorrows traversing my heart.
I fell ill and lost much
I don't even have the price of my coffin now alas.
That is not the worst thing that tortured me
But how I married again a second time,
It took the well reared courteous family from me
I have a young brood and I am weak and lacking in my care of them.

Is there a more pitiable thing than a son and a mother
Separated by distance and unable to meet?
He who went to England to enlist in the British army,
Not knowing his pay except for a little food.
If I had your bones in the churchyard of Baile na Cille,
I would not be even half so downhearted in your absence,
But five thousand blessings upon you to the King of Graces
Since it's not destined for me ever again to see you.

Nach mór a ghoileas bean i ndiaidh páiste
Má fhaigheann sé bás uirthi in aois a mhí.
Is a liachtaí forránach breá lúfar láidir
Ag dul thar sáile is nach bhfillfidh choích'.
Ní hé sin a mharaigh mé dá mhéid mo bhuartha
Ná a rinne gual dubh de mo chroí,
Ach níl teach mo charad agam le dhul ar cuairt ann
Ná bean mo thrua a bheith ann 'mo dhiaidh.

Is mac gan chumann thú anois dar liomsa
Nach dtagann ar cuairt chugam oíche is lá,
A chaith trí ráithe gan scíth do d'iompar
Agus chuaigh i gcontúirt leat oíche amháin.
Thug mé scoil duit agus beagán foghlam'
De réir mo chumhachta thú a bheith ní b'fhearr
Is nach beag a ghoilleas mo ghalar dubhach ort
Cibé cúige a bhfuil tú ann.

Is cá bhfuil trua in Éirinn níos mó ná mé
I ndiaidh an chéad mhic a chráigh mo chroí?
Ag guí Dé is ag déanamh déirce
Is ní fhaighim aon scéala uaidh ar muir ná ar tír.
Nuair a fheicimse gach bean acu is a gclann in éineacht
Caillim mo radharc agus meabhair mo chinn.
Is tá deireadh mo sheanchais is mo chomhrá déanta
Is ní labhród aon smid go dté mé i gcill.

Foinse: Dúchas.ie, Tionscadal Digitithe Chnuasach Bhéaloideas Éireann UCD, https://www.duchas
.ie/en/cbes/4622966/4617986, 241–46. Rinneadh rochtain ar 6/8/20. Eibhlín Mhic Coisdealbha, *Amhráin
Mhuighe Seóla* (Indreabhán: Cló Iar-Chonnacht, 1990 [1923]), 43–44; Mícheál Ó Máille & Tomás Ó
Máille, *Amhráin Chlainne Gaedheal* (Baile Átha Cliath: Conradh na Gaeilge, 1905), 122–24; Mícheál
Ó Tiománaidhe, *Amhráin Ghaeilge an Iarthair* (Indreabhán: Cló Iar-Chonnacht, 1992 [1906]), 60–61;
Séamus Ó Duilearga, Mícheál Ó Gallchobhair, "Amhráin Ó Iorrus," *Béaloideas* X (1940), 270–71;
Mícheál Ó Conghaile, Lochlainn Ó Tuairisg & Peadar Ó Ceannabháin, eag., *Leabhar Mór na nAmhrán*
(Indreabhán: Cló Iar-Chonnacht, 2013), 779–80.

How great is a woman's mourning after her child
If it dies at the age of a month.
And how many dashing athletic young men
Who cross the sea and never return.
That has not laid me low despite my great sorrow,
Nor has it made my heart into a lump of coal,
But that I can't go visiting to my friends' houses,
With no woman to pity me after I have left.

You are a son without love now, in my opinion,
Who won't come to visit me night or day.
I, who spent three seasons carrying you
And who survived danger because of you on one night.
I gave you schooling and a little learning,
All in my power so that you should be better off.
And how little you care about my deep depression,
Whatever part of the world you are in.

And where in Ireland is there a greater object of pity than I
In the absence of my first-born son who tortured my heart?
As I pray to God and dispense alms,
Though I receive no news from him on sea or land.
When I see the other women and their children together
I lose my sight and my memory.
This is the end of my speech and my conversation,
And I'll say no more now until I go to my grave.

Translation: Lillis Ó Laoire.

120. "Míle Glóir do Dhia," NÍ FIOS CÉ A CHUM

Is é seo an t-aon amhrán beannaithe atá sa rogha againn. Bhailigh Séamus Ennis é ó Nóra Ní Ghallchobhair, as Mín a' Mhadaidh, An Sruthán, Gort A' Choirce, Tír Chonaill. Sampla annamh é de "Ghlóir" thraidisiúnta. Tá sé neamhghnách fosta sa mhéid is go bhfuil deabhóid don Tríonóid bonn ar aon le hómós don Mhaighdean Mhuire, sa chéad agus sa dara cuid faoi seach. Tugtar moladh do Mhuire mar go n-éisteann sí le scéalta aithrí agus le hachainíocha. Chum an tOllamh Mícheál Ó Súilleabháin (1950–2018) cóiriú ceolfhoirne dó. Tá leagan eile de ar fáil as Ros Muc, Co. na Gaillimhe.[128]

> Míle glóir do Dhia, glóir do Dhia,
> Míle glóir do Dhia naofa!
> Míle glóir don athair, don mhac is don Spiorad Naomh!
> Míle glóir don réalt eolais
> A bíos ag gabháil romhainn ar an eolas,
> A bíos ag gabháil romhainn ar an eolas,
> Nuair a bíos an tóir ar an pheacach.
>
> Is a Mháthair na Gile,
> Is a Bhanríon na Glóire,
> Nach leat a ním mo chasaoid,
> Maidin is tráthnóna!
> Cuir mé ar mo leas,
> Agus seol mé ar an eolas,
> Nó go pobal na haithrí,
> An áit a siltear na deora.

Foinse: Lámhscríbhinn neamhfhoilsithe, 1282: 168, Cartlann Bhéaloideas Éireann: An Coláiste Ollscoile, Baile Átha Cliath; Ríonach uí Ógáin, Mise an Fear Ceoil: Séamus Ennis—Dialann Taistil, 1942–1946 (Indreabhán: Cló Iar-Chonnacht, 2007), 131; Diarmuid Ó Laoghaire, Ár bPaidreacha Dúchais (Baile Átha Cliath: FÁS, 1975), 34.

121. "Na Fataí Bána," PEATSAÍ Ó CALLANÁIN

Comhaimhsearaigh le Raiftearaí ab ea muintir Challanáin, Marcas (1789–1846) agus Peatsaí (1791–1865), agus bhíodh an bheirt acu i gcoimhlintí filíochta leis. Sa

---

128. Diarmuid Ó Laoghaire, Ár bPaidreacha Dúchais (Dublin: Foras Áiseanna Spioradálta, 1990 [1975]), 34.

120. "A Thousand Glories to God," ANONYMOUS

This text represents the only religious song in the selection. It may be fragmentary. Collected by Séamus Ennis in 1944 from Nóra Ní Ghallchobhair, in Mín a' Mhadaidh, An Sruthán, Gort A' Choirce, Co. Donegal, it is a rare example of a traditional "Gloria." It is also unusual in that it combines devotion to the Trinity in the first part with a strong Marian focus in the second part, praising Mary as the hearer of sorrows and entreaties. The late Micheál Ó Súilleabháin (1950–2018) composed an orchestral arrangement for it. A related text is known from Ros Muc, Co. Galway.[128]

A thousand glories to God, glory to God,
A thousand glories to sacred God!
A thousand glories to the Father, the son and the Holy Spirit!
A thousand glories to the star of knowledge
Who precedes us in guidance,
Who precedes us in guidance,
When the sinner is being pursued.

And Mother of Brightness,
And Queen of Glory,
To you I make my entreaty,
In the morning and at night!
Set me on the right path,
And direct me toward knowledge,
Or to the congregation of repentance,
Where the tears are shed.

Translation: Lillis Ó Laoire.

121. "The White Potatoes," PEATSAÍ Ó CALLANÁIN

The Ó Callanáin brothers, Marcas (1789–1846) and Peatsaí (1791–1865), were Galway poets contemporary with Antaine Raiftearaí (see Poems 100 and 108), with whom they engaged in poetic jousting. The text below presents the first part of a song

---

128. Diarmuid Ó Laoghaire, Ár bPaidreacha Dúchais (Dublin: Foras Áiseanna Spioradálta, 1990 [1975]), 34.

téacs seo faightear an chéad chuid d'amhrán a bhaineann go cinnte leis an Ghorta
Mhór agus le meath na bprátaí nó na bhfataí in 1846. Cuirtear síos go gonta ar
thábhacht an tiúbair mar bhunchloch na rathúlachta agus déantar comparáid
ghéar idir craos gan aird na n-uaisle agus ocras agus ampla na cosmhuintire. Is
gríosadh fada chun aithrí in aghaidh na bpeacaí, i dtéarmaí reiligiúin, atá sa dara
leath den amhrán seo nach dtugtar anseo.

> Mo mhíle slán do na fataí bána,
> Ba subhach an áit a bheith in aice leo,
> Ba fáilí soineannta iad ag tíocht chun láithreach,
> Agus iad ag gáirí linn ar cheann an bhoird.

> Ba chabhair don bhanaltra iad, don fhear is don gharlach,
> Don lag is don láidir, don óg is don chríon,
> Ach fáth mo dhocharna is ábhar m'angair,
> Gur lobh na préataí gan sioc ná síon.

> Is é mo dhíobháil dheachrach, is mo ghalra dubhchroíoch,
> Na fataí ag dúchan ins gach ceárd den domhan,
> Na gais críon seargtha ón gcéad lá Lúnas',
> Gan bláth ná snua orthu ach mar bheadh faoi Shamhain.

> Nach é seo an scéal docharnach ag tíocht an Fhómhair,
> An t-údar bróin dúinn agus briseadh croí,
> An bheatha a chleachtamar i dtús ár n-óige,
> Bheith lofa dreoite gan mhaith gan bhrí.

> Ba iad ár gcaraid iad ó am ár gcliabháin,
> Ach is é mo dhíobháil iad imeacht uainn,
> Ba mhaith an chuideachta iad is an t-údar rince,
> Bhíodh spóirt is siamsa againn in aice leo.

> Ba iad an bhanaltra iad a bhíodh ár mbréagadh,
> In aimsir béilí de ló is d'oíche,
> Faoi chaoi do leanbhaí ba cheann maith réitigh iad,
> Go moch ag éirí dhóibh is ag dul a luí.

on the failure of the potato crop dated precisely to 1846. The tuber's function as a mainstay of economic wellbeing and prosperity is spelled out simply and the suffering of the poor is compared to the heedless overconsumption of those better off. The second half of this song, not given here, presents a long exhortation to religious penitence, attributing the occurrence of the catastrophe to people's sinful behavior.

> A thousand farewells to the white potatoes,
> What a happy place it was to be near them,
> How pleasantly and simply they appeared before us,
> Smiling at us from the end of the table.
>
> They helped the nurse, the man and the youngster,
> The weak and the strong, the young and the old,
> But the cause of my sorrow and my pain,
> [Is] that the potatoes rotted with no frost or storms.
>
> My difficult loss and my depressing disease,
> The blight of the potato in all parts of the world,
> The stems withered and decayed from the first of August,
> Looking no better than they do in November.
>
> Isn't this the harmful news at harvest's eve,
> The cause of sorrow and of heartbreak,
> The food we ate regularly since our childhood,
> To be rotten and withered without good or strength.
>
> They were our friends from when we were in the cradle,
> But it is my sorrow that they have gone from us,
> They were such good company and a cause for dancing,
> We had sport and entertainment when we were near them.
>
> They acted as nurses to us, sending us off to sleep,
> At mealtimes both day and night,
> They provided a great way to settle children,
> When they rose early or when going to bed.

Míle bliain agus a hocht de chéadta,
Dhá fhichead gan bhréig is a sé ina cheann,
Ó thuirling an Slánaitheoir i gcolainn daonna,
Go dtáinig léanscrios ar fhataí an domhain.

Sin é an dáta is ní fáth gan ábhar,
A mbeidh cuimhne is trácht air i gcaitheamh an tsaoil,
Mar níor tháinig uireasa dhá mhéad a cháilíocht,
Is mó ná ganntan is easba an bhídh.

Tá teach an ospidéil is an *poorhouse* líonta,
Agus coirp á síneadh ann go domhain i gcré,
Is gan ann de sholamar de ló nó d'oíche,
Ach praiseach bhuí acu dhá cheann an lae.

Is iomaí duine bocht de bharr an scéil seo,
Nach bhfuil thar béile aige go ceann den ló,
Gan buaile ar chnoc aige a thabharfadh braon dó,
Na seisreach gléasta le dhul chun fóid.

Gan ór gan airgead, gan creidiúint shaolta,
Gan tnúth le tréan againn ach amháin le Dia,
Ach muintir Shasana ag tabhairt páí lae dhúinn,
Dhá bhonn ar éigean gach deoch gan bia.

Is iomaí teach a bhfuil ochtar daoine ann,
Is gan fear le saothrú ach aon duine amháin,
Siúd pingin don duine acu, gan caint ar an tSaoire,
Agus lá na díleann níl faic le fáil.

Céard a cheannós bráithlín don fhear a sínfear,
Tobac ná píopaí ná cónra chláir?
Ach Ard-Rí Fhlaithiúnais le cabhair is slí 'gainn,
Agus ar ndóigh b'aoibhinn dhúinn dhá bhfaigheadh muid bás.

Tá daoine uaisle i mbuaic an tsaoil seo,
Tá puins is fíon acu dá n-ól ar chlár,
Tá feoil dá halpadh acu go méirleach craosach,
Gan trua ná daonnacht do fhear an chaill.

Foinse: Seán Ó Ceallaigh, *Filíocht na gCallanán* (Baile Átha Cliath: An Clóchomhar, 1967), 67–68.

One thousand years and eight times a hundred,
Two score with no lie and six on top of that,
Since our Savior descended in a human body,
Until the catastrophe overcame the potato throughout the world.

That is the date and indeed not a trivial cause,
That will be remembered for the rest of time,
For no want like it ever came,
That left shortages and absence of food.

The hospital and the poorhouse are full,
And corpses being buried there deep in the earth,
And there's nothing better to eat day or night,
Than the yellow mess twice a day.

Many a person has been made a pauper because of this matter,
Who can afford only one meal at the end of the day,
With no hill pasture to supply him with milk,
Or any plough that would turn the sod.

With no gold or silver nor any earthly credit,
With no expectation from those in power except for God,
But the English people giving us a daily wage,
Twopence a drink without any food.

Many houses have eight people in them,
With only one to go out to earn a living,
That's a penny for each person of them with no talk of Sunday,
And the day of the emergency there's nothing to be had.

What will buy a winding sheet for the man about to be buried
Tobacco or pipes or a coffin of wooden boards?
But the High King of Heaven to provide help and means for us,
And indeed what a joy for us if we were to die.

The gentry are enjoying high prosperity,
They have punch and wine to drink at table,
They gobble up meat greedily and gluttonously,
With no pity or humanity for those who have lost.

Translation: Lillis Ó Laoire.

122. "Nuair a Ghabhaimse tríd an mBaile seo,"
NÍ FIOS CÉ A CHUM

Insíonn an nóta mínithe leis an amhrán seo an chorraíl intinne atá ar an mbean óg cé nach ndeirtear go díreach cén bun atá leis an angar. Folaíonn smacht na meadarachta an mearbhall aigne. Tá an t-uaigneas, an géibheann, agus an tréigean go láidir sna véarsaí ocht líne. Is amhrán é seo cé go bhfuil gaol aige leis an chaointeoireacht. Cé go mbeadh an t-amhrán go maith gan an t-údar, méadaíonn an tuiscint sin an léargas a fhaighimid ar scéal an reacaire, rud nach mbeadh againn dá uireasa. Is cosúil gurb é neamhláithreacht "scafaire na mbánghlac" agus an dóchas go bhfillfidh sé croí agus réiteach na faidhbe.

Bean gur imigh a fear uaithi thar sáile do chaill a meabhair 's do cuireadh
isteach i dTigh na nGealt tar éis a leinbhín do thógaint uaithi

Nuair a ghabhaimse tríd an mbaile seo gurb ainm dó siúd Éire
Preabann agus léimeann an osna so 'tá im' chroí,
Ag cuimhneamh ar an aimsir go mbínnse 'gus mo chéadsearc
Ar imeall coille craobhaí go socair in aontíos.
Do bhí dóithin an diúc ann do phrionnsa nó do chéile,
'S gach ní eile dá mb'fhéidir do thiocfadh inár líon,
An bradán geal go dtabharfadh, ón linn seo atá taobh linn,
Lachain agus géanna agus cearca beaga fraoigh.

Mo shlán chum an té úd nárbh fhéidir é a cháineadh,
In aon chath dá dtáinig ná i láthair na dí,
Mo shlán chughatsa, a chumann ghil, do riarfadh na táinte,
Ar bharraí a dhá láimh ar maidin le fíon.
Mo shlán leatsa, a chiallaigh, ba bhinne guth 's ráite
Ná seanchas na bhfáidhí 's ná ráidhteachas grinn.
'S pé bean atá anois i ndán duit, a scafaire na mbánchrobh,
Is dual di bheith go sásta, 's mise gan bhrí!

122. "When I Go through This Place,"
ANONYMOUS

The explanatory note accompanying this song reveals the disturbed mental state
of a young woman with an unexplained malady. Formulaic convention disguises
the confusion of the text. Themes of isolation, involuntary confinement and
abandonment emerge strongly in its eight-line verse structure, one that sepa-
rates the song from the freer metrical approach of keening. A powerful text even
without the explanation or údar, that short contextualization is crucial, giving
an individual perspective otherwise lacking. The phrase *scafaire na mbánchrobh*
(the vigorous one of the white hands) seems to point to both the source and the
solution of the speaker's problem.

*A woman whose husband went away overseas, who lost her reason and who was
put into the mental asylum after her child was taken away.*

When I go through this place, the name of which is Ireland,
This sigh that's in my heart rises up unsuppressed,
Thinking of the time when I and my first love were
On the edge of a branching forest, contentedly living together.
There was sufficiency for a duke there, for a prince or for a spouse,
And [there was] every other possible thing that could come into our reach.
He'd take the bright salmon, from this pool beside us,
Ducks and geese and little grouse.

My farewell to that man who was beyond reproach,
In any conflict that arose, or in the presence of drink,
My farewell to you, my beloved darling, who would provide wealth,
With the tops of his two hands in the morning, along with wine.
My farewell to you, my dear beloved, whose voice and words were sweeter
Than the lore of the prophets and sage deliberations.
And whatever woman is destined for you now, my fairhanded strong one,
She will be happy naturally, while I remain here languishing!

'S is buartha' bhíonn an capall go dtí 'n margadh nuair a théann sé,
Go mbíonn an searrach 'na dhiaidh go dtí go bhfilleann sé arís,
'S nach buartha' bhíonn an bhó, go mbíonn na madraí gach taobh di
Ag búithrí 's ag géimrí le heagla an lao.
Ní buartha ná mise i ndiaidh an linbh úd a d'fhágas
Tar éis é' iompar trí ráithe ag imeall mo chroí,
Ar bhruach na Sionainne gan athair, gan mháthair,
Do thabharfadh deoch 'na láimh dó—ná blaiseadh greim bí.

'S tá mo bha ag teacht sa mhacha dom, is mo chaoire gan áireamh,
Mo chapall ins an stábla, gan cimilt fóiríor!
Mo leanbh bán ag gol im' dhiaidh ó imigh uaim a *father*
De dhroim na gcnocán nó ar fuinneamh taoidí.
Tá m'intinn in earraid liom agus an fharraige seo láimh liom
'S ná feadar goidé 'n t-áitreabh ná an baile dá mbím,
Is mara dtagair anois abhaile chugham a scafaire na mbánchrobh,
Go dtitfead ins an áit seo lag marbh gan bhrí.

Pé acu bean ar buile mé nó fé mar atáimse
Ceolta sí na Spáinneach ní cheapaim go bhfuil binn.
Ó imigh uaim thar farraige scafaire na mbánchrobh
'S gurb é' airím dá rá acu ná casfaidh fóiríor.
Tá ceo 'gus scamall dorcha go follas ar mo shláinte,
'S dá dheascaibh siúd go ráinig gur chailleas mo radharc.
Ní chreidfinn óna maireann é, ní haon mhaitheas é 'rá liom,
Dá mbeadh 'fhios agam' ghrá é, ná tiocfadh 's mé leigheas.

Foinse: Fionán Mac Coluim, "Finghin na Leamhna," *Amhráin na nGleann* (Baile Átha Cliath: An
Comhlucht Oideachais, 1939), 79–80. Liam De Noraidh, Dáithí Ó hÓgáin & Marion Deasy, eag.,
Binneas Thar Meon (Baile Átha Cliath: Comhairle Bhéaloideas Éireann, 1994), 65–66.

123. "Seo Leo Thoil," MÁIRE BHUÍ NÍ LAOGHAIRE

Tagraíonn suantraí Mháire Bhuí Ní Laoghaire (1774–c. 1848, feic Dán 99) don scéal
rómánsaíochta "Eachtra an Amadáin Mhóir," tagairt léannta a thacaíonn lena
háitiú ar a sealúchas agus ar a maoin féin, ceart nach raibh aici de réir chóras na
coilíneachta. Cuirtear teachtaireacht cheannaírceach in iúl trí sheánra soineanta,

And the horse becomes anxious when it goes to the market,
Whose foal is left behind until it returns again,
And isn't the cow anxious, when the dogs are on each side of her
[She is] lowing and bellowing with fear for the calf.
No more anxious than they am I, because of the child that I left
Having carried him for three seasons at the edge of my heart,
On the bank of the Shannon with neither father nor mother,
Who'd give him a drink in his hand—or the taste of a bite to eat.

And my cattle are coming into the yard for me, and my numerous sheep,
My horse [is] in the stable, ungroomed, alas!
My beloved child [is] weeping for me since his father went away from me
Over the hilly ridges, or carried on by the force of the tides.
My mind is at variance with me and this sea is beside me
And I don't know what residence or townland I'm in,
And if you don't come home to me now, my fair-handed vigorous one,
I'll collapse in this place, weak and lifeless, without energy.

Whether I'm a mad woman, or whatever I am,
The enchanting music of the Spaniards holds no sweetness for me.
Since the fair-handed vigorous one went away overseas
And what I hear them saying is that he won't return, alas
Mists and dark clouds are evident on my health,
And as a result of them I've lost my sight
I wouldn't believe [a statement] from anyone living—it's no use to say it
          to me—
That if my love knew it, he wouldn't come to heal me.

Translation: Sorcha Nic Lochlainn.

123. "Lullaby,"
MÁIRE BHUÍ NÍ LAOGHAIRE

Máire Bhuí Ní Laoghaire's (1774–c. 1848, see also Poem 99) lullaby references the romantic tale "Eachtra an Amadáin Mhóir" ("The Adventure of the Great Fool"), emphasizing a political and artistic claim to the right to own and hold property, denied to her by colonial rule. A seemingly innocuous form thus becomes

na focail ag cothú dúshlán na n-údarás agus iad ag cealgadh an linbh in éineacht. Bhíodh "Eachtra an Amadáin Mhóir" le fáil i leaganacha béil agus lámhscríbhinne. Maíonn na tagairtí liteartha gur dream uasal ab ea na Gaeil, rud a shéan an íomhá de bhuíon amhas gan mhaith a chuir na húdaráis chun tosaigh díobh. Cé nach raibh léamh ná scríobh ag Máire, bhí sí ar maos i gcultúr liteartha agus bhain leas as sin go héifeachtach ina cuid filíochta.

> Mo ghraidhín go brách thu, a pháistín óig,
> Mar taíonn tú buartha suaite d'reóil,
> Má thíonn tú liúmsa gheobhair fothain is cóir,
> Agus gheobh' tú duais nár luadh leat fós,
> Agus seo leó 'thoil agus ná goil go fóill.

> Do gheobhair chun bainne uaim macha breá bó,
> Is gheobh' tú an tarbh chun clasaithe leo,
> Gheobhair na capaill chun branair is rómhair,
> Is do gheobhair fíon dearg is a mhalairt ar bord,
> Agus seo leó 'thoil agus ná goil go fóill.

> Gheobhair an clogad is an sciath ón Amadán Mór,
> Is gheobh' tú an t-úll ón gcúilinn óig,
> Gheobhair an gadhar ba mheidhrí ceol,
> Do cheangail an laoch dá héill ina dhóid,
> Agus seo leó 'thoil agus ná goil go fóill.

> Gheobhair an corn fí dheochanna sóil,
> Do chuireadh an draíocht ar na mílte sló,
> Do gheobhair an chathair úd Dún an Óir,
> A bhí 'gen nGruagach Mór chun spóirt,
> Agus seo leó a thoil agus ná goil go fóill.

> Gheobhair an lomar do fuilceadh le hór,
> Thug Iás ina loing thar toinn ar bord,
> Gheobhair an capall fí bhratannaibh sróil,
> Ó mhac Rí an Deirg cé gur fada dó id chomhair,
> Agus seo leó, 'thoil agus ná goil go fóill

a trenchant critique of domination, inculcating resistance even as it soothes. "Eachtra an Amadáin Mhóir" was a popular medieval tale circulating in manuscript and orally. The allusions here intend to invoke a hallowed noble tradition countering the view of the authorities that Irish speakers were worthless savages. Although Máire Bhuí was non-literate, she was, clearly, steeped in literary culture, and deployed it effectively in her verse.

> You're my love forever my dear young child,
> Because you are anxious, apprehensive, needy,
> If you come with me you'll receive shelter and sustenance,
> And you'll get the prize that has not been associated with you yet,
> And hushaby darling and don't cry yet.
>
> You'll get from me for your milk a fine herd of cattle,
> And you'll get the bull to breed with them,
> You'll get the horses to plough and to delve,
> And you'll get red wine and its consort at table,
> And hushaby darling and don't cry yet.
>
> You'll receive the helmet and the shield from the Great Fool,
> And you'll receive the apple from the young fair maid,
> You'll receive the hound that bayed most melodiously,
> Which the hero bound with a lash to his fist,
> And hushaby darling and don't cry yet.
>
> You'll get the drinking horn with its tasty drinks,
> That was used to enchanting the great hosts,
> You'll receive that city Dún an Óir,
> That the great wizard had for his sport,
> And hushaby darling and don't cry yet.
>
> You'll get the fleece that was washed in gold,
> That Jason carried on board his ship over the waves,
> You'll have the horse under satin caparisons,
> From the son of the King of Dearg although you might wait a while for it,
> And hushaby darling and don't cry yet.

Gheobhair Mo' Chromtha gan dabht chun bróg,
Is gheo' tú an Droichead chun *provision* lóin,
Gheobhair Bleá Cliath chun fiaigh is spóirt,
Agus gheobhair chun stuiceanna Luimneach Mór,
Agus seo leó 'thoil is ná goil go fóill.

Gheó tú Béarra chun éisc ar bord,
Is gheobhair a' margadh leathan faí fheoil,
Gheobhair na cuanta fí bhádaibh seoil,
Os gheobhair Uíbh Laoire chun sméar is cnó,
Agus seo leó a thoil agus ná goil go fóill.

Ar an mbliain seo chughainn beidh búir fí bhrón,
Is cathair is dún gan smúit gan cheo,
Is gheobhair gach ní nár mhaíos ort fós,
Iníon an diúic id chlúid chun spóirt,
Agus seo leó 'thoil agus ná goil go fóill.

Ná goil a thuille agus ná feicim do dheoir,
Mar beid siúd scriosta shara dtigig an fómhar,
Beid a súile ag sileadh agus briste ar a nglór,
Is a gcóistí againne 'na gliugaram spóirt,
Agus seo leó 'thoil agus ná goil go fóill...

Foinse: Tríona Ní Shíocháin, *Bláth 's Craobh na nÚdar* (Baile Átha Cliath: Coiscéim, 2012), 286–89.

124. "Tráthnóna Beag Aréir," SÉAMUS Ó GRIANNA ("MÁIRE")

Is athshamhlú é an t-amhrán seo de chuid Shéamuis Uí Ghrianna (1889–1969) ar amhrán eile, "The Heather Glen," a rinne George Sigerson. Baintear leas go deisbhéalach ann as íomhánna traidisiúnta na n-amhrán grá agus na nDánta Grádha fosta. Léiríonn úire na nua-aoise in aeistéitic an athchruthaithe a dháimh leis an tseanfhilíocht. Spreagann an titim anuas ó nóta ard tosaigh an fhoinn cumha san éisteoir. In agallamh íogair oscailte go gairid roimh a bás le hailse sa bhliain 2008, luaigh Nuala O'Faolain go raibh sé ar cheann de na hamhráin Ghaeilge is mó a chuaigh i bhfeidhm uirthi. Thug an t-amhrán guth do mhothúcháin nach bhféadfadh sí féin a chur in iúl agus í ag sracaireacht leis an bhás.

You'll get Macroom to supply you with shoes no doubt,
And you'll get Bandon for your provisions and supplies,
You'll get Dublin for hunting and sport,
And you'll get great Limerick to grow your grain,
And hushaby darling and don't cry yet.

You'll get Beara for fish on your table,
And you'll get the broad market and its meat,
You'll have sailing ships on the bays,
And Ive Leary for harvesting berries and nuts,
And hushaby darling and don't cry yet.

From next year on the churls will be sorrowful,
And both city and fort with no cloud or mist,
And you'll get all I have not wished for you yet,
The Duke's daughter in your kitchen for sport,
And hushaby darling and don't cry yet.

Don't cry any longer and dry up your tears,
For they will be vanquished before the autumn comes,
Their eyes will flow and their voice will be broken,
And we'll have their coaches for clattering sport,
And hushaby darling and don't cry yet.

Translation: Lillis Ó Laoire.

124. "At Twilight Last Night," SÉAMUS Ó GRIANNA ("MÁIRE")

Composed by Séamus Ó Grianna (1889–1969), this song is a recasting of George Sigerson's "The Heather Glen," and deftly deploys all the tropes of traditional love song, including élite seventeenth-century love poetry, in a novel configuration that emphasizes a modern aesthetic fully in tune with its antecedents. The descending melodic cadences enhance the bittersweet sentiments. In a revealing interview about her life shortly before her death from cancer in 2008, Nuala O'Faolain (1940–2008) named this as one of her favorite songs in Irish, expressing all that ordinary speech could not about her emotional state as she struggled to come to terms with her terminal diagnosis.

Thuas i lár an ghleanna tráthnóna beag aréir,
Agus an drúcht ina dheora geala ina luí ar bharr an fhéir,
'Sé casadh domhsa an ainnir ab áille gnúis is pearsa,
'Sí a sheol mo stuaim chun seachráin tráthnóna beag aréir.

Agus a Rí nár lách ár n-ealaín ag gabhail síos an gleann aréir,
Ag éaló fríd an chanach agus ciúnas insa spéir,
A rún mo chléibh nár mhilis ár súgradh croí is nár ghairid,
Is a Rí na Glóire gile, tabhair ar ais an oíche aréir.

Do chiabhfholt fáinneach, frasach, do mhailí bhán, do dhéad,
Do chaoinchom álainn, maiseach, agus glórthaí caoin do bhéil,
Do shúil mar réalt na mara, do bhráid mar chlúimh na heala,
Agus faraor gur dhual dúinn scaradh tráthnóna beag aréir.

Dá bhfaghainnse arís cead pilleadh agus labhairt le grá mo chroí,
Nó dá bhfaghainnse buaidh ar chinniúint cér mhiste liom fán tsaol,
Shiúlfainn leat fríd chanach fríd mhéilte chiumhais na mara,
Agus dúiche Dé dá gcaillinn go bpógfainnse do bhéal.

Foinse: "Máire," *An t-Ultach*, Nollaig, 1926, 6. *Fáinne an Lae*, Samhain, 1928, 8.

125. "Amhrán Ros Muc," JOHN BEAG Ó FLATHARTA

Chruthaigh John Beag Ó Flatharta, Conamara, Co. na Gaillimhe, stíl nua amhránaíochta ag casadh amhráin ar an sean-nós le tionlacan. Casann sé amhráin nua-chumtha na bhfilí áitiúla agus cumann sé féin amhráin. Seo amhrán dá chuid ag moladh Ros Muc. Áit atá buailte ag imirce agus laghdú daonra, ríomhann an t-amhrán seo cáil an cheantair i ngluaiseacht na saoirse, maidir lena chuid scríbhneoirí agus laochra ar nós Sheáin Uí Mhainnín agus Marty Walsh, méara Bhoston. Luaitear "Éinniú"—Seosamh Ó hÉanaí, an t-amhránaí mór le rá as Carna, béal dorais do Ros Muc, fosta. Tá íomhá láidir dóchais sa phictiúr de bhád muintir Chonraí ag filleadh ar ché Ghairfean agus grian na maidine ag éirí uirthi.

Beidh cuimhne go deo a'amsa ar an mbliain 1984,
Bhí Éinniú gabhte ar lár uainn is an glór breá sin bailithe leis,
Ó troideadh cath sa nGairdín a tharraing aird taobh thall is taobh abhus,
Idir curaidh an domhain McCallion is Seán Ó Mainnín as Ros Muc.

Above in the middle of the glen at twilight last night,
The dew fell in bright droplets and lay over the grass,
There I met the maiden, most beautiful in aspect and person,
She sent my senses straying yesterday evening at twilight.

And God, how sweet our playing as we went down the glen last night,
Straying through the bog cotton under a peaceful sky,
My heart's intent, how sweet our heartfelt game and how brief,
And oh King of Bright Glory, bring back again last night.

Your luxuriant, curling tresses, your fair brow, your teeth
Your gentle, beautiful, attractive waist and the kind tones of your voice
Your eye like the star of the sea, your breast like swan down
And alas that we were destined to part, yesterday evening at twilight.

Had I again permission to speak to the love of my heart,
Or could I but overcome destiny, what would I care for the world,
With you I'd walk through cotton, through sand dunes by the ocean,
And if God's estate were lost to me, your mouth I'd kiss again.

Translation: Lillis Ó Laoire.

125. "The Song of Ros Muc," JOHN BEAG Ó FLATHARTA

John Beag Ó Flatharta, Conamara, Co. Galway, created a new modern idiom of
singing *sean-nós* songs. He also sings new compositions of local poets and makes
his own songs, too. Below is a song of praise for Ros Muc. A region affected by
emigration and depopulation, the song savors the area's fame in the struggle for
political independence, its cultural and literary figures, also celebrating diasporic
local heroes: Seán Ó Mainnín (1956–), the noted boxer and Éinniú; Seosamh Ó
hÉanaí or Joe Heaney (1919–1984) from nearby Carna; and Marty Walsh, Mayor of
Boston (2014–2021). The final image of Conroy's boat returning to Gairfean pier
under a brightening dawn conveys a powerful material message of hope.

I will always remember the year nineteen eighty four,
Heaney had gone from among us and that fine voice had gone away,
Oh, a fight was fought in the Garden which drew attention both here and there,
Between the world champion McCallion and John Mannion from Ros Muc.

Bhí an Mainníneach go láidir ó le máistreacht is le scil,
Bhí sé paiteanta ar na lámha is teacht i láthair ann go smior,
Ó b'ait é istigh sa bhfáinne bheadh mailí gearrtha is fuil ar smuit,
Is d'fhág sé an bhratach uaine in airde go hard os cionn Ros Muc.

Tá méara nua tofa ar Bhoston, fear darb ainm Marty Walsh,
Fear de mhianach Chonamara, fear chomh cneasta agus glic,
Ó fear gan fuacht ná faitíos beidh na freagraí aige dhuit,
Mac le Breathnach as taobh Charna agus Máilleach as Ros Muc.

Is fada an réimse ó 1916 go dtí an lá atá a'inn anois,
Nuair a cuireadh daoine i ngéibheann faoi gur éiligh siad a gcuid,
Ó daoradh iad go héagórach sulmar baineadh amach an sprioc,
Is ba fear díobh sin an Piarsach is tá a theach fós i Ros Muc.

Bhí Ó Conaire i gCinn Mhara lá aonaigh a bhí fuar fliuch,
Nuair a dhearc sé anonn uaidh an t-asailín is a thóin le balla cloch,
Ó rinne sé a mhargadh ar leathchoróin agus punt,
Agus cheannaigh sé modh taistil a thug abhaile é go Ros Muc.

Idir amhránaithe is ceoltóirí is dream a dhaimseodh ríl nó jig,
Ó aisteoireacht agus filíocht níl a sárú in áit ar bith,
Ó peileadóireacht is bádóireacht is dornálaíocht den scoth,
Is throid daoine ar son ár saoirse a bhí ina gcónaí i Ros Muc.

Is fada an réimse ó 1916 go dtí an lá atá a'inn anois,
Nuair a cuireadh daoine i ngéibheann faoi gur éiligh siad a gcuid,
Ó daoradh iad go héagórach sulmar baineadh amach an sprioc,
Is ba fear díobh sin an Piarsach is tá a theach fós i Ros Muc.

Is ciúin í seanchéibh Ghairfean don té a bhreathnódh uirthi inniu,
Is minic a cheangail bád mór Chonraí inti is í luchtaithe suas le stuf,
Scaip na daoine is tháinig athrú is thit na báid ó chéile uilig,
Is dúnadh síos tigh Pháidín Mharcais siopa Chonraí i Ros Muc.

Mannion was strong with mastery and skill,
He was precise with his fists and had a great presentation,
He was wonderful in the ring, with gashed brows and bloody noses,
And he set the green flag proudly flying high above Ros Muc.

There's a newly elected mayor in Boston, a man called Marty Walsh,
A man of Conamara stock, a clever, honest man,
He's neither cold nor fearful he'll have the answers for you,
The son of a Breathnach from Carna side and a Máilleach from Ros Muc.

What changes we have seen from 1916 until our own times today,
When people were imprisoned because they demanded their rights,
They were condemned unjustly before the target had been struck,
And one of them was Pearse and his house is still in Ros Muc.

Ó Conaire was in Kinvara one fair-day that was cold and wet,
When he saw beyond the little donkey with his back to a stone wall,
Oh he made a bargain for a pound and half a crown,
And he bought a means of transport that brought him home to Ros Muc.

Oh there are dancers there and musicians and those who could dance a
                    reel or a jig,
For actors and poets there is none who can excel them,
Playing football and boating and boxing at its best,
And people fought for the cause of Irish freedom who lived in Ros Muc.

What changes we have seen from 1916 until our present times,
When people were imprisoned for demanding their fair share,
Oh they were condemned wrongly before the outcome had been achieved,
And one of them was Pearse and his house remains still in Ros Muc.

Anyone who sees the old pier at Gairfean today would think it a quiet place,
But once Conroy's hooker moored there laden with all sorts of cargo,
The people scattered and change came and the boats all fell apart,
And Páidín Mharcais' house closed down, Conroy's shop in Ros Muc.

Ach tá an mhaidin bhreá seo ag breacadh anois tá an smúid ag glanadh leis,
Tá na clabhtaí dubha a' scaipeadh is tá an ghrian ag éirí thoir,
Tá a cuid maidí órga ag scalladh anuas ar chladach is ar chnoc,
Is tá bád Chonraí is Réalt na Maidi(?)ne ag seoladh abhaile go Ros Muc.

Foinse: John Beag Ó Flatharta. Track 9. *The Banks of Casheen Bay* 2015, JBOF003.

LÉITHEOIREACHT SA BHREIS

Máirín Nic Eoin, "'Scéal ar an ngrá...' Na hAmhráin Ghrá agus an Smacht Sóisalta,"
   in *Saoi na hÉigse: Aistí in Ómós do Sheán Ó Tuama*, eag. Seán Ó Coileáin, Breandán
   Ó Conchúir & Pádraigín Riggs (Baile Átha Cliath: An Clóchomhar, 2000),
   233–59.

Tríona Ní Shíocháin, *Singing Ideas: Performance, Politics and Oral Poetry* (London, New
   York: Berghahn, 2018).

Micheál Ó Conghaile, Lochlainn Ó Tuairisg & Peadar Ó Ceannabháin, eag., *Leabhar
   Mór na nAmhrán* (Indreabhán: Cló Iar-Chonnacht, 2013).

Donal O'Sullivan, *Songs of the Irish* (Dublin: Mercier Press, 1960).

Seán Ó Tuama, *An Grá in Amhráin na nDaoine* (Baile Átha Cliath: An Clóchomhar,
   1960).

But this fine morning is dawning now and the mist is clearing away,
The dark clouds are dispersing and the sun is rising in the east,
Her golden rays are shining down on the hills and on the shore,
And Conroy's boat and Réalt na Maidine are sailing home again to Ros Muc.

Translation: Lillis Ó Laoire.

FURTHER READING

Máirín Nic Eoin, " 'Scéal ar an ngrá...' Na hAmhráin Ghrá agus an Smacht Sóisalta,"
     in Saoi na hÉigse: Aistí in Ómós do Sheán Ó Tuama, eds. Seán Ó Coileáin,
     Breandán Ó Conchúir & Pádraigín Riggs (Baile Átha Cliath: An Clóchomhar,
     2000), 233–59.

Tríona Ní Shíocháin, Singing Ideas: Performance, Politics and Oral Poetry (London, New
     York: Berghahn, 2018).

Micheál Ó Conghaile, Lochlann Ó Tuairisg & Peadar Ó Ceannabháin, eds., Leabhar
     Mór na nAmhrán (Indreabhán: Cló Iar-Chonnacht, 2013).

Donal O'Sullivan, Songs of the Irish (Dublin: Mercier Press, 1960).

Seán Ó Tuama, An Grá in Amhráin na nDaoine (Baile Átha Cliath: An Clóchomhar
     Tta., 1960).

Sprid na Saoirse agus Saoirse na Spride

In the Age of the Local and the Global

Ré na hAthbheochana: Filí, Rannairí, agus Véarsadóirí (1880–1940)

Philip O'Leary & Brian Ó Conchubhair

Is beag nach bhféadfaí a rá go raibh fóram ann d'fhilíocht Ghaeilge na hAth-bheochana sula raibh an fhilíocht féin ar fáil. Bunaíodh *An Gaodhal* i Nua-Eabhrac san Oileán Úr in 1881 agus cuireadh tús le *Irisleabhar na Gaedhilge* i mBaile Átha Cliath in 1882 mar ghníomh iontaoibhe. Ba bhocht cás phrós na Gaeilge tar éis an Ghorta Mhóir. Bhain cúinsí éagsúla—meath na teanga, an córas oideachais, an imirce—an bonn den litríocht dhúchasach. Dá ainneoin sin, mhair an fhilíocht ar bhéal na ndaoine, go háirithe sa Ghaeltacht. Bhí an fhilíocht sin, áfach, thar a bheith traidisiúnta, an-choimeádach, agus nach mór dall ar fad ar an gcasadh inmheánach a bhí á thógáil ar fud na hEorpa sa litríocht chomhaimseartha. Bhí cumadóireacht na Gaeltachta bunaithe ar sheanmhúnlaí agus, in ainneoin shaibhreas agus líofacht na ndánta sin, ní raibh siad ag teacht le nósanna ná le tuiscintí nua-aimseartha. Chun aghaidh a thabhairt ar na laige sin, ceapadh agus foilsíodh go leor aistriúchán ó theangacha eile in irisí Gaeilge ionas go soláthrófaí múnlaí nua-aimseartha agus comhaimseartha d'fhilí agus do scríbhneoirí na Gaeilge. Ach ní raibh go leor d'Aos Dána na hAthbheochana in ann glacadh leis an nua-aoiseachas liteartha ná go deimhin leis an meon nua-aoiseach féin. Chreid na tráchtairí seo, ar scoláirí go leor díobh, go daingean gur cheart go dtógfaí filíocht nua na Gaeilge ar nósanna agus ar rialacha na seandánta. Ba leanúnachas dílis d'fhoirm agus don stíl dhúchasach a mholadar seachas saoirse agus údarás a thabhairt don fhile a rogha féin a dhéanamh. Bhí teacht ar na seanmhúnlaí sna lámhscríbhinní agus in Éigse bheo na Gaeltachta. Mar chuid den ghluaiseacht chun seanfhilíocht na Gaeilge a athmhúscailt, cuireadh ord agus eagar ar go leor d'fhilíocht an tseachtú haois déag agus an ochtú haois déag agus foilsíodh í le linn na hAthbheochana. Caitheadh am agus dua nach beag ag iarraidh na foirmeacha ársa a chur in oiriúint do chúinsí na linne. Ba mhinic toradh seasc ar na hiarrachtaí seo. Ní hann ach go hannamh don ghuth úr, do phearsantacht an fhile féin iontu, agus níl i bhformhór na ndánta a cumadh sa tréimhse seo ach aithris lom bhalbh ar dhánta na nglúnta a d'imigh rompu.

D'fhreastail caomhnóirí filíochta ar Árd-Chúirt Shochaide na Suadh, macas-amhail na gcúirteanna filíochta i gCúige Mumhan i bhfad roimhe sin. Thagadh

CHAPTER ELEVEN

Formalism, Realism, and Revivalist Rhymers (1880–1940)

Philip O'Leary & Brian Ó Conchubhair

It could be argued that the movement to create a modern literature in Irish had two journals on two continents before it had sufficient content to publish in them. Michael Logan's *An Gaodhal*, first published in Brooklyn, New York in 1881, and the Gaelic Union's Dublin-based *Irisleabhar na Gaedhilge/The Gaelic Journal* were very much acts of faith. Poverty, famine, emigration, and the resultant relentless decline of the Irish language throughout the nineteenth century had left literature in Irish, particularly prose literature, impoverished and marginalized. Folk songs, as the previous chapter makes clear, were both popular and widespread, but of poetry there was also a good deal, although much of it was formulaic and, while at times linguistically rich, rigidly predictable with regard to form and content. It was in response to these shortcomings and in an attempt to provide more up-to-date and accessible poems that both *An Gaodhal* and *Irisleabhar na Gaedhilge* published so many curious translations in their early years, works like Archbishop MacHale's versions of Thomas Moore's *Melodies*, "The Bells of Shandon," or "The Star-Spangled Banner." There were, however, many of a more scholarly bent who firmly believed that any new poetry in Irish should build on the rich tradition (bardic and classical) that was still available in manuscript and alive in the *Gaeltacht*. It was to such people that we owe the preservation and publication of so much of the seventeenth-, eighteenth-, and nineteenth-century poetry in Irish that was published in the first fifty years of the language revival. Unfortunately, during the early Revival period there were more than a few would-be poets and critics who were unable to see beyond their ancestors' accomplishments and who seem to have contented themselves with attempting to manipulate, with varying levels of proficiency, the linguistic and literary resources of the past. Much poetry of the Revival period comprised strict, almost slavish, imitation of the accented meters—as practiced by seventeenth- and eighteenth-century poets—whose themes consisted of commentary on public proceedings or laments for public figures. Predictably enough, in the frequent absence of any original voice, such efforts all too often resulted in literary taxidermy, stiff, and soulless, and largely irrelevant replicas of once vibrant exemplars.

filí agus lucht cumtha rannta i láthair agus chuirtí a ndánta os comhair a raibh
i láthair. Ag tógáil ar na scoileanna scairte a bhíodar go minic agus ag déanamh
aithrise ar na cúirteanna éagsúla ar chuir Daniel Corkery síos orthu in *The Hidden
Ireland* (1924). Ach más annamh a bhraitear féith na filíochta iontu, is minic a fhe-
ictear sárcheardaíocht focal agus bua teanga na véarsadóirí léannta seo sa saothar a
d'fhoilsigh Árd-Chúirt Shochaide na Suadh i 1903. Athraíodh ainm na heagraíochta
sin ar ball chuig Árd-Chúirt na hÉigse agus d'fhoilsigh an cumann seo dhá chnuas-
ach *Saothar na Suadh* I (1908) agus *Saothar na Suadh* II (1912). I measc na mball ba
ghníomhaí den ghrúpa seo, áirítear Pádraig Ua Duinnín, Piaras Béaslaí, Pádraig Ó
Cruadhlaoich ("Gaedheal na nGaedheal"), agus Tadhg Ó Donnchadha ("Torna").
Ba é Tadhg Ó Donnchadha an file ab fhearr den ghrúpa seo agus bhí stádas an
Phríomhfhile aige le linn na hAthbheochana. B'eisean a chum dánta le comóradh
a dhéanamh ar ócáidí éagsúla, ar bhás na ngníomhairí teanga agus araile. Tá
teacht ar na dánta is tábhachtaí dá chuid in *Leoithne Andeas* (1905). Bhí an ársaíocht
liteartha seo i bhfeidhm ar feadh i bhfad i bhfilíocht na Gaeilge, cé go raibh sí ag
meath de réir a chéile. Feictear a lorg i nDámh-Sgoil Mhúsgraighe Uí Fhloinn, a
raibh a bunús le fáil in Árd-Chúirt na hÉigse. D'fhoilsigh siadsan *Saothar Dhámh-
Sgoile Mhúsgraighe* (1933), agus dhá imleabhar de dhánta le Pádraig Ó Cruadhlaoich,
("Gaedheal na nGaedheal") sna blianta 1936 agus 1942. Más minic dímheas anois
ar dhromchlacht na ndánta a chum caomhnóirí an traidisiúin, léiríonn Pádraig
Ó hÉigeartaigh, a raibh cónaí air i Springfield, Massachusetts, gur féidir le filí
áirithe-ar nós Mhac an tSaoi ar ball—an traidisiún a láimhseáil chun guth úr a
thabhairt don bhrón agus don bhriseadh croí in "Óchón! a Dhonnchadh."

Níorbh iad na filí seo a bhí faoi scáth a sinsear, áfach, a mhúnlaigh an fhilíocht
nua-aimseartha. A mhalairt a tharla. Thit an oidhreacht ar shliocht na bhfilí a
thréig na seanmhúnlaí agus a d'aimsigh múnla neamhthraidisiúnta a d'oir dá
nguth agus dá bhfís phearsanta féin. Bhí an lá leosan a shéan an taithí chomónta
agus a scrúdaigh a n-intinn agus a mothúcháin féin. I measc an mhionlaigh a
chuir le réim agus le saibhreas na filíochta Gaeilge sa tréimhse seo, áirítear Pádraig
Mac Piarais a bhfuil teacht ar a liricí in *Suantraidhe agus Goltraidhe* (1914) agus
Liam S. Gógan. Is iadsan is mó atá faoi mheas agus faoi ghradam anois seachas
iadsan a d'athchruthaigh línte agus foirmeacha d'fhilíocht an tseachtú agus an
ochtú haois déag go mion agus go dílis agus iad a mhionchoigeartú le cur síos a
dhéanamh ar imeachtaí a linne féin. Ach níorbh iad na meadarachtaí amháin a
raibh claochlú tagtha orthu ach meon, tuiscint agus éirim na filíochta féin agus
an taithí dhaonna féin idir an dá linn. Is minic a shamhlaítear an Piarsach le
mairtíreach nó le fear buile ach ní thugann an íomhá sin cothrom na Féinne dó
mar fhear ilchumasach ildánach a raibh féith an smaointeora ann cé nár thapaigh

This fixation with the mechanical mastery of outmoded forms and subjects can be seen in the work of the scholarly poets who in 1903 established the at-the-time-prestigious Árd-Chúirt Shochaide na Suadh (later Árd-Chúirt na hÉigse/ The Supreme Court of Learned Poets), modeled on the poetic courts of Munster extolled by Daniel Corkery in *The Hidden Ireland* in 1924. The group published two anthologies, *Saothar na Suadh* I (1908) and II (1912). Among its most active members were Pádraig Ua Duinnín (Patrick Dinneen), Piaras Béaslaí, Pádraig Ó Cruadhlaoich ("Gaedheal na nGaedheal"), and Tadhg Ó Donnchadha ("Torna"). Ó Donnchadha, later professor of Irish at University College Cork, was the most accomplished of the group and in the early years of the Revival served as what could be considered the poet laureate of the language movement, rallying the troops, celebrating victories, and mourning the illustrious dead. *Leoithne Andeas* (1905) contains his most important poems. This kind of antiquarianism remained an (albeit diminishing) force in Irish-language poetry for decades, with, for example, the poets of Dámh-Sgoil Mhúsgraighe Uí Fhloinn (Muskerry Bardic School), a direct descendant of Árd-Chúirt na hÉigse that shared many members with its predecessor, publishing *Saothar Dhámh-Sgoile Mhúsgraighe* (1933), and two volumes of the work of "Gaedheal na nGaedheal" (The Gael of the Gaels) appearing in 1936 and 1942.

It was not, however, these poets—influenced, perhaps even intimidated, as they were by their distinguished forebears—who made the greatest contribution to literature in Irish and who now have the most appeal to modern readers. Rather it is those poets who sought to find a place for individual talent within what they hoped would be an evolving tradition. The most notable of these poets in the early Revival was Pádraig Mac Piarais (P. H. Pearse), most of whose few short lyrics in Irish were collected in *Suantraidhe agus Goltraidhe* (1914). While Mac Piarais is often, if not usually, seen one-dimensionally as either a saintly martyr or a bloodthirsty fanatic, he was a complicated and, at times, conflicted human being with a genuine literary gift he never really allowed himself the opportunity to develop. Nevertheless, the emotional turmoil and honesty of his best poems have not lost their ability to speak to and move many twenty-first-century readers (and, incidentally, to trouble those who question their possible sexual implications). In "Óchón! A Dhonncha," Pádraig Ó hÉigeartaigh, who had emigrated to Springfield, Massachusetts, showed that in the right hands the most impeccably traditional form like the *caoineadh*, or keen, could express the most personal of emotions, here a father's lament for his drowned son. Inspired by the sinking of the Titanic even Fr. Patrick Dinneen, the energetic editor of seventeenth- and eighteenth-century poets, could take on the challenge of addressing contemporary concerns in Irish verse. Also notable in these early years of the Revival was

sé an deis a chumas liteartha a fhorbairt go huile is go hiomlán. Tagann na dánta
is fearr dá chuid le meon na linne seo agus tá cáilíocht bhuan uilíoch iontu.
Léirítear dianmhothúcháin iontu agus ardaítear ceisteanna achrannacha faoi
chúrsaí gnéis iontu.

Is fada cáil ar Phádraig Ua Duinnín mar fhear foclóra agus mar eagarthóir ar
dhánta ón seachtú agus ón ochtú haois déag. Ach spreag longbhriseadh an Titanic
é chun dul i mbun pinn le cur síos a dhéanamh ar an tragóid chomhaimseartha.
B'eagraíocht cheannródaíochta é Conradh na Gaeilge ó thaobh stádas na mban
de agus ní raibh filí mná neamartach ach oiread. Chuaigh "Uan Uladh" (Úna Ní
Fhaircheallaigh) agus Áine Ní Fhoghlú i mbun pinn cé nach minic cás na mban
mar ábhar acu. Agus is réamhtheachtaire tábhachtach í Áine Ní Fhoghlú do
Mháire Mhac an tSaoi (Dán 142) maidir le hábhar traidisiúnta a athmhúnlú as
an nua. Más é an Piarsach an té is mó a thug dúshlán an traidisiúin, ní mór Liam
S. Gógan a aithint mar fhile idirthréimhseach nach mbaineann go hiomlán le ré
na hAthbheochana ná le ré an Dara Cogadh Domhanda. Is duine de mhórscríbh-
neoirí na hAthbheochana Gaeilge é a raibh sé leabhar filíochta i gcló aige, agus
foilsíodh trí cinn acu—Nua-Dhánta (1919), Dánta agus Duanóga (1929), agus Dánta
an Lae Indiu (1936)—roimh an mbliain 1940. In ainneoin a chuid spéise i bhfoclóir
na seanlitríochta agus a bhaint le Dámh-Sgoil Mhúscraí, léirigh sé spéis i litríocht
na hEorpa. Ba thábhachtaí dó struchtúr an dáin seachas soléiteacht an dáin, áfach,
agus ba iad meadaracht an amhráin nó foirmle an chaointe ba nós leis go hiondúil.
Measann Ní Ghallchobhair "cé go mbíodh sé an-chruinn ó thaobh na meadarachta
de, agus ó thaobh an *mot juste* chomh maith, is minic a chaill sé rithim nádúrtha
na teanga."[129] Leabhar faoi leith ab ea Dánta an Lae Indiu ina raibh dánta a sheasann
an fód maidir le caighdeán na filíochta.

126. "A Mhic Bhig na gCleas,"
PÁDRAIG MAC PIARAIS/P. H. PEARSE

Ba é bunaitheoir Scoil Éanna i 1908 é an Piarsach (1879–1916) agus chaith sé seal
(1903–1908) ina eagarthóir ar An Claidheamh Soluis. D'fhoilsigh sé dánta, scéalta agus
drámaí i nGaeilge agus i mBéarla. Mar uachtarán rialtas sealadach Phoblacht na
hÉireann, léigh sé Forógra na Poblachta i 1916. Daoradh chun báis é dá bharr. Sa dán
conspóideach seo, cloistear guth an reacaire ag labhairt go mothálach le garsún

---

129. Fidelma Ní Ghallchobhair, "File Idirthréimhseach," Comhar 46, uimh. 3 (Mar. 1987): 20–23. Feic,
    leis, Charles B. Quinn, Books Abroad 42, uimh. 2 (Spring 1968): 318.

the presence among poetic innovators of women like "Uan Uladh" (i.e., Úna Ní Fhaircheallaigh/Agnes O'Farrelly) and Áine Ní Fhoghlú, although gender does not play much of a role in their work.

The most accomplished poet from the first six decades of the Revival was Liam S. Gógan, who was to publish six collections of verse, three of them—Nua-Dhánta (1919), Dánta agus Duanóga (1929), and Dánta an Lae Indiu (1936)—before 1940. Despite a fondness for reviving words from earlier literature and the fact that some of his work—patriotic pieces, poems on the Dublin Eucharistic Congress of 1932, works addressed to the poets of Dámh-Sgoil Mhúsgraighe—was predictable enough at the time he was writing, Gógan was also willing to explore the potential value to Irish verse of new forms. Following Pearse, he resisted the tyranny of the traditional poetic molds by reworking older syllabic meters and enlarging his poetic vocabulary with borrowings from Old and Middle Irish. While committed to a "Poésie Moderne," however, his interest in technique too often took precedence over subject matter and feeling.[129] The practice of lexical retrieval and reappropriation would reappear in the later work of Máirtín Ó Direáin, and Gógan's work offers a fascinating contrast to that of Máire Mhac an tSaoi in terms of style, form and technique—most notably in his cultivation of the sonnet (duanóg). His most lasting contribution is that more than any other poet before 1940 he wrote a number of works that deserve his own title of Dánta an Lae Indiu (contemporary poems), poems whose importance transcends their historical significance in the development of a modern literature in Irish.

126. "O Little Lad of the Tricks,"
PÁDRAIG MAC PIARAIS/P. H. PEARSE

An Irish nationalist leader, poet, and educator, Pearse (1879–1916) edited An Claidheamh Soluis from 1903 to 1908 and founded Saint Enda's College as a bilingual boys' school in 1908. He was executed for his role in the 1916 Military Rising. This controversial poem, with its strict five-syllable lines, echoes the intense lyrical feeling of classical love poems, but controversy has resulted from conflating the narrator and the poet, and raises questions about Pearse's sexual orientation and predilection. Despite raising concern from colleagues, Pearse persisted in publishing it.

---

129. Charles B. Quinn, Books Abroad 42, no. 2 (Spring 1968): 318. See also Fidelma Ní Ghallchobhair, "File Idirthréimhseach," Comhar 46, no. 3 (Mar. 1987): 20–23.

fireann, ach ardaítear ceisteanna faoi dhearcadh an fhile agus baintear leas as an téacs le le mianta an fhile a cheistiú. Is ceist leanúnach í, áfach, an ionann guth an reacaire agus guth an fhile? Amhail "dúnadh" na ndánta sa tSean-Ghaeilge, is ionann an chéad focal/líne anseo agus an focal/líne dheireanach.

> A mhic bhig na gcleas,
> Is maith is feas dom
> Go ndearnais míghníomh:
> Can go fíor do locht.

> Maithim duit, a linbh
> An bhéil deirg bhoig:
> Ní daorfar liom neach
> Ar pheaca nár thuig.

> Do cheann maiseach tóg
> Go bpógad do bhéal:
> Más fearrde aon dínn sin,
> Is fearrde mise é.

> Tá cumhracht id' phóig
> Nachar fríth fós liom.
> I bpógaibh na mban
> Ná i mbalsam a gcorp.

> A mhic na rosc nglas,
> An lasair sin id' ghnúis
> De m'uamhan bheadh bán
> Dá léifeá mo rúin.

> An té 'gá bhfuil mo rúin,
> Ní fiú é teagmháil leat:
> Nach trua an dáil sin,
> A mhic bhig na gcleas?

Foinse: *An Macaomh* 1, uimh. 2 (Nollaig 1909): 29.

O little lad of the tricks,
Full well I know
That you have been in mischief:
Confess your fault truly.

I forgive you, child
Of the soft red mouth:
I will not condemn anyone
For a sin not understood.

Raise your comely head
Till I kiss your mouth:
If either of us is the better of that
I am the better of it.

There is a fragrance in your kiss
That I have not found yet
In the kisses of women
Or in the honey of their bodies.

Lad of the grey eyes,
That flush in your cheek
Would be white with dread of me
Could you read my secrets.

He who has my secrets
Is not fit to touch you:
Is not that a pitiful thing,
Little lad of the tricks?

Translation: Brian Ó Conchubhair & Philip O'Leary.

127. "Ochón! A Dhonncha," Pádraig Ó hÉigeartaigh

I gCiarraí a rugadh Pádraig Ó hÉigeartaigh ach d'imigh a mhuintir go Meiriceá nuair a díshealbhaíodh iad. Faoi 1891 bhí cónaí air i Springfield, Massachusetts. Bádh a mhac Donnchadh (Donogh) Haggerty ar an 22 Lúnasa 1905, cúpla lá roimh a shéú breithlá féin (29 Lúnasa 1899) i dtaiscumar Lombard ag Liberty Heights, ar a shlí abhaile ón scoil. Cuireadh é i Reilig Naomh Mícheál. Chum an tÉigeartach an caoineadh seo agus d'fhoilsigh Mac Piarais é in *An Claidheamh Soluis*. B'as Connachta do Katherine Ward, a bhean chéile, agus is chuige sin an tagairt don reilig san iarthar. Tá íomhánna den fhás agus den bhás lárnach sa dán ach amháin nach bhfuil athbhreith ar an saol seo i ndán don leanbh. Is é creideamh an athar amháin a thugann sólás dó agus a chuireann ord agus eagar ar an dólás agus ar an mbriseadh croí. Is cumhachtach an dán é, a bhuíochas d'eagarthóireacht an Phiarsaigh[130], de bharr an léiriú a dhéantar ann ar mhothú agus ar éadóchas an fhile trí leas a bhaint as foirm thraidisiúnta. Is suntasach an dán leis é toisc gur ceapadh é sna Stáit Aontaithe agus gur spléachadh é ar fheidhm agus ar ról na Gaeilge agus na filíochta mar fheiniméan i measc an diaspóra.

> Ochón! A Dhonncha, mo mhíle cogarach, fén bhfód so sínte;
> Fód an doichill 'na luí ar do cholainn bhig, mo loma-sceimhle!
> Dá mbeadh an codladh so i gCill na Dromad ort nó in uaigh san Iarthar
> Mo bhrón do bhogfadh, cé gur mhór mo dhochar, is ní bheinn id' dhiaidh air.
>
> Is feoite caite 'tá na blátha scaipeadh ar do leabaidh chaoilse;
> Ba bhreá iad tamall ach thréig a dtaitneamh, níl snas ná brí iontu.
> 'S tá an bláth ba ghile liom dár fhás ar ithir riamh ná a fhásfaidh choíche
> Ag dreo sa talamh, is go deo ní thiocfaidh ag cur éirí croí orm.
>
> Och, a chumannaigh! nár mhór an scrupall é an t-uisce dod' luascadh,
> Gan neart id' chuisleannaibh ná éinne i ngaire duit a thabharfadh fuarthan.
> Scéal níor tugadh chugham ar bhaol mo linbh ná ar dhéine a chruatain—
> Ó! 's go raghainn go fonnmhar ar dhoimhin-lic Ifrinn chun tú a fhuascailt.

---

130. Síobhra Aiken, "'An dán is deise agus is fileata san Nua-Ghaedhilg': eagarthóireacht Phádraig Mhic Phiarais ar an dán dar tús 'Ochón, a Dhonnchadh' le Pádraig Ó hÉigeartaigh" COMHARTaighde 2 (2016). https://comhartaighde.ie/eagrain/2/aiken/en/.

127. "Ochón! A Dhonncha," Pádraig Ó hÉigeartaigh

When he was a child Ó hÉigeartaigh's (1871–1936) evicted family emigrated from Kerry to Massachusetts. By 1891 he and Katherine Ward lived in Springfield. On August 22, 1905, a week shy of his sixth birthday, their third child, Donnchadh (Donogh) Haggerty, drowned in Lombard Reservoir, Liberty Heights, while returning from school. The father had hoped his son would be buried in the ancestral grave in Cill na Dromad or else in "some grave in the West," with his maternal ancestors. The poem's poignancy and grief speaks to the trauma of emigration as well as issues of familial and cultural loss and continuity. The intensity of the grieving father's emotional distress is the poem's main trait, but its composition in the Irish language in early twentieth-century New England is also remarkable. The poem was published in *An Claidheamh Soluis* by P. H. Pearse whose critical role in editing and shaping the poem and the poet's displeasure at his heavy-handed editing have recently come to light.[130]

> My sorrow, Donncha, my thousand-cherished, stretched out beneath this sod,
> This spiteful sod lying on your tiny body, my utter terror!
> Were you asleep in Cill na Dromad or a grave in the West (of Ireland)
> It would salve my sorrow, though my loss would be large, and I'd
>   not complain.
>
> Wasted and withered are the flowers scattered on your narrow bed.
> They blossomed a while but their brightness deserted them, they've neither
>   life nor joy now.
> And my brightest flower that ever grew in soil or will ever grow
> Now rots in the ground, and will no longer gladden my heart.
>
> Alas, beloved, it is a great pity how the waters swept you away,
> And you powerless and no one near you to offer respite.
> No news was brought to me of my child's distress or the nature of his peril
> O I'd eagerly go to Hell's deep flag-stones to rescue you.

---

130. Síobhra Aiken, "'An dán is deise agus is fileata san Nua-Ghaedhilg': eagarthóireacht Phádraig Mhic Phiarais ar an dán dar tús 'Ochón, a Dhonnchadh' le Pádraig Ó hÉigeartaigh," COMHAR*aighde* 2 (2016). https://comhartaighde.ie/eagrain/2/aiken/en/.

Tá an ré go dorcha, ní fhéadaim codladh, do shéan gach só mé.
Garbh doilbh liom an Ghaeilge oscailte—is olc an comhartha é.
Fuath liom sealad i gcomhluadar carad, bíonn a ngreann dom' chiapadh.
Ón lá go bhfacasa go tláith ar an ngaineamh thú níor gheal an ghrian dom.

Och, mo mhairg! cad a dhéanfad feasta 's an saol dom' shuathadh,
Gan do láimhín chailce mar leoithne i gcrannaibh ar mo mhalainn ghruama,
Do bhéilín meala mar cheol na n-aingeal go binn im' chluasaibh
Á rá go cneasta liom: "Mo ghraidhín, m'athair bocht, ná bíodh buairt ort!"

Ó, mo chaithis é! is beag do cheapas-sa i dtráth mo dhóchais
Ná beadh an leanbh so 'na laoch mhear chalma i lár na fóirne,
A ghníomhartha gaisce 's a smaointe meanman ar son na Fódla—
Ach an Té do dhealbhaigh de chré ar an dtalamh sinn, ní mar sin d'ordaigh.

Foinse: *An Claidheamh Soluis,* 7 Aibreán 1906.

128. "Briseadh na Titainice i Mí an Aibreáin, 1912," Pádraig Ua Duinnín

I gCiarraí a rugadh Pádraig Ua Duinnín (1860–1934). Bhain sé BA amach in 1885 agus MA in 1889. Oirníodh ina shagart é in 1894, ach i 1900 scar sé le Cumann Íosa. Is mór a *opus* mar údar, mar aistritheoir agus mar eagarthóir. Chuaigh an R.M.S. Titanic, long a tógadh i mBéal Feirste, go tóin poill i dtuaisceart an Aigéin Atlantaigh i 1912 tar éis di cnoc oighir a bhualadh. Bádh breis is 1,500 duine den 2,244 a bhí ar bord agus b'Éireannaigh go leor acu. Insíonn an dán seo scéal na heachtra agus leagtar an bhéim ar fad ar an ngníomh agus ar an tragóid. Scéal uafáis i bhfoirm dáin é seo a thógann ar eachtraí an Bhíobla agus mórscéalta an tSeanTiomna. Meabhraíonn stíl an dáin, guth an reacaire, na briathra agus an chomhfhuaim "Ó Mórna" le Máirtín Ó Direáin (Dán 141). Is mór agus is mó na difríochtaí idir láimhseáil, meon agus teicníc anseo agus an dán faoin tragóid dhaonna chéanna le Doireann Ní Ghríofa (Dán 170).

Ba bhreá ba mhaiseach ar maidin an lae sin
Ar bharr na mara fá bhratach go péarlach,
Ba láidir leathan Titainic na séada
Ag trácht 's ag taisteal go Talamh an Éiscigh.

The moon is dark and I cannot sleep. All pleasure has deserted me.
The welcoming Irish language seems punitive and coarse, it is a bad portent.
I detest time spent in the company of friends, their humor hurts me.
Since the day I saw you lifeless on the sand, the sun has not shone for me.

Alas my sorrow, what will I do henceforth as life lashes at me?
Without your little white hand, like a tree-breeze, gone from my sad brows,
Your little honey mouth, as sweet angels' music to my ears,
Saying softly to me: "My dear, my poor father, be not troubled."

And my dear one, little did I think in my hopeful thoughts
That this child would not be but a brave heroic stalwart in the midst
             of warriors
With daring deeds and forceful feelings for Ireland's cause
But the One who formed us of clay on earth, ordained it not.

Translation: Brian Ó Conchubhair & Philip O'Leary.

128. "The Sinking of the Titanic, April, 1912," Pádraig Ua Duinnín

Born in Kerry, Pádraig Ua Duinnín (1860–1934) earned a BA in 1885, being taught by Gerard Manley Hopkins, and an MA in 1889. Ordained in 1894, he left the Jesuits in 1900. His immense literary legacy incorporates novels, plays, poems, translations, and his monumental dictionary. This narrative poem focuses the reader's emotion on the tragic action and paints a picture of the dramatic events that seek to stir the reader's emotions. The strong lines, use of dramatic verbs, alliteration, and assonance anticipate Máirtín Ó Direáin's long poem "Ó Mórna" (Poem 141). The use of negation in the early verses creates meaning through a cooperative process between speaker and hearer or writer and reader. The absence of a storm anticipates the disaster about to befall the vessel.

Bright and beautiful was the morning that day,
Atop the ocean waves, flag flying splendidly,
Boldly was the broad and powerful Titanic
Traveling and voyaging to Newfoundland.

Bhí ceolta greanta dá spreagadh ar théada,
Bhí ól is caitheamh go fairsing feadh an lae ann,
Bhí spórt is carbhas acu gan faoiseamh,
Bhí eallaí breaca dá gcaitheamh ag béithe.

Ní raibh buairt ná gruaim ar aoinneach,
Ná deora ar sileadh le duine den tréad sin,
Ní raibh croí dá shníomh, dá réabadh,
Ní raibh osna ná golfairt as daonnaí.

Ní raibh stoirm ná fuirse ag gaotha,
Crainn dá leagadh ná brataigh dá réabadh,
Luascadh mara le hanaithe ag spéirling,
Tonnta ar fiuchadh le hiomarca séidte.

Ba chiúin ba chaoin don oíche téarnamh,
Gan scamaill dhubha ná smúid ar spéartha,
Toinn na mara ba chneasta gan léimrigh
Is ba léir ildathach ó lasair na réilteann.

I gcoim na hoíche fríth an léirscrios
Carraig oighre feidhmnirt éachtach
A bhuail an long is a bhrúigh a taobh dheas
Is a scaoil an t-uisce 'na hinne gan taoscadh.

Míle fear ar lear in éineacht,
Míle scread ag teacht ó bhéala,
Míle geoin le brón is géarghoin
Míle ag golfairt go hosnaíoch traochta.

Míle buartha uaigneach tréigthe,
Míle in easpa a gcarad 's a ngaolta,
Míle á gcrá, is an bás i ngaobhar dóibh,
Míle á gcroíthe dá milleadh is dá réabadh.

Míle á slogadh ag an slogaire craosach,
Míle ag tuile le buile dá ndaorshlad,
Míle duine le laige 'na bhfaonluí,
Nó ag snámh is ag fuirseadh le huisce 'na shlaoda.

Elegant music was springing from strings.
Drink and food were plentiful all day.
They had sport and spree without limit.
There were beauties sporting the finest fashions.

No one was worried or fearful,
Nor was anyone of that flock shedding tears.
Not a heart was worried or wavering.
No one uttered a sigh or a moan.

There was no sign of a storm on the wind,
Nor were masts being toppled nor flags torn,
No swelling of the sea by a violent storm,
Nor waves roiled by furious winds.

Calm and gentle was the approaching night,
With neither black clouds nor a mist in the sky.
Gentle and smooth were the waves of the sea,
Clear and iridescent from the light of the stars.

In the dead of night disaster was encountered,
A wondrous, terrible tower of ice
That struck the ship and crushed her right side
And let the seawater unchecked into her bowels.

A thousand men together on the sea,
A thousand screams from mouths,
A thousand groans of distress and despair,
A thousand howling mournfully, exhausted.

A thousand afflicted, alone, and deserted,
A thousand in want of their friends and their families,
A thousand being tormented as death approached.
A thousand whose hearts were being broken and torn apart.

A thousand being swallowed by the greedy gulper,
A thousand being slaughtered by the raging flood,
A thousand people weak and fainting,
Or swimming and struggling with torrents of water.

Míle ag agairt ar chabhair dá mb'fhéidir,
Míle ag guí go fuíoch chun Dé dhil,
Míle ag srúill go dlúth dá dtraochadh,
Gan bhád gan mhaide 'na n-aice mar chaomhnadh.

An dílinn fhuar ag bualadh a n-éadan,
Ag at a mball ag lobhadh a n-éadaigh,
Ag líonadh a súl den srúill 's a mbéala,
Ag dreo an inchinn suite 'na bplaosca.

Mo thruasa an gasra ar scaipeadh ó chéile,
Gan bhád gan rachta ar bharra an aigéin dhuibh,
A lámha ar leathadh le hagairt thruamhéileach,
Is sáile seaca dá ngreadadh is dá gcéasadh.

Mo thrua na leinbh gan choimirce ó aoinneach,
Gan díon gan foscadh ag screadaigh 's ag béicigh,
Gan lúth gan anam gan tathag 'na ngéaga,
Dá sú ag an tuile gan filleadh gan téarnamh.

Mo thruasa an mháthair bhláthdheas bhéasach
Dá bá dá tachtadh is a calmchlann taobh léi,
Gan fothain bhrollaigh ná uchta don tréad sin,
Ach neart na srúille á sú gan daonnacht.

Is iomaí calmfhear acmhainneach éachtach
Go raibh lúth 'na bhallaibh is tathag 'na ghéaga
Ba theann ar talamh le namhaid dá thréine
Ar dhruim na linne gan fuinneamh ná béim nirt.

An sáile coimhthíoch draoibeach craosach,
Ag baint dá n-acmhainn 's ag scaipeadh a dtréan-nirt,
Ag fuaradh ag gormadh fola gach féithe,
Is dá bhfágaint treascartha craplaithe tréithlag.

A charraig oighir, treighid is léir ort,
Ón Aird sin Thuaidh nach luath a théarnais,
I lár an earraigh nárbh fhada do réim-se
Ag teacht sa tslí roimh loing dá réabadh!

A thousand pleading for help if possible,
A thousand praying fervently to dear God,
A thousand being exhausted by the strong current
Without a boat or an oar near them for aid.

The cold flood striking against them,
Swelling their limbs, rotting their clothes,
Filling their eyes and mouths with salt water,
Withering the brains set in their skulls.

My grief the group parted from each other,
Without a boat or raft on the dark ocean,
Their arms outspread in pitiful plea,
And frigid seawater tossing and torturing them.

My grief the children unprotected by anyone,
Without cover or shelter, screaming and shouting,
Without strength, without life, without power in their limbs,
Being sucked down by the flood with no return or escape.

My grief the lovely loving mother,
Being drowned, being choked, with her darling family beside her,
Without the protection of a breast or bosom for that flock,
While the power of the flood is sucking them under without mercy.

Many brave, resourceful, powerful men
With vigor in their bodies and strength in their limbs,
Who were brave on land against the strongest enemies,
Were left without the strength to raise a hand.

The wild, filthy, greedy seawater
Was exceeding their ability and draining their strength,
Freezing and turning the blood in every vein blue,
Leaving them defeated, crippled, and weak.

Blast and damn you, O rock of ice,
Wasn't it early you came from the Northern Regions,
Wasn't your voyage long, in the middle of spring
Coming into the path of the ship and destroying it!

Créad fáth nár fhanais i mbarra na sléibhte
Mar a mbí an sioc go tiubh ag gléachaint
Mar a mbí an sneachta 'na bhearta 's na shlaoda
Is fuaite daingean 'na leacacha tréana.

Mar a mbí an mhuir go tiubh ag téachtadh,
Is ag reo go fairsing 'na carraig le chéile,
Mar a mbí fuacht gach uair den lae ghil,
Is faid trí mí san oíche in éineacht.

Ba mhall do thriall, ba thrian do bhéimse,
Os cionn na mara ba bhagarthach bhaolach
Thíos fán dtionn ba líofa faobhrach
Ba shleamhain, ba theca chun treascartha is réabtha.

A chruinn-ailp, mhillis an chruinne le chéile
Thuaidh thoir theas do leathais géarghol
Do chráis sliocht Ádhaimh is do bháis i ndéara
Is do bhreois a gcroíthe le tubaist in éineacht.

Is fuar do chneas, ní deas í d'fhéachaint
Tá rian na heascaine daingean ar d'éadan,
Ta an chinniúin i dturraing do bhéime,
Ta an bás 'na cheatha in acmhainn do thréan-nirt.

Do mhilis mná gan spás, a léithchraig,
Do mhillis leinbh gan scrupall dá dtraochadh,
Do mhillis calmshlua d'fhearaibh le chéile
Le tuairt dá leagadh san bhfarraige chraosach.

Do mhillis buíon mhór thim ó Éirinn,
Do chreachais Sasana fhairsing le chéile,
D'fhágais Alba scartha le tréana,
Is Roinn na hEorpa deorach léanmhar.

D'fhágais Meiriceá meribh le déara,
A hoige a haille bháis gan daonnacht,
A cumhacht a saibhreas cheilis san tréanshruth
A léann a Laidin a hachmainn 's a héirim.

Why didn't you stay atop the mountains
Where the thick ice glistens,
Where the snow is heaped and piled
And frozen solid in dense blocks.

Where the dense sea congeals
And freezes into widespread rock,
Where cold reigns every hour of the bright day,
And all night for three whole months.

Your progress was slow, your blow was strong,
Above the sea it was threatening and dangerous;
Below the waves it was sharp and keen-edged,
It was slippery, well able to destroy and rip apart.

O round mountain, you destroyed the whole world,
North, east and west, you caused bitter weeping.
You tormented and drowned Adam's seed in tears
And you sickened all their hearts with disaster.

Your skin is cold, your aspect unappealing.
The mark of Cain is etched on your brow.
Your forceful blow is fateful.
Death pours down in the power of your mighty strength.

You slaughtered women without reprieve, o grey rock.
You slaughtered children without scruple, exhausting them.
You slaughtered a host of brave men as one,
Violently casting them into the greedy ocean.

You slaughtered a great number of gentle people from Ireland.
You robbed broad England from end to end.
You left Scotland devoid of the strong
And the continent of Europe weeping and in sorrow.

You left America spiritless and weeping,
Her youth and her beauty, you drowned without mercy.
Her power and her wealth you hid in the strong current.
Her learning, her erudition, her vigor, and her ambition.

Is iomaí páiste id' dheaghaidh ag géarghol,
Is iomai bean ar easpa ceile,
Is iomaí líon tí lagbhríoch céasta
Ag caoineadh an duine ná fillfidh in aon chor.

Is iomaí cúirt bhreá chumhra aolda,
Ina mbíodh ceol is spórt gan faoiseamh,
Ina mbíodh ag foirne ól gan traochadh
Anois go dochma is go doilbh id' dhéidhse.

An Ceangal
Tá an long mhórga ag dreo anois gan mhaitheas fán srúill
Is na treoinfhir, mo bhróndaigh, go daingean 'na clúid,
Is a gcóngas go brónach ag lachtadh na súl,
Is a Dhia chumhachtaigh, déan treo dóibh is bailigh id' dhún.

Foinse: An Duinníneach, *Spiorad na Saoirse agus Dánta Eile* (Gaillimh: Officina Typographica, 1982), 202–206.

129. "Achainí an Óglaoich," ÁINE NÍ FHOGHLÚ

Rugadh Áine Ní Fhoghlú (1880–1932) i bPort Láirge. Ghnóthaigh sí céim BA sa Ghaeilge i gColáiste Ollscoile Chorcaí. Briseadh as a post í meánscoil Chlochar na Trócaire i nDún Garbhán mar gheall gur measadh í a bheith ró náisiúnaíoch agus í i mbun ranga. Phós sí agus chuir fúithi i gCaiseal, áit ar mhúin sí sa scoil áitiúil. Deirtear fúithi gurbh í an banfhile Gaeilge ba mhó a raibh aird an phobail uirthi roimh Mhac an tSaoi. Foilsíodh *Idir na Fleadhanna* in 1922 agus cuireadh athchló air in 1930. Is léir a tírghrá agus a creideamh sa dán seo a bhaineann le meon na linne maidir le cogaíocht agus le gaisce an chogaidh roimh shlad na dtrinsí sa Chogadh Mór. Is mór idir reacaire an dáin seo agus an íomhá thraidisiúnta de mhná na hÉireann le linn an tSaorstáit ach feictear agus cloistear ann lorg na ndánta grá, an creideamh agus an náisiúnachas daingean a bhí lárnach sa tréimhse seo de stair chultúrtha na tíre.

A Dhia, bí liom ar mhaigh an áir,
Do ghrásta im' chroí!
Cuir brí is neart is lúth im' lámha
An namhad do chloígh
Go bhfeicfear Éire arís fé cháil,
Bí liom, a Dhia!

Many children bitterly weeping because of you,
Many a woman driven senseless,
Many households heartbroken and tormented,
Keening the one who will never return.

Many a fine, neat, white-washed court,
In which there used to be music and sport constantly,
In which the companies used to be drinking without cease,
Are now gloomy and dark because of you.

Epilogue
The stately ship is now rusting, worthless beneath the sea,
And the heroes, alas, trapped in its hold.
Their companions are sadly weeping,
And Almighty God, guide them to your heavenly port.

Translation: Brian Ó Conchubhair & Philip O'Leary.

129. "The Volunteer's Plea," Áine Ní Fhoghlú

Born in Waterford, Áine Ní Fhoghlú (1880–1932) received a BA from UCC and taught school in Dungarven before being dismissed from her position after 1916 on account of her extreme nationalism. Instead of emigrating, she married and lived in Tipperary, where she taught. Considered the most important female poet prior to the emergence of Mhac an tSaoi in the 1940s, her sole volume *Idir na Fleadhanna* appeared in 1922 and was republished in 1930. Her strident nationalism and religious faith are evident in this short chilling poem that speaks of a romantic belief in the redemptive value of war, a naïve belief soon dispelled by the horror of the Great War. The voice here is at odds with the restricted role assigned to women in the later Irish Free State.

My Lord, be with me on the bloody plain
Your grace in my heart
Empower and embolden my hands
To defeat the enemy
That Ireland again be glorious.
Be with me, my Lord

A Dhia, bí liom le linn mo bháis-
Níor bhinne é
I ndún an rí go socair sámh
Gan chrá, gan chéas
Ná ar an chriaidh ar aghaidh na namhad
Go tuirseach tréith!

An chreill is binn lem' chluasa féin,
Go raibh agam!
Sin pléasc is bladhm na ngunna dtréan
Ag cosaint cirt,
Nó glór na gclaíomh tabhairt béime ar béim
Ag scriosadh oilc.

Ní binn liom lucht an chaointe chaoin
Ar uair mo bháis,
Ach gáir na slua—an Sasanach thíos
'S an Gael go hard,
Sin chuirfeadh suaimhneas ar mo chroí,
A Dhia na ngrás!

Foinse: *Idir na Fleadhanna* (Baile Átha Cliath: Oifig Díolta Foilseacháin Rialtais, 1930), 5–6.

130. "Slán Chugat Thoir," ÁINE NÍ FHOGHLÚ

Pléann an dán seo an grá coiscthe agus an caidreamh toirmiscthe, rud a mheabhraíonn *amour courtois* na ndánta grá (Dán 40). Ach más nasc é "Slán Chugat Thoir" le dánta a cumadh i bhfad roimhe sin, is nasc freisin é idir an ré seo agus na dánta grá a chum Máire Mhac an tSaoi sa chéad ghlúin eile agus tuigtear go mb'fhéidir go raibh traidisiún de scríbhneoirí mná ann seachas Mhac an tSaoi nach n-aithnítear i gcónaí agus gur lúb lárnach í i slabhra fhilíocht Ghaeilge na mban. Cuirtear cruth eile, leis, ar théis Eavan Boland maidir le ról na mban i bhfilíocht na hÉireann.

O Lord, be with me at my death
It would not be sweeter
To be in the heaven safe and secure
Without worry or woe
Than on Earth facing the enemy
Weak and exhausted

The sweetest knell to my ears
That I may have!
The rumble and roar of the big guns
Defending justice,
Or the sound of swords striking blow on blow
Destroying evil

Unsweet to me the gentle keeners
At the time of my death
But the roar of the crowd—the Sasanach low
The Gael aloft
That would sooth my heart
O God of grace.

Translation: Brian Ó Conchubhair & Philip O'Leary.

130. "I Bid You Farewell in the East," ÁINE NÍ FHOGHLÚ

This poem recalls the forbidden and unattainable love of earlier periods, espe-
cially the *amour courtois* that traded in secret and illicit love between members
of the nobility (see Poem 40). The topics of female desire and sexuality alluded
to remain couched in discrete and restrained tones despite the overt passion.
Here love appears not only illicit, but inaccessible, yet hope persists. Such poems
nonetheless complicate the standard depiction of life, emotional and sexual, in
Free State Ireland. If such poems demonstrate women poets subverting the crit-
ical tradition, they also suggest predecessors for the poems Máire Mhac an tSaoi
would write in later decades, thus complicating her relationship to that tradition
as well as undermining Eavan Boland's depiction of the Irish poetic tradition as
predominantly male.

Mo shlán chugat thall anocht
A fhir doghníodh
An cumann liom abhus
Thar cumann Naois!

Fásach an chúil úd thíos
'Na mbínn id' dháil
Tráth cogarnaí an chroí
Le linn na mbláth.

Ní clos dom ilcheol caoin
Anois um neoin,
Ach garbhghuth na bhfiach
Ag argóint:

Nó achrann sruth is seisc
Go lá na mbreath
In ionad suilt is seift
Is iomad cleas.

Ainnis do chumann liom
Dá réir, a fhir,
Gan toradh do bhéil anocht,
Mo shlán chugat thoir!

Foinse: *Idir na Fleadhanna* (Baile Átha Cliath: Oifig Díolta Foilseacháin Rialtais, 1930), 27–28.

131. "An Cros-Bhóthar,"
Úna Ní Fhaircheallaigh/Agnes O'Farrelly

Rugadh "Uan Uladh" sa Chabhán agus bhain sí MA amach sa Coláiste Ollscoile, Baile Átha Cliath (An Ollscoil Ríoga), tar éis di téarma a chaitheamh i bPáras i mbun staidéir le Henri D'Arbois de Jubainville. Ceapadh í ina ball de chéad Bhord Stiúrtha den Choláiste Ollscoile, Baile Átha Cliath i 1909. Ceapadh ina Léachtóir le Nua-Ghaeilge sa Choláiste Ollscoile Bhaile Átha Cliath i 1911 í agus ina hollamh le Filíocht na Nua-Ghaeilge i 1932. Bhí sí ar Choiste Gnó de Chonradh na Gaeilge ar feadh i bhfad agus an-bhaint aici le Coláistí Gaeilge ar fud na tíre. Cé go raibh

My farewell to you there tonight
O man who loved me here
With a love greater
than that of Naoise!

That wild nook (?)
Where I used be with you
When hearts whispered
During the flowering time

I do not hear sweet music
Now at noon,
But rather the raucous ravens
Arguing.

Or the clash of stream and sedge
Until doomsday
In place of pleasure and scheming
And many games.

Your love is bitter to me;
Therefore, sir,
Without your kiss tonight
I bid you farewell in the east.

Translation: Brian Ó Conchubhair & Philip O'Leary.

131. "The Crossroads,"
Úna Ní Fhaircheallaigh/Agnes O'Farrelly

Úna Ní Fhaircheallaigh (1874–1951) graduated from the Royal University of Ireland (BA 1899, MA 1900) and spent a term in Paris studying under the Celtic scholar Henri d'Arbois de Jubainville. Appointed as a lecturer in Irish at University College Dublin, she was a founding member of Cumann na mBan, and a president of the Camogie Association. She was one of several women who negotiated unsuccessfully with the anti-treaty leadership to avoid civil war in 1922. She failed to be elected when she stood as an independent candidate for the NUI constituency in

sí i láthair ag an gcéad chruinniú de Shinn Féin agus Cumann na mBan chreid sí
nár cheart don Chonradh a bheith bainteach leis an bpolaitíocht. Bhí sí i measc
na gceannairí mná a thug faoi idirbheartaíocht ionas nach dtarlódh Cogadh na
gCarad, cé gur theip orthu. Chlis uirthi nuair a sheas sí sa toghchán i 1923 agus
1927. Tagraíonn an dán seo d'Éirinn le linn Chogadh na gCarad (1922–1923). Más
minic spéirbhean ag caint le file san aisling, is file mná anseo atá ar thóir aislinge
agus macalla de thuras na croise le sonrú tríd an dán. Is mór idir meon an dáin
seo agus "Achainí an Óglaoich" thuas.

(Éire le linn an chomh-chogaidh)

Bóthar diamhair ós mo chómhair;
Bóthar dóláis ar mo chúil;
Bóithre ar an deis a's cli!
Cá raghad? A Rí na nDúl?

Cosa meirtneach' fúm sa ród;
Lámha loma—mór an díth;
Croidhe chomh trom le leacaibh éibhir;
Súile déarach' 'féachaint siar.

Féachaint siar ar chasán cham,
Cuirp mo mhac 'n a luighe go faon,
Anamain fa smáil a's smúid;
Dhiolas luach a d'fholmuigh mé.

Aisling chailleas ar an tslighidh
'B é an díth do lag mo chumhacht;
Lóchrann solais do mo threóir
Ins an gceó a d'éaluigh uaim.

Stór a's lóin a's áruis leathan'
Cuma liom ar chailleas, ámh;
Maoin an tsaoghail bheith fuaduighthe uaim
B'ionann damh ach m'aisling fhagháil.

Uirri siúd, dá mb'fhéidir breith
Óige an domhain do bheith mo chroithe, rather than "chroidhe"
Ualach thógfainn'rís go réidh,
Ní fann do théidhinn ar an tslighidh.

the general elections of 1923 and 1927. This poem's physicality and sense of loss and despair captures the grim reality of the Irish Civil War that ruined the Revival's hopes and aspirations.

(Ireland during the Civil War)

A mysterious road before me;
A sorrowful road behind me;
Roads to the left and right!
Where shall I go? O Lord of Creation?

Dejected feet beneath me on the path;
Empty hands—great the loss;
A heart as heavy as a block of granite;
Tearful eyes glancing backwards.

A backward glance on a crooked path
My sons' bodies lying limp,
Souls stained and soiled;
I paid a price that exhausted me.

I mislaid a dream along the way
It was loss of it that weakened me;
A lantern guided me
But in the fog deserted me.

Wealth, provisions and broad houses,
I care nothing, however, for what I lost:
The wealth of the world were it taken from me
Would not matter if I regained my dream.

If only I could have seized it,
My heart would be young again,
I readily would take up a burden again,
I would not travel the road weakly.

O! a Rí! Dá mb'fheasach mé
C' aca raon a bhfuighbhinn í,
M'aghaidh le gréin, le Dia mo shúil
Bhéarfainn dubhshlán leis an ngaoith.

Foinse: *Áille an Domhain* (Baile Átha Cliath: Brún agus Ó Nóláin, 1927), n.p.

132. "Fanntais Coille," LIAM S. GÓGAN

Rugadh i mBaile Átha Cliath Liam S. Gógan agus bhain sé MA sa Léann Ceilteach amach i 1924. Briseadh as a phost mar leas-choiméadaí sa Mhúsaem Náisiúnta é tar éis 1916 agus cuireadh go Frongoch é mar chime. Tugadh a sheanphost ar ais dó tar éis an Chonartha (1922). Foilsíodh naoi n-imleabhar de dhánta leis an bhfear il-teangach seo. Tá Louis de Paor den tuairim gurbh é Gógan an file Gaeilge ab fhearr sa tréimhse idir bás an Phiarsaigh (1916) agus an Dara Cogadh Domhanda (1939–1945). D'éag a bhean, Máire Nic Fhirbhisigh, i 1940 agus braitear an t-éadóchas a ghin a tinneas agus a bás ar fud *Dánta Eile 1939–1941*. Oireann an friotal uasal agus an t-atmaisféar gruama, dar le de Paor, d'ócáid agus do mhothú an dáin. Baineann cruinneas agus údarás mothálach leis na focail neamhchoitianta liteartha agus cuireann an caisleán leis an mbraistint dhorcha. Más doiléir an chomhréir agus brí bheacht na bhfocal ar uairibh, tuigtear sin agus dlúthstruchtúr an dáin mar iarracht smacht a chur ar thocht an fhile, cé gurb éifeachtaí agus gur corraithí iad na línte ina labhraíonn sé, dar le de Paor, go simplí tar éis na hornaíochta go léir.

Do thréigeamar an gleo
Ar son an chiúnais réidh,
Is siamsacht an *château*
Ar son an duifin shéimh;
Do scaramar le feoir
An locha mharbhghné
Nár thaibhsigh spíc ach sceo
De chorcracht an aeir,
Is leath na beithí scód
Dubhuaine torannmhaol
Os cionn na slite crón',
Os cionn ár n-aisling chlaon.
Trí choill de chuid Chorot

O God, were I to know
In which direction I could find it,
My face to the sun, my eye to God
I would challenge the wind.

Translation: Brian Ó Conchubhair & Philip O'Leary.

132. "Fantastical Forest," LIAM S. GÓGAN

Born in Dublin, Liam S. Gógan (1891–1979) received an MA from UCD in 1924. Dismissed from the National Museum after the Easter Rising of 1916, and interned in Frongoch, Wales, he returned to his position after the Anglo-Irish Treaty (1922). The author of nine volumes of verse, this multilingual Celtic scholar and renowned lexicographer was long considered to be more concerned with individual words than poetry, but his literary standing is undergoing a revival in large part due to Louis de Paor, who considers him the most important Irish-language poet between Pearse's death and World War II. Ironically, some of his most competent verse appeared in the post-WWII period, at which time literary taste and fashions had changed and a new generation of poets and critics were in vogue. Clearly affected by his wife's death, his depressing and haunted poems of the late 1930s become increasingly obscure but also offer a premonitory vision of Europe as it hurtled toward the second spasm of mass destruction.

We traded uproar
For a spot of peace and quiet
And high-jinks in the *château*
For the gentle shade.
We left behind the stagnant
Lake's furthest edge,
Showing no stim of light
But abundant purplish air,
Where the beeches spread out
Thick sails of greeny-black
Above the darkling paths,
Above our crooked dreams.
Together on we walked

Do shiúlamar araon—
Choill leathan ghoirmcheoch
An iarthair mhodairléith.

Níor chainteamar sa tseol
Ach sinne taobh re taobh
Ag siúl gan sosadh romhainn
Gan cuspa seachas réalt,
Réalt doirbh dúile aineoil
Dár dtarraingt céim ar chéim
Chun mothair thais neantóg
I dtiúdas bhog na ngéag.

Do stadadh linn d'abhóig,
Is b'fhacthas dúinn sa chraos
Radharc fantaiseach dearóil—
Dhá chnámhlach béal re béal
Ina luí sa chaonach chrón
I lúib na scairte aimhréidhe
Is chasamar fé sceon
Ó log na dtinte baoth'
Is de chéimibh malla bróin
Atriallam slí na gcraobh
Do thángamar fadó,
Gan chuimhneamh, béal re béal.

Foinse: *Dánta Eile 1939–1941* (Baile Átha Cliath: Oifig an tSoláthair, 1946), 32–33.

133. "Fanntais Ceo," LIAM S. GÓGAN

Is dán uirbeach é seo atá sách doiléir agus sách atmaisféarach. Tagraítear do nithe, tugtar nodanna agus leideanna, ach ní mhínítear go mion cad atá ag titim amach sa dán—más féidir a rá go dtarlaíonn rud ar bith ann—cá bhfuil sé ag tarlúint nó cén tréimhse ama atá i gceist. Tá gach rud doiléir, idir sholas, dhorchadas, cheo, scáth, scáthán, fhuinneog agus dhallóg. Ní fios cúlra na beirte nó cad a thugann ar an bhfear úd a bheith ina sheasamh sa cheo gach Samhain ag stánadh anall aníos, ach is é bua an dáin go dtugtar dúshlán an léitheoir; spreagtar an léitheoir le ciall a bhaint as íomhánna agus as siombail, más siombail iad. Ní fios, ach oiread cé leis a labhraíonn an file sa véarsa deiridh. Agus an saol ag athrú as éadan, tuigeadh

Through Corot's woods—
Wide, foggy-blue woods
Of the twilit, dingy west.
Not a word was spoke
Between us: side by side,
Non-stop we walked,
Aimless but for a single
Sullen star beyond our world
That drew us step
By step to the nettle grove,
Its thicket of soft branches.
A ghoulish vision
In the clearing
Stopped us in our tracks—
Two skeletons mouth to mouth,
Stretched in a tangled corner
Of the blackened moss,
And terrified we turned
From the grove of trickling
Flames, and with reluctant
Steps and sad retraced
The tree-lined way we'd come—
Come so long before,
Unthinking, mouth to mouth.

Translation: David Wheatley, *Leabhar na hAthghabhála: Poems of Repossession* (Tarset, Northumberland: Bloodaxe Books Ltd., 2016), 49.

133. "Fantastical Fog," LIAM S. GÓGAN

In contrast to many of his contemporaries, Gógan did not always write narrative poems, and occasionally composed urban poems which are suggestive and atmospheric, and defy the reader seeking accessibility and clarity. This elusive urban poem offers little to a reader: rather it challenges him or her to probe for meaning, to decipher images and decode allusions. It proceeds by hints and allusions and its elusive meaning is reflected in the numerous references to light, darkness, fog, shadow, windows, and blinds. Offering no explanation as regards who the

d'fhilí agus d'údair ar nós Pound, Eliot, Joyce, Woolf, Stein agus Yeats gur ghá cur chuige nua don fhilíocht mas amhlaidh go mbeadh sí riachtanach agus i dtiúin le sprid agus le tuiscint an tsaoil chomhaimseartha. Más casta a bhí an saol nua de bharr theacht an leictreachais, na hinnealtóireachta, na grianghrafadóireachta, na gluaisteán, na n-eitleán, ní foláir don fhilíocht an t-athrú sin a aithint agus a cur chuige féin a athrú dá bharr. "Our civilization comprehends great variety and complexity" a deir T. S. Eliot ina aiste "Tradition and the Individual Talent" ón mbliain 1921 agus "this variety and complexity ... must produce various and complex results."[131]

> Tá ceothanna na Samhna
> Ag teanntú solaisín
> Mhímheanmnaigh an lampa
> Ar ghob an lanntáin 'luím
> Is an cuaille féin go samhaltach
> San aladhomhan so buí.
>
> Ina staid le hais an lampa
> Tá fannscáth fir de shíor
> Is a shúile aige go hamplach
> Ar dhallóig lonraigh tí
> Ná feictear falla anonn de
> Trén cheo ach cabhlach sí.
>
> Sa tseomra ómrach amhantrach
> Tá bean ghné-cheansa ag cíoradh
> A folt fada fonsach
> Os comhair scátháin—is chíonn
> Íomháigh léi tráth dob ansa
> Ná fiú a dealraimh fhínn.

---

131. T. S. Eliot, *Selected Prose* (New York: Farrar, Straus and Giroux, 1975), 65.

two individuals are, or why they perform this ritual every November, the elusive images and symbols test the reader not only imaginatively but linguistically. Indefinable shades mark the poem. What minimal action the poem contains occurs between light and darkness, in the fog, where shadows, reflections, and blinds contrive to disrupt and distort the vision, just as the poem's "meaning" is hidden from the reader. Does the squinting Voyeur represent the reader? Must a poem have a meaning? Ambiguity is the beating heart of poetry. T. S. Eliot argued that "Our civilization comprehends great variety and complexity ... this variety and complexity ... must produce various and complex results."[131] More European than Irish, poems like this set Gógan apart from his contemporaries and mark his as a distinct voice in Irish-language poetry.

> The fogs of November
> Constrict round the low,
> Unhappy light of the street-lamp
> At the edge of the green where I lie,
> The lamp-post itself an apparition
> In this yellow half-world.
>
> A constant faint shadow
> Thrown by the lamp
> Of a man, eyes fixed
> On the bright house-blinds
> No walls can be seen behind
> Through the fog but only a ghostly outline.
>
> In the uncertain amber
> Room, a gentlewoman
> Is combing her long curling hair
> In the mirror and seeing
> A vision dearer to her once
> Than her own fair image.

---

131. T. S. Eliot, *Selected Prose* (New York: Farrar, Straus and Giroux, 1975), 65.

Is mar siúd le ceo gach Samhna
Bíonn seisean ann de shíor
Le cois an chuaille lampa
Ag stánadh anall aníos
Is ise seal le santacht
Os comhair scátháin a gnaoi
Ag brath ar fhear nach ann dó
Ina treo go mall ag tíocht.

***

Agus seo sinn féin, a chomplacht,
Fé shobharthain inár suí
Is ní thuigimid an t-amhgar
Atá ag treabhadh a gcroí
Ach ba fhrithir é an fronnsa
Inar ceangladh, am, an dís
Ag geimhlitheoirí Thanntail—
Is géar a ngeall le n-íoc.

Foinse: *Dánta Eile 1939–1941* (Baile Átha Cliath: Oifig an tSoláthair, 1946), 30–31.

134. "Liobharn Stáit," LIAM S. GÓGAN

Léiríonn an dán iomráiteach seo teip an dóchais i measc an dreama a ghlac páirt i réabhlóid chultúrtha, teanga agus mhíleata an tSaorstáit, agus an díomá a lean. Luann De Paor an chodarsnacht íoróineach idir gluaiseacht mhaorga an dáin agus an bád canálach leamh, idir fhriotail saibhir, íomháineachas greanta, agus theicníc mháistriúil an fhile, agus an bád suarach agus a fhoireann aineolach. Ar nós W. B. Yeats in "Leda and the Swan," baintear leas as eala anseo mar mheafar, in agus is cosúil gur ag tagairt d'ealaí Chlann Lir sa scéal meánaoiseach "Oidheadh Chlainne Lir" a bhí Gógan. Is mór idir mairnéalaigh chróga a threabhann na farraigí móra agus na leisceoirí anseo atá ag brath ar an gcapall úd, capall nach n-aithneodh Yeats.

And so it is with each
November fog: he
By the lamp-post staring,
Keeping watch, she
Posted by her vanity
Mirror, waiting for a man
Who does not exist
To approach her slowly.

***

And so, *mes confréres*,
Here we sit untroubled
Ignorant of the distress
Furrowing their hearts
But all too real is the mocking union
Joined by the guards of Tantalus
Between this pseudocouple;
No earthly force can break their vows.

Translation: David Wheatley, *Leabhar na hAthghabhála: Poems of Repossession* (Tarset, Northumberland: Bloodaxe Books Ltd., 2016), 47.

134. "Ship of State," Liam S. Gógan

Gógan in this political satire, perhaps his best-known poem, criticizes the Irish government's obsession with trivialities at the expense of truly important issues. Like Yeats in "Leda and the Swan," Gógan employs a swan as a major symbol. But whereas Yeats takes his image from classical mythology, Gógan's swan is in all probability intended to evoke the Children of Lir in the medieval Irish tale *Oidheadh Chlainne Lir*, while the depiction of Ireland as a ship recalls Ó Bruadair's "An Longbhriseadh"/"The Shipwreck" (see Poem 68). Most pointedly, Gógan's sailors are not intrepid deep-sea explorers, but dull and lethargic bargemen pulled along a canal by a most un-Yeatsian plodding nag. The barge is a metaphor for a new state already falling apart. Such a crew, so officered, seems specially picked by some infernal fatality to undo the Revival's high hopes and ideals.

(Dathrionnaíocht)

Ar léinsigh órga an uisce
Ar a bhfuil na néalta daite
Tá an bád canálach liosta
Ag imeacht léi gan mhairg—
A's fear a stiúrtha meata
Ag cuimhnithibh gan áird.

Ní curtha i dtábhacht a ciste
A cáil ná cúis an aistir
Is í liodarthacht na leisce
Luas dlisteanach a taistil
A's ní scanraíonn sí an eala
A's í ag dul thar bráid.

De chéimibh troma briste
Tá a capall seanda á tarraingt
Ar ché na ciumhaise gluise
A's ní mó le ríomh a ghradam—
Atáid araon, mar mheasaim,
Ar cháilíocht amháin.

Anois tá an t-ard dá shroisint
A's an loca dubhach ar leathadh
A's is gearr go mbíonn an tuile
Dá líonadh caise ar chaise
Agus nochtaíonn fé mhaise
An machaire comh-ard.

Fé shuaimhneas ná coisctear
Ar aghaidh arís go ngabhaid,
Lichtéir na dtaibhrthí bhfolamh
A's foireann cúpla cnaiste
Nach eol dóibh gal a's gaisce
Na bhfarraigí bhforard'.

(Color engraving)

On the golden pane of water
Inscribed with dappled cloud
Slowly, and with no thought
Of arrival, the listless boat
Sails on while trivial memories
Throng the captain's head.

Her cargo, her reputation,
And her journey are devoid
Of all significance,
A studied go-slow
The proper pace of her progress,
Nor are the swan's feathers
Ruffled by its passing through.

With a heavy, broken tread
An old horse pulls the boat
Along the green-edged bank,
A horse of no great fame—
Horse and boat alike,
In reputation, I'd have thought.

Now they've reached high ground
The gloomy lock is open
And floodwater rushes in
Filling it in gushes,
Laying bare the beauty
Of the surrounding plane.

And on they go again,
Not disturbing the quiet
The lighter laden with empty dreams
And its lackadaisical crew
That know nothing of the great deeds
And heroism of the high high seas.

Ar éadan mhín an uisce
Siúd seanga-chruth na saileach
Mar ghréas do rinne clisteacht
Na méar ar shróll bhuídhaite
A's ní clos ach tuairt an chapaill
A's falaireacht an bháid.

Foinse: *Dánta Eile 1939–1941* (Baile Átha Cliath: Oifig an tSoláthair, 1946), 16–17.

LÉITHEOIREACHT SA BHREIS

Gearóid Denvir, *Duanaire an Chéid* (Indreabhán: Cló Iar-Chonnachta Teo., 2008).

Louis de Paor, eag., *Míorúilt an Chleite Chaoin: Rogha Dánta Liam S. Gógan* (Baile Átha Cliath: Coiscéim, 2012).

Máirín Nic Eoin, *B'ait leo bean: Gnéithe den Idé-eolaíocht Inscne i dTraidisiún Liteartha na Gaeilge* (Baile Átha Cliath: An Clóchomhar, 1998).

Fidelma Ní Ghallchobhair, "File Idirthréimhseach," *Comhar* 46, uimh. 3 (1987): 20–23.

Eoghan Ó hAnluain, "Seananndúirí," *Comhar* 25, uimh. 8 (1966): 25–26.

Philip O'Leary, *The Prose Literature of the Gaelic Revival, 1881–1921: Ideology and Innovation* (University Park, PA: Penn State University Press, 1994).

Moira L. Ray, "The Irish Literary Revival and Its Gaelic Writers," *The Sewanee Review* 14, uimh. 1 (Ean. 1906): 20–27.

And there on the water's still surface
Is the willow's slender form
Like a pattern stitched
By clever fingers on yellow satin
And the only sound you hear
Is the boat shuffling
And the horse ambling along.

Translation: David Wheatley, *Leabhar na hAthghabhála: Poems of Repossession* (Tarset, Northumberland: Bloodaxe Books Ltd., 2016), 43, 45.

FURTHER READING

Gearóid Denvir, *Duanaire an Chéid* (Indreabhán: Cló Iar-Chonnachta Teo., 2008).

Louis de Paor, ed., *Míorúilt an Chleite Chaoin: Rogha Dánta Liam S. Gógan* (Baile Átha Cliath: Coiscéim, 2012).

Máirín Nic Eoin, *B'ait leo bean: Gnéithe den idé-eolaíocht inscne i dtraidisiún liteartha na Gaeilge* (Baile Átha Cliath: An Clóchomhar, 1998).

Fidelma Ní Ghallchobhair, "File Idirthréimhseach," *Comhar* 46, no. 3 (1987): 20–23.

Eoghan Ó hAnluain, "Seananndúirí," *Comhar* 25, no. 8 (1966): 25–26.

Philip O'Leary, *The Prose Literature of the Gaelic Revival, 1881–1921: Ideology and Innovation* (University Park, PA: Penn State University Press, 1994).

Moira L. Ray, "The Irish Literary Revival and Its Gaelic Writers," *The Sewanee Review* 14, no. 1 (Jan. 1906): 20–27.

Tar éis na hÉigeandála, Éigeandáil Eile: An Nua-Aoiseachas (1940–1970)

Daniela Theinová & David Wheatley

Le fada an lá anois is iad Joyce agus Beckett na hainmneacha is mó le rá agus scoláirí ag plé le scríbhneoireacht nua-aoiseach na hÉireann. Íoróin shuntasach mar sin gurb í filíocht na Gaeilge, d'fheadfaí a rá, an áit is soiléire agus is láidre ina bhfuil rianta an nua-aoiseachais le feiceáil san fhichiú haois. B'ait don chainteoir Béarla an coincheap seo: conas a réitíonn nua-aoiseachas le traidisiún ársa mar litríocht na Gaeilge? Is é bun agus barr an scéil gurb í an choimhlint féin croí-lár an nua-aoiseachais Éireannaigh. Tá dánta *Eireaball Spideoige* (1952) fite fuaite le ceird agus le dúchas, ach is screadanna pearsanta éadochais is buairimh iad chomh maith. Agus an Ríordánach breoite tinn, is í an Ghaeilge a chranna foirtil, ach is cúis shíor-imní dhó a ghaol leis an teanga, mar a léimid in "A Theanga Leath Liom." "Do I dare?" mar a d'fhiafraigh Prufrock T. S. Eliot, agus—díreach mar/ar nós Prufrock, an laoch neamhdhealraitheach úd—téann an Ríordánach ar thóir na cinnteachta d'ainneoin féin-amhrais.

Comhtharlú sonrach i stair na filíochta é an forluí agus an dlúthchosúlacht idir beatha an Ríordánaigh in Éirinn agus beatha Philip Larkin trasna na dtonnta i Hull, Sasana. Seanbhaitsiléirí maola is maorlathaigh an bheirt acu, ag foilsiú leabhar nua go fíor-annamh agus iad ciaptha ag eagla an bháis. Bhí seantaithí ag an mbeirt acu ar an ngnáthshaol agus ba sciath dóibh é sin i gcoinne na scéine eisí. D'fhan Larkin dílis ar feadh a shaoil da réasúnachas Anglacánach, ach tá ceangal níos doimhne i gcás an Ríordánaigh le traidisiúin réamh-nua-aoiseacha, bídís Críostaí, págánach nó aindiach. Áirítear i measc mhór-chaointe na haoise "Adhlacadh Mo Mháthar" (Dán 135), a sheasann mar uaigh oscailte i lomlár an chnuasaigh, ag cur suas scread péine chugainn ó dhuibheagán an chumha. Sínte ar a leaba bhreoiteachta san ospidéal, is aonarach ar leith é file "Siollabadh" (Dán 136), ach teagmháil aige ag an am céanna le rithimí comhchoitianta an adhartha. Scéal nach bhfuil socair cén creideamh dáiríre a bhí ag an bhfile ("má tá sé ann, is *bastard* ceart é," mar a dúirt sé ó thaobh Dé de), ach feicimid tionchar an Ríordánaigh ag líonadh go tréan, fiú sa lá ata inniu ann, trí "shiollabadh" filí Éireannacha a thagann ina dhiaidh.

Murab ionann is an Ríordánach, tógadh Máirtín Ó Direáin i gcomharsanacht ina raibh an Ghaeilge i mbéal an phobail fós—Inis Mór, Árann, mar a rinne sé cur

CHAPTER TWELVE

Post-WWII:
The Rise of Modernism (1940–1970)

Daniela Theinová & David Wheatley

Discussions of modernism in Irish writing have long been dominated by the canonical names of Joyce and Beckett, but, by a peculiar irony, nowhere are the effects of modernism more visible than in the great achievements of modern Irish-language poetry. The Anglophone mind may struggle with this concept: how does modernism manifest itself in the encounter with so venerable a tradition? The short answer is that the encounter itself constitutes the very drama of modernism. Published in 1952, Seán Ó Ríordáin's *Eireaball Spideoige* is born of an intense engagement with craft and tradition while also expressing a personal cry of angst and despair. In a world of sickness, Irish is the poet's staff of strength, but his relationship with the language is a source of constant anxiety, as he confesses in the poem "A Theanga Leath Liom." "Do I dare?" asked T. S. Eliot's Prufrock, and—like Prufrock, a most unlikely hero—Ó Ríordáin searches for assertion in the face of chronic self-doubt.

By a strange coincidence of literary history, Ó Ríordáin's career overlaps almost exactly with that of Philip Larkin in England. Both poets were bald, unmarried bureaucrats, publishing rarely and nursing a terrible fear of death. Both cultivated a love of the poignant mundane in the midst of existential terror, but while Larkin remains true to his post-Anglican rationalism, Ó Ríordáin's engagement with religion and the hereafter connects to deeper and older traditions, Christian, humanist, and atheist all at once. Among the greatest of all Irish elegies, "My Mother's Burial" (Poem 135) stands like an open grave at the center of *Eireaball Spideoige*, his first collection, addressing us with a scream of pain for the void of the poet's grief. Lying in his hospital bed, the poorly poet of "Siollabadh" (Poem 136) is profoundly isolated but connected to universal rhythms of worship. Whether the poet actually believes is another question again, but Ó Ríordáin's work has continued to pulse through the "syllabling" of all Irish poetry written since.

More so than Ó Ríordáin, Máirtín Ó Direáin grew up rooted in a traditional Irish-speaking community—the Aran Islands remembered by the poet in "Springtime in the West" (Poem 138). The experience of uprooting, however, first to Galway and later to Dublin, profoundly shaped the young islander, as did the painful gap between Irish as a community language and a language of government

síos air in "An tEarrach Thiar" (Dán 138). Chuaigh an scaradh óna mhuintir go mór i bhfeidhm air nuair a bhog sé ar an gcéad dul síos go Gaillimh, agus ansin go Baile Átha Cliath; d'airigh sé go géar an chodarsnacht idir an Ghaeilge mar theanga comharsanachta agus mar theanga riaracháin stáit, ceann amháin dóibh bríomhar beo, an ceann eile teibí leamh. In "Stoite" déanann an file comparáid ghruama idir fear a fhágann balla mar oidhreacht ag a shliocht, agus an státseirbhíseach a fhágann carnán páipéar. Is in "Ár Ré Dhearóil" (Dán 139) áfach a fheicimid an phortráid is seirbhe den mheath agus den easpa beogachta mar ghalar cultúrtha.

Is bail uileláithreach i saothar an Direánaigh í an imní ghnéasach, agus is comhartha/samhail den gheanmnaíocht is den dínit chaillte iad mná Árann; ach is mór an bhris ar an neamhurchóid seo teacht ar fhaisin agus ar chosmaidí an bhaile mhóir. Pósta lena bpáipéarachas atá na fir sa saol nua seo, nochtaítear do na mnáibh díomhaointeas a saoirse, agus tugann an file aghaidh ar a seascacht is ar a bhfaillí. Cúis aiféaltais go minic í eagla an Direánaigh roimh mhná ceannasacha, ach feictear dúinn níos soiléire dá bharr na bearna móire idir Éire na n-aislingí agus an réaltacht dhuairc.

Ídéalaí a bhí san fhealsamh Berkeley, a d'áitigh nach raibh eiseadh neamh-spleách ag an saol corportha. Níor thaitin an teoiric le Dr. Johnson, a d'áitigh ina choinne trí chic a thabhairt do chloch sa tsráid ("Thus I refute it"). De réir cosúlachta, bheadh claonadh nadúrtha an Direánaigh leis an Sasanach, ach léirionn sé in "Berkeley" (Dán 140) an t-athrú mall ó chlocha dáiríre a óige go clocha na samhlaíochta, mar a maireann siad fós ina chuimhní.

"Cad is Bean?" (Dán 143) a d'fhiafraigh Máire Mhac an tSaoi, "Níl inti ceart ná náire." Aisfhreagra fraochmhar ar pharanóia fhireann an Direánaigh é saothar an fhile fhadshaolaigh seo. Tógadh i dteaghlach iomráiteach poblachtánach í Mhac an tSaoi (uncail léi ab ea an file is aistritheoir Monsignor Pádraig de Brún agus aire stáit agus Tánaiste ab ea a hathair), gan aon dualgas uirthi agus í ag dul i ngleic le ceird na filíochta teastas aitheantais a chruthú (a dindiúirí a chruthú) do "Mother Ireland" nó d'éinne eile. Le foilsiú Margadh na Saoire (1956), tháinig macnas nua chun cinn i bhfilíocht na hÉireann, ach stuaim is géarchúis scolártha freisin. Tá na tréithe seo uile san áireamh in "Ceathrúintí Mháire Ní Ógáin" (Dán 142), cuntas ar chaidreamh a bhí ag an bhfile le scoláire níos aosta, trí chéimeanna éagsúla an ghaoil, idir mhearghrá, scaradh, fhearg agus doilíos. Cuirtear le hais a chéile íomhánna naofa is saolta, ón eaglais is ón seomra leapa araon, gan náire is gan leithscéal. Níor toirmeascadh leabhar i nGaeilge riamh agus is dócha gur a bhuí leis an nGaeilge, i bpáirt nó go hiomlán, a bhí an méid sin saoirse fileata ag Mhac an tSaoi. Is cinnte gur chuir sí chun sochair go críonna í.

In Ulysses, diúltaíonn Stephen Dedalus paidir a rá ar son a mháthar ar leaba

administration. In "Stoite" the poet bitterly contrasts the enduring achievements of a man who has built a wall and, by contrast, the civil servant who leaves only a cairn of dusty papers in his wake. It is in "Our Wretched Era" (Poem 139), however, that he paints his bleakest portrait of decline and loss of vitality.

Sexual anxiety had long played a significant role in Ó Direáin's poetry. The women of the Aran Islands represent a lost purity and dignity, but access to fashions and cosmetics takes a disastrous toll on the city-dwelling female. Men are married to their paperwork, women experience the emptiness of their freedoms, and the narrator confronts his sterility and his failure. Ó Direáin's fear of female independence can be embarrassing, but it exposes once again the tragic gap between the Ireland of myth ("Mise Éire") and grim reality.

The philosopher Bishop Berkeley preached idealism, arguing that the material world has no independent existence outside the mind. The English writer Dr. Johnson famously argued against this by kicking a stone and saying, "Thus I refute it." On the face of it, Ó Direáin might side instinctively with Johnson. In his poem "Berkeley" (Poem 140), however, he shows how the landscapes of the west have turned to dreams in his memories.

"What Is Woman?" (Poem 143) asks Máire Mhac an tSaoi, "Níl inti ceart ná náire" ("Neither truth nor shame is in her"). The work of this major poet is a stinging rebuke to the paranoia of Ó Direáin. Coming from a celebrated Republican family (her uncle was the poet and translator Monsignor Pádraig de Brún), Mhac an tSaoi felt no need to prove her credentials to Mother Ireland or anyone else, and in her debut, Margadh na Saoire (1956), she announced herself as a poet of scholarly authority and powerful sensual frankness. These two come together in "Mary Hogan's Quatrains" (Poem 142), the record of a love affair with an older academic as it passes through the stages of infatuation, separation, anger, and regret. Images of the sacred and profane, the church and the bedchamber, are placed side by side without embarrassment. No book in Irish was ever entirely banned by the Free State, and it is evident that the language allowed Mhac an tSaoi liberties that might have proved elusive in English.

In Joyce's Ulysses, Stephen Dedalus famously refuses to pray for his dying mother, and in "My Mother's Death" (Poem 144) Mhac an tSaoi shows herself an equally undutiful daughter. The painful honesty in the face of death, and refusal of religious comfort, make a fascinating contrast with Ó Ríordáin's great elegy on the same subject. Her flame of rebellion burns bright, and the great flowering of women's poetry in the generations that followed hers—Caitlín Maude, Biddy Jenkinson, Nuala Ní Dhomhnaill, Ailbhe Ní Ghearbhuigh, Aifric Mac Aodha, and others—owes everything to her peerless example.

a báis, agus is ionann cás don iníon mhíghéilliúil in "Bás Mo Mháthar" (Dán 144) le Mhac an tSaoi. Feicimid codarsnacht inspéise idir ionracas léanmhar Mhic an tSaoi agus an Ríordánaigh, agus an diúltú sóláis i gceachtar file. Tine bheo í splanc réabhlóide an bhanfhile seo, agus murach a ceannródaíocht ba mhór an laghdú ar fhilíocht Chaitlín Maude, Biddy Jenkinson, Nuala Ní Dhomhnaill, Ailbhe Ní Ghearbhuigh, agus Aifric Mhic Aodha, agus iad uile ag scríobh ar scáth a saothair uamhnaigh.

Díreach mar Myles na gCopaleen agus Michael Hartnett agus neart scríbh-neoirí eile, chaith Eoghan Ó Tuairisc agus Brendan Behan a mbeatha idir dhá chultúr, ag bogadh anonn is anall idir an Ghaeilge agus an Béarla. Baile Átha Cliathach ó dhúchas ab ea an Beachánach, agus d'fhreastail sé ar a Ghaeltacht phearsanta i gcampa an Churraigh, ait ar chaith sé roinnt ama ar son cionta poblachtánacha. Scríobhadh an dráma is cáiliúla leis, An Giall, i nGaeilge, sular aistrigh sé go Béarla é. Cuid thábhachtach dá shaothar iad an líon beag liricí a chum sé, agus in "Jackeen ag Caoineadh na mBlascaod" (Dán 145) maíonn sé as gaol doimhin le hoileáin an Iarthair, cibé áit ar rugadh é.

Is é Eoghan Ó Tuairisc an file is nua-aoisí amach is amach, b'fhéidir, a tháinig in oirbheart/inmhe sa tréimhse seo. In "Aifreann na Marbh" (Dán 146) tógann sé mar théama tubaiste na mbuamaí adamhacha a thit sa tSeapáin ag deireadh an Dara Cogadh Domhanda. Agóid i gcoinne an mheoin teicneolaíocha a shaolaigh an t-uafás seo atá sa dán, ach fios maith ag an bhfile freisin cé chomh défhiúsach a bhí stádas na hÉireann sa chogadh sin, tar éis di fanacht neodrach sa chaismirt leis an nGearmáin agus an tSeapáin. Ar aon dul le mórfhilíocht eile na fichiú aoise, cuimsíonn dánta nua-aoiseacha na Gaeilge an paróiste agus an domhan, an deimhneacht agus an léan, an ceiliúradh agus an t-eirleach.

135. "Adhlacadh Mo Mháthar," SEÁN Ó RÍORDÁIN

Cé go n-aithnítear anois é ar mhórdhánta na Nua-Ghaeilge, cáineadh agus lochtaíodh "Adhlacadh Mo Mháthar" go géar nuair a foilsíodh é in Eireaball Spideoige sa bhliain 1952. Ar na léirmheastóirí b'fhíochmhaire, bhí a chomhfhile Máire Mhac an tSaoi a chaith anuas ar Ghaeilge Uí Ríordáin (1916–1977). I measc na ngearán, cuireadh an béarlachas, samhlaoidí neamhdhúchasacha, comh-fhocail agus focail nuachumtha ina leith. Chosain Seán Ó Tuama stíl agus cur chuige turgnamhach an fhile trí thionchar réabhlóideach Uí Ríordáin a chur i gcomparáid le frisson Baudelaire i bhfilíocht na Fraincise. Tá cáil ar an dán seo le fada an lá anois agus tóir ag criticeoirí air. Tuigtear, más ea, go mbíonn an lá i

Eoghan Ó Tuairisc and Brendan Behan resemble other writers such as Myles na gCopaleen and Michael Hartnett in moving between Irish and English. A Dubliner by birth, Behan found his *Gaeltacht* in prison, and it was in Irish that he composed his play *An Giall* before it found fame in English translation. His clutch of Irish lyrics are an important part of his work, and "A Jackeen Keens for the Blaskets" (Poem 145) shows his urban imagination staking a place for itself on the Gaelic map.

Perhaps the most self-consciously modernist of all these poets, Ó Tuairisc tackles the catastrophe of the atomic bomb in his long poem "Mass of the Dead" (Poem 146). A vein of guilt runs through the poem at the poet's place in the technocratic world order that has produced this horror, and also (by implication) at Ireland's ambivalent place in that world as a neutral nation during the war. As with all the work gathered here, the modern Irish poem remains suspended between the parish and the world, affirmation and lament, celebration and catastrophe.

135. "My Mother's Burial," SEÁN Ó RÍORDÁIN

It may be one of the best-known poems in modern Irish, but Ó Ríordáin's elegy was heavily censured by critics when it appeared in *Eireaball Spideoige* in 1952. One of the fiercest among them was Máire Mhac an tSaoi, who castigated Ó Ríordáin (1916–1977) for his failure to promote Irish as a "living language." Other complaints targeted the foreignness of some of the imagery, as well as the frequent neologisms and compounds. In his defense of Ó Ríordáin's experimental style, Seán Ó Tuama compared the poet's revolutionary effect on poetry in Irish to the *frisson* that Baudelaire had caused in French poetry. Indeed, the poem's lasting appeal and popularity illustrate how the authenticity of expression will surpass nativist requirements for linguistic purity.

gcónaí ag an té a chuireann é féin in iúl go hionraic agus go macánta seachas tóir
na saoithíní ar íonacht na canúna.

> Grian an Mheithimh in úllghort,
>   Is siosarnach i síoda an tráthnóna,
> Beach mhallaithe ag portaireacht
>   Mar screadstracadh ar an nóinbhrat.

> Seanalitir shalaithe á léamh agam,
>   Le gach focaldeoch dar ólas
> Pian bhinibeach ag dealgadh mo chléibhse,
>   Do bhrúigh amach gach focal díobh a dheoir féin.

> Do chuimhníos ar an láimh a dhein an scríbhinn,
>   Lámh a bhí inaitheanta mar aghaidh,
> Lámh a thál riamh cneastach seana-Bhíobla,
>   Lámh a bhí mar bhalsam is tú tinn.

> Agus thit an Meitheamh siar isteach sa Gheimhreadh,
>   Den úllghort deineadh reilig bhán cois abhann,
> Is i lár na balbh-bháine i mo thimpeall
>   Do liúigh os ard sa tsneachta an dúpholl,

> Gile gearrachaile lá a céad chomaoine,
>   Gile abhlainne Dé Domhnaigh ar altóir,
> Gile bainne ag sreangtheitheadh as na cíochaibh,
>   Nuair a chuireadar mo mháthair, gile an fhóid.

> Bhí m'aigne á sciúirseadh féin ag iarraidh
>   An t-adhlacadh a bhlaiseadh go hiomlán,
> Nuair a d'eitil tríd an gciúnas bán go míonla
>   Spideog a bhí gan mhearbhall gan scáth:

> Agus d'fhan os cionn na huaighe fé mar go mb'eol di
>   Go raibh an toisc a thug í ceilte ar chách
> Ach an té a bhí ag feitheamh ins an gcomhrainn,
>   Is do rinneas éad fén gcaidreamh neamhghnách.

June sun in the orchard,
   The silksusurrus of afternoon,
A damn bee droning,
   Ululatearing afternoon's gown.

I pored over a tarnished old letter,
   Every syllable
Constricted my breath,
   Every piercing word drew a tear.

I recall the very hand that wrote this,
   A hand as familiar as a face,
A hand meek as an old bible,
   A hand that was a balm when sick.

And midsummer fell back into midwinter,
   The orchard, a white graveyard by the river.
In the center of the dumb whiteness
   The black hole cried out in the snow.

Brightness of a girl on her first communion,
   Brightness of the host on a Sunday altar,
Brightness of the milksilk ribboning from the breast
   Of my buried mother, brightness of the sod.

My mind was demented struggling
   To grasp the funeral
When out of pure silence a robin fluttered down
   Without fear, without fuss.

And perched above the grave as if aware
   Of its mission, unnoticed by everybody,
Except the body waiting in the coffin.
   I envied their extraordinary intimacy.

Do thuirling aer na bhFlaitheas ar an uaigh sin,
  Bhí meidhir uafásach naofa ar an éan,
Bhíos deighilte amach ón diamhairghnó im thuata,
  Is an uaigh sin os mo chomhair in imigéin.

Le cumhracht bróin do folcadh m'anam drúiseach,
  Thit sneachta geanmnaíochta ar mo chroí,
Anois adhlacfad sa chroí a deineadh ionraic
  Cuimhne na mná d'iompair mé trí ráithe ina broinn.

Tháinig na scológa le borbthorann sluasad,
  Is do scuabadar le fuinneamh an chré isteach san uaigh,
D'fhéachas-sa treo eile, bhí comharsa ag glanadh a ghlúine,
  D'fhéachas ar an sagart is bhí saoltacht ina ghnúis.

Grian an Mheithimh in úllghort,
  Is siosarnach i síoda an tráthnóna,
Beach mhallaithe ag portaireacht
  Mar screadstracadh ar an nóinbhrat.

Ranna beaga bacacha á scríobh agam,
  Ba mhaith liom breith ar eireaball spideoige,
Ba mhaith liom sprid lucht glanta glún a dhíbirt,
  Ba mhaith liom triall go deireadh lae go brónach.

Foinse: Seán Ó Ríordáin: Selected Poems/Rogha Dánta (New Haven & London: Yale University Press; Indreabhán: Cló Iar-Chonnacht, 2014), 46–50.

136. "Siollabadh," Seán Ó Ríordáin

Ba mhinic an Ríordánach ag fógairt na fealsúnachta gur ghá cumasc agus comhtháthú radacach idir léargas, machnamh agus an rud a bhí á scrúdú. Is dlúthchuid den fhilíocht í a bheith i mbréagriocht an ruda atá faoi scrúdú. Bhí an chomhbhá eiseach seo lárnach i gcumadóireacht an fhile, ach thug an tuiscint seo slán é agus é go dona tinn. Bualadh tinn é le hailse agus é sna déaga agus ba mhinic é ina othar ospidéil. Don té a raibh air fanacht sa leaba ar feadh tréimhse fada, ba mhinic a tuigeadh dó go rachadh sé le craobhacha dá bhfanfadh sé dílis dó féin an t-am ar

The air of paradise descended on the grave.
  The bird had a terrible saintly gaiety.
I was a man excluded from their private affair,
  At one remove from the grave.

Sorrow's essence washed my wanton soul.
  Chastity's snow covered my heart.
Now my heart is cleansed I'll bury the memory
  Of the woman who carried me in her womb.

The gravediggers appeared with spades,
  Vigorously shoveled clay into the grave.
I looked away, a neighbor brushed his trouser knees,
  A worldliness on the priest's face.

June sun in the orchard,
  The silksusurrus of afternoon,
A damn bee droning,
  Ululatearing afternoon's gown.

I'm composing little, lame verses.
  I want to grab hold of the robin's tail.
I want to scatter those knee-scrubbers.
  I want to be done with this lousy day.

Translation: Greg Delanty, a revision of that published in Seán Ó Ríordáin, *Apathy Is Out/Ní Ceadmhach Neamhshuim: Selected Poems/Rogha Dánta* (Tarset, Northumberland: Bloodaxe Books; Indreabhán: Cló Iar-Chonnacht, 2021), 47–49.

136. "Siollabadh," SEÁN Ó RÍORDÁIN

Ó Ríordáin repeatedly formulated his credo that perception and thought involve a radical "fusion" with the perceived thing. Poetry thus presupposes "being in the guise of something else." This existential empathy was not only the essence of the poet's writing, but a method of survival. Diagnosed with tuberculosis as a teenager, he went through long periods of isolation. Indeed, for the stationary patient, the idea that "we would go mad if we were to be ourselves all the time"

fad. Tríd an dán, tuigtear na samhlaoidí cailéideascópacha, na siollaí, mar shlite éagsúla le bheith beo agus le teacht slán. Má thugann clog an Aingil le fios go bhfuil grásta Dé agus dóchas an aiséirí ar lámh, tugann preabadh na siollaí le fios go bhfuil an file beo agus is nasc iad leis an mbeatha agus leis an saol mórthimpeall. Ar nós siollaí na ndánta díreacha ó ré na filíochta clasaicí, tuigtear don fhile seo go leanann na siollaí de shíor, agus nach bhfuil an saol faoi smacht ag an mbás.

> Bhí banaltra in otharlann
> I ngile an tráthnóna,
> Is cuisleanna i leapachaibh
> Ag preabarnaigh go tomhaiste,
> Do sheas sí os gach leaba
> Agus d'fhan sí seal ag comhaireamh
> Is do bhreac sí síos an mheadaracht
> Bhí ag siollabadh ina meoraibh,
> Is do shiollaib sí go rithimeach
> Fé dheireadh as an seomra,
> Is d'fhág 'na diaidh mar chlaisceadal
> Na cuisleanna ag comhaireamh:
> Ansin do leath an tAngelus
> Im-shiollabchrith ar bheolaibh,
> Ach do tháinig éag ar Amenibh
> Mar chogarnach sa tseomra:
> Do leanadh leis an gcantaireacht
> I mainistir na feola,
> Na cuisleanna mar mhanachaibh
> Ag siollabadh na nónta.

Foinse: *Seán Ó Ríordáin: Selected Poems/Rogha Dánta* (New Haven & London: Yale University Press; Indreabhán: Cló Iar-Chonnacht, 2014), 115.

137. "Oíche Nollaig na mBan," SEÁN Ó RÍORDÁIN

Tarlaíonn "Oíche Nollaig na mBan" ar an séú lá d'Eanáir. Is oíche faoi leith í seo go traidisiúnta, oíche a dtugtar cead a gcos do mhná. Fágtar obair an tí ar leataobh, baintear sult as oíche i dteannta a chéile agus cúram na Nollag curtha i gcrích. Lastaí coinnle agus chuirtí ar leac na bhfuinneog iad sna tithe ar fud na tuaithe. Tráchtann Máirtín Ó Direáin ar an nós sin i ndán gleoite faoina mháthair.

had a special urgency. Throughout this poem, the kaleidoscopic images of "syllabling" imply multiple ways of being and staying alive. The bells of the Angelus suggest Grace and a hope of Resurrection. At the same time, the pounding syllables of the pulse connect the poet with the living and—as they align the lyric with the traditional syllabic verse—suggest timelessness.

A nurse on her round
One bright afternoon,
Her patients' pulses
Throbbing like metronomes;
She stood a while counting
Over each bed, noting down
The metre that syllabled
Between her fingers
Before syllabling out
The door, most rhythmically,
Leaving a chorus of
Pulses counting behind;
Then the Angelus
Sounded, syllable-
Shaking each lip,
Amens fading to a whisper
Round the room; and
On the chanting went
In the monastery of flesh,
The pulses like monks
Syllabling their nones.

Translation: David Wheatley, in *Leabhar na hAthghabhála: Poems of Repossession*, Irish-English bilingual edition, ed. Louis de Paor (Tarset, Northumberland: Bloodaxe Books, 2016), 116–17.

137. "Epiphany," SEÁN Ó RÍORDÁIN

"Small Christmas," "Epiphany," and "Oíche Nollaig na mBan" all refer to the twelfth night of Christmas. In the west of Ireland, the date is associated with the tradition of women putting aside housework and enjoying a night out. In some communities, women would light candles in the windows of the house, a custom recorded by Máirtín Ó Direáin in a moving poem for his mother. The present

Sa dán seo, áfach, feictear Ó Ríordáin mar is dual dó, idir dhá chomhairle, idir dhá thrá, idir bás agus beatha. Ag tús an dáin, is aoibhinn leis spraoi na hoíche ach ag deireadh na hoíche is cúis imní dó an t-uaigneas agus an t-aonarachas.

> Bhí fuinneamh sa stoirm a éalaigh aréir,
> Aréir oíche Nollaig na mBan,
> As gealt-teach iargúlta tá laistiar den ré
> Is do scréach tríd an spéir chughainn 'na gealt,
> Gur ghíosc geataí comharsan mar ghogallach gé,
> Gur bhúir abhainn shlaghdánach mar tharbh,
> Gur múchadh mo choinneal mar bhuille ar mo bhéal
> A las 'na splanc obann an fhearg.

> Ba mhaith liom go dtiocfadh an stoirm sin féin
> An oíche go mbeadsa go lag
> Ag filleadh abhaile ó rince an tsaoil
> Is solas an pheaca ag dul as,
> Go líonfaí gach neomat le liúraigh ón spéir,
> Go ndéanfaí den domhan scuaine scread,
> Is ná cloisfinn an ciúnas ag gluaiseacht fám dhéin,
> Na inneall an ghluaisteáin ag stad.

Foinse: *Seán Ó Ríordáin: Selected Poems/Rogha Dánta* (New Haven & London: Yale University Press; Indreabhán: Cló Iar-Chonnacht, 2014), 72.

138. "An tEarrach Thiar," MÁIRTÍN Ó DIREÁIN

Aithnítear an dán tréadach seo le Máirtín Ó Direáin (1910–1988) mar eiseamláir den chineál dáin a mholann gleoiteacht na tuaithe. Is fada a cháil in ainneoin gur dán luath dá chuid é. Tuigtear ón dán go bhfuil siombóis idir pobal idéalach Árann, a gcuid oibre, agus anois leis an timpeallacht fhisiciúil. Is ionann saol, saothar, agus suíomh an duine. Bronntar gradam ar an bpobal de bharr a gcuid saothair agus iad ag stracadh leis an saol ar oileán sceirdiúil. Tugann an íomhá sin deis don fhile an t-oileán a shamhlú mar thearmann ó bhrú na cathrach agus ón strus uirbeach. Tá atmaisféar támhshuanach anseo de bharr chur síos an fhile, agus cruthaítear suaimhneas agus socracht nach eol ach do leanaí.

poem, however, shows Ó Ríordáin at his most typical: torn between conflicting moods and minds and caught between life and (social) death. The poet starts off reveling in the carnivalesque merriment of the night and ends up dreading the prospect of the seclusion and solitude of his tortuous tubercular existence.

> The storm that escaped last night came
> Packing an Epiphany punch, bolting
> From an out-of-the-way madhouse
> Beyond the moon and bearing down on us
> Like a bashi-bazouk on the warpath
> While the neighbors' gate gaggle-
> Of-geesily groaned, the hoarse river roared like a bull,
> And my candle went out, quick as a slap
> On the *pus*, lighting a sudden spark of rage.

> I'd like the same storm back when I straggle
> Ailing home from the dancehall of life
> One night and sin's neon sign goes dark;
> Each instant to be filled with commotion
> From on high, and the world
> Transformed to a drove road of cries,
> That I not hear the silence come within reach
> Or the car engine stop.

Translation: David Wheatley, in *Leabhar na hAthghabhála: Poems of Repossession*, Irish-English bilingual edition, ed. Louis de Paor (Tarset, Northumberland: Bloodaxe Books, 2016), 108–109.

138. "Springtime in the West," MÁIRTÍN Ó DIREÁIN

One of Ó Direáin's (1910–1988) well-known elegies for the island of his youth, this early poem is also one of the best examples of modern Irish pastoralism. Members of the idealized Aran community seem to exist in perfect symbiosis with their particular task and surroundings. On the one hand, these images of a life dignified by toil and the harsh Atlantic setting provide the exiled poet with a sense of retreat from the empty anxieties of urban life. On the other hand, the poem's extraordinary effect derives from the way it records a narcotic sense of calm and wholeness that only pertains to childhood in such uncompromised intensity.

Fear ag glanadh cré
De ghimseán spáide
Sa gciúnas séimh
I mbrothall lae:
    Binn an fhuaim
    San Earrach thiar.

Fear ag caitheamh
Cliabh dá dhroim,
Is an fheamainn dhearg
Ag lonrú
I dtaitneamh gréine
Ar dhuirling bhán:
    Nimhrach an radharc
    San Earrach thiar.

Mná i locháin
In íochtar díthrá,
A gcótaí craptha,
Scáilí thíos fúthu:
    Támhradharc sítheach
    San Earrach thiar.

Tollbhuillí fanna
Ag maidí rámha,
Currach lán éisc
Ag teacht chun cladaigh
Ar órmhuir mhall
    I ndeireadh lae
    San Earrach thiar.

Foinse: Máirtín Ó Direáin: *Na Dánta* (Indreabhán: Cló Iar-Chonnacht, 2010), 72.

139. "Ár Ré Dhearóil," Máirtín Ó Direáin

D'admhaigh an Direánach tionchar "The Waste Land" le T. S. Eliot air agus an dán duairc seo faoin saol nua-aimseartha agus faoi bhaois na meánaoise á chumadh aige. Chuir an tÁrannach díomá nua-aoiseach Eliot in oiriúint do chúinsí na

A man scraping clay
From the tread of a spade
In the peace and calm
Of a warm day:
    Sweet the sound
    Of Springtime in the West.

A man slinging
A creel from his back
And the red mayweed
Glistening
In a ray of sunlight
On a white stony beach:
    A shimmering vision
    Of Springtime in the West.

Women standing,
Their coats tucked up,
The ebb-tide pools
Like mirrors beneath them:
    A dreamy sight,
    Springtime in the West.

The hollow beat
Of oar strokes,
A currach full of fish
Coming in to shore
On a slow, gold sea
    When day is done:
    Springtime in the West.

Translation: Peter Sirr & Frank Sewell, in *Máirtín Ó Direáin: Selected Poems/Rogha Dánta*, ed. Frank Sewell (Winston-Salem, NC: Wake Forest University Press, 2020), 55.

139. "Our Wretched Era," MÁIRTÍN Ó DIREÁIN

Ó Direáin acknowledged his indebtedness to T. S. Eliot's "The Waste Land" in writing this bleak portrayal of mid-life crisis and modern society. Eliot's modernist

hÉireann agus dá chás pearsanta féin. Níl ach cur i gcéill, dar leis, i saol na cath-
rach dí-dhaonnaithe i gcomparáid le pobal na tuaithe agus le saol traidisiúnta
a bhfuil dlúthcheangal aige idir an pobal, an talamh agus an nádúr. Más de
bhunús na tuaithe iad formhór mhuintir na cathrach, is dúramáin iad ar thóir
an indibhidiúlachais nach bhfuil toradh ná bláth air. Mar ba dhual don fhile, ba
ghéire a cháineadh ar mhná, iadsan a thréig a mbaile agus ról na máthar, ról a
leagadh amach go beacht dóibh i mBunreacht na bliana 1937.

> Tá cime romham,
> Tá cime i mo dhiaidh,
> Is mé féin ina lár
> I mo chime mar chách,
> Ó d'fhágamar slán
> Ag talamh, ag trá,
> Gur thit orainn
> Crann an éigin.

> Cár imigh an aoibh,
> An gáire is an gnaoi,
> An t-aiteas úrchruthach naíonda,
> Gan súil le glóir,
> Le éacht inár dtreo
> Ná breith ar a nóin ag éinne.

> Níl a ghiodán ag neach
> Le rómhar ó cheart,
> Níl éan ag ceol
> Ar chraobh dó,
> Ná sruthán ag crónán
> Go caoin dó.

disillusionment, however, was adapted by Ó Direáin to suit his personal, and specifically Irish, concerns. Contrasted with the lasting values of a traditional community, closely connected to the soil, the dehumanized life in the city is shown to be a mere simulation. While most Dubliners can be traced back to their rural roots, all are prisoners of their own sterile individualism. Characteristically the poet's harshest scorn is directed at women for having eluded their role as mothers situated within the matrimonial home, codified in the 1937 Constitution of Ireland.

A prisoner before me,
A prisoner behind me,
And I in the middle
A prisoner like all
Since we said goodbye
To the land and shore,
And necessity crashed
Down upon us.

Where did they go—
The laughter and the smile,
The warmth, the new-born wonder,
With no hope for glory
Or heroism before us
And no one counting their rosary?

Here no one has
His plot of earth
To dig, no bird
Singing to him
From a branch,
No stream gently
Murmuring.

Tá cime romham,
Tá cime i mo dhiaidh,
Is mé féin ina lár
I mo chime mar chách,
Is ó d'fhágamar slán
Ag talamh, ag trá,
Bíodh ár n-aird
Ar an Life chianda.

Bíodh ár n-aire
Ar an abhainn
Ar an óruisce lán
A chuireann slán
Le grian deiridh nóna.

Bímis umhal ina láthair
Is i láthair an tsrutha
Is samhail den bheatha
Ach gur buaine,
Mar is samhail an abhainn
De shráid an tslua
Ach gur uaisle.
An lá is ionann ag mná
Faiche is sráid,
Páirc, trá, is grianán,
Ná bíodh cime gnáis
Gann faoi dearbhdhíona.

Tá fairsinge díobh ann
Mar luaim thíos i mo dhiaidh iad,
Is deirid lucht cáis
Nach bhfuilid gan bhrí leo—

An macha cúil
Tráthnóna Sathairn,
An cluiche peile,
An imirt chártaí
Is ósta na bhfear
Ina múchtar cásamh.

A prisoner before me,
A prisoner behind me,
And I in the middle
A prisoner like all;
And since we said goodbye
To the land and shore,
Let's turn our attention
To the ancient Liffey.

Let's turn our attention
To the river,
The high golden waters
That bid goodbye
To the evening sun.

Let's bow before her
And before the current
That symbolizes life
But is more permanent;
For the river is a symbol
Of the crowded street
Although more noble.
The day when women
No longer distinguish
Between street and lawn,
Field, shore, and suntrap,
Let not the prisoner of convention
Lack means of escape.

The latter are many
—I set them out below—
And those with need of them
Say they're not without use:

The back garden
On a Saturday afternoon,
The football match,
The round of cards,
The gentlemen's bar
Where grievances are drowned.

Crot a athar thalmhaí
Do shúil ghrinn is léir,
Ag teacht ar gach fear
Atá i méan a laethe,
A chneadaíonn a shlí chun suíocháin
I mbus tar éis a dhinnéir.

Ní luaifear ar ball leo
Teach ná áras sinsir,
Is cré a muintire
Ní dháilfear síos leo,
Ach sna céadta comhad
Beidh lorg pinn leo.

Is a liacht fear acu
A chuaigh ag roinnt na gaoise
Ar fud páir is meamraim,
Ag lua an fhasaigh,
An ailt, an achta.

Is a liacht fear fós
A thug comhad leis abhaile,
Is cúram an chomhaid
In áit chéile chun leapa.

Is mná go leor
A thriall ina n-aice
Ar thóir an tsó,
An áilleagáin intrigh.
Galar a n-óghachta
A chuaigh in ainseal orthu,
A thochrais go dóite
Abhras cantail.

The cut of his country father
Is clear to the keen observer,
As it settles upon each man,
Now in his middle age,
Panting his way to a seat
On the bus after dinner.

Soon no one will link them
To the home of their forebears,
And the soil of their kin
Won't be scattered over them:
But they'll leave their mark
In hundreds of files.

And many a man
Squandered his talent
On papers and memos,
Citing the precedent,
The article, the act.

And so many others
Took a folder home
And brought it to bed
Instead of a wife.

And many women
Were fellow-travelers
In search of comfort,
Of the must-have bauble;
Their virginity a disease
That turned chronic,
Winding them into
A ball of bitterness.

Mná eile fós
Ba indúilmheara ag feara,
Ba féile faoi chomaoin,
Ba ghainne faoi chairéis,
A roinn a gcuid go fairsing
I ngéaga an fhir
Ba luaithe chucu
Ar chuairt amhaille,
Ar scáth an ghrá
Nár ghrá in aon chor
Ach aithris mhagaidh air;
Gan ualach dá éis
Ach ualach masmais.

Na hainmhithe is na héin
Nuair a fhaighid a gcuid dá chéile,
Ní gach ceann is luaithe chucu
A ghlacaid in aon chor.

I gcúiteamh an tsíl
Nach ndeachaigh ina gcré,
I gcúiteamh na gine
Nár fhás faoina mbroinn,
Nár iompair trí ráithe
Faoina gcom,
Séard is lú mar dhuais acu
Seal le teanga iasachta,
Seal leis an ealaín,
Seal ag taisteal
Críocha aineola,
Ag cur cártaí abhaile
As Ostend is Paris,
Gan eachtra dála
Ar feadh a gcuarta,
Ná ríog ina dtreo
Ach ríog na fuaire.

Still other women,
Most attractive to men,
Generous with their favor
And lacking in scruple,
Gave themselves willingly
In the arms of the first man
Who came to them
On a sneaky visit
In the pretense of love
That wasn't love at all
But a pale imitation
Engendering nothing
But a burden of loathing.

Animals and birds,
When they pair up to mate,
It's not the first to come along
That they accept.

To compensate for the seed
That didn't enter their flesh,
To compensate for the child
That didn't grow in their womb,
That wasn't carried full term,
The least that they expect
Is a spell at foreign languages,
A spell at the arts,
A spell running around
In exotic places,
Sending postcards home
From Ostend and Paris,
With no loving encounter
In all their travels,
And no thrill ahead
But the shiver of coldness.

Tá cime romham,
Tá cime i mo dhiaidh,
Is mé féin ina lár
I mo chime mar chách,
Is a Dhia mhóir
Fóir ar na céadta againn,
Ó d'fhágamar slán
Ag talamh ag trá,
Tóg de láimh sinn
Idir fheara is mhná
Sa chathair fhallsa
Óir is sinn atá ciontach
I bhásta na beatha,
Is é cnámh ár seisce
An cnámh gealaí,
Atá ar crochadh thuas
I dtrá ár bhfuaire
Mar bhagairt.

Foinse: Máirtín Ó Direáin: Na Dánta (Indreabhán: Cló Iar-Chonnacht, 2010), 129–32.

140. "Berkeley," MÁIRTÍN Ó DIREÁIN

Dlúthchuid de thírdhreach an fhile iad clocha agus carraigeacha. Más flúirseach iad ar a oileán dúchais, is flúirseach iad ina chuid dánta, freisin, mar íomhánna. In Cloch Choirnéil (1966), samhlaítear clocha mar shiombail de chreimeadh na luachanna fíorGhaelacha agus de mheath thréithe a oileáin dhúchais. Anseo labhraíonn an file le George Berkeley, easpag Protastúnach Chluana agus fealsúnaí a mhair san ochtú haois déag. Is iarracht é an dán seo a thabhairt le fios nach bhfuil de thoradh ar théis Berkeley, faoi léargas an duine aonair chun an réaltacht a thuiscint, ach daille. Ag deireadh an dáin, áfach, tuigtear go raibh oiread na fríde den fhírinne ag Berkeley; ní hann a thuilleadh d'oileán carraigeach a óige; ní hann don oileán sin anois ach amháin i gcuimhne agus i samhlaíocht an fhile féin.

A prisoner before me,
A prisoner behind me,
And I in the middle
A prisoner like all;
And God Almighty
Watch over the hundreds of us;
Since we said goodbye
To the land and shore,
Take us by the hand,
Both men and women,
In the hollow city
For we are guilty
Of wasting life,
And the symbol of our sterility
Is the bone-shaped moon
Hanging up above,
In the strand of our coldness,
Like an omen.

Translation: Frank Sewell, in *Máirtín Ó Direáin: Selected Poems/Rogha Dánta* (Winston-Salem, NC: Wake Forest University Press, 2020), 111–19.

140. "Berkeley," Máirtín Ó Direáin

Stone and rock dominate the landscape of Ó Direáin's native island and are prevalent images in his poetry. In the 1966 collection *Cloch Choirnéil/Cornerstone*, stone figures alternately as an emblem of the eroding values of pure Irishness and that of the eternal qualities of the Aran life. In this poem, Ó Direáin addresses the eighteenth-century thinker and Church of Ireland bishop George Berkeley. The poet sets out to argue that the philosopher's insistence on individual perception as a key component of reality actually amounts to blindness. In the end, however, he admits there is some truth to Berkeley's "immaterialism": the rocky island of his own youth has turned to a vapor, a place existing only in the poet's mind.

Ar charraig, a Easpaig Chluana,
A tógadh mise i mo ghasúr
Is bhí na clocha glasa
Is na creaga loma fúm is tharam,
Ach b'fhada uathu a mhair tusa,
A Easpaig is a fhealsaimh.

Swift féin an Déan mór
Níorbh ait fós má b'fhíor
Gur fhág tú ar a thairsigh;
Comhla an dorais nár bhrionglóid
I do mheabhair de réir do theagaisc?
Is cad ab áil leis a hoscailt duit
Is gan ann ach a samhail?

An Dochtúir Johnson fós
Thug speach do chloch ina aice
Mar dhóigh go ndearna an buille
Ar an rud ionraic smionagar
De do aisling a chur i gcás
Gur istigh san aigne a bhí
Gach ní beo is marbh.

Ní shéanaim go raibh mo pháirt
Leis na móir úd tamall,
Ach ó thosaigh na clocha glasa
Ag dul i gcruth brionglóide i m'aigne
Níl a fhios agam, a Easpaig chóir
Nach tú féin a chuaigh ar an domhain
Is nach iad na móir a d'fhan le cladach.

Foinse: Máirtín Ó Direáin: Na Dánta (Indreabhán: Cló Iar-Chonnacht, 2010), 170.

On a rock, Bishop of Cloyne,
I was raised as a boy.
Under and all around me lay
Grey stones and bare crags—
A far cry from where *you* lived,
Bishop and philosopher.

Swift himself, the famous Dean,
Was not mad if it is true
He left you standing on his doorstep.
Wasn't the door only a dream
Of the mind, as you had taught?
And why should he open for you
What was only an illusion?

And Dr. Samuel Johnson kicked
A boulder lying next to him,
As though striking the actual thing
Smashed to smithereens your view
That everything alive and dead
Existed only in the mind.

I don't deny my having sided
With those great men for a while
But since the grey stones started
Turning into dreams in my mind,
I'm not so sure, dear Bishop, that you
Were not the one who went on the deep
While the great men stayed on the shore.

Translation: Frank Sewell, in *Máirtín Ó Direáin: Selected Poems/Rogha Dánta* (Winston-Salem, NC: Wake Forest University Press, 2020), 167.

141. "Ó Mórna," Máirtín Ó Direáin

Dán garbh gránna é "Ó Mórna"[132] a gcloistear macallaí ann d'fhealsúnacht Oswald Spengler agus den éadóchas ciníoch ar léir di i saothar T. S. Eliot agus Ezra Pound. De ghnáth, bhaintí leas as an idé-eolaíocht seo le beag is fiú a dhéanamh den "chine" Ceilteach. Is aisteach agus is iontach mar sin gurb é an Gael a shamhlaítear anseo mar ionsaitheoir gnéis agus mar thiarna brúidiúil. Pé scéal é is tubaiste iad do na Gaeil, fiú nuair is é an Gael féin atá i gceannas. Is scanrúil an léargas é ar choincheap an tiarnais chultúrtha agus é ag cur gach rud faoi chois, fiú má dhéantar treascairt ar na gnáthchatagóirí féiniúlachta anseo.

A ródaí fáin as tír isteach
A dhearcann tuama thuas ar aill,
A dhearcann armas is mana,
A dhearcann scríbhinn is leac,
Ná fág an reilig cois cuain
Gan tuairisc an fhir a bheith leat.

Cathal Mór Mac Rónáin an fear,
Mhic Choinn Mhic Chonáin Uí Mhórna,
Ná bí i dtaobh le comhrá cáich,
Ná le fíor na croise á ghearradh
Ar bhaithis chaillí mar theist an fhir
A chuaigh in uaigh sa gcill sin.

Ná daor an marbh d'éis cogar ban,
D'éis lide a thit idir uille
Is glúin ar theallach na sean,
Gan a phór is a chró do mheas,
A chéim, a réim, an t-am do mhair,
Is guais a shóirt ar an uaigneas.

---

132. Maidir leis an mbéaloideas a bhaineann le beithígh de chuid James O'Flaherty á gcur thar faill le linn Chogadh na Talún in 1881. Feic Muiris Mac Conghail, "Poet of the Bright Thread: The Poetry of Máirtín Ó Direáin," *Irish University Review* 18, uimh. 2 (1988): 181–90.

141. "Ó Mórna," Máirtín Ó Direáin

"Ó Mórna" is a fascinating and fascinatingly ugly poem.[132] It echoes Spengler and that particular brand of racialized cultural pessimism found in T. S. Eliot and Ezra Pound, the sort of thing that might normally be used as a rationale for the cultural effeminacy of the poor old degenerate Celt. How strange then to see the role of the rampaging sexual aggressor and brutal overlord assigned to a Gael, as though the abjection of the Gael remains the same even when the Gael is, exceptionally, in a position of dominance. It offers a chilling portrait of the bacillus of cultural domination setting fire to all in its path, in ways that cut promiscuously across received identity categories.

Dear traveler blown in from the mainland
Who spies a gravestone on a cliff,
Who spies a coat of arms and motto,
Who spies a legend carved in stone,
Don't leave the graveyard near the bay
Without hearing the man's story.

His name was Cathal the Great Mac Rónáin,
Son of Conn Mac Conáin Ó Mórna,
But do not trust the general consensus
Or old women blessing themselves
As faithful testament to the man
Buried in that graveyard soil.

Don't damn the dead on women's whispers
Or hints let fall twixt elbow and knee
By old folks gathered round a fire,
Without considering his blood and breed,
His rank and station, the time he lived,
The dangers of isolation to his kind.

---

132. The poem is partly based on a certain James O'Flaherty whose cattle were driven over a cliff in 1881 during the Land War. See Muiris Mac Conghail, "Poet of the Bright Thread: The Poetry of Máirtín Ó Direáin," *Irish University Review* 18, no. 2 (1988): 181–90.

Meas fós dúchas an mhairbh féin
D'eascair ó Mhórna mór na n-éacht,
Meabhraigh a gcuala, a bhfaca sé,
Ar a chuairt nuair a d'éist go géar;
Mcabhraigh fós nár ceileadh duais air,
Ach gur ghabh chuige gach ní de cheart.

Chonaic níochán is ramhrú dá éis,
Chonaic mná ag úradh bréidín,
Gach cos nocht ó ghlúin go sáil
Ina slis ag tuargain an éadaigh,
Bean ar aghaidh mná eile thall
Ina suí suas san umar bréige.

Chonaic is bhreathnaigh gach slis ghléigeal,
Chonaic na hógmhná dá fhéachaint,
Dá mheas, dá mheá, dá chrá in éineacht.
D'fhreagair fuil an fhireannaigh thréitheach,
Shiúil sí a chorp, las a éadan,
Bhrostaigh é go mear chun éilimh.

"Teann isteach leo mar a dhéanfadh fear,
Geallaimse dhuit go dteannfar leat,
Feasach iad cheana ar aon nós,
Nach cadar falamh gan géim tú,
Ach fear ded' chéim, ded' réim cheart."
Pádhraicín báille a chan an méid sin,
Briolla gan rath! Mairg a ghéill dó.

Iar ndul in éag don triath ceart
Rónán Mac Choinn Mhic Chonáin,
Ghabh Cathal chuige a chleacht,
A thriúcha is a chumhachta
A mhaoir a bháillí go dleathach,
A theideal do ghabh, is a ghlac.

Consider, too, the dead man's background:
A direct descendant of Mórna the Mighty,
He took in all he saw and heard,
Listening closely on his rounds;
Nor was he denied any prize
But claimed it all as his birthright.

He stood and watched the women washing,
Fulling and tucking the homespun cloth,
From knee to heel each leg uncovered,
Pounding the tweed like a wash-staff—
The women sitting facing each other
On either side of a handmade trough.

He lingered over each pure-white wash-staff
Caught young women looking at him,
Sizing, weighing, riling him up.
His manly blood answered readily,
Traveled his body, reddened his brow
And quickly sped him into action.

"Squeeze up to them, if you're a man,
I promise you they'll squeeze right back.
And anyway, they know full well
You're not some mincing nancy-boy
But a man of power and means."
Thus spoke Paudeen, bailiff and waster.
Woe to any who paid him heed.

Before the rightful lord, Rónán
Son of Conn Mac Chonáin, was dead,
Cathal assumed his father's role,
Seized his districts and his powers,
Took legal possession of his servants,
Bailiffs, title and all he owned.

An t-eolas a fuair sna botháin,
Nuair a thaithigh iad roimh theacht i seilbh,
Mheabhraigh gach blúire riamh de,
Choigil is choinnigh é go beacht,
Chuaigh chun tairbhe dó ina dhiaidh sin
Nuair a leag ar na daoine a reacht.

Mheabhraigh sé an té bhí uallach,
Nach ngéillfeadh go réidh dá bheart,
Mheabhraigh sé an té bhí cachtúil,
An té shléachtfadh dó go ceart,
Mheabhraigh fós gach duais iníonda
Dár shantaigh a mhian ainsrianta.

Mhair ár dtriath ag cian dá thuargain,
Ba fánach é ar oileán uaigneach,
Cara cáis thar achar mara
B'annamh a thagadh dá fhuascailt,
Is théadh ag fiach ar na craga
Ag tnúth le foras is fuaradh.

Comhairlíodh dó an pósadh a dhéanamh
Le bean a bhéarfadh dó mar oidhre
Fireannach dlisteanach céimeach
Ar phór Uí Mhórna na haibhse,
Seach bheith dá lua le Nuala an Leanna,
Peig na hAirde is Cáit an Ghleanna.

An bhean nuair a fuair Ó Mórna í
Níor rug aon mhac, aon oidhre ceart;
Níor luigh Ó Mórna léi ach seal,
Ba fuar leis í mar nuachair;
Ina cuilt shuain ní bhfuair a cheart,
É pósta is céasta go beacht.

The insight Cathal gained in the cabins
He used to visit before he ruled,
He now turned over in his mind,
Keeping every bit intact,
Then using it to his advantage,
Laying the law down on his people.

He called to mind the one with pride,
Who wouldn't put up with all his tricks,
He called to mind the spineless lackey
Who'd bow and scrape in due obedience,
He called to mind each maidenhead
His wild desire had ever craved.

Stranded on a remote island,
Our master suffered bouts of gloom;
Rarely would a kindred spirit
Cross the sea to comfort him
And so he hunted on the crags
To calm and cool himself down.

Soon he was advised to marry
A woman who'd provide as heir
A legitimate son of noble rank,
Of the seed of Mighty Ó Mórna;
And not be known for alehouse Nuala,
Peg-of-the-heights and Kat-of-the-glen.

The woman, when Ó Mórna got her,
Bore him no son, no proper heir.
He only lay with her a while,
Finding her frigid as a spouse,
Finding himself wed and wretched,
Unsatisfied upon her sheets.

Imíonn Ó Mórna arís le fuadar,
Thar chríocha dleathacha ag ruathradh,
Ag cartadh báin, ag cartadh loirg,
Ag treabhadh faoi dheabhadh le fórsa,
Ag réabadh comhlan na hóghachta,
Ag dul thar teorainn an phósta.

Ag réabadh móide is focail
Ag réabadh aithne is mionna,
A shúil thar a chuid gan chuibheas,
Ag éisteacht cogar na tola
A mhéadaigh fothram na fola,
Ina rabharta borb gan foras.

Ceasach mar mheasadh den chré lábúrtha
Leanadh Ó Mórna cleacht a dhúchais,
Thógadh paor thar chríocha aithnid,
Go críocha méithe, go críocha fairsing,
Dhéanadh lá saoire don subhachas
Dhéanadh lá saoire don rúpacht.

Maoir is báillí dó ag fónamh
Ag riaradh a thriúcha thar a cheann,
Ag comhalladh a gcumhachta níor shéimh,
Ag agairt danaide ar a lán,
An t-úll go léir acu dóibh féin
Is an cadhal ag gach truán.

Sloinnte na maor a bheirim díbh,
Wiggins, Robinson, Thomson, agus Ede,
Ceathrar cluanach nár choigil an mhísc,
A thóg an cíos, a dhíbir daoine,
A chuir an dílleacht as cró ar fán,
A d'fhág na táinte gan talamh gan trá.

Ó Mórna hurried away again,
Rampaging beyond all legal bounds,
Rooting in tilled and virgin soil,
Ploughing away with force and haste,
Despoiling and deflowering maidens,
Breaking every marriage bond.

By violating oaths and vows,
Promises and holy commandments,
Coveting what wasn't his,
And heeding the will's own whisperings,
He raised the volume of his blood
Into an uncontrollable tide.

Fed up, they thought, with laboring flesh,
Ó Mórna followed ancestral custom,
Leaving behind familiar ground
For fresh new places, far-flung lands,
Devoting days to sheer indulgence,
Devoting days to wild debauch.

The stewards and bailiffs serving him,
Overseeing on his behalf,
Wielded power without compassion,
Causing many a grievous loss;
With all the apple for themselves
And only the peelings for the poor.

Those stewards' names I'll give you now:
Wiggins, Robinson, Thomson, Ede—
Four cheats who never held back malice,
With rent increases, house evictions,
Throwing the orphan out on his ear
And hundreds off their land and shore.

Níor thúisce Ó Mórna ar ais
Ar an talamh dúchais tamall
Ná chleacht go mear gach beart
Dár tharraing míchlú cheana air:
Treabhadh arís an chré lábúrtha,
Bheireadh dúshlán cléir is tuata.

Tháinig lá ar mhuin a chapaill
Ar meisce faoi ualach óil,
Stad in aice trá Chill Cholmáin
Gur scaip ladhar den ór le spórt,
Truáin ag sciobadh gach sabhrain
Dár scaoil an triath ina dtreo.

Do gháir Ó Mórna is do bhéic,
Mairbh a fhualais sa reilig thuas
Ní foláir nó chuala an bhéic;
Dhearbhaigh fós le draothadh aithise
Go gcuirfeadh sabhran gan mhairg
In aghaidh gach míol ina n-ascaill.

Labhair an sagart air Dé Domhnaigh,
Bhagair is d'agair na cumhachta,
D'agair réabadh na hóghachta air,
Scannal a thréada d'agair le fórsa,
Ach ghluais Ó Mórna ina chóiste
De shodar sotail thar cill.

D'agair gach aon a dhíth is a fhoghail air,
D'agair an ógbhean díth a hóghachta air,
D'agair an mháthair fán a háil air,
D'agair an t-athair talamh is trá air,
D'agair an t-ógfhear éigean a ghrá air,
D'agair an fear éigean a mhná air.

Shortly after Ó Mórna returned
Once more to his homeland for a while,
He fell back to the same old tricks
That made him infamous before,
Ploughing again the laboring flesh,
Defying the clergy and the laity.

High upon his horse one day,
As drunk and bloated as a lord,
He stopped nearby Cill Colmán strand,
To scatter a handful of coins for fun.
Wretches scrambled for every sovereign
The master flung in their direction.

Declaring with a smile of derision
He'd happily pay a sovereign coin
For every louse under their armpits,
Ó Mórna laughed and shouted out;
His family dead must have heard him,
Buried in the graveyard above.

The curate preached against him on Sunday,
Summoned the powers of heaven against him,
Blasted him for raping virgins
And scandalizing the congregation,
But Ó Mórna trotted proudly by
On his horse and trap past the church.

Each one condemned him for their ruin:
Young women for lost maidenhead,
Mothers for their children's exile,
Fathers for stolen land and shore,
Young men for the rape of sweethearts,
Husbands for the rape of wives.

Bhí gach lá ag tabhairt a lae leis,
Gach bliain ag tabhairt a leithéid féin léi,
Ó Mórna ag tarraingt chun boilg chun léithe
Chun cantail is seirbhe trína mheisce,
Ag roinnt an tsotail ar na maoir
Ach an chruimh ina chom níor chloígh.

Nuair a rug na blianta ar Ó Mórna,
Tháinig na pianta ar áit na mianta:
Luigh sé seal i dteach Chill Cholmáin,
Teach a shean i lár na coille,
Teach nár scairt na grásta air,
Teach go mb'annamh gáire ann.

Trí fichid do bhí is bliain le cois,
Nuair a cuireadh síos é i gCill na Manach
D'éis ola aithrí, paidir is Aifreann;
I measc a shean i gCill na Manach
I dteannta líon a fhualais,
Ar an tuama armas is mana.

An chruimh a chreim istigh san uaigh tú,
A Uí Mhórna mhóir, a thriath Chill Cholmáin,
Níorbh í cruimh do chumais ná cruimh d'uabhair
Ach cruimh gur cuma léi íseal ná uasal.
Go mba sámh do shuan sa tuama anocht
A Chathail Mhic Rónáin Mhic Choinn.

Foinse: *Máirtín Ó Direáin: Na Dánta* (Indreabhán: Cló Iar-Chonnacht, 2010), 79–83.

142. "Ceathrúintí Mháire Ní Ógáin," MÁIRE MHAC AN TSAOI

Sa bhéaloideas is í Máire Ní Ógáin an bhean ar thréig Donnchadh Ruadh Mac Conmara (Dánta 78 agus 89) í agus a d'fhág ina haonar í agus í ag iompar a linbh. Is siombail í don bhean thréigthe scriosta. Is minic a deirtear "Ná bí ag déanamh Máire Ní Ógáin díot féin" le duine.[133] In ainneoin an bheag is fiú a dhéantar

---

133. Máire Ní Annracháin, "'Vénus Tout Entière'?: An Grá agus na tsaoire in 'Ceathrúintí Mháire Ní Ógáin,'" *Míorúilt an Pharóiste: Aistí ar Fhilíocht Mháire Mhac an tSaoi*, eag. Louis de Paor (Indreabhán: Cló Iar-Chonnacht, 2014), 63–82.

Each day was followed by another,
Month by month, year by year,
Ó Mórna growing fat and grey,
More surly and sour with every drink,
Barking orders at his stewards,
But never mastering the worm within.

And when the years caught up with him,
He "ached in the places he used to play,"
And lay a while in Cill Colmán House,
His ancestral pile deep in the woods,
A house that grace had never called on,
A house where laughter was rarely heard.

Three score years and one he was
When laid in clay at the "monk's church,"
With Last Rites, a prayer and Mass,
Among his people at Cill na Manach,
Along with all his ancestors,
Their coat of arms and motto on the tomb.

The worm that gnawed you in the grave,
Great Ó Mórna, Lord Cill Colmán,
Was not the worm of your power or pride
But a worm that heeds not caste or class.
Sleep soundly in your tomb tonight,
Cathal, son of Rónán Mac Choinn.

Translation: Frank Sewell, in *Máirtín Ó Direáin: Selected Poems/Rogha Dánta* (Winston-Salem, NC: Wake Forest University Press, 2020), 61–71.

142. "Mary Hogan's Quatrains," MÁIRE MHAC AN TSAOI

In the folk tradition, the name of Máire Ní Ógáin, allegedly the lover of the eighteenth-century Irish Jacobite poet Donnchadh Ruadh Mac Conmara (see Poem 78 and 89), is a synonym for a naïve, ruined woman. In Irish, they often say: "Don't

anseo de mhoráltacht choinbhinsiúnach na hÉireann, a bhfuil macallaí na li-
tríochta nua-aoisí ann, moladh an dán seo go mór nuair a foilsíodh é i 1956 mar
ghrinnscrúdú ar an ngrá.[134] Tá cuid de na línte a chum Mhac an tSaoi (1922–2021)
eisceachtúil maidir le déine agus le follasaí na dtréanmhothúchán agus an ghrá
earótaigh a nochtar iontu. Is minic an rud is giorra is géire agus is déine. Is ait
nár deineadh cinsireacht air nuair a chuimhnítear ar a ghnóthaí a bhí Bord
Cinsireachta na hÉireann ag an am seo. Agus teideal an dáin ag tagairt go sonrach
do thraidisiún na filíochta Gaeilge, tugann ceathrúintí Mhac an tSaoi aghaidh ní
hamháin ar an traidisiún liteartha ach ar neamhhionannas agus ar éagothroime
thraidisiún na bhfear, traidisiún nach dtugann a cheart do theasghrá ban.

I
Ach a mbead gafa as an líon so—
Is nár lige Dia gur fada san—
B'fhéidir go bhfónfaidh cuimhneamh
Ar a bhfuaireas de shuaimhneas id bhaclainn.

Nuair a bheidh ar mo chumas guíochtaint,
Comaoine is éisteacht Aifrinn,
Cé déarfaidh ansan nach cuí dhom
Ar 'shonsa is ar mo shon féin achaine?

Ach comhairle idir dhá linn duit,
Ná téir ródhílis in achrann,
Mar go bhfuilimse meáite ar scaoileadh
Pé cuibhrinn a snaidhmfear eadrainn.

II
Beagbheann ar amhras daoine,
Beagbheann ar chros na sagart,
Ar gach ní ach bheith sínte
Idir tú agus falla—

134. John Jordan, "A Native Poet," The Irish Times, Feabhra 23, 1957, 6. "This sequence stands comparison
with the greatest of its kind, in English, of our time: I mean the love and desire poems of the
aging Yeats. Here Crazy Jane and the Hag of Béar come together, and the resultant utterance is
contemporary and timeless."

make a Máire Ní Ógáin of yourself." [133] Yet, Mhac an tSaoi's (1922–2021) poem, which
echoes modernist scorn for accepted morality, was hailed upon its publication
in 1956 as an impressive "anatomy of passion." [134] The emotional range and erotic
overtness of some of the lines is indeed extraordinary if we consider that the cen-
sorship board was at its most active around the time (see Poem 113, "The Gates of
Baile Buí"). Laying a claim on a recognizable mode of Early Modern poetry in the
title, Mhac an tSaoi's quatrains also seek to amend the inequality at the heart of
the masculine tradition in which female passion would mostly go unrecorded.

I

Once I have escaped this net—
And please God make it soon—
Maybe it will do to recall
The ease that I found in your arms.

When, once again, I can pray,
Take communion and hear mass
Then—why not?—may I plead
On yours and on my own behalf.

But, meanwhile, a word of warning,
Do not get too deeply entangled,
For I am determined to sever
Any ties that happen to bind us.

II

Scant care for people's censure,
Scant care for priestly stricture,
For anything save to lie over
In beside you against the wall.

133. Máire Ní Annracháin, " 'Vénus Tout Entière'?: An Grá agus na tsaoire in 'Ceathrúintí Mháire Ní
    Ógáin,' " Míorúilt an Pharóiste: Aistí ar Fhilíocht Mháire Mhac an tSaoi, ed. Louis de Paor (Indreabhán:
    Cló Iar-Chonnacht, 2014), 63–82.
134. John Jordan, "A Native Poet," The Irish Times, February 23, 1957, 6. "This sequence stands compar-
    ison with the greatest of its kind, in English, of our time: I mean the love and desire poems of the
    aging Yeats. Here Crazy Jane and the Hag of Beare come together, and the resultant utterance
    is contemporary and timeless."

Neamhshuim liom fuacht na hoíche,
Neamhshuim liom scríb is fearthainn,
Sa domhan cúng rúin teolaí seo
Ná téann thar fhaobhar na leapan—

Ar a bhfuil romhainn ní smaoinfeam,
Ar a bhfuil déanta cheana,
Linne an uain, a chroí istigh,
Is mairfidh sí go maidin.

III
Achar bliana atáim
Ag luí farat id chlúid,
Deacair anois a rá
Cad leis raibh mo shúil!

Ghabhais de chosaibh i gcion
A tugadh go fial ar dtúis,
Gan aithint féin féd throigh
Fulaing na feola a bhrúigh!

Is fós tá an creat umhal
Ar mhaithe le seanagheallúint,
Ach ó thost cantain an chroí
Tránn áthas an phléisiúir.

IV
Tá naí an éada ag deol mo chíchse,
Is mé ag tál air de ló is d'oíche;
An garlach gránna ag cur na bhfiacal,
Is de nimh a ghreama mo chuisle líonta.

A ghrá, ná maireadh an trú beag eadrainn,
Is a fholláine, shláine a bhí ár n-aithne;
Barántas cnis a chloígh lem chneas airsin,
Is séala láimhe a raibh gach cead aici.

No thought for the cold of night,
No thought for wind or rain,
In this narrow secret cozy world
Bounded by the edge of the bed—

Let us forget what has yet to come,
What has already been and gone,
This time is ours, my love,
And it will last till dawn.

III
Some years I've spent
Sharing your bed
Hard to say now
What I expected!

You trampled on affection
Freely given at first,
Never noticing the hurt
Of flesh crushed underfoot.

And the body remains willing
For the sake of a bygone pledge
But since the heart stopped singing,
The joys of pleasure ebb.

IV
Jealousy is a baby sucking at my breast
I'm nursing him day and night
The ugly brat is teething still,
My veins fill with the venom of his bite.

My love, let this piteous mite not live on,
The bond between us was so healthy and whole;
A warranty of skin pressed against skin
Sealed by a hand that was granted free rein.

Féach nach meáite mé ar chion a shéanadh,
Cé gur sháigh an t-amhras go doimhin a phréa'cha;
Ar láir dhea-tharraic ná déan éigean,
Is díolfaidh sí an comhar leat ina séasúr féinig.

V

Is éachtach an rud í an phian,
Mar chaitheann an cliabh,
Is ná tugann faoiseamh ná spás
Ná sánas de ló ná d'oích'—

An té atá i bpéin mar táim
Ní raibh uaigneach ná ina aonar riamh,
Ach ag iompar cuileachtan de shíor
Mar bhean gin féna coim.

VI

"Ní chodlaím istoíche"—
Beag an rá, ach an bhfionnfar choíche
Ar shúile oscailte
Ualach na hoíche?

VII

Fada liom anocht!
Do bhí ann oíche
Nárbh fhada faratsa—
Dá leomhfainn cuimhneamh.

Go deimhin níor dheacair san,
An ród a d'fhillfinn—
Dá mba cheadaithe
Tréis aithrí ann.

Luí chun suilt
Is éirí chun aoibhnis
Siúd ba chleachtadh dhúinn—
Dá bhfaighinn dul siar air.

Foinse: An Paróiste Míorúilteach: Rogha Dánta/The Miraculous Parish: Selected Poems (Winston-Salem, NC: Wake Forest University Press, 2014), 74–78.

Know that I mean no denial of affection
Though doubt has sunk its roots in deeply;
A dutiful mare should not be beaten
And she'll pay you back in her own good season.

V
Pain is an amazing thing,
As it consumes the breast,
Allowing no space or respite,
No easing by day or by night.

Nobody in pain like me
Was ever lonely or alone,
But is constantly accompanied
Like a woman who is with child.

VI
"I don't sleep at night"—
Not much to claim, but can one ever know
How heavy the night weighs
On open eyes?

VII
Tonight seems so long!
There was one night with you
That was not long at all—
If I dared to remember.

That would not be hard
I'd go back down that road—
If that were allowed,
Having repented.

Lying down for joy
And rising to pleasure
That was our way—
O for a way back.

Translation: Caoimhín Mac Giolla Léith, in Martin Doyle, "Máire Mhac an tSaoi: 'Radical and uninhibited in her personal life, conservative in her aesthetic'," *The Irish Times*, October 18, 2021.

143. "Cad is Bean?" Máire Mhac an tSaoi

Le foilsiú an dáin seo óna céad leabhar, tuigeadh do phobal na Gaeilge agus do chosantóirí an choimeádachais go raibh léirmheastóir diongbháilte ar an bhfód. Agus fuath a comhfhilí ar mhná á chur ó dhoras aici, ionramhálann sí gnéithe d'fhilíocht na Scol go cumasach agus go healaíonta sa dán seo. Baineann na ranna rialta macalla as an bhfilíocht shiollach, agus leis an bhfocal céanna mar thúsfhocal agus mar chríochfhocal, cloíonn an dán seo le rialacha "dúnadh"[135] (feic Dánta 2 agus 6). Tá an dá chiall ag an bhfocal "gránna." Má chiallaíonn sé "uafásach" agus "millteanach," ciallaíonn sé "bocht" agus "dearóil," freisin. Le hathrá an fhocail seo ag deireadh an dáin, leagtar béim arís ar íoróin cheannaairceach an dáin. Nach "Gránna an rud í an bhean!"

> Gránna an rud í an bhean,
>   hOileadh casta,
> Díreach seach claon ní fheadair,
>   Bréag an n-abair;
>
> Níl inti ceart ná náire,
>   Níl inti glaine,
> An ghin ón gcléibh tá meata,
>   Mar is baineann;
>
> Beatha dhi inneach an duine,
>   Slán ní scarfair
> Go gcoillfidh agat gach tearmann,
>   Go bhfágfaidh dealbh;
>
> Cleachtadh an tsúmaire a sampla,
>   Go maireann amhlaidh,
> "Mise glacsam!" a paidir;
>   Ampla a foghlaim:
>
> Mar tá sí gan céim chumais
>   Ach i mbun millte,
> Nimh léi gach fiúntas dearbh
>   Phréamhaigh sa tsaoirse;

---

135. Dúnadh na Gaeilge Clasaicí mar a pléadh roimhe seo.

143. "What Is Woman?" Máire Mhac an tSaoi

With this poem, from her first collection, Máire Mhac an tSaoi established herself
as a caustic critic of the radical conservatism of modern Ireland. Forestalling the
misogynist chauvinism of some of her peers, she also plays on tropes from the
bardic tradition. Not only do the regularly shaped quatrains echo classical syllabic
verse (see Poems 2 and 6), but starting and ending with the same word, the poem
fulfils the criteria of *dúnadh*[135] (closure). *Gránna* is an ambiguous concept that can
mean "horrible" or "ugly," but also "wretched" and "poor." Its repetition at the
close of the poem confirms the lyric's subversive irony: "Isn't it a terrible thing,
indeed, to be a woman!"

> Reprehensible is woman,
>> Reared awry. She
> Proper from improper knows not,
>> Tells lies.
>
> Nor truth, nor shame
>> In her, nor cleanliness;
> From conception, weak
>> In her womanness.
>
> No escape from her. She
>> Battens on guts and garters,
> Violates every sanctuary,
>> Leaves only bare carcass.
>
> The leech taught her a trade
>> And she lives by it,
> "Give, give" is her prayer
>> Greed her learning.
>
> Accomplished at nothing
>> But sheer destruction
> She despises all virtue
>> Rooted in freedom.

---

135. *Dúnadh* in classical Irish.

Chás di cumann a chúiteamh,
   Ní heol di féile,
Má d'imir ina reic a pearsain
   Is le fíoch éilimh;

Tá gann, tá cúng, tá suarach,
   Gan sásamh i ndán di
Ach an déirc is an tsíoraithis—
   Dar marthain! is gránna.

Foinse: *An Paróiste Míorúilteach: Rogha Dánta/The Miraculous Parish: Selected Poems* (Winston-Salem, NC: Wake Forest University Press, 2014), 70–72.

144. "Bás Mo Mháthar," Máire Mhac an tSaoi

Ba mhór an tionchar intleachta a d'imir Margaret Browne (1893–1976), máthair Mhic an tSaoi, ar scoláire i bhfilíocht na Scol í, ar a hiníon. Baineann an dán seo leas as seanchoinbhinsiúin liteartha chun caoineadh a chumadh a bhfuil, mar sin féin, blas comhaimseartha air. Tá macalla na nDánta Grá (feic Dán 40 agus 41) sa chéad íomhá, mar a mholann an file an bhean nach bhfuil ar fáil dó agus a bhfuil eagla air fiú féachaint san aghaidh uirthi. Ach is grá agus creideamh atá faoi bhagairt de bharr a caillteanais pearsanta atá i gceist anseo. Aimsítear dóchas agus grá sna híomhánna ó fhilíocht na Scol, ó na Dánta Grá, ó na hamhráin mheánaoiseacha do Mhuire Mháthair (feic Dán 27 agus 28). Ach ar deireadh is é Dia na Glóire—an Dia nach ann Dó—a cheadaigh di bás a fháil sular chaill sí a meabhair, an fealladh deiridh!

An dá shúil uaine ar nós na farraige
Cruaidh mar an chloch,
Ag tarrac caol di ar thíos na beatha
   Gan farasbarr,
Ní rabhadar gairdeach, muirneach fá mo choinne:
   Ná rabhas-sa gafa feasta ar shlua na namhad?
Ag díbirt m'athar uaithi! Ag comhairliú réasúin!...

Reluctant to return favor
    She gives, grudgingly.
If she gambles her body
    She expects a high return.

Mean, tight and narrow. She
    Is never easy, relentlessly
Demanding, abusive,
    And utterly reprehensible.

Translation: Biddy Jenkinson, in *An Paróiste Míorúilteach: Rogha Dánta/The Miraculous Parish: Selected Poems* (Winston-Salem, NC: Wake Forest University Press, 2014), 71–73.

144. "My Mother's Death," MÁIRE MHAC AN TSAOI

A scholar of the bardic poetic tradition, Mhac an tSaoi's mother, Margaret Browne (1893–1976), was an important intellectual influence on her daughter. The present poem combines various old conventions to create an elegy that is utterly contemporary in tone. The opening image invokes a *dán grá*, a courtly-love poem (see Poem 40 and 41) in which the poet praises the formidable gaze of an unattainable lady. But this is also an account of love and faith being tested by personal loss. The sense of hope and romance contained in a strain of images remindful of bardic odes, courtly love, and medieval Marian song (see Poem 27 and 28), is cut short by a God who paradoxically proves his absence by asserting his power.

Green as the sea her eyes
And hard as stone
Hoarding what little was left
    Of life's store,
They showed no pleasure or affection when they saw me:
    Had I not joined the ranks of her enemies?
Banishing my father from her! Insisting she be reasonable!...

Ní mar sin a samhlaítí dom an bhris,
Ach maoithneach, lán de dhóchas, daite pinc
Le grian tráthnóna, blátha, crónán cliar.
M'aghaidh lena gnúis, mo lámh i ngreim a láimhe,
Shaothróinn di—caiseal tola—cúirt na bhflaitheas,
Is teann an éithigh chrochfadh na geataí
Sa múrtha: ní bheadh teora lem ghaibhneoireacht!
Ní dhruidhfeadh léithi oíche an neamhní
Roimh éag don aithne—Ní mar síltear bítear:
Do chros an Dia nach ann Dó an fealladh deiridh!

Foinse: *An Paróiste Míorúilteach: Rogha Dánta/The Miraculous Parish: Selected Poems* (Winston-Salem, NC: Wake Forest University Press, 2014), 120.

145. "Jackeen ag Caoineadh na mBlascaod," BRENDAN BEHAN

Is leasainm tarcaisneach ag muintir na tuaithe é "Jackeen" do mhuintir na príomh-chathrach. Thug an Beachánach (1923–1964), Bleá Cliathach go smior, cuairt ar an mBlascaod Mór, príomhoileán na mBlascaod, sa bhliain 1947 le linn dó a bheith idir dhá thréimhse príosúnachta. Agus é ina chime d'fhoghlaim sé an Ghaeilge agus thug leis í go líofa. Léigh sé go leor de litríocht na Gaeilge, freisin. Bhí paidir an oileáin ráite de bharr imirce fhéiltiúil agus go leor den aos óg imithe ar an mbád bán. Bánaíodh an t-oileán de bharr ordú rialtais i 1953. Sular tharla sin, áfach, samhlaíodh tréigean an oileáin don Bheachánach mar mheafar do theip pholasaí an Stáit i leith na teanga. Má shamhlaítear don fhile go bhfuil na hoileánaigh ag tréigean na teanga, níorbh fhada go dtréigfeadh sé féin an teanga mar mhodh ealaíne tar éis dó a dhráma Gaeilge, "An Giall," a scríobh. An féidir, mar sin, an dán seo a léamh mar léiriú den fhile ag cur beannachta leis an nGaeilge agus beannacht an phobail leis an oileán? Agus pobal na Gaeilge ag cúngú, ba lú líon na léitheoirí agus níorbh fhiú ábhar a sholáthair ó mhionteanga.

Beidh an fharraige mhór faoi luí gréine mar ghloine,
Gan bád faoi sheol ná comhartha beo ó dhuine
Ach an t-iolar órga deireanach thuas ar imeall
An domhain, thar an mBlascaod uaigneach luite...

This is not how I imagined heartbreak;
But rather, sentimental, full of hope, pink
In the evening light; flowers, priestly murmuring.
My face pressed to hers, our hands clasped together,
I would earn—a fortress of desire—heaven's kingdom for her,
And the ultimate deceit would lift the drawbridge
In its walls: there would be no limit to my smithwork!
The night of oblivion would not reach her
Before consciousness died—a fool's paradise.
The God who does not exist prevented the final treachery!

Translation: Louis de Paor, in *An Paróiste Míorúilteach: Rogha Dánta/The Miraculous Parish: Selected Poems* (Winston-Salem, NC: Wake Forest University Press, 2014), 121.

145. "A Jackeen Keens for the Blaskets," BRENDAN BEHAN

"Jackeen" is rural slang for a Dubliner. A confirmed "city rat," Brendan Behan (1923–1964) visited the Great Blasket Island off the west coast of Kerry for the first time in 1947, between two spells in prison where he had become fluent and well-read in Irish. The Blasket's Irish-speaking population was in severe decline due to emigration, and was soon to be evacuated by a government decree in 1953. Behan's preemptive elegy envisages the deserted island as an emblem of the state's failed language policy: with its speakers thus displaced, the hopes of the language's perpetuation seem to have been thwarted (see Poem 165, "The Dead Man"). Behan stopped writing in Irish altogether after the completion of his short play "An Giall" (better known in its extended English version, *The Hostage*). Can we therefore read this poem as a case-study of the poet imparting his blessings to Irish and the community's blessings to the island? As the Irish-speaking population dwindled, the pool of readers contracted, too, and with it the incentive to handle subjects from a minority language.

Sunset, and the wide sea will be laid out like glass,
No sailing boats or signs of life, just a last
Eagle that glints on the world's edge, separate,
Circling over the lonely, spent Blasket...

An ghrian ina luí is scáth na hoíche á scaipeadh
Ar ardú ré is í ag taitneamh i bhfuacht trí scamaill,
A méara loma sínte ar thalamh
Ar thithe scriosta briste, truamhar folamh...

Faoi thost ach cleití na n-éan ag cuimilt thar tonna
Buíoch as a bheith fillte, ceann i mbrollach faoi shonas,
Séideadh na gaoithe ag luascadh go bog leathdhorais
Is an teallach fuar fliuch, gan tine, gan teas, gan chosaint.

Foinse: Declan Kiberd & Gabriel Fitzmaurice, eag., *An Crann Faoi Bhláth/The Flowering Tree:*
Contemporary Irish Poetry with Verse Translations (Dublin: Wolfhound, 1991), 108.

146. Sliocht as "Aifreann na Marbh," EOGHAN Ó TUAIRISC

Is dán fada é "Aifreann na Marbh" a foilsíodh in *Lux Aeterna* (1964), céad chnua-
sach Uí Thuairisc (1919–1982). Is dán é seo, a bhfuil foirm Aifreann na Marbh aige
(foirm an Aifrinn Laidine a bhíodh ann sular leasaíodh liotúirge na heaglaise
Caitlicí sa bhliain 1964 nuair a tógadh teangacha an phobail isteach sa liotúirge),
faoin stangadh leanúnach a bhaineann le buamáil na gcathracha Seapánacha
Hiroshima agus Nagasaki i 1945. Baineann sé, freisin, le réaltacht scitsifréineach
na ré núicléiche a lean an Dara Cogadh Domhanda sin. Is mór agus is fada idir
na portráidí gléineacha de Bhaile Átha Cliath ag lár an chéid agus na radhairc a
shamhlaítear den chathair scriosta loite. Tugtar le chéile anseo an chiontacht agus
an frustrachas a bhraitheann an file le linn na héigeandála (mar a bhaist rialtas De
Valera ar an Dara Cogadh Domhanda, tráth a raibh an Stát "neodrach"). Tá an dán
ar maos le tagairtí do chultúr agus do shibhialtacht na hÉireann agus na hEorpa
ach, in ainneoin chumas aireachtála na dtagairtí sin, ní leor iad chun aghaidh
a thabhairt, ná freagra a aimsiú, ar ilchumas an chine daonna an domhan mór
agus an saol a scriosadh.[136]

Fuair Bás ag Hiroshima
Dé Luain, 6ú Lúnasa, 1945

Transumanar significar per verba
Non si poria; pero l'esemplo basti
A cui esperienza Grazia serba.
PARADISO

---

136. Louis de Paor, eag., *Leabhar na hAthghabhála: Poems of Repossession* (Tarset, Northumberland:
Bloodaxe Books, 2016), 164.

The sun sunk down, and nightshadows scattered
Over the high moon, herself scaling
The ground with bare, outstretched fingers, cold
On the broken houses, the life's scaffold...

All silent but the birds' bellies sliding
Over the waves, glad to be home, head tucked
Snug in breast, the wind's breath rocking the door,
And the damp hearth, fireless, heatless, unwatched.

Translation: Seán Hewitt, in *Windharp: Poems of Ireland Since 1916*, ed. Niall MacMonagle (Dublin: Penguin Ireland, 2015), 60.

146. Extract from "Mass of the Dead," EOGHAN Ó TUAIRISC

Included in his first collection, *Lux Aeterna* (1964), this long poem by Eoghan Ó Tuairisc (1919–1982) in the form of a requiem records a continuing shock at the bombing of Hiroshima and Nagasaki in 1945 and the schizophrenic reality of the Nuclear Age. (The "requiem" here is the form of Latin mass in use before the reform of Catholic church liturgy in 1964, when the vernacular was introduced.) Vivid depictions of mid-century Dublin life stand in sharp contrast to imagined scenes from one of the destroyed Japanese cities. The sense of guilty impotence combines with the lingering frustration at the Emergency (a term used by de Valera's administration for Ireland's neutrality during World War II). The poem is packed with allusions to Irish and Western culture and civilization which, in all their perceptiveness, are "found incapable of providing a meaningful response to the apparently unlimited human capacity for destruction." [136]

> For those who died at Hiroshima
> Monday, 6 August, 1945

> To represent in words human transcendence
> Is impossible; but let the example suffice
> For him for whom Grace reserves this experience.
>   PARADISO

---

136. Louis de Paor, ed., *Leabhar na hAthghabhála: Poems of Repossession* (Tarset, Northumberland: Bloodaxe Books, 2016), 164.

1 *Introitus*

Músclaíonn an mhaidin ár míshuaimhneas síoraí.
Breathnaím trí phána gloine
Clogthithe na hÁdhamhchlainne
Ár gcuid slinn, ár gCré, ár gcúirteanna
Ar snámh san fhionnuaire.
Nochtann as an rosamh chugam
An ghlanchathair mhaighdeanúil
Ag fearadh a haiséirí:
Músclaíonn an mhaidin ár míshuaimhneas síoraí.

Broinneann an ceatal binnuaigneach i mo chroí
Ar fheiscint dom a háilleachta,
Géagshíneadh a gealsráideanna
Le hais na habhann, na coillte,
Líne na gnoc pinnsilteach
Á háitiú ina céad riocht—
Mo chailín cathrach fornocht
Ina codladh ag áth na gcliath:
Músclaíonn an mhaidin ár míshuaimhneas síoraí.

Tagann an aisling rinnuaibhreach anoir,
Scaipeann rós is airgead
Trí smúit a calafoirt
Ina lá léaspairte, súnás
Ag éigniú a maighdeanais
Nó go bhfágtar gach creat
Gach simléar, gach seolchrann
Ina chnámh dubh, ina ghrianghraf
Ag léiriú inmhíniú mo laoi:
Músclaíonn an mhaidin ár míshuaimhneas síoraí.

1 Introitus

Morning awakens our eternal unrest.
I watch through a pane of glass
The belfries of the children of Adam
Our slates, our Creed, our courts
Floating in the freshness.
Out of the mist she bares herself to me
The immaculate maiden city
In the act of resurrection.
Morning awakens our eternal unrest.

Bittersweet strains well up in my heart
At the sight of her loveliness,
Her bright stretching streets
Beside the river, the woods,
The penciled outline of the hills
Placing her in her first guise—
My naked city girl
Asleep at the hurdle ford:
Morning awakens our eternal unrest.

The apparition arrives radiantly proud from the east,
Dispersing rose and silver
Through the smoke of her harbor
In a daylight flash, lust
Violating her virginity
Till every structure,
Every chimney, every mast is left
A charred bone, a sunprint
Revealing the theme of my lay:
Morning awakens our eternal unrest.

2 Kyrie

Siú Íosasú, amhaireimí tama-íl "A Thiarna Íosa, déan trócaire orainn!"
Chualathas an phaidir sin ar shráideanna Hiroshima maidin na tragóide.

Déan trócaire orainn atá gan trócaire
Dár n-ainmhian eolaíochta déan trua,
Foilsigh trí shalachar na haimsire
A chruthaíomar dúinn féin, an ghrian nua.
D'aimsíomar an t-úll
D'fhág an tseanghrian faoi smál, *Siú Íosasú.*

Amhaireimí. Orainne ar na sráideanna
Chuireas cos thar chois amach ar maidin Luain
Gan aird againn ar ár gcuid scáileanna
Ag gliúcadh orainn ón ngloine, an dara slua
Ar choiscéim linn go ciúin
Mílítheach marbh múinte. *Siú Íosasú.*

Siú. Siúlaim. Trí thionóisc na dteangacha
Gluaisim ar aghaidh ag machnamh ar an mbua
A bhaineamar amach, eolas na maitheasa
Agus an oilc i dtoil an té gan stiúir
Ina dhia beag ar siúl—
Amhaireimí. Amhaireimí. Siú Íosasú.

Siúd liom isteach trí áirse ollscoile
Ag snámh ina n-aghaidh, an t-aos óg gealsnua
A bhrúchtann chun solais lena málaí ascaille
Ag trácht ar an spás, an teoragán is nua,
An fhinnbheannach, an mhongrua
Is a dtálchuid faoi chuing na matamaitice. *Siú.*

Fanann a gcumhracht liom ar ghaoth a n-imeachta
Fanann seal nóiméid sa phasáiste cúng
Niamhracht agus naí-gháire na n-aoiseanna
A cnuasaíodh i bhfriotal binn nach buan,
D'éalaigh na nimfeacha uainn
Ach maireann mil a nginiúna faoin áirse againn. *Siú.*

2 Kyrie

Siú Íosasú, amhaireimí tama-íl "Lord Jesus, have mercy on us!"
That prayer was heard on the streets of Hiroshima on the morning
          of the tragedy.

Have mercy on us the merciless,
On our scientific lust take pity,
Reveal through the filthy weather
We created for ourselves, the new sun.
We discovered the apple
That left the old sun under a cloud, *Siú Íosasú.*

Amhaireimí. On us who on the streets
Put one foot before the other this Monday morning
Not noticing our reflections
Staring at us from the glass, the other host
Silently in step with us
Ashen, dead, polite. *Siú Íosasú.*

Siú. I walk. Through the accident of languages
I move forward musing on the victory
We achieved, the knowledge of good
And evil in the will of rudderless man
A little god on his way—
Amhaireimí. Amhaireimí. Siú Íosasú.

Here I enter under a university arch
Swimming against the tide of fresh-faced youths
Who rush towards the light with their satchels
Discussing space, the latest theory,
The blonde, the redhead
With their breasts harnessed by mathematics. *Siú.*

Their fragrance lingers in their wake.
There lingers briefly in the narrow passage
The luster and the innocent laughter of the ages
Collected in sweet impermanent speech,
The nymphs slipped away from us
But the honey of their generation survives among us beneath the arch. *Siú.*

Dearcaim arís trís shúile freacnairce
An chloch dhiúltach, an chearnóg mhanachúil,
Suaimhneas an chlabhstair ar a chearchall aislinge
Nach músclaítear ag clogdhán ná ag an uaill
Bhalbh phianstairiúil
I gcroílár an róis crochta cois balla. Siú.

Luaitear na dátaí, ainmneacha ailtirí,
Comhrá cneasta cinnte coillte acadúil,
Ní ligtear le fios i bhfocal paiseanta
Ainm an ailtire a dhearaigh an bunstua
Ní luaitear lá an Luain
Nó go labhraíonn an gairbhéal gáirsiúil faoinár sála. Siú.

Tagann tollbhlosc ón bhfaiche imeartha
Ag méadú an chiúnais is ag cur in iúl
Dhíomhaointeas an dísirt ian bhfuilimid
Faoi aghaidheanna fidil leanbaí ag súil
Nach dtitfidh an tromchúis
Orainne, cé go screadann na rósanna as croí a gcumhrachta. Siú.

Fiosraím an fál in uaigneas leabharlainne,
An litir ársa is an dobharchú
Ag breith ar an iasc i gcoidéacs Cheannannais
Idir an crot is a chéasadh, an dá rún,
Ag ceangal an chlabhsúir
San ainm seang a mharaigh mé. Siú Íosasú.

Siú. Siúl. Siúlaim. Siúlaimid
Trí réimniú briathar, faí mharfach, ar aghaidh
Ó Luan go Luan ag ceapadh suaitheantais
In eibhearchloch na cathrach seo gan aidhm,
Tá an cailín ina haghaidh.
Siú Íosasú, amhaireimí tama-i.

I regard again with present tense eyes
The forbidding stone, the monastic square
The peace of the cloister on its dream-pillow
That is not awoken by bell-peal or
By the mute bitter-historied howl
In the heart of the rose hung on a wall. *Siú.*

The dates are given, architects' names,
A well-meaning, assured, sterile, academic exchange,
We are not told in a heart-felt word
The name of the architect who designed the original arch
The Day of Judgement is not mentioned
Until the obscene gravel speaks beneath our heels. *Siú.*

A dull thud comes from the playing field
Amplifying the silence and making us aware of
The torpor of the desert we are in
Wearing childish masks and hoping
The heavy sentence will not fall
On us, though the roses scream from the heart of their fragrance. *Siú.*

I seek out the cabinet in the deserted library
The ancient letter and the otter
Grasping the fish in the codex of Kells
Between the figure and the disfigurement, the two mysteries,
Locking the conclusion
In the slender name that killed me. *Siú Íosasú.*

Siú. Walk. I walk. We walk
Through the conjugation of verbs, lethal voice, onward
From Monday to Monday devising an emblem
In the granite of this city without purpose,
The girl is in her face.
Siú Íosasú, amhaireimí tama-i.

3 Graduale

Ná tóg orm, a Chríost,
Go ndearnas an ghadaíocht
Is foirm do cheatail ghlinn
A dhealbhú dom aisling,

Buairt m'anama nach beag
I mo sheasamh ar chéimeanna
Na cathrach céasta, ceann-nocht,
Is cúis dom an ghadaíocht.

Sinne na mairbh fuair bás
In Áth Cliath is in antráth
Lá gréine na blaisféime
Shéideamar Hiroshima.

Ní Gaeil sinn a thuilleadh de shloinneadh Ír is Éibhir,
Ní oíche linn an spéirling a fuineadh do bhláth Dhéirdre,
An tráth seo chois Life an loingis i gcríon mo laetha
Is léir dom ár ngin is ár ngoineadh, síol Éabha.

4 Dies Irae

Busanna uaine, brionglóidí ar luail
Ag breith a samhaltas ón bpluda méasasóch
Go hInbhear Life ag éagaoin thar an ród
Is an dá bhord luchtaithe. Gluaiseann
An t-am, maireann an tsamhail, gluaiseann
An t-iomlán againn, na haghaidheanna ciúine,
An croiméal agus an toitín, an púdar cnis,
Béaldath an chorail ar bhéal gan smid
Is ingne néata as a dtámhnéal ag ofráil
Leathréal an phasáiste don oifigeach,
Agus gluaisimid, glúin le glúin, sinne,
An t-aonarán agus an t-aonarán agus an t-aonarán
I mbroinn na huaire cuachta le chéile
Faoi shreabhanna stáin agus gloine gléasta

3 *Graduale*

Forgive me, Christ,
That I committed theft
Adapting the structure of your clear chants
For my apparition,

No small soul-ache
Standing on the steps
Of the tormented city, bareheaded,
I am troubled by the theft.

We are the dead who died
In Dublin in an evil hour
The sunlit blasphemous day
We blasted Hiroshima.

We are no longer Gaels descended from Ír and Éibhear,
We no longer think the tempest prepared for Déirdre's bloom was the end,
At this time beside the shipladen Liffey in my days of decay
I clearly see our origin and our affliction, children of Eve.

4 *Dies Irae*

Green buses, dreams in motion
Bringing their symbolism from the mesozoic mud
To Liffey Harbour moaning over the road
Both decks packed. Time moves on,
The image abides, we all move on, the silent faces,
The moustache and the cigarette, the skin powder,
Coral lipstick on a wordless mouth
And neat fingernails in their trance offering
The thrupenny fare to the conductor,
And we move on, knee to knee, we,
The solitary and the solitary and the solitary
Bundled together in the womb of time
Beneath plates of tin and shining glass
Through the rhetoric of the city at noon, blast of the horn

Trí reitric nóin na cathrach, séidtear
An adharc ag freagairt don adharc inár dtimpeall,
An uaim ag freagairt don uaill i mo chuimhne—
Lá gréine na blaisféime
Shéideamar Hiroshima.

Gluaiseann siad glúin le glúin ar aghaidh
An t-ógfhear agus an ghealbhé
In uamanna coil, síol Éabha,
An chlann chumhra, cúpla an chéad gháire,
Go léirítear an dá aghaidh ghléineacha
In aisling an bhus seal gréine
Idir dhá chith ar ghloine bhraonfhliuch
Clóbhuailte, cruinn, ciontach, ach a Chríost chéasta
Dearcann siad fós as croí a gcumhrachta
Go súil-loinnreach, súil-alainn—

Cé go bhfuil an dán i gcló
Is bláthanna a kimónó
Ina gcuspaí beo scríofa
Ar óguachtar óghbhríde,
Gluaisimid, glúin le glúin, féinsiabtha,
An ghlúin seo againn gan faoiseamh
Trí bhloscbhualadh na loiní, cuislí
An bhaibéil a ghineamar, géarghiaranna,
Golfairt na gcoscán, freang, tormáileanna,
Géimneach an mhiotail ag olagón, clog,
Teangmháil an tarra le ruibéar na roth
Ag fearadh an tochmhairc gan toradh broinne
Sa smúit seo, teimheal-aois an duine,
An tsúil gan súil, an leiceann geal le gloine,
An ghlúin seo againn in ísealghiar ag imeacht
Béal ár gcinniúna romhainn amach
Fad sráide ag fearadh an tochmhairc.

Nochtamar i lár sráide
A mhaighdean na Seapáine
Go comair docht ar do chneas
An tochmharc agus an toircheas.

Answering the horn around us,
The echo answering the howl in my memory—
The sunlit blasphemous day
We blasted Hiroshima.

They move on knee to knee
The young man and the fair maiden
Linked in lust, children of Eve,
The fragrant offspring, the first couple to laugh
So that the two bright faces are revealed
In the dream of the bus during a sunny spell
Between two showers on dripping glass
Printed, precise, guilty, but crucified Christ
They still look out from the heart of their fragrance
Radiant-eyed, beautiful-eyed—

Though the poem is in print
And the flowers of her kimono
Are motifs vividly inscribed
On the young breast of a virgin bride,
We move on, knee to knee, self-driven,
This restless generation of ours
Through exploding pistons, pulses
Of the babel we created, shrill gears,
Complaining brakes, a lurch, rumblings,
Bellowing of the grieved metal, a bell,
The tar's encounter with the rubber wheels
Enacting the courtship that will swell no womb
In this murk, dark age of humanity,
Eye without hope, bright cheek against the glass,
This generation of ours departing in low gear
The mouth of our doom opening up before us
The length of the street enacting the courtship.

We exposed in the middle of the street
O maiden of Japan
Neatly and firmly on our skin
The courtship and the pregnancy.

Tuireamh na roth. Clog. Fógraíonn
An stad is an t-imeacht, clingeann i mo chuimhne
Ag fógairt an Luain seo lá an fhíocha
Nuair atá cling na gloine briste le clos—
Ná tuirling go stada an bus.
Ná tuirling ar an tsráid iarnóna
A Chríost mhilis uaignigh na híoróna.

Álainn, a dúirt mé, fánach mo ghuth
Ar dhroichead Uí Chonaill trí thuireamh na roth
Agus clingeann an clog. Meangadh tarcaisne
A sheolann an ghrian chugainn tríd an bpána.
Snámhann na haithinní deannaigh ar ala na huaire,
Rince fada na n-adamh ar tonnluascadh
Arís agus arís eile agus beirt eile fós,
Rince na n-adamh is a n-eibhlíní cumhra
Agus dusta na giniúna ar a cheolchúrsa
I gceilí an Luain seo ar an sean-nós
Nó go dtagann anoir chugainn i ndeireadh na dála
An mhaidin á doirteadh ar imeall na sráide
Is go mbriseann an meangadh gréine ar an bpána
A nochtann an ghealbhé ina cinniúint caillte,
A haghaidh álainn ón scáil aníos
Agus cnámh an chloiginn tríd an gcuntanós
Agus sonann an croí istigh ionam, faí chéasta,

Lá gréine an blaisféime.

Faighim scracfhéachaint ar an Life amuigh
Seal gréine idir dhá chith
Ag frithchaitheamh an Lúnasa, dáil na n-éan,
Oireacht na bhfocal is na bhfaoileán, seal
Finscéil, an lá feacht n-aon in éineacht
Le lapadaíl loinnreach na glanGhaeilge
A mhúnlaigh Lugh i mbroinn d'Eithne.
Tá criú beirte ar shodramán birlinge
Ar liathradh fúinn ar sceamh a heitre
Ag breith uainn sláinte Mhic Aonghusa
Soir, soir le sruth. D'ullmhaíomar

Dirge of the wheels. Bell. Announces
The stop and the departure, rings in my memory
Declaring this Monday the day of wrath
When the tinkle of broken glass is heard—
Do not alight until the bus has come to a halt.
Do not alight on the afternoon street
O sweet lonely ironical Christ.

Beautiful, I said, my voice in vain
On O'Connell Bridge through the dirge of the wheels
And the bell rings. A contemptuous smile
The sun sends us through the pane.
The dust motes swim on the spur of the moment,
The long dance of the undulating atoms
Again and again and yet another couple,
The dance of the atoms and their sweet embers
And the dust of generation on this musical course
In this Monday's old time *céilí* dance
Until finally dawn comes to us from the east
Spilling onto the edge of the street
And the sun-smile breaks on the pane
Disclosing the bright maiden in her doom of death,
Her beautiful face up from the shade
And the skull out through the countenance
And my heart sounds inside me, passive voice.

The sunny blasphemous day.

I catch a glimpse of the Liffey outside
During a sunny spell between two showers
Reflecting August, parliament of fowls,
Assembly of words and gulls, a legendary
Era, the day once upon a time
With gleaming splashes of pure Irish
That formed Lugh in the womb of Eithne.
A two-man crew on a chugging barge
Are gliding beneath us in the furrow of its course
Taking the goodness of Guinness away from us
Eastward, eastward on the tide. We prepared

Greann gáirsiúil an fhinscéil, ghineamar
Ár n-aingeal coimhdeachta i mbroinn na heithne,
Is gurb ionann E agus MC cearnaithe—
Is é ár ngrá Dé é, ár ndiúgín beannaithe
Ár Lugh Lámhfhada, an fionnpháiste,
Agus lá fhéile an tSamhaildánaigh

Shéideamar Hiroshima.

[...]

Deireadh cúrsa. Tuirlingimid.
Tá gaimh an Lúnasa sa lá amuigh
Seal gréine idir dhá chith.
Tá beanna oifigí, íola bréige,
Manaí coigiltis, fiacailtaosanna,
Speireanna creidimh agus scrínréaltaí
I bhfeidil ghliogair sa tsráid-éigse.

Scríobhann an t-oifigeach tuairisc an phasáiste,
Cniogann stiletto, cnagann sála,
Taibhsí ag tuirlingt ar an aimsir láithreach
Mar a bhfuil an tsamhail ag feitheamh linn ón anallód
Ag bunchloch an túir, na gladioli
Ina gclaimhte solais ag leonadh mo chuimhne,
Is a dhia anaithnid cad ab áil leat mar leorghníomh?
Ach deir mo choiscéim liom gur ródhéanach,
Go bhfuil an tráthnóna ann agus an Táin déanta,
Agus insíonn sioscadh na sciortaí síoda
I meisce thuisceana lá saoire
Gur séideamar Hiroshima. Tugaim
M'aghaidh ar an ród seo romham, *persona*
Trína séideann tamall táinghlórtha
Na bhfilí atá as cló na gcéadfaí
Ag faisnéis dom nár éag an ceol seo. Clingeann
An ollchathair i mo thimpeall. Croitheann
An chloch bhunaidh. Cloisim
I mbúireach an tráchta san iarnóin

The coarse comedy of the legend, we created
Our guardian angel in the core of the nucleus
So that E equals MC squared—
It is our love of God, our blessed drop
Our Lugh of the Long Hand, the fair child,
And the feast day of the Omnipotent Craftsman

We blasted Hiroshima.

[...]

Journey's end. We alight.
The pang of August is in the day outside
A sunny spell between two showers.
Office gables, false idols,
Ads for savings, toothpastes,
Religious billboards and screen stars
Dominate the chatter of the street-doggerel.

The conductor writes a report on the journey,
A stiletto taps, a heel strikes,
Ghosts descending into the present tense
Where the image awaits us from the long ago
At the foundation stone of the tower, the gladioli
Swords of light wounding my memory,
And, unknown god, what would please you as an act of atonement?
But my step tells me it's too late,
That it's after noon and the Raid is over,
And the hissing of silk skirts tells me
In the confused understanding of a holiday
That we blasted Hiroshima. I turn
My face to this road before me, a *persona*
Through which sounds for a while the epic tones
Of the poets who are beyond our senses
Telling me this music has not died. The great city
Rings around me. The foundation stone
Shakes. I hear
In the roar of the afternoon traffic

Europa de gháir gharbh
Ar dáir don dia-tharbh.

Críonann an spéir. Tosaímid ag rith.
Agus tuirlingeann an cith.

[...]

Foinse: *Lux Aeterna* (Baile Átha Cliath: Allen Figgis & Co. Ltd, 1964), 25–46.

LÉITHEOIREACHT SA BHREIS

Louis de Paor, eag., *Leabhar na hAthghabhála: Poems of Repossession* (Tarset, North-umberland: Bloodaxe Books, 2016).

Louis de Paor, eag., *Míorúilt an Pharóiste: Aistí ar Fhilíocht Mháire Mhac an tSaoi* (Indreabhán: Cló Iar-Chonnacht, 2014).

Declan Kiberd, *Irish Classics* (London: Granta, 2000).

Liam Mac Amhlaigh & Caoimhín Mac Giolla Léith, eag., *Fill Arís: Oidhreacht Sheáin Uí Ríordáin* (Indreabhán: Cló Iar-Chonnacht, 2012).

Mícheál Mac Craith, *An tOileán Rúin agus Muir an Dáin: Staidéar ar Fhilíocht Mháirtín Uí Dhireáin* (Baile Átha Cliath: Comhar, 1993).

John McCourt, eag., *Reading Brendan Behan* (Cork: Cork University Press, 2019).

Ríona Ní Fhrighil, eag., *Filíocht Chomhaimseartha na Gaeilge* (Dublin: Cois Life, 2010).

Tríona Ní Shíocháin & Ríona Ní Churtáin, eag., *Ní Insint Dán ach Bheith: Aistí ar Smaointeoireacht an Ríordánaigh* (Daingean Uí Chúis: An Sagart, 2019).

Seán Ó Tuama, *Repossession: Selected Essays on the Irish Literary Heritage* (Cork: Cork University Press, 1995).

Frank Sewell, *Modern Irish Poetry: A New Alhambra* (Oxford: Oxford University Press, 2001).

The hoarse cry of Europa
In heat for the bull-god.

The sky turns grey. We begin to run
And the shower descends.

[...]

Translation: Colbert Kearney, in *Leabhar na hAthghabhála: Poems of Repossession*, Irish-English bilingual edition, ed. Louis de Paor (Tarset, Northumberland: Bloodaxe Books, 2016), 167–77, 185–87.

FURTHER READING

Louis de Paor, ed., *Leabhar na hAthghabhála: Poems of Repossession* (Tarset, Northumberland: Bloodaxe Books, 2016).

Louis de Paor, ed., *Míorúilt an Pharóiste: Aistí ar Fhilíocht Mháire Mhac an tSaoi* (Indreabhán: Cló Iar-Chonnacht, 2014).

Declan Kiberd, *Irish Classics* (London: Granta, 2000).

Liam Mac Amhlaigh & Caoimhín Mac Giolla Léith, eds., *Fill Arís: Oidhreacht Sheáin Uí Ríordáin* (Indreabhán: Cló Iar-Chonnacht, 2012).

Mícheál Mac Craith, *An tOileán Rúin agus Muir an Dáin: Staidéar ar Fhilíocht Mháirtín Uí Dhireáin* (Baile Átha Cliath: Comhar, 1993).

John McCourt, ed., *Reading Brendan Behan* (Cork: Cork University Press, 2019).

Ríona Ní Fhrighil, ed., *Filíocht Chomhaimseartha na Gaeilge* (Dublin: Cois Life, 2010).

Tríona Ní Shíocháin & Ríona Ní Churtáin, eds., *Ní Insint Dán ach Bheith: Aistí ar Smaointeoireacht an Ríordánaigh* (Daingean Uí Chúis: An Sagart, 2019).

Seán Ó Tuama, *Repossession: Selected Essays on the Irish Literary Heritage* (Cork: Cork University Press, 1995).

Frank Sewell, *Modern Irish Poetry: A New Alhambra* (Oxford: Oxford University Press, 2001).

Innti (1970–2000)

Caoimhín Mac Giolla Léith & Clíona Ní Ríordáin

Ina aiste "Cor nua san fhilíocht" mhol Eoghan Ó hAnluain Bealtaine 1967 már dháta tionscnaimh d'athbheochan shuntasach i nuafhilíocht na Gaeilge. Agus eagrán speisialta de Comhar á ullmhú ag Ó hAnluain agus a chomheagarthóir, le cúig bliana fichead de stair na hirise a chomóradh, seoladh leathdhosaen dán sa phost chucu ó Ithaca, Nua Eabhrac, áit a raibh an file óg a chum, Tomás Mac Síomóin, i mbun taighde iarchéime. Guth úr a bhí anseo le cur le hais ghuth na glúine roimhe sin—Ó Ríordáin, Ó Direáin, Mhac an tSaoi agus eile—a raibh fóram suntasach á sholáthar dóibh ag Comhar le fada. Bhí féith láidir den triala-chas foirme, nach bhfacthas cheana i bhfilíocht na Gaeilge, ag roinnt le saothar luath Mhic Shíomóin, bíodh go dtáinig cur chuige níos clasaicí chun cinn ar ball ina chuid filíochta, faoi thionchar an Direánaigh cuid áirithe, sular chas sé ar deireadh ar an bprós.

Tá tuairisceoirí eile ann a luafadh a mhalairt de dháta tionscnaimh, mar atá Márta 1970, nuair a seoladh an chéad eagrán den iris Innti—mórbhileog filíochta a bhí ann i dtús báire—a bhain cáil amach gan mhoill mar phríomhfhóram don ghlúin óg filí a dtugtar "filí Innti" orthu go minic. Bíodh go raibh dánta le Mac Síomóin sa chéad eagrán sin, féachtar anois ar na filí seo a leanas mar chroílár an ghrúpa: Michael Davitt, Nuala Ní Dhomhnaill, Liam Ó Muirthile agus Gabriel Rosenstock. Bhí siad ar fad ina mic léinn i gColáiste Ollscoile Chorcaí ag an am. Rugadh agus tógadh iad ar fad thart faoin mbliain 1950 agus tháinig siad in inmhe sna seascaidí de réir mar a bhí an saol in Éirinn ag athrú go mór ar chúi-seanna éagsúla: feabhas i rachmas na tíre, deiseanna nua taistil agus teagmhála, maolú ar smachtbhannaí morálta, athbheochan sa ghníomhaíocht chúltúrtha agus pholaitiúil, claonadh i dtreo an chultúir fhreasúraigh, borradh i gcultúr na hóige, agus spéis nua á cur i reiligiúin agus i modhanna machnaimh ón iasacht, go háirithe ón gCian-Oirthear. Bíodh nárbh aon cheanncheathrú í Éire na bliana 1970 do chúrsaí "sex, drugs & rock 'n' roll," d'fhág an réabhlóid ghnéis (agus, ar ball, an feimineachas), mar aon le caitheamh drugaí mar chaitheamh aimsire agus an spéis fhorleathan a cuireadh sa cheol coiteann Angla-Mheiriceánach, a rian ar an bhfilíocht a bhí á cumadh ag an am.

Lean an chéad bhaicle d'fhilí Innti eiseamláir an Ríordánaigh agus thumadar iad féin i saol agus i gcultúr Chorca Dhuibhne, go háirithe agus iad ar an ollscoil,

CHAPTER THIRTEEN

The Innti Generation (1970–2000)

Caoimhín Mac Giolla Léith & Clíona Ní Ríordáin

In his essay "Cor nua san fhilíocht" ("A new turn in poetry") the critic Eoghan Ó hAnluain suggested May 1967 as the date marking the beginning of a notable renaissance in poetry in the Irish language. While he and his co-editor were preparing the 25th-anniversary issue of the literary and current affairs magazine *Comhar*, a half-dozen poems arrived in the post from Ithaca, New York, where their young author, Tomás Mac Síomóin, was pursuing postgraduate studies. Here was a new voice to add to that of the earlier generation of Ó Ríordáin, Ó Direáin, and Mhac an tSaoi for whom *Comhar* had long provided a crucial forum. Mac Síomóin's early poetry included a striking degree of formal experimentation unprecedented in the language, though a more classical mode, somewhat indebted to Ó Direáin, later prevailed before he eventually turned his attention to prose.

Other critics favor, as an alternative point of departure, the publication in Cork in March 1970 of the first issue of the poetry journal *Innti*—initially a broadsheet—which quickly became the main platform for an emerging group of poets often referred to as the "*Innti* generation." Though Mac Síomóin contributed from afar to that first issue, the key members of this group were a few years younger and were all students at University College Cork (UCC) at the time: Michael Davitt, Nuala Ní Dhomhnaill, Liam Ó Muirthile, and Gabriel Rosenstock.

Born in or around 1950, they came of age during the late 1960s at a time of increased prosperity, broadening horizons, gradually relaxing mores, renewed cultural and political activism, occasional counter-cultural tendencies, a newly energized youth culture, and a growing interest in alternative religions and philosophies, especially from the Far East. While Ireland in 1970 was hardly the headquarters of "sex, drugs & rock 'n' roll," the sexual revolution (and, a little later, feminism), the use of recreational drugs, and the ubiquity of Anglo-American popular music and culture, all left a mark on the poetry being produced. Though more outward-looking and casually cosmopolitan than the previous generation, the initial cohort of *Innti* poets, none of whom grew up in Irish-speaking areas, also immersed themselves during their student days in the west-Kerry *Gaeltacht*, as Ó Ríordáin had a generation earlier. In fact Ó Ríordáin, who was a presence in UCC at the time as writer-in-residence, noted with approval their ability to assimilate themselves linguistically to the point of becoming indistinguishable

bíodh nár tógadh aon duine acu sa Ghaeltacht. Ach de réir a chéile d'imigh siad ar fad chun cónaithe i mBaile Átha Cliath, a bhí mar chúlbhrat feasta do mhórán dá gcuid filíochta. Chaith Davitt agus Ó Muirthile araon blianta ag obair do RTÉ agus níor bheag an taithí craoltóireachta a bhí ag Ní Dhomhnaill agus Rosentock ach oiread. Ná níor bheag an tábhacht a bhain leis an teilifís mar mheán eolais dóibh ar chúrsaí reatha, idir náisiúnta agus idirnáisiúnta, nuaíocht faoi Thrioblóidí an Tuaiscirt thar aon rud eile, rud a d'fhág rian ar shaothar Davitt go háirithe.

Bhí meán an chló fós i réim, áfach, ó thaobh na praitice de: irisí ar nós *Innti*, *Comhar*, agus eile, mar aon le sruth leanúnach de chnuasaigh aonair filíochta, a bhuí leis na foilsitheoirí éagsúla nua a tháinig ar an bhfód de réir mar a tháinig an fhoilsitheoireacht deisce chun cinn. D'éirigh léamhanna poiblí filíochta i bhfad níos coitianta, mar sin féin, iad dírithe go minic ar phobal dátheangach agus leas á bhaint ag na filí as leaganacha Béarla dá ndánta. Ó na 1980idí ar aghaidh bhí borradh nach bhfacthas roimhe seo ar fhoilseacháin dhátheangacha agus chuir cuid mhaith d'fhilí Béarla na tíre a gcuid scileanna aistrithe ar fáil dá gcomhghleacaithe a bhí ag saothrú na Gaeilge. Go deimhin, bhí cáil bainte amach cheana féin ag Michael Hartnett mar fhile Béarla nuair a rinne sé siúd cinneadh suntasach casadh ar an nGaeilge, rud a d'fhógair sé go neamhbhalbh sa dán fada "Farewell to English" sa bhliain 1975. I nGaeilge amháin a scríobh sé ar feadh deich mbliana ina dhiaidh sin sular bheartaigh sé scríobh feasta sa dá theanga. Is féidir féachaint ar eiseamláir Hartnett mar leagan ar leith den fhéinchomhfhiosacht faoi chúrsaí teanga a shainíonn i gcónaí, dar le tuairisceoirí áirithe, an scríbhneoir a roghnaíonn teanga neamhfhorleathan mar mheán.

Bhí ceist an aistriúcháin conspóideach go leor. Sa réamhrá a chuir Dermot Bolger leis an gcnuasach *An Tonn Gheal/The Bright Wave*, a d'fhoilsigh a chomhlacht foilsitheoireachta Raven Arts Press sa bhliain 1986, rinne sé argóint láidir ar son leaganacha Béarla a chur ar fáil de dhánta comhaimseartha Gaeilge, á mhaoímh go mba thrua nach raibh teacht ar shaothar a chomhghleacaithe féin trí mheán an Bhéarla faoi mar a bhí ar shaothar nuafhilí na hEorpa trí chéile. Ar an taobh eile den scéal, sa réamhrá ag Michael Cronin lena leabhar seisean *Aistriú Éireann* (2008), thug sé siúd le fios go bhféadfaí breathnú ar an éileamh ar aistriúcháin Bhéarla mar léiriú ar theip na hathbheochana mar thionscnamh. Níos conspóidí fós, scríobh Biddy Jenkinson litir chuig eagarthóir an *Irish University Review* á chur in iúl gurbh fhearr léi nach gcuirfí leaganacha Béarla dá dánta ar fáil in Éirinn: "I prefer not to be translated into English in Ireland. It is a small rude gesture to those who think that everything can be harvested and stored without loss in an

from native speakers of Irish. That said, all of these poets eventually settled in Dublin, which supplies the backdrop to some of their later work. Both Davitt and Ó Muirthile spent years working in RTÉ, and Ní Dhomhnaill and Rosenstock were no strangers to the national broadcaster. The mediating role of television in relaying news, both national and international, especially news of the Northern Irish "Troubles," clearly inflects Davitt's poetry in particular.

For practical purposes, print media remained paramount: magazines such as Innti, Comhar, and others, as well as a steady stream of individual poetry collections published by a growing number of small publishing houses as desktop publishing came into its own. Public poetry readings also became far more common, however, often addressing a dual-language audience with the aid of English translations. From the 1980s on, dual-language publications also thrived as never before. Prominent Irish poets writing in English lent their translating services to their Irish-language colleagues. In fact, Michael Hartnett was a well-established poet in English before famously bidding a "Farewell to English" in 1975 in a long poem of that title. He wrote exclusively in Irish for a decade thereafter, before ultimately deciding to write in both languages. Hartnett's is simply an extreme example of the linguistic self-consciousness that many critics view as the inevitable lot of the writer in a minor language.

Yet, the issue of translation into English was not without controversy. Dermot Bolger argued strongly in favor of the availability of English-language versions of contemporary Irish language poems in his introduction to the anthology An Tonn Gheal/The Bright Wave, published under his Raven Arts imprint in 1986, deploring the fact that while modern European poetry was available in translation, the work of his peers was not. However, as Michael Cronin underlined in his preface to Aistriú Éireann (2008), such translation to English could be viewed as the failure of the language revival project. More controversially, Biddy Jenkinson, in a letter to the editor of the Irish University Review, objected to the fact that her poetry should be translated into English in Ireland: "I prefer not to be translated into English in Ireland. It is a small rude gesture to those who think that everything can be harvested and stored without loss in an English-speaking Ireland."[137] In an extended essay in The Southern Review, Máire Mhac an tSaoi argues that the Irish language for these poets is "[...] not just the medium; it is an intrinsic element and inseparable element in the whole."[138] At this remove,

---

137. Biddy Jenkinson, "A Letter to an Editor," Irish University Review 21, no. 1 (1991): 34.
138. Máire Mhac an tSaoi, "Writing in Modern Irish—A Benign Anachronism?" The Southern Review 31, no. 3 (1995): 426.

English-speaking Ireland."[137] In aiste fhada in *The Southern Review*, scríobh Máire Mhac an tSaoi go raibh, de réir na bhfilí seo, níos mó i gceist leis an teanga ná "[...] just the medium; it is an intrinsic element and inseparable element in the whole."[138] Ní chloistear an oiread céanna argóna faoin gceist seo inniu. Mar sin féin, tá aird dírithe ag Louis de Paor ar an mbaol atá ann i gcónaí do scríbhneoirí i mionteanga a scríobhann le súil go n-aistreofar a saothar. Is é sin go bplúchfar an bhuninstinn chruthaitheach agus go gceilfear bunmhianach na teanga dúchais. Is ar an ábhar seo a fhanann de Paor féin roinnt blianta tar éis dó a shaothar a chur ar fáil as Gaeilge sula dtugann sé cead aistriúcháin a fhoilsiú; rud a thugann deis cheart do léitheoirí na Gaeilge a gcuid féin a dhéanamh den bhunsaothar i dtús báire.

Baineann de Paor le glúin níos óige d'fhilí *Innti* a tháinig in inmhe, mar a tháinig an chéad ghlúin, faoi choimirce Sheáin Uí Thuama, file, drámadóir, agus Ollamh le Nua-Ghaeilge i gColáiste na hOllscoile Chorcaí ar feadh i bhfad. Sna blianta i ndiaidh don chéad ghlúin d'fhilí *Innti* Corcaigh a fhágáil, thug sé cothú d'fhilí óga eile trí mhéan saotharlanna scríbhneoireachta. Is mar sin a cuireadh ainmneacha nua le liosta na nInntirí: Colm Breathnach, go háirithe, mar aon le de Paor féin. Bhí de Paor ina eagarthóir ar an iris ar feadh tamaill agus d'oibrigh sé i gcomhpháirt leis an Tuamach ag cur eagair ar *Coiscéim na hAoise Seo* (1991), cnuasach a thóg ar dhíolaim cheannródaíoch Uí Thuama *Nuavéarsaíocht* (1950).

I meas na ngnéithe nua de chur chuige Uí Mhuirthile, Ní Dhomhnaill, agus eile, áirítear na dlúthdhioscaí a eisíodh in éineacht le cnuasaigh áirithe, rud a thug deis dóibh siúd gan Ghaeilge nó ar bheagán Gaeilge éisteacht leis na filí ag léamh a ndánta sa bhunteanga. Cuid thábhachtach de scaipeadh agus de chraobhscaoileadhna filíochta ag an nglúin seo freisin is ea cnuasaigh agus léamhanna filíochta le tionlacan ceoil. D'fhan na filí seo taobh amuigh den acadamh, den chuid is mó—eisceacht is ea Louis de Paor. Mar sin féin, chaith cuid acu tréimhsí ina scríbhneoirí cónaitheacha in ollscoileanna éagsúla, go háirithe Nuala Ní Dhomhnaill, a bhfuil baint aici le fada le hOllscoil Notre Dame i Meiriceá. Seachas seo, bhain a bhformhór acu slí bheatha amach sna meáin chumarsáide nó i gcúrsaí aistriúcháin sular thugadar faoin scríbhneoireacht ar bhonn lánaimsireach. Sa tríocha bliain deiridh den bhfichiú haois, bhí líon mór filí ag saothrú na Gaeilge agus réimse leathan ábhair idir lámha acu, mar is léir ón rogha scóipiúil atá á sholáthar anseo ón tréimhse ar leith seo i stair filíochta sa teanga. Is léiriú é seo ar

---

137. Biddy Jenkinson, "A Letter to an Editor," *Irish University Review* 21, uimh. 1 (1991): 34.

138. Máire Mhac an tSaoi, "Writing in Modern Irish—A Benign Anachronism?" *Southern Review* 31, uimh. 3 (1995): 426.

translation seems unproblematic. However, Louis de Paor points out the danger that awaits the minority-language writer who writes to be translated. They run the risk of smothering the initial creative impulse and dampening the genius of the native tongue. For this reason, de Paor himself publishes his work in Irish and waits several years before allowing a translation to appear, thus allowing the initial volume to be read by the Irish-language public alone.

De Paor forms part of a slightly younger Innti flock, fostered, like their elders, by Seán Ó Tuama, a poet and dramatist himself, who occupied the post of Professor of Modern Irish at UCC from 1949–1991 (appointed professor in 1982). In the years that followed the departure of the original Innti poets from Cork, he encouraged the emergence of new poets via writing workshops. And so, to the initial Innti poets were added new poets, most prominently Colm Breathnach and the aforementioned de Paor. De Paor was to work closely with Ó Tuama, editing new issues of the journal and co-editing *Coiscéim na hAoise Seo* (1991), a volume which responded to Ó Tuama's own influential anthology *Nuavéarsaíocht* (1950).

Ó Muirthile, Ní Dhomhnaill, and many of their peers also innovated, including CDs with their collections, enabling those unfamiliar with the Irish language or whose Irish was rusty, to listen to the poets reading their poems in the original version. Anthologies and readings, often with musical accompaniment, continue to play a major role in the transmission and circulation of the work of this generation of poets. On the whole, the poets themselves have remained, with the exception of Louis de Paor, outside the academy. While some may have spent periods as writers-in-residence in various universities (notably Nuala Ní Dhomhnaill who has had a long relationship with the University of Notre Dame), they have mostly occupied positions in the media, or in professional translation, before becoming full-time writers.

The varied subject matter and the considerable number of poets writing in Irish during the last thirty years of the twentieth century is represented in this section of the anthology by a substantial cross-section of poems. This is a testament to the capacity of the language to accommodate the changing, increasingly urban landscape of Ireland, responding to Máirtín Ó Cadhain's desire for a poetry that could encompass "juvenile deliquency, the Beatles, shebeens and all,"[139] yet the work offered here also remains mindful of the energy, mythology, and historical extravagances of the older tradition.

---

139. Máirtín Ó Cadhain, *Irish Above Politics* (Dublin: Cuchulainn, 1964), 5.

chumas na teanga aghaidh a thabhairt ar thírdhreach síorathraitheach (uirbeach, níos minicí ná a mhalairt) na hÉireann, agus freastal ar éileamh Mháirtín Uí Chadhain sna seascaidí ar fhilíocht a chuimseodh "juvenile deliquency, the Beatles, shebeens and all."[139] Ach tá sé soiléir go bhfuil an fhilíocht anseo chomh maith faoi chomaoin ag an bhfuinneamh, ag an miotasaíocht agus ag an bhfhairsinge stairiúil a bhain riamh leis an seantraidisiún.

147. "1845," Tomás Mac Síomóin

Foilsíodh "1845" sa chéadchnuasach ceannródaíoch *Damhna agus dánta eile* (1974) leis an bhfile, úrscealaí, agus aistritheoir Tomás Mac Síomóin (1938–). Aithníodh láithreach an guth úr seo ag scríbhneoir a raibh cúlra gairmiúil eolaíochta aige mar aon le cur amach ar sciar shuntasach den litríocht fhorásach i dteangacha éagsúla. Níl an trialachas teanga a shainíonn cuid dá dhánta fada luatha le sonrú sa dán gonta seo, áfach. Le sraith d'íomhánna osréalaíocha léirítear tuar an uafáis ar bhruach an Ghorta Mhóir in Éirinn.

Lá a raibh
Each dubh gan mharcach
Ag toirniú
Ar chrúba
Ciúine

Lá a raibh
Fallaing ag leathadh
A dorchacht'
Thar learga na gcnoc
Lá a dtáinig
Spealadóirí
Gan súile

139. Máirtín Ó Cadhain, *Irish Above Politics* (Dublin: Cuchulainn, 1964), 5.

147. "1845," Tomás Mac Síomóin

"1845" was published by the poet, novelist, and translator Tomás Mac Síomóin (1938–) in his pioneering first collection *Damhna agus dánta eile* ("Matter and other poems") of 1974. The innovative nature of his work was immediately evident and was informed by a professional background in the sciences as well as a familiarity with a broad range of avant garde literatures. The linguistic experimentalism that typifies some of Mac Síomóin's longer early poems is less evident in this short lyric, however, in which a sequence of surreal images portends the horrors to come during the years of the Great Irish Famine.

> The day
> A black riderless steed
> Thundered by
> On silent
> Hooves
>
> The day
> A mantle spread
> Its darkness
> Over the hillsides
> The day
> Eyeless scythemen
> Arrived

Lá dá bhfaca
Naomhóga anaithnid
Gan dola ar an bpoll
Céaslaí i lámha
Marbhán

Lá a ndeachaigh
Spealadóir
Gan súil ina cheann
Ar mhuin eich dhuibh
Gur ghluais curracháin
Go tamhanda righin
I dtreo na tíre

Foinse: *Damhna agus dánta eile* (Baile Átha Cliath: Sáirséal agus Dill, 1974), 39.

148. "Gné na Gaeltachta,"
MÍCHEÁL Ó HAIRTNÉIDE/MICHAEL HARTNETT

File aithnidiúil Béarla ab ea Ó hAirtnéide (1941–1999) a d'fhág slán ag an teanga sin i lár na seachtóidí i ndán cáiliúil dá chuid dar teideal "A Farewell to English" d'fhonn tabhairt faoi fhilíocht na Gaeilge. Chaith sé deich mbliana ina dhiaidh sin ag saothrú leis as Gaeilge amháin, bíodh go ndearna file dátheangach de níos déanaí arís. Léirítear cuid de chastachtaí sochpholaitíúla na teanga sa dán seo a thíolaic sé dá chara comhaosach, an file Gaeltachta ó Chonamara Caitlín Maude.

(i.m. C. M.)

Sea, iad seo na carraigeacha,
Is iad seo na botháin bhacacha—
Tá seantaithí agam ar an áit seo:
Feamainn ar na clocha
Mar chróch báite,
Linnte lán de mhíolta corcra,
Éan ann chomh dubh le hocras.
Sea, is iad seo na seansléibhte
Atá anois déanta de bhréidín

The day
Unknown naomhógs were seen
At sea
Their thole-pins missing
Their oars gripped
By corpses

The day
A scytheman
With no eyes in his head
Mounted a black steed
While currachs glided
Calmly and slowly
To shore

Translation: Caoimhín Mac Giolla Léith.

148. "The Gaeltacht Face,"
MÍCHEÁL Ó HAIRTNÉIDE/MICHAEL HARTNETT

Ó hAirtnéide/Hartnett (1941–1999) was an acclaimed poet in English who, with the publication of his well-known long poem "A Farewell to English," dramatically abandoned that language in the mid-1970s in order to write in Irish. His self-imposed exile lasted for a decade although he wrote in both languages in later years. Some of the sociopolitical complexities of the Irish-language landscape are suggested in this poem, which he dedicated to his friend and contemporary, the Connemara Gaeltacht poet Caitlín Maude.

(i.m. C. M.)

Yes, these are the rocks,
These the crooked cottages.
I knew this place well,
Kelp on the stones, oh yes—
Like drowned crocuses:
Pools full of purple creatures.
A bird as black as hunger is,
Yes, these, the old hills
Now made of Irish tweed:

(Seantaithí agam ar an nGaeltacht—
Duine mé de na stróinséirí).
Sea, is iad seo na haighthe—
Lán de shotal is d'éadóchas.
Sliabh, carraig is aghaidh—an buan iad?
Leathnaíonn criostal an tsalainn orthu
'S pléasctar gach scoilt go smúit—
An salann, is sioc é gan séasúr,
An salann, tá sé buan.
Má mhaireann an charraig
Go deireadh an domhain seo
Mairfidh aighthe áirithe
Liom go lá mo mhúchta.
Na réalta bheith dall, an ghaoth bheith balbh,
Raghaidh an ghné sin liom sa talamh
Is eibhear a scéimhe millte le salann.

Foinse: *A Necklace of Wrens* (Dublin: The Gallery Press, 1987), *96*.

149. "I m'áit dhúchais ó thuaidh," Caitlín Maude

Rugadh Caitlín Maude (1941–1982) i gCasla, Co. na Gaillimhe. B'amhránaí den scoth í, agus chuaigh sí go mór i bhfeidhm ar dhaoine mar aisteoir. Bhí sí páirteach chomh maith i nGluaiseacht Chearta Sibhialta na Gaeltachta. I ndánta ar nós "Amhrán Grá Vietnam," braitear fuinneamh an ghníomhaí agus guth liriciúil an amhránaí. Cé nár bhain sí le glúin Innti go foirmiúil, is féidir an spiorad agus an fuinneamh céanna sin a fheiscint ina cuid filíochta, áit a bhfuil an grá agus spiorad na réabhlóide le braith go smior. Sa dán seo gan teideal, tá cúrsaí grá agus ceist na dúile baininne á gcíoradh trí mheán meafair láidre a cheanglaíonn corp na mná agus reanna neimhe le chéile. Cumadh an dán seo bliain sula bhfuair an file bás d'ailse in 1982. In 1981, bhí cúrsaí casta, corraithe i dTuaisceart na hÉireann. Is trí mheán meafair arís a thugann Maude aghaidh ar cheisteanna polaitíochta na haoise.

I m'áit dhúchais ó thuaidh
Solaoid ar an mbeatha í an tsíon,
Báisteach níos minicí ná gréin,

I know this Gaeltacht well,
I a stranger here.
Yes, these are the faces
With their granite glance
Atlantic faces, pride-eroded:
I know these faces well
Full of despair and arrogance.
Hills, faces, rocks upthrust.
In them the salt expands
Each crack explodes in dust
From salt, an everlasting frost,
This salt endures
Until the world ends
A certain face will live with me
Until my life is quenched.
Though stars not see, though wind not sound,
This face will follow me underground,
The granite of its beauty all salt-devoured.

Translation: Michael Hartnett, *A Necklace of Wrens* (Dublin: The Gallery Press, 1987), 97.

149. "Untitled," CAITLÍN MAUDE

Caitlín Maude (1941–1982) was born in Casla, Connemara. She was a fine *sean-nós* singer, and a remarkable actress, as well as a language activist. These traits can be found in her poetry—the lyrical voice of the singer chimes with that of the protester in poems like "Amhrán Grá Vietnam." Although not formally associated with the Innti generation, her poems bear the same trademarks of lyrical freedom, where love and revolution thrive side by side. Written in the year before her untimely death in 1982, this poem addresses the question of the Northern Troubles in an elliptical fashion, again displaying her masterly use of metaphor.

In my native place up north
Life takes after the weather,
Rain more often than sunshine,

Ach scal an ghrian ar mo chliabhán féin
Is níor ghéill m'fhuinneoigín riamh don spéir dhubh.
Féach mé
Nach bhfuair scíth ar bith i mo thír féin,
Nár naomh ar bith
Ach chomh maith le chuile dhailtín
Ag smiochadh cloch
Gur thuigeas nár chluiche sráide é
Ar chor ar bith
Agus gur mise an tIndiach.

Foinse: *Dánta*, curtha in eagar ag Ciarán Ó Coigligh (Baile Átha Cliath: Coiscéim, 1984), 70.

150. "Marbhghin 1943: Glaoch ar Liombó," DERRY O'SULLIVAN

File é Derry O'Sullivan (1944–) a bhfuil mórán dá shaol caite aige i bPáras agus mórán scríofa aige faoi shaol ilchultúrtha an deoraí. Dán fíochmhar é seo, áfach, atá lonnaithe in ithir an dúchais. Leagan é "coiníneach" den fhocal "cillín," mar a tugadh ar an láthair neamhchoisricthe ina gcuirtí leanaí gan bhaisteadh go traidisiúnta in Éirinn. Creideadh gur chuig "Liombó," a chiallaíonn áit idir eatar-thu, a théadh a n-anamnacha, bíodh nach cuid de theagasc oifigiúil na hEaglaise Caitlicí é seo.

Saolaíodh id bhás thú
Is cóiríodh do ghéaga gorma
Ar chróchar beo do mháthar
Sreang an imleacáin slán eadraibh
Amhail líne ghutháin as ord.
Dúirt an sagart go rabhais ródhéanach
Don uisce baiste ró-naofa
A d'éirigh i Loch Bó Finne
Is a ghlanadh fíréin Bheanntraí.
Gearradh uaithi thú
Is filleadh thú gan ní
I bpáipéar Réalt an Deiscirt
Cinnlínte faoin gCogadh Domhanda le do bhéal.
Deineadh comhrainn duit de bhosca oráistí

Yet the sun shone on my childhood cot
And my wee window never gave in to the dark sky.
Look at me
Who found no rest in my own country,
Who was no saint
But, like all the other brats
Throwing stones,
Who knew this was far from
Back-street child's play
And that I was the Indian.

Translation: Caoimhín Mac Giolla Léith.

150. "Stillborn 1943: Calling Limbo,"
DERRY O'SULLIVAN

Derry O'Sullivan (1944–) has spent much of his adult life in Paris where he has
written compellingly of life as a multilingual exile. This poem of fierce remon-
stration, however, is rooted in his childhood years in Co. Cork. The word *coiníneach*
is a variant of *cillín* (little churchyard), the word designating the unconsecrated
ground in which unbaptized children were traditionally buried in Ireland. It was
believed that their souls went to Limbo, meaning an in-between place, although
this belief was not part of the official doctrine of the Catholic church.

You were born dead
And your blue limbs were
Arranged on the living bier
Of your mother,
The unsevered cord between you
Like a disconnected phoneline.
The priest said you were too late
For the holy baptismal water
That sprung from Loch Bó Finne
To cleanse the chosen in Bantry.
You were cut out of her
And folded, unwashed,
Into the pages of The Southern Star,
Your face pressed against World War headlines.
An orange-box coffin was provided

Is mar requiem d'éist do mháthair
Le casúireacht amuigh sa phasáiste
Is an bhanaltra á rá léi
Go raghfá gan stró go Liombó.
Amach as Ospidéal na Trócaire
D'iompair an garraíodóir faoina ascaill thú
I dtafann gadhar de shochraid
Go gort neantógach
Ar a dtugtar fós an Coiníneach.

Is ann a cuireadh thú
Gan phaidir, gan chloch, gan chrois
I bpoll éadoimhin i dteannta
Míle marbhghin gan ainm
Gan de chuairteoirí chugat ach na madraí ocracha.
Inniu, daichead bliain níos faide anall,
Léas i Réalt an Deiscirt
Nach gcreideann diagairí a thuilleadh
Gur ann do Liombó.

Ach geallaimse duit, a dheartháirín
Nach bhfaca éinne dath do shúl
Nach gcreidfead choíche iontu arís:
Tá Liombó ann chomh cinnte is atá Loch Bó Finne
Agus is ann ó shin a mhaireann do mháthair,
A smaointe amhail neantóga á dó,
Gach nuachtán ina leabhar urnaí,
Ag éisteacht le leanaí neamhnite
I dtafann tráthnóna na madraí.

Foinse: *Cá bhFuil do Iúdás* (Baile Átha Cliath: Coiscéim, 1987), 18–19.

And, as a requiem, your mother
Listened to hammering in the hallway,
While the nurse assured her
You would go straight to Limbo.
From the Mercy Hospital
The gardener carried you under his arm,
To a funeral strain of barking dogs,
Out to the field of nettles
Still known as "the little churchyard."

That is where you were buried
(No prayer, no stone, no cross)
In a shallow grave among
The countless, nameless stillborn,
Whose only visitors are hungry dogs.
Today, forty years later,
I read in The Southern Star
That theologians no longer believe
In Limbo.

But I swear to you, little brother,
Into whose eyes no-one ever gazed,
I will never believe them again.
Limbo is as real as Loch Bó Finne.
It is where your mother has dwelt ever since,
Her thoughts like burning nettles,
Every newspaper a prayer-book,
Listening for uncleansed infants
While dogs bark in the afternoon.

Translation: Caoimhín Mac Giolla Léith.

151. "Eiceolaí," BIDDY JENKINSON

Ainm cleite is ea Biddy Jenkinson (1949–). Dála mórán d'fhilí Gaeilge a glúine, idir fhir is mhná, tá trácht déanta aici ina saothar ar na nósmhaireachtaí agus na teannais a bhaineann leis an saol meánaicmeach i mbruachbhailte na mórchathrach. Ní annamh cumasc den ghreann agus den ghruaim sna dánta seo. Tá saothar foilsithe aici den uile chineál: gearrscéalta, scéalta bleachtaireachta, aistí, drámaí agus úrscéal ina measc. Tá diúltaithe aici le fada cead a thabhairt a saothar a fhoilsiú as Bearla in Éirinn, murab ionann is formhór a comhghleacaithe.

> Tá bean béal dorais a choinníonn caoi ar a teach,
> A fear, a mac,
> Is a shíleann gairdín a choinneáil mar iad, go baileach.
> Beireann sí deimheas leis an uile rud a fhásann.
> Ní maith léi fiántas.
> Ní fhoighníonn le galar ná smál ná féileacán bán
> Ná piast ag piastáil
> Is ní maith léi an bláth a ligfeadh a phiotail ar lár.
>
> Cuirim feochadáin chuici ar an ngaoth.
> Téann mo sheilidí de sciuird oíche ag ithe a cuid leitíse.
> Síneann na driseacha agamsa a gcosa faoin bhfál.
> Is ar an bhféar aici siúd déanann mo chaorthainnse
> Cuileanna glasa a thál.
>
> Tá bean béal dorais a choinneodh a gairdín faoi smacht
> Ach ní fada go mbainfimid deireadh dúil dá misneach.

Foinse: *Baisteadh Gintlí* (Baile Átha Cliath: Coiscéim, 1986), 32.

152. "Alabama, Samhradh '86," BIDDY JENKINSON

I measc comharthaí sóirt na filíochta ag Jenkinson tá an spéis a léirítear i réimsí éagsúla na heolaíochta chomh maith leis na healaíona, faoi mar a bheadh comhtháthú pearsanta á dhéanamh aici idir "an dá chultúr" a chuir C. P. Snow i gcás tráth. Bhí deis ag filí na glúine seo freisin eolas a chur ar thíortha agus ar chultúir ar fud an domhain thar mar a bhí ag na glúnta a chuaigh rompu, rud a thug deis

151. "Ecologist," BIDDY JENKINSON

Biddy Jenkinson (1949–) is a pen-name. Like many Irish-language poets of her generation, both men and women, her poetry addresses the habits and tensions of middle-class suburban life. These poems are often infused with a despondent humor. She has turned her hand to a wide variety of genres, including short stories, detective fiction, essays, plays, and a novel. Unlike most of her contemporaries, she is also known for resisting the attractions of translation into English and bilingual publication, at least in her native Ireland.

> There is a woman next door who keeps her house, her man,
> Her son, all in check,
> And aims to keep her garden, too, just so.
> She takes a shears to everything that grows.
> She can't abide what is wild.
> She won't put up with diseases, blemishes or cabbage whites,
> Or with worms worming away
> And she can't stand flowers that shed their petals.

> I send her dandelions on the wind.
> My slugs make nightly raids to gnaw at her lettuces.
> My brambles stretch their legs under the fence
> And my mountain ash sprinkles her lawn
> With greenfly.

> There is a woman next door intent on maintaining her garden neatly
> But it won't be long before we break her spirit completely.

Translation: Caoimhín Mac Giolla Léith.

152. "Alabama, Summer '86," BIDDY JENKINSON

Among the characteristics of Jenkinson's poetry is a fascination with various branches of the sciences as well as the arts, as if bent on effecting an idiosyncratic reconciliation between the "two cultures" once posited by C. P. Snow. Poets of this generation, including the much-traveled Jenkinson, had more opportunities to acquaint themselves with unfamiliar places and cultures around the globe than

dóibh súil a chaitheamh ar ghnéithe de shaol comhaimseartha na hÉireann ó
pheirspictíocht i gcéin—le greann dóite sa chás seo.

Tá mo bholg ina chnap, mo aenna faoi spaism is mo dhá dhuán
Ag rith le déistin.

Bhíos amuigh sa ghairdín, faoi mhasla na gréine
Ag iarraidh iallacha ialuise a bhaint as trátaí
Nuair leagas lámh ar ghas a raibh *Mantis Religiosa* baineann
Ina sheilbh.

Shuigh mé siar ar mo ghogaidí á choimhéad
Is d'fhéach sí orm i leith a leathchúil go cluanach.
Dob álainn a cosa seanga singil, a haghaidh chroíchruthach
A corp caol álainn.

Is bhraithas dáimh léi, dán molta ag borradh ar nós síl
Sa chré thais the idir mo mhéara, ansiúd faoi na trátaí, idir leitíseanna,
Nuair a chorraigh duilleog.
Chonaic mé an dara *Mantis*
Ceann ní ba lú d'orlach,
Fireann ar thóir faoisimh
É ar fiarshiúl, ar sceabh siúil
Ag iarraidh nach bhfeicfí é
Go ndéanfadh sé a léim ghnéis.

Léim sise i dtosach.
Rinne sí máinneáil ar a leathshúil. Phóg anuas a leathcheann
Is chogain ar a mhuineál go cíocrach.

Bhraith sé toirmeasc éigin cinnte. Bhí creathán ina chosa tosaigh
Ach lean sé air go laochúil lena chúraimí clainne
Is í féin ag luí isteach air, craosach.

the generations that preceded them. This allowed for mordant commentary on
aspects of contemporary Irish life viewed askance from far-flung perspectives.

> My stomach is knotted, my insides in spasm and my kidneys
> Ache with disgust.
>
> I was out in the garden, the sun beating down,
> Trying to pull threads of bindweed from some tomatoes
> When my hand brushed against a stem on which a female *Mantis Religiosa*
> Held sway.
>
> I sat on my hunkers for a closer look
> And she glanced over her shoulder at me coquettishly.
> Her long slender legs were lovely, her heart-shaped face,
> Her beautiful body.
>
> And I felt a surge of empathy, a eulogy sprouting like a seed
> In the damp, hot soil between my fingers, there beneath the tomatoes,
>   among the lettuces.
> Then a leaf moved.
> I saw a second mantis,
> An inch shorter,
> A male eager for release
> Scuttling sideways, warily,
> So he wouldn't be noticed
> Before he made his sex-pounce.
>
> She pounced first.
> She dallied with one of his eyes, kissed her way down his cheek,
> Then began chewing his neck with gusto.
>
> He felt there was some hitch, for sure. His front legs were trembling
> Yet he carried on heroically with his procreative chore
> While she got stuck into him, with relish.

"Bhuel," arsa an leabhar,
"Tá meabhair chúil ag an bhfeithid,
Gainglín tóna a chomhrialaíonn comhriachtain.
Sa ghnáthshlí bíonn an gainglín sin urchoillte ag an gcloigeann
Le go ndéanfaidh an fheithid éifeacht.
Nuair baintear an cloigeann is fuinniúla, fearga,
A thiarpa gan aon srian air in aon chor."
"Ar aon nós," arsa na leabhar, "Is fiú do chréatúr nach saolach
A bhraon fola a chur chun leasa a shíolraigh."

"ÚÚÚÚÚÚÚPs," arsa mise, an gliondar bitheolaíoch
Ag treisiú ar an *dégoût* morálta...
Is d'fhilleas ar cheapach na dtrátaí.

Bhí sí féin ag guí go suaimhneach,
A súile cait ag dorchú sa choimheascar
Is dhá sciathán do-ite taobh léi.
Sa chré úr faoi mo bhosa bhraitheas préamhacha na beatha
Ag leathnú, ag bisiú, dem bhuíochas.
"Maith go leor," arsa mise, "Ní bheinnse ag tabhairt breithe
Ach is maith liom nach bhfuil do chineál in Éirinn."
"Níl," arsa mise, ag breathnú thar mo ghualainn dom. "Níl.
Níl
Níl
Níl.
Nó, má tá, níl!"

Foinse: *Uiscí Beatha* (Baile Átha Cliath: Coiscéim, 1988), 34–35.

153. "Konzipierung," GABRIEL ROSENSTOCK

Ba Ghearmánach é athair Gabriel Rosenstock (1949–). Baineann an file úsáid as sciar de thraidisiún fealsúnachta na tíre sin mar chuid d'agallamh faoin teannas a bhíonn le brath i gcomhrá idir dhá chultúr éagsúla. Is aistritheoir den scoth é Rosenstock féin agus tá níos mó ná céad leabhar aistrithe aige ó theangacha éagsúla. Bhí borradh i gcúrsaí aistriúcháin ó Ghaeilge go Béarla i ngort na filíochta, go háirithe, ó na 1980í i leith, agus lean díospóireacht bhríomhar an borradh seo maidir le praitic agus pragmataic an aistrithe araon, go háirithe i gcás mionteanga.

"Well," says the book,
"The insect has a posterior brain,
A backside ganglion that regulates copulation.
Ordinarily that ganglion is overridden by the front brain
So that the insect can function.
When the head is removed his masculine vigor
Is amplified, and then there is no stopping him."
"In any case," says the book, "A short-lived creature might as well
Shed his blood for the sake of his offspring."

"OOOOOOOPs," says I, the biologist's delight
Compounding the moralist's *dégoût*...
And I returned to the tomato patch.

Herself, she was praying softly,
Her cat's eyes darkening in the twilight,
Two inedible wings by her side.
In the fresh soil under my palms I felt the roots of life
Spreading, replenishing, in spite of me.
"OK," says I, "It's not for me to judge
But I'm glad we don't have your kind in Ireland."
"No, we don't," says I, looking over my shoulder. "No.
No.
No.
No.
Or, if we do,
We don't!"

Translation: Caoimhín Mac Giolla Léith.

153. "Konzipierung," GABRIEL ROSENSTOCK

Gabriel Rosenstock's (1949–) father was a German doctor and writer who moved
to Ireland after World War II. This poem refers to the German philosophical
tradition and suggests the difficulty that may emerge when two language tra-
ditions dialogue with each other. Rosenstock himself is a renowned and prolific
translator who has published over a hundred volumes in translation. Translations
into English of contemporary poetry in Irish have become increasingly popular

Rud éigin a scríobhas
Agus nár chaith an Ghaolainn ar ais im phus é.
"Caithfidh tú teacht timpeall ar an gcoincheap sin
Ar chuma éigin eile," ar sí go borb.
"An focal 'coincheap' féinig
Táim go mór in amhras ina thaobh.
Is cinnte go bhfuil slite eile ann
Chun an rud céanna a rá, más gá é a rá in aon chor.
"Ná truailligh arís me," ar sí,
"Le Kant, le Schopenhauer is le Nietzsche.
Tosnaigh arís ón mbonn.
Tarraing meafar éigin chugat féin,
Dreoilín, abair, nó dreancaid..."

Foinse: *Rogha Dánta* (Indreabhán: Cló Iar-Chonnacht, 2005), 24.

154. "Teilifís," Gabriel Rosenstock

Is dán é seo a dhéanann mór is fiú den tsamhlaíocht agus a dhéanann móradh ar oscailteacht mheon an pháiste. Baineann sé le réimse de shaothar Rosenstock atá ar fáil i nduanairí don aos óg. Nascann Rosenstock nuaíocht na teilifíse mar ghné den saol comhaimseartha—nuair a scríobhadh an dán ní bhíodh cláracha le feiceáil i gcaitheamh na hoíche—le traidisiún físiúil na filíochta, sa Ghaeilge agus i dteangacha eile. B'fhéidir chomh maith go bhfuil amharc i leataobh i gceist ar dhíospóireachtaí faoin teibíochas sna dearcealaíona.

(faoi m'iníon Saffron)

Ar a cúig a chlog ar maidin
Theastaigh an teilifís uaithi.
An féidir argóint le beainín
Dhá bhliain go leith?

since the 1980s resulting in lively debates about the practice and pragmatics of translation, especially in the context of a minoritized language.

> Something I wrote
> And didn't the Irish language throw it back in my face.
> "You'll have to get round that concept
> One way or another," she said sharply.
> "And even the word *coincheap* itself
> I'm very doubtful about it.
> I'm sure there are other ways
> To say the same thing,
> If you do have to say it at all."
> "Don't pollute me again," she said,
> "With Kant and Schopenhauer and Nietzsche.
> Start again from scratch.
> Create your own metaphor,
> Use a wren, for instance, or a flea..."

Translation: Clíona Ní Ríordáin.

154. "Television," GABRIEL ROSENSTOCK

This poem is one of Rosenstock's most anthologized poems and is typical of his appeal to young people. Its celebration of the power of the creative imagination, a frequent theme, focuses here on the particular receptiveness of children. The poem, which was written long before non-stop 24-hour broadcasting, whimsically links the quintessentially modern medium of television with the visionary tradition in Irish poetry, and indeed elsewhere. There is also, perhaps, a sidelong glance at debates around modernist abstraction in the visual arts.

> (the one about my daughter Saffron)

> At five a.m.
> She wanted to watch TV.
> There's no arguing
> With a two and a half year old woman.

Síos linn le chéile
Níor bhacas fiú le gléasadh
Is bhí an seomra préachta.
Gan solas fós sa spéir
Stánamar le hiontas ar scáileán bán.
Anois! Sásta?
Ach chonaic sise sneachta
Is sioráf tríd an sneachta
Is ulchabhán Artach
Ag faoileáil
Ós a chionn.

Foinse: *Rogha Dánta* (Indreabhán: Cló Iar-Chonnacht, 2005), 118.

155. "Sa Daingean," LIAM Ó MUIRTHILE

Tá Daingean Uí Chúis, nó An Daingean, ina bhaile suntasach turasóireachta suite
ar imeall Ghaeltacht Chorca Dhuibhne. Baile é a chonaic tuile agus trá maidir le
labhairt na Gaeilge ann le céad bliain anuas. Scríobhadh an dán seo le Liam Ó
Muirthile (1950–2018) ní rófhada tar éis do Phoblacht na hÉireann ballraíocht sa
Chomhphobal Eorpach a bhaint amach sa bhliain 1973. Sa dán seo agus i ndánta
eile le hInntirí éagsúla tá míshuaimhneas áirithe le sonrú maidir leis an stádas
"idir eatarthu" a bhí acu agus iad sa Ghaeltacht, sa mhéid is nár thurasóirí iad ó
cheart ná dúchasaigh ach oiread.

Tráthnóna sa Daingean,
Dearmadaim cad as mé leathshoicind—
Is a bhfuil d'eachtrannaigh líofa ag siúl an bhaile seo
Gléasta go cuí don bháisteach;
Folmhaíonn siad amach
As a mbusanna steireafónacha:
Na Herranna, na Fraunna, na Monsieuranna,
Na Madameanna, na Signoreanna, na Signorinanna,
Gogalach choitianta na hEorpa i gCorca Dhuibhne;
Agus sa Daingean tagann na bliúnna orm
Mar a chiúnaíonn an ceo anuas ar Cheann Sléibhe,
Tá an dúthaigh seo lán de thíosanna agus thuasanna

Off we go together
I didn't bother getting dressed
And the room was freezing.
The sun wasn't up yet
And we stared in wonder
At the white screen.
Now, are you happy?
But she saw snow
And a giraffe in the snow
And an Arctic owl
Flapping its wings
Overhead.

Translation: Clíona Ní Ríordáin.

155. "In Dingle," LIAM Ó MUIRTHILE

The town of Dingle/An Daingean is a notable tourist destination on the edge of
the West Kerry *Gaeltacht*. The amount of Irish spoken there has oscillated notably
over the past century. This poem by Liam Ó Muirthile (1950–2018) was written some
years after the Republic of Ireland joined the European Economic Community in
1973. In this and in several poems by other *Inntirí* we get some sense of the unease
caused by these young poets' indeterminate status vis-à-vis the *Gaeltacht*, neither
native-born nor run-of-the-mill tourist.

An afternoon in Dingle.
For one split second I forget where I'm from,
Surrounded by polished foreigners who stroll about
Precision-dressed for rain.
They empty out
Of their stereophonic buses;
The *Herrs* and *Fraus*, *Messieurs*
And *Madames*, *Signors* and *Signorinas*,
A gaggle of common Europeans "doing" Corca Dhuibhne.
And in Dingle, the blues catch me napping,
Like a mist sneaking up on Slea Head;
This place is full of ups and downs

Agus mise im chuairteoir aimnéiseach aonlae.
Is cuimhním ar an té a scríobh i dtarra
Ar an bhfalla ag barra an chalaidh i nDún Chaoin:
Rith síos má tá ceamara agat—íoróin in aisce
I mionteanga Eorpach nach dtuigeann puinn.
Is searraim díom na bliúnna ar Ché an Daingin,
Tá leaba thiar i nGleann Fán
Ar díthreabh i mbungaló i measc na gcloichtheach
Agus cheal áit ar bith eile raghad ann.

Foinse: *Tine Chnámh* (Baile Átha Cliath: Sáirséal Ó Marcaigh, 1984), 34.

156. "Thuaidh," LIAM Ó MUIRTHILE

Chaith Ó Muirthile na blianta 1973 go 1991, cuid den tréimhse ba mheasa i dTrioblóidí an Tuaiscirt, ag obair mar bhall lánaimseartha d'fhoireann nuachta RTÉ sular thug faoin scríbhneoireacht ar bhonn lánaimseartha. Suíomhanna cáiliúla luíocháin ab ea Cill Mhichíl ("Kilmichael") agus Béal na Blá le linn Chogadh na Saoirse (1919–1921) agus Chogadh na gCarad (1922–1923), faoi seach. Tá Sráid na Beairice ar an thaobh theas de cathair Chorcaí atá lonnaithe ar abhainn na Laoi.

I
"Tá an gnó anseo nár críochnaíodh
Fós idir lámha againn."

Shiúlaíos ón leac cuimhneacháin
Ag lorg peirspictíocht eile,
Radharc níos fuaire
Dá mb'fhéidir é a fháil
Ar an gcallaire garbh aduaidh
Ag láthair an luíocháin.

Lean a chaint bheacht
Ag snoí macallaí as oiriúnaíocht na gcnocán,
Rois thomhaiste in áit na bpiléar
Focheann sna putóga do na mothúcháin.
"Daoine boga sibhse theas," arsa cara,

And I, an amnesiac daytripper, suddenly recall
The hand that wrote in tar on the Dunquin harbor wall:
Rith síos má tá ceamara agat—an irony lost
In a minor European tongue obscure to most.
And I shake off the blues at Dingle quay.
Back in Gleann Fán there is a bed for me, I know,
Cloistered in a bungalow among the beehive huts.
I'll spend the night there
As there's nowhere else to go.

Translation: Caoimhín Mac Giolla Léith.

156. "The North," LIAM Ó MUIRTHILE

Ó Muirthile spent 1973 to 1991, some of the worst years of the Northern Irish
conflict, as a member of the news staff of RTÉ, before eventually becoming a
full-time writer. This poem's references to Kilmichael and Béal na Blá are to
notorious sites of ambush during the Irish War of Independence (1919–1921) and
Civil War (1922–1923) respectively. Barrack Street is on the southside of Cork city,
situated on the river Lee.

I

"This unfinished business here,
We're still dealing with it."

I walked away from the memorial
In search of another perspective,
A colder view,
If possible,
Of the northerner on a rant
At the site of the ambush.

His precisely aimed words continued
To ricochet around the surrounding hills,
A steady volley of bullet-points,
The odd direct hit to the gut.
"You southerners are soft," a friend said

"Muidne thuaidh cruaidh,"
Ach tráth ba ghá na gníomhartha a dhéanamh
D'fhásamarna gan dua ár leagan den challaire aduaidh.

II

Tá dúthaigh anama ann mar a bhraithim,
Agus sí seo agamsa í: Sliabh Eoghain, Caipín, Guagán,
Na cúlchríocha ina mbíonn cúl mo chinn ar seachrán;
Cé gur minic *dans mon pays suis en terre lointaine*
Idir Béal na Blá agus Cill Mhichíl anois
Is ortsa thuaidh a chuimhním,
Do cheann le méid mo cheana dlúthfháiscthe idir mo lámha
An uair dheireanach is tú ar tearmann theas ón uafás
Is é de choráiste agam tráth a rá leat,
Nocht do chuid mothúchán.
Is gurb é an ceann a bhris ar fád tú nach mór
Ceann de na heachtraí sin, fuadach is folach fiaigh
Dhá bheatha i meá an bháis idir Ard Macha agus an tSeanchill,
Tusa ina lár ag idirghabháil do theaghlach amháin,
Ionatsa a phréamhaíodar, id mhóthúcháin, a ndóchas iomlán.
Fuaireadar an corp sa lána is an folt liaite thar oíche,
Na fiacla ceann ar cheann stoite le pionsúir ag na badhbha,
An dream eile níos néata, púicín is piléar i gcúl an chinn—
An bhfuil scála sa bhuistéireacht, trócaire sa sceanairt ná chím?

III

Uaireanta anseo ó dheas braithim mar a bheinn ar leathláimh,
Go bhfuil cuid éigin díom tar éis Chill Mhichíl ar lár;
Dírím mo phictiúir de Shráid na Beairice, de chuair Abhainn na Laoi;
Tá gnó eile idir lámha anseo le críochnú fós a chroí.

Foinse: *Tine Chnámh* (Baile Átha Cliath: Sáirséal Ó Marcaigh, 1984), 84–86.

157. "Meáchan Rudaí," LIAM Ó MUIRTHILE

Gné shuntasach d'fhilíocht Uí Muirthile is ea na dánta leis ar bhlianta a óige. Scríobh sé mórán dánta faoina athair, siúinéir, go háirithe ar théama na ceardaíochta. Ceann dá dhánta faoina mháthair é seo ina dtugtar suntas don

"We northerners are hard,"
But when the time for action came
We had no trouble breeding our equivalent to the ranting northerner.

II
There is such a thing, I feel, as soul country,
And this is mine: Sliabh Eoghain, Caipín, Guagán,
That hinterland where my mind can roam free;
Though it's often a case of *dans mon pays suis en terre lointaine*;
Here between Béal na Blá and Kilmichael,
It's you, up north, I think of
Your head clasped between my hands, brimming with affection,
The last time you sought refuge down south from the horror
And I once had the nerve to tell you
To show your feelings.
And the one that nearly broke you altogether,
One of those incidents of abduction, then hide-and-seek,
Two lives held in the balance between Armagh and the Shankill,
You in the middle pleading on behalf of one family,
Who invested in you, and in your instincts, all of their hope.
The body was found in a lane, hair turned gray overnight,
Teeth pulled out one by one with a pincers by those vultures,
The other crowd neater, a blindfold and a bullet to the back of the head—
Is there a scale in butchery, some mercy in the killing that is beyond me?

III
Sometimes, here in the south, I feel like an amputee,
Like some part of me has gone missing, ever since Kilmichael;
I adjust my pictures of Barrack Street and straighten the bends in the River Lee;
There is, my dear, also unfinished business here.

Translation: Caoimhín Mac Giolla Léith.

157. "The Weight of Things," LIAM Ó MUIRTHILE

Poems recalling his childhood form a significant portion of Ó Muirthile's work. He wrote many poems about his father, a carpenter, especially on the theme of craftsmanship. This is a poem about his mother, which registers in particular the

ghaol idir cultúr na tuaithe agus cultúr na cathrach mar aon le toisí teangeolaíocha
an ghaoil seo. I bhfianaise an dáin phróis seo is fiú cuimhneamh go mba scríbh-
neoir é an Muirthileach a shaothraigh mórán seánraí i gcaitheamh a shaoil, an
úrscéalaíocht, an drámaíocht, an t-aistriú liteartha, agus an iriseoireacht ina measc.

Mo mheáchan i do bhaclainn sa phictiúr dínn beirt i Fitzgerald's Park
agus mise in aois a trí. Ár meáchan araon. Ár gcóimheáchan. Meáchan
do hata anuas ar do gháirí. Mo mheáchan is tú dom iompar ar feadh
naoi mí. Meáchan suí agus luí agus éirí. Do mheáchan féin nár
ardaíos riamh ó thalamh ach chun tú a chur i dtalamh. Do mheáchan
beo. Do mheáchan marbh. Meáchan na bhfocal ag éirí agus ag titim
eadrainn mar a bheadh sciatháin scuaine ealaí. Trom-mheáchan
urnaí. Cleitemheáchan daidh-didil-dí. Meáchanlár fáinne fí na
gcuimhní.

Meáchan cheol do ghutha ón tuath sa chathair. Meáchan do bheol-
datha ag luí ar do liopaí ag aeráil ghutaí. "He's full of 'teaspy'" agus
an "y" chomh leathan le "aí." "What's it all for" agus "all" a rá ar nós
"ál." "Isn't he the right cadet" agus "cadet" a rá ar nós "ceaid é." Do
mheáchan sa chóta bán ag seasamh i lár an urláir ag rá *Kevin Barry*.
Meáchan na héisteachta leat. Meáchan mála na mná cabhartha ag
iompar naíonáin eile isteach ón sráid. Meáchan na cumhrachta i
seomra na hiarbhreithe. Meáchan do thuirse máthartha á rá liom
bheith amuigh go cneasta.

Meáchan na bhfód is tú ag adú na tine sa tigh tuaithe. Meáchan
nár chuaigh riamh as. Meáchan an oighinn ar an gcroch. Meáchan
na gcaorán dearg ar an gclúdach. Meáchan na bácála. Meáchan an
bholaidh. Meáchan an aráin á ardú amach as. Meáchan na n-éadaí
leapan agus na seanchasóg ag luí anuas orm, teolaí. Meáchan nár
mhian liom éirí amach go deo as. Meáchan do chuid fo-éadaí.
Meáchan cnis. Meáchan phíóg úll a chuiris chugam tríd an bpost.

Meáchan do ghaolta. Meáchan muinteartha. Meáchan sinseartha.
Meáchan comharsan. Meácan seanchais. Meáchan an tsaoil mhóir.
Meáchan sagart. Meáchan bráithre. Meáchan óil. Meáchan staire.

relationship between rural and urban culture as well as the linguistic aspect of this dynamic. In light of this late prose poem it is worth noting that Ó Muirthile ranged across various genres over the course of his writing career, producing novels, plays, (poetry) translation, and journalism.

My weight in your arms in that photo of the two of us in Fitzgerald's Park when I was three. Our weight together. Our combined weight. The weight of your hat, which shielded your laughter. The weight of me as you carried me for nine months. The weight of sitting, of lying down, of getting up. The weight of you, which I had never lifted until I put you in the ground. Your living weight. Your dead weight. The weight of words rising and falling between us like the flapping of swans' wings. Heavyweight prayers. Featherweight diddly-dees. Middleweight memories, looping the loop.

The weight of your country tones on city streets. The weight of your lipstick as you ventilated vowels. "He's full of *teaspee*"—the "*-ee*" as broad as "*-aí*" in Irish. "What's it *all* for?"—the "*all*" rolled like "*ál.*" "Isn't he the right *cadet*"—pronounced "*caday.*" The weight of you in that white coat standing center-stage singing "Kevin Barry." The weight of the attention you commanded. The weight of the midwife's bag bearing another baby in from the street. The weight of your scent in the postnatal bedroom. The weight of your motherly exhaustion, you gently telling me to go outside and play.

The weight of the turf as you lit the fire in the country house. A weight that never went out. The weight of the oven on a crane in the hearth. The weight of smoldering sods on its lid. The weight of baking. The weight of the smell. The weight of fresh bread being lifted out. The weight of the bedclothes and old coats that kept me snug. A weight I never wanted to shrug off. The weight of your underclothes. The weight of skin. The weight of an apple pie you sent me through the post.

The weight of your relatives. The weight of kin. The weight of ancestors. The weight of neighbors. The weight of old tales. The weight of the wide world. The weight of priests. The weight of the Christian Brothers. The weight of drink. The weight of history. The weight of

Meáchan do ghrinn. Meáchan na ndaoine a thug na cosa leo. Meáchan an tsaoil eile. Meáchan do chreidimh. Meáchan duairc do chuid sceoin. Meáchan do náire.

Ár meáchan araon ag bualadh le chéile sa chathair chun lóin. Meáchan m'fhoighne ag fanacht leat ag doras séipéil. Meáchan d'fhoighnese ag fanacht liom chun teacht isteach. Meáchan do chuid paidreoireachta. Meáchan chrosa an tsaoil. Meáchan do ghoile. Meáchan do chuid moille i mbun bia. Meáchan do thráchtaireacht leanúnach ar an saol. Meáchan aerach an chailín á thabhairt do na boinn chuig rincí. Meáchan an bhosca ceoil ar do ghuailní. Meáchan do dhá ghlúin ag coimeád tionlacan le rincí.

Meáchan na málaí siopadóireachta agus tú ag siúl in aghaidh an chnoic ón gcathair. Meáchan an liú a ligteá uait dá dtiocfainn ort i ngan fhios aníos ón gcúl. Meáchan na málaí im lámha ag siúl aníos id theannta. Meáchan mo mhálaí féin ag triall ón ollmhargadh faoi mar a bheinn ag siúl ar aon choiscéim id theannta.

Meáchan an sceimhle i do shúile agus iad ag glaoch ort ón taobh thall. Meáchan an diúltaithe dul ann. Meáchan an ancaire agus é ag greamú go docht ionat ón mbruach thall. Meáchan na rún nach raibh aon cheilt orthu níos mó. Meáchan an ghrá gan rá a d'fhuascail glaoch an bháis ionat. Meáchan an mhearbhaill a d'fhág do cheann ina roithleagán ró. Meáchan na beatha ag dul as. Meáchan mo chuairt dheireanach ort.

Do mheáchan coirp agus tú ag luí os cionn cláir trí oíche is trí lá. Meáchan an tí. Meáchan mhuintir na tuaithe ag triall ar an dtigh cathrach. Meáchan a monabhair. Meáchan do chomhrá linn féin ón dtaobh thall. Meáchan na rudaí a bhíodh á rá agat led bheo agus a bhí fós led mharbh. "That monkey tree is blocking the view and should be cut down." "He who loves the danger shall perish therein." Fós do mheáchan teanga. Meáchan an cheatha nár lig dúinn seasamh fada a dhéanamh ag béal na huaighe.

Éadroime d'anama a luigh orainn ar nós braillín síoda i do leaba tar éis tú a adhlacadh.

Foinse: An Fuíoll Feá—Rogha Dánta/Wood Cuttings—New and Selected Poems (Baile Átha Cliath: Cois Life, 2013), 20–25.

your humor. The weight of those who got away. The weight of the
otherworld. The weight of your faith. The sad weight of your fear.
The weight of your shame.

The weight of the two of us as we met for lunch in town. The weight
of my patience as I waited for you outside a church. The weight of
your patience as you waited for me to come in. The weight of your
praying. The weight of the crosses we bear. The weight of your
appetite. The weight of your lingering over food. The weight of your
ceaseless commentary on life. The flighty weight of the girl who
loved to dance. The weight of the accordion on your shoulders. The
weight of your two knees keeping step with the dancing.

The weight of shopping bags as you walked back uphill from the
city. The weight of your shriek if I pounced on you from behind. The
weight of the bags in my hands as I walked alongside you. The weight
of my own bags coming home from the supermarket, as if I were
walking with you step by step.

The weight of the terror in your eyes as you were beckoned from
beyond. The weight of your refusal to go. The weight of the anchor
as it lodged fast in you from the far shore. The weight of secrets that
could no longer be kept. The weight of an unspoken love, released by
death's call. The weight of confusion, which turned everything up-
side down in your head. The weight of life ebbing away. The weight
of my last visit to you.

The weight of your body laid out for three days and three nights.
The weight of the house. The weight of the country folk descending
on a house in the city. The weight of their murmuring. The weight
of your conversation with us from the other side. The weight of
what you used to say when you were alive and still said when you
were dead. "That monkey tree is blocking the view and should be
cut down." "He who loves the danger shall perish therein." Still, the
weight of your language. The weight of that shower of rain that kept
us from staying long at your open grave.

The lightness of your soul, which lay upon us like a silk sheet on your
bed, after we buried you.

Translation: Caoimhín Mac Giolla Léith.

158. "Luimneach," Michael Davitt

Tugadh "Bob Dylan na Gaeilge" ar Mhichael Davitt (1950–2005) mar aitheantas ar a chumas greim a fháil ar shamhlaíocht an phobail agus ceisteanna práinneacha sa chultúr coiteann á bplé aige ina chuid filíochta. Dála an dáin "Sa Daingean" (Dán 155) le Ó Muirthile agus roinnt dánta eile leis féin, tá léiriú anseo ar stádas míshuaimhneach idir eatarthu an fhile agus é sáinnithe ar feadh tamaill i gcathair neamhálainn nach mór leathshlí idir áilleacht rómánsaithe na Gaeltachta agus an chathair inar tógadh é, Corcaigh.

> Luíonn an chathair seo orm
> Mar bhróg nua.
>
> Táim ar mo choimeád
> Ón gceann dea-bhearrtha
> Is má bheireann carbhat orm
> Tachtfaidh sé mé.
>
> Fuairim chomh hobann le cith
> Agus is sibhse (a thuigeann
> Chomh maith liom féin nach bhfuil
> A leithéid de rud ann agus drochdhuine)
> Is túisce a fliuchtar ag mo nílfhiosagam udarásach.
>
> Ba cheart go dtuigfinn níos fearr sibh
> Is bhur rúnaithe corcra dáchosacha
> Is bhúr gcairde ginandtonic i loungebars
> Ag caint faoi rugbaí is faoin Tuaisceart
> I mBéarla spideogach RTÉ.
>
> B'fhéidir gur luachmhar a bhraithim
> Anseo i bhur measc
> Gur eagla fuadaigh an ghoimh seo;
> Mo cheann lán de Chasadh na Gráige
> Uaireanta ní bhíonn aon athrú
> Ach boscaí bruscair in áit na fiúise.

158. "Limerick," MICHAEL DAVITT

This short sharp lyric by Michael Davitt (1950–2005), who has been described as "the
Bob Dylan of Irish-language poetry," gives an unsympathetic account of Limerick,
one of Ireland's most unloved cities. The city is captured in all its self-regarding
cliquiness, yet the poet also pokes fun at his own pretensions. Like Ó Muirthile's
"In Dingle" (Poem 155), as well as a number of other poems by Davitt, the uneasy
cultural status and identity of the Irish-speaking poet is registered—in this in-
stance in surroundings that are effectively equidistant from a romanticized rural
Gaeltacht and the familiarity of his native city of Cork.

This city feels as uncomfortable
As a new shoe.

I'm keeping my eyes peeled
For close-shaven heads
And if a tie catches me
It will choke me.

I become as icy as a downpour
And you (who understand
As well as myself that there's
No such thing as a bad person)
Are the first to get a wetting from my dogmatic *idontknow*.

I should have a better understanding
Of you and your purple-clad two-legged secretaries
And your *ginandtonic* friends in *loungebars*
Talking about rugby and the North
In the speckled English of RTÉ.

Perhaps I feel more valued here
Amongst you lot
So the fear of being kidnapped has nourished this venom;
My head is so full of the winding road in An Ghráig
Sometimes the only difference
Is the rubbish bins in place of the fuchsia.

Luíonn an chathair seo orm
Mar bhróg nua
Ach bogann leathar
Is tagann as.

(do Áine agus do Mháire, Samhradh 1972)

Foinse: *Gleann ar Ghleann* (Baile Átha Cliath: Sáirséal & Ó Marcaigh, 1981), 34–35

159. "Do Bhobby Sands an Lá Sular Éag," MICHAEL DAVITT

Ní raibh Michael Davitt riamh mall chun téamaí polaitíochta a chíoradh ina shaothar. Stailc ocrais Bobby Sands atá idir lámha aige anseo. Fuair Sands bás i bpriosún ar an gCeis Fhada i mBéal Feirste tar éis dó sé lá is seasca a chaitheamh ar stailc ocrais i mbun agóide chun stádas aitheanta mar phríosúnaigh polaitíochta a bhaint amach do na géibheannaigh phoblachtánacha ann. Déantar tagairt sa dán do ráiteas ó Phríomh-Aire na Breataine, Margaret Thatcher, nach raibh sásta géilleadh do na príosúnaigh; agus is suimiúil gurb athrú inscne atá i gceist sa dán. Cuireann an dán in iúl an éifeacht a bhí ag an stailc ocrais ar phobal na hÉireann trí chéile.

Fanaimid,
Mar dhaoine a bheadh
Ag stánadh suas
Ceithre urlár ar fhear
Ina sheasamh ar leac fuinneoige
Ag stánadh anuas orainn
Go tinneallach.

Ach an féinmharú d'íobairtse?
Ní géilleadh, ní faoiseamh;
Inniu ní fiú rogha duit
Léimt nó gan léimt.

Nílimid cinnte
Dár bpáirtne sa bhuile;
Pléimid ceart agus mícheart
Faoi thionchar ghleo an tí óil;
Fanaimid ar thuairiscí nua,
Ar thuairimí nua video.

This city feels as uncomfortable
As a new shoe
But leather softens
And gives way.

(for Áine and Máire, Summer 1972)

Translation: Clíona Ní Ríordáin.

159. "For Bobby Sands on the Eve of His Death," MICHAEL DAVITT

Michael Davitt never shied away from the political in his poetry. This poem refers to the death of the hunger striker Bobby Sands. Sands died on May 5, 1981, in the Maze prison near Belfast after a sixty-six day protest demanding political status for Republican prisoners in Northern Ireland. The poem refers to a notorious statement by Margaret Thatcher, the British Prime Minster at the time, who refused to yield to the pressure exerted, although the poem changes her gender from female to male. These lines capture the sense of suspended animation experienced by people throughout Ireland as they watched and waited for Sands to die.

We are waiting
Like bystanders
Staring at a man four floors up
Standing on a window ledge
Staring nervously down at us.

Is your suicide a sacrifice?
No giving in, no relief;
Today you don't even have the choice
To leap or not to leap.

We are unclear as to our part
In this craziness;
We debate right and wrong
Against the noisy backdrop of the pub;
We await new reports,
New opinions on TV.

Fanaimid, ag stánadh,
Inár lachain i gclúmh sóch,
Ar na cearca sa lathach
Is an coileach ag máirseáil thart
Go bagarthach ar a ál féin,
Ar ál a chomharsan
Is i nguth na poimpe glaonn :
"Coir is ea coir is ea coir."

Thit suan roimh bhás inniu ort.
Cloisimid ar an raidió
Glór do mhuintire faoi chiach,
An cumha ag sárú ar an bhfuath:
Is é ár nguí duit
Go mbuafaidh.

Foinse: *Gleann ar Ghleann* (Baile Átha Cliath: Sairséal & Ó Marcaigh, 1981), 60–61.

160. "Feis," Nuala Ní Dhomhnaill

Is é seo an dán teidil ón tríú bailiúchán de chuid Ní Dhomhnaill (1952–), *Feis* (1991). Cíoradh é ar mhianta collaí na mná "trí mheán" dúchas seandálaíoch agus miotaseolaíoch na hÉireann. Tá an dán suite i mBrú na Bóinne, i gCo. na Mí, tuama cloiche ón ré Neoiliteach. Le linn ghrianstad an Gheimhridh fágann ailíniú an tuama go steallann an solas le héirí na gréine trí pholl os cionn an dorais síos an pasáiste nó go líonann an seomra íochtair. Tréith choitianta d'fhilíocht Ní Dhomhnaill an meascán de thagairtí don ré ársa (Sualtamh agus an Daghdha) agus don saol comhaimseartha (an carr spóirt).

1
Nuair a éiríonn tú ar maidin
Is steallann ionam
Seinneann ceolta sí na cruinne
Istigh im chloigeann.
Taistealaíonn an ga gréine
Caol is lom
Síos an pasáiste dorcha
Is tríd an bpoll

We wait, staring,
Like ducks in our cozy down,
At the hens in the mud,
And the cock marching around
Threatening his own flock
And his neighbor's flock,
Crowing pompously:
"A crime is a crime is a crime."

Today, you slipped into a slumber before death.
On the radio
We hear the cries of your people
As sorrow wins out over hatred;
And we pray that
You shall overcome.

Translation: Clíona Ní Ríordáin.

160. "Carnival," Nuala Ní Dhomhnaill

This is the title poem from Ní Dhomhnaill's (1952–) third collection. It is filled with an erotic charge and offers a female perspective on physical love, refracted through the prism of Ireland's archaeological and mythological heritage. Its locus is the Neolithic passage tomb of Newgrange, Co. Meath, on the north side of the river Boyne. The entrance to the tomb is perfectly aligned with the rising sun on the winter solstice, which shines through an opening above the doorway flooding the inner chamber. The combination of allusions to mythical figures (Sualtamh and the Daghdha) and the trappings of modern life (the convertible) is characteristic of Ní Dhomhnaill's poetry.

1

When you get up in the morning
And flow inside of me
Heavenly harps
Play in my head.
The sun's ray travels
Slender and bare
Down the dark passage
And through the hole

Sa bhfardoras
Is rianann solas ribe
Ar an urlár cré
Sa seomra iata
Is íochtaraí go léir.
Atann ansan is téann i méid
Is i méid go dtí go líontar
Le solas órga an t-aireagal go léir.

Feasta
Beidh na hoícheanta níos giorra.
Raghaidh achar gach lae i bhfaid is i bhfaid.

2
Nuair a osclaím mo shúile
Ag teacht aníos chun aeir
Tá an spéir
Gorm.
Canann éinín aonair
Ar chrann.
Is cé go bhfuil an teannas
Briste
Is an ghlaise
Ídithe ón uain
Is leacht meala leata
Mar thúis
Ar fuaid an domhain,
Fós le méid an tochta
Atá eadrainn
Ní labhrann ceachtar againn
Oiread is focal
Go ceann tamaill mhaith.

3
Dá mba dhéithe sinn
Anseo ag Brú na Bóinne—
Tusa Sualtamh nó an Daghdha,
Mise an abhainn ghlórmhar—

In the lintel
And the sun's light
Picks out a pattern
On the dirt floor
In the closed-up room
That is the farthest away of all.
It swells then and grows and
Grows until it fills the whole
Space with golden light.

From now on
The nights will be shorter.
Each day will get longer and longer.

2
When I open my eyes
Coming up for air
The sky is
Blue.
A lone bird sings
On a tree.
And though the excitement
Is spent
And the freshness has
Lost its dew
A measure of honey has been spread
Like a new sweetness
Across the world,
And still, for all the emotion
Between us
Neither of us utter
A single word
For some time.

3
If we were gods
Here at Brú na Bóinne:
You would be Sualtamh or the Daghdha,
And I would be the noisy river,

Do stadfadh an ghrian is an ré
Sa spéir ar feadh bliana is lae
Ag cur buaine leis an bpléisiúr
Atá eadrainn araon.

Faraoir, is fada ó dhéithe
Sinne, créatúirí nochta.
Ní stadann na ranna neimhe
Ach ar feadh aon nóiméad neamhshíoraí amháin.

4
Osclaíonn rós istigh im chroí.
Labhrann cuach im bhéal.
Léimeann gearrcach ó mo nead.
Tá tóithín ag macnas i ndoimhneas mo mhachnaimh.

5
Cóirím an leaba
I do choinne, a dhuine
Nach n-aithním
Thar m'fhear céile.

Tá nóiníní leata
Ar an bpiliúr is ar an adharta.
Tá sméara dubha
Fuaite ar na mbráillín.

6
Leagaim síos trí bhrat id fhianaise:
Brat deora,
Brat allais,
Brat fola.

7
Mo scian trím chroí tú.
Mo sceach trím ladhar tú.
Mo cháithnín faoi m'fhiacail.

The sun and the moon would be suspended
In the sky for a year and a day
Adding permanence to the store of pleasure
Between us.

Alas, we are far from gods,
We are poor naked creatures.
The celestial bodies stop
Only for one non-eternal instant.

4
A rose opens in my heart.
A cuckoo speaks in my mouth.
A fledgling springs from my nest.
A porpoise is frolicking in the depths of my thoughts.

5
I make up the bed
Ready for you,
Whom I can't tell apart
From my husband.

There are daisies spread out
On the pillows and the bolster.
There are blackberries
Embroidered on the linen.

6
I lay down three sheets before you:
A sheet of tears
A sheet of sweat,
A sheet of blood.

7
You are a knife through my heart.
You are a bramble in my fist.
You are grit in my teeth.

8

Thaibhrís dom arís aréir:
Bhíomair ag siúl láimh ar láimh amugh faoin spéir.
Go hobann do léimis os mo chomhair
Is bhain greim seirce as mo bhráid.

9

Bhíos feadh na hoíche
Ag tiomáint síos bóithre do thíre
I gcarr spóirt béaloscailte
Is gan tú faram.
Ghaibheas thar do thigh
Is bhí do bhean istigh
Sa chistin.
Aithním an sáipéal .
Ag a n-adhrann tú.

10

Smid thar mo bhéal ní chloisfir,
Mo theanga imithe ag an gcat.
Labhrann mo lámha dhom.
Caipín snámha iad faoi bhun do chloiginn
Dod chosaint ar oighear na bhfeachtaí bhfliuch.
Peidhleacáin iad ag tóraíocht beatha
Ag eitealaigh thar mhóinéar do choirp.

11

Nuair a dh'fhágas tú
Ar an gcé anocht
D'oscail trinse abhalmhór
Istigh im ucht
Chomh doimhin sin
Ná líonfar
Fiú dá ndáilfí

8

You appeared to me again last night:
We were walking side by side in the open air
Suddenly you jumped in front of me
And left a love-bite on my neck.

9

All night long
I was traveling down the roads of your land
In a convertible, with the roof down,
And you were nowhere to be seen.
I drove past your house
And your wife was inside
In the kitchen.
I recognize the church
Where you worship.

10

I won't breathe a word,
The cat's got my tongue.
My hands speak for me.
They are like a swimming-cap under your head
Protecting you from the icy currents.
They are butterflies hunting for food
Flying past the meadow of your body.

11

When I left you
On the quay tonight
An immense trench
Opened in my breast
So deep
That it can never be filled,
Even if
From a single vessel
Were poured

As aon tsoitheach
Sruth na Maoile, Muir Éireann
Agus Muir nIocht.[140]

Foinse: An Dealg sa bhFéar (Indreabhán: Cló Iar-Chonnacht, 2011), 99–102.

161. "Breith Anabaí thar Lear," NUALA NÍ DHOMHNAILL

Leagann an dán seo os ár gcomhar amach an tragóid phearsanta a bhaineann
le breith anabaí. Leathnaíonn Ní Dhomhnaill raon na filíochta Gaeilge dá réir
sin, faoi mar a dhein Máire Mhac an tSaoi roimpi (Dánta 142, 143, 144). Cuid den
obair éachtach a rinneadar beirt ná a chinntiú go mbeadh guth na mban le clos,
go mbeadh stádas mar shuibiacht chorpartha feasta ag an mbean san fhilíocht
seachas díreach mar oibiacht nó ábhar dúile. Ba fhile óg ollscoile í Ní Dhomhnaill
nuair a chuir Seán Ó Ríordáin a dhán "Banfhile" faoi bhráid an phobail leis an
ráiteas conspóideach "ní file ach filíocht an bhean."

Luaimnigh do shíol i mo bhroinn.
D'fháiltíos roimh do bhreith.
Dúrt go dtógfainn go cáiréiseach thú
De réir ghnása mo nuamhuintire.

An leabhar beannaithe faoi do philiúr,
Arán is snáithid i do chliabhán,
Léine t'athar anuas ort
Is ag do cheann an scuab urláir.

Bhí mo shonas
Ag cur thar maoil
Go dtí sa deireadh
Gur bhris na bainc
Is sceith
Frog deich seachtainí:
Ní mar a shíltear a bhí.

---

140. An fharraige idir oirthuaisceart Aontroma agus iardheisceart na hAlban.

All the waters of
Sruth na Maoile, Muir Éireann
And Muir nIocht.[140]

Translation: Clíona Ní Ríordáin.

161. "Premature Birth Abroad," NUALA NÍ DHOMHNAILL

This poem, which addresses the tragic issue of miscarriage, reflects Ní Dhomhnaill's unflinching commitment to addressing the personal and the feminine in ways that push back the boundaries of Irish poetry. In this regard, she follows in the footsteps of Máire Mhac an tSaoi (Poems 142, 143, 144), making women's bodies active subjects in Irish language poetry, rather than constraining them to the role of mere objects of desire. Ní Dhomhnaill was a young student-poet when Seán Ó Ríordáin made the infamous pronouncement, in his poem "Banfhile" ("Woman Poet"), that "a woman is not a poet but poetry." The poem also refers to Ó Direáin's "Cranna Foirtil"/"Stout Oars."

Your seed moved in my womb
And I welcomed your birth.
I would raise you caringly, I said,
According to the customs of my new family.

The holy book under your pillow,
Bread and needle in your cradle,
Your father's shirt as a coverlet
And the broom at your head.

My happiness
Was overflowing
Until finally
The waters burst
And a ten-week-old frog
Escaped.
Things were not as expected.

---

140. The Sea of Moyle, the Irish Sea and the English Channel.

Is anois le teacht na Márta
Is an bhreith a bhí
Le bheith i ndán duit
Cuireann ribíní bána na taoide
Do bhindealáin i gcuimhne dom,
Tointe fada na hóinsí.[141]

Is ní raghad
Ag féachaint linbh
Nuabheirithe mo dhlúthcharad
Ar eagla mo shúil mhillteach
Do luí air le formad.

Foinse: *An Dealg sa bhFéar* (Indreabhán: Cló Iar-Chonnacht, 2011), 79.

162. "Táimid damanta, a dheirféaracha,"
NUALA NÍ DHOMHNAILL

Is "leagan" é seo de dhán le Marina Tsvetaeva "Быть в аду нам, сестры пылкие." Dán tábhachtach é i saothar Ní Dhomhnaill. Léiríonn sé an rian a d'fhág an feimineachas ar a cuid filíochta agus taispeánann sé cé chomh láidir is a bhí tionchar litríocht na Rúise agus Oirthear na hEorpa trí chéile ar fhilí na hÉireann (idir Bhéarla agus Ghaeilge) sa tarna cuid den fhichiú haois. Straitéis choitianta ina cuid filíochta is ea blúirí ó fhoinsí liteartha éagsúla, idir dhúchasach agus iasachta, chlasaiceach agus chomhaimseartha, a chomhshamhlú ina cuid dánta.

Táimid damanta, a dheirféaracha,
Sinne a chuaigh ag snámh
Ar thránna istoíche is na réalta
Ag gáirí in aonacht linn,
An mhéarnáil inár dtimpeall
Is sinn ag scréachaíl le haoibhneas
Is le fionnuaire na taoide,
Gan gúnaí orainn ná léinte
Ach sinn chomh naíonta le leanaí bliana,

---

141. Achasán a bhaineann le hobair shnáthaide nach bhfuil inmholta.

Now that March is here
And your future perfect
Birth draws near
The tide's white ribbons
Remind me of your binding sheet,
The long unraveling of a foolish woman.[141]

And I will not go
To visit my best friend's
Newborn baby
For fear my evil eye
Would look on him with envy.

Translation: Clíona Ní Riordáin.

162. "Sisters, We Are Damned,"
NUALA NÍ DHOMHNAILL

This is Ní Dhomhnaill's "version" of Marina Tsvetaeva's "Быть в аду нам, сестры пылкие." It is an important poem in her work, illustrating both Ní Dhomhnaill's feminist concerns and the enduring influence exerted by Eastern European and Russian poetry on Irish poets (writing in both English and Irish) in the second half of the twentieth century. A common strategy in her poetry is the incorporation of lines and phrases quoted from a wide variety of literary sources, both native and foreign, classical and contemporary.

We are damned, sisters,
We who went swimming
By the strand at night and the stars
Laughing down on us,
The sea around us
And all of us screeching with happiness
And with the freshness of the tide
Without shirts or dresses
We were as innocent as babes,

---

141. An aspersion referring to poor-quality needlework.

Táimid damanta, a dheirféaracha.
Táimid damanta, a dheirféaracha,
Sinne a thug dúshlán na sagart
Is na ngaolta, a d'ith as mias na cinniúna,
A fuair fios oilc is maitheasa
Chun gur chuma linn anois mar gheall air.
Chaitheamar oícheanta ar bhántaibh Phárthais
Ag ithe úll is spíonán is róiseanna
Lastiar dár gcluasa, ag rá amhrán
Timpeall tinte cnámh na ngadaithe,
Ag ól is ag rangás le mairnéalaigh agus robálaithe
Is táimid damanta, a dheirféaracha.

Níor chuireamair cliath ar stoca
Níor chíoramair, níor shlámamair,
Níor thuigeamair de bhanlámhaibh
Ach an ceann atá ins na Flaithis in airde.
B'fhearr linn ár mbróga a chaitheamh dínn ar bharra taoide
Is rince aonair a dhéanamh ar an ngaineamh fliuch
Is port an phíobaire ag teacht aniar chughainn
Ar ghaotha fiala an Earraigh, ná bheith fanta
Istigh age baile ag déanamh tae láidir d'fhearaibh,
Is táimid damanta, a dheirféaracha.

Beidh ár súile ag na péisteanna
Is ár mbéala ag na portáin,
Is tabharfar fós ár n-aenna
Le n-ithe do mhadraí na mbailte fearainn.
Stracfar an ghruaig dár gceannaibh
Is bainfear an fheoil dár gcnámha
Gheofar síolta úll is craiceann spíonán
I measc rianta ár gcuid urlacan
Nuair a bheimid damanta, a dheirféaracha.

Foinse: *An Dealg sa bhFéar* (Indreabhán: Cló Iar-Chonnacht, 2011), 116–17.

We are damned sisters.
We are damned, sisters,
We who defied the priests
And our families, and who ate the forbidden fruits,
Gaining knowledge of both good and evil,
So that we care about neither anymore.
We spent nights in Paradise,
Eating apples and gooseberries, with roses
Stuck behind our ears, singing songs
Around robber bonfires, drinking and
Carousing with sailors and thieves
And we are damned, sisters.

We never darned a stitch on a sock,
Never combed a lock of hair, never saved the harvest,
Never understood how to be a handmaiden
Except in the Heavens above.
We preferred to cast our shoes into the rising tide
And dance alone on the damp sand,
With the piper's tune coming over the water to us
On the wild spring winds, instead of staying home,
Brewing strong tea for the menfolk
And we are damned, sisters.

The worms will have our eyes
And crabs will colonize our mouths
And our livers will be thrown
To the wild dogs of the town.
Our hair will be torn from our heads
And our flesh will be stripped from our bones
And apple seeds and gooseberry skins
Will be among the remains in our vomit
When we will be damned, sisters.

Translation: Clíona Ní Ríordáin.

163. "Taobh Thiar," CATHAL Ó SEARCAIGH

Is minic a bhaineann Ó Searcaigh (1956–) leas as íomhánna eaglasta chomh maith le híomhánna de thírdhreach a cheantair dhúchais i dTír Chonaill i ndánta grá ina bhfuil féith earótach atá suntasach. I ndánta fada dá chuid den chineál seo is minic a bhaintear brabach as saibhreas macallach na logainmneacha áitiúla. Cuid de thionchar na hiasachta air ná an t-ómós a thugtar i ndánta eile d'fhilíocht homa-earótach an Ghréagaigh Constantine Cavafy.

> Ní ardaíonn tú i do shuan
> Aon tearmann ná daingean.

> Le linn na hoíche bím ag siúl
> I do shaol lastiar de mheall na súl

> Atá níos dúchasaí ina ghoirme
> Ná sais na Maighdine Muire.

> Ar an taobh cúil d'fhocail
> Tá a mhacasamhail de shaol.

Foinse: *Súile Shuibhne* (Baile Átha Cliath: Coiscéim, 1983), 21.

164. "High Street, Kensington, 6 PM," CATHAL Ó SEARCAIGH

Tá dánta éagsúla ag Ó Searcaigh ina léirítear coimhthíos na mórchathrach don fhile óg Gaeltachta, cuid acu suite i mBaile Átha Cliath agus cuid acu i Londain. Cumadh na dánta seo agus é fós sna fichidí, tamall maith sular fhill sé ar a cheantar dúchais i dTír Chonaill. Léitheoir amplach é an Searcach a bhfuil cur amach aige ar réimse fhairsing den nuafhilíocht i dteangacha éagsúla. Is deacair gan a cheapadh gur fhág an dán gearr cáiliúil le hEzra Pound "In a Station of the Metro" a rian ar an dán áirithe seo.

> Blaisim ar uairibh
> I maistreadh sráide
> Babhla bláiche
> I riocht dáin.

Foinse: *Súile Shuibhne* (Baile Átha Cliath: Coiscéim, 1983), 12.

163. "Beyond," CATHAL Ó SEARCAIGH

Ó Searcaigh (1956–) often uses religious imagery as well as evocations of the landscape of his native Donegal in love poems in which there is a significant erotic charge. His longer poems of this nature often exploit the etymological and local-historical resonance of specific place-names. Non-native influences are also evident in his work, however, such as that of the Greek poet Constantine Cavafy on many of Ó Searcaigh's more explicitly homo-erotic poems.

> You raise in your sleep
> No sanctuary or fortress.
>
> At night I walk in the world that lies
> Behind the orbs of your eyes,
>
> Which are more truly blue
> Than the sash of the Virgin Mary.
>
> On the far side of words
> There is such a world.

Translation: Caoimhín Mac Giolla Léith.

164. "High Street, Kensington, 6 PM," CATHAL Ó SEARCAIGH

Several poems by Ó Searcaigh address the alienating effects of big-city life on the rural *Gaeltacht*-born poet. Some of these poems are set in Dublin and some in London. These poems were written when the poet was still in his twenties, some time before he returned to settle in his native place in northwest Donegal. As Ó Searcaigh is a voracious assimilator of modern poetry from many sources it is difficult not to detect here an echo of Ezra Pound's famous Imagist poem "In a Station of the Metro."

> At times I taste
> In the churning of a street
> A bowl of buttermilk
> In the shape of a poem.

Translation: Caoimhín Mac Giolla Léith.

165. "An Fear Marbh," COLM BREATHNACH

Is léir go raibh caidreamh casta ag an mBreathnach (1961–) lena athair ó na dánta
éagsúla a scríobhadh tar éis a bháis don chnuasach An Fear Marbh (1998). Tá an dán
teidil bunaithe ar imeartas focal. An Fear Marbh a thugtar ar an oileán is faide
ó thuaidh d'oileáin an Bhlascaoid (feic Dán 145). Dála na bhfearann samhalta dá
dtagraítear sa dán seo, bhain na hoileáin seo stádas nach mór miotasach amach
i gcultúr na hÉireann sa bhfichiú haois a bhuí leis na cuntais ar an saol ann a
d'fhoilsigh dúchasaigh éagsúla ó na 1920idí amach.

> Tá fear marbh ages na héinne
> Ina luí ar a fhaid is ar a leathad
> Amuigh ar íor na spéire,
>
> Oileán ná tugtar turas air níosa mhó,
> Ball ná tráchtar thairis tríd an gceo,
>
> Ná siúltar na conairí air
>
> Sa tóir ar chuimhní gur dóichí
>
> Ná a mhalairt
> Go dtiteadar le faill fadó.
>
> Tá oileán mara fada ard
> Ages na héinne
> Sínte ar iomall an chomhfheasa,
> Go dtagann a chumraíocht dhorcha
> Idir iad agus léas
> Le linn don ngréin dul fé.
>
> Magh Meall[142] mura bhfuil ann
> Ach aisling mheabhail
> Is Tír na nÓg

---

142. Tagraíonn Magh Meall, Tír na nÓg agus Í Bhreasail d'oileán miotasach amach ó chósta iarthar
    na hÉireann.

165. "The Dead Man," COLM BREATHNACH

Breathnach (1961–) clearly had a complex relationship with his father, as indicated in poems, composed after the latter's death, which appear in the collection *An Fear Marbh* ("The Dead Man"). The title poem plays on the name by which the northernmost of the Blasket islands (see Poem 145), off the Kerry coast, is known locally, as its shape resembles that of a supine man. Its official name is the more prosaic *Inis Tuaisceart* ("Northern Island"). Not unlike the imaginary lands invoked in the poem, the Blasket Islands acquired an almost mythical status in twentieth-century Irish culture due to accounts of life there written by a number of celebrated natives.

> Each of us has a dead man
> Left lying long and broad
> On the horizon,
>
> An island no longer visited,
> A place spoken of no more, covered in mist,
>
> Whose pathways no-one walks
>
> In search of memories that,
> As likely as not,
> Fell off a cliff long ago.
>
> Each of us has an island
> Long and tall
> Stretched on the edge of consciousness
> Whose dark silhouette
> Blocks out the light
> As the sun sets.
>
> Magh Meall[142] may be
> A foolish dream
> And Tír na nÓg

---

142. *Magh Meall, Tír na nÓg* and *Í Bhreasail* are all traditional designations for a mythical paradise that lies somewhere off the west coast of Ireland.

Ina scailp cheoigh—
Í Bhreasail
Mar fhís mhearathail—
Tuigim go bhfuil oileán ann,
Ar imeallbhord mo bheathasa,
Ó thosnaigh arís an t-am
Tar éis do bháis.

Ó cailleadh tú, a Fhir Mhairbh,
Tá tú i d'oileán
Sínte ar íor na mara.

Agus tá inneall á fheistiú i mbosca naomhóige[143]
Is an taoide ag gabháil bhun na cé i mbarróig
Agus fear an bháid thíos ag fógairt
Gur mithid domhsa teacht ar bord.

Foinse: *An Fear Marbh* (Indreabhán: Cló Iar-Chonnacht, 1998), 9–10.

166. "Oileán na Marbh," LOUIS DE PAOR

Rugadh Louis de Paor (1961–) i gCorcaigh, áit ar bhain sé dochtúireacht amach ar shaothar Mháirtín Uí Chadhain. Is criticeoir tábhachtach liteartha é anuas ar a chuid filíochta féin. Chaith sé nach mór deich mbliana san Astráil agus baineann an dán seo leis an tréimhse sin dá shaol. Is sliocht é seo as dán fada atá bunaithe ar cháipéisí stairiúla. Déanann an dán cur síos ar mar a caitheadh leis na príosúnaigh, an-chuid Éireannach ina measc, a díbríodh don Astráil agus don Tasmáin le linn an naoú céad déag.

> In the spacious bay, on the verge of which the settlement is situated, at the distance of a mile, stands a lovely little island, about half a mile in circumference at the water's edge. This, it appeared to me would be a secure and undisturbed resting-place where the departed prisoners might lie together until the morning of the resurrection. It was accordingly fixed upon, and called, "The Isle of the Dead." — Rev. John Allen Manton (c. 1845)

---

143. Naomhóg, leagan Ciarraíoch de churach.

A bank of fog,
Í Bhreasail a delusive vision,
But an island exists, I'm sure,
Off the coastline of my life,
Ever since time began again
In the wake of your death.

Since you died, Dead Man,
You are an island
Stretched on the horizon.

And a naomhóg's[143] new engine is ticking over
As the tide licks at the lower docks
While the ferryman below has just declared
That it's time for me to come aboard.

Translation: Caoimhín Mac Giolla Léith.

166. "The Isle of the Dead," LOUIS DE PAOR

Louis de Paor (1961–) was born in Cork and obtained a PhD from UCC for a thesis on Máirtín Ó Cadhain, the pre-eminent twentieth-century novelist and short story writer in Irish. He is an important literary critic and anthologist. He emigrated to Australia in 1987 and lived in Melbourne for almost a decade. This extract from the long poem "Oileán na Marbh" is a response to documentary evidence regarding the treatment of convicts, many of them Irish, who were transported to Australia and Tasmania for a variety of misdemeanors.

> In the spacious bay, on the verge of which the settlement is situated, at the distance of a mile, stands a lovely little island, about half a mile in circumference at the water's edge. This, it appeared to me would be a secure and undisturbed resting-place where the departed prisoners might lie together until the morning of the resurrection. It was accordingly fixed upon, and called, "The Isle of the Dead." — Rev. John Allen Manton (c. 1845)

---

143. Naomhóg is the word used in Kerry Irish for a curach, the traditional boat, common to the west coast of Ireland, made of stretched canvas—formerly animal hide—over a wooden frame.

Tá aghaidh na leac
Ó thuaidh ar Shasana,
Mar a gcasann domhan
Tuathalach ar a fhearsaid
In aghaidh an tsolais.
Sínte anseo, tá oifigigh airm
Is a muintir, fíréin
A bhí dílis do ghlóir an rí.

Bréagnaíonn an scríbhinn ghreanta
Méala comónta a mbáis
Le cancar an uabhair
Nó le ciapadh anama an té
A chuala briathar Dé
Ar bhéala daoine
Ag fiaradh chinniúint a bhráthar.

Creimeann an salann
Sa ghaoth ón bhfarraige
Gaineamhchloch na huaighe
Atá chomh bog le luaith na gcnámh
Atá sínte faoin leac seo
A fhéachann de shíor ó thuaidh
Chomh díreach le drom
Chomh righin le haigne saighdiúra
Nár cheistigh an reacht
A cheadaigh a racht
Le go ndéanfaí A thoil
Ar thalamh choimhthíoch.

Tá a gcúl leis an ngramaisc
I gcónaí, bruscar an domhain
A cuireadh thar loch amach
Le go ndíreofaí a nádúr geancach,
Go n-umhlófaí a ngéaga stobarnálta.

The tombstones
Face north to England
As the world turns
On its axis, counter-clockwise,
Away from the light.
Here lie the officers,
Families, subjects,
Loyal to the glory of the King.

The finely carved epitaphs give the lie
To the common nature of their deaths,
Riddled with a pride-filled cancer,
And the spiritual torment of those
Who heard the word of God
On the lips of people
And warped the fate of their brethren.

The salt wind
Blowing in from the sea
Gnaws the sandstone tombs,
Soft as the dusty bones
That lie beneath this gravestone
Forever facing north,
Upright as a backbone,
Inflexible as a soldier's reasoning,
Unquestioning of laws
That enabled the violence,
So His Majesty's will might be done
On this alien soil.

Their backs are still turned away
From the rabble, the scum of the earth,
Sent to the end of the world
So their wilful nature might be broken,
Their wild limbs quietened.

"Ba bhuachaillí dána iad
Ab éigean a cheartú," arsa an treoraí,
Iarshaighdiúir na mbróg snasta
Is na n-ingní pioctha sagairt,
A chaint chumhra
Ag bréanadh an aeir
Le haoileach éithigh.
Ar an dtaobh theas
Den oileán, as radharc
Na farraige, luíonn na cimí
Mar a luíodar lena mbeo

Ar thochtanna cúnga
A chaitheadh le falla iad
Nó amach ar urlár
Dá mba chorrach a suan,
Teicníocht Chríostaí
A choisceadh codladh,
A mheabhraíodh don rud
Gur cuibhreann ab ea an corp
A chaithfí a réabadh
Chun macasamhail Dé
Ann féin a shaoradh.

Leis sin, chaitheadar
Lasc an tsaoiste
Mar a bheadh léine róin,
Is matal aoil ina dhiaidh sin
A chaith an chabhail
Ón gcraiceann garbh
Go dtí an cnámh,
Ón smior go dtí an smúsach
Chun teacht ar nádúr Chríost
Arna chéasadh istigh.
An rud nach féidir,
Ní féidir é.

"They were bad boys
Who needed to be punished," the guide says.
A former soldier with shiny shoes
And the clean fingernails of a priest.
His sweet talk
Fouls the air
With the smell of dung.
On the south side of
The island, out of sight of
The sea, the prisoners lie
As they did in life,

On cramped narrow mattresses
Thrown against the walls,
Or on the floor;
A Christian technique,
Reminding the impure,
In their disturbed slumber,
That their bodies are chattels
To be broken so that God's likeness
Within can be released.

To that end, they were
Whipped with rope
Like a horsehair shirt
Or a mantle of quicklime.
It ate away at the rough skin,
Removing the flesh from the bones,
Approaching the true nature of Christ,
Who was flayed alive.
The impossible
Will never become possible.

Tar éis a ndíchill,
Níor fhan aon rian den Tiarna
Sa neamhrud, an neamhdhuine
Ná maireann a ainm féin
Ar an uaigh seo gan leac.
Ní fiú guí le hanam ainmhí.

Foinse: *Ag Greadadh Bas sa Reilig* (Indreabhán: Cló Iar-Chonnacht, 2005), 86–91.

Léitheoireacht sa Bhreis

Louis de Paor, "Contemporary Poetry in Irish: 1940–2000," in *The Cambridge History of Irish Literature, vol 2: 1890–2000*, eag. Margaret Kelleher & Philip O'Leary (Cambridge: Cambridge University Press, 2006).

Biddy Jenkinson, "A Letter to an Editor," *Irish University Review* 21, uimh. 1 (1991): 27–34.

Máire Mhac an tSaoi, "Writing in Modern Irish—A Benign Anachronism?" *The Southern Review* (Summer 1995): 424–31.

Nuala Ní Dhomhnaill, "Why I Choose To Write in Irish, The Corpse That Sits Up and Talks Back," *The New York Times*, Ean. 8, 1995.

After all their efforts,
There was no trace of Christ our Lord
In the non-thing,
The non-person,
Whose name itself is absent
From this grave without a tombstone.
What good are prayers for an inanimate soul?

Translation: Clíona Ní Ríordáin.

FURTHER READING

Louis de Paor, "Contemporary Poetry in Irish: 1940–2000," in *The Cambridge History of Irish Literature, vol 2: 1890–2000*, eds. Margaret Kelleher & Philip O'Leary (Cambridge: Cambridge University Press, 2006).

Biddy Jenkinson, "A Letter to an Editor," *Irish University Review* 21, no. 1 (1991): 27–34.

Máire Mhac an tSaoi, "Writing in Modern Irish—A Benign Anachronism?" *The Southern Review* (Summer 1995): 424–31.

Nuala Ní Dhomhnaill, "Why I Choose To Write in Irish, The Corpse That Sits Up and Talks Back," *The New York Times*, Jan. 8, 1995.

Deireadh an Áil? Glúin Y agus Z

Brian Ó Conchubhair

Rugadh formhór na bhfilí sa rannóg seo sna 1970idí agus baineann siad le glúin a d'fhás aníos nuair nach raibh an réabhlóid teicneolaíochta ach ina thús agus gan an cultúr digiteach faoi lánseol. Dá mba chúis imní í go laghdódh an t-idirlíon an bhearna idir "ardchultúr" agus "gnáthchultúr" na gcosmhuintire, nach gcaithfí a dhóthain ama ag fiosrú an tsaoil inmheánaigh agus go mbeadh an litríocht agus an fhilíocht thíos leis an teicneolaíocht, is léir nach baol d'fhilíocht na Gaeilge go fóill pé scéal é más aon fhianaise iad líon na ndánta a fhoilsítear in irisí éagsúla ar nós *Comhar*, *Feasta*, agus *Poetry Ireland Review*. I measc na bhfilí atá i mbun pinn i láthair na huaire, sonraítear an-éagsúlacht guthanna agus stíle.[144] Is glúin nua filí iad a bhfuil cluas le héisteacht acu le himeachtaí áitiúla, imeachtaí an bhaile bhig agus eachtraí an tsaoil mhóir idirnáisiúnta ach ní dall iad ar an stair ná ar an traidisiún liteartha mar is léir ó dhánta le hAifric Mac Aodh, Caitríona Ní Chléirchín agus Ailbhe Ní Ghearbhuigh. Is fíor sin go háirithe i gcás "Manach Eile agus a Chat" le hAilbhe Ní Ghearbhuigh agus "Scaradh na gCompánach" le Caitríona Ní Chléirchín. Is beirt fhilí iad a fhilleann ar an dúchas agus, ar nós dánta le Doireann Ní Ghríofa, athinsítear an stair as an nua, ón taobh cliathánach, ach ag leathnú agus ag síneadh an traidisiún agus á shaibhriú.

Ach ní dall iad ar an teicneolaíocht ach oiread. Má bhaintear adhmad as an stair agus as an traidisiún, tapaítear gach deis a sholáthraíonn na meáin shóisialta (Twitter, YouTube, Instagram) chun guth a thabhairt dá bhfís agus chun lucht éisteachta a aimsiú agus imrítear tionchar dá réir ar an bhfilíocht. Baineann Ciara Ní É agus Ola Majekodunmi sárleas as na meáin shóisialta agus as an teicneolaíocht chun lucht féachana a aimsiú agus chun dul i bhfeidhm orthu, agus spreagann sin ceisteanna faoi nádúr na filíochta. Leanann na seandíospóireachtaí faoi fhoirm agus faoi chló "ceart" na filíochta; cad é "traidisiún"; cad tá "dúchasach" agus cad nach bhfuil; cad í an fhilíocht agus cad nach í? Ní haon ionadh é seo. Agus David Wheatley ag plé na ceiste cad é an dán Éireannach, deir sé: "Tá teorainn ann, b'fhéidir, ach cad is dán Éireannach ann inniu? Tá dánta Éireannacha ann a scríobhadh i Laidin agus i nGréigis agus sa todhchaí is cosúil go scríobhfar i bPolainnis nó i Seicis iad freisin... Is iad an deoraíocht agus an t-ilteangachas na téamaí bunúsacha againn, pé an fhoirm a aimsímid dóibh."[145] Is fíor go bhfuil an

---

144. Feic Leah McLaren, "Innocence lost: what did you do before the internet?" *The Observer*, Lúnasa 4, 2019.

145. David Wheatley & Ailbhe Ní Ghearbhuigh, "Ní hAnsa," *Comhar* 72, uimh. 8 (2012): 24–25.

CHAPTER FOURTEEN

Last of the Innocents: Twenty-First-Century Poetry

Brian Ó Conchubhair

The "digital immigrant" poets in this section were mainly born in the mid-to-late 1970s, part of the last generation of humans on the planet to have grown up prior to the popularization of digital culture. While some worry the internet conflates entertainment with leisure, reducing the opportunities and occasions for reflection and introspection, and others fear for the loss of richness of our interior lives, Patrick Kavanagh's standing army of Irish poets appears in rude health. Irish-language poetry retains its diverse, multilingual, idiosyncratic nature.[144] Alert and alive to the local as the global, these poets draw on past influences and present instances to reimagine the wider world as perceived and understood by individual poets. None of this should surprise or shock. As David Wheatley noted with regard to the "Irish" poem: *"Tá teorainn ann, b'fhéidir, ach cad is dán Éireannach ann inniu? Tá dánta Éireannacha ann a scríobhadh i Laidin agus i nGréigis agus sa todhchaí is cosúil go scríobhfar i bPolainnis nó i Seicis iad freisin ... Is iad an deoraíocht agus an t-ilteangachas na téamaí bunúsacha againn, pé an fhoirm a aimsímid dóibh."*[145] ["There is a limit, maybe, but what is an Irish poem today? Irish poems have been written in Latin and Greek and in future it appears that they will be written in Polish or Czech also... Exile and plurilingualism are our basic themes, whichever form we find for them."] Irish-language poets of the late twentieth century have certainly traveled extensively but, as Edna Longley correctly observes, looking outward or abroad is not in itself a literary value: "Contemporary poets seem to overlook the fact that a true poet can travel and move the reader from anywhere, but that if the poem lacks imaginative and artistic force then its setting or backdrop is of little consequence, whether that is rural Ireland or the streets of Singapore."[146] This point is exemplified by Ailbhe Ní Ghearbhuigh's "Manach Eile agus a Chat"/"Another Monk and his Cat" and Caitríona Ní Chléirchín's reimaging of a marginal seventeenth-century event as re-narrated through the eyes of a mother in "Scaradh na gCompánach"/"The Parting of Companions." Such efforts mirror Doireann Ní Ghríofa's "The Horse under the Hearth" and "April, 1912" in that they refocus the narrative as perceived from a tangential perspective and enrich and extend this tradition. A significant concern in her verse to date "is the sense of palimpsest, how the events

---

144. See Leah McLaren, "Innocence lost: what did you do before the internet?" *The Observer*, Aug. 4, 2019.
145. David Wheatley & Ailbhe Ní Ghearbhuigh, "Ní hAnsa," *Comhar* 72, no. 8 (2012): 24–25.
146. Edna Longley, cited in Maria Johnston, "Reading Irish Poetry in the New Century: *Poetry Ireland Review 2000–2009," Poetry Ireland Review* 100 (2010): 41.

domhan mór siúlta ag filí na linne seo ach is fíor leis d'Edna Longley a deir nach
ionann dearcadh leathan, taithí thaistil agus an deafhilíocht: "Contemporary
poets seem to overlook the fact that a true poet can travel and move the reader
from anywhere, but that if the poem lacks imaginative and artistic force then its
setting or backdrop is of little consequence, whether that is rural Ireland or the
streets of Singapore."[146] Tá roghanna éagsúla ar fáil d'fhilí na Gaeilge. Ní ualach
dóibh é an traidisiún ach treoir a bhfuil foirmeacha, meadarachtaí, stíleanna
éagsúla go leor ar fáil ann.

Tasc gan dealramh é a bheith ag tuairimíocht cé hiad na filí a mbeidh cáil
orthu agus cad iad na dánta a mbeidh stádas clasaiceach acu amach anseo nó
conas a bheidh filíocht na Gaeilge sa todhchaí. Go deimhin ní marbh atá an stair
do Dhoireann Ní Ghriofa: is beo di agus tá sí inár measc: "the past lurk(s) always
just below the surface, a persistent influence on our days, whether we perceive
it or not."[147] Sular tháinig Innti ar an saol, ní raibh súil ar bith go raibh borradh
filíochta ar lámh. Agus Seán Ó Tuama ag tuairimíocht faoi thodhchaí na filíochta
i 1977 nocht sé tuairim go bhfillfeadh na Gaeil ar na seanfhoirmeacha mar a
dhein na hAlbanaigh: "Braithim go gcasfaidh filí agus lucht liteartha na Gaeilge
amach anseo níos mó ar an seanteanga liteartha, agus go mbainfidh siad leas nua
cumhachtach aisti mar a dheineann Mac Gill Eathain."[148] Cá bhfios nach bhfuil
tuar faoin tairngreacht sin.

Ach is de dhlúth agus d'inneach iad na ceisteanna seo faoi fhoirm agus faoi
fheidhm na filíochta i gcoitinne gan trácht ar fhilíocht mhionteanga. Cé aige an
bhfuil an ceart a rá go bhfuil dán amháin mar chuid den traidisiún? An é cúram
an fhile an léitheoir a spreagadh trí nod agus trí leathfhocal, trí choincheapanna
agus trí mheafair a thagann ar sáile a chéile agus, b'fhéidir, salach ar a chéile?
An féidir argóintí polaitíochta a chur chun cinn san fhilíocht? An oireann an
fhilíocht do thráchtaireacht shóisialta agus do chúiseanna pobail? Murar féidir,
murar chóir, cad chuige í? Cad é ról an fhile sa lá ata inniu ann? Má tá an borradh
a spreag filí Innti le hathghabháil, má tá filíocht na Gaeilge le greim a choimeád
ar an mbeocht agus guth sainiúil a chothú, cad iad na roghanna? An gá filleadh
ar an dúchas agus ar na seanmhúnlaí seachas a bheith taobh le cur chuige fhilí
Innti amháin. Is í tuiscint Alan Titley: "[t]he Innti phenomenon was probably an
exception which gave us an explosion of poetry the likes of which we never had
before since the first half of the seventeenth century. One suspects the future
will belong again to the single individual talents who will always be with us and

146. Edna Longley, luaite ag Maria Johnston, "Reading Irish Poetry in the New Century: Poetry Ireland
     Review 2000–2009," Poetry Ireland Review 100 (2010): 41.
147. Doireann Ní Ghríofa, "Poet Doireann Ní Ghríofa on writing Clasp and what became of Airt Uí
     Laoghaire's horse," The Irish Times, Aibreán 23, 2015.
148. Seán Ó Tuama, "Pádraig Ó Mileadha agus Traidisiún Filíochta na Gaeilge," in Aguisíní (Baile
     Átha Cliath: Coiscéim, 2008), 55.

of the past lurk always just below the surface, a persistent influence on our days, whether we perceive it or not."[147]

Predicting the future is a fool's errand. Prior to the emergence of *Innti*, little indicated a literary revolution on the horizon. When contemplating the future of Irish-language poetry in 1977, Seán Ó Tuama speculated that future poets might return to older, classical forms of literary language as had the Scots: "Braithim go gcasfaidh filí agus lucht liteartha na Gaeilge amach anseo níos mo ar an seanteanga liteartha, agus go mbainfidh siad leas nua comhachtach aisti mar a dheineann Mac Gill Eathain."[148] ["I feel that the Irish-language poets and literary people will turn more in the future to the old literary language and will manipulate it powerfully as Somhairle Mac Gill-Eathain does."] If Irish poetry is to survive, let alone thrive, it must revisit its roots and explore forms, themes, and aspects beyond those embraced and practiced by the *Innti* poets. Musing on the future of Irish-language poetry, Alan Titley opined: "[t]he *Innti* phenomenon was probably an exception which gave us an explosion of poetry the likes of which we never had before since the first half of the seventeenth century. One suspects the future will belong again to the single individual talents who will always be with us and from whom we make our collective traditions."[149] Such views offer some succor to those concerned at the distressing figures of the rate, quantity, and quality of Irish as spoken in the traditional heartlands.

On or around 2010, human character changed as the language of identity politics firmly established itself in mainstream popular culture and confronted racial and sexual oppression on a scale previously unseen. While some artists found authentic inspiration in responding to such a crisis, others bristled at expectations that they be "woke" and their work politically engaged. Is remaining silent a tacit endorsement of the status quo, or should we be suspicious, as Finn McRedmond asks, of "activist" culture that is likable but lacking complexity? In engendering a one-note cultural landscape do we risk returning to versification of cultural and political messaging?[150] Irish-language poets have recourse to different and distinct modes of writing. As they learn their trade and sing whatever is well made, they may benefit from bearing in mind that the tradition in which they trade is tantalizingly diverse, teeming with different approaches and aesthetics. In a discussion among Na Scríbhneoirí Úra—a voluntary group to assist and promote new voices writing in Irish, established by Ríona Nic Congáil in 2007 based on a similar Catalan model—Proinsias Mac a'Bhaird, from Árainn Mhór in Donegal,

---

147. Doireann Ní Ghríofa, "Poet Doireann Ní Ghríofa on writing *Clasp* and what became of Airt Uí Laoghaire's horse," *The Irish Times*, April 23, 2015.

148. Seán Ó Tuama, "Pádraig Ó Mileadha agus Traidisiún Filíochta na Gaeilge," in *Aguisíní* (Baile Átha Cliath: Coiscéim, 2008), 55.

149. Alan Titley, *Nailing Theses: Selected Essays* (Belfast: Lagan Press, 2011), 332.

150. Finn McRedmond, "Why did Taylor Swift suddenly get all woke?" *The Irish Times*, June 4, 2021.

from whom we make our collective traditions."[149] Más le file amháin nó le guth
amháin an todhchaí, cé hí nó cé hé? Is gné shuntasach den ghlúin é líon na mban
agus feabhas na bhfilí mná. Neosfaidh an aimsir ach is tuar dóchais é go bhfuil an
oiread sin filí i mbun pinn go háirithe agus an éadóchas a bhaineann le todhchaí
na Gaeltachta, meath na teanga agus saibhreas na Gaeilge.

Ar an lámh eile de, baineann cuid de na dánta seo leis an am i láthair agus
freagraíonn siad do ghéarchéimeanna éagsúla. Isteach agus amach ar an mbli-
ain 2010 tháinig cor nua sa saol. Bhláthaigh réabhlóid na féiniúlachta mar nach
bhfacthas roimhe sin. Anois bhí an ciníochas agus an feimineachas i lár an aon-
aigh. Tugadh guth don té a bhí in íochtar le fada an lá. B'ábhar ceiliúradh agus
ábhar filíochta é seo d'fhilí áirithe cé gur leasc le filí eile plé leis an bpolaitíocht
san fhilíocht. Ach i gcás na héagóra, an rogha é a bheith ciúin? (Feic Timothy E.
Quinlan, Dán 175). Ba é Finn McRedmond a d'fhiafraigh an rogha é an tost in
am an ghátair? An ionann tost agus tacú leis an status quo? Nó ar chóir a bheith
amhrasach faoin té a bhíonn de shíor i mbun agóide, an té a mholann réiteach
simplí saonta cultúrtha. An baol don fhilíocht má tá an pholaitíocht fite fuaite
tríthi go hoscailte?[150]

Nuair a bhunaigh Ríona Nic Congáil Na Scríbhneoirí Úra i 2007, ar mhaithe
le scríbhneoirí óga Gaeilge—bunaithe ar mhúnla sa Chatalón—thagadh na scríbh-
neoirí le chéile mar a dhéanadh na filí fadó ag cúirteanna éigse. B'ábhar imní do
Phroinsias Mac a'Bhaird, ball den ghrúpa arb as Árainn Mhór dó, easpa na múnlaí
traidisiúnta san fhilíocht chomhaimseartha. Ach an féidir a rá go bhfuil na reacairí
béil ag tarraingt as an traidisiún sin agus ag baint leasa as guthú agus as cur i
láthair chun cur le héifeacht dáin?[151] Tuigtear do Shéamus Barra Ó Súilleabháin
(1992–) a bhain amach Poetry Slam na hÉireann i nDoire, gurb é an difríocht idir
fhile agus rapálaí ná saoirse agus cumas an rapálaí nasc beo a chruthú leis an lucht
éisteachta atá os a c(h)omhair amach.[152] Ina choinne sin tá an file faoi léigear ag
imní agus ag féinscrúdú, agus iad dá ndiancheistiú féin seachas a bheith dírithe
ar an reacaireacht, ar an scéalaíocht, agus ar an nasc leis na daoine ina f(h)ochair.
D'fheadfaí an casadh seo a thuiscint i dtéarmaí an dúchais: filí ag filleadh ar
thraidisiún na gcúirteanna filíochta ina raibh an barántas, ina mbíodh filí ag sárú
a chéile os comhair pobail, na hamhráin mhacarónacha agus na haoir. Nach gaire
an stíl seo do thraidisiúin na Gaeltachta idir lúibíní agus agallaimh beirte? An é

---

149. Alan Titley, *Nailing Theses: Selected Essays* (Belfast: Lagan Press, 2011), 332.

150. Finn McRedmond, "Why did Taylor Swift suddenly get all woke?" *The Irish Times*, Meitheamh 4,
    2021.

151. Ríona Nic Congáil, et al., "An Lucht Fileata," *Comhar* 70, uimh. 9 (2010): 13–15. Feic aiste nab liana
    1987 le Tomás Ó Floinn ar Art Ó Maolfabhail in Liam Prút, eag., *Cion Fir: Aistí Thomáis Uí Fhoinn
    in Comhar* (Baile Átha Cliath: LeabharCOMHAR, 1997), 411–16.

152. Robert McMillen, "Agallamh: Véarsaí ón mbreacGhalltacht le Séamus Barra Ó Súilleabháin,"
    Deireadh Fómhair 11, 2016, Tuairisic.ie, http://tuairisc.ie/agallamh-vearsai-on-mbreacghalltacht
    -le-seamus-barra-o-suilleabhain/.

lamented the absence of traditional formal and technical aspects of the poetic tradition. Such arguments gesture, perhaps, toward oral performance and improv which pivot as much on aesthetics of sound as a performer's vitality and delivery.[151] Ciara Ní É and Ola Majekodunmi exemplify the impact of social media and technology on poetry while raising questions about what constitutes poetry and how it differs from prose. Rooted in immediacy and responding to contemporary issues, their poems are poems of protest, poems of the moment, capturing its pulse and politics. London-born Kerry rapper Séamus Barra Ó Súilleabháin (1992–), author of *Beatha Dhónaill Dhuibh*, whose work appears widely on YouTube, contrasts a rapper's autonomy and ability to connect with his immediate audience, while a poet is beset with doubts, introspection, and self-examination rather than focusing on the act of telling, narrating, and communication with the immediate audience.[152] In some ways this approach marks a return of the *barántas* tradition, the narrative style of "amhráin na ndaoine" and mock-heroic songs of the eighteenth and nineteenth centuries. It also breaks down the walls between *agallaimh beirte* and *lúibíní*, traditional arts performed in real-time to live audiences, and the lonely act of reading poetry in isolation. Conversely, Biddy Jenkinson pleads for a higher quantity of "fixed forms" while Maria Johnston laments "a severe want of technical dexterity, of ingenuity, imaginative pressure, metaphorical energy, linguistic vitality, formal possibility and intellectual play.... There is little or no attentiveness to the line-break—the feature that distinguishes poetry from prose—no feeling for the sound and movement of words and their syntactical arrangement."[153]

What then is poetry in the twenty-first century? Should poetry be about communicating via juxtaposing concepts and images, by using ellipsis—both on the level of syntax and logic—by opening up possible interpretative worlds to the reader but leaving it up to them which of the paths they will explore and with which of the possible readings they will identify? Can great poems rarely make an argument? Is poetry a suitable vehicle for social commentary, political protest? And if not, why? Can great poems be polemical? Should—must—poetry be polemical to be relevant? Is this a case of bards as exponents of syllabic verse dismissing the emergence of a new generation of songsters practicing vowel accented compositions, more in keeping with the times and more expressive of

151. Ríona Nic Congáil, et al., "An Lucht Fileata," *Comhar* 70, no. 9 (2010): 13–15. See also Tomás Ó Floinn's 1987 essay on Art Ó Maolfabhail in Liam Prút, ed., *Cion Fir: Aistí Thomáis Uí Fhoinn in Comhar* (Baile Átha Cliath: LeabharCOMHAR, 1997), 411–16.

152. Robert McMillen, "Agallamh: Véarsaí ón mbreacGhalltacht le Séamus Barra Ó Súilleabháin," October 11, 2016, Tuairisic.ie, http://tuairisc.ie/agallamh-vearsai-on-mbreacghalltacht-le-seamus-barra-o-suilleabhain/.

153. Maria Johnston, "Reading Irish Poetry in the New Century: *Poetry Ireland Review* 2000–2009," *Poetry Ireland Review* 100 (March 2010): 35–46.

go bhfuil filí óga ag filleadh ar an dúchas agus ar an traidisiún in ainneoin gur minic é trí mheán na teicneolaíochta? Tá nuálaíocht agus fiontraíocht na bhfilí le moladh, ach ar an lámh eile de, ba bhreá le Biddy Jenkinson dá mbeadh breis "fixed forms" le feiscint agus chaoin Maria Johnston: "a severe want of technical dexterity, of ingenuity, imaginative pressure, metaphorical energy, linguistic vitality, formal possibility and intellectual play.... There is little or no attentiveness to the line-break—the feature that distinguishes poetry from prose—no feeling for the sound and movement of words and their syntactical arrangement."[153] Cá bhfágtar sinn? Cad í an fhilíocht mar sin? An amhlaidh nach bhfuil sa dí-spreagadh ar an nuálaíocht ach leagan eile de na filí clasaiceacha ag caitheamh anuas ar an nglúin nua, lucht an dán dírigh agus caitheamh anuas ar lucht an amhráin? B'fhéidir é. B'fhéidir nach é.

Is léir ar fhianaise na ndánta sa díolaim seo gur fada filí na Gaeilge ag fí na filíochta agus na polaitíochta le chéile. Nach fada dánta móra na Gaeilge ag plé leis an bpolaitíocht? An féidir an pholaitíocht a sheachaint sa lá atá inniu ann agus dúshláin an daonlathais agus chearta sibhialta á dtabhairt ar fud an domhain mhóir?

167. "Trasnú," CATHAL Ó SEARCAIGH

Aimsíonn an dán seo le Cathal Ó Searcaigh (1956–), idir théama, stíl, fhoclóir, agus mheafar na himpleachtaí a bhaineann le hildomhandú an tsaoil agus chultúr na hÉireann. D'athraigh saol, saoltuiscint, agus saoldearcadh na hÉireann as éadan le linn Ré an Tíogair (c. 1996–2008) agus is iad na hathraithe agus na ceisteanna sin a spreagtar sa dán seo. Cad tá i ndán d'Éirinn idir choilíneachas, neamhspléa-chas, agus dhomhandú? Tá impleachtaí fuaimintiúla i gceist anseo, impleachtaí iad a bhaineann le fostaíocht, le héagsúlacht chultúrtha agus teangeolaíoch, le hacmhainní, le tionchar stádas idirnáisiúnta. Cad tá i gceist le sainiúlacht maidir le hoidhreacht chultúr na hÉireann? An bhfuil a leithéid de rud ann agus cultúr Éireannach ar leith sa lá inniu? An ann do "thraidisiú(i)n"? An ann d'Éire mar thír, mar chultúr mar áit, mar shainiúlacht faoi leith? Mar is fíor i gcás mórán dá chuid dánta tá an greann agus an gliceas focal ina lár agus is minic trát agus teip an dúchais agus saibhreas agus saíocht an dúchais idir cheantar, chultúr, agus teanga. Meabhraítear Ó Bruadair (feic rannóg 7) dúinn anseo agus na filí úd a chonaic cíor thuathail a linne ach amháin nach searbhán atá dulta chun searbhais é file an dáin seo. D'ardaigh clár faisnéise Fairytale of Kathmandu (2007) ceisteanna faoi iompar an fhile i Neipeal agus tharraing raic idirnáisiúnta. Shéan an file na líomhaintí agus níor cúisíodh nár níor ciontaíodh é sa bhaile nó thar lear.

---

153. Maria Johnston, "Reading Irish Poetry in the New Century: *Poetry Ireland Review* 2000–2009," *Poetry Ireland Review* 100 (2010): 35–46.

the contemporary conditions? Perhaps, perhaps not. But such debates raise issues of what is and is not poetry and who has the authority to decide. These poems do not necessarily provide conclusive answers, but they raise the question and reflect the concerns that shape our times.

167. "Sic Transit," CATHAL Ó SEARCAIGH

Cathal Ó Searcaigh (1956–), a member of the *Innti* group, deals in his early poetry with place, language, and tradition as it pertains in particular to his native Donegal. His later work includes explicit homoerotic love poems. In challenging traditional markers of identity, his work is marked by code-switching, and an exploration of place, place-names, and the importance of home. A controversial 2007 documentary, *Fairytale of Kathmandu*, raised questions regarding his relationships with those he funded in Nepal and a high-profile public controversy ensued. Ó Searcaigh denied, and continues to deny, all wrongdoing and has not been charged with any crime. The sordid event, involving accusations and counter-accusations, however, remains unresolved. This 2002 poem, written at the height of the Celtic Tiger (c. 1996–2008), captures that era's diversity and hybridity, emphasizing both the way globalization, acculturation, and neo-liberalism threaten traditional culture and independence, but also the way vernacular culture responds and co-opts the new, the foreign, and the international. As in much of Ó Searcaigh's finest work, this poem wittily questions the commodification of culture, the use of stereotypes and labels, and notions of purity in language, culture, or identity. Replete with borrowings, international brand names, anglicisms, and a chorus, the poem—in syntax, grammar, style, theme, and format—challenges perceptions and merges form with content: replete with references to consumer culture, historical events, and cultural motifs that combine to make the poem simultaneously an anthem and a dirge to the Celtic Tiger, a gaudy gala of globalization, and/or a cautionary caveat of cultural cost. This poem, in some ways, is reminiscent of Ó Bruadair (see Chapter 7) and those poets who witnessed the cultural upheaval of the seventeenth century, but absent the savage indignation and moral superiority.

Curfá

O, tá muid ag fí ár dtodhchaí as ár ndúchas;
Ag *Magee*-áil ár mbréidín brocach buí,
Ag *Levi*-áil ár mbrístí de chorda an rí,
O, tá muid ag fí ár dtodhchaí as ár ndúchas.

Tá muid ar strae
Áit inteacht
Idir Cath Chionn tSáile
Agus an *Chinese takeaway*.
Tá snáithe ár scéil
In aimhréidh
Idir Tuirne Mháire
Agus *Fruit of the Loom*.
Tá ár gcuid Gaeilge ag lobhadh
Le *plaque* an Bhéarla,
Cé go sruthlaímid ár dteanga gach lá
I dtobar an dúchais.
Tá ár mblog thiar ar ár dtóin
I ngorta an éadocháis
Is gan de chothú le fáil
Lenár dtarrtháil
Ach na slisíní seanchais
Agus na gabhrógaí grinn
A thit
Idir an Greim Gasta agus an *Golden Grill*.

Curfá

Tá muid leath-réamh-stairiúil
Agus leath-*postmodern intertext*-úil.
Gheofá muid inniu
Go tiubh sa tsiúl
Ag buachailleacht *dinosaurs*
Le Fionn Mac Cumhaill;
Agus amárach thiocfá orainn
Ag súgradh go searcúil
Le Cáit Ní Queer;
Nó teannta go teolaí

Chorus
Oh, we're weaving our futures from our past,
McGee-ing our homespun wraps,
Levi-ing our kacks with King Billy's flax—
Oh, we're weaving our futures from our past.

Somewhere or other
We've lost our way
Between the Battle of Kinsale
And the Chinese takeaway.
The threads of our story
Have broken loose
Between Four Green Fields
And the Fruit of the Loom.
Our Irish is rotting
With the plaque of English
Though we dip our tongues
In *tobar an dúchais.*
Our stomachs stick out
Over our arses,
With nothing to keep us
But shreds of *seanchas*
And crummy jokes
That tumble and fall
Between the Bistro
And the Golden Grill.

Chorus

We're half-prehistoric,
And half-intertexual,
Half-postmodern
And half-bisexual.
One day you find us,
A people on the prowl,
Herding dinosaurs,
With Finn McCool;
Next day we're feeling up
Katie McWeir

I gcluiche *strip poker*
Le Méabha Chonnachta.
Amanta eile
I marbhthráth na hoíche
Tchifeá muid ag *joyride*-áil
Ar luas na gaoithe,
Ag *Subaru*-áil i Leitir Ceanainn
I gceann de chuid *chariots*
Chú Chulainn.

Curfá

Tá muid teach ceanntuíach
Agus bungaló *mod con*-ach;
Tá muid seanbhean bhochtach
Agus Marilyn Monroe-ach;
Tá muid scadán gortach
Agus *takeaway microwave*-ach;
Tá muid seanscéal báiníneach
Agus *scoopscéal Sky*-ach;
Tá muid turas an tobaireach
Agus *rock 'n roll walkman*-ach;
Tá muid dún daingeanach
Agus *mobile home*-ach;
Tá muid carr capallach
Agus *Vauxhall Cavalier*-each;
Tá muid béadán baileach
Agus *porn internet*-ach;
Tá muid bairín breachach
Agus *pina colada cheesecake*-ach;
Tá muid rince seiteach
Agus hócaí pócaí cairíócaíach.

Curfá

Foinse: *Ag Tnúth leis an tSolas* (Indreabhán: Cló Iar-Chonnacht, 2000), 277–79.

Or beating the pants
Off Queenie at poker.
Some nights,
We joy-ride,
Quick as a shot,
Subaruing Letterkenny
In a hot-wired chariot
Nicked under the nose
Of the Hound of Ulster...

Chorus

We're thatch-roofed
And bungalow mod-conned;
We're Marilyn Monroed
And Poor Old Womaned;
We're salmon-shortaged
And micro-waifish;
We're Old Wives' Taled
And satellite-dished;
We're traditional welled,
And CD walkmaned;
We're cross-bordered
And station wagoned;
We're horsepowered
And Vauxhalled Cavaliered;
We're local gossiped
And search engineered;
We're brambracked
And piña colada'd, cheesecaked,
We're set-danced and hokey pokeyed;
We're *sean-nós*-ed and karaoke'd.

Chorus

Translation: Frank Sewell.

168. "Brúitín," Doireann Ní Ghríofa

Rugadh Doireann Ní Ghríofa i 1981. D'fhás sí aníos faoin tuath i gCo. an Chláir agus d'fhoghlaim sí an Ghaeilge i nGaelscoil Mhichíl Uí Chiosóig agus i nGaelcholáiste an Chláir. Dhein sí staidéar i gColáiste na hOllscoile Chorcaí ar an gcorp daonna, ar an tsíceolaíocht, agus ar an litríocht agus tá a rian sin ar a saothar. Tá MA sa Nua-Ghaeilge aici agus ceithre chnuasach filíochta foilsithe aici. Bhuaigh sí an Duais Rooney in 2016. D'fhoilsigh sí *A Ghost in the Throat* ar athléamh é ar "Caoineadh Airt Uí Laoghaire" (Dán 92) é.[154] Pléann a cuid dánta go hiondúil le corp mná, le foréigean—a fheictear agus nach bhfeictear—agus le himshruthú na beatha agus an tsaoil. Pléann an dán seo le próiseas an chlaochlaithe ag leibhéil éagsúla agus is cliste an leas a bhaintear as frásaí áirithe. Dúirt sí tráth agus í faoi agallamh gur mó a cuid spéise san idirspás idir an fhírinne agus an bhréag, idir an "ní fheadar" agus an "b'fhéider é."[155] Ag deireadh an dáin tuigtear go bhfuil athrú ó bhonn tagtha ar na mná, ar na leanaí, ar an lá agus, ar ndóigh, ar na prátaí. Cé gur íomhá de shaol sona teaghlaigh í seo, tá rian den sceon agus den fhoréigean ar chúl an dáin.

> *"And again let fall"* — Seamus Heaney

Nuair a thugaim cuairt ort i do theach nua,
A chara, fágaimid ár ngasúir sa seomra suí
Ag breathnú ar chartúin, agus seasaimid
Le chéile sa chistin, ag scamhadh prátaí.

Suíonn siad i mo dheasóg go hamh néata,
Ag dorchú línte mo lámh. Priocaimid
Na súile astu agus eitlíonn a gcraicne
Ó fhaobhar sceana go bosca muirín.

Cuimlím gach ceann acu—maol, dall—
Faoi uisce fuar, go dtí go lonraíonn siad.
Gearraimid agus leagaimid i bpota iad, le beiriú
Go dtí go scaoileann siad lena ngreim orthu féin.

154. Parul Sehgal, "Finding Inspiration in an Irish Lament," NYTimes, Rannóg C, lch. 4, Bealtaine 25, 2021.
155. David Toms, "I'm More Interested in the 'Ish' Bit of True-Ish: Interview with Doireann Ní Ghríofa," Suíomh idirlín HeadStuff, Samhain 14, 2018, https://www.headstuff.org/culture/literature/poetry/interview-with-doireann-ni-ghriofa/.

168. "Mash," DOIREANN NÍ GHRÍOFA

Doireann Ní Ghríofa was born in Kilnamona, Co. Clare in 1981 and received her primary (Gaelscoil Mhíchíl Cíosóg) and secondary (Gaelcholáiste an Chláir) education in the Irish-language immersion system in Ennis. She studied human anatomy, psychology, and literature at University College Cork and earned an MA in Modern Irish. The female body is central to her work and Parul Sehgal observes that Ní Ghríofa is "deeply attuned to the gaps, silences, and mysteries in women's lives."[154] A dark intensity, Irish and Greek mythology, images of violence, inscribing loss both visually and viscerally, as well as notions of re-embodiment and reincarnation mark her work. Despite the domestic setting, a latent violence exists at the poem's perimeters that threatens to invade. Referencing Ashleigh Young's concept of writing as "true-ish," Ní Ghríofa is more interested in the "ish" bit of true-ish, the obliqueness and ambiguity is where art occurs: a servant less of the "truth," but of the poem.[155] Her poems concern the past's continuous existence in the present. The past is a palimpsest on which the present is written, yet that past is manifest in the contemporary. She explores absences, the stories of those denied agency, and how we deal with absence and trauma.

"*And again let fall*" — Seamus Heaney

When I visit your new home, old friend,
We stand by the sink, peeling veg.
Our children watch cartoons together
As dusk grows in your garden.

Raw, the spuds fit my fist neatly,
Darkening each line with dirt. We laugh
While poking their eyes out, flicking dark
Crusts from blade to bin, rubbing them in water-spill.

Bald, now, blind, how they shine! We chop them up,
Lob them in a pot. Under the lid, a boil soon spits, as
The spuds roll and bump within, until something
In their clenched flesh gives, softening.

154. Parul Sehgal, "Finding Inspiration in an Irish Lament," NYTimes, Section C, Page 4, May 25, 2021.
155. David Toms, "I'm More Interested in the 'Ish' Bit of True-Ish: Interview with Doireann Ní Ghríofa," HeadStuff website, November 14, 2018, https://www.headstuff.org/culture/literature/poetry/interview-with-doireann-ni-ghriofa/.

I mbabhla, brúnn tú ina manglam iad, a gcleamhnas
Déanta le locháin ime, salann is bainne. Cuirimid seacht
gCnocán ar sheacht bpláta, le feoil, cairéid, pónairí.
Ní aithneofá anois iad ó na cruthanna crua

A rug greim ar ár lámha níos luaithe, nuair a bhí sé fós
Ina lá. Anois, tá ár radharc ar an ngairdín caillte againn.
Luíonn gal ar an bhfuinneog romhainn, iompaithe ina scáthán
Dorcha, agus feicimid ár scáileanna ann, doiléir, liath, claochlaithe.

Foinse: *Lies* (Baile Átha Cliath: Dedalus Press, 2018), 28.

169. "Le Tatú a Bhaint," Doireann Ní Ghríofa

Ina saothar mór-ráchairte *A Ghost in the Throat* beartaíonn an reacaire a corp a thabhairt uaithi ar mhaithe na heolaíochta. Is cúis sásaimh di go bhfuil líne ó "Caoineadh Airt Uí Laoghaire" (Dán 92) le léamh mar thatú ar a corp. Amach anseo léifidh mac léinn éigin leighis an líne sin ón ochtú haois déag ar a corp agus tabharfar an aois sin isteach san aonú haois is fiche. Sa dán seo pléitear tatú a bhaineann le cuimhne faoi leith. Tuigtear an stair don fhile mar: "mosaic of the past and the sharp edges of it, and the sense of vagueing and blurring and the ways that sometimes, history has a real immediacy … invisible to us, but we're aware of their presence and their heft within our reality."[156] Sileann an stair sin isteach sa lá atá inniu ann díreach mar a shileann dúch trí lámhscríbhinn agus fágtar lorg ar an leathanach úr. Baintear an tatú den chorp sa chás seo, ach tá an dúch imithe isteach san fhuil. Is cuid di an dúch agus an tatú go buan. Is buntuisicnt dá cuid filíochta í nach n-imíonn aon ní as, ach go bhfilleann gach ní de réir a chéile. Anseo tuigtear nach ionann rud (tatú sa chás seo) a scriosadh leis an teicneolaíocht agus é a ghlanadh den chuimhne. Botún ab ea é ainm an té úd a chur ar a corp ach más furasta an dúch a ghlanadh, ní hionann dearmad a dhéanamh ar an gcuimhne agus ar an taithí. Tá dúch an tatú imithe sna ceallaí mar ghalar. Tá an té úd mar chuid níos doimhne di anois ná riamh, sa chás nach raibh ach an tatú roimhe seo, (Tá tú)/ Tá sé mar chuid bhuan di anois.

---

156. Rhian Sasseen, "History Is the Throbbing Pulse: An Interview with Doireann Ní Ghríofa," *The Paris Review* ar-líne, Meitheamh 2, 2021, https://www.theparisreview.org/blog/2021/06/02/history-is-the-throbbing-pulse-an-interview-with-doireann-ni-ghriofa/.

You tip them out and mash them hard,
Marry them to pools of butter, milk, and salt,
Then scoop seven mounds onto plates with meat
And peas. The potatoes are unrecognisable now

From the solid globes I held in daylight,
And look—we are missing the night garden too,
For steam cloaks the window, making of it a dark
Mirror, and our faces hover there: hazy, pale, changed.

Translation: Doireann Ní Ghríofa, *Lies* (Dublin: Dedalus Press, 2018), 29.

169. "Tattoo Removal," DOIREANN NÍ GHRÍOFA

Once the narrator in Ní Ghríofa's *A Ghost in the Throat* commits to donate her body for medical research, she marks the occasion with a white ink tattoo containing a line from the eighteenth-century poem "Caoineadh Airt Uí Laoghaire" (see Poem 92). As a future generation of medical students dissect her corpse, they will find and read this eighteenth-century line of poetry communicated to them via her body. Thus the eighteenth century will reappear in the twenty-first century and the past reenters the present via body tissue. Here, the focus is on removing a tattoo, a marker of memory, of an event literally and physically etched into the body. Ní Ghríofa is also attuned to the "mosaic of the past and the sharp edges of it, and the sense of vagueing and blurring and the ways that sometimes, history has a real immediacy ... invisible to us, but we're aware of their presence and their heft within our reality."[156] Here, as in other poems, issues of reincarnation, reappearance, reconfiguration, and latent violence occur. Yeats's "gyre" metaphor may be useful to this understanding of world events. The present is written on the manuscript of the past but the original's ink seeps through to distort and discolor the present. The tattoo may no longer be visible but the elements have entered the blood stream and become part of her.

---

156. Rhian Sasseen, "History Is the Throbbing Pulse: An Interview with Doireann Ní Ghríofa," *The Paris Review* online, June 2, 2021, https://www.theparisreview.org/blog/2021/06/02/history -is-the-throbbing-pulse-an-interview-with-doireann-ni-ghriofa/.

Shíl mé nach mbeadh ann ach go scriosfaí thú
Sa tslí chéanna go gcuirfeadh gasúr grainc air féin
Ag breathnú dó ar chóipleabhar breac le botúin,
Á shlánú in athuair lena ghlantóir:
Bhí dul amú orm.

Nuair a baineadh d'ainmse de mo chraiceann,
Bhris na léasair an tatú ina mílte cáithníní líocha.
Shúigh mo chorp do dhúch scoilte, scaoilte. Anois,
Is doimhne fós ionam siollaí d'ainm, táid daite im' chealla;
Táim breac leat.

Tá tú laistigh díom anois—caillte, dofheicthe.
Mé féin is tú féin, táimidne do-dhealaithe.

Foinse: *Lies* (Baile Átha Cliath: Dedalus Press, 2018), 16.

170. "Aibreán, 1912," DOIREANN NÍ GHRÍOFA

Chuaigh an RMS Titanic, a tógadh i mBéal Feirste, go tóin poill i dtuaisceart an Aigéan Atlantaigh i 1912 tar éis di cnoc oighir a bhuaileadh. Bádh breis is 1,500 duine den 2,244 a bhí ar bord. Tháinig Joseph Bruce Ismay slán agus chuir sé faoi i gCasla, Conamara, ina dhiaidh sin. Cáineadh é de bhrí gur ceapadh gur chóir dó, mar oifigeach na comhlachta, fanacht ar bhord loinge. Leagadh cúram na gcorpán báite a aimsiú agus a thabhairt abhaile ar de Carteret, captaen an CS Minia. Mar dual do Ní Ghríofa, is ann anseo do thagairtí don mhiotaseolaíocht agus is mór idir an dán seo agus dán an Duinnínigh (Dán 128). Is beag béim anseo ar an ngníomhaíocht. Samhlaítear an eachtra mar chath idir seanlaochra na miotaseolaíochta. Más lárnach Dia i ndán an Duinnínigh, is í an eolaíocht atá i réim anseo. Tagraítear do ghluaiseacht chiorclach an tsaoil agus na beatha. Níl deireadh go deo leis an stair; níl ann ach go bhfuil sí fós ag titim amach inár dtimpeall más léir nó más neamhléir dúinn í.

Ar a shlí chuig suíomh an longbháite,
Chonaic an Captaen de Carteret an cnoc oighir úd

I thought they would simply delete you,
As a child might find an error in homework,
Frown, lift a pink eraser, and rub it out.
I was wrong. Everything's worse now.

To take your name from my skin, lasers
Split it into a million particles of pigment.
My flesh bled, absorbing that broken ink,
Letting your name fall deeper still. Sink.

Sink. Sunk. Now, you're stuck
In there, wedged somewhere in my innards'
Disarray, between my arteries, my shame,
My quivering veins, and I, I must live
With your syllables, smashed, astray.

OK, OK. If you're inside me now, lost,
Invisible, it's my fault. I'm sorry,
It was me who made us indivisible.

Translation: Doireann Ní Ghríofa, *Lies* (Dublin: Dedalus Press, 2018), 17.

170. "April, 1912," DOIREANN NÍ GHRÍOFA

William de Carteret (1860–1945) captained the CS Minia, the second vessel chartered by the White Star Line to search for bodies in the aftermath of the Titanic's sinking. As in many of Ní Ghríofa's poems, mythological references occur, and the circular nature of life and existence is evident where past events and traumas lurk as well as a sense of history being layered: a palimpsest where the original text or image seeps through into the new (see Poem 169). Here, the iceberg rather than the Titanic becomes the poem's focus and highlights the circularity of life, its absences and lacunae—whether felt or unfelt. The poem, thus, makes for a very different reading experience than Pádraig Ua Duinnín's lament for the Titanic's sinking (see Poem 128).

As he made his way to the site of the shipwreck,
Captain de Carteret observed the iceberg

Trína dhéshúiligh. Ba léir go raibh an dochar déanta
Cheana féin, an fhianaise soiléir:

Stríoca fada dearg ar imeall an chnoic bháin,
Scréach i bpéint.

B'in a scaoil an scéal leis an gCaptaen,
Chomh soiléir le teacht dheirge an dá néal

Le breacadh an lae. Bhí an cnoc oighir mar a bheadh
Laoch na bhfinscéalta, ina fhámaire fir tar éis treasruathair,

Ag bacadaíl leis go himeall pháirc an áir, le scairt fola
Óna thaobh, áit ar buaileadh é le rinn claímh, agus

Le gach sleaschéim agus leathchéim, an laoch ard
Ag claochlú, ag lagú. Chomh hársa

Leis na seandéithe, saolaíodh an sliabh oighir sin
Le réim farónna na hÉigipte. Ginte sa Ghraonlainn

De chríonsneachta is oighear, scortha ó ghreim a mháthar—
Oighearshruth chuig lapadaíl fhuar thaoidí an Aigéin Artaigh,

Sceitheadh é, scaoileadh le sruth, go dtí an oíche gur chas sé
Ar an long. Greadadh in éadan a chéile iad, ach lean sé

Ar a shlí gan breathnú siar. Laistigh de chúpla bliain,
Bhí seisean imithe leis, gan fágtha ina dhiaidh

Ach spreachall fionnuisce breac le móilíní péinte
Deirge scaipthe, scaoilte i sáile an aigéin.

Deirtear nach ann d'uisce nua, go bhfuil an t-uisce
Céanna de shíor ar fhéith-bhogadh timpeall orainn: ag leá,

Ag reo, ag imeacht go haer, cosúil leis na héin, cosúil
Linn féin, ár n-anam de shíor ag rince idir talamh is spéir.

Foinse: Lies (Baile Átha Cliath: Dedalus Press, 2018), 48–50.

Through his binoculars. That harm
Had been inflicted was already evident

In the long red streak torn into its side,
A shriek in paint, a cry. That smear

Revealed the story to the captain,
Clear as dawn's first crimson vein.

The iceberg seemed to him a warrior
From some ancient myth, a colossal hulk

In the aftermath of combat, stagger-swooning
From a battlefield with blood seething from a wound,

How, with every side-step and half-step, that tall conqueror
Seemed to be changing, softening, weakening.

As ancient as the old deities, this glacier was born
In the reign of Egyptian pharaohs. Conceived in Greenland

From ancient snows, borne of ice, split from the grip of his mother-
Glacier to the cold lap of the Arctic Ocean, it was unstitched,

Split, released to drift in torrents of ice, until the night
It chanced upon a ship. *Titanic*. Then, the collision—struck,

Stricken—and still, it kept to its path without looking back.
Within some years, it, too, would evaporate, leaving

In its wake only a trickle of freshwater, speckled with molecules
Of red paint, strewn into the vast brine of ocean layers, astray.

They say that new water cannot be made, that the same water
Is forever in flux around us, repeating its old story of melt

And freeze, lifting to inhabit air again, like birds, like us,
As our souls, too, swoop and fly between this world and these skies.

Translation: Doireann Ní Ghríofa, *Lies* (Dublin: Dedalus Press, 2018), 49–51.

171. "Sop Préacháin," AIFRIC MAC AODHA

Rugadh Aifric Mac Aodha i mBaile Átha Cliath sa bhliain 1979. Chaith sí seal ina heagarthóir ar *Comhar* agus, le tamall de bhlianta, tá sí ag obair ina heagarthóir Gaeilge ar *The Stinging Fly*, ar *Gorse*, agus ar *Trumpet*. Is eagarthóir cúnta í leis an nGúm. Spreag a tuiscint agus a cur amach ar thraidisiún na Gaeilge agus ar mhiotas-eolaíocht na Gréige iliomad dánta léannta uaithi agus is nós léi dul ag póirseáil in *Seanachas Amhlaoibh Í Luínse*. D'admaigh sí in *Poetry Ireland Review* 113: "Much as I love the Irish language, I am a reluctant ambassador for it."[157] Toisc nach cainteoir dúchais í: "I come to the language, although it is my literary home, as something of a tourist. Turns of phrase strike me wonderfully rich and suggestive although I am sure they seem commonplace to a native speaker ... I am trying, in a broad sense, to translate the historical tradition into modern Irish, for purposes that are anachronistically egotistical ... All poetry operates by analogy, in the slipperiness of words and in the shifting similarities between images."[158] Cuireann Clíona Ní Ríordáin síos uirthi mar: "a strong female, feminist voice, endowed with a canny sense of the unheimlich."[159] Is minic í ag baint leasa as tagairtí clasaiceacha agus ón am-i-láthair ina saothar chun tabhairt faoi: "profound questions with great adroitness." Tuigtear do Dhoireann Ní Ghríofa go bhfuil: "layers of sinews and grit to them, and they swerve away when you least expect it"[160] ina cuid dánta agus cuireann Caitríona Ní Chléirchín síos ar na: "ludic and more playful elements. She is very precise, exact and concise as a poet. Her verses are neat, highly strung, full of tension and rich in musicality."[161] Cloistear macalla d'Eibhlín Dubh Ní Chonaill ar mhuin capaill in "Caoineadh Airt Uí Laoghaire" (Dán 92).

157. Aifric Mac Aodha, "Hardening the Holly," *Poetry Ireland Review* 113 (Meán Fómhair 2014): 56.
158. Audrey Deng, "A Talkative Corpse: The Joys of Writing Poetry in Irish," *Columbia Journal* 25 (Deireadh Fomhair 2011), http://columbiajournal.org/a-talkative-corpse-the-joys-of-writing-poetry-in-irish-3/.
159. Clíona Ní Ríordáin, "Foreign News by Aifric Mac Aodha review," *The Irish Times*, Nollaig 16, 2017.
160. Doireann Ní Ghríofa, "Doireann Ní Ghríofa's Biceps Emoji Mixtape," The Poetry Society, https://poetrysociety.org.uk/publications-section/the-poetry-review/the-poetry-mixtape/doireann-ni-ghriofas-biceps-emoji-mixtape.
161. Caitríona Ní Chléirchín, "'Idir Dhá Chomhairle': Aifric Mac Aodha's *Foreign News*," *Irish Literary Supplement* 38, uimh. 2 (Márta 2019): 5.

171. "A Crow's Wisp," AIFRIC MAC AODHA

Aifric Mac Aodha (1979–) lives in Dublin where she works for the Irish-language publisher, An Gúm. An Sagart published *Gabháil Syrinx* (The Capture of Syrinx) in 2010 while The Gallery Press published *Foreign News* in 2017. In *Poetry Ireland Review* 113, Mac Aodha stated: "Much as I love the Irish language, I am a reluctant ambassador for it. Since the language depends for its continued existence on government patronage and the efforts of cultural activists, all Irish poetry is to a greater or lesser extent political, even if it doesn't want to be. It is an assertion of pride, an appeal for identity, a marking out of cultural territory. And that is before you have even written a single word."[157] Not being a native-speaker, "I come to the language, although it is my literary home, as something of a tourist. Turns of phrase strike me wonderfully rich and suggestive although I am sure they seem commonplace to a native speaker ... I am trying, in a broad sense, to translate the historical tradition into modern Irish, for purposes that are anachronistically egotistical ... All poetry operates by analogy, in the slipperiness of words and in the shifting similarities between images."[158] Described as a "strong female, feminist voice, endowed with a canny sense of the unheimlich," her poems draw on classical and contemporary sources to "examine profound questions with great adroitness."[159] Renowned for her sense of play and use of idiom, her poetry consists of striking and often disconnected images. Doireann Ní Ghríofa describes Mac Aodha's poems as having "layers of sinews and grit to them, and they swerve away when you least expect it."[160] Caitríona Ní Chléirichín observes "ludic and more playful elements. She is very precise, exact and concise as a poet. Her verses are neat, highly strung, full of tension and rich in musicality."[161] The closing lines suggest Eibhlín Dubh Ní Chonaill's frantic horse ride in "The Keen for Art Ó Laoghaire" (Poem 92), a theme also explored by Ní Ghríofa in her critically acclaimed prose book, *A Ghost in the Throat* (2020).

157. Aifric Mac Aodha, "Hardening the Holly," *Poetry Ireland Review* 113 (September 2014): 56.

158. Audrey Deng, "A Talkative Corpse: The Joys of Writing Poetry in Irish," *Columbia Journal* 25 (October 2011), http://columbiajournal.org/a-talkative-corpse-the-joys-of-writing-poetry-in-irish-3/.

159. Clíona Ní Ríordáin, "*Foreign News* by Aifric Mac Aodha review," *The Irish Times*, December 16, 2017.

160. Doireann Ní Ghríofa, "Doireann Ní Ghríofa's Biceps Emoji Mixtape," The Poetry Society website, https://poetrysociety.org.uk/publications-section/the-poetry-review/the-poetry-mixtape/doireann-ni-ghriofas-biceps-emoji-mixtape.

161. Caitríona Ní Chléirchín, "'Idir Dhá Chomhairle': Aifric Mac Aodha's *Foreign News*," *Irish Literary Supplement* 38, no. 2 (March 2019): 5.

STUAIM

Ba cheart bhur gcur ó aithne,
Tá an tír róbheag, teanga
Níos stuama a chleachtadh
Nó seasamh siar ón tús.

Ach anois thar aon am eile,
Níl teacht ná dul ón tosach.
Ag cóisir daoibh in íoslach tí,
Thug tú úll dó in áit osclóra.

Bíonn dúil agus dúil ann,
A shonc féin, ba mheidhreach.
Bíonn diúltú agus diúltú ann—
No thanks, I've read the Bible.

AN CHÉAD PHLAIC

Ba gheall le moladh
An dara priocadh—
Gur chaith tú uait
Gan cothrom fola

Crúbáil na hoíche
Faoi sholas obann:
Tabhairt na doraidh
Go glé, dá dtabharfaí.

AN DARA PHLAIC, NÓ ATH-QUOOF 1

Aithníonn sé faoin am seo, an fear i do theannta,
Nach ligtear as do cheann iad,
Na cuimhní cinn a roinntear,
Go mbíodh colúir theachtaireachta aige féin is a athair

CANT

Wipe your memory: the country's
Too small, practice
Holding your tongue
Or stand back from the thing.

As much as ever now
There's no getting past how
She slid with aplomb
Not a corkscrew but an apple into his palm.

There's come-ons, and come-ons and then some.
His comeback was winsome.
There's no thanks, and no-thanks-but-frisky—
If that makes me Adam, then you must be...

THE FIRST MOUTHFUL

Praise be, you thought,
When you gave up the ghost.
But where's the glory
With no blood lost?

The nails of the night
Beneath a bare bulb:
Your challenge spotlit.
Now take it up.

THE SECOND MOUTHFUL (QUOOF: SLIGHT RETURN 1)

Pillow-talker, as you'd
Be the first to admit, a cat let out
Of the bag won't go back in.
Now she's up to speed on how

Is go ndéanaidís blaoscanna uibhe a théamh
Chun gob an éin a neartú.
Thug is tugann leat,
An taom a bhuail an buachaill,
É ag fanacht in oirchill is na blaoscáin á róstadh,

Gur fhág sé faoin teas rófhada iad,
D'aon turas, a chroí ina bhéal aige,
Le teann spóirt, b'fhéidir, féachaint,
Dá ainneoin féin—mar a bheadh acu
Dá bpléascadh blaosc san oigheann air.

AN TRÍÚ PLAIC, NÓ ATH-QUOOF 2

Aithníodh sé thairis—
Leath-chéile na cuilte,
Nach slogadh gan chogaint í,
An chuimhne cinn leath-oilte.

Súil siar is túisce
A bhuaileann an sprioc:
An buachaill nach gcodlaíodh
Nuair ba thrúig oilc an tost.

Níorbh fhéidir a shuaimhniú
Go gcloiseadh fead na traenach:
Má bhí tiománaí ina dhúiseacht,
Ní raibh sé ina aonar.

IARFHOCAL

Bhí a fhios aici, an bhean sin,
Nárbh ionann súil is éisteacht;
Is d'admhódh de chogar claon
Gur fhadaigh tost an béaldath.

You and your dad used eggshells
To harden the beaks
Of your pigeons, nodding
Off over them, billing and cooing,
Waiting for the shells to roast.

Once you left them under
The heat on purpose,
For devilment maybe—come on,
Come on—curious what might happen
If left in too long.

THE THIRD MOUTHFUL (QUOOF: SLIGHT RETURN 2)

Something else to chew on
Besides the tales he's spun:
He should recognize, no
Matter where, his duvet-twin.

For the boy keeping watch
When sleep would be nobler,
The place to look
May be over his shoulder.

Who can't rest until
The train whistle blows:
If the driver is out there
He can't be alone.

AFTERWORD

Well she knew that holding
An eye isn't having an ear;
And beyond that she knew
How silence improves lipstick.

Sop préacháin a deirtí
Le bean a chaitheadh fear uaidh:
Píosa tuí a d'ardaigh an ghaoth
Nuair nár oir go beacht don éinín.[162]

Foinse: *Foreign News* (Oldcastle, Co. Meath: The Gallery Press, 2017), 20–24.

172. "Scaradh na gCompánach," CAITRÍONA NÍ CHLÉIRCHÍN

Is as Scairbh na gCaorach i gCo. Mhuineacháin ó dhúchas do Chaitríona Ní Chléirchín a rugadh i 1978. Ceithre leabhar atá i gcló aici go dtí seo: *Crithloinnir* (2010), *An Bhrídeach Sí* (2014), *Talk of the Town* (2020), agus *Safó* (2021). Mar liriceoir grá is mó a aithnítear í, cé go bhfuil sí in ann leas éifeachtach a bhaint as an stair, as an mbéaloideas agus as ról na mban sa stair sna dánta is déanaí uaithi. Eascraíonn an dán seo as cliseadh an chórais Ghaelaigh agus as díshealbhú mhuintir Mhic Cionnaith (feic Dánta 42–47), ach seachas an gnáthléamh staire, tugtar an bhean agus taobh na mban chun solais agus insítear an stair ó thaobh eile de, taobh feimineach, taobh iar-nua-aoiseach, a chaitheann solas nua ar na himeachtaí agus a chuireann iallach ar an léitheoir athbhreithniú a dhéanamh agus machnamh a dhéanamh as an nua.

Labhrann Caitríona, Cuntaois Thír Eoghain

Ar bhruach na Feabhaile, tuar
A tháinig chugam i dtaibhreamh.
Glaoim chugaibh, a fheara, d'impí,
An t-imeacht seo, ní tairbheach.

---

162. Feic https://sapphoreincarnate.wordpress.com/2020/01/25/aifric-mac-aodha/.

A woman a man drops
Is called a crow's wisp:
Something the wind takes
When a bird lets it slip.[162]

Translation: David Wheatley, in Aifric Mac Aodha, *Foreign News* (Oldcastle, Co. Meath: The Gallery Press, 2017), 21–25.

172. "The Parting of the Ways," CAITRÍONA NÍ CHLÉIRCHÍN

Born in Gortmoney, Emyvale, Co. Monaghan, Caitríona Ní Chléirchín (1978–) has published four volumes of verse: *Crithloinnir* (2010), *An Bhrídeach Sí* (2014), *Talk of the Town* (2020), and *Safó* (2021). Several of her poems, such as the poem under consideration, are set in seventeenth-century Ireland, a time of political, religious, and social upheaval when truth, right, and authority were fiercely and violently contested (see Chapters 4–7). Here, she approaches the silenced figures on the margins, characters impacted by historical contingencies yet ignored in the standard narrative. The poem depicts the "Flight of the Earls" (see Poem 38) from the perspective of Caitríona Magennis, the wife of Aodh Ó Néill. (Illegally) fleeing with Ó Néill, she is forced to leave her son Conn behind in the care of foster parents, a painful separation that recalls the heartbreak and emotional trauma of those (illegally) entering early twenty-first-century Ireland and Europe. In the tradition of Mhac an tSaoi and Hartnett (see Poems 142–144 and 148), the inherited tradition becomes a vehicle to honor the past yet also explain the present, in a way that transcends the narrow and the national.

As spoken by Catherine O'Neill (nee Magennis), Countess of Tyrone

On the Foyle's riverbank a foreboding
Came to me, and I fitfully sleeping.
Men, I pray and plead with you,
What's the good in this going?

---

162. For a gloss, see https://sapphoreincarnate.wordpress.com/2020/01/25/aifric-mac-aodha/.

Mar a scaiptear deatach,
Is amhlaidh a scaipfear muidne
Mar chléir i láthair na tine,
Is amhlaidh a leáfar.

Insint ag caoineadh gaoithe
Ar a bhfuil i ndán dúinn,
Sa leabhar ag an fhiach dubh,
É sin, nó i dTúr Londan.

Mo mhac óg, mo mhuirnín Conn,
Mo leanbh féin, mo laochsa,
Gan é ach cúig de bhlianta faram,
Is gach aon snáth le réabadh.

Fonn a bhí orm, an chéad lá riamh,
Éirí den turas go Ráth Maoláin:
Ach chuir m'Iarla orm gabháil ar aghaidh
Is ár mac a fhágáil faoi láimh an Ghaill.

Foinse: *The Talk of the Town* (Oldcastle, Co. Meath: The Gallery Press, 2020), 36.

173. "Apacailipsis,"
Matthew Ryan Shelton

Rugadh agus tógadh Matthew Ryan Shelton (1985–) Minneapolis, MN, ach tá cónaí air in Philadelphia, PA, anois. Meabhraíonn an dán gearr seo saothar apacailipsis le filí Breataine mar aon le meon lá an Luain ó thréimhsí roimhe sin (feic Dán 68 "An Longbhriseadh" agus Dán 139 "Ár Ré Dhearóil"). Is ann leis don saoldearcadh a bhí coitianta tar éis ionsaí 9/11 a spreag athbheochan filíochta sna Stáit Aontaithe agus feachtas an Taliban chun iarsmaí cultúrtha a scriosadh agus a mhacasamhail d'ár agus d'argain san Iaráic. Cuimsítear anseo imní dhomhanda faoi léirscrios na timpeallachta agus loiteadh na mbunchultúr le hábhair logánta ar nós léirscrios liosanna sí, imní faoi Harmagadón agus báire na fola de bharr chogadh núicléach.

Just as smoke can be scattered,
So we'll be dispersed.
Like wax by hearth-side
We'll come in to our worst.

A keen wind will report
What's in store as it rages,
In London's Tower,
Or through the raven's pages.

My youngest son, my darling Conn,
Child and hero haven-sent,
With me a mere span of five years:
Now each and every tie's to be rent.

To abandon the trip to Rathmullan
Was from the start my most ardent wish
But he, my own Earl, forced me to proceed
And abandon our son to the grip of English.

Translation: Peter Fallon, in Caitríona Ní Chléirchín, *The Talk of the Town* (Oldcastle, Co. Meath: The Gallery Press, 2020), 37.

173. "Apocalypse,"
MATTHEW RYAN SHELTON

Born and raised in Minneapolis, MN, Matthew Ryan Shelton (1985–) lives in Philadelphia, PA. This short poem, suggestive of the mid-twentieth-century British Apocalypse Poets, echoes the apocalyptical thinking of earlier poetry in Irish also (see Poems 68 and 139). Capturing the zeitgeist of 9/11, which led to poetry suddenly becoming relevant in the USA, the poem also calls up the specter of the Taliban's destruction of ancient cultures as well as the loss of life in Afganistan and Iraq. Here Shelton fuses contemporary global concerns with local aspects of indigenous culture, ring forts, and the later twentieth-century fear of

Ba é an fealsúnaí Gearmánach Theodor W. Adorno a d'fhiafraigh i dtaobh na filíochta tar éis slad Auschwitz ar bhaol é go mbainfí an nimh den chealg dá gceapfaí go raibh dán in ann an taithí dothuigthe sin a chuimsiú? In ainneoin go samhlaítear anseo gur briseadh na seacht séala agus go bhfuil na ceithre dúile beo i réim, tuigtear go dtiocfar tríd agus go leanfaidh an saol. Ach sa ré nua ar-uileloscadh seo, cén léamh a dhéanfar orainn, ar an stair? Ní bás ach athfhás.

I ndiaidh na Féinne

Is iad na rudaí beaga
A mhairfidh inár ndiaidh—
Mealltach ina laghad,
Dothomhaiste ina n-ollmhéid.

Is Ground Zero é fainne an tsí—
Drochiarmhairt an néil,
Mallacht. A chathracha leagtha
Fás aon oíche san fhoraois.

Foinse: *An Gael* (Geimhreadh 2019), 8.

174. "Phenomenal Woman," CIARA NÍ É

De bhunadh Bhaile Átha Cliath í Ciara Ní É (1991–).[163] Ba iad na tréimhsí a chaith sí sa Ghaeltacht a mhúscail a suim sa teanga. Bhain sí BA sa Ghaeilge agus sa Bhéarla amach i gColáiste na Tríonóide agus MA sa Ghaeilge i gColáiste na hOllscoile, Bhaile Átha Cliath. Chaith sí bliain mar Fulbright FLTA ag múineadh na Gaeilge in Ollscoil Villanova i S.A.M. Is minic í ar na meáin shóisialta agus ba í ba chúis leis an bhfeachtas darb ainm NílSéCLG (Níl sé ceart go leor), a dhírigh aird ar rudaí bómánta a deirtear faoin nGaeilge cé gur síltear nach bhfuil aon rud cearr leo, ach go measfaí iad a bheith áiféiseach, ciníoch nó iomlán aineolach dá ndéarfaí iad faoi theangacha eile. Is cúis imní do Phroinsias Mac a'Bhaird é gur baol go ndéanfar dearmaid "ar an reacaireacht, ar an cheol sa chúlra, ar Fhilíocht na Scol agus ar na traidisiúin sin, san fhilíocht. Tá barraíocht béime sa lá atá

163. Ciara Ní É, "WTF!? I LEGALLY changed my name to IRISH!" Iúil 31, 2020, https://www.youtube.com/watch?v=-7t3eNZmvGI.

nuclear Armageddon. The German philosopher Theodor W. Adorno famously asked whether art, in a post-Auschwitz world, risked rendering traumatic events too easily understandable, too easily commodifiable. Yet while this poem resonates with the anxiety of the world's end, it assumes survival and continuation. Nonetheless it poses the question of the form and nature of post-apocalyptic culture and civilization and how the "former" cultural past will be received and interpreted. The end is never the end. The past is a foreign country.

After the Fianna

It's trifling items that
Survive our demise
Seductive in their scarcity
Unknowable in their enormity

The fairy fort as Ground Zero
Consequence of the cursed
Cloud. Her cities leveled
A mushroom in the morass

Translation: Matthew Ryan Shelton.

174. "Phenomenal Woman," CIARA NÍ É

Born in Clontarf, Dublin, Ciara Heneghan (1991–), "a certified bad bitch," neither grew up in an Irish-speaking family nor attended a Gaelscoil, but turned to Irish as a result of trips to the *Gaeltacht*. She legally changed her name to Ciara Ní Éanacháin in 2020, and writes as Ciara Ní Aodha or Ciara Ní É.[163] She is the organizer of REIC, a bilingual spoken word Irish-English event. Her "WTF!? (What the Focal)" YouTube channel explains places and aspects of the Irish language, while her social media campaign #NílSéCLG highlights ludicrous claims made about Irish. Strikingly original, she is, in terms of delivery and performance, in the lineage of Cathal Ó Searcaigh and Gearóid Mac Lochlainn, while her poetry combines Michael Davitt's playfulness with Caitlín Maude's social conscience. In some

---

163. Ciara Ní É, "WTF!? I LEGALLY changed my name to IRISH!" July 31, 2020, https://www.youtube .com/watch?v=-7t3eNZmvGI.

inniu ann ar an fhocal scríofa agus b'fhéidir nach bhfuil go leor béime curtha ar an cheol agus ar struchtúr an amhráin, mar shampla, cúrsaí rithime, cúrsaí ríme. Táimid iontach tógtha leis an tsaorvéarsaíocht, leis an ghontacht ... Tá an tsúil thábhachtach fosta, ach domsa go pearsanta, nuair atá leabhar filíochta agamsa, is maith liom é a léamh amach os ard. Tuigim an bhfuil sé go maith nó nach bhfuil sé go maith nuair a léim os ard é"[164] ach amhail Davitt agus Rosenstock roimpi, tugann Ciara Ní É dúshlán an traidisiún agus í ag léim go cliste ó theanga go teanga agus ag sníomh frásaí agus nathanna le chéile ionas go gcumtar canúint úr nua a fhreagraíonn do shaol dátheangach uirbeach na linne seo. Tá grinn na n-amhrán macarónach agus gliceas an agallamh beirte ina cuid dánta mar aon le beocht agus le fuinneamh na filíochta ó bhéal.[165] Cloistear ar ndóigh macalla soiléir ón dán "Phenomenal Woman" leis an mórscríbhneoir Meiriceánach Maya Angelou agus dán Mháire Mhac an tSaoi "Cad Is Bean?" (Dán 143).

> Conas is féidir liom cur síos a dhéanamh uirthi? *How can I describe her?*
> *She wears many hats*, agus go leor péirí brógaí ... *and many pairs of shoes*
> Iníon, deirfiúr, máthair, altra, múinteoir, bean an tí.
> *She's a daughter, sister, mother, nurse, teacher, woman of the house.*
> *She's a pilot. A doctor. An engineer.*
> *She's whatever she wants to be.*
> *Phenomenal woman.* Sin í ... *that's her*
> Is mó bean in ise amháin. *She is many women in one*
> Peileadóir, cluiche *every Sunday,*
> *A footballer, a match every Sunday*
> Ag imirt ar son na mban, ar son a contae, ar a son féin.
> *Playing for women, for her county, for herself*
> *She's a hun.* Ag imirt ar do shon ... *playing for you*

164. Feic Nic Congáil, et al, "An Lucht Fileata," *Comhar* 70, uimh. 9 (2010): 13–14. Feic aiste le Tomás Ó Floinn ón mbliain 1987 faoin bhfile Art Ó Maolfabhail in Prút, eag., *Cion Fir* (Baile Átha Cliath: LeabharCOMHAR, 1997), 411–16.
165. Feic go háirithe Dánta 78, 79, agus 88.

ways, it is a response to Máire Mhac an tSaoi's poem "What Is Woman?" (Poem 143), and in others it addresses the concerns expressed by Proinsias Mac a'Bhaird that contemporary poetry suffered from an emphasis on the written word rather than the art of narration, and poetry's inherent musicality, rhyme, and rhythm.[164] Her bilingual "Phenomenal Woman," the result of a 2018 commission, focuses on the LGFA (Ladies Gaelic Football Association). It not only echoes the macaronic compositions of the eighteenth and nineteenth centuries (see Poems 78, 79, and 88), but it also captures the verve of the *Agallamh Beirte* and encapsulates the essence of contemporary culture, be it #METOO, sexual harassment, gender quality, immigration, or gender-based violence. The macaronic mode[165] with its attendant code-switching, word puns, double entendres, rhymes, contemporary references, and the interwoven slogans and clichés of the early twenty-first century, make plain that the poem is decidedly not the talk of broad-chested men, but instead situated at the intersections of contemporary Ireland. If Ó Searcaigh's "Cainteoir Dúchais" exposed the false narrative surrounding Irish-speakers in the 1980s, "Phenomenal Woman"—by a Dublin-born Irish speaker who rejects linguistic authority and flaunts her "impropriety"—speaks to a new generation. This vibrant combination of old and new, English and Irish, traditional and contemporary not only captures many of the fissures and inequalities of contemporary society, but queers them in a potent and powerful performance. (While presented here entirely in English, thus depriving it of its macaronic force and cleverness, the reader is referred to the original and the YouTube performance to experience the code-switching involved.)

> How can I describe her?
> She wears many hats,
> And many pairs of shoes
> She's a daughter, sister, mother,
> Nurse, teacher, woman of the house
> She's a pilot, a doctor, an engineer
> She's whatever she wants to be
> Phenomenal woman, that's her
> She is many women in one
> A footballer, a match every Sunday
> Playing for women, for her county, for herself
> She's a hun, playing for you

---

164. See Nic Congáil, et al., "An Lucht Fileata," *Comhar* 70, no. 9 (2010): 13–14. See also Tomás Ó Floinn's 1987 essay on Art Ó Maolfabhail in Prút, ed., *Cion Fir* (Baile Átha Cliath: LeabharCOMHAR, 1997), 411–16.

165. For macaronic poems, see Poems 78, 79, and 88.

Duine den aicme úr peileadóirí. *A new breed of footballer,*
Gaiscíocha le cíocha. *A warrior with breasts*
She's a ten, a knock-out, dornálaí, *a boxer,*
Leagtar í gach lá, agus fós, éiríonn sí. *She's knocked down daily, but still she rises*
She's Katie Taylor, seaimpín na hEorpa, seaimpín an domhain ...
Champion of Europe, Champion of the world.
Is mór an spórt í. *She's a great sport*
Is laoch mór spóirt í. *She's a sports star*
Tá cosa iontacha aici. *She has great legs*
Is iontach an cosantóir í. *She's a great defender*
Ní haon ionadh. Is bean í. *No surprise, she's a woman*
She's an expert at deflecting unwanted attention,
Perfecting the art of rejecting without collecting enemies
Bean ghnó, ag obair ó Luan go hAoine *for the man,*
A business woman, working Monday to Friday for the man,
10 hours a day in a glass box with a pack of jocks
Who communicate chiefly in locker room talk
She tunes it out, works hard round the clock,
Call her bossy if you want, she'll soon be the boss.
She's a fast woman,
Ag réabadh suas an pháirc. *Sprinting up the pitch*
No surprise, she's been running all her life
From stereotypes that persist from ancient times
Engrained in even her own mind,
Agus faoi dheireadh anois ní ritheann sí thuilleadh,
But finally now, she not running anymore,
She tackles those stereotypes head on,
Deir sí, "Táim baineann 's ní bhaineann sé sin díom,"
She says—I'm feminine, but that doesnt make me less,
Cuireann sé liom. *It makes me more,*
Is lúthchleasaí mé le paisean. *I'm a passionate athlete*
Agus ní shéanaim gur spéis liom faisean, *who happens to love fashion,*
There's nothing wrong with being bottle blonde,
Painting your nails doesn't make your arms less strong,
I am all you can imagine, and more beyond.
"An rud nach féidir ní féidir é." *"Some things just can't be done"*
Sin a dúradh léi tráth nuair a bhí sí ag iarraidh déanamh amach,
That's what she was told
An raibh aon bhealach isteach ann di go Seanchlub na bhFear...

A new breed of footballer,
A warrior with breasts
She's a ten, a knock-out, a boxer
She's knocked down daily, but still she rises
She's Katie Taylor,
Champion of Europe, Champion of the world
She's a great sport
She's great at her sport
She's got terrific legs
She's terrific at defense
No surprise, she's a woman
She's an expert at deflecting unwanted attention
Perfecting the art of rejecting without
Collecting enemies
A businesswoman,
Working Monday to Friday for the man
10 hours a day
In a glass box with a pack of jocks
Who communicate chiefly in locker room talk
She tunes it out, works hard round the clock
Call her bossy if you want, she'll soon be the boss
She's a fast woman
Sprinting up the pitch
No surprise, she's been running all her life
From stereotypes following from ancient times,
Ingrained in even her own mind
But finally now, she's no longer running
She tackles those stereotypes head on.
She says—I'm feminine, but that doesn't make me less,
It makes me more,
I'm a passionate athlete
Who happens to love fashion,
There's nothing wrong
With being bottle blonde,
Painting your nails doesn't
Make your arms less strong,
I am all you can imagine, and more beyond.
"Some things just can't be done"
That's what she was told

When she was trying to figure out if there was a way in to the old boys' club
"An rud nach féidir ní féidir é." "Some things just can't be done"
Ach tá sise chomh crua leis an ndiamant san fháinne ar a lámh...
But she is as tough as the diamond in her ring,
Oícheanta istigh, maidneacha luath. Nights in, early mornings
Díograis leanúnach, is fiú an dua, consistent effort, it's worth the sacrifice,
Chuir sí san Earrach, agus bainfidh sí san Fhómhar.
What she plants in spring, she gets back in autumn
She's overcoming hurdles, like Derval O'Rourke
She's Stephanie Roche, kicking goals going viral,
She's on the hockey team, in the world cup final.
I stand in awe of all mná like her,
Atá ag tógáil a mbealaí fhéin, paving the way.
Following their own path, paving the way.
An rud nárbh fhéidir tráth, is féidir anois é.
Once it couldn't be done, but now it can.
Féach uirthi. Is féidir é. Just watch her and see.

Foinse: https://www.youtube.com/watch?v=7YLvhuUkrRU 12 Meán Fómhair 2018
https://miseciara.wordpress.com/2020/09/24/phenomenal-woman-na-focail/

175. "Ach Abairse an Focal agus Leigheasfar Sinn," TADHG Ó CAOINLEÁIN/TIMOTHY E. QUINLAN

Is léachtóir le diagacht agus le scríbhinn dhiaga, trí mhéan na Gaeilge, é Timothy E. Quinlan in Institiúid Diagachta agus Fealsúnachta Bhaile an Mhuilinn. D'fhoilsigh The Onslaught Press *Aistear Anama* leis in 2014. Deir an file i leith an dáin seo: "For me, this was not a political statement, but rather an expression of my grief and anger at the inhumanity of man to man. I use these last two masculine-'gendered' nouns purposely as it is men for the most part who inflict such suffering on humankind."[166] Tagraíonn teideal an dáin seo do dheasghnátha an Aifrinn agus do ról an chreidimh i sochaí na hÉireann go háirithe i gcultúr an phobail ach tagraítear leis do shlad na leanaí ar an mBruach Thiar. Agus é ag trácht ar an gcogadh idir Iosrael agus na Palaistínigh tá sé mar chuid de thraidisiúin ina bhfuil Michael Davitt "Mo Bheirt Phailistíneach," Nuala Ní Dhonmhnaill "Dubh," Gabriel Rosenstock "Gaza," Cathal Ó Searcaigh "Mórtas na Mná Palaistíní" agus Róisín Elsafty "An Phailistín." Ar chúl an dáin tá an chos ar bolg atá á himirt ag arm Iosrael ar mhuintir na Palaistíne le fada an lá. Ó 1967 i

---

166. Comhfhreagras leictreonach leis an údar ar an 7 Iúil 2021.

When she was trying to figure out
If there was a way in to the old boys' club
"Some things just can't be done"
But she is as tough
As the diamond in her ring,
Nights in, early mornings
Consistent effort, it's worth the sacrifice,
What she plants in spring, she gets back in autumn,
She's overcoming hurdles, like Derval O'Rourke,
She's Stephanie Roche, kicking goals going viral,
She's on the hockey team, in the world cup final.
I stand in awe of all mná like her,
Paving the way.
Following their own path, paving the way.
Once it couldn't be done, but now it can.
Just watch her and see.
Once it couldn't be done, but now it can.

Translation: Ciara Ní É.

175. "But Only Say the Word and We Shall Be Healed," Tadhg Ó Caoinleáin/Timothy E. Quinlan

Timothy E. Quinlan is a lecturer in theology and scripture through the medium
of Irish at Milltown Institute of Philosophy and Theology. The Onslaught Press
published his collection *Aistear Anama* in 2014. This poem, with a title from the
Rite of the Catholic Mass, not only reflects the role organized religion still plays
in contemporary Ireland, particularly in social practices and popular culture, but
addresses the slaughter of Palestinian children in the Middle East. It continues an
established tradition of poetic response to international atrocities, most notably
Michael Davitt's "Mo Bheirt Phailistíneach," Nuala Ní Dhonmhnaill's "Dubh,"
Gabriel Rosenstock's "Gaza," Cathal Ó Searcaigh's "Mórtas na Mná Palaistíní," and
Róisín Elsafty's "An Phailistín." Behind the poem lies discriminatory restrictions
on human rights including access to educational and economic opportunities,
medical care, clean water, and electricity as well as the destruction of Palestinian
homes, the persistence of Israeli military superiority, and Palestinian rocket attacks
on Israeli population centers. The poem, however, avoids the "blandishment of
moral outrage" in favor of humanitarian citizenship and (in)comprehension.

leith, tá Iosrael ag seasamh lena forghabháil bhrúdiúil ar an mBruach Thiar agus ar Stráice Gaza agus leis an gcoilíniú leanúnach ar an mBruach Thiar. Tuigtear le fada an lá go bhfuil cearta daonna á gceilt ar an bpobal seo, idir dheiseanna oideachais agus fostaíochta, chúram sláinte, uisce glan, agus leictreachas, gan trácht ar scrios thithe na bPalaistíneach, forlámhas arm Iosrael agus ionsaithe na bPalaistíneach ar phobal Iosrael. Ach ní bolscaireacht í seo: seachnaíonn an dán seo "blandishment of moral outrage" ar mhaithe le bá daonna agus mearbhaill an fhile. Fearg tomhaiste a ritheann tríd an dán seo agus ceistítear éifeacht na hagóide. Cad is fiú ag cumadh dánta faoina leithéid? An saothar in aisce iad? An cur amú ama iad? Ag clabhsúr an dáin, leagtar an milleán ar an náisiúnachas go ginearálta agus filltear ón meániarthair go hÉirinn agus taom feirge an fhile féin. Cloistear macalla ó dhánta Uí Bhruadair (Dán 68 agus 70) agus éadairbhe Haicéid (Dán 20) anseo freisin.

> Uaireanta
> Creidim i gcumhacht mhór na bhfocal
> Chun ord a chur ar mo smaointe,
> Chun eagar a chur ar mo bhraistintí
> Chun tonn tuile an neamhchomhfheasa
> A choinneáil faoi smacht.

> Uaireanta
> Go háirithe in amannta na cinniúna
> Nuair a thiteann gach lúb ar lár
> Agus nuair a scaoiltear le gach olc
> Ó Chófra Phandóra
> Ar chinn na bpáistí óga,
> Faighim deacair a chreidiúint puinn ina gcumhacht.
> Ach anois díreach
> In ainneoin an éadóchais a thiteann
> Mar dhiúracáin ón spear
> Glacaim misneach is meanma
> As feachtas beag seo ár gcuimhneacháin,
> As feachtas beag seo ár n-agóide,
> As cumhacht bheag ár bhfocal is ár líníochta.
> Suím anseo i mo ghairdín cúil
> Agus scríobhaim focail neamhchumhachta
> Ar pháipéar bán
> Nár cheart a bheith bánaithe seasc

Rather a quiet anger imbues the poem, allowing it to question the ineffectiveness of protest and the futility of words. The poem concludes by apportioning responsibility to "Nationalism," a loaded term that carries clear and obvious resonances in Ireland, north and south, but also recalls the narrator's own anger. Regarding this poem, the poet comments, "For me, this was not a political statement, but rather an expression of my grief and anger at the inhumanity of man to man. I uses these last two masculine-'gendered' nouns purposely as it is men for the most part who inflict such suffering on humankind,"[166] The tone of resignation and frustration mirrors Ó Bruadair's frustration in Poems 68 and 70, as well as Haicéad's resignation in Poem 20.

Sometimes
I believe in the great power of words
To order my thoughts,
To keep my feelings in line,
To stanch the tidal flood
From the great unconscious.

Sometimes,
In these fatalistic times,
When every stitch is dropped
And every evil released
From Pandora's Box
Right on top of children's heads,
I find it hard to believe in their power at all.
But right now,
Despite the despair that rains
Like missiles from the air,
I take courage and hope
From this little campaign to remember you,
From this little campaign of protest,
From the little power of our words and drawings.
And so I sit here in my back garden
And write impotent words
On blank paper
That should neither be barren or bare

---

166. Timothy E. Quinlan, email correspondence with Brian Ó Conchubhair, July 7, 2021.

Chun ainmhí fiáin na feirge
A scaoileadh saor ó m'instinntí.
Ní thuigim an duine daonna,
A dhrochmhianta
Nó fadhb mhór an oilc—
Mothaím an féar tais
Faoi mo chosa lomnochta
Agus i dtromluí mo dhúiseachta
Braithim bhur bhfuil,
A pháistí soineanta na Palaistíne,
Ag fliuchadh méaracha mo chos.

Má tá cumhacht
Sna focail fhánacha seo,
Má tá ord nó eagar iontu,
Fiú aon fhiúntas faoi leith,
Táid tiomnaithe daoibhse,
A pháistí neamhurchóideacha caillte,
Scriosta, ár lean,
Ag ollphéisteanna an Náisiúnachais.

Foinse: *Aistear Anama* (Oxford: The Onslaught Press, 2014), 16–17.

176. "Gruaig na mBan Dubh," OLA MAJEKODUNMI

Rugadh Ola Majekodunmi i 1997 agus ba ise a chomhbhunaigh Beyond Representation, eagraíocht a thugann aghaidh ar an gciníochas in Éirinn. Ba chuige sin a gearrscannán "What Does Irishness Look Like?" (2018) ar pléadh ceisteanna féiniúlachta agus claontachta ann, agus tá na ceisteanna úd lárnach sa téacs seo. Pléann agus freagraíonn an reacaireacht béil seo na ceisteanna "neamhurchóideacha" a chuirtear ar mhná dubha/de dhath faoi ghruaig, ceisteanna a chuirtear go haineolach ach ceisteanna aineolacha a léiríonn cruachan na mná duibhe. Is léir ón gceist nach dtuigtear na luachanna cultúrtha ná na tuiscintí sóisialta agus fealsúnachta atá i gceist le stíl gruaige. Is gné lárnach den chultúr Afracach, idir fhir agus mhná, í an ghruaig agus na slite éagsúla ina gcóirítear í. I gcultúr Yoruba–Nigéarach, is ealaín cheart déanta í feistiú na gruaige. Ní hamháin go léirítear meon, seasamh agus dearcadh an té ar leis í ach tagann stádas sóisialta i gceist leis. Tá an té a fhiafraíonn an cheist seo dall ar an dioscúrsa seo agus táthar

So that the wild animal of my anger
May be released from within.

I do not understand human beings,
Their shoddy desires
Or the great mystery of evil
And I feel the dampness of the grass
Beneath my naked feet,
And in this waking nightmare
I feel your blood,
Children of Palestine,
Wetting my feet.

If there is any power
In these stray words,
If there is order and form in them,
Or even some worth,
They are dedicated to you,
Innocent lost children,
Destroyed, alas,
By the monsters of Nationalism.

Translation: Timothy E. Quinlan, *Aistear Anama* (Oxford: The Onslaught Press, 2014), 18–19.

176. "Black Women's Hair," OLA MAJEKODUNMI

A co-founder of Beyond Representation, which brings together and celebrates
women of color in Ireland, Ola Majekodunmi (1997–) is an advocate on issues
relating to racism in Ireland. Her 2018 short film "What Does Irishness Look
Like?" examined issues around prejudice and national identity in Ireland, as does
this poem. The poem responds to "innocent" requests such as "can I touch your
hair?" by those ignorant of the philosophical, cultural, and social codes embedded
in the hairstyle. A site of self-expression and identity for men and women alike,
hair is a central and important part of Africans' lives, rich with symbolic meaning
regardless of gender or social class. Hairstyle, in Yoruba–Nigerian society, func-
tions as a popular art that both reflects and interprets contemporary lifestyles,
while also signifying social status. The poem thus innovates by representing
Black womanhood in Irish poetry but also draws on a long-running tradition of

ag déanamh beag is fiú de phearsantacht, d'fhéiniúlacht agus de chur i láthair na mná duibhe. Is ábhar í, idir chultúr agus chorp, seachas duine gur féidir spraoi leis, gur féidir suntas a dhéanamh de ach nach bhfuil dínit agus neamhspleáchas ag baint leí. Tá gné nuálach anseo agus an dán ag trácht ar thaithí saoil na mban gorm i nGaeilge agus Gaeilgeoir uirbeach mná ar bhean ghorm í ach is fada an stair i litríocht na Gaeilge d'éadaí agus d'fhaisean a bheith mar chód sóisialta agus mar chód polaitíochta.[167] Is léir sin ó "A fhir ghlacas a ghalldacht," dán a chum Laoisioch Mac an Bhaird sa séú haois déag agus "Och! Mo chreachsa faisean chláir Éibhir" (Dán 47) dán a cumadh sa seachtú haois déag agus a leagtar ar Bhrian Mac Giolla Phádraig. Plus ça change. Tá cur-i-láthair fuinniúil mothálach den dán le fáil ag https://www.youtube.com/watch?v=MyeoYdzXvIA.

> Tá diúltachas a bhaineann le
> Gruaig na mban dubh.
> Smaoiním go minic ar céard a dúirt
> An t-údar Chimamanda Ngozi Adichie maidir le
> Gruaig bhean
> Iar-Uachtarán Mheiriceá.
> Dá mba rud é gur chaith
> Michelle Obama a
> Gruaig i slí nádúrtha...
> Níl seans dá laghad go mbeadh
> Barack Obama sa Teach Bán.
> Mar samhlaigh—
> Conas go mbeadh "Meiriceá geal"
> Sásta vóta a chaitheamh
> D'fhear go bhfuil
> Bean dhubh le hAfró aige? ...
> 'S é sin conas a oibríonn
> An ciníochas institiúidithe, a chara.
> Táimid faoi smacht go caolchúiseach.
> Fáilte go Domhan na mBan Dubh.
> Tá fírinne bainteach le céard a
> Dúirt an t-údar Adichie.
> Mar bhean dhubh,
> Tá dhá ualach a bhaineann
> Leat—d'inscne
> 'S dath do chraicinn—

---

167. Feic James Carney, "Society and the Bardic Poet," *Studies: An Irish Quarterly Review* 62, uimh. 247/248 (1973): 250, fn 5; agus Roger B. Manning, *Swordsmen: The Martial Ethos in the Three Kingdoms* (Oxford: Oxford University Press, 2004), 173.

commentary on the politics of clothes, fashion, and hairstyle in Irish. Laoisioch Mac an Bhaird's sixteenth-century poem "A fhir ghlacas a ghalldacht" discusses these topics in the context of English colonialism, as does the seventeenth-century poem "Woe is me, these fashions of Ireland," (Poem 47) attributed to Brian Mac Giolla Phádraig.[167] Plus ça change.

> There's a negativity around
> Black women's hair.
> I often think about what the author
> Chimamanda Ngozi Adichie
> Said about the wife of the
> Former American president's hair.
> If Michelle Obama
> Had worn her hair
> In a natural style,
> There's no chance Barack Obama
> Would be in the White House.
> Because imagine—
> How could "white America"
> Vote for a man whose
> Black wife
> Had an Afro?
> That's how institutional racism
> Works, my friend.
> We are subtly under control.
> Welcome to the Black Woman's world.
> There's truth to what
> The author Adichie said.
> As a black woman,
> You are burdened
> With two things
> —Your sex and
> The color of your skin—

167. See James Carney, "Society and the Bardic Poet," Studies: An Irish Quarterly Review 62, no. 247/248 (1973): 250, fn 5; and Roger B. Manning, Swordsmen: The Martial Ethos in the Three Kingdoms (Oxford: Oxford University Press, 2004), 173.

Dhá rud a bhí agat
Nuair a tháinig tú as
Broinn do mháthar.
N'fheadar cén fáth go bhfuil
Fuath ag roinnt daoine
Do na rudaí is nádúrtha fúinn.
Nó an bhfuil eagla orthu romhainn?
Toisc go bhfuilimid chomh
Láidir is cróga sa domhan cruálach seo
Ag ceiliúradh na rudaí ar fuath leo fúinn—
Ár ngruaig nádúrtha chatach 4C
Is ár gcraiceann lán le meilinin.
Bean dhubh le hAfró,
Go stairiúil is stíl ghruaige aitheanta
Amach is amach é sin.
Ba shiombail den mhíleatachas a bhí ann.
Siombail ag rá le Meiriceá
Agus an chuid eile den
Domhan thiar go raibh
(Agus go bhfuil)
An bhean dhubh bródúil
As a gruaig chatach 4C.
Sheas an ghruaig sin
Do shaoirse agus do chumasú.
Bhí eagla fós ar dhaoine roimh
Bhean dhubh an Afró—
Cén fáth go bhfuilimid eaglach
Faoi rudaí atá nádúrtha?
B'fhéidir toisc gurb é an rud atá
Nádúrtha ná rud atá amh
Agus níl sé sin i gcónaí "gleoite."

Táimid dubh agus is leor sin
Mar leithscéal do dhaoine
Fuath a bheith acu dúinn.
Ní cheistím é,
Glacaim leis.
Is ábhar iontais muid,
Toisc go bhfuilimid "difriúil."
Is cuma cad a dhéanann

Two things you had when you
Were born from
Your mother's womb.
Why do people hate
The most natural things about us?
Or are they afraid of us?
Because we are so
Strong and brave in this cruel world
Celebrating the things they hate about us—
Our natural hair
And our skin full of melanin.
A black woman with an Afro,
Historically that's a very
Recognizable hairstyle.
It was a militant symbol.
A symbol telling America
And the rest of the
Western world that
The black woman was
(And is) proud of her
Curly hair 4C.
That style stood for
Freedom and empowerment.
People were afraid of the
Black woman with the Afro—
Why are we afraid
Of what's natural?
Maybe because
What is natural is raw
And that's not always "beautiful."

We are black
And that's enough of an excuse
For people to hate us.
I don't question it,
I accept it.
We're of interest
Because we're "other."
It doesn't matter what a

Bean dhubh—
A gruaig a chaitheamh i stíl nádúrtha—
Nó cloí le rialacha na sochaí
Agus a gruaig a choimeád faoi smacht—
Beidh sí i gcónaí
Á cáineadh—
Mar ní bheidh an bua againn riamh
Sa domhan geal seo.
Tá polaitíocht faoi leith
A bhaineann le
Gruaig na mban dubh,
Níl cead againn
Ár rogha féin a dhéanamh.
Déanann an tsochaí an rogha dúinn.
Is é an tsochaí a dheireann linn
Cén chuma ba chóir a bheadh orainn—
Agus is é an chuma sin,
An mheasúlacht dhubh sin, a thugann
"An fheiceálacht cheart" agus
An cead cainte dúinn.
Agus anois, cad é an scéal liomsa?
Thóg sé tamaill orm bheith
Muiníneach as na stíleanna nádúrtha
A chaithim anois.
Níl sé chomh deas bheith
Ag breathnú difriúil ó gach éinne eile
Nuair atá tú óg agus soineanta
Ag iarraidh a bheith mar chuid den slua.
Ach dá mba rud é go bhféadfainn
Labhairt liom féin
Nuair a bhí mé níos óige ar scoil,
Ag iarraidh breathnú
Ar nós na gcailíní geala
Timpeall orm, déarfainn
"Is leor thú féin mar tú féin"
Mar is rud deas é
An uathúlacht.

Foinse: Marcus Mac Conghail, eag., *Meascra ón Aer* (Baile Átha Cliath: Coiscéim, 2020), 45. Tá cur-i-láthair den dán le fáil ag https://www.youtube.com/watch?v=MyeoYdzXvIA.

Black Woman does,
Wear her hair in a natural style
Or accept society's rules
And keep your hair under control,
She will always
Be criticized—
Because we won't ever win
In this white world.
There's a particular
Politics about
Black women's hair,
We're not allowed
To make our own choice.
Society decides for us.
Society tells us how
We should look—
And that appearance
Allows us
"The right look"
And permission to speak.
And what's my story?
It took me a while to be
Confident about my natural styles
That I now wear.
It's not nice to feel different
From everybody when
You're young and innocent
And trying to fit in with the crowd.
But were I able
To speak to my
Younger self
At school
White girls
Around me,
I would say
"You are sufficient as you are."
To be unique is
To be lovely.

Translation: Brian Ó Conchubhair.

177. "Uluṟu Khata Tjuṯa," JULIE BREATHNACH-BANWAIT

Is síceolaí, scríbhneoir agus máthair í Julie Breathnach-Banwait (1969–) a rugadh agus a tógadh i gCeantar na nOileán in iarthar Chonamara. Tá sí ag cur fúithi in Iarthar na hAstráile le breis agus deich mbliana, áit a bhfuil fear céile agus mac aici. D'fhoilsigh Coiscéim *Dánta Póca* léi sa bhliain 2020. Mar fhile Gaeilge san Astráil baineann sí le traidisiún fada filíochta a bhfuil Fionán Mac Cártha, Louis de Paor, agus Colin Ryan páirteach ann. Tá páirc náisiúnta Uluṟu-Khata Tjuṯa i gcroílár fhásach na hAstráile, tuairim is 450 km ó Alice Springs. Ainmnítear an pháirc as Uluru, an liagán gaineamhchloiche agus cruinneacháin dhearga atá i Khata Tjuṯa. Tá muintir Aṉangu ag cur fúthu sa cheantar seo le cuimhne na ndaoine, níos faide ná 60,000 bliain, i bhfad sular bhain an cine geal an tír amach agus chuir faoi smacht í sa naoú haois déag. Thagair Uachtarán na hÉireann, Michael D. Higgins, le linn cuairte ar an Astráil i 2017 do na hÉireannaigh a d'imir cos ar bolg ar dhúchasaigh na hAstráile.

Tá an ghrian ag screadaíl
Dordán is cantaireacht réidh chaoin
Na mbundúchasaigh
Á dtreorú timpeall an chloch dhearg
Á dromhchla ag loisceadh faoi
Ghathaigh na gréine
Is a cumhacht
I measc an loime uilig ach
Gleo an ghainimh dheirg
Ina timpeall
Tá ciúnas an tsiúil níos airde ná a dath
Caoineadh na gcrainn shuaracha lena taobh
Óna croí a screadann scéalta báis
Is ciapadh
Sceamh is sian phian a clainne,
Ag tréigeadh óna taobhanna garbha
Ag taisteal trí mo cholpa
Le gach coisméig.

Foinse: *Comhar* 81, uimh. 1 (Eanáir 2021): 23.

177. "Uluṟu Khata Tjuṯa," JULIE BREATHNACH-BANWAIT

Born and raised in Ceantar na nOileán, Connemara, Julie Breathnach-Banwait (1969–) lives in Perth, Australia where she works as a Psychologist in Clinical Practice at Bullsbrook Medical Center. She continues in the footsteps of Fionán Mac Cártha, Louis de Paor, and Colin Ryan as Irish-language poets in Australia. Coiscéim published her collection *Dánta Póca* in 2020. Uluṟu-Khata Tjuṯa National Park, in the heart of the Central Australian desert, some 450 kilometers from Alice Springs, is named after two of Australia's most spectacular sites: the world-famous sandstone monolith of Uluṟu and the red domes of Khata Tjuṯa. The Aṉangu people, who date back more than 60,000 years, have lived and cultivated these lands for centuries, long before the European invasion began in the 1800s. President Michael D. Higgins during his 2017 visit acknowledged the role Irish settlers played in the injustices against Australia's First Peoples.

The sun screams
As smooth Aboriginal
Songs and murmurs
Guide us around the red rock
Her surface scalds
Under the sun's rays
And her power
Amongst the sweeping bleakness
Only the sound of the red sand.
That surrounds her
The silence of the steps dulls her colors
The cries of the trees paltry by her side
From her heart screams
Tales of death and torment
Her people's squealing and screaming
Soak through her rough sides
Into my sinews
With every slow stride.

Translation: Brian Ó Conchubhair.

178. "Cluichí Oilimpeacha Los Angeles," CELIA DE FRÉINE

Cé gur de bhunadh Cho. an Dúin í Celia de Fréine (1948–) tá sí ag cur fúithi i
mBaile Átha Cliath agus i gConamara le fada an lá. Pléann an dán seo, agus an
cnuasach ar fad inar foilsíodh é, le scannal an Heipitítis C agus an chonspóid
mhór a lean nuair a tháinig an tslí ar chaith an Stát leis na hothair chun solais.
Tholg 240 haemaifiliach sa tír seo Heipitíteas C ó tháirgí fola truaillithe idir na
seachtóidí agus na nóchaidí. Tholg 105 acu HIV chomh maith. Go dtí seo, bhásaigh
112 acu mar gheall ar HIV nó Heipitíteas C. Sraith dánta atá ann ina ríomhtar
taithí tragóideach na mban ar tugadh drochfhuil dóibh agus ar leanadh den
chleachtadh ar feadh na mblianta in ainneoin an Stáit a bheith ar an eolas faoin
dochar a bhí déanta agus fós á dhéanamh. Léirítear anseo gnáth-eachtraí an tsaoil
a bhfuil cur síos á ndéanamh orthu sna dánta seo faoin ghrá, faoin bhreith, faoi
chúraimí clainne, agus faoi thinnis. Dán ar dhán, líne ar líne, cuirtear tionchar
na tragóide ina luí ar an léitheoir. Beagán ar bheagán, dán i ndiaidh dáin, tógtar
pictiúr de shaol na mban go dtí go nochtar go neamhdrámata, go caolchúiseach,
agus go neamhghairéadach an fhírinne ghlan, thubaisteach. Is ábhar gruama
agus truamhéalach atá idir lámha anseo ach seachnaítear an fhearg, an ráiteas lom
díreach, an cáineadh. Seachas iarracht a dhéanamh an scéal a nochtadh le fíoch
folaithe, le huafás agus le halltacht, déantar fíricí an cháis a mhaolú d'aon turas
mar tá easpa fuinnimh mar thoradh na ghalair. Ach tugtar iliomad portráid de
phian, d'anchaoi, agus de chruachás na mná ionas go nochtar iomlán na fírinne
mar a itheann an cat an scadán.

Na comharsana uilig laistigh
I mullach a dteilifíseán.

I ngan fhios dóibh an coinín bán
Béal dorais tar éis éalú isteach

Inár ngairdín, an Alsáiseach
Ó bhun na heastáite ar a thóir.

Mo rais ag síneadh thar mo ghéaga
Chomh fada lem mhuineál.

Má shroicheann sí m'aghaidh
Gheobhaidh mé bás. An ola

178. "Los Angeles Olympics," CELIA DE FRÉINE

Celia de Fréine (1948–) is a poet, playwright, and screenwriter who writes in Irish and English. Born in Newtownards, Co. Down, de Fréine's family moved to Dublin when she was a child. She now divides her time between Dublin and Connemara. *Fiacha Fola/Blood Debts* is a sequence of poems about women infected with a contaminated blood product known as the Anti-D agent. Between 1977 and 1994, some 1,600 women unknowingly received Hepatitis C–infected blood, administered by the Blood Transfusion Service Board. The Lindsay Tribunal (1999) investigated the infection of haemophiliacs with HIV and Hepatitis C from contaminated blood products. On discovering the contamination, fourteen months of confusion and inefficiency followed, and this delay proved fatal for some women. Despite concerns as far back as 1977, infected blood products continued to be administered as late as 1991. The Irish Blood Transfusion Board finally apologized for its "negligence, repeated wrong decisions and breach of protocol."

The neighbors are all inside
Glued to the televisions.

Unbeknownst to them the white rabbit
From next door has escaped

Into our garden followed by
The Alsatian from round the corner.

My rash is spreading all the way
Up my arms onto my neck.

If it reaches my face
I think I'll die. The oil

A mhol an dochtúir ag leá thar
Mo leabhar, *Journal du Voleur*.

Nuair a bheirim mo ghasúr
Tá súil agam nach mbeidh

Craiceann gréisceach air nó uirthi
Agus nach ndéanfar gadaí de nó di.

Ná bac a rá liom má éiríonn le John Treacy
An staidiam a bhaint amach.

Nílim ag iarraidh bratach na hÉireann
A fheiceáil ag guairfeach os a chionn

Ná cogarnach de chaoincí
Amhrán na bhFiann a chloisteáil.

Foinse: *Fiacha Fola* (Indreabhán: Cló Iar-Chonnacht, 2004), 32–33.

179. "Fógra Báis," Dairena Ní Chinnéide

Is craoltóir agus iriseoir í Dairena Ní Chinnéide (1969–) arb as Corca Dhuibhne i nGaeltacht Chiarraí di ó dhúchas. Bhain sí bunchéim i Léann na Cumarsáide amach ó Ollscoil Chathair Bhaile Átha Cliath agus Ard-Dioplóma i Staidéar an Aistriúcháin ó Ollscoil na hÉireann Gaillimh. Bhí sí tráth ina bainisteoir stiúrtha ar an gcomhlacht scannánaíochta Smerbhic Teo. agus chaith sí seal mar ateangaire i bParlaimint na hEorpa. Rugadh Mike Carney (Mícheál Ó Cearna) ar an mBlascaod Mór i 1920 agus sular éag sé sa bhliain 2015 ba é an tOileánach deiridh. Thréig sé an t-oileán i 1937 agus chuir faoi ar deiridh i Springfield, Massachusetts sna Stáit Aontaithe. Ba é bás a dhearthár óig ar an oileán i 1947, cheal sagart agus dochtúir a chuir tú leis an bhfeachtas chun pobal an oileáin a athlonnú amach ar an míntír (feic Dán 145). Is maith an chodarsnacht é an dán seo le "Cainteoir Dúchais" Chathal Uí Shearcaigh, dán den teideal céanna le Gearóid Mac Lochlainn agus "Cainteoir Dúchais Gaeilge ó Bhlackpool, Cork" le Seán Ó Tuama.

The doctor recommended oozes
Onto my book *Journal du Voleur.*

When my child is born
I hope he or she does not

Have oily skin or that he or she
Does not become a thief.

Don't tell me if John Treacy
Makes it to the stadium.

I don't want to see
The tricolor hoisted

Or hear the strains
Of *Amhrán na bhFiann.*

Translation: Celia de Fréine, *Blood Debts* (Dublin: Scotus Press, 2014), 38–39.

179. "Death Notice," DAIRENA NÍ CHINNÉIDE

Dairena Ní Chinnéide (1969–), author of several collections of poetry in Irish,
lives on the Dingle Peninsula, Co. Kerry. A former broadcast journalist, she also
worked as an interpreter at the European Parliament. This poem is about Mike
Sheáin Tom Ó Ceárna/Mike Carney (1920–2015), the oldest living child born on
the Great Blasket Island (see Poem 145). He left the island in 1937, first for Dublin,
and later Hungry Hill, Springfield, Massachusetts, where he settled along with
other former Blasket islanders. On the island, his younger brother Seáinín devel-
oped meningitis in 1947 and died without medical intervention or the rite of the
last sacrament due to a storm. His death reinforced the island's isolation and its
inhabitants' precarious situation. The remaining islanders began evacuating in
1953 and the last islander left on November 17, 1954. Mike Sheáin Tom Ó Ceárna/
Mike Carney, to whom this poem is dedicated, died August 30, 2015.

I ndílchuimhne ar an Dr. Mícheál Ó Cearna

Cailleadh oileánach inniu
Cailleadh focal ón dteanga
Cailleadh nós imeachta
Cailleadh logainm áitiúil
Cailleadh smut de chultúr ársa
Cailleadh oileánach inniu
Chaill an cine dúchais duine.

Foinse: *Fé Gheasa: Spell Bound* (Dublin: Arlen House, 2017), 43.

180. "Idir Dhá Bhaile," JOHN CAULFIELD

Rugadh John Caulfield (1982–) i Loch Garman ach tá sé ina chónaí anois i gCois Fharraige i gConamara. Bhronn Ollscoil Cardiff/Prifysgol Caerdydd dochtúireacht air sa tsochtheangolaíocht agus tá taithí leathan aige ar chúrsaí cumarsáide agus seal caite aige ag obair le TG4, BBC agus Ollscoil na hÉireann Gaillimh. Tá téama na háite agus na féiniúlachta lárnach ina shaothar filíochta go dtí seo mar aon le ceisteanna a bhaineann le fás agus bás agus leis an teannas idir theangacha agus chultúir. Baineann an dán áirithe seo leis an ngalar COVID-19 ach feictear ann go leor de mhórcheisteanna na linne seo: cumarsáid, cead taistil, ildomhandú an tsaoil, eisimirce. Agus ráig eile de COVID ag bagairt, táthar fós ag dul i ngleic leis an ngalar a chuaigh i bhfeidhm ar gach tír agus ar gach gné den saol ar fud na cruinne. Nuair a d'fhógair an Eagraíocht Dhomhanda Sláinte paindéim uiledhomhanda ar an 30 Eanáir 2020, cuireadh srian le cead taistil. Bhí an víreas úd ag spré ar fud an domhain. Bhí pobail an domhain mhóir teanntaithe faoi dhianghlasáil agus iad cuibhrithe. De bharr srianta COVID-19, cuireadh cosc ar dhaoine a bheith ag taisteal i bhfad ó bhaile. Ba chuid den saol iad an scaradh sóisialta, féinleithlisiú, dianghlasáil, agus daoine ag caitheamh mascanna lena n-aghaidheanna a chlúdach. Cuireadh cosc ar an bpobal teacht le chéile go poiblí, cuireadh seirbhísí creidimh ar ceal, bhí teoreainn ar an líon daoine a raibh cead acu freastal ar shochraidí agus ar phóstaí. Pléann an dán seo le bás sa chlann agus dúshláin an fhir ghaolta a bheith i láthair ar an tsochraid, ach is ann leis do cheisteanna faoin bhféiniúlacht, cad is brí le nasc a bheith agat le háit, le pobal? Cad a cheadaíonn duit dámh a bheith agat le háit?

In memory of Dr. Mike Carney

An islander died today
A word in the language died
A tradition died
A local place name died
A piece of an ancient culture died
An islander died today
A local race lost a person

Translation: Dairena Ní Chinnéide, *Fé Gheasa: Spellbound* (Dublin: Arlen House, 2017), 43.

180. "Between Two Towns," JOHN CAULFIELD

Born in Wexford, John Caulfield (1982–) now lives in the Cois Fharraige *Gaeltacht* in Galway. He received a PhD in sociolinguistics from Cardiff University/Prifysgol Caerdydd and has worked in the communications sector for TG4, BBC and the National University of Ireland, Galway. His poetry examines matters of place and identity; growth, death, and transformation; and the tension and play between cultures and languages. This poem fuses many of the concerns that beset the early twenty-first century: identity politics, migration, freedom of travel, communication, and globalization. The poem is set during the 2020–2021 COVID-19 pandemic, which remains, at the time of this writing, a human, economic, and social crisis. Once the World Health Organization declared a global emergency on January 30, 2020, governments enacted travel restrictions and mandatory quarantines. Social distancing, self-isolation, lock-downs, and mask-wearing became commonplace. In addition to the controversial cancellation of religious services, governments limited the numbers attending weddings and funerals. This poem not only captures that reality and the challenges posed by family tragedy during the pandemic, but probes issues of identity and belonging. What defines connection, identity, and sense of place: possession of a state document, a familial connection, birth, or a residence?

I gcuimhne ar Dee

Sochraid le linn paindéime
Agus tugaim faoi aistear atruach
Trí chéad ciliméadar trastíre
Le bheith le mo mhuintir.

Bás tobann.
Col ceathrair le cur
Ag aois an dá scór
Taobh le mo sheanmháthair
A mhair an céad, nach mór.
Tá cúigear is fiche
Ceadaithe sa séipéal.

In aimsir seo an chomhuaignis
Tugaim mo chúl le mo chéile
Is leanaim sreang imleacáin
Soir ó dheas i m'aonar,
Buíoch as cianchomhluadar an radio.
I bhfianaise na srianta is seicphointí,
Beirim liom:
An fógra báis, le seoladh na reilige air.
Ceadúnas tiomána, le seoladh mo bhaile dúchais air.
Ceadúnas teilifíse, le seoladh mo shaoil nua air.

Má stopann na gardaí mé,
Ar dhroichead Phort Omna, b'fhéidir,
Nó ar imeall Phort Laoise,
Le fiafraí díom
"Cá bhfuil do thriall?"
Beidh mé réidh le cruthúnas
Ar chúis is ceann scríbe.

Ach má chuirtear an cheist
"Cé as thú?"
Ar an mbóthar tréigthe seo

In memory of Dee

A funeral during a pandemic
And I set off on compassionate grounds
Three hundred kilometres cross-country
To be with my tribe.

A sudden death.
A cousin to lay to rest
At the age of forty
Beside the grave of my grandmother
Who lived to a hundred, almost.
The church can admit
Twenty-five mourners.

In this time of shared isolation
I take leave of my wife
And follow an umbilical chord
South-east, solo,
Grateful for the radio's remote company.

Given the restrictions and checkpoints,
I take with me:
The death notice, with the address of the cemetery.
A driving license, with the address of my childhood home.
A TV license, with the address of my new life.

If the police stop me,
On Portumna Bridge, perhaps,
Or outside Portlaoise,
To inquire of me
"Where are you heading?"
I'll have proof at the ready
Of my purpose and destination.

But if the question is put
"Where are you from?"
On this deserted road

Idir dhá bhaile,
Céard is féidir liom a dhéanamh
Ach na trí cháipéis a thabhairt ar láimh
Is ligean dóibh teacht ar fhreagra.

Foinse: *Comhar* 81, uimh. 2 (Feabhra 2021): 30.

181. Sliocht as "Deora Nár Caoineadh," ÁINE NÍ GHLINN

Is léachtóir, iriseoir agus scríbhneoir í Áine Ní Ghlinn (1955–) a bhfuil BA agus
ATO aici ón gColáiste Ollscoile, Baile Átha Cliath; Dioplóma san Iriseoireacht ó
Choláiste Iriseoireachta, Londain agus MA sa Scríbhneoireacht Chruthaitheach
ó Ollscoil Lancaster. D'oibrigh sí seal mar iriseoir le RTÉ agus le Raidió na
Gaeltachta. Ceapadh í ina Laureate na nÓg sa bhliain 2020. Sa tsraith dánta seo,
tugtar guth don té ar baineadh mí-úsáid ghnéis as/aisti. Déanadh neamhaird de
na híospartaigh, tugadh an chluas bhodhar dóibh agus fágadh iad faoi lámha
an ionsaitheora. Tharla a leithéid i saol na Gaeilge mar aon le saol an Bhéarla, i
gcoláistí samhraidh agus i bparóistí Gaeltachta. Is cumhachtach agus is suaite na
dánta iad seo a thugann léargas ar ghníomhartha danartha an fhoghlaí ghnéis
agus an díobháil a déanadh dóibhsean a d'fhulaing mí-úsáid agus nár tugadh
tacaíocht dóibh. Is suntasach simplíocht na teanga, easpa na poncaíochta, agus
saontacht reacaireacht an pháiste anseo, ach más é eiseamláir na simplíochta é
an reacaireacht, is scéal eile ar fad é déine agus tréine na mothúchán a cuimsítear
sna dánta corraitheacha coscracha seo, dánta a mhaireann sa chuimhne ar nós
"Gort na gCnámh" le Cathal Ó Searcaigh ar an ábhar céanna.

2
Glacann m'eagla cruth chuige féin istoíche
Corpán cait
Crochta ar gheata na scoile
Scáth mo sheanaintín
Ag stánadh tríom ó bharr an staighre
Bod mo sheanuncail
Ag cur thar maoil im láimh.

Between two homes,
What can I do
But hand over the three documents
And let them come up with an answer.

Translation: John Caulfield.

181. Extracts from "Unshed Tears," ÁINE NÍ GHLINN

Born in Co. Tipperary, Áine Ní Ghlinn (1955–) is a bilingual journalist, poet, playwright, and writer of children's literature. Ní Ghlinn earned a Diploma in Journalism from the London School of Journalism and later an MA in Creative Writing from Lancaster University. She became Ireland's sixth Laureate na nÓg in 2020. In the late 1980s, and in the 1990s, an increasingly secular Ireland slowly began to acknowledge its sex abuse scandal, and the climate of secrecy, obsequiousness, and denial that facilitated it. A series of documentaries revealed and publicized allegations of systemic abuse in Reformatory and Industrial Schools. Ní Ghlinn was among the first poets to address the topic in her work and anticipated Cathal Ó Searcaigh's long poem "Gort na gCnámh"/ "The Field of Bones." Based on interviews and research, her sequence of poems depicts in simple child-like language the horrors that victims endured. These texts offer unglorified, unvarnished brutality and violence. They draw a stark contrast between a blissful innocence and tortured loss of innocence, upon which lives are ruined, families sundered, and familial loyalties tested. The protagonists' need for purgation amidst willful ignorance, blindness, and tacit complicity is central. The lack of punctuation is touchingly deft while the poems' lyrical tenderness and deceptive simplicity stand in stark contrast to the violence perpetrated upon the victims and reinforce the children's innocence, powerlessness, and vulnerability. These verses are extracts from a longer sequence.

2

My fear takes shape at night
A cat's corpse
Dangles from the school gate
My grandaunt's ghost stares
Through me from the landing
My granduncle's penis
Spills over in my palm

4

Chuardaigh na tóirsirí a bolg
Níor aimsigh oiread is polaip amháin
Rinne na saineolaithe a craos a chíoradh
Ach chuaigh sé sa mhuileann orthu
An cás a thuiscint
Gan trácht ar é a réiteach
Ní thuigeann siad go mbíonn uirthi
Síol a hathar a chaitheamh aníos
I ndiaidh gach uile bhéile.

5

Cois uaigh mo sheanuncail
Chaoin gaolta
Chaoin na scamaill
Chaoin mo shúile
Ach d'imigh mo bhéal ó smacht
Is rinne gáire

6

Ní fheadfainn aghaidh a chur ort
Ní heol dom cad é dath do shúl
Ach dá scaoilfeá cnaipí do bhríste
D'aithneoinn áit ar bith thú

Is bíodh a fhios agat
Go bhfuil faobhar ar mo scian agam
Go bhfuil deimheas i mo phóca agam
Go dtiocfaidh mo lá

9

Ón uair go ndearna a hathair í
A mhealladh is í trí bliana d'aois
Ní thuigeann sí ach teas na
Collaíochta. Luífeadh sí le duine
Ar bith a bhéarfadh barróg uirthi.

4
They scrutinized her stomach
Found nothing not even a polyp
The experts combed her gullet
But failed to find the cause
Not to mention a cure
It hasn't dawned on them that
It's her father's seed
She throws up after every meal

5
At my granduncle's grave
Relatives cried
Clouds cried
My eyes cried
But my mouth defied me
And laughed

6
I couldn't put a face on you
I don't know the color of your eyes
But if you unzipped your fly
I'd know you anywhere

Know this and be aware
That my knife is sharpened
That I carry a shears
That my day will come

9
Since the day her father first
Seduced her at the age of three
The only love she knows
Is sexual. She would yield
To any man's embrace.

Agus í trí bliana déag d'aois dúirt
An breitheamh nach bhféadfaí éigniú
A chur i leith an fhir a d'fhág a shíol
Ina broinn. Dúrathas nach raibh aon
Amhras ach go ndearna sise é a mhealladh.

10
Deich mbliana a chaith mé ag pleanáil
Do bháis. Cheannaigh mé nimh. Cheannaigh
Mé scian. Ansin—ar eagla na heagla—
Cheannaigh mé rópa.

Nach orm a bhí díomá nuair a chuala
Gur thit tú i do chnap ar thaobh an
Bhóthair is tú ag triall ar Aifreann
Maidin Domhnaigh.

19
Ithim seacláid
I gclúideacha dorcha
Má bhím gránna
Ramhar goiríneach
B'fhéidir go
Ligfidh sé dom

Foinse: *Deora Nár Caoineadh/Unshed Tears* (Dublin: Dedalus Press, 1996), 11–44.

182. "Filleadh ar an gCathair," AILBHE NÍ GHEARBHUIGH

Rugadh Ní Ghearbhuigh i 1984 agus tógadh í i dTrá Lí, Co. Chiarraí. Tá tréimh-
sí caite aici sa Fhrainc agus chaith sí bliain i Nua Eabhrac ar scoláireacht
Fulbright ag teagasc na Gaeilge. Roghnaíodh "Filleadh ar an gCathair" mar Dhán
Uachtaránacht an Aontais Eorpaigh in 2013. D'fhoilsigh Coiscéim *Péacadh* (2008)
agus *Tost agus Allagar* (2016) agus d'fhoilsigh Gallery Press *The Coast Road* (2017) mar
chnuasach dátheangach. Is minic nochtadh agus ceilt fite fuaite ina cuid filíochta
agus tugtar dúshlán don léitheoir fios fátha an dáin a fhiosrú idir an tost agus an
t-allagar. Pléann a saothar go minic le ceist na mionteangacha sa saol nua-aoiseach,

She was thirteen when the judge
Ruled that the man who filled her
Swollen belly was innocent of rape.
No doubt, he said. No doubt at all.
It was she who made the first move.

10

I spent ten years planning your death.
I bought poison. I bought a knife.
Then—to be sure to be sure—
I brought a rope.
My heart was scalded when I heard
That you collapsed in a dead heap
At the side of the road on your way
To Sunday Mass.

19

I eat chocolate
In dark corners
If I am ugly fat
And pimply
Maybe then he'll
Leave me alone.

Translation: Pádraig Ó Snodaigh, in Áine Ní Ghlinn, *Deora Nár Caoineadh/Unshed Tears* (Dublin: Dedalus Press, 1996), 11–45.

182. "Return to the City," AILBHE NÍ GHEARBHUIGH

Born in Tralee, Co. Kerry, Ailbhe Ní Ghearbhuigh (1984–) has lived in France and also in New York as a Fulbright scholar. Coiscéim published her collections *Péacadh* (Germination) in 2008 and *Tost agus Allagar* (Silence and Disputation) in 2016, while The Gallery Press issued the bilingual *The Coast Road* in 2017. Urbane, sophisticated, and cosmopolitan, recurring themes in her work are the plight of minoritized languages and cultures in an increasingly globalized west, and the emergence of a glocal culture when the local collides with the global. "Return to the City," reminiscent perhaps of Walt Whitman, is a celebration of the urban, a recognition of

leis an mbearna a fhágtar tar éis cumarsáide nó de cheal cumarsáide. Cén chuma a bheidh ar an gcumarsáid—idir fhocal labhartha, fhocal scríofa, ghothaí coirp—ag an domhandú cultúrtha agus leathnú ar fud na cruinne?

Anocht ag filleadh dom,
Blaisim allas na cathrach faram.
Deas liom a taiseacht.

Preabann an Aimsir Láithreach
Gan aire ó gach balla
I mbrothall an tráthnóna.

Admhaím go músclaíonn
Gás sceite
Sceitimíní ionam.

Is fíor nach gcítear
Luí na gréine
I bhfairsing' spéire:

Cacann an oíche
Idir foirgnimh arda
Gan rabhadh;

Ach lasann soilse neon
Cúinní coimhthíocha
Mo chroí.

Faoiseamh a gheobhadsa
Ar mo ghrianán gealaí,
Mo chluas le hamhrán tráchta.

Foinse: Ailbhe Ní Ghearbhuigh, *The Coast Road* (Oldcastle, Co. Meath: The Gallery Press, 2016), 90.

the urban center's energy and zest. It served as Ireland's 2013 EU presidential poem. In addition to drawing on, and paying homage to, Ó Ríordáin (Poems 135–137), Ó Direáin (Poems 138–141), and Davitt (Poems 158 and 159), the issue of communication—verbal, physical, secret, and symbolic—characterize her work to-date. An alternative unattributed translation may be found at https://apoemforireland .rte.ie/shortlist/filleadh-ar-an-gcathair/.

Tonight I'm coming back.
I taste the city's sweat around me,
And it tastes good.

The whole thing's present tense,
And heat throbs from its walls
In the late afternoon.

I will admit
That I am high on what
The city heaves out of itself.

It's true there's not
The slightest glimpse of sundown
In this wide sky.

The night dives low
Between tall buildings
Without warning.

But neon signs
Light up the strangest corners
Of my heart.

And peace comes dropping slow
On the moonlit window ledge,
My ear lulled to the traffic's song.

Translation: Justin Quinn, in Ailbhe Ní Ghearbhuigh, *The Coast Road* (Oldcastle, Co. Meath: The Gallery Press, 2016), 91.

183. "Manach Eile agus a Chat," AILBHE NÍ GHEARBHUIGH

Dá mhéid dán a chumtar faoi chait, is é "Pangur Bán" an mámh mór (feic Dán 1). Breis agus míle bliain ar aghaidh, spreagann ábhar an dáin seo filí, aistritheoirí, agus léitheoirí as an nua, ó chathaoireacha Antoni Gaudí go carachtar cartúin William Hanna agus Joseph Barbera.[168] Íomhá uilíoch é an scoláire ag fanacht glan ar an obair atá roimhe. Tá bá nádúrtha againn leis an manach a bhfuil leisce air dul i mbun a chúraim. Is amhlaidh an scéal é leis an gcat, tá dáimh ar leith eadrainn. Meabhraíonn leagan amach agus foirm na línte anseo na dánta ón naoú haois ar chuir an scoláire Gearmánach Kuno Meyer eagar orthu faoin teideal The Triads of Ireland sa bhliain 1906, ach is ann leis do mhacallla an bhéaloidis sna véarsaí a bhaineann le buanna Dé, idir Ghlóire, Ghrásta agus Mholadh. Má tá an manach ag déanamh solais den dorchadas, tá an cat ar thóir beatha agus duais dá mháistir. Táid beirt ag faire go tréan agus ag fiach go dian. Is ann don chruthú agus don mharú. Athinsint é seo ag Ailbhe Ní Ghearbhuigh ar bhundán na Gaeilge don am i láthair ach foláireamh aici don léitheoir faoi bhaol an aistriúcháin.[169]

Glóire Dé
A stiúrann mo pheann

Grásta Dé
An pár bán

Moladh Dé
An focal ildaite

Cleasaíocht an diabhail
Preabadh cait

Mallacht an diabhail
Sciorradh láimh'

Díoltas an diabhail
Fionnadh sa dúch.

Foinse: Tost agus Allagar (Baile Átha Cliath: Coiscéim, 2016), 29.

---

168. Maria Popova, "Children's Books," NYTimes, Aibreán 8, 2016.
169. Daniela Theinová, "'Who Owns the Game': The Gallery Press and Poetry in Irish Now," Litteraria Pragensia: Studies in Literature and Culture (2018): 22.

183. "Another Monk and His Cat," AILBHE NÍ GHEARBHUIGH

Despite their popularity as a subject, poems about cats remain notoriously diffi-
cult terrain for poets. "Pangur Bán," however, is the ur-poem (see Poem 1). Fifteen
centuries later, it continues to engage poets, translators, and readers. The eternal
struggle between cat and mouse has exercised diverse imaginations and found
expression in Antoni Gaudí's designs and the cinematic work of William Hanna
and Joseph Barbera. The image of a scholar shirking his responsibilities to seek
pleasure in his own composition is universal. We delight in imagining a monk,
1,200 years ago, engaged in mischief of which we too are often guilty, not to men-
tion the ageless love between a human and an animal. The structure and form also
recall the ninth-century Old Irish triads, as collated in Kuno Meyer's *The Triads of
Ireland* (1906). As the monk works "turning darkness into light," the cat seeks to
turn life into death to nurture his life and to bring his master a token. Both are
involved in sustained observation and concentration, destruction, and creation.[168]
Here Ní Ghearbhuigh retells the poem for a twenty-first century reader while
"warning against the possible hazards of translation."[169]

> The glory of God
> Guides my quill
>
> The Grace of God
> The white parchment
>
> The praising of God
> The coloured word.
>
> Trickery of the Devil—
> The leap of the cat
>
> Curse of the Devil—
> The hand's jink
>
> Vengeance of the Devil—
> Cat's hair in the ink.

Translation: Alan Gillis, in Ailbhe Ní Ghearbhuigh, *The Coast Road* (Oldcastle, Co. Meath: The
Gallery Press, 2016), 113.

---

168. Maria Popova, "Children's Books," *NYTimes*, April 8, 2016.
169. Daniela Theinová, "'Who Owns the Game': The Gallery Press and Poetry in Irish Now," *Litteraria
   Pragensia: Studies in Literature and Culture* (2018): 22.

Léitheoireacht sa Bhreis

Michael John Harris, *The End of Absence* (London: Harper Collins, 2014).

Kenneth Keating, "Bilingualism and the Death of the Dual Tradition in Celia de Fréine's Imram | Odyssey," in *Contemporary Irish Poetry and the Canon: Critical Limitations and Textual Liberations* (New York, NY: Palgrave Macmillan, 2017), 169–93.

Máirín Nic Eoin, "'World Literature' and Contemporary Irish-Language Writing," in *The New Irish Studies*, eag. Paige Reynolds (Cambridge: Cambridge University, 2020), 80–94.

Ríona Ní Fhrighil, "Mediation and Translation in Irish Language Literature," in *Irish Literature in Transition: 1980–2020*, eag. Eric Falci & Paige Reynolds (Cambridge: Cambridge University Press, 2020), 307–26.

Ailbhe Ní Ghearbhuigh, "The Contemporary Conditions of Irish Language Literature," in *Irish Literature in Transition: 1980–2020*, eag. Eric Falci & Paige Reynolds (Cambridge: Cambridge University Press, 2020), 27–43.

Brian Ó Conchubhair, "Contemporary Irish Poetry: After Innti," in *Post-Ireland: Essays on Contemporary Irish Poetry*, eag. Jefferson Holdridge & Brian Ó Conchubhair (Winston-Salem: Wake Forest University Press, 2017), 179–202.

Frank Sewell, "Between two languages: Poetry in Irish, English, and Irish English," in *The Cambridge Companion to Contemporary Irish Poetry*, eag. Matthew Campbell (Cambridge: Cambridge University Press, 2003), 149–68.

Daniela Theinová, *Limits and Languages in Contemporary Irish Women's Poetry* (London: Palgrave Macmillan, 2020).

Daniela Theinová, "Original in Translation: The Poetry of Aifric Mac Aodha," in *Post-Ireland? Essays on Contemporary Irish Poetry*, eag. Jefferson Holdridge & Brian Ó Conchubhair (Winston-Salem, NC: Wake Forest University Press, 2017), 203–220.

Daniela Theinová, "'Who Owns the Game': *The Gallery Press* and Poetry in Irish Now," *Litteraria Pragensia: Studies in Literature and Culture* (2018): 11–29.

James Williams, *Stand out of our Light: Freedom and Resistance in the Attention* (Cambridge: Cambridge University Press, 2018).

Further Reading

Michael John Harris, *The End of Absence* (London: Harper Collins, 2014).

Kenneth Keating, "Bilingualism and the Death of the Dual Tradition in Celia de Fréine's Imram | Odyssey," in *Contemporary Irish Poetry and the Canon: Critical Limitations and Textual Liberations* (New York, NY: Palgrave Macmillan, 2017), 169–93.

Máirín Nic Eoin, "'World Literature' and Contemporary Irish-Language Writing," in *The New Irish Studies*, ed. Paige Reynolds (Cambridge: Cambridge University, 2020), 80–94.

Ríona Ní Fhrighil, "Mediation and Translation in Irish Language Literature," in *Irish Literature in Transition: 1980–2020*, eds. Eric Falci & Paige Reynolds (Cambridge: Cambridge University Press, 2020), 307–26.

Ailbhe Ní Ghearbhuigh, "The Contemporary Conditions of Irish Language Literature," in *Irish Literature in Transition: 1980–2020*, eds. Eric Falci & Paige Reynolds (Cambridge: Cambridge University Press, 2020), 27–43.

Brian Ó Conchubhair, "Contemporary Irish Poetry: After Innti," in *Post-Ireland: Essays on Contemporary Irish Poetry*, eds. Jefferson Holdridge & Brian Ó Conchubhair (Winston-Salem: Wake Forest University Press, 2017), 179–202.

Frank Sewell, "Between two languages: Poetry in Irish, English, and Irish English," in *The Cambridge Companion to Contemporary Irish Poetry*, ed. Matthew Campbell (Cambridge: Cambridge University Press, 2003), 149–68.

Daniela Theinová, *Limits and Languages in Contemporary Irish Women's Poetry* (London: Palgrave Macmillan, 2020).

Daniela Theinová, "Original in Translation: The Poetry of Aifric Mac Aodha," in *Post-Ireland? Essays on Contemporary Irish Poetry*, eds. Jefferson Holdridge & Brian Ó Conchubhair (Winston-Salem, NC: Wake Forest University Press, 2017), 203–220.

Daniela Theinová, "'Who Owns the Game': The Gallery Press and Poetry in Irish Now," *Litteraria Pragensia: Studies in Literature and Culture* (2018): 11–29.

James Williams, *Stand out of our Light: Freedom and Resistance in the Attention* (Cambridge: Cambridge University Press, 2018).

Nótaí Beathaisnéise / Notes on Contributors

NIALL COMER is Course Director in MA in Translation Studies in Ulster University, Magee College, and specializes in Onomastics, Traditional Irish Music, and Song and Minority Language rights. He is President of Conradh na Gaeilge (The Gaelic League) and former editor of *An tUltach*.

SAMUEL K. FISHER is an Assistant Professor of History at the Catholic University of America, where he researches, teaches, and writes about colonial America, early modern Britain and Ireland, and the connections between them. His work focuses on the experiences of Irish and Scottish Gaelic and American Indigenous peoples. His first book (forthcoming with Oxford University Press) shows how diversity became a critical and contentious issue in the eighteenth-century British empire, leading to the American Revolution.

WES HAMRICK is a postdoctoral fellow at Greenhouse Studios at the University of Connecticut. He specializes in British and Irish literature of the long eighteenth century, with particular interests in the interaction between manuscript and print.

BRENDAN KANE is a Professor of History and of Literatures, Cultures, and Languages at the University of Connecticut and specializes in early modern British and Irish history. He is the author of *The Politics and Culture of Honour in Britain and Ireland, 1541–1641* (Cambridge University Press, 2010), and co-editor of the collection *Elizabeth I and Ireland* (Cambridge University Press, 2014). He is the founding Director of UConn's Democracy and Dialogues Initiative and founding co-director of Léamh.org.

MÍCHEÁL MAC CRAITH is a Franciscan priest and a former Professor of Modern Irish at the National University of Ireland, Galway. He has published extensively on the Renaissance, Counter-Reformation literature, Irish communities in exile in the early modern period, Jacobitism, Ossianism, and contemporary Irish literature.

CAOIMHÍN MAC GIOLLA LÉITH is an Associate Professor in the School of Irish, Celtic Studies, and Folklore at University College Dublin and is also an art critic. He has published extensively on various aspects of literature in Irish and on the contemporary visual arts.

LIAM MAC MATHÚNA is Professor Emeritus of Irish at University College Dublin, where he was Head of the School of Irish, Celtic Studies, Irish Folklore, and Linguistics, 2006–2013. His publications include *Béarla sa Ghaeilge* (2007), a new edition of *Séadna* (2011), *Saothrú na Gaeilge Scríofa i Suímh Uirbeacha na hÉireann, 1700–1850* (co-editor, 2016) and *Douglas Hyde: My American Journey* (co-editor, 2019).

PETER MCQUILLAN is an Associate Professor of Irish Language and Literature at the University of Notre Dame. He is the author of *Modality and the Subjunctive Mood in Irish* (2002) and *Native and Natural: Aspects of the Concepts of Right and Freedom in Irish* (2004), an analysis of the transformation of concepts of rights and freedom as expressed in the Irish language.

JOSEPH FALAKY NAGY is the Henry L. Shattuck Professor of Irish Studies in the Department of Celtic Languages and Literatures at Harvard University. He has authored books and articles on medieval Irish literature and myth and was the founder/first editor of the first periodical of the Celtic Studies Association of North America (the *CSANA Yearbook*, now the *North American Journal of Celtic Studies*).

SORCHA NIC LOCHLAINN is a lecturer in Modern Irish in University College Cork, and has spent time in Queen's University Belfast (completing a PhD) and in the Dublin Institute for Advanced Studies (O'Donovan Scholarship). The Gaelic song tradition—in Ireland, Scotland, and the Isle of Man—is her primary research interest.

DEIRDRE NIC MHATHÚNA is Assistant Professor in Fiontar & Scoil na Gaeilge, Dublin City University. Her research focuses on the work of seventeenth-century poet Piaras Feiritéar and on twentieth-century writers associated with Corca Dhuibhne, Co. Kerry, including Monsignor Pádraig de Brún and Tomás Ó Criomhthain.

SÍLE NÍ MHURCHÚ is a lecturer in the Department of Modern Irish, University College Cork. She previously studied at the National University of Ireland, Galway, and at the School of Celtic Studies, Dublin Institute for Advanced Studies. Her main research interests are Irish love poetry and the Ossianic lays.

CLÍONA NÍ RÍORDÁIN is Professor of English at the University Sorbonne Nouvelle-Paris 3, where she teaches Irish literature and translation studies and co-convenes the Master's programme in Irish Studies. Her most recent publication is *English Language Poets in University College Cork 1970–1980* (Palgrave Macmillan, 2020).

ÉAMONN Ó CIARDHA is a Reader in the School of Arts and Humanities at Ulster University. His research is primarily focused on Irish Jacobitism (Irish support for the exiled House of Stuart), the Irish outlaw, Irish military history, Irish popular politics and culture, language and literature, and Irish book history.

BRIAN Ó CONCHUBHAIR is an Associate Professor of Irish Language and Literature at the University of Notre Dame. He recently co-edited the *Routledge International Handbook of Irish Studies* (2021).

LILLIS Ó LAOIRE is a Professor in Roinn na Gaeilge, National University of Ireland, Galway. He has published widely on aspects of Irish language culture and especially song. With Moyra Haslett and Conor Caldwell, he is joint editor of the forthcoming *Oxford Handbook of Irish Song*. He combines performance practice with scholarship in his work.

PHILIP O'LEARY is a native of Worcester, Massachusetts. He has a PhD in Celtic Languages and Literatures from Harvard and an honorary DLitt from the National University of Ireland, Galway. His most recent book is *Setting the Stage: Transitional Playwrights in Irish 1910–1950* (Cork: Cork University Press, 2021).

PÁDRAIG Ó LIATHÁIN is Assistant Professor in Fiontar & Scoil na Gaeilge, Dublin City University. His research interests include Irish language literature from the seventeenth century to the present, including connections with Ireland and Newfoundland, and New England.

MICHELLE O RIORDAN is an Assistant Professor in the School of Gaelic Studies of the Dublin Institute for Advanced Studies and the author of *The Gaelic Mind and the Collapse of the Gaelic World* (1987), *Irish Bardic Poetry and Rhetorical Reality* (2007), and most recently *Poetics and Polemics: Reading Seventeenth-Century Irish Political Verse* (2021).

GERALDINE PARSONS is Senior Lecturer in Celtic and Gaelic, University of Glasgow. Her research is focused on medieval Irish literature and in particular on *fíanaigecht*, the literature focusing on the figure of Fionn mac Cumhaill, which dominated the Gaelic imagination from the twelfth century down to the twentieth. She has edited two volumes of *The Gaelic Finn Tradition*.

RORY RAPPLE is an Associate Professor of History at the University of Notre Dame in the Department of History with a concurrent appointment in the Department of Irish Language and Literature. His research interests and publications focus on early-modern Britain, Ireland, Europe, and the Atlantic World.

NATASHA SUMNER is an Associate Professor of Celtic Languages and Literatures at Harvard University. Her research focuses on the Gaelic narrative corpus about the hero Fionn mac Cumhaill in Ireland, Britain, and North America. She teaches courses on Irish and Scottish Gaelic language, literature, and folklore.

DANIELA THEINOVÁ is a lecturer in the English Department at Charles University in Prague, Czech Republic, and author of *Limits and Languages in Contemporary Irish Women's Poetry* (Palgrave Macmillan, 2020). Her translations into Czech include poetry by Máirtín Ó Direáin, Seán Ó Ríordáin, Nuala Ní Dhomhnaill, and Aifric Mac Aodha.

DAVID WHEATLEY learned his Irish from the Connemara writer Diarmuid Ó Gráinne in Presentation College, Bray, Wicklow. He has lived in Scotland for many years, where he studies Gaelic and lectures at the University of Aberdeen. He has published five collections of poetry, including *The President of Planet Earth* (Wake Forest University Press, Carcanet Press, 2017), and has translated the work of Aifric Mac Aodha (*Foreign News*, The Gallery Press, 2017).

Nóta Buíochais / Acknowledgments

The editors wish to acknowledge the following for their assistance in the preparation of this anthology: Kevin & Eric Fisher; Patrick Griffin; Micheál Ó Conghaile; Nicholas Allen; Colin Barr; Rev. Bruce Bradley, S.J.; the Catholic Historical Society of Ireland; Valeria Cavalli (Ériu); Sophie Chorek; Feargus Ó Snodaigh (Coiscéim); Emmet de Barra; Greg Delanty; the Dublin Institute for Advanced Studies; Peter Fallon (The Gallery Press); The Institute for Scholarship in the Liberal Arts at the University of Notre Dame; Nollaig Mac Congáil; Anna Davitt; Pat Boran (The Dedalus Press); Bloodaxe Books; Ryan D. Mahoney (Ireland's Great Hunger Museum at Quinnipiac University); Rev. Brian Gogan; Johnny Gogan; Caomhán Ó Luain; Daniel Carey; Tara Mac Leod; Léan Ní Chuilleanáin; Aoife Ní Chonchubhair; John Minahane; Sarah Neitz; Steve & Jack Neitz; Laura & TJ Colman; Úna Nic Éinrí; Mathew Staunton; Laila Ibrahim; Maijidda Haruna; Áine Bairéad; Dinah Lawan; Niamh, Dara, & Cillian Ó Conchubhair; Godiya Simon; Niamh Nic Leoid; Sasha de Buyl; Dan Thien; Thomas O'Connor; Pádraig Ó Duibhir; Edel M. Codd; Jo Young; Seosamh Ó Murchú (An Gúm); Pádraic Reaney; the Royal Irish Academy; Marcus Mac Conghail; Vinny Browne; Charlie Byrne; Magda Charzyńska-Wójcik (KUL, Poland); Elly Shaw (*Comhar*); Cassie Ball (Wake Forest University Press).

Special gratitude goes to Brendan Kane for his advice and encouragement throughout the project. Among the many scholars who read drafts and provided critical feedback, Vincent Morley deserves special mention for his incredible generosity and kindness in sharing his expert knowledge and time.

This project would never have come to fruition without the ever patient, ever attentive Amanda Keith, whose commitment and diligence kept it in check, on schedule, and under control.

Very few, if any, university presses in North America would undertake to commission and publish a bilingual Irish-language poetry anthology of this size. It speaks to Wake Forest University Press's commitment to Irish poetry and to Irish Studies that it stood by this project and the extra challenges and costs associated with producing a bilingual book. It was Jefferson Holdridge, WFU Press Director, who first mooted this project at the Irish College/Collège des Irlandais in Paris in 2013, who guided and shepherded it since then, and who deserves recognition for his contributions to Irish poetry as a scholar, editor, and publisher.

Cead / Permissions

Piaras Feiritéar: "I loved an English maiden" (trans. Deirdre Nic Mhathúna) in *Séimhfhear Suairc: Aistí in Ómos don Ollamh Breandán Ó Conchúir* (An Daingean: An Sagart, 2013), reprinted with permission of the translator and the publisher.

Liam S. Gógan: "Fanntais Coille," "Fanntais Ceo," and "Liobharn Stáit" in *Dánta Eile (1939–1941)* (Baile Átha Cliath: Oifig an tSoláthair, 1946), reprinted with permission of the poet's estate. "Fantastical Forest," "Fantastical Fog," and "Ship of State" (trans. David Wheatley) in *Leabhar na hAthghabhála: Poems of Repossession* (Tarset, Northumberland: Bloodaxe Books Ltd./Cló Iar-Chonnacht, 2016), reprinted with permission of the translator and publisher.

Pádraigín Haicéad: "Rouse up your country, my Ireland" (trans. Michael Hartnett) in *Haicéad* (Oldcastle, Co. Meath: Gallery Press 1993), reprinted with permission of the Hartnett Estate c/o The Gallery Press. "I send a love token to a companion" and "I heard yesterday, from a gentle confrère" (trans. Peter McQuillan), used with permission of the translator. "On the Outbreak of This War in Ireland, in the Year 1641" (trans. Samuel K. Fisher), used with permission of the translator.

Biddy Jenkinson: "Eiceolaí" in *Baisteadh Gintlí* (Baile Átha Cliath: Coiscéim, 1986) and "Alabama, Samhradh '86" in *Uiscí Beatha* (Baile Átha Cliath: Coiscéim, 1988), reprinted with permission of the publisher and the poet. "Ecologist" and "Alabama, Summer '86" (trans. Caoimhín Mac Giolla Léith), used with permission of the translator.

Eoghan Ruadh Mac an Bhaird: "O woman who hast found the tomb unguarded" (trans. Eleanor Knott) in *Celtica* 5 (1960) and "Happy be thy journey, Aodh Ruadh" (trans. Osborn Bergin) in *Irish Bardic Poetry* (Dublin: Institute for Advanced Studies, 1970), reprinted with permission of the Dublin Institute for Advanced Studies. "O hostage in London Tower" (trans. Lambert McKenna) in *The Irish Monthly* 56, no. 657 (March 1928), reprinted with permission of An Gúm, Foras na Gaeilge.

Fearghal Óg Mac an Bhaird: "Ionnmhas ollaimh onóir ríogh" in *Studies: An Irish Quarterly Review* 41, no. 161 (1952), reprinted with permission of Cecilia West of Messenger Publications. "A Master Poet's Wealth Is a Prince's Glory" (trans. Peter McQuillan), used with permission of the translator.

Gofraidh Óg Mac an Bhaird: "It is the end of the foreign band's rule" (trans. Eoin Mac Cárthaigh) in *Ériu* 65 (2015), reprinted with permission of the translator and the Royal Irish Academy.

Uilliam Óg Mac an Bhaird: "Spell of love doth follow Eoin" (trans. John MacErlean) in *Archivium Hibernicum* 1 (1912), reprinted with permission of the Catholic Historical Society of Ireland.

Aifric Mac Aodha: "Sop Préacháin" and "A Crow's Wisp" (trans. David Wheatley) in *Foreign News* (Oldcastle, Co. Meath: The Gallery Press, 2017), reprinted with permission of the poet, translator, and the publisher.

Diarmaid mac Sheáin Bhuí Mac Cárthaigh: "A hundred thanks to God" (trans. Samuel K. Fisher), used with permission of the translator.

Mícheál "Studman" Mac Cárthaigh: "Counsel for Young Men" (trans. Liam Mac Con Iomaire) in *Amhráin na Séad/Jewels and Pathways* (CD & booklet), (Bré: An Béal Binn, 2006), reprinted with permission of the translator's estate.

Donnchadh Rua Mac Conmara: "Bánchnoic Éireann" in *Donnchadh Ruadh Mac Conmara 1715–1810* (Baile Átha Cliath: Oifig Díolta Foilseacháin Rialtais, 1933), reprinted with permission of Foras na Gaeilge. "As I was walking one evening fair" (trans. Éamonn Ó Ciardha), used with permission of the translator. "Fair Hills of Ireland" (trans. Pádraig Ó Liatháin), used with permission of the translator.

Giolla Brighde Mac Con Midhe: "A theachtaire tig ón Róimh" and "O messenger who comes from Rome" (trans. N. J. A. Williams) in *The Poems of Giolla Brighde Mac Con Midhe* (Dublin: Irish Texts Society, 1980), © Irish Texts Society, reprinted with permission of the Council of the Irish Texts Society.

Brian Óg Mac Con Midhe: "Dursan do chás, a chríoch Bhreagh" and "Hard is thy case, O Land of Breagha" (trans. Lambert McKenna) in *Studies: An Irish Quarterly Review* 38, no. 151 (1949), reprinted with permission of Cecilia West of Messenger Publications.

Aodh Buí Mac Cruitín: "A uaisle Éireann áille" in *Aodh Buí Mac Cruitín* (Dublin: Field Day Publications/Keough-Naughton Institute for Irish Studies, 2012), reprinted with permission of the publisher. "O nobles of beautiful Ireland" (trans. Liam Mac Mathúna), used with permission of the translator.

Séamas Dall Mac Cuarta: "The Houses of Corr an Chait" and "Elegy for Sorley MacDonnell" (trans. Samuel K. Fisher), used with permission of the translator.

Art Mac Cumhaigh: "The Disputation of Two Temples" (trans. Éamonn Ó Ciardha), used with permission of the translator.

Seán Clárach Mac Domhnaill: "Bímse buan ar buairt gach ló" and "Dán do Sheon Eana" in *Seán Clárach Mac Domhnaill* (Dublin: Field Day Publications, 2011), reprinted with permission of the publisher. "Éisdidh lem' ghlórtha, a mhór-shliocht Mhílésius" in *Reliques of Irish Jacobite Poetry* (Dublin: S. J. Machen, 1844), reprinted with permission of Field Day Publications. "I Am Forever Heartbroken" (trans. Éamonn Ó Ciardha & Peadar Mac Gabhann), used with permission of the translators. "Listen to My Voice, Oh Great Descendants of Milesius" (trans. Wes Hamrick), used with permission of the translator. "A Poem for Seon Eana" (trans. Pádraig Ó Liatháin), used with permission of the translator.

Iain Lom (MacDonald): "Là Inbhir Lòchaidh" in *Óran Iain Luim: Songs of John MacDonald, Bard of Keppoch* (Edinburgh: Scottish Gaelic Texts Society, 1964), reprinted with permission of the publisher. "The Battle of Inverlochy" (trans. Samuel K. Fisher), used with permission of the translator.

Caitríona Ní Chléirchín: "Scaradh na gCompánach" in *An Bhrídeach Sí* (Baile Átha Cliath: Coiscéim, 2014) and "The Parting of the Ways" (trans. Peter Fallon) in *The Talk of the Town* (Oldcastle, Co. Meath: The Gallery Press, 2020), reprinted with permission of the poet, Coiscéim, and The Gallery Press.

Eibhlín Dubh Ní Chonaill: "The Keen for Art Ó Laoghaire" (trans. Deirdre Nic Mhathúna), used with permission of the translator.

Nuala Ní Dhomhnaill: "Feis," "Breith Anabaí thar Lear," and "Táimid damanta, a dheirféaracha" in *An Dealg sa bhFéar* (Indreabhán: Cló Iar-Chonnacht, 2011), reprinted with permission of the poet and publisher. "Carnival," "Premature Birth Abroad," and "Sisters, We Are Damned" (trans. Clíona Ní Ríordáin), used with permission of the translator.

Máire Chonnachtach Ní Dhónaill: "Magnanimous Father Dónall" (trans. Lillis Ó Laoire), used with permission of the translator.

Ciara Ní É: "Phenomenal Woman" published on YouTube, used with permission of the poet.

Úna Ní Fhaircheallaigh/Agnes O'Farrelly: "The Crossroads" (trans. Brian Ó Conchubhair & Philip O'Leary), used with permission of the translators.

Áine Ní Fhoghlú: "The Volunteer's Plea" and "I Bid You Farewell in the East" (trans. Brian Ó Conchubhair & Philip O'Leary), used with permission of the translators.

Nellie Ní Ghallchobhair: "An Old Song in Irish—The Famine Times" (trans. Lillis Ó Laoire), used with permission of the translator.

Ailbhe Ní Ghearbhuigh: "Filleadh ar an gCathair" in *Péacadh* (Baile Átha Cliath: Coiscéim, 2008) and "Manach Eile agus a Chat" in *Tost agus Allagar* (Baile Átha Cliath: Coiscéim, 2016), reprinted with permission of the poet and the publisher. "Return to the City" (trans. Justin Quinn) and "Another Monk and His Cat" (trans. Alan Gillis) in *The Coast Road* (Oldcastle, Co. Meath: The Gallery Press, 2016), reprinted with permission of the poet, translators, and publisher.

Áine Ní Ghlinn: "Deora Nár Caoineadh" and "Unshed Tears" (trans. Pádraig Ó Snodaigh) in *Deora Nár Caoineadh/Unshed Tears* (Dublin: Dedalus Press, 1996), reprinted with permission of the poet.

Doireann Ní Ghríofa: "Brúitín," "Mash," "Le Tatú a Bhaint," "Tattoo Removal," "Aibreán, 1912," and "April, 1912" in *Lies* (Dublin: Dedalus Press, 2018), reprinted with permission of the poet and publisher.

Máire Bhuí Ní Laoghaire: "Máire Ní Laoghaire" (trans. Tríona Ní Shíocháin) in *Singing Ideas: Performance, Politics and Oral Poetry* (New York: Berghahn, 2018), reprinted with permission of the publisher and translator. "Lullaby" (trans. Lillis Ó Laoire), used with permission of the translator.

Bríd Ní Mháille: "Amhrán an Bhá" in Sinéad Ní Ráinne, ed., *An Baile Beag Géimiúil: Amhráin na Trá Báine* (Indreabhán: Cló Iar-Chonnacht, 2019), reprinted with permission of the editor. "The Song of the Drowning" (trans. Lillis Ó Laoire), used with permission of the translator.

Máire Ní Reachtagáin: "Fáilteadh romhat go Duibhlinn daoineach" in Éigse 1, no. 3 (1939–1940), reprinted with permission of the National University of Ireland. "You are welcome to populous Dublin" (trans. Liam Mac Mathúna), used with permission of the translator.

Uilliam Nuinseann: "Away from Inis Fáil" (trans. Gerard Murphy) in Éigse 6 (1943), reprinted with permission of the National University of Ireland.

Dáibhí Ó Bruadair: "The Purgatory of the Men of Ireland," "Woe To Him Who Hasn't Troubled," "I Really Thought Him a Chief, All the Same," "A Shriveled-up Servant," "After the Noble Poets," "The Shipwreck," and "I Have to Put Up with a Lot in This World" (trans. Samuel K. Fisher), used with permission of the translator.

Peatsaí Ó Callanáin: "The White Potatoes" (trans. Lillis Ó Laoire), used with permission of the translator.

Tadhg Ó Caoinleáin/Timothy E. Quinlan: "Ach Abairse an Focal agus Leigheasfar Sinn" and "But Only Say the Word and We Shall be Healed" in Aistear Anama (Oxford: The Onslaught Press, 2014), reprinted with permission of the poet and the publisher.

Seán Ó Coileáin: "The Remorseful Man's Contemplation" (trans. Ciarán Mac Murchaidh) in Lón Anama: Poems for Prayer from the Irish Tradition (Baile Átha Cliath: Cois Life, 2005), reprinted with permission of Cló Iar-Chonnacht and the translator.

Seán Ó Conaill: "Tuireamh na hÉireann" in Five Seventeenth-Century Political Poems (Dublin: Dublin Institute for Advanced Studies, 1977), reprinted with permission of the publisher. "Lament for Ireland" (trans. Samuel K. Fisher), used with permission of the translator.

Seán Ó Criagáin: "A Mhurchadh Uí Bhriain tá fiadhach ar Ghaodhaluibh" and "Murchadh O'Brien, who's been hunting Gaels" (ed. and trans. John Minahane) in The Contention of the Poets: An Essay in Irish Intellectual History (Bratislava, Slovakia: Sanas Press, 2000), reprinted with permission of the editor and translator.

Gofraidh Fionn Ó Dálaigh: "Guide us, Domhnall" (trans. Michelle O Riordan), used with permission of the translator.

Lochlainn Ó Dálaigh: "You are desolate, O abode of the friars" (trans. Cuthbert Mhág Craith) in Dán na mBráthar Mionúr, vol. 2 (Baile Átha Cliath: Institiúid Ard-Léinn Bhaile Átha Cliath, 1980), reprinted with permission of the publisher. "Cáit ar ghabhadar Gaoidhil?" and "Where have the Gaels gone?" (trans. William Gillies) in Éigse 13, no. 3 (1969–1970), reprinted with permission of the National University of Ireland and the translator.

Muireadhach Albanach Ó Dálaigh: "An foltsa dhuit, a Dhé athar" in Aithdioghluim Dána, vol. 1 (Dublin: Irish Texts Society, 1940), © Irish Texts Society, reprinted with permission of the publisher. "This hair I offer you, God the Father" (trans. Michelle O Riordan), used with permission of the translator.

Máirtín Ó Direáin: "An tEarrach Thiar," "Ár Ré Dhearóil," "Berkeley," and "Ó Mórna" in Máirtín

Ó Direáin: Na Dánta (Indreabhan: Cló Iar-Chonnacht, 2010), reprinted with permission of the publisher. "Springtime in the West," "Our Wretched Era," "Berkeley," and "Ó Mórna" (trans. Peter Sirr & Frank Sewell) in Máirtín Ó Direáin: Selected Poems/Rogha Dánta (Indreabhan: Cló Iar-Chonnacht), reprinted with permission of the publisher and translators.

Peadar Ó Doirnín: "Muiris Ó Gormáin" (trans. Liam Mac Mathúna), used with permission of the translator.

Peadar Gréasaí Ó Domhnaill: "The Son of Neil of Carrick" (trans. Lillis Ó Laoire), used with permission of the translator.

Eoghan Ó Dubhthaigh: "A Bhanbha, is truagh do chor!" in Dán na mBráthar Mionúr, vol. 1 (Dublin: Institiúid Ard-Léinn Bhaile Átha Cliath, 1967), reprinted with permission of the publisher. "Oh Ireland, pitiful is your state!" (trans. Mícheál Mac Craith), used with permission of the translator.

Ádhamh Ó Fialáin: "Accept instruction, foolish youth" (trans. Michelle O Riordan), used with permission of the translator.

John Beag Ó Flatharta: "Amhrán Ros Muc" in The Banks of Casheen Bay, 2015, reprinted with permission of the poet. "The Song of Ros Muc" (trans. Lillis Ó Laoire), used with permission of the translator.

Fearflatha Ó Gnímh: "The poetry of the land of the Gaels has ceased" (trans. Peter McQuillan), used with permission of the translator. "Pitiful is the state of the Irish" (trans. Mícheál Mac Craith), used with permission of the translator.

Séamus Ó Grianna: "Tráthnóna Beag Aréir" in An tUltach (Nollaig, 1926), reprinted with permission of the poet's estate.

Mícheál Ó hAirtnéide/Michael Hartnett: "Gné na Gaeltachta" in Do Nuala, Foidhne Chuainn (Baile Átha Cliath: Coiscéim, 1984) and A Necklace of Wrens (Dublin: The Gallery Press, 1987), reprinted with permission of Coiscéim and The Gallery Press. "The Gaeltacht Face" (trans. Michael Hartnett) in A Necklace of Wrens (Dublin: The Gallery Press, 1987), reprinted with permission of Peter Fallon, The Gallery Press.

Pádraig Ó hÉigeartaigh: "Ochón! A Dhonncha" (trans. Brian Ó Conchubhair & Philip O'Leary), used with permission of the translators.

Eochaidh Ó hEodhasa: "A change for the better is laudable" (trans. Peter McQuillan), used with permission of the translator.

Giolla Brighde Ó hEódhasa: "O reader of this little book" (trans. Ailbhe Ó Corráin) in The Pearl of the Kingdom: a Study of "A fhir léghtha an leabhráin bhig" by Giolla Brighde Ó hEódhasa (Oslo: Novus Press, 2013) and "O letter that makes its way over the main" (trans. Ailbhe Ó Corráin) in The Light of the Universe, Poems of Friendship and Consolation by Giolla Brighde Ó hEódhasa (Oslo: Novus Press, 2014), reprinted with permission of the publisher and translator.

Mathghamhain Ó hIfearnáin: "Question! Who will buy a poem?" (trans. Osborn Bergin) in *Irish Bardic Poetry* (Dublin: Institute for Advanced Studies, 1970), reprinted with permission of the publisher.

Tadhg Dall Ó hUiginn: "A good merchant is Cormac," "As with women under enchantments," and "The Land of Ireland Is But Swordland" (trans. Eleanor Knott); and "Maith an Ceannaighe Cormac" and "Fearann Cloidhimh Críoch Bhanbha" in *The Bardic Poems of Tadhg Dall Ó hUiginn*, vol. 1 (London: Irish Texts Society, 1922), © Irish Texts Society, reprinted with permission of the publisher.

Tadhg Mór Ó hUiginn: "Hail the dressing of your hair" (trans. Michelle O Riordan), used with permission of the translator.

Tadhg Óg Ó hUiginn: "Mairg do-ní uabhar tar mh'éis," "Aoidhe i n-Éirinn an t-Iarla," "Fada an ráitheise romham," and "Faillsigh do mhíorbhuile, a Mhuire" in *Aithdioghluim Dána*, vol. 1 (Dublin: Irish Texts Society, 1939–1940), © Irish Texts Society, reprinted with permission of the publisher. "Sad for whomever indulges in hubris in my wake" (trans. Peter McQuillan), used with permission of the translator. "Reveal your power, Mary," "The Earl is a stranger in Ireland," and "This is a long season before me" (trans. Michelle O Riordan), used with permission of the translator.

Tuathal Ó hUiginn: "Ní i n-aisgidh fríoth flaitheas Néill" and "Ní deoraidh mise i Manainn" in *Aithdioghluim Dána*, vol. 1 (Dublin: Irish Texts Society, 1939–1940), © Irish Texts Society, reprinted with permission of the Council of the Irish Texts Society. "Niall's kingdom was not got for nothing" and "I am no stranger in Mana" (trans. Michelle O Riordan), used with permission of the translator.

Mícheál Óg Ó Longáin: "Beir litir uainn don Mhumhain leat" in *Mícheál Óg Ó Longáin, File* (Baile Átha Cliath: Coiscéim, 1994), reprinted with permission of the publisher. "Take a letter to Munster from me" (trans. Deirdre Nic Mhathúna), used with permission of the translator.

Tuileagna Ó Maoil Chonaire: "A mhná, guileam tre Ghlais Áir" in *Measgra Dánta: Miscellaneous Irish Poems* (Cork: Cork University Press, 1927), reprinted with permission of the publisher. "Ladies, Let Us Weep for Glashare" (trans. Síle Ní Mhurchú), used with permission of the translator.

Tomás Ó Míocháin: "On the English Army's Withdrawal from Boston, 1776" (trans. Liam Mac Mathúna), used with permission of the translator.

Liam Ó Muirthile: "Sa Daingean" and "Thuaidh" in *Tine Chnámh* (Baile Átha Cliath: Sáirséal Ó Marcaigh, 1984), and "Meáchan Rudaí" in *An Fuíoll Feá—Rogha Dánta/Wood Cuttings—New and Selected Poems* (Baile Átha Cliath: Cois Life, 2013), reprinted with permission of Cló Iar-Chonnacht and Caoilfhionn Nic Pháidín. "In Dingle," "The North," and "The Weight of Things" (trans. Caoimhín Mac Giolla Léith), used with permission of the translator.

Eoghan Rua Ó Súilleabháin: "Ceo Dríochta" and "Magic Mist" (trans. Seán Ó Tuama & Thomas Kinsella, *An Duanaire 1600–1900: Poems of the Dispossessed* (Portlaoise: Dolmen, 1981), reprinted with permission of Foras na Gaeilge.

Tomás Rua Ó Súilleabháin: "Daniel O'Connell, Eloquent, Kind" (trans. Lillis Ó Laoire), used with permission of the translator.

Tadhg Gaelach Ó Súilleabháin: "Gile mo chroí do chroí-se" in *An Cantaire Siúlach: Tadhg Gaelach* (An Daingean: An Sagart, 2001), reprinted with permission of the publisher. "The light of my heart is your heart" (trans. Ciarán Mac Murchaidh) in *Lón Anama: Poems for Prayer from the Irish Tradition* (Baile Átha Liath: Cois Life, 2005), reprinted with permission of the translator and Cló Iar-Chonnacht.

Derry O'Sullivan: "Marbhghin 1943: Glaoch ar Liombó" in *Cá bhFuil do Iúdás* (Baile Átha Cliath: Coiscéim, 1987), reprinted with permission of the publisher and the poet. "Stillborn 1943: Calling Limbo" (trans. Caoimhín Mac Giolla Léith), used with permission of the translator.

Eoghan Ó Tuairisc: "Mass of the Dead" (trans. Colbert Kearney) in *Leabhar na hAthghabhála: Poems of Repossession* (Tarset, Northumberland: Bloodaxe Books/Cló Iar-Chonnacht, 2016), reprinted with permission of the publisher.

Gabriel Rosenstock: "Konzipierung" and "Teilifís" in *Rogha Dánta* (Indreabhán: Cló Iar-Chonnacht, 2005), reprinted with permission of the poet and publisher. "Konzipierung" and "Television" (trans. Clíona Ní Ríordáin), used with permission of the translator.

Matthew Ryan Shelton: "Apacailipsis" in *An Gael* (Geimhreadh 2019), reprinted with permission of the poet. "Apocalypse" (trans. Matthew Ryan Shelton), used with permission of the poet.

Pádraig Ua Duinnín: "The Sinking of the Titanic, April, 1912" (trans. Brian Ó Conchubhair & Philip O'Leary), used with permission of the translators.